U0588087

大清一統志

第二册

直隸（二）

直隸（二）

目錄（一）

目録

正定府圖

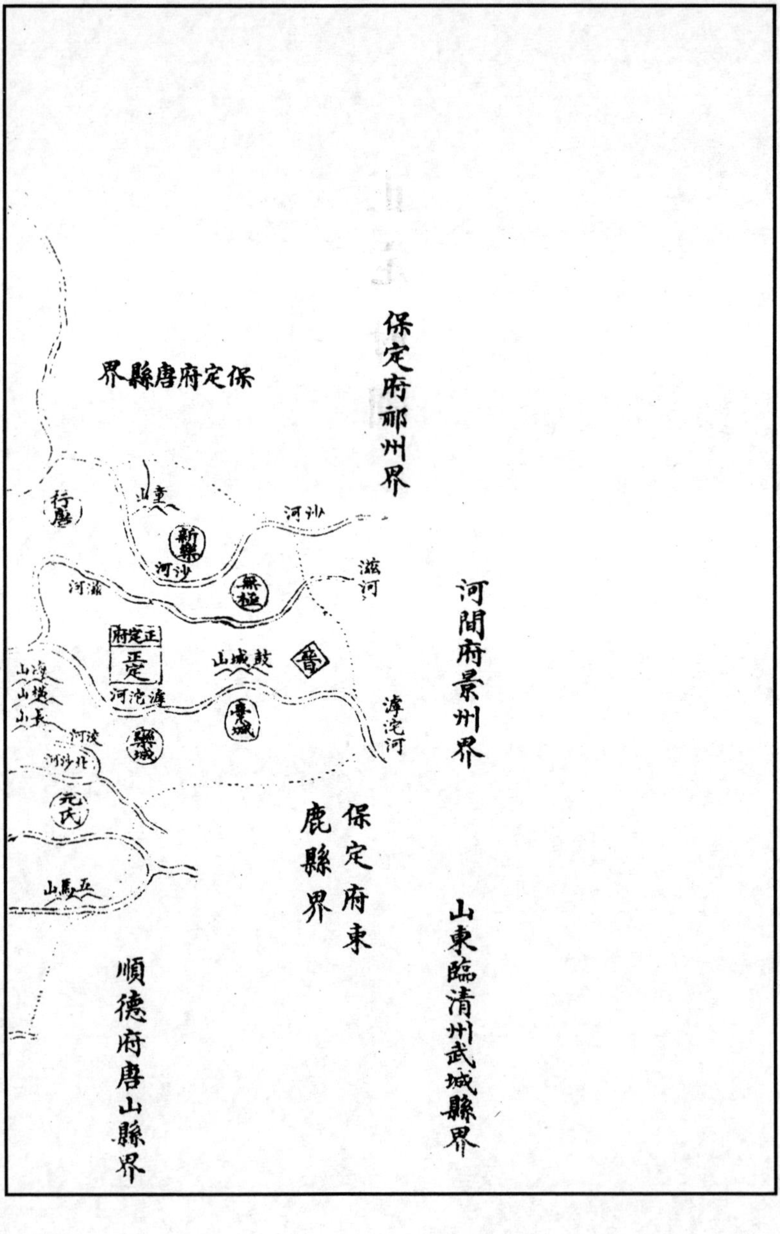
保定府唐縣界
保定府祁州界
河間府景州界
山東臨清州武城縣界
保定府東鹿縣界
順德府唐山縣界
新樂
無極
正定府
正定
晉
鼓城山
藁城
欒城
元氏
行唐
滹沱河
滋河
沙河
五馬山

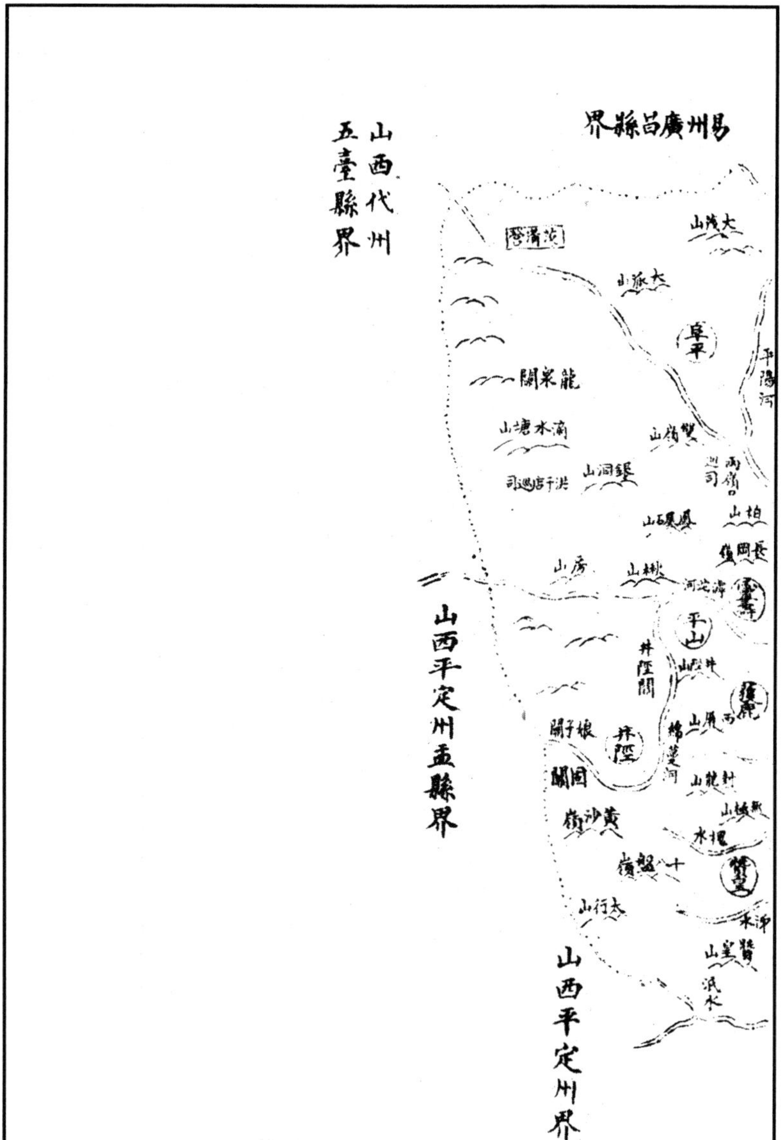
易州廣昌縣界
山西代州五臺縣界
山西平定州盂縣界
山西平定州界
大茂山
龍泉關
阜平
平陽河
長岡嶺
滹沱河
平山
井陘關
娘子關
井陘
獲鹿
綿蔓河
固關
黃沙嶺
封龍山
槐水
十八盤嶺
贊皇
太行山
贊皇山
泜水

正定府表

	正定府	正定縣
秦	鉅鹿郡地。	東垣縣
兩漢	真定國 武帝元鼎四年置。後漢建武十二年併入常山。	真定縣 高帝十一年改名，元鼎四年爲真定國治。後漢屬常山國。
三國		真定縣
晉	常山郡 移治真定。	真定縣 常山郡治。
南北朝	恒州常山郡 周宣政元年置州。	真定縣 周兼爲州治。
隋	恒山郡 開皇初郡廢，大業初改州爲郡，更名。	真定縣 郡治。常山縣 開皇十六年分置，大業初省入。
唐	鎮州 武德初復置恒川，屬河北道，元和十五年改名。	真定縣 州治。載初元年改曰中山縣，神龍初復故。
五代	真定府 後唐初建北都，尋罷都，改府。晉復曰恒州。漢復曰鎮州，尋復府。周復曰鎮州。	真定縣 府治。
宋金附	真定府 宋復府，爲河北西路治。	真定縣
元	真定路 改路，屬中書省。	真定縣 路治。
明	真定府 洪武初復府，直隸京師。	真定縣 府治。

續表

井陘縣
井陘縣屬常山郡。
井陘縣
井陘縣
井陘縣北齊徙治石邑。
井陘郡開皇十六年置井州，大業初廢，義寧初置郡。 井陘縣開皇六年復置，十六年爲井州治，大業初屬恒山郡，義寧元年爲井陘郡治。 葦澤縣開皇十六年分置，屬井州，大業初省，義寧初復置，屬井陘郡。
井州武德初復置州，貞觀十七年廢。 井陘縣武德初爲州治，貞觀十七年屬恒州。 葦澤縣屬井州，貞觀元年省入。
井陘縣
威州天會七年改置，亦曰陘山郡。 井陘縣宋屬真定府，熙寧六年省，八年復置，徙治天威軍。
徙治洺水縣。 井陘縣憲宗二年徙治天長鎮，屬威州。
井陘縣屬真定府。

獲鹿縣	元氏縣
綿蔓縣屬真定國。後漢省。 石邑縣屬常山郡。後漢省。 樂陽侯國屬常山郡。後漢省。	元氏縣常山郡治。
	元氏縣
石邑縣復置。	元氏縣屬趙國。
井陘縣齊改名。	元氏縣後魏屬趙郡。齊省。
鹿泉縣開皇十六年析置，屬井州，大業初省入石邑，義寧初復置，屬恒山郡。 石邑縣開皇六年復故名，屬恒山郡，義寧初改爲郡治。	元氏縣開皇六年復置，屬趙郡，十六年又分置靈山縣，大業初省。
獲鹿縣貞觀十七年屬恒州，至德初改名。 石邑縣屬恒州。	元氏縣屬趙州。
獲鹿縣 石邑縣	元氏縣後唐屬真定府。
鎮寧州宋屬真定府。金興定三年升州改名。 宋開寶六年省。	元氏縣
獲鹿縣初改州曰西寧，尋復降縣，屬真定路。	元氏縣初屬趙州，太祖十五年屬真定路。
獲鹿縣屬真定府。	元氏縣屬真定府。

續表

靈壽縣	欒城縣	平山縣
靈壽縣屬常山郡、中山國地。	關縣屬常山郡。後漢改置欒城縣，屬常山國。	蒲吾縣屬常山郡。
靈壽縣。	欒城縣	蒲吾縣
靈壽縣	省。	蒲吾縣
靈壽縣後周置蒲吾郡。	欒城縣後魏太和十一年復置，屬趙郡。北齊又省。	蒲吾縣
靈壽縣開皇初郡廢，屬恒山郡，義寧初置燕州。	欒城縣開皇十六年復置，屬欒州，大業初屬趙郡。	房山縣開皇十六年析置，屬井州，大業初屬恒山郡，義寧初于縣置房山郡。大業初省入井陘。
靈壽縣武德四年州廢，屬井州，後屬恒州。	欒城縣屬趙州，大曆三年屬恒州，天祐初更名欒氏。	平山縣武德初改郡曰嶽州，四年州廢，仍屬恒州。至德初改名。
靈壽縣	欒城縣後唐復故。	平山縣
靈壽縣宋熙寧六年省入行唐，八年復置，屬真定府。	欒城縣屬真定府。	平山縣屬真定府。
靈壽縣屬真定路。	欒城縣初屬趙州，太祖十五年屬真定路。	平山縣屬真定路。
靈壽縣屬真定府。	欒城縣屬真定府。	平山縣屬真定府。

	阜平縣	行唐縣
桑中侯國。屬常山郡。後漢省。	靈壽及南行唐二縣地。	南行唐縣 屬常山郡，爲都尉治。
		南行唐縣
		南行唐縣
		行唐縣 後魏去「南」字，太和十四年置唐郡，二十一年郡廢，屬常山郡。
		行唐縣 屬恒山郡。 滋陽縣 開皇六年析置，屬恒山郡，十六年又析置玉亭，大業初省入。
		行唐縣 長壽二年改曰章武，神龍初復故，大曆三年置泜州，九年廢，屬恒州。 武德五年省入行唐。
		行唐縣 梁開平初又改章武。唐同光初復故，晉改曰永昌。漢復故。
	阜平縣 宋咸平三年置北砦。金初改曰北鎮，明昌四年置縣，屬真定府。	行唐縣 屬真定府。
	阜平縣 屬真定路。	行唐縣 屬保定路。
	阜平縣 屬真定府。	行唐縣 屬真定府。

續表

贊皇縣	晉州
房子縣地。	下曲陽縣 屬鉅鹿郡。爲都尉治。 臨平縣 屬鉅鹿郡。後漢省。 安鄉縣 屬鉅鹿郡。後漢省。
	下曲陽縣
	下曲陽縣 屬趙國。
齊高邑縣地。	鉅鹿郡 魏置，齊徙廢。 曲陽縣 後魏去「下」字，郡治。齊省。
贊皇縣 開皇十六年析置，屬趙郡。	鼓城縣 開皇十六年改置昔陽縣，十八年改名，屬趙郡。
贊皇縣 屬趙州。	鼓城縣 武德四年屬廉州，貞觀元年屬定州，大曆三年屬恒州。
贊皇縣	鼓城縣
贊皇縣 宋熙寧五年省，元祐元年復置，爲慶源府。金屬沃州。	鼓城縣 宋瑞拱初屬祁州。
贊皇縣 至元二年併入高邑，七年復置，屬趙州。	晉州 太祖十年置，治鼓城，屬真定路。 鼓城縣 州治。
贊皇縣	晉州 屬真定府。 洪武初省入州。

續表

無極縣		槀城縣
毋極縣 屬中山國。	苦陘縣 屬中山國。後漢章帝改曰漢昌。	槀城縣 屬真定國。後漢省。
毋極縣	魏昌縣 魏改名。	
省。	魏昌縣	
毋極縣 後魏太和十二年復置，屬中山郡。	魏昌縣 齊省。	槀城縣 後魏太和十二年復置，屬鉅鹿郡。齊改名高城，兼移鉅鹿郡來治。
毋極縣 屬博陵郡。	隋昌縣 開皇十六年復置，改名，屬定州。	槀城縣 開皇初郡廢，屬趙州，十年置廉州，十八年復故名，大業初州廢，屬趙郡，義寧初復置鉅鹿郡。
無極縣 武德四年屬廉州，貞觀元年屬定州，萬歲通天二年改「毋」爲「無」，景福二年置祁州治此。	陘邑縣 武德四年改曰唐昌，天寶元年又改。	槀城縣 武德初改鉅鹿郡曰廉州，貞觀元年州廢，屬恒州，天祐二年改曰槀平。
無極縣	陘邑縣	槀城縣 後唐復故名。
無極縣 宋景德元年祁州徙治蒲陰，屬定州。金屬中山府。	宋初省入無極。	槀城縣 屬真定府。
無極縣 太宗六年屬永安州，七年還屬中山府。		槀城縣 太宗六年升永安州，尋復縣，屬真定路。
無極縣 洪武初屬真定府。		槀城縣 屬真定府。

肥纍縣屬真定國。後漢省。	九門縣屬常山郡。		新市侯國屬鉅鹿郡。後漢省。
	九門縣		
	九門縣		
	九門縣後魏移常山郡來治，齊省。		
柏肆縣開皇十六年置，屬廉州。大業初省，義寧初復置，屬鉅鹿郡。	九門縣開皇六年復置，屬恒山郡，義寧初置九門郡。	宜安縣義寧元年析置，屬鉅鹿郡。	
柏肆縣武德初屬廉州，五年省。	九門縣武德四年改九門郡爲觀州，五年州廢，縣屬恒州。	宜安縣武德初屬廉州，四年省。	信義縣武德初置，五年省入九門。
	九門縣		
	宋開寶六年省入。		

續表

新樂縣

新市縣屬中山國。

新市縣

新市縣

新市縣

新樂縣開皇十六年析置，屬博陵郡。大業初省入九門。

新樂縣屬定州。武德初復置，五年省。

新樂縣

新樂縣宋屬中山府。

新樂縣

新樂縣屬定州。

大清一統志卷二十七

正定府一

在直隸省治西二百九十里。東西距四百六十五里，南北距三百七十里。東至河間府景州界二百七十五里，西至山西平定州孟縣界一百九十里，南至順德府唐山縣界二百里，北至保定府唐縣界一百七十里。東南至山東東昌府武城縣治三百四十里，西南至山西平定州界二百五十里，東北至保定府祁州治二百里，西北至山西代州五臺縣治四百五十里。自府治至京師六百一十里。

分野

天文昴、畢分野，大梁之次。

建置沿革

禹貢冀州之域。春秋屬晉。戰國屬趙。秦爲鉅鹿郡地。漢高祖置恒山郡〔一〕，治元氏縣。後改曰常山郡。張晏曰：「恒山在西，避文帝諱，故改曰常山。」元鼎四年分置真定國〔二〕。治真定縣。俱屬冀州。後漢建武十三年省真定入常山國。晉仍爲常山郡。移治真定。屬冀州。後魏因之。後周宣政元年於郡置恒州。

隋開皇初廢郡存州，大業初復改州爲恒山郡。唐武德初復爲恒州，天寶元年復曰常山郡，乾元元年仍曰恒州，屬河北道。寶應元年置成德軍節度使。興元元年升都督府。元和十五年改曰鎮州。避穆宗名改。天祐二年避朱全忠父諱，改成德軍爲武順軍。王鎔附於晉，復爲成德軍。五代後唐初建北都，尋罷，改州爲真定府。晉天福七年復曰恒州。又改軍曰順國。開運三年，遼號爲中京。漢仍曰鎮州，尋復爲真定府。周又爲鎮州。

宋復曰真定府，常山郡，成德軍節度，爲河北西路治。金因之。元曰真定路，置總管府，屬中書省。明洪武初復曰真定府，直隸京師。

本朝初因之，雍正元年改名正定府，領州五、縣二十七。雍正二年升冀、趙、深、定、晉五州爲直隸州，以南宫等十七縣分屬之，十三年以晉州及所屬無極、藁城二縣並定州之新樂縣復來屬。今領州一、縣十三。

正定縣。附郭。東西距四十二里，南北距七十里。東至藁城縣界十二里，西至平山縣界三十里，南至獲鹿縣界二十五里，北至新樂縣界四十五里。東南至藁城縣界十二里，西南至獲鹿縣界二十五里，東北至藁城縣界四十里，西北至靈壽縣界三十里。本戰國時中山國東垣邑。秦置東垣縣。漢高帝十一年更名真定，屬常山郡；武帝元鼎四年置真定國，治此。後漢屬常山國。晉爲常山郡治。後魏屬常山郡。北齊復爲郡治。後周兼爲恒州治〔三〕。隋爲恒山郡治。唐初復爲恒州治，載初元年改曰中山，神龍元年復曰真定，長慶後爲鎮州治。五代因之。宋、金皆爲真定府治。元爲真定路治。明爲真定府治。本朝因之。

井陘縣。在府西南一百三十里。東西距九十五里，南北距一百三十里。東至獲鹿縣界六十里，西至山西平定州界三十五里，南至贊皇縣界六十里，北至平山縣界七十里。東南至元氏縣治一百二十里，西南至平定州治一百二十里，東北至平山縣治八十里，西北至山西盂縣治二百五十里。漢置井陘縣〔四〕，屬常山郡。後漢至晉、魏因之。北齊改置井陘縣於石邑，廢故縣入之。隋開皇六年復置，十六年於縣置井州；大業初州廢，仍屬恒山郡。義寧元年又於縣置井陘郡。唐武德元年復曰井州，貞觀十七年州廢，仍屬恒州。宋屬真定府，熙寧六年省入獲鹿、平山，八年復置。金天會七年於縣置威州，亦曰陘山郡。元憲宗二年徙州治洺水，以縣屬焉。明初還屬真定府。本朝因之。

獲鹿縣。在府西南六十里。東西距四十五里，南北距七十五里。東至正定縣界三十五里，西至井陘縣界十里，南至元氏縣界五十里，北至平山縣界二十五里。東南至欒城縣治七十里，西南至井陘縣治七十里，東北至正定縣治六十里，西北至平山縣治六十里。本戰國中山國石邑，後屬趙。漢置石邑縣〔五〕，屬常山郡。後漢省。晉復置〔六〕，仍屬常山郡。後魏因之。北齊廢井陘，改石邑曰井陘。隋開皇六年復曰石邑，十六年析置鹿泉縣，並屬井州；大業初復省鹿泉入石邑，屬恒山郡；義寧初改置恒山郡於石邑縣，復置鹿泉縣屬焉。唐武德四年徙恒州治真定，以石邑爲屬縣，而鹿泉縣屬井州；貞觀十七年廢井州，以鹿泉縣屬恒州，至德初改鹿泉曰獲鹿。宋開寶六年省石邑縣入焉，屬真定府。金興定三年升爲鎮寧州。元初曰西寧州，太宗七年復爲獲鹿縣，屬真定路。明屬真定府。本朝因之。

元氏縣。在府西南九十里。東西距七十八里，南北距六十里。東至趙州界十八里，西至井陘縣界六十里，南至趙州高邑縣界二十里，北至獲鹿縣界四十里。東南至高邑縣治三十五里，西南至贊皇縣治三十五里，東北至欒城縣治三十五里，西北至獲鹿縣治九十里。戰國趙元氏邑。漢置元氏縣，爲常山郡治。後漢因之。晉改屬趙國〔七〕。後魏屬趙郡。北齊廢。隋開皇六年復置，屬趙郡。唐屬趙州。五代唐改屬真定府。宋、金因之。元初屬趙州，太祖十五年屬真定路。明屬真定府。本朝因之。

靈壽縣。在府西北五十里。東西距三十里，南北距一百里。東至行唐縣界十五里，西至平山縣界十五里，南至平山縣界三十里，北至阜平縣界七十里。東南至正定縣界十五里，西南至平山縣界十五里，東北至行唐縣界十二里，西北至山西五臺縣界一百九十里。本戰國時中山國地。漢置靈壽縣，屬常山郡。後漢至晉、魏因之。後周於此置蒲吾郡，縣屬焉。隋開皇初郡廢，屬恒州；大業初屬恒山郡，義寧初置燕州。唐武德四年州廢，以縣屬井州；貞觀十七年還屬恒州。宋熙寧六年省爲鎮，入行唐，八年復置，屬真定府。金因之。元屬真定路。明屬真定府。本朝因之。

欒城縣。在府南六十里。東西距三十五里，南北距四十二里。東至槀城縣界十五里，西至元氏縣界二十里，南至趙州界二十里，北至獲鹿縣界二十二里。東南至趙州寧晉縣治六十里，西南至元氏縣治四十里，東北至槀城縣治四十里，西北至獲鹿縣界二十里。本春秋時晉欒邑。戰國屬趙。漢置關縣，屬常山郡。後漢改置欒城縣〔八〕，屬常山國。晉省。後魏太和十一年復置欒城縣，屬趙郡。北齊又廢。隋開皇十六年復置，屬欒州；大業初屬趙郡。唐屬趙州，大曆三年屬恒州；天祐二年更名欒氏。五代後唐復故。宋屬真定府。金因之。元初屬趙州，太祖十五年屬真定路。明屬真定府。本朝因之。

平山縣。在府西少北七十里。東西距一百六十里，南北距五十五里。東至正定縣界四十里，西至山西盂縣界一百二十里，南至獲鹿縣界二十五里，北至靈壽縣界三十里。東南至獲鹿縣界二十里，西南至井陘縣界三里，東北至靈壽縣界八里，西北至山西五臺縣界一百八十里。戰國趙番吾邑。漢置蒲吾縣，屬常山郡。後漢、晉、魏因之。隋開皇十六年析置房山縣，大業初省蒲吾入井陘，以房山屬恒山郡；義寧初改置房山郡。唐武德元年改曰嶽州，四年州廢，屬井州，後屬恒州；至德初改曰平山。宋屬真定府。金因之。元屬真定路。明屬真定府。本朝因之。

阜平縣。在府西北二百十里。東西距一百五十三里，南北距一百三十里。東至定州曲陽縣界六十里，西至山西五臺縣界九十三里，南至靈壽縣界六十里，北至山西靈丘縣界七十里。東南至行唐縣界六十里，西南至山西平定州治二百七十五里，東北至保定府完縣治二百二十里，西北至五臺縣治二百四十里。本漢靈壽及南行唐二縣地，宋咸平三年析置北寨。金初改曰北鎮，明昌四年置阜平縣，屬真定府。元屬真定路。明屬真定府。本朝順治十六年省入曲陽、行唐二縣，康熙二十二年復置，屬正定府。

行唐縣。在府北七十里。東西距五十里，南北距四十里。東至新樂縣界二十里，西至靈壽縣界三十里，南至正定縣界二十里，北至曲陽縣界二十里。東南至正定縣治七十里，西南至靈壽縣治四十五里，東北至定州治九十里，西北至阜平縣治八十里。本戰國趙南行唐邑。漢置南行唐縣，屬常山郡，爲都尉治。後漢、晉因之。後魏曰行唐縣，太和十四年置唐郡，二十一年郡廢，仍屬常山郡。隋屬恒山郡。唐屬恒州，長壽二年改曰章武，神龍元年復故；大曆三年於縣置泜州，九年廢，仍屬恒州。五代梁開平二年又改曰章武。後唐同光初復故。晉改曰永昌。漢復故。宋屬真定府，金因之。元初改屬保定路。明還屬真定府。本朝因之。

贊皇縣。在府城西南一百二十里。東西距一百五里，南北距五十里。東至高邑縣界二十五里，西至山西平定州界八十里，南至趙州臨城縣界三十里，北至元氏縣界二十里。東南至臨城縣界三十五里，西南至平定州界一百里，東北至元氏縣界二十五里，西北至井陘縣界五十里。本漢房子縣地，北齊爲高邑縣地。隋開皇十六年析置贊皇縣，屬欒州，大業中屬趙郡。唐屬趙州。宋熙寧五年省爲鎮，入高邑；元祐元年復置，屬慶源府。金屬沃州。元至元二年並入高邑，七年復置，仍屬趙州。明因之。本朝屬正定府。

晉州。在府東少南九十里。東西距五十里，南北距六十里。東至束鹿縣界三十五里，西至稾城縣界十五里，南至寧晉縣界四十里，北至無極縣界二十里。東南至冀州新河縣治一百二十里，西南至稾城縣治四十里，東北至定州深澤縣治四十里〔九〕，西北至無極縣治三十五里。春秋時鼓國，後屬晉。戰國屬趙。漢置下曲陽縣，屬鉅鹿郡，爲都尉治。後漢因之。晉屬趙國〔一〇〕。後魏曰曲陽，爲鉅鹿郡治。北齊省。隋開皇中改置昔陽縣，屬欒州，十八年改曰鼓城；大業初屬趙郡。唐武德四年屬廉州，貞觀元年屬定州，大曆三年改屬恒州。五代因之。宋端拱初改屬祁州。金因之。元太祖十年始於縣置晉州〔一一〕，屬真定路。明洪武初以州治鼓城縣省入，屬真定府。本朝雍正二年升爲直隸州，領無極、稾城二縣，十二年復屬正定府。

無極縣。在府東少北七十里。東西距四十六里，南北距三十四里。東至深澤縣界十六里，西至稾城縣界三十里，南至稾城縣界十里，北至定州界二十四里。東南至晉州治三十五里，西南至槀城縣治三十五里，東北至保定府祁州治九十里，西北至新樂縣治六十里。漢置毋極縣，屬中山國。後漢因之。晉省。後魏太和十二年復置，屬中山郡。隋屬博陵郡。唐武德四年屬廉州，貞觀元年屬定州，萬歲通天二年改「毋」字爲「無」，景福二年於縣置祁州。五代因之。宋景德元年徙祁州治蒲陰，以縣屬定州。金屬中山府。元太宗六年屬永安州〔一二〕，七年還屬中山府。明洪武初屬真定府。本朝雍正二年改屬晉州，十二年屬正定府。

槀城縣。在府東南六十里。東西距七十三里，南北距六十五里。東至晉州界二十五里，西至正定縣界四十八里，南至趙州界三十五里，北至新樂縣界七十里。東南至新河縣界四十里，西南至欒城縣界三十里，東北至無極縣界三十里，西北至新樂縣界七十里。春秋爲肥子國，後并於晉。漢置槀城縣，屬真定國。後漢省。後魏太和十二年復置，屬鉅鹿郡。北齊改曰高城，兼移鉅鹿郡治焉〔一三〕。隋開皇初郡廢，十年置廉州，十八年復改曰藁城；大業初州廢，縣屬趙郡，義寧元年復置鉅鹿郡。唐武德元年復曰廉州，貞觀元年州廢，縣屬恒州，天祐二年改曰藁平。五代後唐復曰槀城。宋屬真定府。金因之。元太宗六年升爲永安州〔一四〕，七年復爲槀城縣，屬真定路。明屬真定府。本朝雍正二年改屬晉州，十二年屬正定府。

新樂縣。在府東北九十里。東西距五十五里，南北距九十五里。東至深澤縣界三十里，西至行唐縣界二十五里，南至槀城縣界二十五里，北至定州界十五里。東南至無極縣治六十里，西南至正定縣治九十里，東北至定州治五十里，西北至曲陽縣界二十五里。本春秋鮮虞國。漢置新市縣，屬中山國。後漢、晉、魏因之。隋開皇十六年析置新樂縣，大業初省新市入九門縣，以新樂屬博陵郡。唐屬定州。宋屬中山府。金、元因之。明屬定州。本朝初屬正定府，雍正二年分屬定州，十二年屬正定府。

形勢

河朔天下根本，而正定又河朔之根本。其地河漕易通，商賈四集，常倚爲北面之重。唐書。滹沱經其南，恒山峙其北，東臨瀛海，西擁太行，控扼三關，咽喉九省。舊郡志。枕中山而挹秀，跨冀野以鍾靈。府志。當燕趙之郊，雄於河朔。明朱中敏記。

風俗

性緩尚儒，仗義任俠。通典。質厚少文，多專經術。宋史地理志。風物蕃衍，地廣氣豪。人習爲文，則彬彬其質；習爲武，則赳赳其雄。正定廳壁記

城池

正定府城。周二十四里，門四，濠廣十餘丈。本唐宋故址。明正統十四年增築。本朝雍正六年修，乾隆十年、三十四年，嘉慶十六年重修。正定縣附郭。

井陘縣城。周三里有奇，門五。舊土築，明隆慶三年甃甎。本朝康熙十一年修，雍正五年重修。

獲鹿縣城。周三里有奇，門三，濠廣一丈五尺。舊土築，明成化十六年甃甎。本朝乾隆三十年修，嘉慶二十年重修。

元氏縣城。周五里，門三。明景泰間因舊址築，萬曆三十年甃石，崇禎中引槐水入渠，廣三丈，又周築土牆，以爲外郭。本朝順治六年修，康熙十一年重修。

靈壽縣城。周二里有奇，門三，濠廣二丈。舊土築，明成化十八年甃甎。本朝康熙十一年修。

欒城縣城。周三里有奇，門四，引治河水爲濠，廣三丈。明洪武十年築，嘉靖二十四年甃甎，崇禎中改建。本朝康熙八年修，四十二年、雍正二年、乾隆十二年、三十年重修。

平山縣城。周四里有奇，門四。金大定二年築。明嘉靖中濬濠，並築護城隄。本朝康熙九年修。

阜平縣城。周二里有奇。明成化五年因舊址築，周三里有奇。本朝乾隆十一年重建，十八年修。

行唐縣城。周五里有奇，門三，濠廣二丈，外有隄。明景泰間修。本朝康熙十一年重修。

贊皇縣城。周四里，門三，引槐水爲濠。明景泰元年因舊土址修，嘉靖二十一年展築。本朝乾隆十二年重修〔一五〕。

晉州城。舊土城，元築，周四里許，門二，濠廣丈餘。明正德六年增築護城隄，周四里有奇。本朝順治、康熙年間屢修。

無極縣城。周五里有奇，門三，濠廣二丈。明洪武二年建。本朝康熙七年修，乾隆十一年、三十三年重修。

槀城縣城。舊城周三里，門二。明正德十五年增築新城，廣袤四里，改設四門，並鑿渠於新舊城外，廣三丈。本朝順治十年修，乾隆十三年重修。

新樂縣城。周三里有奇，門二。明景泰初建。本朝康熙十年修，乾隆三十五年重修。

學校

正定府學。在府治東。宋熙寧中建。本朝乾隆十一年修。入學額數二十名。

正定縣學。在縣治西。明洪武七年建。入學額數十八名。

井陘縣學。在縣治西南。金明昌二年建。本朝康熙、雍正年間屢修。入學額數十五名。

獲鹿縣學。在縣治東南。元至元中建。本朝雍正十三年修。入學額數十八名。

元氏縣學。在縣治東南。宋元祐中建。本朝順治、康熙、雍正年間屢修。入學額數十五名。

靈壽縣學。在縣治南。元至元中建。本朝順治十五年修，康熙八年、二十四年重修。入學額數十五名。

欒城縣學。在縣治東南。明洪武二十八年因舊址築。本朝康熙年間屢修。入學額數十五名。

平山縣學。在縣治西南。明洪武三年建。本朝順治十五年修。入學額數十五名。

阜平縣學。在縣治東。本朝康熙五十八年建。入學額數十五名。

行唐縣學。在縣治東北。明洪武七年建。本朝康熙年間修，雍正五年重修。入學額數十八名。

贊皇縣學。在縣治東。舊在縣治東南，宋嘉祐中遷此。本朝屢修。入學額數十五名。

晉州學。在州治西。元中統間建。本朝康熙年間修〔一六〕。入學額數十八名。

無極縣學。在縣治東。明洪武中建。本朝屢修。入學額數十五名。

槀城縣學。在縣治東南。宋元祐中建。本朝康熙三十六年修。入學額數十五名。

新樂縣學。在縣治東南。宋大觀中建。本朝屢修。入學額數十五名。

風動書院。在府城内。本朝乾隆二十九年建。

尊聞書院。在府城内。舊名常山書院。本朝乾隆四十二年建，易今名。

陘山書院。在井陘縣。本朝康熙十一年建，乾隆二十一年修。

鹿泉書院。在獲鹿縣。

文清書院。在元氏縣學宫之左。明萬曆中建，因薛瑄父爲學官，瑄生於學舍，故祀之。

松陽書院。在靈壽縣城内。本朝乾隆三十二年修。

龍岡書院。在欒城縣。本朝康熙二十二年建，乾隆三十年修。

天柱書院。在平山縣。本朝乾隆三十八年建。

育才書院。在阜平縣王快鎮。本朝乾隆五十八年建。

復初書院。在贊皇縣。本朝乾隆十二年建。

資川書院。在無極縣。本朝雍正十年建，乾隆十四年修。按舊志載：「恒陽書院，在正定縣西北，明嘉靖中建，萬曆十四年修，趙南星有記。太行書院，在獲鹿縣北二十里，元學士高健建。封龍書院，在獲鹿縣南封龍山上，相傳漢李躬授業之所，唐郭震、宋李昉、張皤叟〔一七〕、元李冶、安熙，皆嘗講學於此。西谿書院，在封龍山龍首峯西，唐隱士姚敬棲遁之所，宋有九經張著爲山長。中谿書院，在龍首峯下。滹陽書院，在藁城縣治東，明嘉靖十一年建。壁里書院，在新樂縣西四十里，元邑人趙士廉建，蘇天爵爲之記。滋溪書院，在縣西南滋溪新市中，元蘇天爵讀書處。」今俱廢，謹附記。

户口

原額人丁四十三萬五千九百九十五，今滋生男婦大小共一百二十五萬五千二百四十七名口，計二十五萬四千五十七户。

田賦

田地三萬六千六百五頃五畝五分有奇，額徵地丁正、雜銀二十六萬一千六百九十七兩一錢六分五釐。

山川

劒山。在井陘縣東十里。其形似劒。

射垛山。在井陘縣東南六十里。相傳王翦伐趙下井陘，嘗射垛於此。

鑾臺山。在井陘縣東南七十里。相傳隋文帝嘗駐蹕於此。

百華山。在井陘縣西南十里。林壑深邃，石磴崎嶇。

蒼巖山。在井陘縣西南七十里。層巒聳翠，高出雲表。中有石泉，雖旱不竭。

大臺山。在井陘縣西北二十里。趾削頂平，雄秀甲封内。亦名五峯山。

觀音陀山。在井陘縣北四十里。孤峯插天，盤亘千仞。中有清泉飛瀑，遶流而下。相近有鹿耳嶺，山脅兩開，形如鹿耳。

又縣北六十里有團尖山，峯圓而鋭。

井陘山。在井陘縣東北，與獲鹿縣接界。漢書地理志：石邑縣，「井陘山在西」。又井陘縣〔一八〕，應劭曰：「井陘山在南。」元和郡縣志：「陘山，在井陘縣東南八十里。四面高，中央下，如井，故曰井陘。」舊志：「山在今縣北五十里。其險爲河北、河東關要。縣境諸山錯列，大約與陘山相接連，皆太行之支隴也。」

雲鳳山。在井陘縣東北四十里。山勢迴翔，有險可恃。元末土人保此，曰鳳山砦。又東北十里爲仙翁山，上有紫雲洞，相傳張果尸解處。

海山。在獲鹿縣東五里。上有龍堂，堂下有穴，水常不竭。

横山。在獲鹿縣東南十二里。

封龍山。在獲鹿縣南，接元氏縣界。一名飛龍山。史記：「趙武靈王二十一年，攻中山，取石邑、封龍。」晉書懷帝紀：「永嘉三年，石勒寇常山，安北將軍王浚使鮮卑騎救之，大破石勒於飛龍山。」隋書地理志：「石邑有封龍山。」元和志：「飛龍山，在獲鹿縣西南四十五里〔一九〕。元氏縣西北三十里。」寰宇記：「飛龍山，一名封龍山。」水經注云「洨水東逕飛龍山北」，即井陘口。舊志：「山勢如伏龍欲飛狀，峯巒泉石，迴環錯列，稱爲奇勝。其最著者爲龍首、熊耳、華蓋諸峯。」

西屏山。在獲鹿縣西南三十里。高數百仞，峯巒連亘，宛如列屏，爲一郡之勝。西去井陘縣四十五里，山跨兩縣間，層崖干霄，形如卧虎，一名虎山。東有黑風洞，可容千人。

抱犢山。在獲鹿縣西八里。寰宇記：「獲鹿縣有萆山，今名抱犢山。韓信伐趙，使輕騎二千人持赤幟，從間道萆山而望，後遂呼爲萆山。後魏葛榮之亂，百姓抱犢而上，故以爲名。」舊志：「山四面險絶，頂有二泉。山之陽又有交龍洞。」

海螺山。在獲鹿縣西十里。緜延聳秀，其北爲蓮花山，下有白鹿泉，隋因以名縣。山之陽，巖洞深邃，相接如門屋，曰聯珠洞。

奇石山。在獲鹿縣西北二里。怪石峻起，縣之鎮山也。又縣西北一里有牛山。

神巖山。在元氏縣西南十里。

盤龍山。在元氏縣西二十三里。

無極山。在元氏縣西三十五里。以峯巒高聳而名。唐書地理志：「無極縣有無極山。」縣志：「在縣西二十五里。山不甚高，土人名爲無極。」按無極山本在元氏縣西，距無極縣一百六十餘里，縣以山名，實無山形也。

石溜山。在元氏縣西北二十五里。巖石環列，旁有長溪回繞，下注深壑，可引以溉田。又西北五里有粟山，形如堆粟。又有湖山，在縣西北三十里。上有石洞，甚深邃。

靈山。在元氏縣西北三十里。與封龍、無極並峙。

長山。在元氏縣西北四十里。頂有石牆圍砌，可容萬人。南麓有長山泉，其相接者曰黃山，與封龍山隔溪相對。又西北十里曰白石山。縣志：「無極以下諸山，與封龍山皆岡脉相接，所謂縣境六名山也。後漢光和中，俱錫以封號。」

白羊山。在元氏縣西北四十五里。連接封龍。

九女山。在元氏縣西北五十里。以九峯並列而名。又西北二十里有磨盤山，頂圓如磨。

楸山。在靈壽縣西七十里。山多楸樹，故名。

鳳凰石山。在靈壽縣西北六十里。兩山夾峙，道出其中，謂之龍門口。一名魯柏山。寰宇記靈壽有石疃山，小而峻，三面削絶，惟南面稍可躋陟。一名五岳山，又名五臺山。有五峯，在縣西北，有袈裟水出焉。今無考。

朱山。在靈壽縣西北九十里。上有寨場。

大喫水山。在靈壽縣西北一百二十里。其北又有小喫水山，山北即團箔口，兩山對峙。舊出礦。寰宇記：「靈壽縣有牛飲山。」即此。

銀洞山。在靈壽縣西北一百三十里。亦舊時産礦處。

四嶺山。在靈壽縣西北一百三十里。四面皆險，北接阜平縣界。其東南十里又有六嶺山，六嶺相連。

滴水塘山。在靈壽縣西北一百三十里。山形峭拔，麓有石洞，泉出其中。

文山。在靈壽縣北六十里。上有周文王廟，前有龍池，水極清冽。

光禄山。在平山縣南十里。上有後唐所封「金紫光禄大夫祠」，即山神封爵。山勢巃嵸，南拱邑治。

覺山。在平山縣西六十里。連接太行諸峯，周迴百餘里，高入雲漢。

房山。在平山縣西北。後漢書章帝紀：「元和三年幸趙，祠房山於靈壽。」元和志：「山在縣西北五十里，一名王母山。漢武帝於山上立祠，今王母觀是也。」舊志：「漢書地理志『蒲吾縣有鐵山』，即房山也。亦曰西山，五代梁貞明中，王鎔盛飾館宇於西山，每往遊輒經旬月，即此。又廬山，在縣西五十里。」

林山。在平山縣北二十里。東西兩峯對峙，亦名林峯。又雷奎山，在縣東二十里，亦有兩峯對峙。

鹿駝山。在阜平縣東五十里。山形如鹿。其北爲王快寨，山南即王快鎮也。

陳攤莊山。在阜平縣南三十里。山徑盤折，路通靈壽。

三箭山。在阜平縣西七十里龍泉關側。崇崖竦峙。本朝康熙二十二年，聖祖仁皇帝西巡經此，勒馬連發三矢，直逾巖頂，居民遂呼爲三箭山。乾隆十一年、十五年、二十六年、四十六年，高宗純皇帝西巡駐蹕，皆有御製三箭山詩。

大派山。在阜平縣西北五里。以派水所經而名。又東爲小派山，兩山對峙，林巒鬱然。

北山。在阜平縣東北。山嶺盤亘，縣境諸川多源於此。

大茂山。在阜平縣東北七十里，接曲陽縣界，即恒山之嶺。一名神尖。石晉與遼分界處。今阜平、曲陽、唐縣、望都，皆緣其麓。

柏山。在行唐縣西四十里。以山有古柏而名。其南爲昆山。

箕山。在行唐縣西北五十里。以峯形若箕而名。其西爲牛飲山，漢志「南行唐縣有牛飲山」，即此。相傳以爲許由隱此，上有許由冢。本朝乾隆十一年、二十六年、四十六年，高宗純皇帝西巡過此，俱有御製詩。

雙嶺山。在行唐縣西北八十里。有雙嶺並峙。其西曰龜山。

玉女山。元和志：「在行唐縣北三十六里。」

五馬山。在贊皇縣東。宋建炎初，和州防禦使馬擴奔正定五馬山聚兵，得徽宗子信王榛總制諸寨，即此。舊志：「山在縣東十里。上有五馬石〔二〇〕，因名。巖隙出泉甚甘美，名曰白馬泉。」

贊皇山。在贊皇縣西南。穆天子傳：「癸丑至房子，登贊皇山。」漢書地理志：「房子縣贊皇山，石濟水所出〔二一〕。」元和志：「山在縣東南二十六里。隋因以名縣。」舊志：「今在縣西南二十餘里，高百餘丈。」又隋書地理志：「贊皇縣有孔子嶺。」寰宇記：「嶺有石室寬博，其下有石相拒，狀若楹柱，時人謂之三梁九柱之室。室内石人像類執卷，故號曰孔子嶺。」舊志：「即贊皇山之嶺也。」

太行山。在贊皇縣西八十里。層巒疊嶂，延袤一帶縣境諸山，皆其支隴也。

枳固套山。在贊皇縣西一百二十里。一名紙糊套，又作子午套，界連三省。明季餘寇負嵎於此。本朝康熙三十七年，巡撫于成龍招撫之，因於王家坪立營防守，邑自是無寇患。

四望山。在贊皇縣西北二十里。山高聳，登臨可以望遠。

壇山〔三〕。在贊皇縣東北十五里，高百餘丈。相傳周穆王嘗駐蹕於此。崖壁上有「吉日癸巳」四字，云是周穆王書，今移學中。

鼓城山。在晉州西五里。下有鼓城坡，以鼓子所居而名。

土山。在稾城縣西南二十五里。即古宜安城故址。

童山。在新樂縣西北二十餘里，接曲陽縣，一名見龍山。緜亘數里，下有小溪縈帶，流入沙河。

石牆嶺。在井陘縣東南八十里。懸崖險峻，有路僅通一綫。

兩下嶺。在井陘縣西三十里。山脊隆起，東西陡削如牆壁然。

青泉嶺。在井陘縣東北三十五里。本名叱日嶺，舊屬平山縣界。唐景福三年，李克用敗成德軍於平山，王鎔出兵赴救，敗於叱日嶺，即此。

割鬚嶺。在元氏縣西北七十里，接井陘縣界。中有徑通井陘。相傳漢光武駐蹕元氏，尤來、大槍之徒，皆割鬚變帽，由此遁去，因名。

長岡嶺。在靈壽縣北十五里。突起一山，盤亘甚遠。又横山嶺，在縣西北八十里。高聳干霄，雖清明時，雲霧常蒙其上。

聖佛嶺。在靈壽縣北五十里。

車道嶺。在平山縣西三十里。山崖積石，不生草木。下有深川，鳥道盤曲。又十八盤嶺，在縣西百二十里。
分水嶺。在平山縣西一百五十里。五臺、太行之水於此分流東西，故名。
陡嶺。在平山縣西北二百六十里。山勢陡峻，不可登陟。又神堂嶺，在縣西北二百里，一名神堂關。
孫子嶺。在阜平縣東南二十里。縣境諸山皆從恒嶺分支，此嶺仰視大茂，拱列如兒孫，因名。俗訛爲孫臏所居。
長城嶺。在阜平縣西九十里。東至龍泉關二十里，嶺路陡峻，直上二十里。出龍泉關即山西地，汛守爲要。
楊川嶺。在行唐縣西北一百二十里。郜河源出此。
鐵腳嶺。在贊皇縣東南十二里。高險崎嶇，艱於登陟。元至正中，縣尹武紀稍鑿平之，以便行者。
十八盤嶺。在贊皇縣西六十里。山勢嵯峨，林木鬱茂，中有小徑，縈紆上下，凡十八盤。
黄沙嶺。在贊皇縣西北七十里。槐水源出此，即寰宇記所謂黄石山也。
障石巖。在贊皇縣西南一百十里。其峯峻秀挺拔，上有石乳泉。
孟嘗岡。在元氏縣西十八里。兩岡横亘，中通一綫，曰雞鳴道口。相傳孟嘗君度關處。
白馬岡。在靈壽縣東八里。又獨孤岡〔一三〕，在縣西北五十里。
卧龍岡。在欒城縣東南八里。盤曲如卧龍，今名浪頭丘。
百陵岡。在贊皇縣東。北史魏李靈傳：「李顯甫集諸李數千家於殷州西山，開李魚川方五六十里居之。」元和志：「百陵岡，在縣東十里。趙郡李氏别業在此。」
黄龍岡。在無極縣東。廣三百步，高丈餘，土色甚黄，盤繞如龍。

長銀洞。在井陘縣東南四十里。相傳舊嘗産銀。

白雲洞。在元氏縣封龍山龍首、熊耳兩峯間，方廣丈許。相傳徐真君修道處，下有「修真道館」，宋政和間賜額。

九仙洞。在元氏縣西三十里西賈村南〔二四〕。勢極險峻。

禪師洞。在平山縣西一百三十里。山勢峻極，上有石洞，出泉洶涌，冬夏不竭。又白龍洞，在縣西北二十里，内有龍潭，水深莫測。

水簾洞。在阜平縣東南四十里。峯巒秀拔，上有石洞，泉從洞口飛下如簾。

金龍洞。在阜平縣東北九十里，大茂山之口也。北接倒馬關，舊爲戍守要地。

示衣坂。在槀城縣西北三十里路側。唐天寶末，安禄山反，至槀城，常山太守顔杲卿以力不敵，與長史袁履謙往迎之，禄山衣之金紫，使仍守常山。杲卿歸至坂側，指其衣示履謙曰：「何爲著此？」因相與起兵討禄山。從人因以名坂。

繫馬石。在獲鹿縣西六里韓信砦東。相傳韓信嘗繫馬於此。

試劍石。在獲鹿縣封龍山上。明統志：唐郭元振遊學此山，見一石中裂，出五色雲氣，因得石中寶劍，左丞史彬書「試劍石」三字於上。金南陽彝倫勒頌。

滹沱河。源出山西代州繁峙縣泰戲山。由平定州盂縣流入，逕平山縣北，又東逕靈壽、正定二縣南，又東逕槀城縣北、晉州南，又東入保定府東鹿縣界。戰國策：「趙攻中山以擅滹沱。」崔豹古今注：「後漢永平十年，作常山滹沱河蒲吾渠通漕船。」隋圖經：「魏改滹沱曰清寧河。」元和志：「滹沱水，在靈壽縣西南二十里」，又正定縣〔二五〕「滹沱河，南去縣一里」，又「在九門縣西九十里」，「去槀城縣二十九里」，「鼓城縣北十三里」。元史河渠志：「滹沱河，在真定縣南一里，經藁城縣北一里，平山縣北十里。延祐七年，真定路言：真定縣城南滹沱河，北決隄，寖近城，每歲修築。聞其源本微，與冶河不相通，後二水合，其勢遂猛，屢壞金大隄〔二六〕。本路達魯噶齊哈散於至元三十年，引闢冶河自作一流，滹沱河水十退三四。至大元年〔二七〕，冶河口塞，復入滹沱。自後歲有潰決之患。」舊志：「滹沱河，明成化八年，由正定出晉州紫城口，南入寧晉泊。十三年，大水隄潰，逼府城西南隅，壞民廬舍。知府田濟修築郡西北曹馬口，又於舊河數里外鑿新河十餘里，分殺其流，復築隄以禦舊河之水，於是水有所歸。正德十三年，晉州紫城口淤，分爲二：一仍由寧晉泊；一東溢由束鹿鴉兒河入深州界。乃就涅盤集迤東築隄，障東溢之水歸寧晉故道。工甫畢，秋水泛漲，仍並南流而東入束鹿界。嘉靖十一年，太僕卿何棟相視，奏言：『晉州地形西高東下，水性趨下，遂失故道。議於稾城張村起，至晉州故壩築隄，障歸故道。』不果。本朝順治十二年又南徙，由稾城南彭村，徑晉州西南州頭村，入束鹿縣百尺口，至冀州歸清水河。今在平山縣北八里、靈壽縣南五里、正定縣南八里，繞稾城縣北，過晉州西南，達束鹿縣。」通志：「雍正三年，滹沱河又東徙，決州頭村，直衝束鹿，環城而流，瀰漫四野。時官民咸請障歸故道，仍入寧晉泊。怡賢親王以泊乃三郡衆水匯歸之地，不可復令濁流淤塞，乃親行相度，得舊河一道，由木丘南至焦岡入滏陽河〔二八〕。遂遣官疏濬，導水由此南流，又於州頭村築壩，障其東下。自是束、深無衝潰之虞，泊水亦免填淤之患。乾隆七年、八年，經督臣奏請建葑壩數處。十一年，高宗純皇帝聖駕西巡，駐蹕望河亭，指示建壩挑水之宜，不三四年，河溢南徙，淤沙可耕，自後益加添築，以資導禦，士民於河干建坊紀恩，曰『聖謨底績』。十五年、二十六年，高宗純皇帝西巡過此，皆有御製詩。」「達魯噶齊」，改見保定府名宦。

冶河。源出山西平定州，東流爲綿蔓水，入府境逕井陘縣南，又東與甘淘河會，逕井陘縣東之東冶村，又北入平山縣西之西冶村，遂稱冶河，北流至合河口村入滹沱。漢書地理志：「上艾縣，綿蔓水，東至蒲吾，入滹沱水。」又「綿蔓縣，斯洨水首受太白渠，東至鄡入河」。水經注：「綿蔓水上承桃水，水出樂平郡之上艾縣，東流逕靖陽亭南。又北流逕井陘關下，注澤發水，亂流東北逕蒲吾縣故城西。又東南流逕桑中縣故城北，又東南流逕綿蔓縣故城北，自下通謂之綿蔓水。又東流逕樂陽縣故城西，右合井陘山水。又屈從城南，東逕烏子堰，枝津出焉。又東，謂之太白渠，地理志所謂首受綿蔓水者也。白渠水又東南逕關縣故城北，又東爲成郎河，又東逕耿鄉南，又東逕宋子縣故城北，又謂之宋子河。又東逕敬武縣故城北，又東，謂之斯洨水。」元和志：「綿蔓水，在井陘縣西南八十里。韓信擊趙，背水爲陣，謂此水也。」又斯洨水，在欒城縣西北二十里。平山縣志：「冶河，在縣西一里。自井陘縣流至縣界，湍激之聲，可聞數里，冬月不冰。由城西北入滹沱河，爲兩河口，一清一濁，如涇、渭然。」方輿紀要：「冶河，在欒城縣西北。舊自平山縣東南流經此，其後自平山縣東北流合於滹沱。滹沱不能容，決溢爲害。元至元末引冶河分流，滹沱水勢遂殺。數年下流湮塞，仍決入滹沱。皇慶初又議自平山縣西北改闢河道，下至寧晉，使冶水仍入舊河，則滹沱勢分，真定之害必少。但欒城地形頗低，於縣北聖母堂東冶河東岸，開減水河一道，以殺其勢，於是冶河復導流於此。未幾復廢。俗亦謂之運糧渠。」通志：「冶河故道，本與洨河通，自並入滹沱，決溢爲患。」本朝雍正四年興修水利，於冶河入滹沱處，堅築大隄以遏絕之，引水由正定、欒城入於洨河，以分滹沱之漲。其後滹沱南徙，府治以西，河患益少，冶河入洨之道，日就湮塞，仍由平山入於滹沱。其經歷之地，本屬無多，而自井陘至平山，沿河開闢水田數百頃，引水注田，水勢亦殺。今成熟之效，月異而歲不同，灌溉有資，暢流無阻。蓋水道遷徙，今昔異宜，惟有因所利以治之矣。又按正定府志，今冶河自井陘縣東東冶村，經平山縣西西冶村，至合口河入滹沱河，其上游爲綿蔓河，雍正四年引由欒城入洨故道，今湮塞莫考，洨河遠隔城西，不相入矣。考欒城縣有所謂舊冶河者，證之方輿路程考，即太白渠也，由獲鹿入欒城之冶河鋪，東南入護城河，南流入趙州，長四十二里，乾隆二十八年挑濬寬深。

甘淘河。源出山西樂平鄉，自平定州流入，繞井陘縣東南十五里之柏山巖，又東北過縣東，合於綿蔓水。又有微水，在縣東北二十五里，南流入甘淘河。按綿蔓水合甘淘河後，始名冶河，舊志多以甘淘河爲冶河，訛。

滋河。源出山西五臺縣界，東南流逕靈壽縣北、行唐縣南，又東歷正定、槀城二縣北，逕無極縣南，又東北入定州深澤縣界，亦名資水。漢書地理志：「南行唐縣，牛飲山白鹿谷[二九]，滋水所出，東至新市入滹沱水。」元和志：「滋水，在行唐縣南二十六里。北去正定縣三十里。」寰宇記：「資河從九門縣東北界入無極界，東南入滹沱河。」舊志：「滋河源出山西靈丘縣枚回嶺，東南流逕靈壽縣北五十里，至行唐縣西南二十七里張茂村，伏流不見，至府東北三十里南孟社復出。又東南逕槀城縣北三十里，又東入無極縣，環縣西南東三面，而東北入深澤縣界。每秋水滂，輒有漲溢之患。」行唐縣志：「滋河河源最多，其大者有五：一出阜平縣白蛇嶺，流曰汉河，南流入靈壽縣界叉村南流；一出山西五臺縣南山之南，東流與汉河會；一出靈壽縣界北山五嶽寨；一出王母山北峪；一出王母山東峪；俱至靈壽縣西北五河村合流。又東至滋峪東南，又有西山之小河入焉，故名滋水。東過行唐，逾新樂，經稾城東北，抵祁州，與沙水匯流。」按輿圖：今滋河發源五臺縣東，與射虎川東西分流十餘里，即入邊牆至府界，漢志出南行唐是也〔三〇〕，元和郡縣志、舊志謂源出靈丘，又謂至行唐縣伏流，皆與今水道不合。行唐縣志謂會五河始名滋河，亦總舉相入之水言，其正源則在山西界也。又古與滹沱合流，今折而東北，與滱、沙二水合，不入滹沱矣。

西韓河。在正定縣西二十里。源出縣西北大鳴泉，東南流至縣南，注於滹沱。圖說謂之清水河。本朝乾隆十年興修水利，挑濬寬深。又縣西有柏棠河，其源亦本大鳴泉，以柏棠村得名。乾隆十年挑濬，長八里，引水至護城河。脈絡滋長，田畝受涵濡之利。又縣東有東大道河，縣東南有林濟河，並經疏浚，以分洩護城河之水。其下游爲只照河，在藁城縣西北，合旺泉、柏棠之水，以次宣洩，由此入滹沱，爲府治諸水之尾閭。

洨河。源出獲鹿縣南，東流逕欒城縣西，又南入趙州界。漢書地理志：「石邑縣，井陘山，洨水所出，東南至廮陶入泜。」舊志：「洨水上源有四泉：一出獲鹿縣南蓮花營，一出縣南洚北村，二泉相去五六里，東流十餘里而合，又十餘里至寶嫗村，入欒城界；其二泉出寶嫗村西北三里，名石牛港，相去六百步，皆乳泉，漫流平地，東行二百餘步，又三里許，與前二水合，四水交流，故名洨水。又東經欒城縣西十五里，元氏縣之北沙河，東北流合焉。又東南入趙州界，計長四十五里，下流至寧晉縣入大陸澤。宋咸平五年，河北漕臣耿望開鎮州常山南河入洨水至趙州以利漕〔三一〕，即此。」本朝乾隆十二年、二十八年，兩經挑濬，東岸土隄一道，長二十五里。

金水河。源出獲鹿縣封龍山，東北流逕縣城西南隅，又東合磨刀泉，轉東南流經元氏縣北十五里，又東至欒城縣合洨河。歲久淤廢，明萬曆四十二年，欒城令蘇繼歐嘗重濬。又磨刀泉，源出獲鹿縣北小山，流逕城東，又南流入金水。又孝河，在獲鹿縣西北二十里，或曰即金水上流之別名。

槐河。源出贊皇縣西，東北流經元氏縣南，又東流入高邑縣界，亦名泜水。即古泜水也，漢書地理志：「元氏縣，泜水首受中丘西山窮泉谷，東至堂陽入漳。」〔三二〕元和志：「泜水，在贊皇縣西南三十五里。即韓信斬陳餘處。」太平寰宇記：桑欽水經云：「槐水出黄石山，達元氏縣界。一曰渡水。」舊志：「槐水出黄沙嶺，流經贊皇縣西北十里，入元氏縣界，經縣西南六里合泜水，自下亦通謂爲泜水。又東南歷高邑、柏鄉，達寧晉縣，入胡盧河。」按今之槐水，即古泜水〔三三〕，至今之泜水，乃别一小水。舊志謂槐水爲泜水之别源，非是。又按此爲北泜水，非臨城敦與山之水也，後人混爲一水，亦誤。今槐河計長六十里，兩旁有水渠二十二道，引水灌田，民資其利甚鉅。

泜水河。在元氏縣。源出封龍山，東南流經縣西南六里紙屯村，入槐河。

沙河。在元氏縣西北八里，西山諸水所匯也，亦名猪龍河。東流至趙州界合洨水，計長十里。又有北沙河，在縣西北三十里，亦出西山，流經割鬚嶺、封龍山，東至欒城縣西入洨水。

衛河。在靈壽縣東。漢書地理志：「靈壽縣，禹貢衛水出東北，東入滹沱。」縣志：「衛河在縣東十里，俗名雷溝河，源出縣東北十四里良同村，南流至縣東南合滹沱河。」

嵩陽河。在靈壽縣西南五里，一作松陽河。源出楸山，東南流經縣西南兩關外，又東流至縣東南入滹沱河。又縣東關外有淤泥河，亦曰温泉，南流入嵩陽河，居人資以灌溉。

旺婁河。在平山縣西十五里。泉甚煖，隆冬不冰，居民造楮於此，亦名之爲望樓河。

滱河。在平山縣北。舊入行唐縣界，即木刀溝上源，古石臼河也。袁宏後漢紀：「永平中理滹沱、石臼河，從都盧至羊腸倉，欲令通漕。太原吏人苦役，連年無成，轉運所經三百八十九隘，前後溺死者不可勝算。建初三年從鄧訓言罷其役。」寰宇記：「滱水出房山，亦謂石臼水，又謂之鹿水，出行唐，東入博陵，謂之木刀溝，又謂之袈裟水。從此過石幢山，南流入滹沱。」舊志：「滱河，在平山縣西北六十里，東流至縣東北入滹沱。今上流爲滋水所亂，故道已湮，下流淤塞，亦不復東行也。」按此河亦名蒲吾渠，後漢書注引古今注曰：「永平十年作常山滹沱河蒲吾渠通漕船。」即此。

平陽河。在阜平縣東六十里。發源大茂山，南流入沠河〔三四〕。又班峪河，在縣東四十里，發源縣界炭火鋪。鷂子河，在縣東十五里，發源山西靈丘縣。又有小河，在縣東關外，發源大沠山〔三五〕，皆南流逕縣東入沠河。

沠河。即沙河也。自山西繁峙縣流入，逕阜平縣南，又東南歷曲陽，逕行唐縣東，又東南逕新樂縣西南，又東過定州界，至祁州合於滋河。通鑑：「晉隆安元年，魏主珪進軍新市，慕容麟退阻沠水。」又「唐至德元載，郭子儀擊史思明至行唐，敗之於沙河。」胡三省注：「沙河，在新樂、行唐二縣間。」寰宇記：靈壽縣有「沠水流逕白羊山下，從行唐東過温泉入房山界」。北使録：「自正定府七十里，過沙河至新樂，又四十五里至定州。」舊志：「源出龍泉關外長城嶺東麓，流逕大沠山西南，又東逕王快鎮南，又東南過曲陽縣，逕新樂縣南門外，至縣東南會郜河，乃南下東轉入定州界。一名沙水，亦曰長溪。」

胭脂河。在阜平縣西南五十里。發源縣界清竿嶺，東流入沠河，水有紅色，故名。又當城河，在縣西南四十里。發源山西五臺縣，流至縣南，與胭脂河合。

北流河。在阜平縣龍泉關外。發源關西八里之印鈔石山下，流至縣西北入沠河。

郜河。在行唐縣南一里許，一作告河。源出縣西北兩嶺口山谷間，曰潁河，南行三十里，逕箕山之東，許由村之南，曰洗耳溪，又東南曰郜河。自行唐之高壘村東，入新樂之西曹村，會大沙河，出境入定州，計長二十里。又行唐縣西北三十五里有甘泉河，源出甘泉廟，南流入郜河。

賈莊河。在行唐縣北二十里。源出縣西北武莊社北山，曰曲河，東流逕縣東北賈莊村，曰賈莊河，又東入沠河。

浴河。在新樂縣西五里〔三六〕，一名金水河。源出縣西南十五里中同村浴兒池，東流分爲二，皆與木刀溝會，曰三汊河，與藁城縣接界。

井陘水。在獲鹿縣東北。水經注：井陘水「出井陘山，世謂之鹿泉水，東北流，屈逕陳餘壘南，又南逕欒陽縣城西〔三七〕，東注綿蔓水。」元和志：「鹿泉水，一名陘水，南去石邑縣十里。」按此水今堙。

聖水。在靈壽縣西。源出縣西北二十五里白石村之聖水峪，亦曰聖水洼，上有清風砦。又大鳴川，在縣西北九十里，亦曰大名川〔三八〕，又名錦川。源出横山嶺西團箔口東，下流俱注於滹沱。

滺滺水。在平山縣西一百里。自山半涌出，達於平地，灌田數十頃。明正德二年於滺滺水口建城置戍。

泲水。在贊皇縣南，東流入高邑縣界，一名白溝水。漢書地理志：「房子縣，贊皇山，石濟水所出〔三九〕，東至廮陶入泜。」隋書地理志：「贊皇縣有白溝。」元和郡縣志：「濟水出贊皇山，東北流，去縣南十里。此别一水，應劭以爲四瀆，誤也。」舊志：「今名沙水，在縣西南六十里，源出本縣大石門。」按寰宇記謂即槐水，誤。

木刀溝。在新樂縣西南。舊自平山，行唐縣流入，又東逕無極縣北，又東入保定府祁州界。元和志：「木刀溝，在新樂縣東南二十四里。溝旁人姓木名刀，因名。」又「在陘邑縣南三里」〔四〇〕。太平寰宇記：「亦名長林溝〔四一〕。」舊志：「新樂縣西三十五里，接行唐界，地卑下，行唐諸山溪之水匯於此，南流爲林河，至縣西二十里長林橋，會閔泉水，又南折東經縣南三汊河口，合滱河水，凡六十里。又東南入無極縣界，去縣西北二十里，此即木刀故道也。明萬曆中，知縣趙璿嘗濬之，因名趙澤河。」本朝順治中，知縣林華皖重濬，又名曰林河，今俗訛爲牧道溝。其下流已堙，餘水與沙河相通。按今溝水出新樂縣境閔鎮村，東流經藁城、定州界，入無極，長四十五里。乾隆二十八年挑濬寬深。又按林河出新樂境之北青同村，與木刀溝水異源，人以其水歸入木刀，故誤號木刀爲林河，究之兩水各别，未可混一。

大唐渠。唐書地理志：「獲鹿縣東北十里有大唐渠，自平山至石邑，引太白渠溉田。又有禮教渠，總章二年自石邑西北引太白渠東流入真定界以溉田。天寶二年又自石邑引大唐渠東南流四十三里入太白渠。」

七里澗。在井陘縣東北。諸山溪之水在縣北境者，皆匯流於此，南入綿蔓河。

黑龍潭。在贊皇縣西南七十里。上有龍神廟。

龍潭灣。在欒城縣南五里。昔時治河支流。

飲馬池。明統志：「在行唐縣東南，尉遲敬德開以飲馬〔四二〕。上有鄂國公廟。」

蓮花池。在行唐縣東。畿輔通志：蓮花池泉從地湧，寬以畝計，迤邐東南流，龍泉自西北來會，倚橋爲閘，隨塍爲溝。本朝雍正五年挑修，改水田爲旱河，其利滋溥。

恒陽第一泉。在正定縣西門外迤南護城河中。舊名甘泉，甘洌異他水。

白雀泉。在正定縣西南三里。灌田數十頃，相傳泉舊在白雀寺中，故名。

大鳴泉。在正定縣西北三十里，即西韓河上源也。有泉數十穴，大者如車輪，溉田百餘頃。少東有小鳴泉。又有雕橋泉，在縣西二十里，源出大鳴泉，凡四十五穴。明宣德初，知縣李守義引水溉田，後淤塞。萬曆四年，知縣周應中復濬，又開三陽河，俱由丁家橋、斜角頭、李家莊入河，溉田數十頃。本朝乾隆十年興修水利，重加開濬。

涼樓坡泉。在正定縣東北三里。東南流爲周河，入滹沱。

旺泉。在正定縣東北隅。大可數畝，一支南流入城河，今廢；一支西南流經西洋、朱福屯等村。明萬曆初，知縣周應中開濬，大爲民利，後久堙廢。本朝乾隆十年命總督高斌相視疏濬，成通渠，上建亭曰導醴。十五年，高宗純皇帝時巡，駐蹕於此，有御製九日幸旺泉導醴亭登高詩。

蒙泉。在元氏縣封龍山半。又有龍泉，亦在封龍山。

河西泉。在平山縣西二十五里。平地湧泉數處，灌田數百頃。

温泉。在平山縣西四十里。泉從土中沸出，温煖可浴。又有温泉，在阜平縣西南四十里。

野狐泉。在贊皇縣西南五十里。泉水湧出，遂成大河，下通槐水。

龍井。在正定縣北龍王廟前。旱禱輒應。

聖井。在無極縣北十五里。旱禱多應，邑民稱爲「聖泉」。

校勘記

〔一〕秦爲鉅鹿郡地漢高祖置恒山郡　乾隆志卷一八正定府建置沿革（以下同卷簡稱乾隆志）同。譚其驤秦郡新考（載長水集上册）：「常山郡，分邯鄲置。自來言秦郡者皆不知有此郡。」按漢避文帝劉恒諱，改「恒」爲「常」。據譚其驤主編中國歷史地圖集第二册，秦恒山郡治東垣縣，其轄境約當清正定府、定州及保定府西部和趙州西部地區，不屬秦鉅鹿郡地，此説不可信。

〔二〕元鼎四年分置真定國　乾隆志同。按漢書卷二八地理志下：「真定國，武帝元鼎四年置。」又同書卷一四諸侯王表：「真定，元鼎三年，頃王平以憲王子紹封。」當從表以三年爲是。

〔三〕北齊復爲郡治後周兼爲恒州治　乾隆志同。按元和郡縣圖志卷一七：恒州，漢高帝置恒山郡，「後避文帝諱，改曰常山。兩漢恒山太守皆理於元氏，晉理於真定，即今常山故城是也。後魏道武帝登恒山郡城，北望安樂壘，嘉其美名，遂移郡理之，即今州理是也。周武帝於此置恒州」。則常山郡自漢以後屢有遷治，至北魏道武帝移治安樂壘，其地即唐恒州治（今正定縣）。

北齊、北周因襲。王仲犖北周地理志卷一〇：恒州常山郡常山縣治安樂壘，「常山縣，北齊置。北齊書儒林張景仁傳：『後主登祚，食恒山縣幹。』是北齊時有恒山縣。又唐故成夫人墓誌銘：『曾祖瓚，周任恒州常山令。』則周世尚有此縣。隋書地理志：『開皇十六年分真定置常山縣，大業初又省常山入真定。』清一統志謂即古安樂壘，是齊周之世，曾於安樂壘置常山縣，而隋志失載。」則北齊置恒山縣，治安樂壘，亦爲常山郡治，北周沿襲，改縣名爲常山，並置恒州治焉。而真定縣於北齊、北周時，爲常山郡屬縣。

〔四〕漢置井陘縣　乾隆志同。后曉榮秦代政區地理第六章山東北部諸郡置縣：恒山郡領有井陘縣，「中國歷史博物館藏傳世戰國趙兵器有兩件七年井陘令劍，史記秦始皇本紀：『行，遂從井陘抵九原。』西漢時常山郡有屬縣井陘，當屬因趙國井陘縣而置。從兵器銘文可知，趙置井陘縣，西漢沿置，推之秦也設置此縣。」按元和郡縣圖志卷一七：恒州井陘縣，「秦始皇十八年，王翦興兵攻趙，下井陘。漢高帝三年，韓信、張耳東下井陘，擒成安君，即此地也」。太平寰宇記卷六一鎮州井陘縣載同，可補證后氏之説。

〔五〕漢置石邑縣　乾隆志同。后曉榮秦代政區地理第六章山東北部諸郡置縣：恒山郡領有石邑縣，「遼寧省寬甸縣出土秦兵器有『元年丞相斯』戈，現藏於遼寧省博物館，銘文：『元年丞相斯造，櫟陽左工去疾，工上，武庫，石邑』，按丞相斯多見於秦二世元年詔版，故知此兵器制作於秦二世元年，即此戈由丞相李斯督造，石邑系此器使用地。石邑在戰國時屬趙地，秦末戰争中，趙王曾派兵至石邑。史記張耳陳餘列傳曰：『李良略太原，至石邑，秦兵塞井陘，未能前。』從文物和文獻推知，秦置石邑縣，漢因之」。其説是也。

〔六〕晉復置　乾隆志同。按三國志卷二魏書文帝紀：延康元年八月，「石邑縣言鳳皇集。」吴增僅三國郡縣表卷二據此謂「蓋漢末復立」，其説甚是。三國魏、晉因襲。

〔七〕晉改屬趙國　乾隆志同。輿地廣記卷一一：真定府元氏縣，「魏、晉、元魏屬趙國」。吴增僅三國郡縣表卷二據此以三國魏元氏縣屬趙國。

〔八〕後漢改置欒城縣　乾隆志同。按漢書卷二八地理志上常山郡領關縣，不載於續漢書郡國志二常山郡。元和郡縣圖志卷一七：趙州欒城縣，「本漢關縣，屬常山郡。後漢省。後魏太和十一年於此置欒城縣」。則前漢置關縣，後漢廢。王先謙後漢書集解引馬與龍云：「前漢關縣在今正定府欒城縣北。」又左傳哀公四年杜預注：「欒在趙國平棘縣西北。」續漢書郡國志欒城縣劉昭注：「在平棘縣西北四十里。」故平棘縣在清趙州（今趙縣）東南。據此，西漢關縣，東漢欒城縣，本非一地，西漢置關縣，東漢廢，另於它地新置欒城縣，非改置，明也。

〔九〕東北至定州深澤縣治四十里　「定州」，原作「趙州」，乾隆志作「定州」。按本志卷五五定州建置沿革：領深澤、曲陽二縣。此「趙」爲「定」字之誤，據改。

〔一〇〕晉屬趙國　乾隆志同。晉書卷一四地理志上趙國領下曲陽縣，即本志所據。方愷新校晉書地理志：「左傳昭公十二年杜（預）注：鉅鹿國下曲陽縣有肥纍城。十五年注鼓聚同。」以證晉下曲陽縣屬鉅鹿國，不屬趙國，其説是也。

〔一一〕元太祖十年始於縣置晉州　乾隆志同。此從元史卷五八地理志一之記載。温海清畫境中州下篇元史地理志考釋：「元任毅晉州治記：『保定元帥張柔嘉王某英偉，時申奏于朝廷，乞旌擢，得蒙准奏，遂改此邑（鼓城縣）爲晉州。』大明清類天文分野之書卷一一趙分冀州晉州：『庚辰，改爲晉州。』庚辰，即太祖十五年，張柔降蒙，在太祖十三年，其申奏設立晉州的時間應以太祖十五年更爲切當，地理志之記載疑誤。」

〔一二〕元太宗六年屬永安州　乾隆志及元史卷五八地理志一同。按元太祖十七年升藁城縣爲永安州，無極、寧晉、新樂、平棘四縣屬之。詳見本卷校勘記〔一四〕。

〔一三〕北齊改曰高城兼移鉅鹿郡治焉　乾隆志同。王仲犖北周地理志卷一〇：「按漢置鉅鹿郡治平鄉，後魏改曰南鉅鹿郡，後改南趙郡，即魏書地形志之殷州南趙郡也。晉鉅鹿郡治廮遥，即地形志之殷州鉅鹿郡也。此治高城者，則地形志之定州鉅鹿郡也。郡當置於東魏之前，故地形志載之。」王氏之説確鑿。

〔一四〕元太宗六年升爲永安州　乾隆志同。元史卷五八地理志一：藁城縣，「太宗六年爲永安州，無極、寧晉、新樂、平棘四縣隸焉。」即本志所據。温海清畫境中州下篇元史地理志考釋：「嘉靖藁城縣志卷八、康熙藁城縣志卷一二載：李治冀國武靖公神道碑云：『壬午（元太祖十七年）升藁爲永安州匡國軍，以公（王善）行元帥府事。』另據同氏所撰太傅忠烈公神道碑載：『壬午，再授（董俊）左副元帥府事如故，仍升藁爲永安州匡國軍。』從上可知，兩種神道碑云藁城于壬午已升州，此與地理志不合，兹當從碑。」

〔一五〕本朝乾隆十二年重修　「十二」，乾隆志作「十一」。同治畿輔通志卷一二九城池二：「乾隆十一年，知縣黄岡竹復修南門并城樓。」則「十一」是。

〔一六〕本朝康熙年間修　「年間」，乾隆志作「初」。同治畿輔通志卷一一五學校二：「康熙元年，知州崔爾仰重修。」則作「初」是。

〔一七〕張皤叟　「皤」，原作「蟠」，據乾隆正定府志卷二山川「封龍山」、同治畿輔通志卷一一五學校二改。

〔一八〕又井陘縣　「縣」下原有「志」字，乾隆志無。漢書卷二八地理志上：井陘縣顔師古注引應劭曰：「井陘山在南。」即本志下引注文，則此「志」字衍，據删。

〔一九〕在獲鹿縣西南四十五里　「西南」，乾隆志同。按元和郡縣圖志卷一七：獲鹿縣，「飛龍山，在縣南四十五里」。無「西」字。太平寰宇記卷六一作「西南」。

〔二〇〕上有五馬石　乾隆志同。按大明一統志卷三、讀史方輿紀要卷一四、同治畿輔通志卷六三山川七皆作「五石馬」，此「馬石」蓋爲「石馬」之倒誤。

〔二一〕石濟水所出　乾隆志同。王先謙漢書補注：「王念孫曰：『濟』上衍『石』字。説文：『濟水出常山房子贊皇山。』風俗通義同。續志常山房子贊皇山，『濟水所出。』『濟』上皆無『石』字。先謙曰：……王説不可易也。」後文同。

〔二二〕壇山　「壇」，乾隆志及乾隆正定府志卷三山川同，大明一統志卷三、讀史方輿紀要卷一四皆作「檀」。

〔二三〕又獨孤岡　「獨孤」，原作「孤獨」，乾隆志同，據乾隆正定府志卷三山川及同治畿輔通志卷六三山川七乙正。

〔二四〕在元氏縣西三十里西賈村南　「西賈村」，乾隆志同，同治畿輔通志卷六三山川七引府志作「賈村」，無「西」字，此「西」字疑衍。

〔二五〕又正定縣　「正」，乾隆志同。據元和郡縣圖志卷一七恒州真定縣載，本名東垣縣，漢高帝十一年改名真定縣，自後因之。又本志正定府建置沿革：唐爲恒州，後改鎮州，五代後唐改爲真定府，元爲真定路，明洪武初復爲真定府，「清雍正元年改名正定府」。其治所真定縣亦同改爲正定縣。則清康熙以前皆作「真」，雍正以後避諱改爲「正」。

〔二六〕屢壞金大隄　「金」，原脱，乾隆志同，據元史卷六四河渠志一補。

〔二七〕至大元年　「年」，原作「中」，據乾隆志及元史卷六四河渠志一改。

〔二八〕由木丘南至焦岡入滏陽河　「岡」，乾隆志同。畿輔河道水利叢書陳儀直隸河渠志、陳學士文鈔直隸河道事宜皆作「罔」。

〔二九〕牛飲山白鹿谷　「鹿」，乾隆志作「陸」，同漢書卷二八地理志上。王先謙漢書補注：「説文：『滋水出牛飲山白陘谷，東入呼沱。』王念孫曰：作『白陘』是也。爾雅：『山絶陘。』考河北八陘，有白陘之目（見元和志引述征記），與此白陘谷義相近也。若作『白陸谷』，則義無所取，蓋俗書『陘』字作『陉』，與『陸』相似而誤。」

〔三〇〕漢志出南行唐是也　「南」，原脱，乾隆志同。按漢書卷二八地理志上：南行唐縣，「牛飲山白陸谷，滋水所出」。即此也，漢名南行唐，據補「南」字。

〔三一〕河北漕臣耿望開鎮州常山南河入洨水至趙州以利漕　「耿」，原作「景」，乾隆志及讀史方輿紀要卷一四同。按續資治通鑑長編卷五一：咸平五年三月，「河北轉運使耿望言：準詔開鎮州常山鎮南河水入洨水至趙州功畢」。宋史卷九五河渠志五同。此「景」爲「耿」字之誤，據改。

〔三二〕即古泜水也漢書地理志元氏縣泜水首受中丘西山窮泉谷東至堂陽入漳　「泜」原作「沮」，「漳」原作「河」，乾隆志同。漢書卷二八地理志上作「沮」、「黄河」，「黄河」即本志之「河」也。王先謙漢書補注：「王念孫曰：沮當爲泜，凡隸書從氐之字，或作互，又作亙，故泜字或作沍，又作洹，形與沮字相似，因譌而爲沮。下文『濟水東至廮陶入泜』，風俗通義譌作『入沮』，是其明證也。説文泜水在常山，郭璞注：『北山經云：今泜水出中丘縣西山窮泉谷，東至堂陽縣入於漳水』，皆本地志，則沮水爲泜水之譌甚明。」又云：「案北山經注言泜水入漳，而此云入黄河者，蓋本借章爲漳，章與黄字形相近，因譌而爲黄也。漢之堂陽，即今之新河，乃漳水所經，非河水所經，地理志亦不謂河爲黄河也，而文選注亦作黄，則後人以誤本漢書改之。」則此「沮」爲「泜」、「河」爲「漳」字之誤，據改。

〔三三〕按今之槐水即古泜水　乾隆志同。據本志及同治畿輔通志卷八〇水道六記載，槐水源出贊皇縣西南，東逕贊皇縣北、元氏縣西南、高邑縣西北、趙州西南、寧晉縣西，東南歸於寧晉泊。又山海經北山經：敦與之山，「泜水出于其陰，而東流注于彭水」。彭水，不詳。漢書卷二八地理志上：元氏縣，「泜水首受中丘西山窮泉谷，東至堂陽入漳」。按漢中丘縣，清内丘縣（即今縣）西；漢堂陽縣，清新河縣（即今縣）西北。漳指漳水。元和郡縣圖志卷一七：臨城縣，「泜水，在縣南二里。敦與山，在縣西南七十里，泜水所出」。太平寰宇記卷六〇：臨城縣，「敦與山，在縣南七十里，泜水所出」。按唐宋臨城縣即清臨城縣（即今縣）。綜上所引，古泜水上游在臨城縣，即清臨城縣之泜河，其下游屢有變遷，則槐水在北，古泜水在南，非一水，此混而爲一。

〔三四〕南流入泒河　「泒」，原作「派」，乾隆志同。按説文：「泒水，出雁門葰人縣戍夫山，東北入海。」隋書卷三〇地理志中：雁門郡繁畤縣「有泒水」。太平寰宇記卷六一、大明一統志卷三真定府山川皆作「泒水」。讀史方輿紀要卷一四：阜平縣，「泒河，在縣北。志云：源發恒山，流經大泒、小泒二山而南」。同書卷四〇：繁峙縣，「泒讀孤」。同治畿輔通志卷七九水道五：「沙河，即古泒水也。俗書作分派之派，誤。」則此「派」爲「泒」字之誤，據改。下文及後文改同。

〔三五〕發源大泒山　「泒」，原作「派」，乾隆志同。大明一統志卷三真定府山川：「大泒山，在阜平縣東北五里。其東爲小泒山。」讀史方輿紀要卷一四載同。同治畿輔通志卷七九水道五引畿輔舊志：「沙河流逕大泒山，又名泒河。」此「派」爲「泒」字之誤，據改。後文改同。

〔三六〕在新樂縣西五里　乾隆志無「西」字。同治畿輔通志卷六三山川七引新樂縣志作「在縣南七里」。此「西」疑爲「南」字之誤。

〔三七〕屈逕陳餘壘南又南逕樂陽縣城西　乾隆志同。按水經濁漳水注：井陘山水「出井陘山，世謂之鹿泉水，東北流，屈逕陳餘壘西，俗謂之故壁城。……其水又屈逕其壘南，又南逕城西，東注綿蔓水」。則「陳餘壘」即「故壁城」，井陘水逕其西，此「欒陽縣」當爲「故壁」之誤。

〔三八〕亦曰大名川　「名」，乾隆志作「明」，同治畿輔通志卷六三山川與卷五〇靈壽縣圖説同。

〔三九〕石濟水所出　乾隆志同。按此「石」乃衍字，詳見本卷校勘記〔二一〕。

〔四〇〕又在陘邑縣南三里　「三」，乾隆志同。按元和郡縣圖志卷一八「陘邑縣」作「二」，此「三」爲「二」字之誤。

〔四一〕亦名長林溝　「林」，原作「淋」，乾隆志同，據元和郡縣圖志卷一八、太平寰宇記卷六二改。

〔四二〕在行唐縣東南尉遲敬德開以飲馬　乾隆志無「南」字，「尉遲敬德」上有「唐」字。按大明一統志卷三真定府山川：「飲馬池，在行唐縣東莊頭村，相傳唐尉遲敬德留守時開鑿飲馬處。」則乾隆志是，此「南」蓋「唐」字之訛。

大清一統志卷二十八

正定府二

古蹟

東垣故城。在正定縣南。史記：「趙武靈王二十一年攻中山，取東垣。」又蘇秦説燕曰：「趙之攻燕也，不十日而數十萬之軍軍於東垣矣。」張守節史記正義：東垣，「趙之東邑，在真定縣南八里」。漢書高帝紀：「十一年，陳豨將趙利守東垣，高祖攻之不下。卒罵，上怒。城降，卒罵者斬之。」地理志：「真定縣，故東垣，高帝十一年更名。」舊志：「東垣城，秦、漢以來縣皆治此，唐初移於今治。又鎮州牙城曰潭城，歐陽修曰：常山宫後有池，亦曰北潭，州之勝遊惟此，故名。」按五代王鎔館李匡威於潭園，沈存中夢谿筆談：「海子園，亦謂之潭園。」即北潭也。

常山故城。在正定縣西南八十里。漢九門縣地，晉永和中，慕容儁攻冉閔築壘於此，曰安樂壘。後魏道武登常山郡城，北望安樂，嘉其美名，遂移郡治焉。北齊復移郡治真定〔一〕。隋開皇十六年分真定置常山縣，即古安樂壘也。大業初復省入真定。

井陘故城。在今井陘縣北。漢置縣〔二〕。後漢至唐皆治此。元和志：「縣東南至恒州九十里。」宋熙寧六年省，尋改置於天威軍，而故城廢。

天威故城。在井陘縣東北五十里。宋史地理志：「復置井陘縣，徙治天威軍，即縣治置軍使，隸真定府。有天威軍寨。」

金史地理志：「威州，天會七年以井陘縣升，置陘山郡軍〔三〕，後爲刺史。」舊志：「元憲宗二年，徙威州治洺水，又徙井陘縣治天長，而此城廢，今謂之威州城，又名威州堡，亦曰井陘店，今縣治即古天長鎮。唐景福初，李克用及義武帥王處存合兵攻成德帥王鎔，拔天長鎮，是也。元移縣治此。」〔四〕

石邑故城。在獲鹿縣東南。史記：「趙武靈王二十一年攻中山，取石邑。」又陳餘傳：「趙王武臣使李良略太原，至石邑，秦兵塞井陘，未能前。」魏書地形志：「石邑縣有石邑城。」括地志：「石邑故城，在鹿泉縣南三十五里。」元和志：「縣東北至恒州三十里〔五〕。」宋史地理志〔六〕：「獲鹿有石邑鎮。」按漢志「井陘山在石邑西」，蓋當井陘之口。括地志：「在鹿泉縣南。」是也。元和志所記道里則在今獲鹿之東北，與括地志不同，舊志謂晉、隋時嘗徙治。今考寰宇記：「隋開皇三年移縣於萬夏郝。」遷治乃在是時，然據魏收志，則後魏時已非故治矣。

綿蔓故城。在獲鹿縣北。漢置縣，屬真定國。後漢建武初，真定王劉楊與綿蔓賊交通〔七〕，光武遣耿純誅之。縣尋廢。後漢書注：「故城在石邑縣西北，俗音謁，謂之『人文城』。」按「人文」當作「民文」，蓋避唐諱也。

樂陽故城。在獲鹿縣東北。漢地節二年封趙頃王子説爲侯國，屬常山郡。後漢省。水經注：「綿蔓水東流逕樂陽縣故城西，又屈從城南，俗名曰臨清城，非也。光武使鄧禹、銚期別攻真定宋子，餘賊拔樂陽稾肥壘者也。」

元氏故城。在今元氏縣西北。本趙公子元封邑。史記：「趙孝成王十一年，城元氏。」後漢書：「更始封宗室劉歙爲元氏王。建武四年，陰后從征彭寵，生顯宗於元氏。章帝元和三年北巡，幸元氏，祠光武、顯宗於縣舍正堂；又祠顯宗於始生堂。復元氏七年徭役。」元和志：「縣東南至趙州四十九里。故城在縣西北十五里。兩漢常山太守皆理於此。隋末爲劉黑闥所破，其後移於今所。」

靈壽故城。在今靈壽縣西北。漢書地理志：「靈壽縣，中山桓公居此。」史記：「樂羊爲魏文侯將，伐取中山，文侯封以靈壽。」漢置縣。後漢建武元年封邳彤爲靈壽侯。寰宇記：「舊縣城，在今縣西北。晉移於此。今廢城尚存。」縣志：「靈壽故城，在縣西北十里，今名靈壽邨。」

欒城故城。在欒城縣南。左傳哀公四年：「齊伐晉，取欒。」杜預注：「欒城，在平棘縣西北。」後漢書郡國志劉昭注：「在平棘縣西北四十里。」按又見「趙州」。

關縣故城。在欒城縣北。漢置縣，屬常山郡。後漢省。後魏改置欒城於此。水經注：「太白渠東南逕關縣故城北。」魏書地形志：「欒城縣，太和十一年分平棘置，治關城。」元和志：「縣東南至趙州三十九里。本漢關縣。」寰宇記：「縣在鎮州南五十里。」縣志：「故城在今縣北十里董保丘，元末兵燬，明初移今治。」

房山故城。今平山縣治。即古嘉陽城也。魏書地形志：「蒲吾縣，有嘉陽城。」元和志：「房山縣，東南至恒州八十里。隋開皇十六年置，其城內實外險，一名嘉陽城。」按縣志：「縣西門外有西平州城，相傳昔嘗置州於此。」未詳。

蒲吾故城。在平山縣東南。戰國時曰番吾。漢置縣，晉及後魏皆治此。隋省入井陘。戰國策：「蘇秦曰：秦甲涉河逾漳，據番吾，則兵必戰於邯鄲之下。」〔八〕史記：「趙王遷四年，秦攻番吾，李牧與戰，卻之。」後漢書郡國志注：「蒲吾，史記番吾也。」元和志：「蒲吾故城，在房山縣東二十里。」

桑中故城。在平山縣東南。漢置縣，屬常山郡。宣帝地節二年封趙頃王子廣漢爲侯國。後漢省。水經注：「桃水南逕蒲吾縣故城西，又東南逕桑中故城北，世謂之石勒城，蓋趙氏增城之，故擅其目，俗又謂之高功城〔九〕。」

南行唐故城。在今行唐縣北。漢縣。本戰國趙邑也。史記：「趙惠文王八年，城南行唐。」魏書地形志：「行唐縣，熙平中移治犢乾城。」舊志：「今縣北三十里有行唐故城，俗謂之故郡城，置故郡社，以後魏常置唐郡於此也。」

安鄉故城。在晉州東。漢置縣，屬鉅鹿郡。後漢省。

臨平故城。在晉州東南。漢置縣，屬鉅鹿郡。後漢紀：「建武四年進幸臨平。」即此。尋廢。魏書地形志：「曲陽縣有臨平城。」章懷太子後漢書注：「臨平故城，在鼓城縣東南。」

下曲陽故城。在晉州西。戰國策：「全趙之時，下曲陽爲燕。」後漢書：「更始二年，光武馳赴信都，北降下曲陽。」十三州志：「常山有上曲陽，故此加下。」隋書地理志：「稾城，後齊廢下曲陽入焉。」括地志：「下曲陽故城，在鼓城縣西五里。」

毋極故城。在今無極縣西。魏書地形志：「中山郡毋極縣，二漢屬，晉罷。太和十二年復，治毋極城〔一〇〕。」元和志：「無極縣，北至定州八十里。本漢毋極縣，屬中山國。後魏太武省。高齊重置，屬中山郡。隋開皇三年改屬定州。萬歲通天元年改『毋』爲『無』。」寰宇記：「唐景福二年於無極縣置祁州，從定州節度使王處存之請也。毋極故城，在今縣西。」縣志：「在縣西二十五里新城邨，遺址猶存。」

陘邑故城。在無極縣東北。本七國時中山國之苦陘邑，後屬趙。漢置苦陘縣〔一一〕，屬中山國。後漢初封杜茂爲侯邑，章帝北巡，改曰漢昌。魏文帝改曰魏昌。晉及後魏因之。高齊省。隋開皇十六年改置隋昌縣，屬定州。武德四年改曰唐昌，天寶元年改曰陘邑。宋初省入無極〔一二〕。元和志：「陘邑縣北至定州五十里。」寰宇記：「魏昌故城，在無極縣東北二十八里。」通典：「又有中山故城，在唐昌縣東北。」舊志：「慕容垂都中山，即此。」

稾城故城。在今稾城縣西南。元和志：「縣西北至恒州五十八里〔一三〕。漢元鼎四年置。」寰宇記：「隋大業二年廢廉州，移稾城縣入廢州城，今縣是也。廢舊縣城在今縣西。」縣志：「縣西南丘頭社有故城，即漢故縣也。」按魏書地形志、元和志、寰宇記俱云「後漢稾城縣屬鉅鹿郡」，今郡國志不載〔一四〕。

宜安故城。在稾城縣西南。史記：「秦始皇十四年攻趙軍於平陽，取宜安。」水經注：「白渠水又東南逕耿鄉南，世祖封耿純爲侯國，世謂之宜安城。」唐書地理志：「義寧元年析稾城置宜安縣。武德元年隸廉州，四年省入稾城。」括地志：「宜安故城，在稾城縣西南二十五里。」又縣志：「故耿鄉，在縣西一里。後漢初，耿氏宗族所居。」

肥纍故城。在槀城縣西南。古肥子國，白狄别種也。漢置縣，屬真定國。後漢省。左傳昭公十二年：「晉荀吴滅肥。」杜預注：「下曲陽縣西南有肥纍城。」史記：「趙王遷三年，秦攻赤麗、宜安，李牧率師與戰肥下，卻之。」注正義曰：「戰於肥纍之下也。」括地志：「肥纍故城，在槀城縣西七里。」

九門故城。在槀城縣西北。本戰國時趙邑。史記：「趙武靈王出九門，爲野臺，以望齊、中山之境。」惠文王二十八年罷城北九門大城。」皆即此。漢置九門縣，屬常山郡，治此。北齊縣廢。隋開皇六年復置，屬恒山郡。義寧初置九門郡。唐武德四年改爲觀州，五年州廢，縣仍屬恒州。宋開寶六年省入槀城。元和志：「縣西至恒州三十里。」縣志：「在今縣西北二十五里。」

新市故城。在新樂縣西南。本古鮮虞國，後爲中山國。左傳昭公十二年：「晉荀吴假道於鮮虞，滅肥。」杜預注：「鮮虞，白狄種，在中山新市縣。」又定公四年：「荀寅言於范獻子曰：中山不服。」哀公三年：「齊、衛圍戚，求援於中山。」杜預注：「中山，鮮虞也。」漢景帝中二年，封王棄之爲侯邑，屬中山國。晉隆安初，魏王珪圍後燕中山城，慕容麟以城中飢困，帥衆出據新市。隋大業初省入九門。唐武德初復置，五年廢爲新市鎮。元和四年，王承宗拒命，詔諸道討之，白居易言「河東易、定兵討鎮冀，竟不能過新市鎮」，是也。宋亦爲新市鎮。縣志：「在縣西南四十五里新城鋪。」

新樂故城。在今新樂縣西。元和志：「縣東北至定州五十里。」本春秋鮮虞國。漢爲新市縣地。隋開皇十六年置新樂縣，取新樂故城爲名。新樂者，成帝時中山孝王母馮昭儀隨王就國，王建宫於樂里，在西鄉，因呼爲西樂城，時人語譌，呼『西』爲『新』，故爲新樂。」舊志：「新樂舊城，在縣西南二十五里，遺址尚存。」

葦澤廢縣。在井陘縣西南三十里。隋開皇十六年分井陘置葦澤縣，屬井州，大業初廢。義寧初復置，屬井陘郡。唐初置井州，貞觀元年復廢入井陘。

靈山廢縣。在元氏縣西北靈山下。隋開皇十六年置，大業初廢入元氏。

皁平廢縣。在今皁平縣治西。本漢靈壽縣地。九域志：「咸平三年分置北寨，在府西北二百里。」〔一五〕熙寧八年又析行唐二鄉屬之。金史地理志：「皁平縣，明昌四年以北鎮置。」舊志：「本朝順治十六年縣廢，分縣治以西五社屬行唐，東五社屬曲陽。至康熙二十二年復置，寄治於縣東五十里王快鎮，後復移今治。」

滋陽廢縣。在行唐縣西。隋開皇六年析行唐置滋陽縣，以在滋水之北而名。十六年又析置玉亭縣〔一六〕，大業初以玉亭縣省入焉。滋陽屬恒山郡。唐武德四年於故玉亭置玉城縣，五年省滋陽縣入行唐，後玉城縣亦省。舊志：「縣北二十里中羊社有東玉亭邨，縣北三十里高平社有西玉亭邨，縣西北四十里城塞社有滋陽邨，蓋皆以故縣得名。」

鼓城廢縣。今晉州治。本春秋鼓國昔陽邑也。左傳昭公十二年：「晉荀吴僞會齊師者，假道於鮮虞，遂入昔陽。」十五年：「荀吴伐鮮虞，圍鼓，取之。」二十二年：「荀吴略東陽，使師僞糴者負甲以息於昔陽之門外，遂襲鼓，滅之。」杜預注：「鼓，白狄之别，鉅鹿下曲陽縣有鼓聚。」水經注：「斯洨水東逕昔陽城南，世謂之直陽城，非也，本鼓聚地〔一七〕。」舊唐書地理志：「隋分稾城於下曲陽故城東五里置昔陽縣，尋改爲鼓城。」元和志：「縣西北至恒州九十五里。」按水經注，鼓聚在曲陽之西，括地志鼓城在曲陽之東〔一八〕，蓋非故治也。

廉平廢縣。在晉州西南。隋開皇十六年分昔陽置廉平縣〔一九〕，大業初併入鼓城。

新豐廢縣。在稾城縣東。隋義寧元年析稾城置新豐縣，屬鉅鹿郡。唐初屬廉州，武德四年省入稾城。縣志：「縣東南有新豐邨。」按水經注：「大白渠東逕新豐城北，地理志鉅鹿郡有新市縣，侯國也，無新豐之目，所未詳。」隋新豐縣名蓋取此。

信義廢縣。在稾城縣西北。唐初置信義縣，與新市縣並屬觀州，武德五年省入九門縣。

柏肆廢縣。在稾城縣北三十里。本漢稾城縣也，晉爲下曲陽縣地，晉築隖於此，曰柏肆隖。晉隆安元年，魏主珪攻燕信都欲北還，慕容寶悉發其衆屯於曲陽之柏肆，營於滹沱北以邀之，即此。隋開皇十六年置柏肆縣，屬廉州，大業初廢。義寧初復置，屬鉅鹿郡。唐武德初屬廉州，五年省入稾城〔二〇〕。

故權城。在正定縣北二十里。即古之犍鄉也。後漢建武元年，賈復破青犢於射犬，追戰於真定之犍鄉，大破之，即此地。又通典：「鎮州城東有恒陽城，開元中嘗置恒陽軍於此。」

秀林城。在井陘縣東南十五里。城邑考：「後魏賊杜洛周、葛榮遺其黨王秀林築此城，因名。」

靈真城。在井陘縣西南二十五里。舊志：「韓信伐趙時築。魏書地形志井陘縣有回星城，即此。又縣西三里新教場，亦云古回星城，以在回星河側而名。」

上原城。在元氏縣西。史記：「趙孝成王十一年城元氏，縣上原。」正義〔二一〕：「上原，在元氏縣西，以地勢高平而名。」

趙王城。在靈壽縣西北十五里。相傳趙武靈王所築，中有趙王臺，建廟其上。

封城。在平山縣西二十里。俗呼宋王城，遺址尚存，今名封城社。

夫人城。晉太康地記：「行唐縣北二十里有夫人城，即玉女神所築〔二二〕。」寰宇記：「後魏太和初移置行唐縣於夫人城，孝昌四年復移於舊城，即今理也。」

回車城。在贊皇縣南。魏書地形志：「房子縣有回車城。」舊志：「在縣南十里回車邨，相傳漢李左車所築，亦名左車城，旁有韓信將臺。」

安鄉城。寰宇記：「故安城，在無極縣東南六里。水經注云〔二三〕：『安城，即魏昌之安鄉也。』魏志云：『明帝太和元年封外祖甄逸爲安鄉侯，嫡孫像襲爵〔二四〕。』即此城也。又有東門故城，在縣西南三十里。後魏天平中，將軍呂徵公築。」

新城。在無極縣西。魏書地形志：「毋極有新城。」寰宇記：「故新城，在無極縣西二十八里。水經注云〔二五〕：後魏太武南巡築，亦曰資城。」舊志：「唐光啓初，李克用敗成德軍於無極，成德軍退保新城，即此。」

康城。在無極縣北五里。一名康王臺。相傳慕容燕所築。

真定舊衛〔二六〕。在府治東南。明洪武三年建。本朝康熙二十七年裁，今爲總兵公署。又神武右衛，在真定衛西，宣德五年建，今俱裁。

古嘉祐鎮。在阜平縣東。九域志：「北寨有嘉祐鎮。」舊志：「縣東勝西社有嘉牛鎮，蓋即嘉祐之譌也。」

回湟鎮。在新樂縣西南。唐爲鎮，定分界處。元和四年，河東將王榮討王承宗，拔其回湟鎮〔二七〕，即此。

舒嘯臺。在正定縣城東。元蘇天爵隱居處。至正中，天爵建臺，朱澤民爲記。

獵臺。在井陘縣陘山上。相傳周穆王獵鉶山時築。

韓臺。在元氏縣南三里泜水之陽，有土阜連亘不絶。相傳韓信攻趙時屯兵於此。

紀信臺。在靈壽縣東十里。上有紀信廟。又縣西北一百二十里有韓信臺。

白鹿臺。在平山縣西四十里。明統志：「世傳漢武帝登此，有白鹿至，故名。」

廉臺。在無極縣西十三里。晉地道記：「魏昌縣有廉臺。」魏書地形志：「毋極縣有廉臺。」元和志：「廉頗臺，在陘邑縣西南十九里〔二八〕。慕容恪與冉閔戰於魏昌廉頗臺，閔大敗，即此。」

扈臺。在無極縣西北十五里滋河旁。高出林阜，爲邑之勝。

李牧臺。在稾城縣西南宜安城中。

義臺。在新樂縣西南。即古野臺也。史記：「趙武靈王十七年，出九門，爲野臺，以望齊、中山之境。」魏書：「皇始二年，道武與慕容麟戰於義臺隝，大破之。」地形志：「新市縣有義臺城。」括地志：「野臺，一名義臺，在新樂縣西南十三里。」舊志：「有伏羲城，在縣西南十五里。中有羲臺，東西十五丈，南北二十五丈，上有羲皇古廟，其北有洗兒池，相傳炎帝生此。蓋此羲臺，後人譌『義』爲『羲』，遂傅會其説耳。」

滋谿書堂。在正定縣滋河北新市。元蘇天爵幼時讀書處，宋本爲記。

始生堂。在元氏縣北三十五里。相傳漢陰后生明帝處，俗呼爲萬年邨。

退思堂。在靈壽縣治署内。本朝康熙中，陸隴其爲令時葺，自爲記。

問山堂。在無極縣治。宋崇寧中，縣令晁説之建，金馮翼有記。

步樂亭。在正定縣北。元丞相史天澤建。

春風亭。在正定城北之安豐里。元禮部侍郎蘇伯修别墅，陳旅爲之記。

洗心亭。在行唐縣治西北。元建。

環山亭。明統志：「在贊皇縣治西北隅。宋宣和四年建，地勢特起，環亭皆山，故名。張思柔爲記。」

平泉莊。在贊皇縣西北張楞邨。唐李德裕遊息之所。今爲玉泉寺〔二九〕。

李徽伯舊宅。元和志：「開業寺，在元氏縣西北十五里。即後魏李徽伯舊宅也。」

陳餘壘。在獲鹿縣東北。水經注：「井陘水東北流，屈逕陳餘壘西〔三〇〕，俗謂之故壁城。昔在楚、漢，韓信東入，餘拒之於此。」

許春壘。在無極縣西北。隋書地理志：「九門縣有許春壘。」舊志：「在九門城南。」

平將軍壘。在稾城縣北十二里。明建文中，平安屯兵以禦燕師處。

留箭錞營。在晉州南五十里。相傳漢光武嘗營此。

殺狄林。在欒城縣北十五里。續通典：「唐武后時，突厥入河北，官軍襲擊之，羣狄多死於此，因名。」

京觀。元和志：「在鼓城縣西南七里。後漢皇甫嵩破黄巾於下曲陽，斬首虜千餘人，築京觀。」

醴泉古驛。在正定縣南。通鑑：「唐天寶十四載，常山太守顔杲卿襲執安禄山將何千年於醴泉驛。」胡三省注：「驛在常山郡界〔三三〕，南直趙郡。」

虚糧冢。在無極縣西二十五里。有阜數十，俱高丈餘。

唐碑。李寶臣紀功頌，永泰二年，王士則書。今在正定縣察院内，元氏令龐履温碑，開元二十四年，邵混之撰，蔡有鄰八分書，在元氏縣西寺内。

關隘

白馬關。在正定縣西北。舊志：「唐時鎮州有白馬關，臨滹沱河，旁有白馬岡，故名。金大定十七年，滹沱河決白馬岡，關始廢。明永樂四年詔修滹沱河白馬口隄岸，即此。」

固關。在井陘縣西南四十里，接山西平定州界。舊曰故關，自山西道出井陘，此爲控扼之要，自昔置關於此。明正統二年修築關城，分兵防戍。正德九年設管關通判。嘉靖二十二年更營新城，增設兵備副使；二十三年設參將，益兵防禦。所轄關口凡三十有六。本朝順治初設守備戍守，康熙三十七年改設參將。

娘子關。在井陘縣西三十里固關北。相傳唐平陽公主駐兵於此，因名。明嘉靖二十一年築城置戍，與固關相唇齒。稍西南即承天寨也。詳見山西平定州。

井陘關。在井陘縣東北井陘山上，與獲鹿縣接界。亦曰土門關，即呂氏春秋九塞之一也。史記：「秦皇十八年，大興兵攻趙，王翦將上地，下井陘。漢三年，韓信、張耳欲東下井陘擊趙，趙聚兵井陘口，廣武君李左車說成安君陳餘曰：『信、耳乘勝遠鬭，其鋒不可當。今井陘之道，車不可方軌，騎不得成列，其勢糧食必在後。願假臣奇兵三萬，從間路絶其輜重，足下深溝高壘勿與戰，彼前不得鬭，退不得還，野無所掠，不至十日而兩將之頭可致戲下。』成安君不聽，信乃出井陘口，大破趙軍。」十道志：「河北道名山曰井陘。」元和志：「井陘口，今名土門口，在獲鹿縣西南十里。即太行八陘之第五陘也。」舊志：「今山勢自西南而東北，層巒疊嶂，參差環列，方數百里，至井陘縣東北五十里曰陘山。穆天子傳謂之鈃山。其山四面高，中央下，如井，故曰井陘。燕、趙之間亦謂山脊爲陘也。自韓信破趙後，晉太元十八年，後燕慕容纘等分道出井陘，攻晉陽；二十一年，魏主珪伐後燕，潛自晉陽開韓信故道，出井陘趨中山。隋仁壽末，漢王諒舉兵并州，分遣其將劉建出井陘略燕、趙。唐天寶末，安祿山使其將李欽湊守井陘口。既而河東帥李光弼出井陘，遂復常山。梁開平四年，晉王存勗命周德威引兵出井陘，屯趙州以拒梁兵。宋太平興國中，車駕自太原由土門路幸常山。靖康元年，种師閔及金斡里布戰於井陘。元至正十八年，劉福通之黨關先生等大掠晉、冀，察罕勒重兵塞井陘，度太行〔三二〕，擊卻之。明初，兵自真定而西出井陘，下平定州。蓋太行爲控扼之要，井陘又當出入之衝也。」井陘志云：「縣西有故關，即古井陘口。」今考故關，乃井陘西出之口，而井陘關固在縣東北，不在縣西也。「斡里布」舊作「斡離不」，今改正。

龍泉關。在阜平縣西七十里。有上下二關，相距二十里。下關，明正統二年建。景泰二年又於西北築上關城。嘉靖二十五年改築關城，增設官兵戍守。東北至倒馬關一百五十里，西至山西五臺縣一百八十里，長城嶺在其西二十里。關之南北，沿山曲折，各數百里，隘口凡六十餘處。本朝初設參將駐防，康熙三十二年改設遊擊，乾隆十八年改設都司；十一年、十五年、二十六年、四十六年，高宗純皇帝西巡經此，均有御製詩。

洪子店巡司。在平山縣西北十里。爲山西五臺、盂縣要路。本朝雍正十二年設巡司駐此。

兩嶺口巡司。在行唐縣西北七十里。明洪武七年置巡司。本朝因之。

楊莊口。在井陘縣西北六十里固關南〔三三〕。舊志：「又有泉水頭口，在縣西南九十里，北去固關六十里。自泉水頭以下，凡二十三口，俱爲固關南路。」

達滴崖口。在井陘縣西北五十里娘子關西，北與山西盂縣接界，東南至固關六十里。關隘考：「自達滴崖以下，凡十二口，爲固關北路。明正統四年，達滴崖置戍，嘉靖二十四年復增兵防禦。」

大石板溝口。在元氏縣西六十五里。又孤撮嶺口，在縣西七十里，俱有土城。又短嶺口，亦在縣西七十里，有石牆一道。明嘉靖中俱設官兵戍守。

葦箔嶺口。在元氏縣西八十里，北至固關八十里。又青峪嶺口，在縣西七十五里，俱有城。蒼巖道嶺口，在縣西八十五里，有南北石牆，舊皆設官兵戍守。

白草溝口。在靈壽縣西北一百四十里，北至龍泉關一百二十里。明正統九年設兵戍守。又西即平山之孤榆樹口也。舊志：「又有車孤駝口，在縣西北一百五十里。明正統二年築城置戍。」

叉頭口。在靈壽縣北五十里慈峪鎮。有土城。舊置巡司於縣西北七十里叉頭口，後移慈峪鎮，仍曰叉頭口巡司。本朝乾隆三十九年裁〔三四〕。

黄安嶺口。在平山縣西南一百四十里，南黑山南，又十里曰清風嶺口。明正統十年築城置戍。又南接井陘縣之達滴崖口。

合河口。在平山縣西九十里〔三五〕，西北接陡嶺口，西南接十八盤。

南黑山口。在平山縣西一百三十里，東與十八盤相接。明正統四年築城置戍。

十八盤嶺口。在平山縣西一百二十里十八盤嶺下，東北至龍泉關三百里。關隘考：「十八盤以下，凡二十一口，俱在縣境，謂之龍泉南路。而十八盤口尤爲要害，明正統二年築城置戍。」

惡石口。在平山縣西北一百五十里。滹沱河自山西經此入縣界，川原平敞，最爲要害。明景泰二年築城置戍。又西北有桑園溝口、孤榆樹口，皆接山西五臺縣界。

三岔口〔三六〕。在平山縣西北一百六十里惡石口西南。舊曰白羊平口，明弘治二年置戍。其南爲陡嶺，又南爲方西溝口，又南即南黑山口也。

青竿嶺口。在阜平縣西南一百十里，龍泉關西南七十里。又南十里曰陽和門口。俱明弘治中築城置戍。又南即靈壽縣之白草口也。

吳王口。在阜平縣西北八十里。明弘治十三年築城置戍。又西北有旛竿嶺口，又西北即茨溝營也。關隘考：「自吳王口而下，凡十九口，爲倒馬關南路。」

上竿嶺口。在阜平縣北七十里。又北二十里即鐵嶺口也。

落路口。在阜平縣東北七十里，東北至倒馬關九十里。明正統四年築城置戍。又西有鐵嶺口、牛邦口，又西即茨溝營也。關隘考：「自落路口以下，凡九口，皆在倒馬關南路。」

狼牙口。在阜平縣東北一百里，東接曲陽縣界，去倒馬關六十里。三關外牆至此與內牆合爲一。元太祖十三年，金將張柔趨中山，與戰於狼牙口，即此。

黄沙嶺口。在贊皇縣西黄沙嶺下，北去固關一百里。明正統四年置巡司。今裁。其北三十里即元氏縣之青草峪口。又十八盤口，其縣西十八盤嶺下。又南有斷立口、泥橙子口、虎寨溝口，俱屬固關南路。

茨溝營。在阜平縣西北一百二十里吴王口外。地産礦砂，明嘉靖中因礦徒聚嘯，議設巡司防守。本朝初設參將，順治十年改設守備。其西南有西嶺子口、騍馬口，又西南即長城口也。

回舍鎮。在平山縣西二十里。有土城。明嘉靖二年築，周二里，外有濠。

郭蘇鎮。在平山縣西北四十里。有土城。明嘉靖二十一年築，周一里。

王快鎮。在阜平縣東五十里。其地居民繁衍，貿易湊集，爲縣重地。本朝康熙中，縣嘗寄治於此。

白眉寨。在井陘縣西南三十五里。據山爲險，形勢雄峻，有天橋，樵者側足而度。又西南爲牛欄寨，亦曰牛山寨，四面陡絶，上有清泉流遶。又五峯寨，在固關東北三十里，關北又有陳山寨，高峻崎嶇，險不可攀。

方嶺寨。在獲鹿縣西南西屏山麓。元末，居民置以自保。又高公寨，在縣西南三十七里。

三公寨。在元氏縣西七十里。相近有十餘寨，皆接連山西界。

瑜珈寨。在平山縣西八十里。孤峯插雲，宛在天表，下視三門寨如培塿。又縣西仙人溝上有仙人寨，西五十里有七千寨，北二十里有林山寨，俱險峻。

三門寨。在平山縣西一百里。山勢險峻，峯頂平廣。

城上堡。在欒城縣北二十里。今名冶河堡。又縣南十里有東羣堡，東十二里有城郎堡，西十五里有陳郫堡，爲縣西境之捍衛。

東里堡。在晉州南二十五里。又侯城堡，在州東北二十里。

陳郫堡。在無極縣西南二十里。又東有流郫堡，西北有北蘇堡，北有郭莊堡。

南蘇堡。在新樂縣東南三十里。又壘頭堡在縣東十五里，張家莊堡在縣西南四十里，馬頭鋪堡在縣南二十五里，四堡俱有城池，爲戍守處。

王家坪。在贊皇縣西六十里。本朝順治初，土寇周山尹、李廷臣等嘯聚紙糊套山爲民害。康熙三十七年，賊燼復熾，巡撫于成龍招撫之，設守備於此防守。雍正十年改設都司。

下口邨。在平山縣西一百二十里。明洪武中置巡司。本朝裁。

蹚𨖽邨。在行唐縣東十五里。府志：「邨東有龍池泉，又東與蓮花池水會，泉水涌出，凡百餘穴。至邨斜折而南，合郜河，溉田至多，芰荷掩映，有江南風景。」本朝乾隆二十六年，高宗純皇帝巡幸五臺經此，有御製詩。

宋曹邨集。在元氏縣東南二十里。其西有堡，周一里許，明成化中築。又南集，在縣西北四十里，其西北有土堡，明崇禎中築。

張堡新集。在平山縣東二十五里。又南店集在縣北三十里，俱本朝康熙十年修築牆濠。

涅盤邨集。在晉州東十二里。又洲頭集在州西南三十里。

恒山驛。在正定縣治南。明置。

伏城驛。在正定縣北四十里。舊有驛丞，今裁。

陘山驛。在井陘縣治東。明置。本朝順治十六年裁，後復置。

鎮寧驛。在獲鹿縣治西。明置。

關城驛。在欒城縣治東南。明置。

西樂驛。在新樂縣治西南。

津梁

中渡橋。舊在正定縣東南五里，跨滹沱河上。五代晉開運三年，遼趨恒州，晉杜威禦之，至中渡橋，遼兵已據橋，張彦澤帥騎争之，遼兵焚橋而退。胡三省曰：「此謂中渡，明上下流各有渡也。」宋熙寧九年，程昉於此創繫浮橋。元豐五年以轉運使周革言，易以板橋，至四五月防河即拆去，權用船渡。今廣濟橋猶沿其制。

廣濟橋。在正定縣南一里滹沱河上。每歲水泛時拆之，渡以舟楫，至冬則復閣架。本朝乾隆五十四年修。

雕橋。在正定縣西十五里西韓河上〔三七〕。

七里澗石橋。在井陘縣東北五十里。爲往來通道。

太平橋。在井陘縣微水鎮。本朝乾隆十五年建，縱四十五丈，横二丈二尺，券十有三，綿蔓、甘淘二河之水匯於橋下，築此所以利涉也。總督方觀承有記。

蓮花橋。在獲鹿縣東南三十里。

吴橋。在元氏縣西南左郙西北。路通山西平定州。

登封橋。在元氏縣西北楊郙坡西。路通井陘，由此可登封龍，因名。

衛水橋。在靈壽縣東南十五里衛水上。又縣東關有文興橋。

淩空橋。在欒城縣東門外。一名東橋，長一丈，金太和中建。又橋南一里有四濟橋，本朝順治十四年建。

惠政橋。在欒城縣西南二十里沙河上。本朝順治十三年建。

冶河橋。在欒城縣北二十里。爲往來大道。又有冶河橋，在平山縣西十里，冬架夏撤。

五龍橋。在平山縣東五里光禄山澗水上。本朝康熙十年建。

昇仙橋。在行唐縣西門外。又俯郜橋，在縣城跨郜河。

王俄橋。在贊皇縣東南十三里。

通濟橋。在晉州西南洲頭邨滹沱河上。冬架夏撤。

昇平橋。在無極縣東門外。又環水橋，在縣西門外。

廣濟橋。在新樂縣南馬頭鋪，當木刀溝下流。其東一里有趙公閘，明萬曆中，知縣趙濬建，以防趙澤河之淺涸。又有通濟橋，在縣南門外沙河上，草橋也。

浴河橋。在新樂縣西南七里。

北巖渡口。在元氏縣南北巖邨北一里，當泜、槐下流。路通高邑，爲往來要津。舊設草橋，明萬曆中改建板橋。

郝莊渡口。在無極縣西南。滹沱河渡也，路通稾城。

塌子渡口。在稾城縣西三十五里。縣境又有馬邨、西里邨、四公、高莊、大張莊等諸渡口，皆滹沱河渡也。

隄堰

迴水隄。在正定縣城南。本朝乾隆五十五年修築。

斜角隄。在正定縣城西南。本朝乾隆四年修，二十四年、三十四年重修。

滋河堰。自行唐縣常香邨起，至新樂縣小白家莊止，長三千九百餘丈。本朝乾隆四十一年修，嘉慶五年重修。

陵墓

周

牧莊三冢。明統志：在府城北。每冢相去百步許，相傳戰國郡人藺相如、廉頗、李牧墓也。

趙佗先冢。在獲鹿縣。元和志：「在石邑縣北十三里。佗，真定人，漢文帝爲其先人置守冢。」舊志：「趙王冢，在今縣東三十里趙陵鋪東，大冢六，小冢二十三。」

欒書墓。在欒城縣西北五里。今名欒武子臺，有祠。

郤縠墓。在行唐縣西北四十里。有祠。

漢

李左車墓。在行唐縣西二十里。

侯坊陵。寰宇記：「在無極縣西十三里。中山靖王七代孫封資亭侯彌子葬此，號爲侯坊陵。」舊志：「俗謂爲故王冢，今縣西有南北侯坊邨，尚以此得名。」

趙王彭祖墓。在稾城縣東大墩邨北。漢景帝次子徙封趙王，昔人耕地得石碑，刻曰「趙王彭祖墓」。

郭主墓。在稾城縣西南。真定恭王女下嫁郡功曹、稾城人郭昌，生子況，爲綿蔓侯，女爲光武皇后，及薨，光武親臨送葬。今墓旁高阜甚多，疑皆其子孫所祔葬。

南北朝　魏

魏收墓。元和志：「在鼓城縣北七里。」

甄琛墓。在無極縣東北南劉邨。又寰宇記：「甄豐、甄邯、甄韻、甄舉、甄阜、甄逸、甄思伯、甄備、甄像、甄惕等墳〔三八〕，並在縣西南三十五里。」

隋

李德林墓。在贊皇縣東寨里邨。

唐

李棲筠墓。在贊皇縣東延康邨東。

李德裕墓。在贊皇縣東二十五里。

李絳墓。在贊皇縣西南。

李華墓。在贊皇縣西二十里。

李嶠墓。在贊皇縣北二十里。

魏徵墓。在晉州西南五里。明弘治中爲滹沱河所淤没。嘉靖中，知州黄明良爲修墓立碑。崇禎中復淤没。

宋

董樞墓。在元氏縣南五里杜莊。

曹彬墓。在靈壽縣西十五里。

韓億墓。在靈壽縣西北四十七里。

魏華墓。在贊皇縣西山上。

金

鎬厲王墓。在井陘縣東北十五里。有泰和七年墓碑，題云：「開府儀同三司鎬厲王之墓」。按金史：鎬王永中，金世宗子。明昌五年，以語涉不道，賜死。「泰和七年，詔復王爵，賜謚曰厲。於威州擇地改葬」。威州，今井陘縣也，舊志誤以金章宗之泰和爲魏孝文帝之太和，遂編鎬厲王於魏代，今改正。

史天澤墓。在獲鹿縣東三十里。

元

董文炳墓。在槀城縣西北二十五里。子孫多聚葬於此。

蘇天爵墓。在新樂縣西南十五里沙河北。近南五里有春露亭，天爵先隴在焉。

明

梁夢龍墓。在正定縣東盛板邨〔三九〕。

石珤墓。在槀城縣西二十五里。

馬謹墓。在新樂縣西十里筆頭邨。

祠廟

趙將軍祠。在正定縣南關。祀漢順平侯趙雲。

滹沱河神祠。在正定縣南門外。俗名回龍廟。明弘治中建。本朝雍正九年修，春秋致祭。乾隆十五年，高宗純皇帝御書扁額曰「畿甸安瀾」。

三忠祠。在正定縣治東北。祀唐常山太守顔杲卿、平原太守顔真卿、宋南康録事歐陽珣。

史丞相祠。在正定縣城東北。祀元史天澤，有元王博文記。今廢。

淮陰侯祠。在井陘縣西門外。又有廟，在獲鹿縣西六十里古井陘口。

白石神祠。在元氏縣白石山麓〔四〇〕。漢光和四年，守令以其神善行雨，有禱輒應，請於朝立祠祀之。初爲水衝毀，移於蘇莊，復移開化寺，有漢人白石神君祠記。

趙文正祠。在贊皇縣學。祀元趙良弼，良弼常出私帑建廟學，因祀之。

魏文貞祠。在晉州城内。本朝康熙二十八年修。又有祠，在贊皇縣城東。

王滹南祠。在稾城縣學東。元泰定間建，祀金學士王若虚，吴澄有記。

安先生祠。在稾城縣西四管鎮。元蘇天爵、李士興爲鄉先生安熙建，歐陽原功記。

閔子祠。在新樂縣西五十里閔泉。

三皇廟。在府治東。

邳彤廟。有二：一在靈壽縣東關；一在城縣西北三十五里。

大禹廟。在稾城縣，有二：一在恒鎮門西，一在恒鎮門北。

寺觀

隆興寺。在正定縣東門内。一名龍興寺，又名大佛寺。隋開皇六年建，本名龍藏寺。寺内有隋張公禮龍藏寺碑，中有大悲閣，後毁，宋開寶中於寺北重建。閣中有宋太祖像及元趙孟頫聖主本命長生碑。後有天寧閣，九間五層，高一百三十尺，中有銅佛像，高七十三尺。本朝康熙四十八年修，御製碑文以紀，寺内御書榜額，凡十有九。乾隆十一年、十五年、二十六年時巡所經，屢邀恩幸，皆有御製詩，四十五年奉旨重修。四十六年，高宗純皇帝西巡臨幸，有御製二月二十二日啓蹕幸正定府慶落隆興寺並至五臺瞻禮詩及正定隆興寺三疊舊作韻詩，御書榜額及柱聯，凡十有一。寺内有行宫。

廣惠寺。在正定縣東南。一名華塔寺。舊志：「唐貞元中建。」本朝乾隆十五年，高宗純皇帝聖駕自河南回鑾，有登正定廣惠寺多寶塔御製詩，並考據寺碑，知寺曾修於唐而實建於隋，以正舊志之誤。御書扁額曰「妙光演教」。自乾隆十一年至四十六年，高宗純皇帝鑾輅西巡，屢經駐此，均有御製詩。嘉慶十六年修。

舍利寺。在正定縣西北隅。唐開元中葬金牛禪師舍利於塔下。

崇因寺。在正定縣北。明萬曆間，僧無碍建，貯新舊佛經各一藏，後燬。本朝乾隆四十八年，奉旨發帑重建，恭設行陛於内。五十一年，高宗純皇帝西巡臨幸，御製碑記。

福慶寺。在井陘縣東七十里蒼巖山下。隋妙陽公主所建。

開化寺。在元氏縣城西南隅。始於隋、唐，盛於宋、元，至明洪武、永樂、天順、景泰間，頻有修葺，正德間復修。有浮圖二，高插雲漢。

幽居寺。在靈壽縣西北一百二十里。有北齊天保八年趙郡王高叡所立碑。

善泉寺。在欒城縣東北二里。有柴武臺，相傳漢蒲棘侯柴武之墓，寺建於上，土人謂之臺頭寺。

天寧萬壽寺。在平山縣覺山。宋元豐元年建，寺有八角井，中有靈蛇二，曰大青、小青，相傳爲龍種，禱雨輒應。

普佑寺。在阜平縣西二十里。明萬曆中建。本朝康熙二十二年修，聖祖仁皇帝御題額曰「松石禪」。乾隆十一年、十五年、二十六年、四十六年，高宗純皇帝聖駕西巡，有御製普佑寺詩及御製普佑寺恭依聖祖仁皇帝元韻詩，又賜榜額二曰「鏡照圓寂」、「覺慧津梁」。嘉慶十六年，仁宗睿皇帝御書扁曰「祇林法座」。

招提寺。在阜平縣西一百二十里。本朝康熙二十一年建，賜額。乾隆十一年，高宗純皇帝御賜扁曰「香巖净域」。十五年、二十六年、四十六年，聖駕西巡幸此，有御製招提寺詩。

封崇寺。在行唐縣治北。北齊天保七年建，宋祥符初敕改今名。

極果寺。在稾城縣西。明弘治中建。寺有古槐，高數丈。本朝順治年間修。

元真觀。在府治東北。唐天寶中建。

元都觀。在阜平縣大茂山上。唐開元中建。

五嶽觀。在晉州城東關。北齊天保中建。

益壽庵。在阜平縣西八十里。亦名印鈔石垣。明萬曆中建。本朝乾隆二十六年、四十六年，高宗純皇帝巡幸五臺幸此，有御製詩。嘉慶十六年，仁宗睿皇帝御書扁曰「花雨鬘雲」。

西石堂院。在元氏縣封龍山西麓。宋嘉祐中建。有石堂三，山麓有北石堂泉，自石佛袖中流出，味極甘。

名宦

漢

鄧晨。新野人。更始時，爲常山太守。王郎反，光武自薊走信都，晨亦間行會於鉅鹿下，自請從擊邯鄲。光武曰：「偉卿以一身從我，不如以一郡爲我北道主人。」乃遣歸郡。光武追銅馬羣賊於冀州，晨發積射士千人，又遣委輸，給軍不絶。

伏恭。東武人。建武中，遷常山太守。敦學校〔四二〕，教授不輟，由是北州多爲伏氏學。

張況。襄國人。建武中，爲常山關長。赤眉攻關城，況戰歿，帝甚哀之。

周紆。徐人。永平中，補南行唐長。到官，曉吏人曰：「朝廷不以長不肖，使牧黎民，而性讎猾吏，志除豪賊，且勿相試！」遂殺縣中尤無狀者數十人，吏人大震。

三國　魏

邢子昂。鄭人。除行唐令，勸民農桑，風化大行。

南北朝　魏

張恂。沮陽人。皇始中，遷常山太守，開建學校，優禮儒士。時喪亂之後，罕能克厲者，惟恂當官清白，仁恕臨下，百姓親愛之，政爲當時第一。

隋

韋壽。杜陵人。高祖時，遷恒州刺史，有能名。

唐

李大亮。涇陽人。高祖時，授土門令。歲饑多盜，大亮招亡散，撫貧瘠，賣所乘馬，資業之，勸墾田，歲大熟。間出擊盜，所至輒平。後賊大至，度不能拒，乃單馬詣營説賊帥，爲分别禍福，衆感服，遂相率降。大亮殺所乘馬與之食，徒步而返。

王公政。武德中，恒州刺史。劉黑闥陷恒州，公政死之。

顔杲卿。臨沂人。天寶中，爲常山太守。安禄山反，杲卿與長史袁履謙及從弟平原太守真卿等起兵討賊，傳檄河北，軍聲大振。禄山使史思明等急攻城，杲卿晝夜戰，井竭糧盡，六日而陷，與履謙同被執。杲卿瞋目大罵，禄山縛之天津橋柱，節解以肉啗之，罵不絶口而死。賊并斷履謙手足臠之。

宋

韓令坤。武安人。建隆二年改成德軍節度使。令坤有才略，識治道，鎮常山凡七年，北邊以安。

王濟。饒陽人。太宗時，通判鎮州。牧守多勳舊武臣，倨貴臨下〔四二〕，濟不爲撓屈。戍卒恣暴不法，夜焚民舍爲盜。濟部壯士潛往偵伺，果得數輩并所盜物，即斬之。馳奏其事，太宗大悦。都校孫進使酒無賴，毆折人齒，濟不俟奏，杖脊送闕下，由是軍城畏肅。詔書獎勞。

趙延進。頓丘人。太宗時，知鎮州。及代，吏民數千守闕借留，詔許留一年。

張煦。開封人。太宗時，爲鎮定邢趙山西土門路都巡檢使。遼騎兵剽境上，煦以所部擊走之。葛霸等稱其幹舉，有詔嘉奬。

王明。成安人。端拱元年，遼南侵，詔以明知真定府。遼人北去。

裴莊。閬中人。端拱初，通判真定。遼人掠趙、深，邊將無功，莊上言：「緣邊寨栅，戍兵既寡，戎人易以襲取，咸請廢罷，以益州兵。」詔建方田，莊復上言：「大役兵師，慮生事於邊鄙。」帝善之。

戴興。雍丘人。端拱中，帥鎮、定二州。時盜賊羣起，五巡檢兵討之不能克。興勒所部潛出擊之，擒戮殆盡。

裴濟。聞喜人。淳化初，爲鎮州行營鈐轄。與李繼隆擊賊於唐河，濟短兵陷陣，賊大敗走，優詔褒美。至道二年，改知鎮州〔四三〕，捕斬叛卒，軍民肅然。在鎮、定凡十五年，威績甚著。

李繼宣。浚儀人。至道中，爲鎮州行營鈐轄。遼人侵定州，繼宣掩襲之。遼保豐隆山寨，繼宣伐木治常山橋，遼人聞之，拔寨遁走。復受詔按視緣邊城寨，權知威虜軍，敵騎至城下，屢出兵設伏，斬獲甚衆。

馬知節。薊人。咸平中，知鎮州。詔發澶、魏等六州糧輸定武，時兵交境上，知節曰：「糧之來，是資盜也。」止令於舟車所至收之，寇無所得而遁。車駕在澶淵，王超擁兵逗遛不進。知節移書讓之，超以中渡無橋爲辭。知節預命度材，一夕而具。

王漢忠。彭城人。咸平中，爲鎮之高陽都部署〔四四〕。遼掠中山，漢忠率諸將陣於野，遼人引去，追斬甚衆，獲其貴將。

張昭遠。無棣人。真宗時，知成德軍。滹沱河決，壞城郭，乃修五關城，外環以隄，民至今爲利。

任布。河南人。真宗時，知真定府。或欲省河北兵，布言「遼、西夏方窺伺，備未可弛也。」築甬道屬滹沱河，跨絶泥潦。

白守素。開封人。景德中，爲鎮、定鈐轄〔四五〕。遼內侵，守素敗其前鋒，又入敵境，俘擒甚衆。

李昭述。饒陽人。爲真定府路安撫使，知成德軍。大水，民多流亡，昭述籍僧舍積粟爲粥糜，活饑民數萬人。

張存。冀州人。仁宗時，知成德軍。遼與元昊結婚，陰謀相首尾，聚兵塞上，求關南。存言：「河北城久不治，宜留意。」乃以爲都運使，盡城諸州。

郭逵。洛人。仁宗時，爲真定兵馬監押。保州卒叛，田況遣逵往招之。其黨皆再拜，邀逵登城。既見，申諭禍福，復請以身爲質，於是開城降。

張掞。歷城人。仁宗時，知成德軍。宦者閻士良爲鈐轄，多撓帥權，用危法中軍校，掞直之，而劾士良。

李昭亮。繼宣子。仁宗時，爲真定路都總管。保州兵叛，乘陴呼曰：「得李步軍來，我降矣。」昭亮從輕騎數十人，不持弓矢甲盾，叩城門呼曰：「爾輩第來降，我保無虞也。」明日，相率開城門降。

周沆。益都人。英宗時，知成德軍。俗方棄親事佛，沆閱案，斥數千人還其家。

孫固。管城人。神宗時，知真定府。遼人盜耕解子平地，歲且久，吏爭勿能還。固得其要領，折愧之，正疆地二百里。

李清臣。魏人。哲宗時，知真定府。班行有王宗正者，致憾於故帥，使其妻詣使者，告前後餽餉過制，囚繫數百人。清臣至，立奏解其獄，而竄宗正。

陳淬。莆田人。宣和初，拜真定路副總管。金兵入真定，淬以孤軍禦之，妻奴八人皆遇害。辟諸軍統制，宗澤命擊金人於南華，敗之。

李邈。清江人。靖康元年，守真定。金兵及境，邈始視事，兵不滿二千，錢不滿二百萬，乃諭民出財，共爲死守〔四六〕。募勇敢千人，而新集之兵皆無鬬志，邈乞師於宣撫副使劉韐，且間道走蠟書上聞，皆不報。城被圍，且戰且守，相持四旬，城破，邈巷戰不克，將赴井，左右持之不得入，乃拘於燕山府。久之不屈，遂遇害。燕人共爲流涕。

劉翊。靖康元年，爲真定府路都鈐轄。金兵來攻，翊率衆晝夜搏戰，城陷，李邈就執，翊獨巷戰，之孫氏山亭中，自縊死。

劉韐。崇安人。靖康初，河北盜起，以韐守真定。柴宏本富室，不堪征斂，聚衆剽掠。韐單騎赴鎮，遣招之，宏至服罪。韐奏以官，縱其黨還田里，一路遂平。初，郭藥師入朝，斡密奏乞留之，不報。至是藥師請馬，詔盡以河北戰馬與之，不足，又賦諸民。斡曰：「空内郡馬，付一降將，非計也。」奏請勿與。金人謀南牧，斡陰治城守以待變。會金兵入，與子子羽相誓死守，敵不能拔而去。

金

佳古檝。隆州人。大安中，贊皇縣尹。歲旱蝗，民賴檝以全活，尤能詰奸除暴。縣池中産瑞蓮，人以爲異政所致。「佳古檝」舊作「夾谷檝」，今改正。

元

董俊。太祖時，授左副元帥，管永安軍。時金降將武仙據真定以叛〔四七〕，俊提孤軍拒守永安。仙攻期年無所利，乃縱兵蹂禾稼，俊呼語之曰：「汝欲得民，而奪之食乎！」仙慚而去，俊出兵掩擊之，仙敗走。

史天澤。永清人。爲真定等五路萬户。時政繁賦重，貸於西北賈人以代輸，累倍其息，謂之羊羔利，民不能給。天澤奏請官爲償一本息而止。歲饑，假貸充貢賦，積銀至一萬三千錠，天澤傾家資，率族屬官吏代償之。又請以中户爲軍，上下户爲民，著爲定籍，境内以安。

史楫。永清人。中統元年，授真定路總管。真定連屬三十餘城，政務咸倚專決。楫謹身率先，明教化，信賞罰，任賢良，汰貪墨，恤煢獨，民咸德之。

董文炳。俊長子，以父任爲藁城令。同列輕文炳年少，吏亦不之憚。文炳明於聽斷，以恩濟威。未幾，同列束手，吏不敢仰視。朝廷初料民，令敢隱實者誅，籍其家。文炳使民聚口而居，少爲户數。衆以爲不可，文炳曰：「爲民獲罪，吾所甘心。」由是賦斂大減，民皆富完。

劉肅。洺水人。中統元年，擢真定宣撫使。時中統新鈔行，罷銀鈔不用〔四八〕，真定以銀鈔交通於外者凡八千餘貫，公私囂然，莫知所措。肅建三策：一仍用舊鈔，二新舊兼用，三官以新鈔如數易舊鈔。中書從其第三策，遂降鈔五十萬貫。

布庫穆。康里部大人。至元十五年〔四九〕，爲燕南河北道提刑按察副使。帝遣通事托克托護送西僧往作佛事，還過真定，箠驛吏幾死，訴之按察使，不敢問。布庫穆受其狀，以僧下獄。托克托辭氣倔强，令其去冠庭下，責以不職。「布庫穆」舊作「不忽木」，「托克托」舊作「脱虎脱」，今並改正。

王磐。永年人。爲真定等路宣慰使。衡水縣達魯噶齊莽古特貪暴不法〔五〇〕，有趙清者，發其罪，監司使夜殺清滅口，清逃免，乃盡殺其家人。權要蔽不爲理，磐竟奏置諸法。西域大賈稱貸取息，有不時償者，輒置獄於家，拘縶榜掠。其人磐捶賈數十，擠諸城下，幾死，郡人稱快。蝗起真定，朝廷遣使者督捕，役夫四萬人，以爲不足，欲牒鄰道助之。磐曰：「四萬人足矣，何煩他郡！」使者怒，責磐，期三日盡捕蝗，磐親率役夫設法捕之，三日而蝗盡滅，使者驚以爲神。「達魯噶齊莽古特」舊作「達魯花赤忙兀解」，今改正。

布爾哈雅。威烏人〔五一〕。爲真定宣撫使。中統鈔法行，以金銀爲本，本至，乃降新鈔。時已命取真定金銀，由是真定無本，鈔不可得。布爾哈雅請於平章曰：「真定南北要衝，居民商賈甚多，今舊鈔既罷，新鈔不降，何以爲政。且以金銀爲本，豈若以民爲本。」平章不能奪，立降鈔五千錠，民賴以便。「布爾哈雅」舊作「布魯海牙」，今改正。

姚天福。絳州人。至元三十一年，除真定路總管。真定驛傳之需，多爲民害，天福更議措置之方，使不擾民。詔頒其制爲天下式。

明

吴韞。宣德中，知獲鹿縣，九年奏最當遷，民乞留。詔增秩還任。

徐榮。正統中，知稾城縣。廉勤奉公，吏民畏服。以憂去，服闋，民乞還任。詔從之。

張璟。沁州人。正統中，知平山縣。善撫字，訟簡盗息，户口日增。考滿，進秩還任。後丁母憂，民乞留，奪情視事。久之，卒官。

邢簡。咸寧人。天順中，爲真定知府。郡多豪右撓法，簡處之有方，上下悉安。修學校，清賦役，討求利病而廢置之，治績稱最。成化中，賜誥旌異。

武賢。孝義人，天順間，知元氏縣。政簡刑清，訟庭、囹圄皆生草。

田濟。麟遊人。成化中，知真定府。祛吏弊，恤民瘼，興學勸士，鋤强扶弱。歲大凶，不待報，開倉賑濟，又出粟半價以糶，凡發粟二十七萬餘石。平山、武强民千餘人被誣爲盗，獄已具，爲辨釋之。莅政八年，境内大治。

余瓚。武功中衛人。成化中，知真定府。民苦徭役，瓚定户爲九則，上者止出銀一兩餘，以次減，民大悦。又定馬政條格，大要主恤民。每行州縣，問民疾苦而罷行之。真定爲京西大府，朝使及戚里奄官車接於道，瓚與屬吏約，公餼外不得私贈遺，供費大省。

王憲。東平人。弘治中，知阜平縣。操履清潔，政平訟理。嘗督民濬滹沱河，憲破衣敝履，與衆同食糠粃，撫按感其意，爲免本縣夫役。

彭澤。蘭州人。正德初，知真定府。閹人數撓禁，澤治一棺於廳事，以死怵之，其人不敢逞。

王惟善。新蔡人。嘉靖中，知晉州。時滹沱水迫城，乃築隄植柳，州民賴之。後歲大旱，復給貲穿井，民得耕種。

沈寵。宣城人。嘉靖中，知行唐縣。賑災傷，復流移，行保甲，教民織紝。御史行部至，厨傳菲陋，出己帷帳澣以進，御史賢其廉，更慰薦之。

岑諫。順德人。隆慶中，知靈壽縣。嵩陽河自縣西闗繞城南，每山水泛漲，民居被其害。諫築長隄千餘丈以護之，民賴以安。

周應中。會稽人。先知元氏縣，萬曆初調真定，凡力差里甲，事不便於民者，悉條議改革，申請無慮數十上。濬大鳴泉，引水東南，溉稻田百餘頃，民享其利，名所濬河曰周河。

屈受善。華陰人。萬曆中，知晉州。時河水泛漲，築新隄以障水患，晉人德之，稱爲屈隄。

徐天寵。江都人。萬曆中，知真定縣。興除利病，務竭心力，每晨起坐廳事，案牘填委，無不立辦，悉曲體情隱，中其肯綮。民雖受笞罰不怨，久之笞罰漸少，惟判數語，民輒輸服，祈自新。日食皆在廳事，脱粟兩盂，蔬數莖而已。在任五年，擢工部主事去，行李蕭然，士民羅拜塞途，至不得行。

譚昌言。嘉興人。萬曆中，知欒城縣。東鄉四十邨舊無井，昌言開鑿三百井，每井溉田四十畝。有中官沿途騷擾，至欒城曰：「此强項令，不可犯。」爲斂戢而去。

張修身。崇禎時，任茨溝守備。七年城破，力戰不屈死。事聞，廕其子世襲千户。

馮登鼇。陜西人。崇禎中，知靈壽縣。十一年兵變，率衆登陴死之。

時躋舜。長垣人。崇禎時，靈壽教諭。城陷，具衣冠北向拜，與妻李氏、二子泰壯俱死之。

陳三捷。崇禎末，爲真定遊擊。甲申二月，中軍遊擊謝嘉福殺巡撫徐標以降賊，三捷投繯而死。

本朝

胡文學。鄞縣人。順治中，授真定府推官。井陘賊聚衆事敗，以僞牒株連者數百人，文學惟按治其黨，舉僞牒盡焚之，人情始安。巨盜高鼎踞西山垂二十年，遠近騷動，文學請益兵防守，專意招撫，鼎遂降。以卓異擢御史。

林華皖。莆田人。順治中，知新樂縣。徵收罷絶耗羨，聽斷精明，治爲當時第一。

陸隴其。平湖人。康熙中，知靈壽縣。浚治衛河，其始人以爲開無水之河，迂而無當，河成而雨集，水至賴以宣洩，禾稼無損。民有訟子不孝者，隴其自責曰：「德不足化，令之罪也。」父子感泣而去。政暇，訓諸生以程朱正學，聞者皆爲興起。在任八年，行取入京，瀕行會歲饑，復力請緩徵，罷一切供億。卒祀名宦祠。雍正二年，崇祀文廟。乾隆二年，贈侍郎銜，追謚清獻。

張曾裕。海寧人。康熙中，知新樂縣。縣故有社書取辦公事，每歲擇富民更充，常至破産。曾裕擇里中知書算者爲之，不願者聽，百姓稱便。訟無巨細，詳慎推鞫，以是獄無冤濫。

成永健。鹽城人。康熙三十七年，知贊皇縣。時邑西紙糊套山李斗等嘯聚倡亂，健請於大吏，爲招撫計，即單騎入寇穴，宣揚威德，示以禍福，衆皆感泣就撫。奉檄於王家坪立營防守，邑自是無寇患。

張維城。山西人。乾隆六年，知無極縣。居官謹飭儉約，一如寒素，惟以勸課農桑爲務，督民修理東丈等渠〔五二〕，咸利賴焉。

校勘記

〔一〕北齊復移郡治真定　乾隆志卷一八正定府一古蹟（以下同卷簡稱乾隆志）同。按常山郡自漢以後屢有遷治，北魏道武帝移治安樂壘，北齊因之，並置恒山縣治焉，北周爲常山縣，仍爲常山郡治，兼置恒州。北齊、北周之世，真定爲常山郡屬縣。詳見本志卷二七正定府一校勘記〔三〕。

〔二〕漢置縣　乾隆志同。按秦置縣，詳見本志卷二七正定府一校勘記〔四〕。

〔三〕置陘山郡軍　「置」，原脱，乾隆志同，據金史卷二五地理志中補。

〔四〕元憲宗二年至元移縣治此　乾隆志同。民國井陘縣志疆域建置詳論威州和井陘縣徙治年代，摘要如下，以補證本志闕誤。其云：「舊志：『唐末，以縣西五十里之天長鎮置天長軍，石晉改天威軍。』查天長鎮，即今縣治（即今井陘縣駐地微水鎮西天長鎮，又名城關，或稱舊井陘），有唐天長鎮軍使衙院長董獻墓石可證。惟天威故址，亦確在今縣治附近，有宋元豐八年中山馬宜之天威軍石橋記可證。則晚唐及五代之井陘縣治，自應在今縣治東五十里。金天會七年升井陘縣爲威州，置刺史。州治確在今縣東北五十里之威州鎮。考天會十五年，威州新建威儀司三清殿，信都張嗣京撰記中有『天會七年升爲威州，於格，當設威儀司。十五年春，乃度東關之隙地，創爲觀宇』等語。三清殿遺址，今已湮没，而張嗣京碑記，確於民國八年知事張蔚南奉令調查古物時，在『東城地』中覓得，是現今威州之『東城地』，即當日之東關無疑。又三清殿碑尾，署『軍事判官胥貽孫棣州刺史權同知軍州事吴前鑑立石』等字，與宋史地理志井陘縣『熙寧八年徙治天武軍（按本志引宋志作『天威軍』）』，即縣治置軍使』一語，相互參證，頗吻合。是天武軍故址即在威州，而熙寧中徙治天武，非徙治天威，當可確定。迨州治確定，縣治似即移至天長鎮。總之，井陘縣未升威州以前，已設治於威州鎮，金末或元初，即移今治。」

〔五〕縣東北至恒州三十里　「三」，原作「二」，據乾隆志及元和郡縣圖志卷一七、太平寰宇記卷六一改。

〔六〕宋史地理志　乾隆志同。按宋史卷八六地理志二真定府獲鹿縣下不載「石邑鎮」，而見載於元豐九域志卷二真定府獲鹿縣，此誤。

〔七〕真定王劉楊與綿蔓賊交通　「真」，原作「正」，乾隆志同，據後漢書卷一光武帝紀上、卷二一耿純傳改。按自漢以後直至清康熙以前皆作「真」，雍正元年始避帝諱改爲「正」。後同，不再重校。

〔八〕蘇秦曰秦甲涉河逾漳據番吾則兵必戰於邯戰之下　乾隆志同。按戰國策卷二一趙策二張儀爲秦連横説趙王：「願渡河踰漳，據番吾，迎戰邯戰之下。」則此「蘇秦」爲「張儀」之誤，且「渡河踰漳」云云，乃以趙而言，非「秦甲」，此謬也。

〔九〕俗又謂之高功城　「俗」，原脱，乾隆志及朱謀㙔水經注箋同，據王先謙合校水經注、楊守敬水經注疏濁漳水注補。

〔一〇〕治毋極城　「城」，原作「縣」，據乾隆志及魏書卷一〇六地形志上改。

〔一一〕漢置苦陘縣　乾隆志同。后曉榮秦代政區地理第六章山東北部諸郡置縣：恒山郡苦陘，「戰國趙三孔布有『五阩』布，『五阩』釋讀『苦陘』。韓非子難二：『李兑治中山，苦陘令上計而人多。』漢志『中山國苦陘，莽曰北陘』。從此幣文看，趙置苦陘縣，即漢苦陘縣之前身。又史記張耳陳餘列傳：『陳餘數游趙苦陘，富人公乘氏以其女妻之。』推之秦置苦陘縣。」按其説可從。

〔一二〕宋初省入無極　乾隆志同。按元豐九域志卷二：定州，「康定元年廢陘邑縣入安喜」。輿地廣記卷一一同。此説誤。

〔一三〕縣西北至恒州五十八里　「五十八」，原作「八十」，乾隆志同，據元和郡縣圖志卷一七、太平寰宇記卷六一改。

〔一四〕按魏書地形志元和志寰宇記俱云後漢稾城縣屬鉅鹿郡今郡國志不載　乾隆志同。按前漢稾城縣屬真定國，載於漢書卷二八地理志下。後漢書卷一光武帝紀下、續漢書郡國志二皆載：建武十三年省真定國，併入常山郡，而漢書地理志真定國所轄稾城縣，續漢書郡國志不載，當於東漢建武時省併，魏書地形志、元和志、寰宇記俱云「後漢稾城縣屬鉅鹿郡」，皆誤。

〔一五〕咸平三年分置北寨在府西北二百里　「寨」，原作「塞」，乾隆志同，據元豐九域志卷二改。後同。按九域志載「北寨在真定府西北二百里」，此無「真定」二字，蓋脱。

〔一六〕十六年又析置玉亭縣　「玉」，乾隆志同，隋書卷三〇地理志中作「王」。下文「玉城縣」之「玉」，乾隆志及新唐書卷三九地理志三同，舊唐書卷三九地理志作「王」。

〔一七〕本鼓聚地　「地」，乾隆志及水經濁漳水注作「矣」。

〔一八〕括地志鼓城在曲陽之東　「曲陽」，乾隆志同。按史記卷五四曹相國世家「擊魏王於曲陽」正義引括地志云：「下曲陽在定州鼓城縣西五里。」則鼓城在東，乃指下曲陽而言，此「曲陽」上脱「下」字。或因史記及上引水經注文爲「曲陽」之故，下曲陽，漢縣，北魏改爲曲陽。

〔一九〕隋開皇十六年分昔陽置廉平縣　「昔」，原作「晉」，據乾隆志及元和郡縣圖志卷一七、太平寰宇記卷六一改。按隋書卷三〇地理志中原作「晉」，中華書局一九七三年點校本改爲「昔」。

〔二〇〕五年省入稾城　「五年」，乾隆志同。按舊唐書卷三九地理志二、新唐書卷三九地理志三並載：武德四年省柏肆縣入稾城縣。此「五年」爲「四年」之誤。又「城」字原脱，據乾隆志及兩唐書地理志補。

〔二一〕正義　乾隆志同。按下文「上原，在元氏縣西，以地勢高平而名」，不載於史記趙世家正義，讀史方輿紀要卷一四載引於孔氏，此疑誤。

〔二二〕即玉女神所築　「玉女神」，乾隆志同。按太平寰宇記卷六一引晉太康記作「王神女」，此疑誤。

〔二三〕水經注云　「注」，原脱，乾隆志同，據太平寰宇記卷六〇引水經注補。

〔二四〕嫡孫像襲爵　「像」，原脱，乾隆志同，據太平寰宇記卷六〇引魏志補。

〔二五〕水經注云　「注」，原脱，據乾隆志及太平寰宇記卷六〇引水經注補。

〔二六〕真定舊衛　「真」，原作「正」，乾隆志同，據大明一統志卷三回改。

〔二七〕元和四年河東將王榮討王承宗拔其回湟鎮　「四年」，乾隆志及讀史方輿紀要卷一四同，資治通鑑卷二三八唐紀五四記於元和五年正月，此「四年」應作「五年」。「湟」，原作「樂」，乾隆志同，據資治通鑑及讀史方輿紀要改。

〔二八〕在陘邑縣西南十九里　「九」，原作「五」，乾隆志同，據元和郡縣圖志卷一八、太平寰宇記卷六二改。

〔二九〕今爲玉泉寺　「玉」，原作「王」，據乾隆志及同治畿輔通志卷一六二古蹟九改。

〔三〇〕屈遝陳餘壘西　「西」，原脱，乾隆志同，據王先謙合校水經注、楊守敬水經注疏濁漳水注補。

〔三一〕驛在常山郡界　「郡」，原脱，乾隆志同，據資治通鑑卷二一七唐紀三三胡三省注補。

〔三二〕度太行　「度」，乾隆志闕隘同。按讀史方輿紀要卷一〇作「杜」，疑此「度」爲「杜」字之誤。

〔三三〕在井陘縣西北六十里固關南　「西北」，乾隆志作「西南」。按同治畿輔通志卷六八關隘二：「楊莊口，在井陘縣東南五十里。府志作『西南』，縣志作『西北』，均誤。」同書卷五〇疆域圖説五井陘縣圖：楊莊口在井陘縣東南甘淘河東岸，又在固關東南，即今井陘縣（治微山，舊縣東北）南之楊莊（一九六〇年河北省地圖集），則此「西北」爲「東南」之誤。又此「固關」下「南」上蓋脱「東」字。

〔三四〕後移慈峪鎮至乾隆三十九年裁　按同治畿輔通志卷六八關隘二：叉頭鎮，「舊設巡司，乾隆三十九移慈峪鎮。」清史稿卷五四地理志一：「叉頭鎮巡司，乾隆中移慈峪鎮。」並與此異。

〔三五〕在平山縣西九十里　乾隆志同。按同治畿輔通志卷六八關隘二：「合河口，在平山縣西北一百九十里。縣志作一百七十五里，府志誤作九十里。」今平山縣西北合河口（一九六〇年河北省地圖集），里距與畿輔通志記載相符，則此「九十」上脱「一百」二字。

〔三六〕三岔口　「岔」，原作「盆」，乾隆志同。乾隆正定府志卷一九武備中：「三岔口，在平山縣西北一百六十里惡石口，西南曰白羊平口，明弘治二年置戍。其南爲陡嶺口，又南爲方西溝口。」即本志所載。同治畿輔通志卷六八關隘二亦作「三岔口」，記述略同。此「盆」爲「岔」字之誤，據改。

〔三七〕在正定縣西十五里西韓河上　「西韓河」，原作「韓河」，乾隆志津梁同。按同治畿輔通志卷八九津梁二：「雕橋，在正定縣西十五里雕橋村，跨西韓河上。」又讀史方輿紀要卷一四：真定府真定縣，「西韓河，在府西二十里」。本志卷二七正定府一山川亦作「西韓河」，此「韓河」上脱「西」字，據補。

〔三八〕甄惕等墳　「惕」，乾隆志陵墓同。太平寰宇記卷六〇作「陽」。按三國志卷五魏書文昭甄皇后傳：中山無極人，漢太保甄邯後，父逸。逸適孫像，薨，追贈衛將軍。子暢嗣，薨，「追贈車騎將軍」。疑此「惕」或「陽」爲「暢」字之誤。

〔三九〕在正定縣東盛板邨　原「東」下衍「中」字，乾隆志同，據乾隆正定府志卷九丘墓、同治畿輔通志卷一七一陵墓七引大清一統志及光緒正定縣志卷一四丘墓删。

〔四〇〕在元氏縣白石山麓　「石」，原作「氏」，乾隆志作「石」。按大明一統志卷三：「白石山，在元氏縣西北五十里。山多白石。漢光和中封白石神君，有碑刻甚古。」同治畿輔通志卷一七六祠宇二：「白石神廟，在元氏縣西北五十里白石山麓。」此「氏」爲「石」字之誤，據改。

〔四一〕敦學校　乾隆志卷一九正定府二名宦（以下同卷簡稱乾隆志）同。按後漢書卷七九儒林傳下伏恭作「敦修學校」，此疑脱「修」字。

〔四二〕倨貴臨下　「臨」，乾隆志作「陵」，同宋史卷三〇四王濟傳。按當作「陵」爲是。

〔四三〕至道二年改知鎮州　「二年」，原作「三年」，乾隆志同；「改」，原作「故」，乾隆志作「改」。按宋史卷三〇八裴濟傳：「至道二年，改内客省使、知鎮州。」此「三」爲「二」、「故」爲「改」字之誤，據改。

〔四四〕爲鎮之高陽都部署　乾隆志同。按宋史卷二七九王漢忠傳作「鎮定高陽關都部署」，此「之」蓋爲「定」字之訛，「高陽」下蓋脱「關」字。

〔四五〕爲鎮定鈐轄　「鎮」，原作「正」，乾隆志同，據宋史卷八〇白守素傳改。

〔四六〕共爲死守　「共」，原作「兵」，據乾隆志及宋史卷四四七李邈傳改。

〔四七〕時金降將武仙據真定以叛　「仙」，原作「善」，乾隆志同。按元史卷一太祖紀：二十年，「武仙以真定叛。」同書卷一四七史天倪傳：「還軍真定，武仙降。」同書卷一四八董俊傳：武僊（同仙）殺史天倪，「據真定以叛，旁郡縣皆爲僊守。俊提孤軍居反側間，戰士不滿千人，拒守永安」云云。則此「善」爲「仙」字之誤，據改。下同。

〔四八〕罢銀鈔不用　「銀鈔」，原作「鈔銀」，乾隆志同。中華書局一九七六年點校本元史卷一六〇劉肅傳改「鈔銀」爲「銀鈔」，校勘記：「據元名臣事略卷一〇引商挺劉肅墓碑改。按下文亦作『銀鈔』。」從改。

〔四九〕至元十五年　「五」，原作「四」，乾隆志同，據元史卷一三〇不忽木傳改。

〔五〇〕衡水縣達魯噶齊莽古特貪暴不法　「衡」，原作「邢」，乾隆志同。中華書局一九七六年點校本元史卷一六〇王磐傳改「邢」爲「衡」，校勘記：「道光本與元名臣事略卷一二引王盤墓碑合，從改。按元無『邢水縣』，衡水縣屬腹裏真定路深州。」從改。

〔五一〕威烏人　乾隆志同。元史卷一二五布魯海牙傳作「畏吾人」。

〔五二〕督民修理東丈等渠　「丈」，原作「文」，據乾隆正定府志卷三〇名宦及同治畿輔通志卷一九一宦績改。

大清一統志卷二十九

正定府三

人物

漢

田叔。趙陘城人。爲趙王張敖郎中。漢下詔捕趙王，有敢隨王者，罪三族。惟田叔等十餘人赭衣自髠鉗，隨王至長安。王事白，進田叔等十人，召見與語，漢廷臣無出其右者，拜叔爲漢中守。後卒官魯相，魯以百金祠，少子仁不受，曰：「不以百金傷先人名。」

王禹。常山人。成帝時，爲謁者。世受河間樂，能説其義。其弟子宋曅等上書言之，下平當考試，當言曅等，守習孤學，大指歸於興助教化，宜領屬雅樂，以繼絶表微。議竟寢。藝文志樂家，王禹記二十四篇。

三國　漢

趙雲。常山人。從先主爲主騎。先主敗於當陽長阪，棄妻子南走，雲身抱幼主，保護甘夫人，皆得免難。遷牙門將軍。先主攻劉璋，雲與張飛等泝江西上，平定郡縣。成都既定，以雲爲翊軍將軍。建興元年，封永昌亭侯，遷鎮東將軍。卒謚順平侯。次子廣，爲牙門將，以戰死。

晉

劉琨。魏昌人。少得儁朗之目。惠帝時，爲范陽王虓司馬，與虓共破東平王楙，斬石超，降吕朗，奉迎大駕於長安。以勳封廣武侯。愍帝時，拜都督并冀幽三州諸軍事。元帝稱制江左，琨遣長史温嶠上表勸進，轉侍中、太尉。琨忠於晉室，素有重望，段匹磾忌之，遂爲所害。

南北朝　魏

魏釗。下曲陽人。博涉羣書，兼資文武。世祖南侵，召爲内都直，侍左右。師次淮南，諸城未有下者。釗乃進曰：「諸城拒守，皆因殺掠尚多，人皆畏威，所以遲疑。臣請入城，示以誠信，必當歸附。」釗遂夜入城中諭意，明旦即開門出降。自此而南，望塵款附。世祖謂釗曰：「卿之一言，踰於十萬之師。」即授義陽太守，後加建忠將軍。

甄琛。毋極人。仕魏，屢遷車騎將軍，拜侍中。卒謚孝穆。琛明解有幹具，在官清白。自孝文、宣武，咸相知待。次子楷，歷遷尚書儀曹郎，有當官之稱。

杜纂。九門人。少以清苦自立。居父喪，盡禮。郡舉孝廉，稍除積弩將軍。從征新野，及南陽平，以功賜爵井陘男，歷武都、漢陽二郡太守，並以清白爲名。明帝初，拜清河内史。所歷任皆輕財潔己，終無受納，爲百姓所思。

甄密。琛從父弟。清謹少嗜欲，頗涉書史。疾世俗貪競，乾没榮寵，曾作風賦以見意。後參中山王英軍事。英鍾離敗退，鄉人蘇良没於賊，密盡私財以贖之。良歸，傾資報密，皆不受。肅宗末，葛榮侵擾河北，詔密爲相州行臺，援守鄴城。以功封安市縣開國子，累遷廷尉卿。在官有平直之譽。卒，謚曰靖。

石祖興。九門人。太守田文彪、縣令和真等喪亡，祖興自出家絹二百餘匹，營護喪事。州郡表列，孝文嘉之，賜爵二級，爲上造。後拜寧陵令，卒。

張普惠。九門人。精於三禮，兼善春秋、百家之説，爲孝文所知。明帝時，轉諫議大夫，任城王澄謂曰：「不喜君得諫議，惟喜諫議得君。」時靈太后父薨，贈相國、太上秦公。普惠上疏，陳其不可，又表論時政得失。累官東豫州刺史。卒，謚宣恭。

魏子建。下曲陽人。累官東益州刺史。恩信遠布，及代去，郡民慕戀，相率斷道。後歷散騎常侍、驃騎大將軍。子建自出爲藩牧，董司山南，居脂膏之中，遇天下多事，正身潔己，不以財利經懷。及歸京師，家人衣食，常不周贍。性存慎重，不雜交遊。卒謚文静。子收善屬文，與温子昇、邢子才齊名，世號「三才」。齊天保初，除中書令，兼著作郎，奉詔撰魏史。官至尚書左僕射。

魏惇。子建族子。永安末，除安東將軍。爾朱仲遠以事捕惇，遇出外，執其兄子胤而去〔一〕。惇聞哭曰：「若害胤，不如無吾。」乃見仲遠，叩頭乞以身罪。仲遠義而捨之。

魏蘭根。起家北海王國侍郎。母憂居喪，有孝稱。父喪廬於墓側，負土成墳，憂毀殆於滅性。

魏質。子建族子。年十四，啓母求就徐遵明受業，五六年中，通諸經大義。自學言歸，生徒輻輳。後避葛榮難，客居飛龍山，爲亂賊所害。興和二年，賜號貞烈先生。

齊

郎基。新市人。泛涉墳典，尤長吏事。天保四年，除海西鎮將。梁吴明徹來攻，基奬勵兵民，固守百餘日，軍糧、兵仗俱盡，至削木爲箭，翦紙爲羽。圍解還朝。爲侍御史，奏劾不憚權威。守潁川郡，決放罪人，積年留滯，數日中剖判咸盡。基性清慎，無所營求，曾語人云：「任官之所，木枕亦不須作，况重於此乎？」卒，謚曰惠。

隋

房暉遠。真定人。世傳儒學，恒以教授爲務。遠方從者，動以千計。高祖受禪，爲太常博士。牛弘每稱爲五經庫，擢國子博士。詔國子生通一經者，悉薦舉。既策問訖，暉遠考定之，攬筆便下，初無疑滯。或有不服，暉遠問其所傳義疏，輒爲始末誦之，然後出其所短。所試四五百人，數日便決，諸儒推其博通。卒，贈員外散騎常侍。

魏澹。下曲陽人。專精好學，博涉經史。高祖時，累除太子舍人，遷著作郎。高祖以魏收所撰書褒貶失實，平繪爲中興書，事不倫序，詔澹別成魏史九十二卷，甚簡要大矯收、繪之失。上覽而善之。

郎茂。新市人。博通經傳。官陳州户曹。爲高祖所賞，累除民部侍郎。時僕射蘇威立條教責民，茂以爲煩紆不急，皆奏罷之。歷尚書左丞。茂性明敏，剖決無滯，以吏幹稱。

唐

魏徵。曲城人。從李密歸唐，爲隱太子洗馬。太宗即位，拜諫議大夫。徵自以不世遇，乃展盡底蘊，凡二百餘奏，無不剴切當帝心者。封鄭國公，拜特進，知門下省事。疏陳十漸，帝列於屏障，兼録付史館。及卒，帝歎曰：「以銅爲鑑，可正衣冠；以古爲鑑，可知興替；以人爲鑑，可明得失。今魏徵逝，一鑑亡矣。」徵有志膽，每犯顔進諫，雖逢帝甚怒，神色不徙，而天子亦爲霽威。議者謂賁、育不能過。始，喪亂後，典章湮散，徵奏引諸儒校集秘書，國家圖籍粲然完整。按舊唐書云「魏徵，鉅鹿曲城人」，新唐書云「魏州曲城人」，查隋有曲城縣，唐廢入掖縣，今爲山東萊州府掖縣治，即漢志東萊之曲成，與鉅鹿、魏州均無干涉。此外則自漢至唐，地志所載，更無「曲城」之名。今考唐書宰相世系表，徵乃館陶之魏氏，世次歷歷可數。館陶，漢縣，屬魏郡，唐屬魏州，今屬山東東昌府；魏州，今爲直隸大名府。方輿紀要云「館陶去大名七十里」，此新唐書所以云魏州人也。再考今廣平府有曲周縣，東南至館陶百里，而館陶故城又在今縣治西四十里，則唐時之館陶去曲周不過數十里，曲周在唐屬洺州〔二〕，而後漢嘗省入鉅鹿郡〔三〕，以此推之，兩史之「曲城」，明係「曲周」之訛。而舊唐書冠以鉅鹿，則本後漢而言也。舊志收入正定人物中，正定在唐爲恒州恒山郡，與鉅鹿無涉，亦與魏州無涉。又坊刻廣輿記以爲晉州下曲陽人。下曲陽城在晉州西五里，晉州今屬正定，不知其說何所本。而唐宰相世系表又有魏歆者，居下曲陽，其裔孫「玄同相武后」，豈以魏歆一支在徵之前，遂誤以下曲陽之祖爲館陶之祖，而不知流派各別也。但晉州又有魏徵墓，未便删改，應仍存其舊，以志闕疑。

郎穎。茂弟。武德時，以大理卿與李綱、陳叔達定律令。持節諭山東，爲竇建德所獲，脇以白刃，終不屈。賊平，以老乞身。

李知本。元氏人。涉經術，事親篤至，與弟知隱雍順，子孫百餘，至貲用童僕無間也。隋大業末，盜賊過閭，相戒曰：「無犯義門。」往依者五百餘室，皆以免。貞觀初，爲夏津令。

郭正一。鼓城人。貞觀時，由進士歷弘文館學士。永淳元年〔四〕，同中書門下平章事。正一明習故事，文詞詔勑多出其手。劉審禮與吐番戰敗，高宗召羣臣問所以制戎，正一謂：「上策莫如少募兵，且明烽堠，勿事侵擾，須數年，力有餘，人思戰，一舉可破。」帝納之。後武后專國，罷爲國子祭酒，爲周興所誣死。

蘇味道。欒城人。九歲能屬文，與里人李嶠俱以文翰顯，時號「蘇李」。舉進士。延載中，同鳳閣鸞臺平章事。

李嶠。贊皇人。兒時夢人遺雙筆，自是有文辭。擢進士第，舉制策甲科，累遷給事中。來俊臣構狄仁傑等獄，將抵死，嶠復驗，列其枉，忤武后旨，出爲潤州司馬。久乃召爲鳳閣舍人，文册大號令，多主爲之。神龍三年，以特進同中書門下三品。嶠富才思，前與王勃、楊炯接，中與崔融、蘇味道齊名，晚爲文章宿老，學者取宗焉。

魏玄同。鼓城人。擢進士第，累遷吏部侍郎。永淳元年，同中書門下平章事，上疏言選舉弊，不納。先是，狄仁傑督太原運，失米萬斛，將坐誅，玄同救免。而河陽令周興未知，數於朝堂聽命。玄同曰：「明府可去矣，毋久留。」興以爲沮己，銜之，至是誣玄同言「太后老矣，當復皇嗣」。竟賜死於家。

郎餘令。穎孫。博學有文，擢進士第，授霍王府參軍，徙幽州録事。有浮屠積薪自焚，長史將率官屬往觀，餘令以爲「違蔑教義，當察之，毋輕往」。及加廉按，果得其奸。

倪若水。稾城人。擢進士第，累遷右臺監察御史。黜陟劍南道，繩舉嚴允，課第一。開元初，拜尚書右丞，出爲汴州刺史，政尚清静，風化興行。玄宗遣中人捕䲶鵲鸂鶒南方，若水疏諫，帝手詔褒答，悉放所玩。未幾，召入爲户部侍郎，復拜右丞而卒。

李華。贊皇人。累中進士、宏詞科。天寶十一載，遷監察御史。楊國忠支婭所在横猾，華出使，劾按不撓，州縣肅然。爲權幸見嫉，徙右補闕。華文辭緜麗，與蕭穎士齊名，當時號「蕭李」。

甄濟。定州無極人。少孤好學。天寶十載，以左拾遺召，未至，安禄山入朝，求濟於明皇，授范陽掌書記。使太守致謁山中，濟不得已爲起。久之，察禄山有反謀，乃佯爲嘔血，舁歸舊廬。禄山反，使蔡希德封刀召之，曰：「即不起，斷其頭見我。」使者持刀趨前，濟引頸待之，希德嗟歎而止。廣平王平東都，濟上謁泣涕，王爲感動。肅宗詔館之三司署，使汙賊官羅拜，以愧其心。授祕書郎，更拜太子舍人，終著作郎兼侍御史。

李翰。華宗子。擢進士第。天寶末，房琯、韋陟薦爲史官，宰相不肯擬。張巡死節，人媢嫉其功，以爲降賊，翰傳巡功狀表上之，肅宗感悟，巡大節始白。累遷左補闕、翰林學士。

李棲筠。趙人。有遠度，莊重寡言。舉進士，爲安西節度判官。肅宗駐靈武，棲筠料精卒七千赴難，擢侍御史。進工部侍郎。元載忌之，出爲常州刺史。以治行進光禄大夫，封贊皇縣子。載當國久，代宗不能堪〔五〕，陰引剛鯁大臣自助，拜棲筠御史大夫。制麻自中授，劾徐浩、杜濟、薛邕坐貶，三人者皆載所厚。帝欲召相，以憚載輒止。然每有進用，皆密訪焉，多所補助。卒謚文獻。棲筠喜獎善，而樂人攻己短，天下士歸重，稱贊皇公云。

李觀。華從子。貞元中，舉進士、宏詞，授校書郎。屬文不傍沿前人，自出機杼，卓然名貴，時謂與韓愈相上下。

李吉甫。棲筠子。貞元初，爲太常博士。明練典故。李泌、竇參器其才。陸贄疑有黨，出爲長史。及贄貶忠州，宰相用吉甫刺忠。既至，與贄結歡，人益重其量。元和二年，擢中書侍郎、同中書門下平章事。吉甫病方鎮强恣，爲帝言：「使屬郡刺史得自爲政，則風化可成。」又言：「李錡必反，誠詔韓弘子弟率兵爲犄角，賊可不戰而潰。」帝從之。果如所料，以功封趙國公。德宗以來，藩鎮有終身不易地者，吉甫爲相歲餘，凡易三十六鎮，殿最分明。出爲淮南節度，居三歲，以前官召還秉政。卒，謚忠懿。

李絳。系本贊皇。擢進士、宏詞。元和中，歷翰林學士、知制誥。李錡誅，帝將輦取其貲，絳請以代六州貧民田賦。吐突承璀寵幸，盛營安國佛祠，使絳作頌。絳上疏力争，帝悟，命倒其石。承璀討王承宗，絳當制，固争，不聽，果喪師。絳奏當抵罪。又數論宦官横肆。進中書舍人。數賜對三殿，甚敬憚之。每有詢訪，隨事補益。累拜中書侍郎、同中書門下平章事。言愈切直，帝入謂左右曰：「絳言骨鯁，真宰相也。」以足疾求免，罷爲禮部尚書。寶曆初，拜尚書右僕射〔六〕。絳以直道進退，望冠一時，屢爲讒邪所中。文宗時，爲山南西道節度使，累封趙郡公。爲亂兵所害，謚曰貞。大中初，圖形淩煙閣。所論事萬餘言，蔣偕次爲七篇。

甄逢。濟之子。耕宜城野，自力讀書，不謁州縣。歲饑，節用以給親里；大穰，則振其餘於鄉黨貧乏者。朋友有緩急，輒出家貲周贍，以義聞。嘗以父名不得在國史，欲詣京師自言。元和中，袁滋表濟節行，贈祕書少監。而逢與元稹善，稹移書史館脩撰韓愈，由是父子俱顯名。

李德裕。吉甫子。以廕補校書郎。穆宗時，擢翰林學士。凡號令大典册，皆更其手。授御史中丞。李逢吉擯之，出爲浙西觀察使。敬宗朝，上丹扆六箴。裴度薦德裕材堪宰相，屢爲李宗閔、牛僧孺所沮。太和四年，由西川節度召拜中書門下平章事。

帝欲授李訓諫官，德裕言「訓小人，不宜置左右」。帝不悦，以王璠等讒，坐貶。武宗立，復召同平章事。澤潞劉稹擅稱留後，帝用德裕計，討平之。以功拜太尉，封衛國公。當國凡六年。宣宗即位，貶爲崖州司户參軍，卒。德裕性孤峭，明辨有風采，善爲文章。常以經綸天下自負，武宗任之，王室幾中興。元和後，數用兵，宰相不得休沐，德裕從容裁決，沛然若無事時。

魏謩。徵五世孫。擢進士第。文宗訪徵後，楊汝士薦爲右拾遺。屢有獻納，擢右補闕。宣宗時，累遷御史中丞，進同中書門下平章事。卒，贈司徒。謩爲宰相，議事天子前，他相或委抑規諷，惟謩讜切無所回畏。宣宗嘗曰：「謩名臣孫，有祖風，朕心憚之。」

宋

楊廷璋。真定人。周祖出討三叛，入平國難，廷璋數獻奇計。世宗征劉崇，以爲建雄軍節度。前後率兵入太原、河東，禦寇有功。宋初，加檢校太尉。李筠叛，廷璋上攻取之策，太祖即委以經畧。賊平，改鎮邠州。廷璋善待士，幕府多知名人。子七人，皆不爲求官，惟表其孤甥安崇勳爲西頭供奉官。

高懷德。常山人。父行周，晉末，鎮宋州。遼南侵，行周禦之，懷德留守。京東羣盜大起，懷德堅壁清野，敵不能入。從周世宗征淮南，又從北征，克瓦橋關。太祖即位，拜殿前副都點檢，移鎮滑州，尚長公主。破李筠衆於澤州，以功遷忠武軍節度，封冀國公。卒，謚武穆。

曹彬。靈壽人。仕周爲引進使。宋初，遷左神武將軍。乾德二年，伐蜀，詔以彬爲都監。彬申令戢下，所至悦服。全師雄搆亂，彬平之，歸裝惟圖書、衣衾而已。七年，奉詔伐江南，爲都部署，圍金陵城垂克，彬忽稱疾不視事，諸將來問。彬曰：「須諸公克城之日，不妄殺一人，則自愈矣。」諸將隨共焚香爲誓，無輕肆者。凱旋入見，刺稱「奉敕江南幹事回」，其謙恭如此。累拜樞密使、檢校太尉，進封魯國公。彬純謹和厚，未嘗言人過。伐二國，秋毫無所取。遇士夫於途，必引車避之。不名下吏，居官俸入，悉給宗族。咸平初薨，追封濟陽王〔七〕，謚武惠，配享太祖廟庭。

董樞。元氏人。乾德初，爲主客員外郎。上書請伐蜀，蜀平，通判劍州。全師雄攻劍，樞與賊戰，敗之。遷比部郎中，出兼桂陽監使，上書請伐廣南。開寶三年，大舉伐鋹，令樞率兵趨連口〔八〕，克之。累遷判西京留司御史臺。

賈季華。獲鹿人。風神峻整，有吏幹。佐太宗居幕府，凡五年，勤於所職。太宗即位，超拜左正議大夫、樞密直學士，擢三司副使。昆弟五人，季華最幼，及歷官，諸兄皆歿，拊循諸孤，聚族凡百口，分給衣食，庭無間言。士大夫以此稱之。

李至。真定人。沈静好學，辭華敏贍。舉進士，爲將作監丞。太平興國中，拜參知政事。雍熙初，授禮部侍郎，兼祕書監，俾總三館書。淳化中，兼判國子監。上言：「五經書疏已板行，惟二傳、二禮、孝經、論語、爾雅七經疏未備，望重加讐校，以備刊刻。」從之。至道初，真宗正儲位，至與李沆并兼賓客，詔太子事以師傅禮。及即位，拜工部尚書，復參知政事。卒，贈侍中。

趙延溥。真定人。太平興國中，累官馬步軍都虞候。從平太原，畧地燕薊，六軍有後期至者，帝怒，欲直於法。延溥進曰：「敵人未殄，先誅將士，若舉後圖，誰爲陛下戮力乎？」帝納其言而止。

王化基。真定人。太平興國中進士，累遷諫議大夫。嘗慕范滂爲人，獻澄清畧言時事有五。書奏，帝嘉納之。至道中，拜參知政事。卒，謚惠獻。化基在中書，不以蔭補諸子官，然善教訓，故其子舉正、舉直、舉善、舉元皆有立。

曹璨。彬子。性沈毅，善射，以蔭補供奉官。淳化中，累擢綏、銀、夏、麟等州鈐轄。遼入寇，屢戰有功。後出蕃兵邀李繼遷，俘馘甚衆。天禧中，授河陽節度使、同平章事。卒，贈中書令，謚武懿。璨起貴胄，以孝謹稱，好讀左氏春秋，善撫士卒，兼著威愛，仁敬和厚有父風。璨弟琮，字寶章，累官馬軍都指揮使。小心謹畏，馭軍嚴整。卒之日，家無餘貲。

曹瑋。彬第三子。太宗時，李繼遷叛，問誰可將者，彬薦瑋可任，即召見，除同知渭州，時年十九。馭軍嚴明，舉錯如老將。

真宗即位，累遷知鎮戎軍。邀擊繼遷於石門川〔九〕。俘獲甚衆。諸羌大族請拔帳自歸，諸將猶豫不敢應。瑋即日將兵薄天都山，受降者內徙。擢涇原路都鈐轄，兼知渭州，破章埋族，滅撥臧，遂定隴山諸族。西羌大入寇，瑋迎戰破之，自是羌人勢蹙。累拜簽書樞密院事。丁謂惡瑋不附己，指爲寇準黨，謫萊州觀察使。卒官彰武軍節度使，贈侍中，謚武穆。瑋喜讀書，通春秋三傳。沈勇有謀，用士得其死力，出入神速不可測。一日，張樂宴僚吏，中坐失瑋所在，明日，徐出視事，而賊首已擲庭下矣。其立馬社，開邊濠，後皆以爲法。嘉祐末，配享仁宗廟庭。

高化。真定人。少沈勇，善射。真宗時，累遷蜀州團練使。天聖六年夏，大雨，命護汴隄，隄且壞。時夏守恩方典軍，積材木城隅，化盡取以塞隄，乃得無患。仁宗嘉之，累遷武安軍節度使、知相州。部有大獄已具，皆當論死。化疑之，遣移訊，果出無罪者。踰年致仕。贈太尉，謚恭莊。

賈昌朝。獲鹿人。真宗時進士，授崇正殿説書。帝多所質問，昌朝記録以進，賜名邇英延義記注。累遷右諫議大夫、權御史中丞。上備邊六事，又請度經費，罷不急，歲省緡錢百萬。慶曆中，拜同中書門下平章事，後封魏國公。卒，謚文元。所著羣經音辨、通紀、時令、奏議、文集百二十二卷〔一〇〕。弟昌衡，從子炎皆知名。

王舉正。化基子。幼嗜學，厚重寡言。第進士。仁宗時，累拜參知政事，入謝，帝曰：「卿恬於進取，未嘗干朝廷以私，故不次用卿。」皇祐初，拜御史中丞，數言事，帝稱其得風憲體。以太子少傅致仕。卒，謚安簡。

曹佾。彬之孫。性和易，善弈射。累拜平章事，封濟陽郡王。神宗每咨訪以政，退朝，終日語不及公事。帝謂大臣曰：「曹王雖用近親貴，而端拱寡過，真純臣也。」

賈逵。藁城人。從狄青征儂智高有功，遷嘉州刺史、秦鳳路鈐轄。歷涇原、高陽關、鄜延路副都總管〔一一〕，入爲步軍副都指揮使。復總鄜延兵，所至皆著功績。元豐初，拜建武軍節度使。卒，謚武恪。

劉昌祚。真定人。父賀，戰殁於定州〔一二〕。録爲右班殿直，主秦州武遠寨。神宗時，夏人寇劉溝堡，設伏，昌祚領騎出援，卒遇之，抽矢一發殪其渠，餘衆悉遁。擢熙河路都監。從王中正入蜀，破箄篥羌〔一三〕。哲宗時，累遷武康軍節度。卒，謚毅肅。昌祚善騎射，箭出百步之外。夏人得箭以爲神。所著射法行於世。

楊粹中。真定人。建炎初，知濮州。金兵大入，粹中固守不下。尼雅哈易之，粹中遣將姚端乘不意，夜擣其營，直至中軍，尼雅哈僅以身免，遂急攻城，凡三十三日而陷。尼雅哈以粹中歸，竟不屈死。贈徽猷閣待制。「尼雅哈」舊作「粘罕」，今改正。

金

褚承亮。真定人。宋宣和五年，登第〔一四〕，調易州户曹，未赴。斡里布既破真定，拘籍境内進士試安國寺，承亮名亦在籍中，匿而不出。軍中知其才，嚴令押赴對策。策問「上皇無道，少帝失信」。舉人承風旨，極口詆毀。承亮詣主文劉侍中曰：「君父之過，豈臣子所得言。」長揖而出。劉爲之動容。後薦知藁城縣，即棄去。年七十終，門人私謚曰玄貞先生。子席珍，正隆中進士，官州縣有聲。「斡里布」舊作「斡離不」，今改正。

楊伯雄。藁城人。皇統進士。海陵時，爲右補闕。常因事納諫。大定中，擢太子詹事兼諫議。知無不言，匡救甚多。後宫僚有詭隨者，人必稱楊詹事以愧之。官至河中尹。卒，謚莊獻。弟伯仁，事父兄克盡孝友，讀書過目成誦。登皇統進士，累官翰林直學士。文詞典麗，世宗嘗曰：「自韓昉、張鈞後，今則伯仁而已。」

楊伯淵。伯雄族兄。早孤，事母以孝聞。天會中，賜進士第，歷知平定、泰安軍及山東東路轉運使，皆有惠政。

女稀烈守愚。真定路烏珠克明安人。性至孝，父殁時年十五，營葬如禮，治家有法，鄉人稱之。中明昌二年進士。調深澤主簿，遷臨沂令，皆有聲。母喪，勺飲不入口三日，終喪未嘗至内寢。太常寺、勸農司交辟，皆不聽。貞祐初，累遷參議陝西路安撫司事。「女稀烈守愚」舊作「女奚烈守愚」,「烏珠克明安」舊作「吾直克猛安」,今並改正。

王若虛。藁城人。承安二年經義進士。歷管城、門山二縣令,皆有惠政。累官直學士。崔立之變,羣小附和,請爲建功德碑,翟奕以尚書省命,召若虛爲文。若虛私問元好問曰:「今召我作碑,不從則死,作之則名節掃地,不若死之爲愈。」乃以禮諭之,奕輩不能奪。後北歸鎮陽,東遊泰山黄峴峯,顧謂同遊曰:「汨没塵土中一生,不意晚年乃造仙府。」坐大石上,良久,瞑目而逝。

馮璧。真定人。承安二年進士。調遼濱主簿。五年,伐蜀,充軍前檢察,遣招兩當潰卒,道逢軍士所得子女金帛牛馬,皆奪使歸其家。比到兩當,軍民三萬餘鼓舞迎勞。貞祐中,遷大理丞,與臺官行關中,劾奏姦贓之尤者十數人,自是權貴側目。改禮部員外郎,權右司諫。應詔言時務六事。以同知集慶軍節度使致仕。

周昂。真定人。第進士。調南和簿,有異政。拜監察御史。大安中,兵興,權行六部員外郎。昂孝友,喜名節,學醇文雅,諸儒皆師尊之。既歷臺省,爲人所擠,謫東海上十數年。後入翰林,言事愈切。出佐宗室承裕軍。承裕失利,衆欲徑歸,昂獨不從,城陷,與從子嗣明同死於難。

元

董俊。藁城人。少力田,長涉書史,善騎射。元初,擢知中山府事,授龍虎衛上將軍。金主棄汴奔歸德,追圍之,金兵夜出,薄諸軍於水,俊力戰死焉。俊早喪父,事母以孝聞。歲時廟祭,非疾病,跪拜必盡禮,子雖孩乳,亦使之序拜。待親戚故人,皆有恩意,戒諸子以力田讀書,勿求非望。臨陣勇氣懾衆,善戰而不妄殺,人樂爲用。大小百戰,無不克捷。加贈太傅,封趙國公。謚忠烈。

趙迪。藁城人。幼孤,事母孝,多力善騎射。太祖改藁城爲永安州〔一五〕,以迪同知節度使。嘗從帝西征,他將校豪横俘掠，獨迪治軍嚴，所過無犯。先是，真定既破，迪亟入索藁城人在城中者，得男女千餘人，諸將欲分取之，迪曰：「是皆我所掠，當以歸我。」乃召其人謂曰：「吾懼若屬爲他將所得，則分奴之矣，故索以歸我。今縱汝往，各爲良民。」衆感泣而去。

王善。藁城人。姿儀雄偉，其音若鐘，多智畧，尤精騎射。金貞祐播遷，田疇荒蕪，人無所得食，善求食以奉母。時羣盜蠭起，衆推善爲長。善備禦有方，盜不能犯。後率衆歸元，屢擊敗武仙〔一六〕，進左副元帥，從征河南，軍中秋毫無犯，民皆安堵，願從善北渡者以萬計，授之土田，以安集之。後知中山府事，有惠政。卒，追封冀國公，謚武靖。

邸順。行唐人。占籍曲陽縣。金末，盜起，順會諸族，集鄉人豪壯數百人，與其弟常築兩砦於石城、玄保，分據以守。歲甲戌，率衆來歸，太祖授行唐令。

賈居貞。獲鹿人。太宗時，爲行臺從事。時法制未立，人以賄賂相交結。有餽黄金五十兩者，居貞卻之。帝聞而嘉歎，敕有司月給白金百兩，以旌其廉。從世祖北征，每陳説資治通鑑，在軍中未嘗廢書。巴顔伐宋，居貞以僉行省事留鄂。蘄、黄寇起，有言當盡除鄂之大姓者，居貞力保其無他。遷江西行省參知政事，出巨室三百餘於獄。南安李梓發作亂〔一七〕，居貞率千人親往諭之，衆皆散匿。比還，不戮一人。卒，追封定國公。

鄭温。靈壽人。憲宗時，從征西川，四月不解甲，史天澤言其功，帝曰：「朕所親見也。」賜名伊克巴圖魯〔一八〕。中統中，討李璮有功，復受上賞。至元中，詔統蒙古、漢人諸步軍萬人〔一九〕，渡海征耽羅，平之。又從攻岳州等，皆有功。累遷至江淮行省參知政事。「伊克巴圖魯」舊作「也可拔都」，今改正。

王守道。平山人。元初，爲真定主簿。史天倪鎮真定，爲府經歷。及金恒山公武仙降〔二〇〕，署爲副帥。守道謂天倪曰：「是人位居公下，意有不平，宜先事爲備。」天倪不以爲然，未幾，果爲所害。及仙反，執守道家人，以重幣誘之，守道不顧，日與史氏部曲昆弟徵發調度以復讐，卒逐仙遁去。中統初，授真定等路萬户府參謀。卒，追封壽國公，謚忠惠。

李治。欒城人。登金進士，知鈞州。城潰，微服北渡，流落忻、崞間，聚書環堵，人所不堪，治處之裕如。世祖在潛邸，聞其賢，遣使召對。後買田封龍山下，學徒益衆。及世祖即位，聘爲學士，期月以老疾辭。所著書百數十卷。

高鳴。真定人。少以文學知名。世祖即位，詔爲翰林學士，擢侍御史，風紀條章，多其裁定。每以敢言，爲帝所重，嘗入内，值大風雪，帝謂御史大夫曰：「高學士年老，後有大政，就問可也。」其敬禮如此。

董文炳。俊長子。性警敏，善記誦。以父任爲藁城令。中統中，佩金虎符。會諸軍平李璮，爲山東路經略使〔二〕。從巴顔伐宋，大破張世傑、孫虎臣舟師於焦山下，江水爲之不流，即將兵由江並海趨臨安。宋平，懷來安輯之功，文炳居多，拜中書左丞。世祖北伐，召文炳至，謂曰：「中書省、樞密院事無大小，咨卿而行。」時阿哈瑪方恃寵用事，惟畏文炳，奸狀爲之少斂。卒，贈平章政事，謚忠獻。「阿哈瑪」，改見順天府人物。

董文蔚。俊次子。厚重寡言，立志勤苦，讀書忘倦。善騎射，膂力絶人。事母至孝，接人謙恭。初授藁城等處行軍千户。南鎮鄧州，築沿邊城堡，衆感其善撫，爲盡力。攻襲樊城，伐川蜀，破李璮，皆奏功。至元中，卒於上都。贈隴西郡伯。

董文用。俊第三子。弱冠試詞賦，中選。世祖在潛邸，命文用主文書。至元初，爲西夏中興等路行省郎中，開渠墾田，歸者四五萬户。授山東東西道勸農使，五年之間，政績爲天下最。累拜御史中丞。舉胡祇遹等十餘人爲按察使、行臺中丞，當時以爲極選。桑格當國，近戚屏息。文用獨不附，又具奏其奸狀。遷翰林學士承旨。卒，謚忠穆。弟文直，性莊毅，通經史法律。爲藁城長官。性好施與，里閈或貧不自立，每陰濟其急。「桑格」舊作「桑哥」，今改正。

董文忠。俊第八子。初侍世祖潛邸，及即位，置符寶局，以文忠爲郎。文忠不爲容悦，隨事獻納。帝嘗賜金尊，以旌其直。累遷僉書樞密院事。卒，謚忠貞。

高源。晉州人。幼孤，力學，事母至孝。中統初，擢齊河令，有遺愛。僉江浙提刑按察使。劾常州路達魯噶齊馬恕諸不法事。恕賄權臣阿哈瑪，以他事誣源繫獄，久乃得免。除河間等路轉運使。遷都水監。開通惠河，置閘建橋，世蒙其利。「達魯噶齊馬恕」舊作「達魯花赤馬恕」，今改正。「阿哈瑪」，改見順天府人物。

王思廉。獲鹿人。至元中，累官翰林待制。每侍讀，帝命御史大夫、中丞、太師及學士承旨，咸聽受焉。仁宗時，以翰林學士承旨致仕。卒，追封恒山郡公，謚文恭。

董士元。文炳長子。中統初，選供奉内班，從車駕北巡，帝知其忠勤，尋遷武節將軍。從太師布爾罕攻揚州，駐師灣頭堡。會布爾罕病還，以行省阿里代之。阿里素不習兵，率輕騎出堡，士元以百騎從之，宋兵至者萬餘，阿里遁去。士元以部兵赴敵死戰，身被十七創，甲裳盡赤，肩輿至營而死。後追封趙國公〔二二〕，謚忠愍。「布爾罕」舊作「博魯歡」，今改正。

董士選。文炳次子。幼從父居兵間，晝治武事，夜讀書不輟。文炳與宋兵戰金山〔二三〕，士選戰甚力。丞相巴顔壯其驍勇，奏爲管軍總管。累拜江西行省左丞。討平贛州盗劉六十，進御史中丞。劉深出師征八百媳婦，士卒多死，中外騷然，無敢諫者。士選獨言其非。歷汴梁、陝西行省平章政事。士選以忠義自許，尤號廉介。治家有法，禮敬賢士，爲當時所推。

王慶端。善子。初爲郡筦庫，進水軍提領，訓練士卒，常如臨敵。以功累遷侍衛軍都指揮使。從世祖征那彦，與士卒同甘苦，晝夜不解甲，暇則俾士卒爲市，自相懋遷。征東之功，贊畫居多。成宗即位，累加平章政事、僉書樞密院事。「那彦」舊作「乃顔」，今改正。

王約。真定人。博覽經史，工文辭，務達國體。至元中，爲監察御史。成宗即位，言二十二事，皆從之。遷翰林直學士，條疏京東利病十事，請發米續賑，前後存活數十萬人。仁宗在東宮，雅知約名，擢太子詹事丞，多所匡正。英宗時，以集賢大學士致仕。嘗奉詔與中書省丞，條定國初以來律令，名曰大元通制，頒行之。所著有史論三十卷、高麗志四卷、潛丘藁三十卷。

朱顯。真定人。至元中，祖父已分財。至治三年，顯念姪彦昉等年幼無恃，謂弟耀曰：「父子兄弟，本同一氣，可異處乎！」乃會拜祖墓下，取分券焚之，復與同居。

安熙。藁城人。慕保定劉因之學，將造其門，而因已殁，乃從因門人問其緒説。熙簡静和易，務爲下學之功。遭時承平，不屑仕進，家居教授垂數十年，四方來學者多所成就。既殁，鄉人爲立祠，門人蘇天爵爲輯其遺文。

李元禮。真定人。資性莊重，燕居不妄言笑。元貞初，拜監察御史，劾彈無所回撓。有旨建五臺山佛寺，皇太后將臨幸，元禮上疏極諫，臺臣不敢以聞。侍御史萬僧奏元禮大言謗佛，帝敕右丞相額爾哲、平章布庫穆等鞫問，布庫穆抗言曰：「他御史皆不肯言，惟一御史敢言，誠可賞也。」帝乃罷萬僧，復元禮職。「額爾哲」舊作「完澤」，今改正。「布庫穆」，改見前「名宦」。

賈鈞。居貞子。幼好讀書，淵默有容。由榷茶提舉，拜監察御史。仁宗朝，參知政事〔二四〕，爲政持大體，風裁峻整，不子孑鈞名譽。

蘇天爵。真定人。由國子生授薊州判官。至順初，擢江南行臺監察御史，慮囚湖北，明於詳讞。元統初，復官御史，四閱月，章疏四十五上，知無不言。累遷吏部尚書，參議中書省事。時庶務廢弛，天爵夙夜謀畫，鬚髮皆白。充京畿宣撫，都人有包、韓之譽。後以江浙行省參政，總兵於饒、信，克復一路六縣。卒於軍中。天爵爲學博而知要，身任一代文獻之寄，討論講辨，雖老不倦。學者因其所居，稱爲滋溪先生。

贍思。其先大食國人，家真定。博極羣籍，踐履篤實。泰定三年，徵至上都，以養親辭歸。天曆中，召爲應奉翰林文字，進所著帝王心法，文宗稱善。至元中，拜陝西行臺御史，上封事十條，皆羣臣所不敢言者。分巡雲南，除僉浙西肅政廉訪司事，改浙東，以病歸。歷官臺憲，以理冤澤物爲己任，平反大獄甚衆，然亦未嘗故出人罪，以市私恩。卒，封恒山郡侯，謚文孝。贍思邃於經，而尤深於易，至天文、地理、律算、水利諸書，皆究極之，所著述甚富。

張慶。真定人。善事繼母。伯父泰異居河南，慶聞其貧，迎歸，供膳豐備，過於所生。

李杲。鎮人。易人張元素以醫名燕趙間，杲捐千金從之學，不數年，盡傳其業。資性高謇，人不敢以醫名之，士大夫非危急之疾，不敢謁。所著書多傳於世。

張桓。藁城人。由國子生累官監察御史，以言事不合去。河南盜起，桓避之確山。賊久知桓名，襲獲之，羅拜請爲帥，弗聽。擁至渠魁前，桓直趨據牀坐，與之抗論順逆。其徒捽桓跪，桓仰天大呼，詈叱彌厲。賊知不可屈，遂刺之。賊後語人曰：「張御史真鐵漢，害之可惜！」事聞，贈禮部尚書，謚忠潔。

趙弘毅。晉州人。少好學，家貧無書，傭於巨室，晝爲役，夜則借書讀之。嘗受經於臨川吴澄，歷國史館編修官，調大樂署令。明兵入京城，弘毅歎曰：「我力不能救社稷，但有一死報國耳。」與妻解氏皆自縊。

趙恭。弘毅子。爲中書管勾。京師陷，與妻子訣曰：「我父子食禄，不能效尺寸力，吾父母已死，尚何敢愛死乎！」遂公服北向再拜，縊死。

明

崔亮。藁城人。元末，爲浙江行省掾。入明，歷官禮部尚書。凡郊廟祭祀之制，多亮裁定。

侯保。贊皇人。性剛直。由國子生歷知襄城、贛榆、博興三縣，有善政。永樂中，安南平，用爲交州知府，遷右參政。十八年，黎利反，保據黄江固守，出戰不利，死之。

馬謹。新樂人。宣德進士。授監察御史，按浙江，風裁清厲。歷湖廣布政使，擒斬武崗諸賊，遷右副都御史。巡撫河南。楊士奇嘗稱爲「冰霜鐵石」。成化初，命吏部疏先朝大臣操行尤異者，謹與焉。

李愷。無極人。性至孝，母亡，廬於墓，有泉湧之異。成化中，旌表。

張舉。欒城人。成化進士。授户部主事，監京倉及宣武門税，大著清操。遷岳州知府，罷民不便者十餘事。御史行部，意有所望，撻主簿至死，舉仰天大慟曰：「以吾忤物故，乃不能庇其屬。」方草劾，不勝憤，投筆而卒。發篋，僅俸銀數兩。贈太子少傅。

石玠。藁城人。成化末進士。由知縣召爲御史。出覈大同軍儲，按甘肅及陝西，條上邊務，悉中機宜。嘗因災異，劾南京刑部尚書翟瑄以下二十七人。正德中，累拜兵部右侍郎〔二五〕。海西部數犯邊，泰寧三衛與別部相攻，久缺貢市，遣玠往遼東巡視，皆受約束。累擢户部尚書。帝在宣府需銀百萬兩，玠持不發。會廷臣以諫南巡跪闕下，玠獨論救。有旨切責，遂引疾歸。卒，贈太子少傅。

石珤。與兄玠同舉進士。選庶吉士，授檢討。正德間，累官禮部左侍郎〔二六〕。帝始遊宣府，珤力諫，不報。廷臣諫南巡，禍將不測，珤疏救之。世宗立，遷吏部尚書，屏謝請託，諸犯清議者多見黜，時望大孚。三年，詔以尚書兼文淵閣大學士。廷臣伏闕争大禮，珤助之。及議定，珤復疏諫。帝欲奉章聖太后謁世廟，又上疏争，帝大愠。珤清介端亮，孜孜奉國。數與張璁、桂萼左，遂乞歸。歸裝襆被，車一輛而已，都人歎異，謂自來宰臣去國，無若珤者。隆慶初，謚文介。

吕鏜。晉州人。弘治進士。授武進知縣。有治行，擢御史，首劾劉瑾所昵侍郎四人。瑾銜之，諷吏部，出爲山西參議，遂矯旨送錦衣衛，杖而黜其官，復嗾鏜冤家，誣以飛語，再下獄杖死。世宗即位，贈通政司左參議。

賈應春。真定人。嘉靖初進士。由南陽縣知縣，累遷陝西右參政。寧羌賊起〔二七〕，會兵討平之。歷巡撫、總督三邊軍務，以功進右都御史。在鎮數載，築邊垣，開屯田，邊人賴之。累拜户部尚書，致仕。卒，贈太子太保。

梁夢龍。真定人。嘉靖進士。爲兵科給事中，劾尚書李默。改吏科，復劾侍郎殷學求、尚書江東及督漕胡植、巡撫孟淮等，皆罷貶。萬曆初，累遷右都御史，總督薊、遼、保定軍務。前後奏捷，賜敕奬厲，就加兵部尚書。又以修築黄花鎮、古北口邊牆，加太子少保。天啓中，録邊功，贈太保。

賈名儒。真定人。萬曆進士。爲御史時，諸言臣以請豫教元子。帝怒，盡斥逐之。名儒持疏力争，帝益怒，謫名儒遠方。

天啓初，録先朝言事諸臣，贈光禄少卿。

馬從聘。靈壽人。萬曆進士。擢青州推官。決獄有聲，擢御史。出理兩淮鹽課。奸人田應璧請掣賣没官餘鹽，從聘極陳其奸罔狀，不報。改按蘇、松，疏乞減免蘇、松、常鎮增税，又不報。以久次擢僉都御史，巡撫延綏，有擣巢功。會引疾歸，家居二十餘年，屢薦不起。崇禎十一年，大兵破靈壽城，北面再拜，自縊死，弟從龍，子士憝、士通、士偉，姪士禄，孫國瑊，媳鄭氏，皆殉難。詔贈從聘兵部尚書，謚介敏。本朝乾隆四十一年，賜謚節愍，餘並予祀忠義祠。

耿蔭樓。靈壽人。天啓進士。任臨淄知縣，有治績。崇禎中，入爲兵部主事，歷吏部員外郎，乞假歸。十一年，城破，偕子參並死之。贈光禄少卿。本朝乾隆四十一年，賜謚節愍。

周時雨。行唐人。官潼川州同知，與弟淮安府同知霖雨、倒馬關參將甘雨，皆罷官里居。崇禎十一年，大兵臨城，兄弟誓死堅守，城破皆殉難。本朝乾隆四十一年，並賜謚節愍。

本朝

梁清標。真定人。夢龍曾孫。明崇禎進士。選庶吉士。順治初，授編修，累遷兵部尚書。有武林斥生誣首逆案，株連甚衆，清標訊得其情，置之法，餘皆得全。康熙九年，調户部。時議撤諸藩，清標奉命之廣東，移尚可喜家口，兵衆洶湧，民皆竄匿，清標鎮静以安人心，得無變。二十一年，大旱，聖祖仁皇帝問弭災之方，清標以省刑爲對。拜保和殿大學士。卒於官。

馬逢伯。藁城人。少孤。性至孝，奉母趙氏，色養備至。幼與左光斗、馬士奇諸人遊，以詩文相倡和，居恒讀書不倦。由貢生官博平知縣。卒。

趙丕承。真定人。順治初，由貢生知鄖縣。逆賊王光泰陷城，被執，駡賊不屈死。

傅維鱗。靈壽人。順治進士。選庶吉士，授編修。出爲東昌兵備道。治行第一，歷遷左副都御史。上勸學疏數百言，語極剴切。累進工部尚書，加太子太保。所著有明書三百卷及歎齋説書、四思堂文集。

崔華。平山人。順治進士。康熙初，除開化知縣。政務寬平，力除蠹弊。值耿逆之變，城陷，華齎印從間道出，檄召義勇，涕泣開諭，立聚萬人，躬冒矢石，閱五日，城復。未幾，再陷，遭掠尤慘，民無叛志。亂平，流亡初集，積逋無算，華繪圖上督臣，乞爲請命，盡蠲額賦者四年。累擢兩淮鹽運使，寬於催課，而賦悉辦。三十一年，遷甘肅莊涼道，未行，卒。淮商祠祀之。

杜維喬。晉州人。母病，每夜禱天，願以身代，至頭顙皆裂。順治年間旌。同州茹顯相，亦以孝事繼母，見稱於鄉。雍正年間旌。

楊先烈。真定人。幼孤，事母孝，家貧甘旨不缺。母歿，廬墓三年。康熙年間旌。

孫榮。正定人。任曲尋鎮標千總。雍正十三年，逆苗犯丹江，榮與武英同擊賊於平寨河，死之。事聞議卹，廕把總。

張麟正。欒城人。康熙舉人。性至孝，少孤，事母色養備至。歲歉倡捐穀百石，全活無算。乾隆年間旌。

張裔慎。欒城人。貢生。少孤，稍長詢得父墓，匍匐往拜，一慟幾絶。時祖父母垂白在堂，裔慎以童稚能得其歡心。母病，籲天求代，衣不解帶者數月。及歿，哀毁骨立，三年未嘗見齒。性慷慨好施與，鄉人有古君子之稱。乾隆年間旌。

梁士瑋。阜平人。任四川成都守備。乾隆十二年，出師金川，叠著勞績。十三年，克康八達、述古等處，歿於戰。事聞，贈都司，賜祭葬。

張陳謨。無極人。事親以孝聞。乾隆年間旌。

張清士。無極人。由武進士授藍翎侍衛。除四川建昌右營都司。乾隆三十七年，隨征金川，擊賊陣亡。事聞議卹，廕千總。

蕭永齡。正定人。由營伍洊升守備。嘉慶元年，隨勦湖北邪匪，奮勇有功，力竭被害。同時陣亡者，龍泉關把總閻永傑、欒城汛把總妻連登、内丘汛把總崔晟。事聞，均議卹如例。

劉佐清。正定人。任固關營把總。嘉慶元年，隨勦四川達州賊匪，陣亡。同縣馬雲龍官馬峪汛把總，於四年陣亡。魏曰連官龍固營把總，於五年陣亡。事聞，均議卹如例。

王百忍。行唐人。由武舉效力洊升千總。嘉慶元年，隨征湖北教匪，奮勇有功。五年，追賊至陝西伏羌縣，陣亡。事聞議卹，廕雲騎尉。

吴學義。正定人。嘉慶二年，由千總隨征陝西白巖山賊匪，陣亡。同縣樊志曾官深州汛千總，酒天培官陝西都司，於六年在黑溝老林等處擊賊，陣亡。事聞，均議卹，廕雲騎尉。

列女

南北朝　魏

魏溥妻房氏。常山人。慕容垂貴鄉太守房湛女也，嫁鉅鹿魏溥。幼有烈操。年十六而溥遇疾，將卒，以母老子幼爲恨，房垂泣白：「幸承先人遺訓，出事君子，義在偕老，有志不從，命也。夫人在堂，稺子繦褓，願以身當之。」及溥卒，房操刀割左耳，投之棺中，遂終身不聽絲竹，不預坐席。訓導其子緝，有母儀法度。

五代　梁

賈章女。章爲鎮州指揮使。安重榮殺章誣以反，章女尚幼，欲捨之。女曰：「吾家三十口皆遭兵，存者惟吾與父耳，父戕，吾安忍獨生！」並殺之。

元

武用妻蘇氏。真定人。用疾，蘇氏割股爲粥以進，即愈。生子德政，四歲而寡，夫之兄利其貲，欲逼而嫁之，不從。未幾，夫兄舉家死，惟餘三弱孫，蘇氏取而育之。德政長，事蘇至孝。蘇死時，天大旱，德政方掘地求水以供葬事，忽二蛇躍出，德政因默禱焉。二蛇一東一北，隨其地掘之，果得泉。有司上其事，旌復其家。

趙恭女。名官奴。晉州人。元末，城陷，祖弘毅、父恭，俱縊死。官奴年十七，方大泣，鄰嫗數輩勸其出避，官奴曰：「我未適人，避將何之！」不聽。嫗欲力挽之，女乃潛入中室，自縊死。

明

韓太初妻劉氏。新樂人。太初，元時爲知印。洪武初，例徙和州，挈家行。劉事姑謹，姑道病，刺血和藥以進。再病，再愈之。抵和州，太初卒，劉種蔬給姑食。越二年，姑患瘋疾不能起，晝夜奉湯藥，驅蚊蠅，不離側。姑體腐，蛆生席間，爲齧蛆，蛆不復生。及姑疾篤，封肉食少甦，踰月而卒，殯之舍側，欲還葬舅塚，哀號五載不能得。太祖聞之，遣中使賜衣一襲，鈔二十錠，命有司還其喪，旌門閭，復其徭役。

李大林妻甄氏〔二八〕。欒城人。事姑甚孝。姑往次子家甫三日，氏忽心悸身汗，意姑有他，遽往視之。未至，果有以疾來告者，氏沿途拜禱，至姑所，奉湯藥，數日愈。後姑年九十卒，氏廬墓三年，旦夕悲號。洪武中旌表。

扈彬妻趙氏。元氏人。洪武三十五年，避兵於太行岩穴間，爲軍卒曳出，驅迫之至岸，趙矢死不辱，乘間投崖而死。衆驚歎，悉捨所掠人口而去。詔旌其門曰「貞烈」。子暹，鳳翔知府。

石麟繼妻徐氏。藁城人。麟任廣東教諭。正統初，卒於官。氏年二十四，越三月，生子玉，前妻子亦方五歲，氏攜二孤，扶櫬歸葬。養舅姑甚謹，躬紡績，教二子勤學承父志。後玉登進士，官御史。成化中，詔旌其門。

紀氏女〔三九〕。晉州人。年十六。正德六年，流賊掠其家，欲污之，女不從。賊脅之以刃，罵不絕口，賊怒，遂支解而死。

王聚倉妻趙氏。藁城人。幼有志行。正德六年，爲流賊所劫，欲犯之，趙大罵。賊脅之以刃，堅不從，乃割其左右耳，復以火炙之，趙罵不絕口而死。

李廷實妻馬氏。真定人。廷實以國子生在京謁選，病卒。馬氏聞訃，號慟觸壁，碎首而死。

李綸妻胡氏。真定人。綸爲邑諸生，病篤，氏誓同死。綸卒，遂服毒，家人覺之，以水救得解，尋復飲藥死。

耿氏女。元氏人。年十七，許字石教民。崇禎六年，流賊劫女上馬，自投而下者三，賊怒殺之。

樊某妻蒲氏。行唐人。夫死，氏不再適。有山寇逼求爲妻，氏赴崖下水中死。鄉人名其水曰玉女塘，立祠祀之。

胡熙妻郭氏。贊皇人。值流寇至，爲所執，欲污之。氏怒罵，且擊賊中目，賊怒殺之。

馬國璠妻賈氏。靈壽人。國璠爲諸生。崇禎中，城陷，自經不死，被執不屈，奪兵所佩刀自殺。

高笏妻閻氏。元氏人。崇禎末，爲亂兵所劫。氏以頭觸石，流血被面，不肯行，復以刀脅之，氏罵不絕口，遂遇害。

傅永清妻富氏。靈壽人。崇禎末，流賊至縣。氏與子婦輩匿山中，聞京師失守，痛哭不食，入山洞自經死。

本朝

李棟芳妻牛氏。正定人。年二十一。族人潛入其室，欲污之。氏奮力拒罵，面被數刃而死。同縣王祚昌妻陳氏，徐鳳賢妻郭氏，皆遇兵亂，義不受辱，見殺。

曹際昌妻張氏。正定人。年二十二。夫亡，晝夜悲號，服毒死。同縣王永曆妻商氏，李有謙妻蘇氏，王興宗妻苗氏，俱夫亡殉節。

馬崇勛妻楊氏。靈壽人。年二十二。夫歿，奉養盲姑以孝聞，撫子琅及四孫俱成立，守節六十餘年。

崔岱齊繼妻唐氏。平山人。幼通書傳。岱齊官長沙知府，病歿。氏孝事繼姑、庶姑三十年，存歿盡禮，四子皆非己出，撫育教訓，甚有恩義。

王吉徵妻劉氏。平山人。夫童騃不諳人事，翁命之改適，不從。越五年，夫亡，孝事舅姑，年八十三，以貞節終。康熙年間旌。

張肖月妻張氏。行唐人。遇暴不從被殺。同縣節婦梁喜福妻楊氏，均康熙年間旌。

趙國臣妻劉氏。贊皇人。夫貿易外出，爲强暴所逼，自剄死。

張志洪女三姐。無極人。遇暴不從被殺。康熙年間旌。

樊可愛女二姐。藁城人。遇暴不從被殺。康熙年間旌。

李華先妻師氏。新樂人。夫亡守節，教子成立。康熙年間旌。

王天爵妻朱氏。井陘人。徙家平山，遇惡僧欲犯之，大罵不從被殺。雍正年間旌。

張志妻康氏。平山人。夫歿，鞠二子，爲娶婦，又相繼早亡，偕兩婦撫孫成立，孫又早亡，三世苦節，氏年逾八十。雍正年間旌。

盧蒲妻何氏。平山人。年十六。夫亡，孝事舅姑，撫子讀書爲諸生。子復亡，婦遺腹生孫，婦復亡，鞠孫成立，舉曾孫。老猶紡績，以有餘贍鄰里。年七十一卒。雍正年間旌。

孫紹芳妻岳氏。藁城人。爲惡少所逼，不從投井死。雍正年間旌。

侯夢豹妻朱氏。正定人。夫渡滹沱覆溺，氏以身殉，家人救之，乃率二孤沿河求夫屍，呼號三晝夜，從淤泥中舁之而歸。食貧茹苦，撫二孤成立。同縣節婦：王大涵妻閻氏，殷智妻何氏，吴宗伯妾鄭氏，劉世安妾王氏，杜國才妻婁氏，高崇文妻王氏，王斌妾劉氏，劉質恭妾魏氏，蘇繼軾妻武氏，竇紳妻曹氏，梁肇基妻賈氏，郭廷標妻李氏，李鐘龐妻何氏，趙之屏妻李氏，谷進獻妻殷氏，王榮恩妻文氏，王兆璐妻楊氏〔三〇〕，高維納妻韓氏，王文榮妻逯氏，王之綬妻沈氏，邵儒統妻黄氏〔三一〕，臧應遴妻楊氏，吴方升妻李氏，許維烈妻牛氏，高弘文妻白氏，許徵妻張氏，孫暘妻潘氏，章辰妻白氏，竇志僖妻戴氏，劉美德妻魏氏，趙炳妻孫氏，李肇祚妻田氏，盧廷嶠妻李氏，祁攀鳳妻劉氏，史高直妻李氏，何元鈿妻任氏，閻玫妾張氏，邢元禄妻孟氏〔三二〕，杜維喬妻鄒氏，趙文蔚妻高氏，王元錦妻柯氏，杜益著妻王氏，葛元英妻程氏，劉琦妻朱氏，梁肇楨妻賈氏〔三三〕，劉錫慶妻徐氏，馬碩輔妻張氏，蕭昌續妻吴氏，何玲妻陳氏〔三四〕，王鎮豪妻劉氏，馬雲飛妻李氏，崔濬妻楊氏，酒思順妻張氏。均乾隆年間旌。

李仲甫妻高氏。井陘人。爲强暴所逼，不從，羞忿自殺。同縣節婦：郝滂繼妻畢氏，霍鎬妻梁氏，郝漢臣妻霍氏，謝玉田妻石氏，吴進庫妻盧氏，董馨妻岳氏，仇資寬妻許氏，郝憎妻曾氏，馮三妮妻郗氏，盧昌後妻劉氏，梁發昌妻王氏，李謙妻侯氏，劉希彭妻蔡氏，孫學禮妻王氏，康鉅妻武氏。均乾隆年間旌。

王福多妻陳氏。獲鹿人。夫亡孝事舅姑，守志終身。同縣節婦：梁大進妻任氏，王聘妻白氏，劉胤朋妻傅氏〔三五〕。均乾隆年間旌。

李豹妻范氏。元氏人。夫亡，姑欲嫁之，投井死。同縣節婦：高法聖妻劉氏，麻蔚繼妻閻氏，李躋甲妻孫氏，魏嶙妻曹氏，智玉秀妻魏氏，張琦妻黄氏，高福雲妻劉氏，胡文玘妾董氏，閆賜珽妻胡氏，高經妻安氏，智璟妻賈氏，廉成芳妻温氏，邵能静妻王氏，李會妻麗氏，高計亭妻魏氏，賈文蔚妻李氏，崔星妻范氏，張明星妻劉氏，齊弘祚妻劉氏，王文德妻牛氏，王度妻樊氏，趙全妻王氏，王惟康妻張氏，邵惟和妻王氏，張閆妻李氏，李濬妻張氏。均乾隆年間旌。

姚發妻何氏。靈壽人。夫亡守節，毁左目以自堅，孝事翁姑，撫遺孤爲諸生。同縣節婦：任起蛟妻趙氏，吴行裕妻商氏，王雹妻孫氏，尹發梓妻馬氏〔三六〕，羅仁奇妻祁氏，韓濬妻吴氏，李泰龍妻鄭氏，王清泰妻曹氏，齊茂英妻劉氏，李如好妻楊氏，馬蕃妻趙氏，李國昌妻孟氏，姚景妻陳氏，谷雨妻張氏。均乾隆年間旌。

賈夢豹妻王氏。欒城人。年十七，夫亡無子，或勸之他適，氏截髮自誓，撫嗣子得成立。同縣節婦：胡廷英妻田氏，聶桐妻傅氏，段文晰妻韓氏，馮忠繼妻校氏，冀助妻孫氏，劉繼貞妻陳氏，傅駿妻王氏，王五慎妻陳氏，李子存妻趙氏。均乾隆年間旌。

楊二小妻商氏。平山人。爲强暴所逼，不從，被勒死。同縣烈婦：王楝妻郝氏，任興妻谷氏。節婦：劉雲妻張氏，賈慊妻温氏，閻繼武妻孫氏，張元良妻章氏，康孟卿妻蓋氏，賈清彦妻焦氏，楊維邦繼妻杜氏，康有輔妻劉氏，祁忠妻魯氏，楊遠任繼妻劉氏，曹禹臣妻王氏，李得景妻樊氏，商柱妻趙氏，李秀達妻金氏，王燦妻齊氏，劉名傑妻曹氏，蘇顯宗妻張氏，武廷龍妻任氏，李思義妻孫氏。均乾隆年間旌。

郄繩宗妻李氏〔三七〕。阜平人。夫亡，撫孤慶隆〔三八〕，娶婦王氏，慶隆又亡，偕媳撫孤有成。同縣節婦：張光宿妻劉氏，張文紹妻宫氏。均乾隆年間旌。

李亮妻薛氏。行唐人。遇暴不污，自縊死。同縣節婦：孫希彦妻董氏〔三九〕，王全妻喬氏，焦與公妻趙氏〔四〇〕，劉惠妻馬氏，王會妻趙氏。貞女：高瑜聘妻藺氏。均乾隆年間旌。

張芳聲妻白氏。贊皇人。夫殁，姑老且病，嘗有寇至，氏負姑出，獲全。同縣節婦：劉元士妻時氏，韓來瑞妻趙氏，韓鵬妻張氏，郭式恒妻董氏，尹花妻陳氏，杜元龍妻郭氏，劉朝妻張氏，楊思聰妻郭氏，張芳聲妾趙氏，李眖心妻張氏，郭仲妻侯氏，郭式儀妻張氏，杜元聰妻李氏，胡藥龍妻任氏，王仲妻李氏，張珂妻劉氏，馮廷樞妻魯氏，馮諾妻杜氏，楊希元妻郭氏。烈婦：薛聰妻魏氏。均乾隆年間旌。

茹大鵬妻宿氏。晉州人。夫亡，鄰嫗以其少，諷之，乃毁容截髮以明志。同州節婦：茹無息妻朱氏，朱怡妻武氏，張文達妻温氏，李良璧妻晉氏，劉化鵬妻高氏，高數通妻孟氏，翟擢妻賈氏，楊業貴妻劉氏，楊建泗妻趙氏，王昶妻張氏，谷自勵妻趙氏，張大壽妻朱氏，尹啓睿妻王氏，劉佐珠妻盧氏，王瑞芳妻張氏，王林喜妻谷氏、胡得仁妻李氏，朱錫綺妻張氏，翟英妻王氏，張明玉妻董氏，張重華妻劉氏，李爾牛妻姚氏，李文委妻劉氏，田士通妻高氏，彭克己妻劉氏，趙保德妻李氏，賈奇秀妻張氏，韓志書妻張氏，高星照妻吴氏，楊茂妻王氏，王作哲妻楊氏。烈婦：張金聲妻吴氏，茹黑妻姚氏。均乾隆年間旌。

張名世妻李氏。無極人。夫亡守節。同縣節婦：朱得云妻寇氏，裴尚文妻梁氏，王有斐妻陳氏，張如椿妻于氏，劉極妻陳氏，高新德妻甄氏，鄭習斌妻李氏，吕端妻王氏，張濬妻安氏。均乾隆年間旌。

田福來妻田氏。藁城人。遇暴不污，羞忿自盡。同縣節婦：白其德妻程氏，劉成麟妻徐氏，劉儒妻辛氏，王元乾妻汪氏〔四一〕，左國泰妻王氏，趙之韶妻胡氏，劉有成妻吴氏，于保妻劉氏，南金妻郭氏，劇有恒妻劉氏，何淙妻楊氏，薛信妻王氏，李敷英妻張氏，劉大貴妻岳氏，陳通妻孫氏，宋之良妻喬氏，趙法保妻李氏，馮貴祥妻袁氏，楊雙全妻李氏，徐徹妻王氏，周斯敏妻李氏，范勉妻王氏，張繩祖妻劉氏。均乾隆年間旌。

杜有泰妻趙氏。新樂人。遇惡少欲犯之，峻拒被害。同縣節婦：王賓妻楊氏，劉列格妻鄭氏，吴昌妻田氏，傅兆龍妻賈氏，吳國輔妻雷氏，國之輔妻郭氏，陶際觀妻楊氏，田龍妻李氏，劉顯玉妻侯氏，閻玉銘妻安氏，鮑明甫妻李氏，王法儒妻張氏，沈大惠妻劉氏，陳寶妻張氏，王治岐妻陳氏，默功遠妻齊氏，謝楚繼妻張氏，陶行祖妻李氏、高錫妻王氏，郭純誠妻王氏，劉邦基妻劉氏，吳廷棟妻高氏，安當妻王氏，牛鳳妻駱氏，李秉仁妻李氏，李自容妻韓氏，張倫妻楊氏，侯進道妻席氏，朱士俊妻張氏。均乾隆年間旌。

劉某妻婁氏。正定人。夫亡守節。同縣節婦：劉岸魁妻劉氏，張某妻曹氏。均嘉慶年間旌。

何殿元妻高氏。井陘人。夫亡守節。嘉慶年間旌。

張氏女喜姐。獲鹿人。守正捐軀。同縣節婦：王象復妾金氏，馬自清妻霍氏，王幅明妻劉氏。均嘉慶年間旌。

王孚惠妻駱氏。元氏人。夫亡守節。同縣節婦：王士林妻汪氏。均嘉慶年間旌。

辛三九妻趙氏。靈壽人。守正捐軀。嘉慶年間旌。

李喜住妻趙氏。平山人。遇暴逼污，不從被殺。嘉慶年間旌。

趙曮妻周氏。行唐人。夫亡守節。同縣節婦：周進義妻趙氏，嚴壯清妻王氏，嚴貢妻韓氏，侯連妻王氏，李瑗妻嚴氏，嚴登陵妻王氏，張彥陵妻王氏。均嘉慶年間旌。

李峻山妻周氏。贊皇人。遇暴不從，羞忿自盡。嘉慶年間旌。

高氏女領姐。晉州人。遇暴不辱，羞忿自盡。同州烈女：劉氏女劉强姐。節婦：田錫妻孫氏，周來儀妻馬氏，李凱妻茹氏。均嘉慶年間旌。

翟煥新妻靳氏。無極人。夫亡守節。同縣節婦：白充輝妻魏氏。均嘉慶年間旌。

張王氏。藁城人。守正捐軀。嘉慶年間旌。

相師陸妻方氏。新樂人。夫亡守節。同縣節婦：周起有妻焦氏，王清志妻祁氏。烈婦：胡大成妻劉氏。烈女：張三多女。均嘉慶年間旌。

仙釋

昌客。常山道人。自稱殷王子，食蓬虆根，年二百餘，顔色如二十許人，常取紫草賣染家，以錢遺孤寡，歷世皆然。

隋

寶公。開皇中，居真定解慧寺，嘗甃石爲柱，作門三楹，上爲樓，坐卧其上。後北寇來，縱火焚寺，寶公從樓隕身而下，毫髮無傷。寇刃之，刃自斷，寇又舉火焚樓，火自滅，寇駭愕，稽顙而去。

宋

蘇澄隱。真定人。爲道士，得養生術，年八十餘不衰。五代晉唐屢聘之，並辭疾不至。太祖征太原，還駐鎮陽，召見，問其術。對曰：「臣之養生，不過精思練氣耳，帝王養生，則異於是。老子曰：『我無爲而民自化，我無欲而民自正。』黄帝、唐堯享國永久，得此道也。」帝大悦。年百歲而卒。

懷丙。真定僧也。多巧思。郡有木浮圖十三級，久而中級大柱壞，欲西北傾，他匠不能爲。懷丙別作柱，命衆工維而上，已而却衆工，閉户良久，易柱下。趙州渡河石橋，鎔鐵貫其中，歲久，鄉民盜鑿鐵，橋遂攲，計千夫莫能正。懷丙不役一人，以術正之使如故。其靈異多類此。

守干。藁城人。居龍興寺，性聰慧，無幽不燭。元祐間，賜號「迴照大師」，以紙衣一襲付其徒，至旬，乃易衣誦經，合掌而逝。

土産

炭。明會典：「成化六年減真定合用柴炭。」

煤。府志：「靈壽縣出。」

瓷器。金史地理志：「真定府産瓷器。」缸、罈之屬也。明時充貢。

梨。魏文帝詔：「真定梨大如拳，甘如蜜，脆若菱，可以解煩釋悁。」隋圖經：「真定縣梨爲天下第一。」唐書地理志：「鎮州土貢梨。」舊志：「府界亦産梨、棗。」

桃。羣芳譜：「巨核桃，霜下始熟，出常山。」

李。陸士衡果賦：「中山之縹李。」井陘志：「李有青、黄、紅三色。」

薏苡。圖經：「生真定平澤及田野最多。」

木耳。出井陘平山。

牡丹。府志：國初柏棠園最勝，梁清遠謂自宋時，郡牡丹已得名。韓魏公詩「咫尺常山似洛陽」，是也。

楸。史記：「常山以南，河濟之間千樹楸。」

藥。有升麻、防風、黎盧、藁本、天花粉、地骨皮、兔絲子。又靈壽、平山、阜平、贊皇諸縣亦産茯苓、芍藥、當歸、鹿茸、龍虎骨、蒼朮、黄芩、白朮、半夏、黄連、萆薢。無極縣産蒲公英。

菖蒲。本草，菖蒲一寸九節，出靈壽者佳。

皁角。金史地理志：真定府産。

香麞。井陘縣出。舊志：香麞見人捕之，輒自剔臍出其香。按舊志載唐書地理志：「鎮州土貢：孔雀羅、瓜子羅、春羅。」謹附記。

校勘記

〔一〕執其兄子胤而去　原作「蔭」，乾隆志卷一九人物（以下同卷簡稱乾隆志）同，據北史卷五六魏收傳回改。

〔二〕曲周在唐屬洺州　「周」，原作「州」，據乾隆志、本志後文及舊唐書卷三九地理志二、新唐書卷三九地理志三改。

〔三〕而後漢嘗省入鉅鹿郡　乾隆志同。按漢書卷二八地理志下：廣平國屬縣十六，其一曲周。東漢建武十三年，廣平國省併入鉅鹿郡（載後漢書卷一光武帝紀下），曲周縣改隸鉅鹿郡，續漢書郡國志二：鉅鹿郡領有曲周縣。此云「曲周縣嘗省入鉅鹿郡」，當誤。

〔四〕永淳元年　乾隆志同。按舊唐書卷一九〇郭正一傳：「永隆二年，遷祕書少監，檢校中書侍郎，與魏玄同、郭待舉並同中書門下平章事。……永淳二年，正除中書侍郎。」新唐書卷一〇六郭正一傳載：永隆中，遷祕書少監，檢校中書侍郎，同中書門下平章事。永淳中遷中書侍郎。則同中書門下平章事在永隆，此誤爲「永淳」。

〔五〕代宗不能堪　「代」，原作「肅」，據乾隆志及新唐書卷一四六李棲筠傳改。

〔六〕拜尚書右僕射　「右」，乾隆志同。舊唐書卷一六四、新唐書卷一五二李絳傳皆作「左」，此「右」爲「左」字之誤。

〔七〕追封濟陽王　「濟陽王」，乾隆志同。按宋史卷二五八曹彬傳作「濟陽郡王」，同書卷八五地理志一：濟州，「濟陽郡」。即其封地。同書卷四六四外戚中曹佾傳載神宗時，「封濟陽郡王」。此脱「郡」字。

〔八〕令樞率兵趨連口　「連口」，乾隆志同。按宋史卷二太祖紀、續資治通鑑長編卷一一皆作「連州」。

〔九〕邀擊繼遷於石門川　「川」，原作「州」，乾隆志同，據宋史卷二五八曹瑋傳改。

〔一〇〕所著至文集百二十二卷　「二十二」，原作「二十」，脱「二」字，乾隆志同，據宋史卷二八五賈昌朝傳補。

〔一一〕歷涇原高陽關鄜延路副都總管　「鄜延路」，原作「麟延路」，乾隆志同。按東都事略卷八四賈逵傳作「鄜延路」，宋史卷八七地理志三：延安府，「舊置鄜延路經略、安撫使，統延州鄜州丹州坊州、保安軍，四州一軍。」宋無「麟延路」，此「麟」爲「鄜」字之訛，據改。

〔一二〕戰殁於定州　乾隆志同。按宋史卷三四九劉昌祚傳作「定川」，此「州」爲「川」字之誤。

〔一三〕破篳篥羌　「篳」，原作「簟」，乾隆志同，據宋史卷三四九劉昌祚傳改。

〔一四〕宋宣和五年登第　乾隆志同。按金史卷一二七隱逸褚承亮傳：宣和五年秋，應鄉試，承亮爲第一，「明年，登第」。則登第在宣和六年。

〔一五〕太祖改藁城爲永安州　「州」，原作「軍」，乾隆志同。中華書局一九七六年點校本元史卷一五一趙迪傳改「軍」爲「州」，校勘記：「廿二史考異：案王善傳，壬午，陞藁城爲匡國軍。董俊傳，陞藁城縣爲永安州，號其衆爲匡國軍。永安乃州名，非軍名也。傳誤。」從改。

〔一六〕屢擊敗武仙　「仙」，原作「善」，乾隆志同。按元史卷一五一王善傳：「武仙鎮真定，陰蓄異志，王善以兵三百攻武仙，仙遣將率精鋭二千拒戰，善擒斬之」。此「善」爲「仙」字之訛，據改。

〔一七〕南安李梓發作亂　「梓」，原作「枝」，乾隆志同，據元史卷一五三賈居貞傳改。

〔一八〕賜名伊克巴圖魯　原「圖」下衍「號」字，據乾隆志及元史卷一五四鄭温傳删。

〔一九〕詔統蒙古漢人諸步軍萬人　「步」，乾隆志同。按元史卷一五四鄭温傳：「詔温統蒙古、漢人、女真、高麗諸部軍萬人，渡海征耽羅。」此「步」蓋爲「部」字之誤。

〔二〇〕及金恒山公武仙降　「仙」，原作「善」，乾隆志同。按金史卷一一八武仙傳：「興定四年，封恒山公，」「是歲，歸順于大元，副史天倪治真定」。元史卷一五三王守道傳：「金恒山公武仙降，署爲史天倪副帥。」此「善」爲「仙」字之誤，據改。下文「善」並改爲「仙」。

〔二一〕爲山東路經畧使　乾隆志同。按元史卷一五六董文炳傳：「李璮伏誅，」「乃以文炳爲山東東路經畧使」。此「山東」下蓋脱「東」字。

〔二二〕後追封趙國公　乾隆志同。按元史卷一五六董士元傳作「趙郡公」。同書卷五八地理志一「趙州」，即趙郡，不稱「趙國」，此疑「國」爲「郡」字之誤。

〔二三〕文炳與宋兵戰金山　「金山」，乾隆志同，按元史卷八世祖紀五「至元十二年七月」條、卷一二八阿朮傳、卷一五六董文炳傳皆作「焦山」，此「金」疑爲「焦」字之誤。

〔二四〕仁宗朝參知政事　乾隆志同。中華書局一九七六年點校本元史卷一五三賈居貞傳附賈鈞傳校勘記：「汪輝祖元史本證云：案武宗紀鈞兩拜參知政事，一在至大二年十月，一在三年二月。傳云仁宗，誤也。」

〔二五〕累拜兵部右侍郎　「右」，原脱，據乾隆志及明史卷一九〇石玠傳補。

〔二六〕累官禮部左侍郎　「左」，原脱，據乾隆志及明史卷一九〇石珤傳補。

〔二七〕寧羌賊起　「寧」，原脱，據乾隆志及明史卷二〇二賈應春傳補。

〔二八〕李大林妻甄氏　「李大林」，乾隆志列女同。按明史卷三〇〇列女傳卷一作「李大」。

〔二九〕紀氏女　乾隆志同。按乾隆正定府志卷四二列女下、同治畿輔通志卷二四八列女四引大清一統志皆作「紀姜女」。

〔三〇〕王兆璐妻楊氏　「璐」，原作「潞」，乾隆志同，據乾隆正定府志卷四〇列女上、同治畿輔通志卷二六八列女二四及光緒正定縣志卷四四列女改。

〔三一〕邵儒統妻黄氏　「邵」，原作「郁」，據乾隆志及乾隆正定府志卷四〇列女上、同治畿輔通志卷二六四列女二〇改。

〔三二〕邢元禄妻孟氏　「邢」，原作「祁」，據乾隆志及同治畿輔通志卷二六八列女二四、光緒正定縣志卷四四列女改。

〔三三〕梁肇楨妻賈氏　「楨」，原作「禎」，據乾隆志及同治畿輔通志卷二六八列女二四、光緒正定縣志卷四四列女改。乾隆正定府志卷四〇列女上作「基」，疑誤。

〔三四〕何珨妻陳氏　「珨」，原作「玲」，據乾隆志及乾隆正定府志卷四〇列女上、同治畿輔通志卷二六八列女二四改。

〔三五〕劉胤朋妻傅氏　「朋」，原作「明」，據乾隆志及乾隆正定府志卷四〇列女上、同治畿輔通志卷二六八列女二四改。

〔三六〕尹發梓妻馬氏　「馬」，原作「徐」，據乾隆志及乾隆正定府志卷四〇列女上、同治畿輔通志卷二六九列女二五改。

〔三七〕郄繩宗妻李氏　「郄」，原作「郗」，據乾隆志及乾隆正定府志卷四〇列女上、同治畿輔通志卷二六九列女二五改。

〔三八〕撫孤慶隆　「隆」，乾隆志同，乾隆正定府志卷四〇列女上及同治畿輔通志卷二六九列女二五皆作「龍」。

〔三九〕孫希彦妻董氏　「希」，原作「喜」，據乾隆志及乾隆正定府志卷四一列女中、同治畿輔通志卷二六九列女二五改。

〔四〇〕焦與公妻趙氏　「公」，乾隆志同，乾隆正定府志卷四一列女中及同治畿輔通志卷二六九列女二五皆作「功」。

〔四一〕王元乾妻汪氏　「汪」，乾隆志同，乾隆正定府志卷四二列女下及同治畿輔通志卷二七〇列女二六皆作「王」。

順德府圖

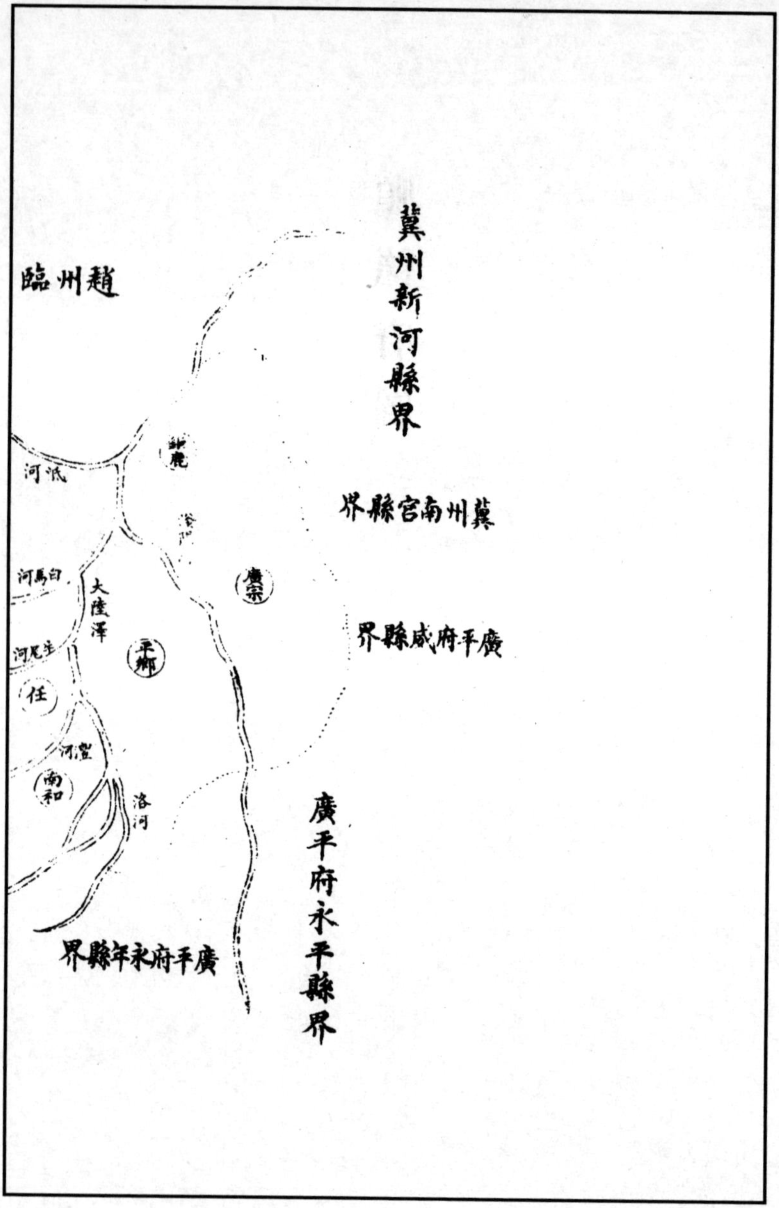
冀州新河縣界
趙州臨
泜河
鉅鹿
冀州南宮縣界
白馬河
大陸澤
廣宗
廣平府威縣界
生尾河
平鄉
任
澧河
南和
洛河
廣平府永平縣界
廣平府永年縣界

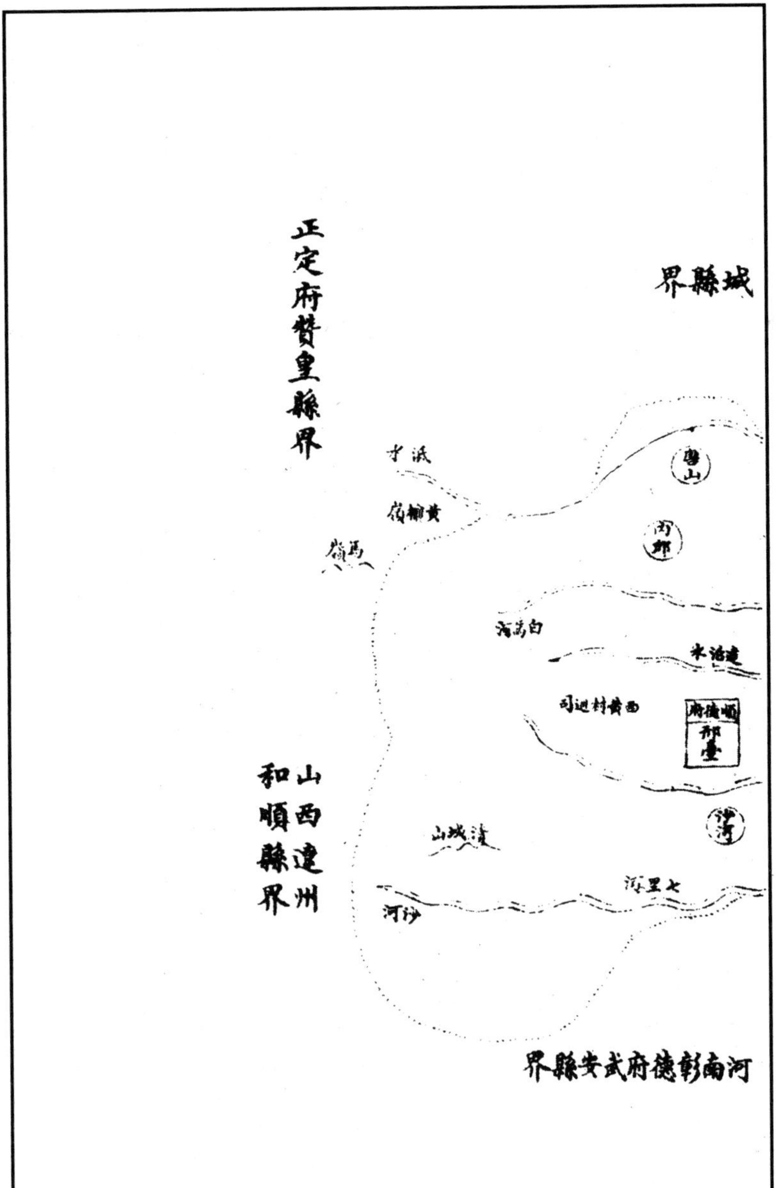
正定府贊皇縣界
城縣界
黃榆嶺
馬嶺
白馬河
西黃村巡司
順德府
邢臺
沙河
山西遼州和順縣界
七里河
河南彰德府武安縣界

順德府表

	順德府	邢臺縣	沙河縣
秦	屬鉅鹿郡。	信都縣	
兩漢	趙、廣平二國及鉅鹿、常山二郡地。後漢屬趙國及鉅鹿郡地。	襄國縣 漢元年改名，屬趙國。後漢建安十七年分屬魏郡。	襄國縣地。
三國		襄國縣	
晉	廣平郡地。	襄國縣 屬廣平郡，後省入任縣。	
南北朝	襄國郡 後魏北廣平、南趙二郡地。周武帝改置。	襄國縣 後魏太和二十年復置，屬北廣平郡。周爲襄國郡治。	
隋	襄國郡 開皇初郡廢，十六年置邢州，大業初復爲郡。	龍岡縣 開皇九年改名。	沙河縣 開皇十六年析置，屬邢州。
唐	邢州 鉅鹿郡 武德初復置州，天寶初改郡，乾元初復爲州，屬河北道。	龍岡縣 州治。	沙河縣 武德初置温州，四年廢，還屬邢州。
五代	安國軍 梁開平二年改保義軍。後唐同光元年又改。	龍岡縣	沙河縣
宋金附	信德府 宣和中升府，屬河北西路。金復爲邢州。	邢臺縣 宋宣和二年改名，府治。金州治。	沙河縣 宋屬信德府。金屬邢州。
元	順德路 中統三年升府，改名，至元二年升路，屬中書省。	邢臺縣 路治。	沙河縣 屬順德路。
明	順德府 洪武初復府，直隸京師。	邢臺縣 府治。	沙河縣 屬順德府。

南和縣	平鄉縣
	鉅鹿郡 鉅鹿縣 郡治。
南和縣 屬廣平國。後漢屬鉅鹿郡，建安十七年屬魏郡。	鉅鹿郡 後漢徙廢。 鉅鹿縣 後漢屬鉅鹿郡。
南和縣	鉅鹿縣
南和縣 屬廣平郡，後併入任縣。	鉅鹿縣
南和郡 後魏永安中置北廣平郡。齊廢。周改置。 南和縣 後魏太和二十年復置。	平鄉縣 後魏景明二年改置，孝昌中屬南趙郡。
開皇初廢。 南和縣 屬襄國郡。	平鄉縣 屬邢州。
武德初置和州，四年廢。 南和縣 屬邢州。	武德初置封州，四年廢。 平鄉縣 初爲州治，後屬邢州。
南和縣	平鄉縣
南和縣 宋屬信德府。金屬邢州。	平鄉縣 宋熙寧六年省入鉅鹿，元祐初復置，屬信德府。金屬邢州。
南和縣 至元二年省入沙河，後復置，屬順德路。	平鄉縣 屬順德路。
南和縣 屬順德府。	平鄉縣 屬順德府。

續表

	鉅鹿縣	廣宗縣
平鄉縣 屬廣平國。後漢爲鉅鹿郡。	南䜌縣 屬鉅鹿郡。	鉅鹿、堂陽二縣地。
平鄉縣	南䜌縣	
平鄉縣 屬趙國，後省。	南䜌縣 初省，後復置。	
	南欒縣 後魏太平真君六年併入柏人，太和二十一年復置，改名，屬南趙郡。齊省。	
	鉅鹿縣 開皇六年復置，大業初改名，屬襄國郡。	平鄉縣地。
	鉅鹿縣 武德元年置起州，四年州廢，屬趙州，貞觀元年屬邢州。	
	鉅鹿縣	
	鉅鹿縣 宋大觀二年移今治，屬信德府。金屬邢州。	
	鉅鹿縣 屬順德路。	廣宗縣 憲宗五年置，至元二年省入平鄉，後復置，屬順德路。
	鉅鹿縣 屬順德府。	廣宗縣 屬順德府。

續表

	唐山縣
經縣 前漢分堂陽置，尋省。後漢初復置，屬安平國。	柏人縣 屬趙國。 柏鄉侯國 屬鉅鹿郡。後漢省。
經縣	柏人縣
經縣	柏人縣
西經縣 後魏太平真君二年併入南宮，永安二年復置，加「西」字，屬鉅鹿郡。齊省。	柏仁縣 後魏孝昌中屬南趙郡。東魏改「人」爲「仁」。
	柏仁縣 屬襄國郡。
	堯山縣 武德元年置東龍州，四年廢，屬趙州，五年屬邢州，天寶元年改名。
	堯山縣
	堯山縣 宋熙寧六年省入内丘，元祐初復置，屬信德府。金改名唐山，屬邢州。
	唐山縣 至元二年併入内丘，後復置，屬順德路。
	唐山縣 屬順德府。

續表

内丘縣	任縣
中丘縣屬常山郡。後漢屬趙國。	任縣屬廣平國。後漢屬鉅鹿郡，建安十七年屬魏郡。張縣屬廣平國。後漢省。廣鄉縣屬廣平國。後漢省。
中丘縣	任縣
中丘縣後省入柏人。	任縣屬廣平郡。
中丘縣後魏太和二十一年復置，屬南鉅鹿郡。孝昌中屬南趙郡。	任縣後魏永安中屬北廣平郡。齊省。
内丘縣開皇初改名，十六年分置青山縣，大業初省入，屬襄國郡。	開皇十六年復置，大業初省入南和。
内丘縣武德初又分置青山縣，皆屬邢州，開成五年省入龍岡。	任縣武德四年復置，屬邢州。
内丘縣	任縣
内丘縣宋屬信德府。金屬邢州。	任縣宋熙寧五年省入南和，元祐初復置，屬信德府。金屬邢州。
内丘縣屬順德路。	任縣至元二年省入邢臺，後復置，屬順德路。
内丘縣屬順德府。	任縣屬順德府。

大清一統志卷三十

順德府一

在直隸省治西南五百七十里。東西距二百八十里，南北距一百五十里。東至廣平府威縣界一百二十里，西至山西遼州和順縣界一百六十里，南至廣平府永年縣界六十里，北至趙州臨城縣界九十里。東南至永年縣界九十里，西南至河南彰德府武安縣界一百二十里，東北至冀州新河縣界二百里，西北至正定府贊皇縣界一百五十里。自府治至京師一千里。

分野

天文昴宿，大梁之次。

建置沿革

禹貢冀州之域。殷時爲邢都。周初爲邢國。春秋屬晉。戰國屬趙。秦屬鉅鹿郡。漢爲趙、廣平二國及鉅鹿、常山二郡地。後漢屬趙國及鉅鹿郡。晉廣平郡、安平、趙國地。元和志：「永嘉六年，石勒都此。至季龍徙都鄴，爲襄國郡。」

後魏爲北廣平、南趙二郡地。周武帝改置襄國郡。按隋書地理志：「齊廢易陽入襄國，置襄國郡。」元和志作「周武帝改襄國郡」，蓋齊置郡於易陽，周始移於襄國也〔一〕。

隋開皇初郡廢，十六年置邢州，大業初復曰襄國郡。唐武德元年復曰邢州，置總管府，四年府罷；天寶初改曰鉅鹿郡，乾元初復曰邢州，屬河北道。中和二年，徙昭義軍節度於此。五代梁開平二年改保義軍。後唐同光元年改安國軍。

宋初仍曰邢州鉅鹿郡安國軍節度使，宣和中升信德府〔二〕，屬河北西路。金天會七年復降爲邢州，仍置安國軍節度，屬河北西路。元初置元帥府，後改安撫司，中統二年升爲順德府，至元二年置順德路總管府，屬中書省。明洪武初仍爲順德府，直隸京師。

本朝因之，領縣九。

邢臺縣。附郭。東西距一百八十二里，南北距四十二里。東至南和縣界二十二里，西至山西遼州和順縣界一百六十里，南至沙河縣界十七里，北至内丘縣界二十五里。東南至南和縣治四十里，西南至遼州界一百八十里，東北至任縣治四十里，西北至山西平定州界一百六十里。商時邢都。周初爲邢國。秦置信都縣。漢因西楚名襄國，屬趙國。後漢因之，建安十七年割屬魏郡。晉屬廣平郡〔三〕，後省入任縣。後魏太和二十年復置，屬北廣平郡。建義初分屬易陽郡。周武帝置襄國郡〔四〕。隋開皇初郡廢，九年改曰龍岡，十六年爲邢州治，尋爲襄國郡治。唐初仍爲邢州治。五代因之。宋宣和二年改曰邢臺，爲信德府治。金仍爲邢州治。元爲順德路治。明爲順德府治。本朝因之。

沙河縣。在府南三十五里。東西距一百六十里，南北距四十三里。東至南和縣界二十里，西至山西遼州和順縣界一百四十里，南至廣平府永年縣界二十五里，北至邢臺縣界一十八里。東南至永年縣治七十里，西南至河南彰德府武安縣界四十里，東北至南和縣界七十里，西北至遼州治二百里。本漢襄國縣地，隋開皇十六年析龍岡地置沙河縣，屬邢州。唐武德初於縣置温州，四年州廢，縣還屬邢州。五代因之。宋屬信德府。金屬邢州。元屬順德路。明屬順德府。本朝因之。

南和縣。在府東南四十里。東西距五十五里，南北距四十五里。東至平鄉縣界三十五里，西至邢臺縣界二十里，南至廣平府永年縣界二十里，北至任縣界二十五里。東南至廣平府雞澤縣治四十里，西南至沙河縣治四十里〔五〕，東北至鉅鹿縣治九十里，西北至内丘縣治九十里。漢置南和縣，屬廣平國。後漢屬鉅鹿郡，建安十七年割屬魏郡。晉屬廣平郡〔六〕，後併入任縣。後魏太和二十年復置，永安中於縣置北廣平郡。高齊郡省。後周又置南和郡。隋開皇初郡廢，屬襄國郡。唐武德初於縣置和州，四年州廢，仍屬邢州。五代因之。宋屬信德府。金仍屬邢州。元至元二年併入沙河，後復置，屬順德路。明屬順德府。本朝因之。

平鄉縣。在府東八十里。東西距五十里，南北距四十六里。東至廣平府威縣界四十里，西至南和縣界十里，南至廣平府雞澤縣界六里，北至鉅鹿縣界四十里。東南至威縣界二十五里，西南至南和縣界二十里，東北至廣宗縣治四十里，西北至任縣治五十里。戰國趙鉅鹿邑。秦置鉅鹿縣，併置鉅鹿郡。漢仍爲鉅鹿郡治。後漢移郡治廮陶，以鉅鹿爲屬縣。晉因之。後魏景明二年改置平鄉縣，孝昌中屬南趙郡。隋開皇三年屬洺州，十六年屬邢州。唐武德初於縣置封州，四年州廢，仍屬邢州。五代因之。宋熙寧六年省入鉅鹿縣，元祐初復置，屬信德府。金仍屬邢州。元屬順德路。明屬順德府。本朝因之。

鉅鹿縣。在府東北一百二十里。東西距五十里，南北距六十八里。東至廣宗縣界二十里，西至趙州隆平縣界三十里，南至平鄉縣界一十八里，北至冀州新河縣界五十里。東南至廣宗縣治三十五里，西南至任縣治七十里，東北至冀州南宮縣治六十里，西北至隆平縣治六十里〔七〕。漢置南䜌縣，屬鉅鹿郡。後漢因之。晉初省，後復置。後魏太平真君六年併入柏人，太和二十一年又置曰南欒，屬南趙郡。北齊廢。隋開皇六年復置南欒縣〔八〕，大業初改曰鉅鹿〔九〕，屬襄國郡。唐武德元年於縣置起州，四年州廢，屬趙州；貞觀元年還屬邢州。五代因之。宋屬信德府。金屬邢州。元屬順德路。明屬順德府。本朝因之。

廣宗縣。在府東一百二十里。東西距三十五里，南北距一百里。東至廣平府威縣界二十里，西至鉅鹿縣界一十五里，南至山東臨清州丘縣界五十里，北至冀州南宮縣界五十里。東南至威縣界二十五里，西南至平鄉縣治四十里，東北至南宮縣治七十里，西北至鉅鹿縣治三十五里。漢鉅鹿、堂陽二縣地，前漢分堂陽置經縣，尋省，後漢初復置，屬安平國〔一〇〕。晉因之。後魏太平真君二年併入南宮，永安二年復置西經縣，屬鉅鹿郡。北齊省。隋以後爲平鄉縣地。元憲宗五年始分平鄉置廣宗縣〔一一〕，至元二年省入平鄉，後復置，屬順德路。明洪武十年省入平鄉、鉅鹿二縣，十三年復置，屬順德府。本朝因之。

唐山縣。在府東北八十五里。東西距三十五里，南北距四十三里。東至趙州隆平縣界一十里，西至内丘縣界二十五里，南至任縣界二十五里，北至趙州柏鄉縣界一十八里。東南至任縣治五十里，西南至内丘縣治五十里〔一二〕，東北至隆平縣治二十里，西北至趙州臨城縣治三十五里。春秋時，晉柏人邑。漢置柏人縣，屬趙國。後漢、晉因之。後魏孝昌中屬南趙郡。東魏改「人」曰「仁」〔一三〕。隋屬襄國郡。唐武德元年於縣置東龍州，四年州廢，縣屬趙州，五年還屬邢州，天寶元年改曰堯山。五代因之。宋熙寧六年省入内丘，元祐初復置，屬信德府。金改曰唐山，仍屬邢州。元至元二年併入内丘縣，後復置，屬順德路。明屬順德府。本朝因之。

内丘縣。在府北六十里。東西距二百五里，南北距六十五里。東至唐山縣界二十五里，西至山西平定州界一百八十里，南至邢臺縣界三十五里，北至趙州臨城縣界三十里。東南至任縣治六十里，西南至邢臺縣界四十里，東北至趙州柏鄉縣治六十里，西北至正定府贊皇縣界五十里。漢置中丘縣，屬常山郡。後漢屬趙國。晉因之，後省入柏人。後魏太和二十一年復置，屬南鉅鹿郡，孝昌中屬南趙郡。隋開皇初避諱改曰内丘，屬襄國郡。唐武德四年屬趙州，五年還屬邢州。五代因之。宋屬信德府。金仍屬邢州。元屬順德路。明屬順德府。本朝因之。

任縣。在府東北三十五里。東西距四十五里，南北距五十里。東至平鄉縣界三十五里，西至邢臺縣界十里，南至南和縣界五里，北至趙州隆平縣界四十五里。東南至平鄉縣治五十里，西南至沙河縣治六十里，東北至鉅鹿縣治七十里，西北至内丘縣治六十里。春秋晉任邑。漢置任縣及張縣，俱屬廣平國。後漢省張縣，以任縣屬鉅鹿郡，建安十七年割屬魏郡。晉仍屬廣平郡〔一四〕。後魏永安中屬北廣平郡。高齊廢。隋開皇十六年復置，大業初廢入南和縣。唐武德四年復置，屬邢州。五代因之。宋熙寧五年又省入南和，元祐元年復置，屬信德府。金仍屬邢州。元至元二年省入邢臺，後復置，屬順德路。明屬順德府。本朝因之。

形勢

依山憑險，形勝之國。晉書石勒載記。鉅鹿當四方之衝。沈括堯山縣廳壁記。太行雄鎮於西北，漳水縈流於東南。郡志。

風俗

人性多敦厚，務在農桑，好尚儒學，而傷於遲重。隋書地理志。民俗淳厚，稼穡惟勤，争訟不撓，貧富相卹。郡志。

城池

順德府城。周十三里有奇，門四，濠廣五丈，引達活水入城。宋元舊址，明萬曆間甃甎。本朝順治年間修。邢臺縣附郭。

沙河縣城。周五里有奇，南北二門，濠廣二丈。明成化十八年因舊址築。本朝乾隆十五年修，二十九年重修。

南和縣城。周四里有奇，門四，濠廣二丈。元至正中築。明崇禎十二年甃甎。

平鄉縣城。周三里有奇，門六，濠廣二丈餘。明成化初築，崇禎八年增築外郭，周七里有奇。

鉅鹿縣城。周七里有奇，門四，濠廣二丈。明成化中築，萬曆中增築外郭，去城里許，崇禎十二年甃甎。本朝順治年間修。

廣宗縣城。周四里有奇，高二丈三尺，門四，濠廣二丈。明正統間因舊址築。本朝順治十一年修。

唐山縣城。周三里有奇，門二。元至正間改築。本朝康熙九年修。又城南隅有附城，高僅縣城之半，而延袤倍之，門三。

内丘縣城。周四里有奇，外有副城，圍七里，門四。明正德中因舊址築。本朝乾隆三十一年改建。

任縣城。周五里有奇，門三，濠廣三丈。元築。明崇禎中甃甎。本朝順治、康熙年間屢修，乾隆七年重修。

學校

順德府學。在府治西北。元初建。本朝雍正十三年修。入學額數二十名。

邢臺縣學。在縣治東南。明洪武三年建。本朝乾隆二年修。入學額數十八名。

沙河縣學。在縣治東南。宋大觀初建。本朝順治、康熙年間屢修，乾隆十五年重修。入學額數十二名。

南和縣學。在縣治南。明洪武九年建。本朝順治七年重建。入學額數十五名。

平鄉縣學。在縣治東。明洪武六年建。本朝屢經修葺。入學額數十五名。
鉅鹿縣學。在縣治東南。元元貞中建。入學額數十二名。
廣宗縣學。在縣治東南。元中統中建。本朝康熙年間修。入學額數十五名。
唐山縣學。在縣治西。元至正三年建。本朝順治、康熙年間屢修，雍正十三年重修。入學額數十五名。
内丘縣學。在縣治北。明洪武三年建。本朝屢經修葺。入學額數十五名。
任縣學。在縣治東。明洪武三年建。本朝順治、康熙年間屢修。入學額數十二名。
龍岡書院。在府城。本朝乾隆二十六年建。
和陽書院。在南和縣治東。本朝乾隆十四年建。
封川書院。在平鄉縣治。
林公書院。在内丘縣治。元林起宗聚徒講學處，舊名處士菴。
蓬山書院。在内丘縣治。本朝乾隆二十二年建。

户口

原額人丁一十九萬七百八，今滋生男婦大小共九十五萬二千三百十名口，計一十五萬五千十七户。

田賦

田地五萬二千一百十三頃九十畝七分有奇，額徵地丁正、雜銀一十九萬九千七百五十兩四錢四分四釐。

山川

土山。在府城内。元和志：「在龍岡縣東百五十步。昔冉閔攻石祗於襄國，爲土山地道。」

石梯山。在邢臺縣西南五十里。路陡如梯。又五里爲牛家峪。

栲栳紅山。在邢臺縣西南七十五里。巉峭嶙峋，旋繞難登。有碧霞元君祠。相近又有鼎梅山。

石門山。在邢臺縣西南九十里。寰宇記：龍岡縣有石門山，十六國春秋「石勒遣石季龍進據石門是也。

八盤山。在邢臺縣西南九十里。自麓至嶺，旋繞八級。

老翁山。在邢臺縣西南一百里。一峯陡絶，其狀如老人。相連爲子母山，狀如婦抱小兒，又名孩兒山。

天紅山。在邢臺縣西南一百二十里老翁山西。石色多紅。

封山。在邢臺縣西二十五里。相傳邢侯初封此，故名。亦謂之西山，自此而西，連延數百里，直接太行，皆西山矣。又西十里曰孤山，陡絶多石，其旁平坦，可以耕藝。

風門山。在邢臺縣西四十里。寰宇記：「龍岡縣有風門山，冬夏多風。」

百花山。在邢臺縣西四十二里。甚崇峻，石色青白，有類百花。

清城山。在邢臺縣西五十里百花山西。七里河出此。

薛村山。在邢臺縣西七十里。有陽臺砦，又三里爲馬莊砦。

水門山。在邢臺縣西一百二十五里。又五里爲廣陽洞，又二十里即黄榆嶺。

紫金山。在邢臺縣西一百四十里。元劉秉忠、張文謙、張易、王恂嘗同學於此〔一五〕。

夷儀山。在邢臺縣西。晉地道記：「欒平縣東南有夷儀嶺，道通襄國。」元和志：「夷儀嶺，在龍岡縣西一百五十七里。」

仙翁山。在邢臺縣西北三十里。相傳唐時張果嘗遊憩於此，明皇因封爲仙翁山。山上有張果老廟，唐開元中建。山下有聖井，亦果遺跡。

馬鞍山。在邢臺縣西北三十八里。山脊隆起，宛似馬鞍。山腰有洞，可容千餘人。

雷公山。在邢臺縣西北。元和志：「在青山縣西南八里。漢末，黑山羣盜張飛燕等不立君長，直以名號爲稱，多髯者謂之羝公，大聲者謂之雷公，時有雷公賊保此，因名。」明統志：「在府西北四十三里。」按元和志，雷公本漢末賊名。明統志：「山上有雷公廟。」舊志遂以爲「雷神」。又有謂黄帝臣善醫之雷公，附會穿鑿，今皆削之。

淩霄山。在邢臺縣西北七十里。徑路崎嶇，山上寬平，西坡下爲黄谷巖。又西北二十里爲温居山，又西北二十里即馬嶺口。

百巖山。在邢臺縣西北一百里。寰宇記：「其山峻極有百巖，故名。」

梅龜活山。在沙河縣西南七十里。宋初王舜據此爲寇，爲楊業所擒。今有梅龜砦。

廣陽山。在沙河縣西七十里。盤礴高聳，諸峯拱列。上有泉曰漆泉，泉右有漆泉寺。

赫山。在沙河縣西八十里。下有九龍潭，前有九龍神祠。

湯山。在沙河縣西九十里。寰宇記：「在沙河縣西北七十一里。山海經云：『湯山，湯水出焉。』此湯今愈疾，爲天下最。山後巖上有石室，絶無塵穢，俗號聖人室。」

磐口山。在沙河縣西一百里。隋書地理志：「沙河縣有磬山。」元和志：「磬口山，在縣西南九十八里。漢、魏時舊鐵官也。」寰宇記：「盧毓冀州論云淇湯、磬口〔一六〕，冶鑄利器，即此。」

倉門山。有二，小倉門山在沙河縣西百里，大倉門山在縣西百二十里，亦名倉口。唐時嘗置倉於此，故名。

五指山。在沙河縣西北百四十里〔一七〕。遠望山嶺，儼如五指排列。其西即山西遼州界。

黑山。在沙河縣西北五十里。元和志：「在沙河縣西四十里，出鐵。」

鐵牛山。在南和縣東北二里。舊有鐵牛，元末劉紹祖守順德，銷之以鑄兵器。遺趾猶存。

干言山。在唐山縣西北。隋書地理志：「内丘縣有干言山。」寰宇記：「在堯山縣西五里。衛詩：『出宿于干，飲餞于言。』是此山也。」舊志：「在唐山縣西北四里。山勢延衺數十里，接内丘縣界。」

堯山。在唐山縣西北八里。金史地理志：「唐山縣有堯山。」明統志：「堯山，相傳堯始封於此。」

宣務山。在唐山縣北。隋書地理志：「柏鄉縣有嵢嵱山。」寰宇記：「嵢嵱山，一名虛無山，高一千五百五十丈。城冢記云：「堯登此山，東瞻洪水，務訪賢人。其山西三里出文石，五色錦章。」舊志：「在經縣北十二里，即堯山之東麓也，亦名嶕嶢山。東魏武帝三年，唐邕撰彭樂廟碑曰：『惟茲嶕嶢，陶唐采封。』又顏之推家訓：『柏人城東北有一孤山，世俗呼爲宣務山，或呼爲虛無山，莫知所出。余嘗爲趙州佐，讀柏人城西門內碑，是漢桓帝時所立，銘云：上有嶕嶢山，王喬所仙。方知此嶕嶢山也。『嶕』字無所出，當名權務，魏收爲趙州莊嚴寺碑，銘曰『權務之精』，即用此。』」

夫子山。在唐山縣北十里，一名孔岡。出文石五采。元孔璠自曲阜移居於此，許衡又於此建學講藝，虞集有記。

茅山。又名旄山，在唐山縣東北十五里，堯山東北三十里。山際出茅，有刺而三脊。又西一里有卧牛山。

青山。在内丘縣西南。元和志：「黑山，一名青山，在青山縣西二十里。幽深險絶，爲逋逃之藪。」隋置青山縣，取名焉。

白銀山。在内丘縣西六十里。上出雲母，遥望如銀。明統志：「在内丘縣西二十里。」

天臺山。在内丘縣西六十五里。東連黑壁山，上有九仙洞。

鵲山。在内丘縣西，即古逢山。漢書地理志：「中丘縣，逢山長谷，渚水所出〔一八〕。」元和志：「鵲山，在内丘縣西六十三里。昔扁鵲將號太子遊此山採藥，因名。」寰宇記：「内丘有蓬鵲山，亦名龍騰山。」即地理志蓬山也。縣志：「鵲山上有白石如鵲，故名。其頂爲龍騰山，有太子巖。」

十八盤山。在内丘縣西七十里。山有盤道十八。

攫山。在内丘縣西北十三里。寰宇記：「礪水出攫山。」舊志：「峯巖錯峙，形如攫，故名之。」

孤山。寰宇記：「在内丘縣西北十七里。其山孤峙。唐天寶六年敕改内丘山。」舊志：「又名思親山，以虢太子思親而名。山巔有竅大如盤，每朝暾出，雲氣爲城市樓閣，或與唐山相連四十餘里，如長虹然，日出乃解。」

且停山。在内丘縣西北四十里。下有馬跑泉。

露蘿嶺。在邢臺縣西八十里。南至夫子巖十五里。

清風嶺。在邢臺縣西一百六十里。山勢高聳，盛夏無暑氣。有邊牆一道，澗水通流其下。

黄榆嶺。在邢臺縣西北一百六十里。石徑盤旋，形險道衝。有邊牆一道，南去清風嶺三十里。

馬嶺。在邢臺縣西北一百六十里。其地峻險，爲戍守要地。唐天祐三年，河東將李嗣昭攻邢州，朱全忠將張筠引兵助守州城，因設伏於馬嶺。府志：「嶺邊牆二道，外有溝澗，名曰鬼谷溝。」

鶴度嶺。在内丘縣西一百七十里。寰宇記：「鶴度嶺，在鵲山西。」〔一九〕府志：「峯高惟鶴可度，故名。南去邢臺馬嶺口三十五里，西接山西平定州界。」

龍駒嶺。在内丘縣西北五十里。

石井岡。在邢臺縣西北。寰宇記：「在龍岡縣西北七里。水經注云：『蓼水出襄國石井岡，岡上有井，大如車輪。』隋區宇圖志云：『此井光武營軍時所鑿。又石勒時天旱，佛圖澄於岡掘得一死龍，長尺餘，漬之以水，良久乃蘇〔二〇〕，咒之，騰空而上，天雨即降，因名龍岡。』」

龍岡。在任縣南。山脊横亘，東西長二十里，與石井岡相接。

夫子巖。在邢臺縣西南一百六十里天紅山西。相傳夫子周流嘗憩此。南有邊牆。

數道巖。在沙河縣西南一百七十里。澗溝旋繞，數層相近。又有大嶺口。

黄背巖。在沙河縣西一百五十里五指山北，南去數道巖三十五里。

琉璃坡。在邢臺縣西南三十餘里西山垂盡處。唐龍紀初，李克用敗孟方立於此。

牛口峪。在沙河縣西七十里，亦名牛神口。上流泉水至此入地。

百泉河。在邢臺縣東南八里。平地湧出，其泉無數，故名。東流稍南至河會村，珍珠泉、黑龍潭、七里河及東西狼溝諸水，皆匯入焉。流逕南和縣之西境，折而東北入任縣南境，又北逕任縣城東，又北入于大陸澤。寰宇記：「百泉，即湡水。」漢志：「襄國有馮水，東至朝平入湡。」〔二二〕說文：「滮水，出趙國，東入湡。」滮與湡，皆即百泉之別名。舊志：百泉河發源邢臺縣東南葫蘆套、黑龍潭諸泉，東至南和縣西賈宋村，東入任縣西，合牛尾等河，至塔圪臺入雞爪河。按古百泉河，舊爲灃河之上源，今邢臺有地名大廠村者，爲百泉入沙河之故道，有橋尚存。沙河本入於灃河，故各志皆謂百泉即灃河，而沙河亦受湡水之名。其後百泉河北徙，不入沙河，於是專以沙河爲灃之上源，而百泉別爲一渠，北流入澤。舊志所云合牛尾、雞爪者，皆非今百泉經由之道矣。

七里河。在邢臺縣南七里。發源縣西清風嶺，伏流三十里，至城南郭村復出，東流入於百泉河。

沙底河。源出邢臺縣西火石岡，東流至府治北，又東入牛尾河。按舊志載「野河出邢臺縣西北一百二十里，引流凡七十二道，下至任縣，合灃河。」今其遺迹，不甚可考，故府志以沙底河爲即七十二道之一。此河常涸，猝遇山水驟發，則衝決爲患。本朝乾隆三年於府城冲激之處，加築隄埝，復疏濬下流，以資暢導。

達活河。源出邢臺縣西北五里之達活泉。東流合牛尾河，又東逕小吕村，百泉河之支水北流入之。又東北逕任縣城北，東入於大陸澤，即古蓼水也。漢書地理志：「襄國有蓼水，東至朝平入湡。」寰宇記：「蓼水，一名達活水。」水經注云〔二三〕：「蓼水出襄國西石井岡。」曲洧舊聞：「鉅鹿郡西北一舍，有泉名達活，源深流遠。咸平中，刺史柳開濬之，旁植千柳，建亭其上，爲一郡之勝。熙寧壬子，泉忽淪伏不見。元豐改元之歲，太守王慥禱於泉上，不越月而復出，因改名爲再來泉。」明統志：「達活水自府城西北五里，流經任縣爲蔡水，入灃河。」舊志：「源出府西北，南一泉曰紫金，北一泉曰野狐，三水匯流，總名達活。北流經邢臺之李道村，東北入任縣界，至縣東北薄村，又合蔡、馬、聖水三河至塔圪臺入澤。」按達活泉歲久湮塞。本朝乾隆十二年重濬，泉流四注，灌溉甚溥。

牛尾河。一名響水河。俗以府城舊名卧牛城，故呼爲牛尾河。源出邢臺縣治西北之瓦甕泉，東流匯達活、野狐諸泉，又東北百泉之支水入之，又東北入任縣境，其分支環任縣城爲濠，仍與正流會，東入於大陸澤。按此非廣平府滏陽河分流之牛尾河也。

沙河。源出山西遼州。東流入沙河縣南，又東逕南和縣治南爲灃河。元和志：「沙河，在沙河縣南五里。」寰宇記：「水經注云：湡水出襄國西山〔二三〕。俗名沙河，在沙河縣西北七十一里。」舊志：「沙河源出遼州，流經沙河縣南，分爲二支：一入廣平府之永年縣，北逕雞澤縣，與洺河會，謂之沙洺河，亦曰乾河，又北逕南和縣東、平鄉縣西，至任縣東，入滏陽河；一由沙河縣南爲程寨河，又曰新沙河，亦自雞澤縣北，逕南和縣東郝橋村入任縣界，至縣東東盟臺入大陸澤。」按百泉河舊與沙河合流，故湡水之名，彼此互稱，且皆以灃河爲百泉之下流。自百泉北徙，而灃河遂專屬於沙河，久而沙河之名，反爲灃河所掩。又按自明萬曆間，漳河泛溢，滏陽亦決而東徙，灃、洺諸河久不與滏陽合流，舊志以爲入滏陽者，亦非近日河流形勢也。

狼溝河。有東西二河，在沙河縣東北十五里，一又在其東，稱東狼溝，即邢臺百泉水分流也。又東流入南和縣界，至縣西四里與沙河合流。溝水深，兩岸多狼，故名。

灃河。即沙河之下流。東流至南和縣之圪塔頭村，曰灃河。又東流折而北，逕任縣東，曰南灃河，又北入大陸澤。由澤入隆平縣境，曰北灃河，亦稱新灃河。蓋本朝雍正四年所濬，以導澤水於寧晉泊者也。舊志以灃河舊爲百泉之下流，故於灃河下引左思魏都賦之鴛鴦水，隋書地理志龍岡縣之潕水，謂即灃河之別名。今二水既不合流，則鴛鴦水及潕水，自屬百泉。隋龍岡今邢臺縣，今灃河固不入邢臺境也。明統志：「灃河在任縣東十五里，上接南和縣，下流入隆平縣界。元郭守敬常建議：灃河東過古任縣，失其故道，没民田千餘頃，若開修成河，其田即可耕種。」按明志所言，猶是百泉合流之灃河，而下流入澤，遺跡未改。自南和以下，伏秋水盛，最易泛溢。本朝乾隆四年復屢經動帑疏浚寬深，田廬利賴。

洺河。自廣平府雞澤縣流入，逕平鄉縣西十里，南和縣東三十里，又北逕任縣東，與劉累河合流，入大陸澤。按舊志皆謂洺河與沙河合流，故有沙洺河之稱。方輿紀要云：「沙、洺合流，在平鄉、南和之間。」今考沙河自入南和，即稱澧河，澧與洺並不合流，惟澧河之東，洺河之西，有俗稱乾河一道，亦沙河之支流，然久涸無水，亦不與洺合，蓋跡徙名易，不可考者多矣。又廣宗縣南有古洺水二道，舊皆自曲周縣流入，一逕縣東南十五里，一逕縣東南二十五里，皆東入威縣界，今並堙廢。

漳河。自山東丘縣分爲二支：一東北入廣平府威縣；一北入廣宗縣南，又北逕平鄉縣東，又北逕鉅鹿縣東，又北入趙州寧晉縣，與滏陽河合。史記：「項羽救鉅鹿，軍漳南。」水經注：「衡漳逕巨橋，「又北逕鉅鹿縣故城東，又歷經縣故城西，又逕沙丘臺東，又逕銅馬祠東，又逕南宮縣故城西」。括地志：「項羽軍處，即濁漳水，「今俗名柳河，在平鄉縣南」。元和志：「濁漳水，在平鄉縣西南十里。」寰宇記：「在南和縣東三十里。」從平鄉縣界流入（二四）。」舊志：「漳水舊在平鄉、鉅鹿之東，廣宗之西，有大、小二河，亦謂新、舊二河。新河爲大河，在舊小河東，小漳河亦名劉累河，皆北注大陸澤。明天順中，漳河南徙入運河，北流之道幾絕。萬曆三十年，漳河徙入滏陽，建利民閘六。崇禎八年大水，河東徙，始濬小漳河。十三年復徙入滏陽，自是折而西北入任縣界，二河漸成平陸。」按古漳水自曲周流逕平鄉之東，廣宗之西，入鉅鹿界，唐、宋時流逕平鄉之東，南和之東，自明以來，始徙入滏陽。本朝康熙年間又東徙，自丘縣北逕廣宗城西、鉅鹿之東，注寧晉泊，所謂新漳河也。近則上流徑由館陶入衛，不合滏陽，不特舊河淤成沃產，而入泊新河，亦漸乾涸，僅爲伏秋瀝水所經。乾隆二十八年以後，上游之臨漳口，隄防鞏固，平鄉、廣宗、鉅鹿諸邑，雖地勢稍下，而新河益無浸溢之患矣。

滏陽河。自廣平府雞澤縣流入，逕平鄉縣東七里，又北逕任縣東，又北逕鉅鹿縣西，又北入趙州隆平縣界。磁州志：「滏陽河自雞澤縣北三十里，至平鄉之夏莊橋，又四十里至任縣之新店橋，又三十里至任縣之邢家灣，又四十里至隆平縣之牛家河。」按舊志：「明萬曆三十年，漳水自平鄉縣與滏陽河合流，注於大陸澤，會諸河之水，又東北流爲雞爪河，入隆平縣界。今漳水已不合滏，滏水自平鄉又北逕任縣東北，雞爪河會大陸澤水，自西流合焉，自下通名滏陽，不稱雞爪河，皆與昔不同矣。又按順德九邑，亨水利者居多，平鄉、鉅鹿境內，惟滏陽一河，經鉅鹿者，僅三百餘丈。」本朝乾隆十年建偏閘一，引水灌田〔二五〕，民頗稱便。但磁州居河之上游，州民每閉閘以遏水。十三年經河臣奏請酌定磁州諸閘啓閉之宜，於是廣平所屬及平鄉諸邑，皆得暢流相資，並受沾溉之益。

泜河。自趙州臨城縣流入，東逕內丘、唐山二縣北，又東逕隆平縣至任縣東，北入大陸澤。郭璞山海經注：「泜水出中丘縣西山窮泉谷。」〔二六〕元和志：「泜水在堯山縣西一里。俗亦名脂溝。」九域志：「水經注云：泜水東南逕千言山北〔二七〕。」金史唐山、內丘、南和三縣皆有泜水。舊志：「泜水自臨城縣南合西北諸水，逕內丘縣三十里，東入唐山縣，舊在縣西一里許，南至任縣界入漳。」本朝康熙七年，水徙城北五里，入隆平縣界，又南逕任縣東北三十里，至邢家灣入澤。

李陽河。在內丘縣北。源出縣西之且停山，有二源，一自縣之楊武川北苓村而來，一自縣之石河西丘而來，合於縣城之西，入唐山縣西南，亦稱馬河，下流入大陸澤。又有沙溝水，寰宇記：「源出鵲山，東流經內丘縣北五里。」舊志云：「水出蓬山，東流八十里，至唐山縣界入泜河。」按此水今不可考，逕內丘縣北五里者，惟李陽河，若東流八十里而達唐山者，惟泜河，殆經流遷徙，爲泜河所奪矣。又有礪水，寰宇記：「在內丘縣西北三十里。源出攫山，水可礪刀劍。」九域志：「內丘縣有渚水。」明統志：「礪水，亦名渚水。」舊志：「下入沙溝。」按漢志：「中丘縣，逢山長谷，渚水所出，東至張邑入溤〔二八〕。」寰宇記有「龍騰水，源出龍騰山，在內丘縣西七十五里〔二九〕」。今皆無考。

順水河。在任縣西南，百泉支流也。自南和縣賈宋村東北入縣界，又北入大陸澤。又有殷陳溝河，亦百泉支流，東北入澧河。

蔡河。發源邢臺縣北梁原店之西山，東流入任縣界，至聖水井與聖水河合，東入大陸澤。按舊志謂「蔡河至任縣西郭，環城爲濠，又東合聖水河」。今考任縣城濠乃牛尾河之支流，蔡河在縣北逕入大陸，不至城下，且聖水在任縣之西北，蔡河在其西，不應先至任縣，後入聖水也。

馬河。源出內丘縣西龍騰山，東流爲小馬河，亦名白馬河，流逕內丘之南，邢臺之北，又東經唐山縣西南，別名柳林河，東經任縣北，仍曰馬河，又東北合聖水河。

聖水河。在任縣北十五里。發源縣西北聖水井，有泉從地湧出成河，其南有蔡河合入，行五里有馬河合入，又東入大陸澤。

雞爪河。在任縣東北，西接大陸澤之下流，東入趙州隆平縣界，合滏陽河。其北有溝，名小雞爪，又西北有河，名穆家口，皆洩大陸澤水之渠也。舊時穆口闐淤，雞爪一河，不足以容衆流，於是滏陽河水反由雞爪內溢。本朝雍正四年重濬穆家口，兼疏雞爪河，自是澤水通流，民資其利。

古列葭水。在南和縣南。漢書地理志：「南和，列葭水，東入泜。」寰宇記：「烈家水在縣西南十里，下注狼溝河。」

落漠水。在平鄉縣西五里，一名劉累河，俗亦稱牛尾河。自雞澤縣流入縣界，又北逕南和縣東，又北逕任縣界，合洺河入大陸澤。寰宇記：即「古薄洛津」。袁紹還自易京，率其賓從禊飲於此者也。按舊志謂「古薄洛津，即漳水，在今廣宗縣界，非即落漠水」。今考舊時漳、滏合流，未經東徙，本在南和縣境內，且「薄洛」、「落漠」，聲近易訛，其爲一水無疑，特舊與滏陽合流，而今則滏河已徙，落漠水自會洺入澤，或已非當時故瀆耳。本朝乾隆二年以後，屢經動帑開浚。

張甲河故瀆。在廣宗縣東。水經注：「張甲河左瀆逕廣宗縣故城西，又北逕經城東、繚城西，又逕南宮縣西，北注絳瀆。」唐書地理志：「經城西南四十里有張甲河，神龍二年，刺史姜師度因故瀆開。」元和志：「張甲枯河，東去經城縣十里。」舊志：「有古河在廣宗縣東界，延五十里，袤百里。一望層沙，幾於不毛，蓋故道堙廢久矣。」

大陸澤。在任縣東北，與鉅鹿縣及趙州隆平縣接界。書禹貢：「恒、衛既從，大陸既作。」又導河「北過洚水，至於大陸」。爾雅：「晉有大陸。」郭璞注：「今鉅鹿北廣阿澤是也。」呂氏春秋：九藪，「趙有鉅鹿。」漢書地理志：「鉅鹿，禹貢大陸澤在北。」元和志：「大陸澤，一名鉅鹿，在鉅鹿縣西北五里。東西二十里，南北三十里，葭蘆、菱蓮、魚蟹之類，充牣其中。澤畔又有鹹泉，煮而成鹽，百姓資之。」寰宇記：「廣阿澤，一名大陸，一名鉅鹿，一名大麓，一名沃川。」舊志：「大陸澤，在今任縣東北十里許，周數十里，諸河之水皆匯於此。一名小東湖，又名張家泊。」通志：「大陸澤，即今南泊也，百泉、牛尾、野、澧、沙、洺、劉累、程二寨、聖水、順水、蔡、馬、柳林等河咸入焉。北有穆家口河，洩之於北泊。東有雞爪、張滋等五溝，洩之於滏河。明弘治時，九河衝決隄防，下流淤塞四十里，隆平、鉅鹿均被其害，而任縣居多。嘉靖六年浚穆家口至羊毛圪塔四十里，水患始息。」本朝順治十八年重濬，日久堙塞，五溝亦淤其三，祇有雞爪、張滋不絕如縷，伏秋漲溢，爲田廬害。雍正四年，怡賢親王奏開穆家河，長四十里，築長隄，導澤水注之北泊，於是水患始除，引流種稻，營田數百頃。

玉霞川。在邢臺縣西二百里。兩岸石色，赤白相間。

黑龍潭。在邢臺縣東南九里。深不可測，相傳有黑龍潛焉。

響水潭。在南和縣東七里。狼溝河水淺沙淤，衝決成潭，水從潭北出，遂爲狼溝別支。奔響如雷，夜靜聲聞數里。今廢。

白龍潭。在南和縣西南。沙河水所匯。

洗馬潭。在廣宗縣北八里洗馬村。相傳漢光武洗馬於此。

張耳溝。在内丘縣西二十里。稍東爲揚武川。相傳張耳揚兵於此。

蓮花池。在沙河縣南十里。方數十里，每夏花開，遊人甚盛，亦名普通河，下流入沙河。

馬跑泉。在邢臺縣西百里。下入百泉。

野狐泉。在邢臺縣西北十里，下合達活水。二水相交，至城北門，名鴛水。明萬曆中涸，時有時無，出隱不定。本朝乾隆十二年以後，達活既開，野狐亦濆涌復出。二泉之左右，又有紫金、白沙、蓮花池諸泉，皆同時疏濬匯流於此。按郡稱鴛水，考其得名之由，或謂百泉池水，中界畧彴通往來，故名。或謂七里河，合黑龍潭爲鴛水，府志則以達活、野狐二泉合流當之。今按城北門名國士門，舊爲鴛水門，鴛水當離城不遠，府志之説良近之。

玉泉。在邢臺縣西北馬鞍山下。水湧出若玉，故名。山南爲金泉。

温泉。在沙河縣西北湯山。唐置温州，以此名。

九家泉。在沙河縣北十五里九家村東南。發源平地，下流入狼溝河。

仙井。在南和縣治北。明統志：「其水與地平，深不可測。上有仙女廟，歲旱禱雨輒應。」

潘井。在廣宗縣東一里。水甘洌，俗傳潘美飲馬於此。又傳其牧馬處曰潘城窪，在縣東南七里。

古蹟

襄國故城。在邢臺縣西南。通典：「邢州，古祖乙遷於邢，即此地，亦邢國也。」元和志：「周成王封周公子爲邢侯，後爲狄所滅，齊桓公遷邢於夷儀。按故邢國，今州城内西南隅小城是也。夷儀，今龍岡縣界夷儀城是也。春秋時屬晉，後屬趙。秦置信都縣，屬鉅鹿郡。漢元年，項羽改曰襄國，蓋以趙襄子謚爲名也。趙歇爲趙王，張耳爲常山王，並理信都襄國，今州理龍岡城是也。晉永嘉六年，石勒進據襄國，遂定都焉。至季龍徙都於鄴，以此爲襄國郡。石氏既滅，罷之。後魏復爲襄國縣。隋改龍岡。」寰宇記：「邢州大城，石勒所築，後僭號，名爲建平城。」夢溪筆談：「邢州城，郭進守西山時築，闊六丈。可卧牛，俗呼卧牛城〔三〇〕。」府志：「今有故城，在邢臺縣南百泉村，遺址尚存。」

沙河故城。在今沙河縣東。隋置縣。元和志：「縣北至邢州三十五里，以縣南沙河爲名。」舊志：「有故城在今縣東一里，隋置縣於此。五代梁開運元年移今治。明初爲河水衝圮，弘治四年，知縣葛禎奏遷西山小屯，去縣三十五里，亦曰新城，十八年復還故治。」

南和故城。今南和縣治。漢置縣。元和志：「縣西北至邢州三十八里。」舊志：「有故城在今縣城外，遺址尚存。」縣志：「城有西北南三面，蓋古人築爲護城隄，以障沙河、狼溝之水者。」

鉅鹿故城。今平鄉縣治。戰國策：「蘇厲曰：燕距沙丘，而至鉅鹿之界三百里。」水經注：「衡漳北逕鉅鹿縣故城東，應劭曰：鹿者，林之大者也。堯將禪舜，納之大麓之野，縣取目焉。」元和志：「平鄉縣西至邢州九十里。秦爲鉅鹿郡。張耳與趙王歇走入鉅鹿城，王離圍之，即此地也。」舊唐書地理志：「平鄉，漢鉅鹿郡，故郡城在今縣北十一里。古鉅鹿城，即今治也。」寰宇記：「後魏景明中移鉅鹿縣於舊城東三十里，自平鄉故城移平鄉以理之[三二]，至今不改。」

平鄉故城。在今平鄉縣西北。漢神爵四年封平干頃王子爲侯邑，屬廣平國。後漢改屬鉅鹿郡。晉屬趙國。後省。後魏復置，移治於鉅鹿城，而此城廢。魏書地形志：「平鄉縣有平鄉城。」縣志：「平鄉故城，在今縣西北六里大老營南，四門塹堞土堰皆存。」

南䜌故城。在鉅鹿縣北。漢封趙敬肅王子佗爲侯國，屬鉅鹿郡。後漢更始二年，光武與王郎將倪宏、劉奉，戰於南䜌，即此。晉罷，後復置。寰宇記：「後趙石季龍建武六年分柏人立南䜌縣。」後魏太平真君六年併入柏人，太和二十一年又置曰南欒，屬南趙郡。地形志「南䜌縣有南欒城」，非故治矣。隋志：「開皇六年置南欒縣，後廢入鉅鹿。」蓋即改南欒爲鉅鹿也。章懷太子曰：「南䜌故城在柏人縣東北。左傳齊國夏伐晉取欒，即其地也。其後南徙，故加『南』。今俗謂之倫城，聲之轉也。」按元和志以鉅鹿爲漢南䜌縣地，舊唐志又以鉅鹿爲即漢南欒故城，任縣爲漢南欒地，其説雖殊，皆不離乎鉅鹿。章懷後漢書注所云在柏人東北者，蓋後趙所改置耳。舊志又謂南䜌故城在柏鄉東北，誤。

經城故城。在廣宗縣東。漢時嘗分堂陽置經縣，尋省。後漢初復置經縣，屬安平國。後魏太平真君二年併入南宮，尋復置經縣，屬廣宗郡。在今廣平府威縣界。永安二年又分經縣置西經縣，屬鉅鹿郡。北齊省。隋復置經城縣，在今威縣界。按元和志經城縣下云：「後漢分堂陽於今縣西北二十里置經縣，後魏併入南宮，孝文又於今理置經城縣。」是漢之經，即後魏之西經也。縣志有經縣故城，在縣東二十里，又有斥漳故城，在縣東南十六里，遺址猶存，蓋洺水縣之訛也。俱詳見威縣。

柏人故城。在唐山縣西。本春秋時晉邑。左傳：哀公四年，「齊國夏伐晉，會鮮虞，納荀寅於柏人。」史記：「趙王遷元年，城柏人。」「漢八年，帝從東垣還，過趙，貫高等壁人柏人，要之置廁〔三二〕。帝過欲宿，心動，問『縣名何爲？』曰：『柏人。』曰：『柏人者，迫於人也！』不宿而去。」帝王世紀：「柏人城，堯所都也。」魏書地形志：「柏人縣有柏人城。」元和志：「堯山縣，西南至邢州八十里。本曰柏人，後魏改『人』爲『仁』。天寶元年改爲堯山。柏人故城，在縣西北十二里。」舊志：「金世宗以父名宗堯，改名唐山。」

柏鄉故城。在唐山縣東北。寰宇記：「柏鄉故城，在堯山縣東北二十二里。與趙郡柏鄉縣東西中分爲界。」餘詳見柏鄉縣。

中丘故城。在内丘縣西。漢置縣。後漢書趙孝王良傳註〔三三〕：「中丘故城，在今内丘縣西。隋室諱『忠』，故改爲『内』焉。」寰宇記：「内丘縣在邢州北五十八里。晉於此止中丘郡。石季龍改爲趙安縣。後魏省入柏人，太和十九年於舊城東十里復置中丘縣，即今縣理也。」

青山故城。在内丘縣西南，接邢臺縣界。隋開皇十六年析龍岡置青山縣，以縣界有青山爲名。大業初仍省入。唐武德初析龍岡、内丘二縣復置，屬邢州。開成五年省入龍岡。元和志：「縣東南至邢州五十里。」内丘縣志：「縣有黑山城，在縣西南青山村，即青山故城也。」

任縣故城。在今任縣東南。本春秋晉邑。左傳襄公三十年：「鄭羽頡出奔晉，爲任大夫。」即此。漢置縣，屬廣平國。後漢屬鉅鹿郡，建安中割屬魏郡。晉屬廣平郡〔三四〕。後魏屬北廣平郡。北齊省。隋開皇十六年分南和縣復置，大業初仍廢入。唐初復置。寰宇記：「縣在邢州東北三十八里。本漢張縣地，後漢省張縣，則爲南䜌縣地。晉省南䜌，又爲任縣地。後趙石氏於此置苑鄉縣，季龍又改清苑縣，屬襄國郡。隋置任縣，後廢。唐武德四年復置。」按元和志、舊唐志與寰宇記畧相同，元和志竟不及漢、晉之任縣，舊唐志則謂「晉置任縣，舊治苑鄉城」，皆與前史不甚合。

張縣故城。在任縣西南。春秋晉張趯邑。漢高帝十二年封毛釋之爲張侯。又宣帝地節三年封趙頃王子嵩爲張侯，後爲縣，屬廣平國。後漢省。元和志：「張城，一名渚陽城，在任縣西南二十七里。晉將王浚遣石季龍盟段就六眷於渚陽〔三五〕，謂此也。」

苑鄉故城。在任縣東北十八里。晉時石趙置縣。魏書地形志：「任縣有苑鄉城。」寰宇記：「苑鄉縣城，在任縣東北十八里。」按寰宇記又謂「石虎改名清苑」，誤。

鉅鹿故縣。在今鉅鹿縣南。漢置鉅鹿縣〔三六〕，後魏改置平鄉，而別置鉅鹿縣，皆在今平鄉縣界，隋開皇六年始復置於今縣界。舊唐書地理志：「隋於漢南繺故城置鉅鹿縣。舊治東府亭城。嗣聖元年移於今所。」元和志：「縣西至邢州一百十九里。本漢南繺縣地。」宋史河渠志：「大觀二年，河決，陷鉅鹿縣，詔遷於高地。」按唐時縣在州西，今縣在府西北，蓋即宋大觀中所遷也〔三七〕。

廣鄉故縣。在任縣界。漢神爵三年封平干頃王子明爲廣鄉侯，後爲縣，屬廣平郡。後漢省。魏書地形志：「任縣有廣平鄉城。」

白起廢縣。在鉅鹿縣西南。唐武德元年置白起縣，屬起州；四年省入鉅鹿。

夷儀城。在邢臺縣西。春秋：僖公元年，「邢遷於夷儀。」臣瓚曰：「襄國西有夷儀城，去襄國百里。」元和志：「在龍岡縣西一百四十里。今俗謂之隨宜城，蓋語訛也。」

白雞城。在邢臺縣西。寰宇記：邢州有「白雞城，隋區宇圖經云〔三八〕：版築之初，望其上有白雞，捕則無所見，因以爲名。俗稱白圭城。」邢臺縣志：「今縣西十三里有白圭鄉。」

柴城。在鉅鹿縣東北三十里。相傳五代周顯德中築，世宗父柴守禮嘗自堯山徙居於此，故名。

伯陽城。在内丘縣界〔三九〕。魏書地形志：「中丘縣有伯陽城。」

道武鎮。在廣宗縣治。漢廣宗縣在今廣平府威縣界，今縣本漢鉅鹿縣地，魏、隋以後爲平鄉縣地。金史地理志：「平鄉縣有道武鎮。」元史地理志：「憲宗五年以道武鎮置廣宗縣〔四〇〕。」武道即道武之訛也。

棘原。在平鄉縣南。史記：「章邯軍棘原。」晉灼曰：「在鉅鹿南。」今湮。按鉅鹿縣南七里又有棘城，一名棘陽寨，俗以爲章邯之棘原。

洗腸原。在内丘縣西十三里。相傳佛圖澄洗腸於此。

響地。在府城中。寰宇記：「郡國志云：邢州尚書坊東井地，周百餘步，人馬行上，轟作雷聲，掘之火出。」

宋臺村。在南和縣東南八里。唐宋璟故里。又南里許，即其故宅。

張相村。在南和縣西八里。石趙張賓故里也。

柴村。在平鄉縣西，接南和縣界。有寺，北齊天統時建，有碑記載：「晉永嘉初封冀州刺史柴誕爲任城侯，隨國廣平，因家焉，後世蕃盛。」今柴村西十里有任城村，分屬南和，蓋即柴誕封國也。

宣務栅。在唐山縣西北宣務山中。唐會昌三年討劉稹，成德帥王元逵奏拔其宣務栅，因進攻堯山。即此。

東亭。在邢臺縣東南竇村。元張文謙别業，柳貫代趙孟頫作東亭圖序。

蘇秦亭。在沙河縣西南。後漢書郡國志：「襄國有蘇人亭。」寰宇記：「沙河有蘇秦亭。蘇秦西説秦人，請貨黄金百鎰，黑貂之裘，即此地也。今有亭存。」明統志：「在沙河縣西南三十里。俗呼爲十里亭。」

梅花亭。在沙河縣北八里宋璟祠東。璟嘗有梅花賦，後人慕其德，因即其故里建亭，遂以梅花名之。本朝乾隆十五年重加開拓，回廊曲檻，碧水平橋，蔚然勝覽。是秋，高宗純皇帝巡幸中州，駐蹕於此，有御題梅花亭詩及御書璟著梅花賦，並寫梅一株，俱勒石於亭。按南和縣城西門外亦有梅花亭，明萬曆中知縣孫鳴時建。

嘉禾樓。在邢臺縣城西。宋元豐、元符間，兩奏嘉禾之瑞，樓得名於此。

檀臺。在沙河縣南。史記：「趙成侯二十年，魏獻榮椽，因以爲檀臺。」後漢書郡國志：「襄國有檀臺。」

鬬雞臺。在南和縣，有二：一在大南門外官道東數十步，一在官道西數十步。相傳宋公子鬬雞之處。

沙丘臺。在平鄉縣東北。史記：「趙公子成、李兑圍主父三月餘，餓死沙丘宫。」又「秦始皇三十七年崩於沙丘平臺」。漢書地理志：「紂所作沙丘臺在鉅鹿縣東北七十里。」水經注：「衡漳逕沙丘臺東。」括地志：「臺在平鄉縣東北二十里。」舊志：「今平鄉東北有王固岡，岡東北十餘里有太平臺村，東去廣宗鄉八里，其東又有小平臺村，即故沙丘臺遺址也。」

張耳臺。在唐山縣西北。元和志：「在堯山縣之西北十二里。」

東盟臺。在任縣東二十五里。相傳韓信襲齊，與楚將龍且會盟於此。

塔圪臺。在任縣東北三十里。上有居民，四方皆湖，非舟不行。相傳臺址隨水消長，雖大溢不決，謂之荷葉地。

郭巨塔。在内丘縣金隄店西。相傳漢孝子郭巨獲金處。

郭園。在唐山縣東北二里。相傳後周太祖誕生之地。

處士菴。在内丘縣中丘驛前。元林起宗聚徒講學處，後爲林公書院。

趙孤莊。在順德府城西北二十五里。相傳程嬰匿趙孤處。

柴家莊。在唐山縣北。相傳周世宗誕生之地。

石臺道德經。曹溶金石表：在順德府社學屋後。開元二十七年，李質立石。

常林碑。在南和縣治。名勝志：「常林，三國魏時人，南和宰也。」

釋迦像碑。趙佛圖澄造。封演見聞記云：「在内鄉縣古中丘城寺。後趙石勒光初五年立佛圖，見聞記作浮圖，音之轉也。」按光初乃劉曜年號，演誤以爲石勒，趙明誠金石録嘗辨之。

校勘記

〔一〕周始移於襄國也　乾隆志卷二〇順德府建置沿革（以下同卷簡稱乾隆志）同。按王仲犖北周地理志卷一〇：「襄國郡，治易陽縣。北齊置。易陽縣，舊置易陽，北齊廢入襄國，北周復置。隋書地理志：『臨洺，舊曰易陽，後齊廢入襄國縣。置襄國郡。後周改爲易陽縣。別置襄國縣。開皇六年改易陽爲邯鄲，十年改邯鄲爲臨洺。開皇初郡廢。』隋志固明言易陽後齊置襄國郡，隋開皇初郡廢。易陽即臨洺關，今河北永年縣新治。東魏遷鄴之後，嘗置北中郎府，爲關防重鎮，故周齊襄國郡皆治易陽也。」又云：「據隋志，北齊曾廢易陽縣入襄國，或此時襄國縣曾移治易陽城，故下云『後周又改爲易陽縣』也。別置『襄國縣』云者，或襄國縣既移治易陽縣城，至北周仍還襄國舊治也。」又王書記襄國爲襄國郡屬縣（清順德府治邢臺縣，今邢臺市）。據此，北齊、北周之世，襄國郡皆治易陽縣，襄國縣爲郡屬縣，此云「周始移治於襄國縣」，當誤。

〔二〕宣和中升信德府　乾隆志同。按宋會要方域五之三四：「舊邢州安國軍，宣和元年升爲信德府。」宋史卷八六地理志二同。此「中」爲「元年」或爲「初」字之誤。

〔三〕晉屬廣平郡　乾隆志同。按吴增僅三國郡縣表附考證引畿輔志：「魏屬廣平。」孔祥軍三國政區地理研究上：魏志卷二文帝紀：黄初二年以魏郡東部爲陽平郡，西部爲廣平郡。「據襄國縣地望，其屬魏郡西部，則黄初二年似割屬廣平郡」。

〔四〕周武帝置襄國郡　乾隆志同。考隋書卷三〇地理志中：臨洺縣，「舊曰易陽，後齊廢入襄國縣，置襄國郡。後周改爲易陽縣，別置襄國縣。開皇初郡廢」。王仲犖北周地理志卷一〇：襄國郡治易陽縣，「隋志固明言易陽後齊置襄國郡，開皇初郡廢。易陽即臨洺關，今河北永年縣新治。東魏遷都之後，嘗置北中郎府，爲關防重鎮，故周齊襄國郡皆治易陽也」。王氏之説是也。又據隋志，襄國縣於北魏復置後，延續至北齊、北周，屬襄國郡，至隋開皇九年改名龍岡縣，即清邢臺縣，今邢臺市。

〔五〕西南至沙河縣治四十里　「治」，原作「界」，乾隆志作「治」。按乾隆順德府志卷二疆域：南和縣，「西南四十里至沙河縣治」。光緒南和縣志卷二地理上：「西南至沙河縣四十里。」此「界」爲「治」字之誤，據改。

〔六〕晉屬廣平郡　乾隆志同。按吴增僅三國郡縣表附考證引皇輿表：「魏屬廣平。」孔祥軍三國政區地理研究上：魏志卷二文帝紀：黄初二年以魏郡東部爲陽平郡，西部爲廣平郡。「據南和縣地望，其屬魏郡西部，則黄初二年割屬廣平郡」。

〔七〕西北至隆平縣治六十里　「治」，原作「界」，乾隆志同。按讀史方輿紀要卷一五：鉅鹿縣，「西北至趙州隆平縣六十里」。乃指隆平縣治而言，記載里距正與本志相合。同治畿輔通志卷五一疆域圖説六：鉅鹿縣，「西北至隆平縣治五十五里」。光緒鉅鹿縣志卷一地輿志：「西北至隆平縣六十里。」此「界」爲「治」字之誤，據改。

〔八〕北齊廢隋開皇六年復置南欒縣　乾隆志同。王仲犖北周地理志卷一〇：南趙郡領南欒縣，「隋書地理志：『鉅鹿，後齊廢。開皇六年置南欒縣，後廢入焉。』按隋志文有譌奪，當云：『鉅鹿，後齊廢。開皇六年置。有南欒縣，後廢入焉。』錢大昕廿二史考異謂南欒當作南繺，是也。蓋南欒縣上奪『有』字。清一統志遂謂『開皇六年置南欒縣』也。南欒，後魏復置，地形志有明文，讀史方輿紀要謂『北齊廢入任縣』，實無佐證，蓋此縣至大業初始廢入鉅鹿耳」。按王氏之説是也，本志文誤。本卷「古蹟」

南䜌故城引隋志云云誤同，兹不贅述。

〔九〕大業初改曰鉅鹿　乾隆志同。元和郡縣圖志卷一五：鉅鹿縣，「本漢南䜌縣地，隋開皇六年於此置鉅鹿縣，屬趙州，取漢鉅鹿縣之名也」。太平寰宇記卷五九引隋圖經集記同。按二書記載，與王仲犖北周地理志論述「鉅鹿，隋開皇六年置」之説相符，詳見本卷校勘記〔八〕，此誤。

〔一〇〕後漢初復置屬安平國　後漢書卷五孝安帝紀：延光元年，「改樂成國爲安平，封河間王開子得爲安平王」。同書卷五〇樂成靖王黨傳：「延光元年，以河間孝王子得嗣靖王後。以樂成比廢絶，故改國曰安平，是爲安平孝王。」續漢書郡國志二：安平國，故信都，「明帝名樂成，延光元年改」。經爲其屬縣。錢大昕廿二史考異卷一四：「經，前志無，安平孝王得子理封經侯。」則延光元年改樂成國爲安平國，經縣已復置，屬之，不在後漢初。

〔一一〕元憲宗五年始分平鄉置廣宗縣　乾隆志同。元史卷五八地理志一：廣宗縣，「憲宗五年置」。爲本志所據。温海清畫境中州下篇元史地理志考釋：「民國廣宗縣志卷九金石略載元大德九年所立廣宗縣新修廟學兩廡碑：『歲在壬子，割洺水户四千五百隸邢，乃以道武鎮復置廣宗縣。』廣宗縣在蒙古國時期確曾設而復廢，廢而復設；憲宗時期置廣宗縣當在壬子年，即憲宗二年，而非元史所稱憲宗五年。」

〔一二〕西南至内丘縣治五十里　「治」，原作「界」，乾隆志同。按乾隆順德府志卷二疆域：唐山縣，「西南五十里至内丘縣治。」同治畿輔通志卷五一疆域圖説六：唐山縣，「西至内丘縣界二十里，至縣治三十四里」。此「界」爲「治」字之誤，據改。

〔一三〕東魏改人曰仁　乾隆志同。元和郡縣圖志卷一五：「後魏改『人』曰『仁』。」按魏書卷一〇六地形志上作「柏人」，北魏未改。讀史方輿紀要卷一五：「高齊改柏人縣爲柏仁縣。」則改名在北齊之世。

〔一四〕晉仍屬廣平郡　乾隆志同。按資治通鑑卷七三魏紀五胡三省註：「魏復屬廣平郡。」楊守敬補正據魏志管寧傳以任縣屬廣平郡，是。

〔一五〕元劉秉忠張文謙張易王恂嘗同學於此　乾隆志及乾隆順德府志卷二山川同。按元史卷一六四王恂傳：「歲己酉，太保劉秉忠北上，途經中山，見而奇之，及南還，從秉忠學於磁之紫金山。」則劉秉忠、王恂同學於磁州（屬河南彰德府，今河北磁縣）之紫金山，非邢臺縣（今邢臺市）之紫金山，名同地異。

〔一六〕磬口「口」，原作「石」，乾隆志同，據太平寰宇記卷五九改。

〔一七〕在沙河縣西北百四十里「百」，原脱，據乾隆志及同治畿輔通志卷六四山川八引大清一統志補。

〔一八〕渚水所出「渚」，原作「諸」，乾隆志脱。王先謙漢書補注卷二八地理志上：「説文：渚水出常山中丘逢山，東入湡。諸家並以爲『諸』當作『渚』，是也。」按元豐九域志卷二邢州内丘縣有渚水，即是。此「諸」爲「渚」字之誤，據改。

〔一九〕鶴度嶺在鵲山西　乾隆志同。按太平寰宇記卷五九：邢州龍岡縣鵲山，水經注云：「其南有龍騰溪、鶴渡嶺。」則鶴渡嶺在鵲山之南，不在「西」，此誤。

〔二〇〕良久乃蘇「久」，原缺，據乾隆志及太平寰宇記卷五九補。

〔二一〕襄國有馮水東至朝平入湡　乾隆志同。王先謙漢書補注卷二八地理志下：「説文：『瀌水出趙國襄國，東入湡。』今志舉入湡之水有『馮』無『瀌』，然則『馮水』蓋『瀌水』之誤，或別稱也。隋志亦云『龍岡縣有瀌水』，當以『瀌』爲正。」洪頤煊漢志水道疏證：「舊本『瀌水』作『馮水』，誤。」

〔二二〕水經注云　乾隆志同。按太平寰宇記卷五九龍岡縣記載有二：一於石井岡，「酈道元注水經云：蓼水出襄國西石井岡」。一於蓼水，「水經云：蓼水出襄國西石井岡」。皆出於水經，非水經注。

〔二三〕水經注云湡水出襄國西山　乾隆志同。按太平寰宇記卷五九龍岡縣，「湡水，一名澧水，一名鴛鴦水，俗謂百泉」云云。無本志引文，蓋屬引誤。

〔二四〕從平鄉縣界流入「入」，乾隆志及太平寰宇記卷五九作「來」。

〔二五〕引水灌田「田」，原作「口」，據乾隆志改。

〔二六〕泜水出中丘縣西山窮泉谷「山」，原脱，乾隆志同。按史記卷八九張耳陳餘列傳索隱引郭景純注山海經云：「泜水出常山中丘縣。」王先謙漢書補注卷二八地理志上：「常山郡元氏縣沮（泜）水首受中丘西山窮泉谷，東至堂陽入黄（漳）河。」王念孫曰：「説文：『泜水在常山。』郭璞注北山經：『今泜水出中丘縣西山窮泉谷，東至堂陽入於漳水。』皆本地志。」則「西」下脱「山」字甚明，據補。

〔二七〕泜水東南徑干言山北　「北」，原脱，乾隆志同。按元豐九域志附新定九域志卷二：「水經云：泜水又東南經干言山北。」引自水經，非水經注，據補「北」字。

〔二八〕渚水所出東至張邑入湡　「渚」，原作「諸」。王先謙漢書補注卷二八地理志上：「説文：渚水出常山中丘蓬山，東入湡。諸家並以爲『諸』當作『渚』，……是也。張，廣平縣，『邑』字衍。」按王氏所説是也，改「諸」爲「渚」，「邑」字衍。

〔二九〕在内丘縣西七十五里　「五」，原脱，乾隆志同，據太平寰宇記卷五九補。

〔三〇〕闊六丈可卧牛俗呼卧牛城　「闊」，乾隆志及讀史方輿紀要卷一五邢臺縣引宋沈括筆談同。按沈括夢溪筆談卷九人事一記郭進築邢州城作「厚」，與此異。又「可卧牛俗呼卧牛城」，乾隆志及方輿紀要引筆談同，但筆談不載，蓋非原文。

〔三一〕自平鄉故城移平鄉以理之　乾隆志同。按太平寰宇記卷五九：「後自平鄉故城移平鄉以理之。」此「自」上脱「後」字。

〔三二〕要之置廁　「廁」，原脱，乾隆志同，據史記卷四三、漢書卷三二張耳陳餘傳補。

〔三三〕後漢書趙孝王良傳註　「孝」，原脱，乾隆志同，據後漢書卷一四宗室四王三侯列傳趙孝王良傳補。

〔三四〕晉屬廣平郡　乾隆志同。按三國魏屬廣平郡，晉因襲。參見本卷校勘記〔一四〕。

〔三五〕晉將王浚遣石季龍盟段就六眷於渚陽　「段就六眷」，原作「段六眷」，乾隆志同。按元和郡縣圖志卷一五作「就六眷」，太平寰宇記卷五九作「段就六眷」。晉書卷一〇四石勒載記上：「王浚遣督護王昌及鮮卑段就六眷、末柸、匹磾等部衆五萬餘以討勒。……就六眷屯于渚陽。」北史卷九八徒河段就六眷傳：「徒河段就六眷，出於遼西，「就六眷與弟疋磾、從弟末波等率五萬餘騎圍石勒於襄國」。則就六眷即段就六眷，此「段六眷」脱「就」字，據補。

〔三六〕漢置鉅鹿縣　乾隆志同。按鉅鹿縣，秦置，爲鉅鹿郡治，西漢因襲。水經濁漳水注：「鉅鹿縣，「鉅鹿郡治。秦始皇二十五年滅趙，以爲鉅鹿郡」。元和郡縣圖志卷一五：平鄉縣，「始皇滅趙，以爲鉅鹿郡，亦大稱也。張耳與趙王歇走入鉅鹿城，王離圍之，即此地也」。太平寰宇記卷五九同。后曉榮秦代政區地理第六章山東北部諸郡置縣：鉅鹿郡鉅鹿縣，「西安相家巷出土秦封泥有『鉅鹿之丞』」。漢書卷二八地理志上：「鉅鹿郡治鉅鹿縣。即沿襲秦制。」本卷建置沿革：平鄉縣，「秦置鉅鹿縣，併置鉅鹿郡。漢仍爲鉅鹿郡治」。是也。

〔三七〕按唐時縣在州西今縣在府西北蓋即宋大觀中所遷也　乾隆志同。按元和郡縣圖志卷一五：邢州鉅鹿縣，「西至州一百十九里。本漢南䜌縣地，隋開皇六年於此置鉅鹿縣」。則縣在邢州（治龍岡縣，清順德府治邢臺縣，即今河北邢臺市）之東，不在「州西」。舊唐書卷三九地理志二：隋於南䜌故城置鉅鹿縣，「貞觀元年屬邢州。舊治東府亭城，嗣聖元年移於今所」。讀史方輿紀要卷一五：順德府鉅鹿縣，「府東北百二十里」。又云：「邑志：縣北十里有舊鉅鹿城，縣本治此。唐垂拱初因漳水爲患，徙縣於東南隅，即今縣治。劉昫志：『貞觀初鉅鹿縣治東府亭城，嗣聖初徙今治。』垂拱即嗣聖之明年，舊城當即東府亭城。」同治畿輔通志卷一五七古蹟四：鉅鹿縣，「案宋李桓三明寺記：唐武后垂拱元年徙舊縣於東南十有一里，即今縣，則鉅鹿故城應在今縣治西北十有一里」。據上引證，隋開皇時鉅鹿縣治今縣北夏舊城，唐嗣聖元年徙今縣（即清鉅鹿縣）。又本卷建置沿革：鉅鹿縣，「在順德府東北一百二十里」。與讀史方輿紀要載同，正合元和郡縣圖志記載里距，亦可證唐縣即清縣，縣不在「府西北」。

〔三八〕隋區宇圖經云　「經」，原脱，乾隆志同，據太平寰宇記卷五九補。

〔三九〕在内丘縣界　「内」，原作「南」，據乾隆志及同治畿輔通志卷一五七古蹟四改。

〔四〇〕憲宗五年以道武鎮置廣宗縣　「道武」，原作「武道」，乾隆志同，據民國廣宗縣志卷九金石略廣宗縣新修廟學兩廡碑乙正。元史地理志：廣宗縣，「憲宗五五年置」。不載鎮名。「五年」應作「二年」，詳見本卷校勘記〔一一〕。

大清一統志卷三十一

順德府二

關隘

黄榆關。在邢臺縣西北黄榆嶺上。據險築堡，自黄榆南爲馬嶺口，清風嶺口〔一〕、夫子巖口、莊兒口、貨郎口，明正統末，皆設兵防守。

燒梁關。在内丘縣西。晉地道記：「中丘縣有燒梁關。」

西黄村巡司。在邢臺縣西七十里，舊曰西黄社。明崇禎六年設巡司於此。本朝因之。

綦陽鎮。在沙河縣西四十里。九域志：「沙河縣有綦村鎮鐵冶務。」舊志：「綦陽鎮，在縣西四十里。宋皇祐四年置鐵冶司於此，有冶神祠。」

常河鎮。在平鄉縣東北。又高阜鎮在縣東，又東有節固鎮，皆明嘉靖二十一年築堡。

團城鎮。在鉅鹿縣東北四十里。九域志：「鉅鹿縣有新店、團城二鎮。」金史地理志：「鉅鹿有團城鎮。」舊志：「民居環繞如團，故名。」

新店鎮。在任縣東三十五里。九域志：「鉅鹿縣有新店鎮。」金時改屬任縣。

大嶺口。在沙河縣西一百七十里黄背巖北。上有邊牆，舊與黄背、數道二巖皆置戍。

鶴度嶺口。在内丘縣西一百七十里。其北二十五里爲錦繡堂口，形類龜坼，故云。又北十里爲雲凹口。皆接山西平定州界。

黄寺堡。在邢臺縣北四十里石婆山後。又有宋家村堡在縣西北百餘里。俱明時大名兵備道防秋處。

原莊堡。在鉅鹿縣西南十五里。往來所經，商旅輻湊。舊有小城，可以守禦。又有張王疃堡在縣東，午時村堡在縣南，上疃村堡在縣北。

孝路堡。在廣宗縣南二十里。周二里，濠廣一丈。又有版臺堡在縣北二十五里，周二里有奇，濠廣二丈五尺。俱明嘉靖二十一年置。

金提堡。在内丘縣東十里。又有官莊堡在縣東南，尹村堡在縣北，清修堡在縣西北。皆明嘉靖二十五年置。

腰水砦。在邢臺縣西北黄榆嶺口。地極高峻，其上平闊，惟一徑可通，山半有水，故名。

香鑪砦。在邢臺縣西北黄榆嶺北。峯巒高峻，狀如香鑪，亦止一徑可通。又北即正定府贊皇縣界。

戴家寨。在沙河縣西一百里。形勢高峻，止通一徑。其上平原廣闊，中有一池，雖旱不涸。

梁原店。在内丘縣南三十里。

龍岡驛。在邢臺縣東關外。

中丘驛。在内丘縣治東南。

津梁

鴛水橋。在府城北四里。俗呼爲板橋，一名廣濟橋，又名豫讓橋。本朝乾隆十四年，鴛水二源俱濬，匯流於此，改今名，並於橋畔建亭，以爲冠蓋讌餞之所。

高莊橋。在邢臺縣東三里。又有先干橋在縣東七里。俱跨達活水。

樓下橋。在邢臺縣東南十里，跨百泉水。

澧水橋。在南和縣西十里。俗名土橋，跨百泉河。

通濟橋。在南和縣東三十里張村西洺河上。明弘治五年建。

宗義橋。在南和縣南狼溝河上。明萬曆十三年，縣人李宗義建，因以其名爲名，又名南寒橋。

夏莊橋。在平鄉縣東北七里。

女兒橋。在唐山縣西南十六里。

馬河橋。在唐山縣西六里。又一在縣南十五里，又一在任縣北二十里。

尹村橋。在内丘縣北二十五里泜水上。當往來要道。

大宋橋。在任縣東八里。本朝康熙二十五年重建。

澧河橋。在任縣東二十里。

百泉橋。在任縣東南十里。

蔡河橋。在任縣北十里。

隄堰

珍珠隄。在邢臺縣東南。明嘉靖四十年，知府劉應節建，引水自百泉村至樓下村，溉田二十餘頃。又東爲流珠隄，萬曆間，知縣朱誥建，引清水等泉合珍珠隄水，溉田五十餘頃。

滏陽西隄。在平鄉縣界。明正統二年築，起縣東南界，循滏水西岸，北入任縣。

安東隄。在平鄉縣東南。以禦漳水。迤西有奠中隄、鎮西隄，以禦滏陽落漠水，皆明弘治十六年築。

落漠東隄。在平鄉縣西。明正統六年築，起縣西南界，循落漠東岸，北抵南和縣。

大隄。在廣宗縣西一里。舊築以護城者，起縣西南，繞城西北，至小平臺村止，亘三十里。又有小隄在縣西五里，明弘治十四年築，起縣西南，至大平臺村止，亘二十里，以禦漳水。

永澤閘。在邢臺縣東南七里。明萬曆十八年引百泉水爲渠，建閘築隄以溉民田。又東一里爲小龍泉堰，亦萬曆中建。

百泉閘。在邢臺縣東南永澤閘南三里。明嘉靖間，知府劉應節建。其東一里有盛流閘；又東一里有黑龍潭閘；又東南七里有明沙泉閘；又東三里有晉祠閘；又東一里有武家莊閘；又東二里有關家灣閘；又東二里有永立閘〔二〕，一名東汪閘；又東五里有大賢閘〔三〕，接南和界；又東有永濟閘；又東南一里有龍興閘；又南數步有廣潤閘；皆明時所建，引百泉水溉田。

小汪閘。在邢臺縣西北五里。其東一里有翟村閘，又東二里有水磨閘，又東四里有吴家莊閘，又東北四里有張村閘，又東六里有祝村閘，又東五里有河曲閘，皆明嘉靖、萬曆間建，引野狐、達活水。自吴家莊閘以下，萬曆間野狐泉涸，俱廢。本朝乾隆十四年，達活泉溢，因其順流之勢，修建翟村、吴家莊二閘〔四〕，以溉民田。

普潤閘。在沙河縣北。明萬曆十九年建，引百泉水溉田四十餘頃。

永賴閘。在南和縣西南、沙河縣界。明嘉靖三十九年劉應節建。又有博濟閘，明萬曆七年建，皆引狼溝河水溉田。

大賢閘。在南和縣西二十里，接邢臺縣界，亦名均利閘〔五〕。其東南數里有均濟閘；又北有永濟閘；又澧水橋北八里有濟民閘，亦曰通濟閘；其東北又有救濟閘，亦曰通惠閘；又東北有賈宋閘，亦曰通利閘；俱元縣尹尹泰所建。又有惠民閘、邵家閘，賈宋新閘，俱明劉應節所開。永賴閘，明萬曆中，知府王守城建，並引百泉水溉田。

偏閘。在鉅鹿縣西。本朝乾隆十年，知縣張文莊建，引滏陽河水灌溉民田，咸賴其利。

永濟閘。在任縣東北三十里。明萬曆中，知縣徐璘建，又建子閘數座：曰天口閘、田家莊閘、吴家口閘、鄧家口閘、王家灣閘、賈家閘、邊家莊閘，引滏陽河水溉田。

大賢壩。在邢臺縣東，接南和縣界。本朝雍正五年，知縣李相因大賢閘故址，接築壩三十丈。又東爲東汪壩，乾隆四年，知縣劉蒸雯因東汪閘之舊，加築爲壩，長八十餘丈。

陵墓

周

邢侯夫人墓。在府城北。寰宇記：「邢臺縣有邢侯夫人冢〔六〕。史記云〔七〕：齊武平初，有掘古冢得銅鼎，腹有銘，作蝌蚪書，云邢侯夫人姜氏墓。」内丘縣志：「在今縣東十五里。」

衛靈公墓。在平鄉縣南。莊子：「衛靈公葬沙丘。」舊志：「在平鄉縣南五里柴口村。」又見長垣、觀城二縣。

漢

馮唐墓。在内丘縣西馮唐村大覺寺之左，有古塔。

時苗冢。在平鄉縣東北。寰宇記：「在平鄉縣東北二十里〔八〕。」

晉

石勒冢。在邢臺縣西南。寰宇記：「在龍岡縣西南十五里。僞號高平陵。」

張賓墓。在南和縣西。元和志：「在南和縣西十二里。」舊志：「又有鐵頂墓，在内丘縣南十三里。周圍皆鐵，高三丈餘，或以爲即張賓墓。」

南北朝　魏

游雅墓。在任縣東北十餘里。

唐

宋璟墓。在沙河縣西北八里。

五代　周

郭王墓。在邢臺縣西六十里焦山嶺。俗呼爲郭上皇墓，蓋郭氏祖塋也。

元

劉秉忠墓。在邢臺縣西南十里賈村。

郭守敬墓。在邢臺縣西北三十里。

張文謙墓。在沙河縣南十五里。

孔璠墓。在唐山縣西北八里。

劉德淵墓。在内丘縣西程家灣。

林起宗墓。在内丘縣南永安村。

明

朱裳墓。在邢臺縣南五里陳村。

趙孔昭墓。在邢臺縣南十五里。

王本固墓。在邢臺縣南二十里百泉村。賜葬。

李若珪墓。在南和縣東二十里。

崔恭墓。在廣宗縣北蘇村。

祠廟

豫讓祠。在府學後。

三文貞公祠。在府治東。元延祐中祀魏徵、宋璟於府學宫東南，又祀劉秉忠於府治東。明萬曆中合祀於此，改今名。本朝康熙六年修。

雙烈祠。在府城南關。祀烈女王玉梅〔九〕、張端莊。

宋文貞祠。在沙河縣西北八里。祀唐丞相宋璟，墓亦在焉，有顏真卿書墓碑。本朝乾隆十四年重修。十五年，高宗純皇帝巡幸中州，清蹕經此，特命大臣致祭，有御製祭文及宋璟祠詩，樹碑祠内。按南和縣文廟西亦有宋文貞祠，明靖遠伯王驥作贊勒石。本朝以來，歷任知縣屢爲修葺。

盧公祠。在南和縣西河頭郭村。祀明兵備道盧象昇。

銅馬祠。在鉅鹿縣北。水經注：「漳水逕銅馬祠東〔一〇〕，東漢光武廟也。更始三年，光武追銅馬於館陶，大破之，降其衆數十萬，關西號世祖曰銅馬帝，祠取名焉。」寰宇記：「祠在鉅鹿縣北七里。」縣志：「今祠在縣北銅馬鎮，祀漢將馬武。」

張相祠。在任縣。見魏書地形志，蓋祀張賓也。

怡賢親王祠。在任縣北北留寨。

廣源廟。在邢臺縣西北達活水北。祀龍神，元至正間建，賜額。禱雨即應。

光武廟。在唐山縣南二十五里。旁有繫馬臺，相傳光武避王郎兵，繫馬於此。

寺觀

開元寺。在府治東北。唐開元中建。元世祖兩幸此，建大聖塔，有萬安師者，能著神異，詔改塔名圓照。明洪武中重修。按廣宗縣亦有圓照塔，萬安本洺水人也。

天寧寺。在府治西北。唐建，元至正中重修。

興福寺。在邢臺縣城北太平村。唐開元時建。

建福寺。在沙河縣南三十里。唐天寶中建。又延慶寺，在縣西南三十里。亦唐天寶間建。

汎愛寺。在沙河縣治西北。唐建。

漆泉寺。在沙河縣廣陽山上。

廣聖寺。在南和縣城東十里村。有碑鐫佛像及題唐、宋年號，元、明以來遞有修葺。

慧炬寺。在南和縣城北古隄内。元魏間建，北齊天保年修，有碑，勒石佛鐫經。唐元和年重修，明成化、正德間增修。庭種嘉樹，幽深清爽。

清泉寺。在南和縣城東北十五里葭里村。金大定年間建，明正統、景泰間重修。寺後有泉清澈，岸多蘆荻。

福勝寺。在平鄉縣東北趙村。本元大德中三皇閣，明正德九年修建，一名福勝禪林。寺中有唐開元三年石塔。本朝康熙四年即三皇故址重建大悲閣。又有西福勝寺，在縣西柴村。北齊時建，寺碑規制甚古。

三明寺。在鉅鹿縣治南。宋建，知縣李桓記曰：「隋改南欒置鉅鹿縣，於縣建三明寺。後因水患，人不奠居，寺亦隨廢。垂拱元年徙舊縣於東南十有一里之新城，乃今邑地，有釋智良復乞地創建。大觀二年秋，河決舊隄，流行邑中，寺幾圮没。宣和二年重建。」

隆勝寺。在唐山縣宣務山後。周太祖代漢後即山建寺，鑿山爲龕，刻佛像、佛經於上，賜名隆勝。寺極華麗，中有千佛堂，同聲堂在千佛堂下，鑿石而成，硜然有聲。響堂在千佛堂東，有響即應。

經閣寺。在内丘縣治南。宋元祐間建。

清涼寺。在任縣東臺南鎮。隋開皇中建，明正統、嘉靖年間增修。

通真觀。在府治西南。元至元間建。

太子觀。在府城西三十五里。世傳趙襄子爲太子時，射獵於此，掘井得水，後人肖像記之。邑人趙孔昭有記。

朝元觀。在唐山縣南關西街。金明昌中建。

長春觀。在内丘縣西八里。元至元間建。有碑存。

名宦

三國　魏

常林。河内人。宰南和，節操清峻。有碑在南和，詳前。

隋

劉曠。開皇初爲平鄉令，單騎之官。人有訟者，曉以義理，不加繩劾，各自引咎而去。所得俸禄，賑施窮乏。百姓感其德化，更相篤勵曰：「有君如此，何得爲非！」在職七年，風教大洽，獄中無繫囚。及去，吏民號泣，送數百里不絶。清名善政，爲天下第一。

侯莫陳穎。代人。爲邢州刺史，仁壽中，牛弘持節巡撫山東，以穎爲第一，優詔褒揚。

唐

元德秀。河南人〔一一〕。調南和尉，有惠政。

元誼。貞元中，邢州刺史，徙漳水自州東二十里〔一二〕，至鉅鹿北十里入故河。民皆賴之。

高承簡。幽州人。爲邢州刺史，時觀察府責賦尤急，承簡代下户數百輸租。

李綰。昌樂人。爲唐山令〔一三〕，有仁政，民立祠祀之。

五代　周

王仁鎬。龍岡人。顯德五年拜安國軍節度。視事翌日，省其父母之墓，嗚咽謂所親曰：「仲由以爲不如負米之樂，信矣。」郡有羣盗，仁鎬遣使遺以束帛諭之，悉遁去，不復爲盗。

宋

王德用。趙州人。真宗時，爲邢、洺、磁、相巡檢，盗張洪霸相聚界上〔一四〕，吏不能捕。德用以氈車載勇士，詐爲婦人飾，過邯鄲。賊果來邀，勇士奮出，悉擒之。

邊肅。楚丘人。真宗時，知邢州。會遼兵大入，先是地屢震，城堞摧圮，無守備。帝在澶淵，密詔肅：「若州不可守，聽便宜南保他城。」肅匿詔不發，督丁壯乘城而鬭諸門，悉所部兵陣以待之。騎薄城下，肅與戰小勝，遼人莫測也，居三日引去。時鎮、魏、深、趙、磁、洺六州閉壁不出，老幼趨城者，肅悉開門納之。

王沿。館陶人。仁宗時，知邢州，復爲河北轉運使。奏罷二牧監，以地賦民。導相、衛、邢、趙水下天平、景祐諸渠，以溉民田。初沿建議時，論者以爲無益，已而邢州民有争渠水相殺者，始知沿所建爲利。

劉從廣。并州人。仁宗時，知邢州。籍鄉軍之罷老者，聽引子弟自代，著爲令。

金

石琚。定州人。天眷中，爲邢臺縣令。邢守貪暴，屬縣掊取民財以奉，琚獨一物無所與。既而守以臟敗，他令佐皆坐累，琚以主廉辨稱。

富察世傑。貿蘇館瓦都河人。正隆中，同知安國軍節度使事。時徵發不已，民不堪命，犯法者衆，獄囚積四百餘人。世傑到官月餘，決遣畧盡。「富察世傑」舊作「蒲察世傑」，「貿蘇館瓦都河」舊作「曷速館斡篤河」，今並改正。

孫德淵。興中府人〔一五〕。大定間，爲沙河令。有盜秋桑者，主逐捕之，盜以刃自刺其足面，曰：「秋桑例不禁採，汝何得刺我。」主懼，賂而求免，盜不從，訴之縣。德淵曰：「若逐捕而傷，創必在後，今在前，乃自刺也。」盜遂引服。後遷昭義軍節度使。潞州破，被執，俄有拜於前者，皆沙河舊民也，密護德淵，由是得免。

李復亨。河津人。爲南和令。盜割民家牛耳，復亨盡召里中人至，使牛家牽牛徧過之，至一人前，牛忽驚躍，詰之，乃引服。

賈益。通州人。大安初，安國軍節度使。調民夫修完城郭，爲戰守備，按察司止之，不聽，曰：「治城，守臣事也，按察何預。」既而兵至，以有備解去。

元

劉肅。洛水人。世祖居潛邸，以爲邢州安撫使。興鐵冶，行楮幣，公私賴焉。

趙良弼。女直人。元初立邢州安撫司，擢良弼爲幕長。邢久不得良吏，且當要衝，使者旁午，民多流移。良弼區畫有方，事或掣肘，則請諸藩邸，再閱歲〔一六〕，凡六往反，所請無不從。托克托以斷事官鎮邢，其屬橫甚，動相阻撓。時帝征雲南，良弼馳驛白其事，遂黜托克托，罷其屬，郡以大治。「托克托」，改見正定府名宦。

謝仲温。豐縣人〔一七〕。至元九年授順德路總管。時方用兵江淮，有寡婦鬻子以償轉輸之直，仲温出俸金贖還之。

袁裕。洛陽人。至元十九年，爲順德路總管。郡有鐵冶提舉張鑑，無子，買妾，其妻妬而殺之。裕捕其妻，訊之服辜。裕執法平允，而疾惡不少貸如此。

王結。定興人。仁宗時，爲順德路總管。教民務農興學，孝親弟長、戢姦禁暴，悉登於書，俾朝夕閱習之。屬邑鉅鹿沙河有唐魏徵、宋璟墓，乃祀二公於學，表其言論風旨，以勵多士。

尹泰。唐山人。至正中，爲南和縣尹。涖政公勤，大興水利，建閘濬渠，溉田數百頃。民感其惠，立石頌之。

明

馬旭。宣德中，知内丘縣；九年，奏最當遷，民乞留，詔加秩還任。

丘陵。蘭陽人。宣德中，知平鄉縣。創立城垣，築隄四十里，民得播種，無水患，號「丘公隄」。山西饑民流入境，拊循之，授以閒田，歸者千餘户。鄉有十二社，各立社學，絃誦之聲達巷陌。民尸祝之。

曲廉。蓬萊人。正統間，知鉅鹿縣。初，縣東濱漳水，田被漂没，民多流亡。廉先決其流，次築隄障之，水既涸，躬率墾闢，樹以桑棗。歲既豐稔，復勸民出贏餘捐糴本，斂散以時，儲粟至萬石。立社學，定三等科差，流亡者皆歸業。在職九年，獄無重囚，

張繼。鳳翔人。成化間，知順德府。境内河渠，地高水下，灌溉不及。繼爲製水車運水，日溉田數百頃，比穫常數倍。集桑椹數十石，發各縣給民種之，歲增桑數百株，蠶繅以興。有盜劫民財，巡捕官執疑似者拷掠，皆誣服當斬。繼按問疑似，悉釋之，已而果獲真盜。

潘中矩。沔池人。正德間，知廣宗縣。流賊入境，中矩率吏民固守，都御史寧杲督兵至索賄，中矩曰：「知縣貧，安所得錢。」杲大怒，故留老弱兵三百人於縣。中矩處置得宜，兵皆畏服，民亦不擾。丁憂歸，百姓泣送遮道。後杲敗，按驗郡邑，獨廣宗無餽遺，士論美之。

韓璧。陽曲人。正德中，知内丘縣。時李逵子宗智結姻江彬，恣横莫敢詰。璧下車，即按殺之。彬矯旨逮繫錦衣獄，會彬服誅，璧復職。

李攀龍。歷城人。嘉靖中，知順德府。部内有種馬場，監司增課至二千七百，攀龍請悉蠲之。又請減歲輸工部額徵，增永年兩縣驛遞，以寬民力。

何岑。扶溝人。嘉靖中，知邢臺縣。邢臺多瘠磽，而賦税與他邑沃壤等，岑請於上官，得歲減徵銀九百餘兩，罷冗役錢數百千。邢故不知種稻，岑就百泉諸水灌田數百頃，遂爲永利。又覈得欺隱田六百餘畝爲學田，以贍貧士。及遷去，百姓泣留遮道。

朱誥。南陽人。萬曆中，知邢臺縣。修隄閘，勸農樹桑，躬履深山窮谷，曲爲經晝，邢人思之不忘。

焦源溥。三原人。萬曆中，知沙河縣。會歲歉，賑濟有方，請蠲歲額五百兩。時親藩發粟賑饑，詔下各邑自運，他邑皆役大姓有車牛者，源溥曰：「欲救民而先擾民，吾不忍也。」遣吏以官錢雇運，吏胥舞文，即一錢必置之法，至窮巷細民，每温言接之。調濬縣去，民皆流涕，有送至數百里外者。

吉孔嘉。洋縣人。崇禎中，知順德府。十五年，大兵臨城，悉力捍禦，力屈城破，與妻張氏、長子惠迪、次子婦王氏並死焉，贈太僕寺少卿。

唐一中。全州人。崇禎中，爲鉅鹿縣教諭。城陷死之。

杜前。鹿邑人。崇禎中，知平鄉縣。城破，前懷印至庫中，自縊死。教諭潘希朗、訓導李愈芬、閻慎行皆同時殉節死。

本朝

連登。奉天人。順治四年，知順德府。歲饑，力爲賑救，全活甚多。有猾吏以練習久任事，登一日三發其姦，吏愓息改行。擢山東登州兵備道，有瞽者數十當轍卧，曰：「吾輩不能覩公顏色，請撫摩以志去思。」再拜痛哭而去，其感人如此。

錢國琦。奉天人。順治四年，知廣宗縣。六年，土寇攻城，國琦率弟國璞等奮擊，賊敗走，邑賴以全。方戰時，國琦中流矢，手拔鏃裹創復戰，血縷縷漬衣甲，民爲立碑紀事。

朱玉。漳浦人。爲平鄉典史，驍勇善騎射。順治六年，土寇大至，玉以公事還自永平，聞警，不入私廨，坐城上待旦，出禦之，戰於王固村，頗有斬獲，馬蹶被害。邑人爲建「烈士亭」以祀。

王原祁。太倉人。康熙中，知任縣。邑當大陸澤下流，遇水潦，田俱浸没，原祁力請永免田賦三千餘金，民德之。

人物

漢

路温舒。鉅鹿人。父爲里監門，使温舒牧羊，温舒取澤中蒲，截以爲牒，編用寫書。稍習善，求爲獄小吏，因學律令，縣中疑事皆問焉。又受春秋，通大義，舉孝廉，爲山邑丞。宣帝即位，温舒上書，言宜尚德緩刑。帝善其言，遷廣陽私府長。内史舉温舒文學高第。歷臨淮太守，治有異跡，卒於官。

侯芭。鉅鹿人。揚雄弟子，受太玄、法言。雄卒爲起墳，心喪三年。

張禹。襄國人。性篤厚節儉。父歆，爲汲令，卒，吏人賻送數百萬，悉無所受。又以田宅推與伯父，身自寄止。舉孝廉，拜揚州刺史。親録囚徒，多所明舉。遷下邳相，引蒲陽陂水溉田，民用贍給。入爲大司農，拜太尉。延平元年，遷太傅。鄧太后以殤帝初育，詔禹舍宫中，五日一歸府。朝見〔一八〕，特贊，與三公絶席。永初元年，以定策功封安鄉侯。

田豐。鉅鹿人。天姿瓌傑，權畧多奇，爲袁紹别駕，勸紹迎天子，紹不納。後紹敗於官渡，軍將皆拊膺而泣曰：「向令田豐在此，不至於是。」紹還謂左右曰：「不用田豐言，果爲所笑。」殺之。

三國　魏

張臶。鉅鹿人。少遊太學，學兼内外，後歸鄉里。袁紹前後辟命，不應，移居上黨。并州牧高幹表除樂平令，不就，徙遁常山〔一九〕，門徒數百人，遷居任縣。太祖爲丞相，辟，不詣。卒，時年一百五歲。

南北朝　魏

游雅。任縣人。太武時，與高允等俱知名，徵拜中書博士，歷散騎侍郎，進侯。詔定律制。出爲東雍州刺史。廉白有惠政，徵爲秘書監。高允作徵士頌，有云：「孔稱游夏，漢美淵雲，遐哉伯度〔二〇〕，出類離羣。」其推服如此。

游明根。雅從祖弟。年十六，於白渠坎爲窟，讀書積歲。太武擢爲中書學生。孝文時，累遷儀曹尚書、大鴻臚卿，參定律令，屢進讜言。以年老表求致仕，帝行禮辟雍，以明根爲五更。卒，謚靖侯。明根歷官内外五十餘年，處身仁和，接物禮讓，時論貴之。

游肇。明根子。孝文初，累遷太子中庶子。以父老，求解官扶侍，出爲本州南安王鎮北府長史，帶魏郡太守，甚有聲績。歷太府、廷尉卿，兼御史中尉。明帝即位，再遷尚書右僕射，元乂廢靈太后，將害清河王懌，集公卿會議，莫不失色順旨，肇獨抗言不可，終不下署。卒，謚文貞。肇外寬内剛，耽好經傳，手不釋書。善周易、毛詩，尤精三禮，爲易集解，撰冠婚禮儀、白圭論，詩賦表啓凡七十五篇。謙廉不競，清平寡欲。爲廷尉時，宣武嘗敕肇有所降恕，執不從，曰：「陛下自能署之，豈可令臣曲筆也。」其執意如此。

隋

游元。明根裔孫。仕周，歷壽春令、譙州司馬，俱有能名。煬帝時，累遷尚書度支郎。宇文述等九軍敗績，帝令元按其獄。述時貴幸，遣家僮請屬，元不見。他日，按述愈急，仍以屬請狀劾之，帝嘉其公正。奉使黎陽督運，楊玄感作逆，元以正義責之，玄感怒，囚之，脅以兵，竟不屈，遇害。贈銀青光禄大夫。

李孝貞。柏仁人。好學，能屬文。齊時，射策甲科，歷事周、隋間。以美詞令，與内史參典文翰，所著文集二十卷。

唐

李元愷。邢州人。博學，善天步律曆，性恭順，未嘗敢語人。宋璟嘗師之，既當國，厚遺以束帛，將薦之朝，拒不答。洺州刺史元行沖邀致之，問經義畢，贈衣服，辭曰：「吾軀不可服新麗，懼不稱以速咎也。」卒，年八十餘。

宋璟。南和人。耿介有大節，好學，工文詞，舉進士中第。累遷鳳閣舍人。居官鯁正。張易之誣魏元忠，引張説爲驗，璟教説以實對，元忠乃免。復遷左臺御史中丞，有飛書告張昌宗者，璟固請下吏明國法，數忤太后旨。神龍初，爲黄門侍郎。武三思怙寵，數有請於璟。璟厲聲答曰：「今復子明辟，王宜以侯就第〔二〕，安得尚干朝政，獨不見産、禄事乎？」帝怒。韋月將告三思事，已詔誅死，璟請付獄按而後刑，帝益怒，璟曰：「請先誅臣，不然，死不奉詔。」乃流月將嶺南。睿宗立，拜吏部尚書，銓總平允。開元初，累封廣平郡公。與姚崇同心輔政，以尚書右丞相致仕。卒，贈太尉，謚文貞。璟風度凝遠，人莫涯其量。爲宰相，務清政刑，使官人皆任職。唐世輔弼，前稱房、杜，後稱姚、宋云。

李嗣真。柏仁人。多藝數，中明經。爲始平令，風化大行。擢太常丞，知五禮儀。太常缺黄鐘，嗣真居崇業里，疑土中有之。道逢一車，鐸聲甚厲，嗣真曰：「此宫聲也。」市以歸，振於空地，若有應之者，掘之得鐘，衆樂遂和。永昌中，以右御史中丞知大夫事。來俊臣獄方熾，嗣真上書諫，不納。俊臣誣以反，流藤州，久得還。卒，贈濟州刺史，謚曰昭。武后嘗問嗣真儲貳事，對曰：「程嬰、杵臼存趙氏孤，古人嘉之。」后悟，中宗乃安。

李懷遠。柏仁人。少孤嗜學。宗人欲藉以高蔭，懷遠辭，退而曰：「因人之勢，高士恥之。」擢四科第，累官至同中書門下三品，爵趙郡公。懷遠久貴，益素約，不治居室。嘗乘款段馬，僕射豆盧欽望謂曰：「公貴顯，顧當然耶？」懷遠曰：「吾幸其馴，不願它駿。」卒，贈侍中，謚曰成。子景伯，景龍中爲諫議大夫。中宗宴侍臣，酒酣，命各爲迴波辭，或以謟言媚上，景伯獨爲箴規語，帝不悅。中書令蕭至忠曰：「真諫官也。」終散騎常侍〔二二〕。

魏傳弓。鉅鹿人。爲監察御史，嫉中人輔信義，欲劾奏其姦。竇懷貞曰：「是安樂主所信任者，奈何繩之。」傳弓曰：「王綱壞矣，正坐此屬，殺之即死無悔。」終司農丞。

宋

陳薦。沙河人。舉進士。從韓琦定州、河東幕府。性木彊簡澹，琦每語人曰：「廉於進，勇於退，嫌疑間毫髮不處，與人交久而不變，如彥升者，無幾也。」神宗時，累遷資政殿學士。屢求退，以爲本州，命兩省燕餞資善堂。擢其子厚御史臺主簿。卒，贈光禄大夫。

王覺。邢州人。六世同居，真宗時旌表，仍蠲其課調。

元

劉秉忠。邢州人。生而風骨秀異，志氣英爽不羈。八歲入學，日誦數千百言〔二三〕。年十七，爲邢臺節度使府令史，以養其親。尋棄去，隱武安山中爲僧。後遊雲中。世祖在潛邸，海雲禪師被召，過雲中，聞其博學多材藝，邀與俱行。既入見，應對稱旨，遂留藩邸。上書數千百言，皆天下大計。世祖征大理、雲南及伐宋，每以天地好生，力贊於上，所到全活不可勝計。至元初，拜太保，參領中書省事。既受命，以天下爲己任，知無不言，每因顧問，輒推薦人物。他如頒章服、舉朝儀、給俸禄、定官制，皆自秉忠發之，爲一代成憲。卒，贈太師，謚文正。仁宗時，進封常山王。

劉秉恕。秉忠弟。好讀書，年弱冠，受易於劉肅。與兄同事世祖，擢禮部侍郎、邢州安撫使〔二四〕，歷彰德等五路總管。所至有惠政，召除禮部尚書，終平陽路總管。

張文謙。沙河人。元初以劉秉忠薦，召對稱旨，命掌王府書記。邢州當要衝，初分二千户爲勳臣食邑，歲遣人監領，徵求百出，民弗堪命。文謙言之世祖，擇人往治，洗滌蠹敝，革去貪暴，流民復歸，不期月，户增十倍。世祖征大理，欲屠其城，文謙力諫止之。中統元年，立中書省，以文謙爲左丞，建立綱紀，講明利病，以安國便民爲務。詔令一出，天下有太平之望。累官樞密副使。卒，贈太師，追封魏國公，謚忠宣〔二五〕。

郭守敬。邢臺人。大父榮，通五經，精於算數、水利，使守敬從劉秉忠學。中統初，張文謙薦之世祖，面陳水利六事，授銀符，副河渠使。興復西夏唐來、漢延諸渠，灌田九萬餘頃。至元十二年，造授時曆，使掌測驗推步，首言：「曆本在於測驗，而測驗莫先儀表。」乃盡考舊儀之失，創作簡儀、候極儀、玲瓏儀、仰儀諸式。拜太史令，比次曆書數百卷，表上之。尋遣相度灤河，又陳水利十一事。渠成，漕極便，賜名通惠河。再遷至昭文館大學士。卒，年八十有六。成宗嘗謂宰相曰〔二六〕：「郭太史神人也。」

馬亨。南和人。少孤，事母孝。太宗時，河北東西路使王晉辟爲掾，以才幹稱，歷擢轉運司副使。世祖在潛邸，以劉秉忠薦，召見，甚器之，授京兆榷課所長官。凡五年，民安而課裕。中統初，授都轉運使，上言便宜六事。至元初，進户部尚書，爲兀里馬所誣，免官。尋還京師。卒。「兀里馬」舊作「阿里馬」，今改正。

孔璠。聖裔。父天祐，遷唐山，爲唐山人。璠識度不凡。至元中，授陝西規措河渠副使，鑿鄭國渠，溉田四千五百頃。遷徽州路總管府判官，讞獄平恕，民自不冤。

董朴。順德人。皇慶初，以翰林院修撰致仕。朴學自六經及孔、孟微言，與凡先儒所以開端闡幽者，莫不研極其旨而會通之。事親孝，與人交，智愚貴賤，一待以誠，或有犯之者，夷然不與校。家近龍岡，學者稱龍岡先生云。

明

侯泰。南和人。洪武末，由禮部員外郎超擢刑部侍郎。建文中，進尚書，出督軍餉。京師失守，泰被執不屈死。

劉準。唐山人。邑諸生。父喪廬墓，野燒將及，準悲號而火止。正統中旌表。

劉鏞。邢臺人。邑諸生。父爲五臺訓導，與母卒於官，鏞扶櫬歸葬，廬於墓，種瓜其旁，風雹不爲害。正統中旌表。

崔恭。廣宗人。正統進士。除户部主事，督餉延綏，有能聲。以楊溥薦，擢知萊州府。居府六年，萊人以比漢楊震。遷湖廣右布政使，調江西。天順初，巡撫蘇、松諸府，所興革皆便民。浚儀真漕河，治吴淞江，修曹家港、蒲匯塘、新涇諸水利。進吏部侍郎，拜尚書。恭廉靖自守，不爲矯飾，在吏部尤知大體，能愛人材，一時善類歸心焉。卒，贈太子少保，謚莊敏。

朱裳。沙河人。正德進士，授御史。按山東，前御史王相忤鎮守中官黎鑑，被誣下獄。裳抗疏直相，劾鑑八罪。帝還自宣府，裳請下罪己詔，以收人心。不報。及幸南都久，裳又極陳小人熒惑之害，出爲鞏昌知府。嘉靖初，以治行卓異，遷浙江副使。累官右副都御史總理河道，數條上方畧。裳有學行，攻苦食淡，二十年如一日。隆慶中，追贈户部侍郎，謚端簡。

趙孔昭。邢臺人。嘉靖進士。授鄢陵知縣。以治行徵爲御史，有直聲，出按浙江。尚書趙文華討陶宅倭敗績，孔昭劾之。文華欲委罪蘇松巡撫曹邦輔，孔昭力爭乃止。隆慶時，督漕運，會淮徐大水，力請蠲賑，招商平糶，全活甚衆。終兵部侍郎。孔昭廉毅自持，遇權倖不易操，故所至皆克樹立。

王本固。邢臺人。嘉靖進士。授御史，按浙江。賊民汪直導倭爲亂，胡宗憲誘致欲官之，本固執不可，卒置重辟。宗憲倚嚴嵩，勢傾中外，本固勘事輒具實，大忤嵩意。復出爲陝西副使，歷進南京吏部尚書。張居正屬去所惡言官二人，本固不從，遂歸。

本固性强毅，屢不合於柄臣，時服其鯁正云。

趙文炳。任縣人。隆慶舉人。由知縣擢御史，出按湖廣，奏緩木綱之役。再按山西，首疏劾中使殃民八事。有姦民倚藩爲虐，賄奪官地，有司莫敢問，文炳下檄親丈之，積弊一清。

陳登雲。唐山人。萬曆進士。授御史，按山西，會大祲，疏請賑濟。後按河南，毁淫祠，立常平倉，爲備荒計。是歲薦饑，登雲以民所食鴈糞，函封具疏以聞。帝發帑金十萬賑之，民賴以全。

傅梅。邢臺人。萬曆舉人。由登封知縣，入爲刑部主事。張差梃擊之獄，司官胡士相等受賄，將飾以瘋癲，梅力争之，獄乃成。及差棄市，猶慮其潛易，請自監刑。自是羣小疾之，以京察奪官。崇禎中，由台州知府里居。十五年，大兵至，與知府吉孔嘉、在籍中書舍人孟魯鉢，皆殉節。贈梅太常卿，魯鉢工部主事。本朝乾隆四十一年並賜謚節愍。

趙智。鉅鹿人。與弟慧並有孝行。盗至，將殺其母，智與慧争代死，賊俱釋之。

張夢齡。平鄉人。崇禎舉人。授任丘教諭。戊寅，城陷，不屈死之。本朝乾隆四十一年予祀忠義祠。

趙⿰忄遂。唐山人。明末以廕授商河知縣，後棄官歸。父母喪俱廬墓。本朝順治年間旌。

本朝

智懷行。内丘人。邑諸生。少家貧，爲傭以養父母，父病思甘泉，時久旱，泉竭，禱於家之古井，清泉迸溢。嫂没，遺子在襁褓，懷行令妻舍己子乳之，己子尋死，無怨尤。明末，流寇薄城下，懷行以母兄皆在外，縋城出求之，爲賊所執，具以情告，賊義而釋之。既得母，負以入城，復往尋兄。賊方縛兄樹上，懷行伏地請代，並得釋。方遇賊時，賊帥問城中强弱，懷行盛言兵衆糧多，賊信之，竟解圍去。及親喪，廬墓三年。順治十七年旌。

夏謨。平鄉人。順治初，授崇仁知縣。值寇亂，謨往撫諭，爲賊所拘，脅降不屈，死之。

欒養重。任縣人。天性淳樸。順治初，父爲賊所得，將殺之，養重請以身代，賊憐其孝得釋。將析産，盡讓之伯仲，一無所受。年逾耄耋，未嘗入城市。

蘇奇英。廣宗人。明末，大饑，父客死山東鉅野，奇英求之不得，晝夜號泣，聲徹原野。忽遇一老人，指其處，齧指瀝血驗之，果是，遂負骨歸葬。又同縣劉漢儒，甫周歲，父游於外，流離至遼海，再娶梁氏生子，不通音問者二十年，漢儒後訪至，父母已俱没，弟爲豪家奴，乃哀求主人，贖其弟，徒步千里，負骸骨歸，與己母合葬。

姬登第。邢臺人。爲廣武營遊擊。雍正二年，進勦棹子山逆番，死於陣，事聞，議卹如例。

劉典生。南和人。事親以孝聞，父病二十餘年，每有所嗜，輒負薪入市，雖數十里外，無不求之，必得而後歸。值河冰堅凍，父思食魚，典生即持網河濱，叩頭默禱，冰忽解，竟獲巨鱗。乾隆七年旌。

張奇。邢臺人。嘉慶二年，由把總隨征川匪，擊賊於達州之大神山，力竭死之。事聞議卹，廕雲騎尉。

列女

南北朝　魏

盧元禮妻李氏。柏仁人。趙郡太守李叔胤女，范陽盧元禮之妻。性至孝，父卒，號慟幾絶者數四。及元禮亡，氏追亡撫存，禮無違者，事姑以孝敬著。母崔氏終於洛陽，凶問至，舉聲慟絶，一宿乃蘇，往奔喪，攀櫬號踊，遂卒。有司以狀聞，詔追號貞孝女宗，易其里爲孝德里。

明

張氏女。名端莊。邢臺人。正德六年，流賊至其家，女奔投井中，賊出之，逼令易衣，女大罵被殺。事聞旌表。

王氏女。名玉梅。沙河人。諸生王得時女。正德六年，流賊至，得時多力，奪賊刀傷二賊。賊怒，復率衆焚其家，時女年十七，賊驅之行，女且行且罵，賊殺之，三斷其屍。事聞旌表。

吕堂妻范氏。南和人。正德六年，流賊至，掠婦女數十於冀家屯，氏在掠中，泣告同執者曰：「今日之事，有死而已。」至賊營，賊衆環坐，命氏行酒，不應，則命引出斬之，氏度不可脱，以頭觸賊。賊怒，剉殺之。同邑師萬妻牛氏，亦爲賊所掠，罵賊被殺。

陳氏女。鉅鹿人。許聘諸生王弼。正德七年，流賊至，女被擄，乘間逃匿，賊復索得之，厲聲罵賊，遂遇害，時年十七。

李氏女。鉅鹿人。年十六，許聘朱秉衡，未嫁爲亂兵所執，逼之，大罵不從，支解而死。

陶恒妻楊氏。廣宗人。正德七年，流賊劫掠，匿草莽中，賊搜得欲污之，氏堅拒賊，縛於樹，露刃脅之，終不屈，遂被害。

劉氏女。任縣人。字諸生李日茂。未嫁夫死，女年十七，往視斂成服，痛哭幾絶，既歸，取服飾焚之，自縊而死。

張彦方妻趙氏。唐山人。彦方病卒，氏號泣終日，扃户自縊。

本朝

樊時薪妻張氏。邢臺人。年二十五而寡，守節至九十九歲。順治初旌。

吴氏女。邢臺人。年十六未字，鄰人王謨伺其父出，持刀逼之，女駡詈不從，被殺。

陳振兹妻王氏。邢臺人。年十四，歸振兹方三日，土寇掠其家逼之，氏以甎擊破賊首，遂遇害。同縣段其妻趙氏，值兵變，夫爲所害，氏駡賊不已，亦見殺。

魏國輔妻祝氏。邢臺人。年十六，夫亡，誓以身殉，舅姑百計防之，遂不食死。同縣王國柱妻張氏，夫亡，痛哭三日，自經柩側。

張奉先女。廣宗人。奉先夫婦相繼殁，遺二子俱幼穉，女晝夜勤織紝，鞠兩弟成立，遂終身不字，鄉人稱其貞孝。

張三近妻王氏。内丘人。年十八，夫亡，孝事舅姑。姑病癰，勢甚危，吮之遂愈。康熙年間旌。

范成維妻池氏。邢臺人。爲强暴所逼，投井死。雍正年間旌。

史有邦妻譚氏。廣宗人。夫他出，氏往田中，村豪龎某逼之，脅以刃，氏怒駡被殺。同縣烈婦李喬龍妻裴氏，夫出獨居，鄰人張德入室戲之，愧忿自縊。均雍正年間旌。

張琰女巧兒〔二七〕。邢臺人。年十四，爲毛氏養媳，夫欲苟合，堅拒被殺死。同縣節婦：袁進堂妻張氏，李素妻康氏，化時舒妻郭氏，俎貴鄉妻張氏，蘇宗元妻黄氏，吴成名妻孫氏，王世擢妻景氏，張胤昌妻劉氏，化永泰妻張氏，劉玉海妻沈氏，賈志貴妻苗氏，達恒妻金氏，李文鉢妻袁氏，邵胤修妻胡氏，傅鳴皋妻張氏，陳喜方妻孔氏，張壬妻李氏，劉懷法妻鄭氏。烈婦：陳闞喜妻惠氏，李安行妻董氏。均乾隆年間旌。

張四子妻侯氏。沙河人。遇暴不污，羞忿自盡。同縣烈婦：李有福妻董氏，張儲貴妻元氏〔二八〕，孔卯英妻張氏。節婦：姚紹堯妾杜氏〔二九〕，尚毓榮妻趙氏，張所裕妻劉氏，張天名妻李氏。均乾隆年間旌。

王京保妻郭氏。南和人。有惡少欲污之，氏堅拒不從，被殺。同縣節婦：温守庫妻許氏，侯嵩妻王氏，郭金環妻張氏，張汝琈妻李氏，韓瑝妻趙氏，侯德妻楊氏，徐煜妻趙氏，要三兒妻王氏，鄭伉妻路氏，李化龍妻刁氏，孫勇倫妻竇氏，鞏牲妻李氏，師延訓妻王氏，王桂妻張氏，孫光煜繼妻張氏、妾李氏，魏炎妻要氏〔三〇〕，鄭緯妻師氏，要廷璋繼妻樊氏，王洽妻丁氏，閻國棟妻丁氏，閻襄妻彭氏，劉文斌妻蕭氏，王洗妻黄氏，劉文相妻趙氏。均乾隆年間旌。

竇保柱妻苗氏。平鄉人。力拒强暴，投井死。同縣節婦：李含白妻陳氏，李珩妻孫氏，徐思忠妻李氏，龐俊英妻馬氏，王起元妻李氏。烈女：王正姐。均乾隆年間旌。

王奇富女二姐。鉅鹿人。守正不污，羞忿自縊。同縣烈婦：李明詩妻吴氏。節婦：姚思鳳妻李氏，高進妻邢氏，張麒麟妻郭氏，尼金錫妻于氏。烈女：韓氏女。均乾隆年間旌。

王士曾女二姐。廣宗人。守正捐軀。同縣烈婦：孫學文妻周氏，馮某妻趙氏。節婦：梁俊儒妻張氏。均乾隆年間旌。

段志學妻秦氏。唐山人。遇暴不污，羞忿自盡。同縣烈婦：王忠子妻李氏。節婦：李兆麟妻萬氏，趙崑璧妻冀氏，李夢麟妻孟氏，張玉名妻喬氏，李寬妻王氏，趙希鼎妻段氏，李德儉妻郭氏，劉知臨妻孟氏，趙瑄妻喬氏。均乾隆年間旌。

閻邦重妻董氏。内丘人。夫亡守節。同縣節婦：段行餘妻杜氏，王志臣妻杜氏，王三桂妻鄭氏，王玉樹妻劉氏〔三一〕，喬松濤妻翟氏，喬鉢繼妻趙氏，劉化川妻劉氏，冀錚妻韓氏，和祥妻杜氏，王令樹妻吕氏，趙有定妻馬氏。均乾隆年間旌。

孫弘妻賈氏。任縣人。守正捐軀。同縣烈婦：宋來聘妻梁氏，孫洪妻賈氏。節婦：王肫妻楊氏，李準銘妻孟氏，郭有德妻葛氏，王寬妻張氏，謝安仁妻賈氏，孟坤妻劉氏，孫雲泰妻霍氏，李紹曾妻謝氏，苗堦妻孟氏，張兆田妻李氏，孟貞惠妻王氏，孔衍祉妻陳氏，檀兆祥妻盧氏，霍配妻吉氏，孟洪範妻馬氏，曹復曾妻孫氏，王國模妻賈氏，王國楫妻李氏，王修德妻穆氏，陳明達妻屈氏，侯喜聚妻賀氏，陳聯魁妻張氏，謝勤妻趙氏，張榮光妻孫氏，孫貴妻王氏，馬克恭妻賈氏，左良能妻張氏，司元愷妻梁氏，王如經妻司氏，王子恭妻鐔氏，葛振功妻周氏，霍繼先妻李氏。均乾隆年間旌。

李某妻李氏。沙河人。守正捐軀。同縣節婦：孫成勳妻吴氏，張滿垛妻李氏。均嘉慶年間旌。

王焕新妻張氏。南和人。守正捐軀。嘉慶年間旌。

王沖霄妻胡氏。平鄉人。夫亡守節。同縣烈婦：柴某妻王氏。均嘉慶年間旌。

張富興妻王氏。廣宗人。遇暴不污，抱忿自縊。同縣節婦：趙士元妻吕氏。均嘉慶年間旌。

趙焕然妻楊氏。任縣人。守正捐軀。同縣烈婦：王根柱妻王氏。節婦：魏鍾靈妻苗氏，王甡妻孫氏。均嘉慶年間旌。

土産

絲布。唐書地理志：「邢州土貢。」寰宇記：「邢州産綿。」宋史地理志：「邢州貢絹。」

瓷器。唐書地理志：「邢州土貢。」寰宇記：「邢州産白瓷器。」宋史地理志：「邢州貢白瓷琖。」

刀。唐書地理志：「邢州土貢。」

文石。唐書地理志：「邢州土貢。」金史地理志：「邢州産玄精石。」

鐵。通志：「出沙河縣。」

梨。内丘縣産。宋范成大有内丘梨園詩。按宋志與九域志：「邢州土貢解玉砂。」謹附記。

校勘記

〔一〕自黄榆南爲馬嶺口清風嶺口　乾隆志卷二〇順德府（以下同卷簡稱乾隆志）關隘同。按同治畿輔通志卷六九關隘三：「黄榆關，在邢臺縣西北一百五十里黄榆嶺上。」又載：「馬嶺口，在邢臺縣西北一百六十里，南至黄榆嶺三十里。」「清風嶺口，在縣西一百六十五里。」「夫子崖口，在縣西南一百六十八里，南至莊兒角嶺口五里。」「莊兒角嶺口，在縣西南一百六十六里，南至貨郎神嶺口八里。」同書卷五一疆域圖説六：邢臺縣西北馬嶺口南爲黄榆嶺口，又南爲清風嶺口，再南爲夫子巖口、莊兒角口、貨郎神口，與志文記載相合，則黄榆嶺之北爲馬嶺口，此云「南」爲「北」字之誤，黄榆嶺之南爲清風嶺口，此「清風嶺口」上當脱「南爲」二字。

〔二〕又東二里有永立閘　「永立閘」，乾隆志隄堰同。按乾隆順德府志卷二山川：關家灣閘「又東二里爲東汪閘，即永利閘」。同治畿輔通志卷八七隄閘二亦作「永利閘」，此「立」爲「利」字之誤。

〔三〕又東五里有大賢閘　「五」，原作「一」，據乾隆志及乾隆順德府志卷二山川、同治畿輔通志卷八七隄閘二改。

〔四〕翟村吴家莊二閘　原作「翟家莊二閘」，乾隆志作「翟村吴莊二閘」。按本志上文載：小汪閘「東一里有翟村閘」，又載：水磨閘「東四里有吴家莊閘」，乾隆順德府志卷二山川及同治畿輔通志卷八七隄閘二皆同，此「翟」下脱「村」、「家莊」上脱「吴」字，據補。

〔五〕在南和縣西二十里接邢臺縣界亦名均利閘　乾隆志同。按同治畿輔通志卷八七隄閘二：「在南和縣西十二里賓村西北者爲均利閘，亦名永賴閘。」與此有異，未知孰是。

〔六〕邢臺縣有邢侯夫人冢　乾隆志陵墓同。按太平寰宇記卷五九邢州治龍岡縣有邢侯夫人冢。隋唐名龍岡，至北宋宣和二年改名邢臺，寰宇記所載政區建置爲宋初太平興國後期之制，縣乃名龍岡，此云「邢臺」，誤。

〔七〕史記云　「史記」，乾隆志及太平寰宇記卷五九作「北史」。

〔八〕在平鄉縣東北二十里「十」，原脱，乾隆志同，據太平寰宇記卷五九補。同治畿輔通志卷一七二陵墓八引平鄉縣志：「在縣東北二十里官莊。」按唐宋至清平鄉縣即今平鄉縣（乞村）西南之平鄉，清平鄉縣志所載方位里距，與寰宇記正合。

〔九〕祀烈女王玉梅「玉」，原作「王」，據乾隆志祠廟及同治畿輔通志卷一七六祠宇二改。本卷列女：明王氏女，「名玉梅」。可資佐證。

〔一〇〕漳水逕銅馬祠東「東」，原脱，據乾隆志及水經濁漳水注補。

〔一一〕河南人「南」，原作「内」，乾隆志名宦同，據舊唐書卷一九〇文苑下、新唐書卷一九四卓行元德秀傳改。

〔一二〕徙漳水自州東二十里「徙」，原作「徒」，據乾隆志及新唐書卷三九地理志二改。又「州東二十里」，乾隆志同，新唐書地理志「里」下有「出」字，此蓋脱。

〔一三〕爲唐山令　乾隆志同。按新唐書卷一〇五李義琰傳：「子綰，爲柏人令。」按北齊改柏人爲柏仁，唐天寶元年改爲堯山，金改爲唐山，至清因之，此以清唐山縣名當唐天寶以前柏仁縣，實誤。

〔一四〕盜張洪霸相聚界上「洪」，原作「宏」，乾隆志同，據宋史卷二七八王德用傳改。

〔一五〕興中府人「府」，原作「州」，乾隆志同，據金史卷二四地理志上改。

〔一六〕再閲歲「再」，原脱，據乾隆志及元史卷一五九趙良弼傳補。

〔一七〕豐縣人　乾隆志同。按金史卷二四地理志上、元史卷五八地理志一皆載豐州，無「豐縣」，此「縣」蓋爲「州」字之誤。

〔一八〕朝見　乾隆志人物同。按後漢書卷四四張禹列傳：「每朝見，特贊。」此蓋脱「每」字。

〔一九〕徙遁常山「遁」，原作「適」，據乾隆志及三國志卷一一魏書張臶傳改。

〔二〇〕遐者伯度「遐」，乾隆志同，魏書卷四八高允傳作「越」。

〔二一〕王宜以侯就第「王」，原作「正」，乾隆志同，據舊唐書卷九六、新唐書卷一二四宋璟傳改。

〔二二〕終散騎常侍　乾隆志同。按舊唐書卷九〇、新唐書卷一一六李景伯傳皆作「終右散騎常侍」，此脱「右」字。

〔二三〕日誦數千百言　乾隆志同。按元史卷一五七劉秉忠傳：「日誦數百言。」此「千」字衍。

〔二四〕邢州安撫使　乾隆志同。按元史卷一五七劉秉恕傳：「擢禮部侍郎、邢州安撫副使。」此脱「副」字。

〔二五〕謚忠宣　「忠」，原作「文」，乾隆志同，據元史卷一五七張文謙傳改。

〔二六〕成宗嘗謂宰相曰　「成」，原作「仁」，乾隆志同，據元史卷一六四郭守敬傳改。

〔二七〕張琰女巧兒　「琰」，原作「炎」，據乾隆志列女改。按，本志避清仁宗諱改字。「巧兒」，原脱，據乾隆志及上述二書補。

〔二八〕張儲貴妻元氏　「儲」，原作「緒」，據乾隆志及同治畿輔通志卷二七一列女二七改。

〔二九〕姚紹堯妾杜氏　「紹堯」原作「兆先」，「妾」原作「妻」，並據乾隆志及同治畿輔通志卷二七一列女二七改。乾隆順德府志卷一三列女作「紹克」。

〔三〇〕魏炎妻要氏　「炎」，乾隆志作「琰」，同治畿輔通志卷二七一列女二七作「焱」。

〔三一〕王玉樹妻劉氏　「劉」，原作「某」，據乾隆志及同治畿輔通志卷二七一列女二七改。

廣平府圖

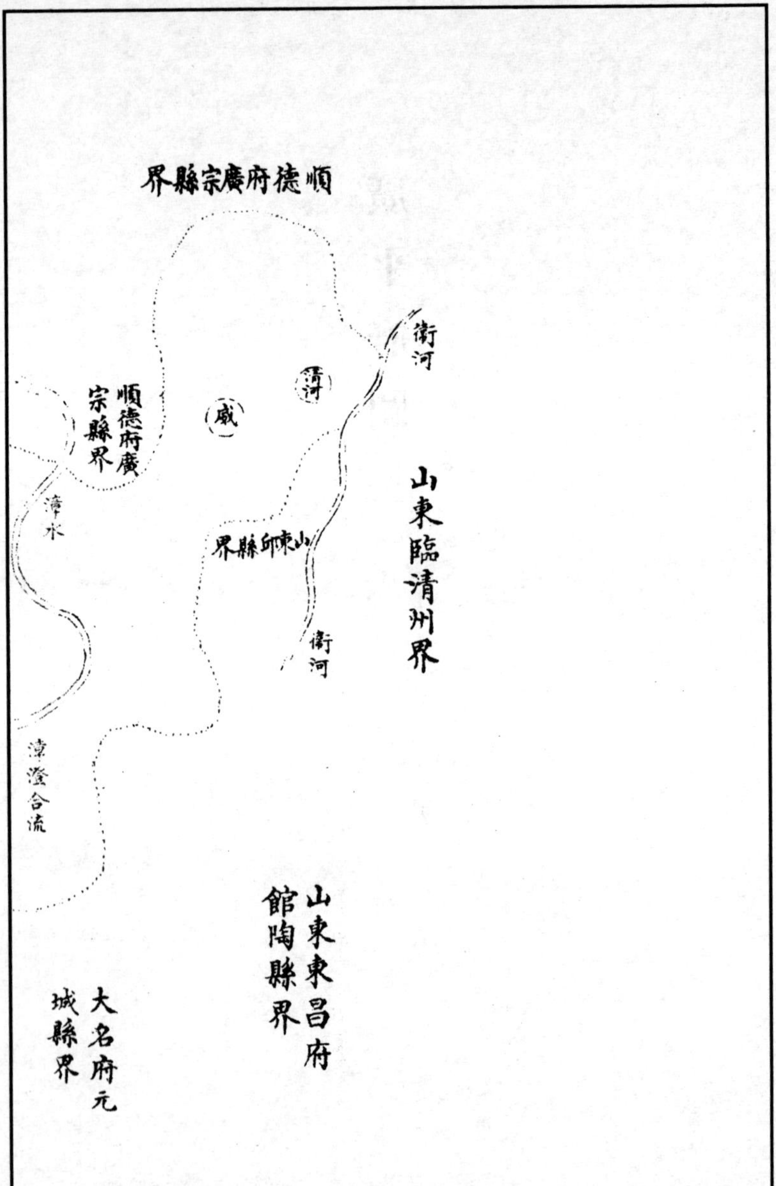
順德府廣宗縣界
衛河
清河
威
順德府廣宗縣界
漳水
山東邱縣界
山東臨清州界
衛河
漳滏合流
山東東昌府館陶縣界
大名府元城縣界

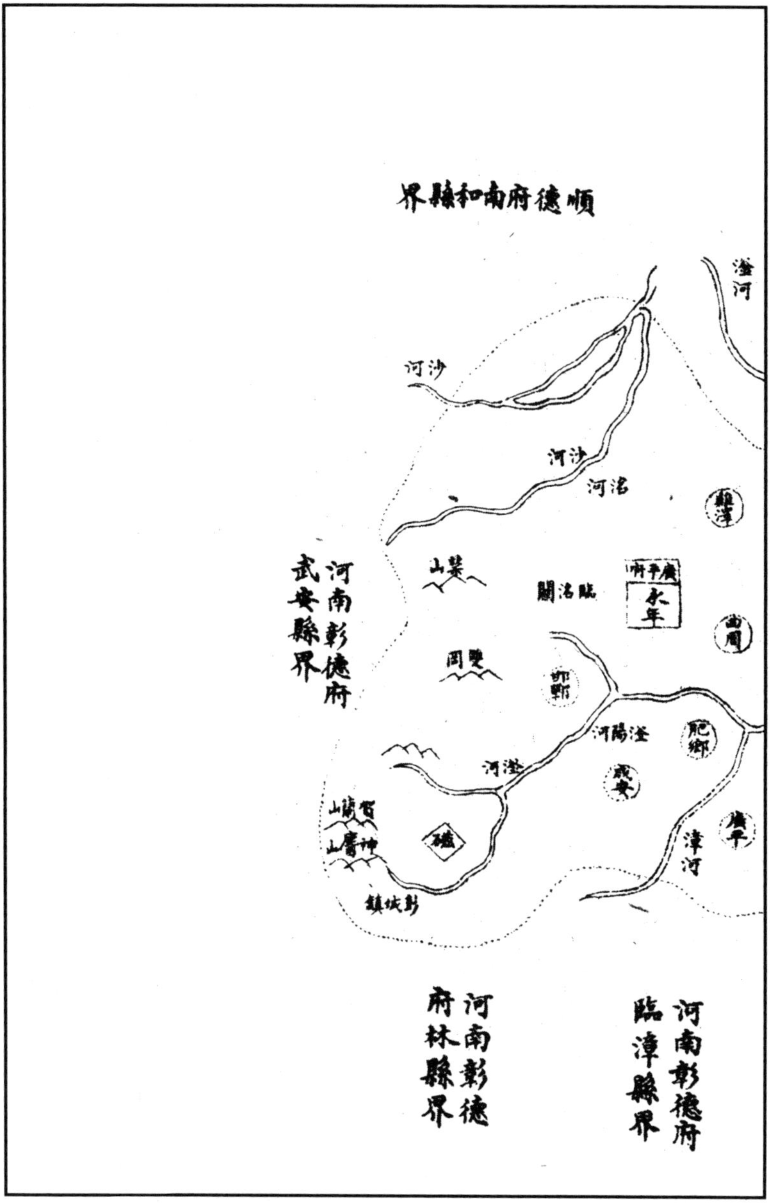
順德府南和縣界
滏河
沙河
沙河
洺河
雞澤
河南彰德府武安縣界
紫山
臨洺關
廣平府
永年
曲周
邯鄲
滏陽河
肥鄉
滏河
成安
廣平
漳河
彭城鎮
河南彰德府林縣界
河南彰德府臨漳縣界

廣平府表

	廣平府	永年縣
秦	邯鄲郡地。	
兩漢	廣平國 景帝分置廣平郡，征和二年改曰平干國，五鳳二年復曰廣平國，治廣平縣。後漢建武十三年省入鉅鹿，建安十八年分置魏郡西部都尉。	曲梁侯國 屬廣平國。後漢屬魏郡。
三國	廣平郡 魏黄初二年復置郡，仍治廣平。	曲梁侯國
晉	廣平郡 移治曲梁，屬司州。	曲梁縣 改縣，郡治
南北朝	洺州廣平郡 周宣政元年置州。	廣平縣 後魏郡治。齊改置。
隋	武安郡 開皇初郡廢，大業初改州爲郡，更名。	永年縣 仁壽初改名。
唐	洺州廣平郡 武德初復置州，天寶初復郡，乾元初復爲州，屬河北道。	永年縣 州治。
五代	洺州	永年縣
宋金附	洺州廣平郡 屬河北西路。	永年縣
元	廣平路 至元十五年改路，屬中書省。	永年縣 路治。
明	廣平府 洪武初改府，屬北平布政司，永樂後直隸京師。	永年縣 府治。

續表

	曲周縣
廣年縣 屬廣平國。後漢屬鉅鹿郡。 易陽縣 屬趙國。後漢建安十七年屬魏郡。	曲周縣 武帝建元四年置，屬廣平國。後漢屬鉅鹿郡。 斥章縣 屬廣平國。後漢屬鉅鹿郡。
廣年縣 易陽縣	曲周縣 斥章縣
廣年縣 屬廣平郡，永嘉後省。 易陽縣 屬廣平郡。	省。 斥漳縣 屬廣平郡。
廣年縣 後魏太和二十年復置。齊徙廢。 易陽縣 東魏屬魏郡。齊省。周復。	曲安縣 後魏景明中分置，屬廣平郡。齊省。 斥章縣 東魏天平初屬魏郡。齊省入平恩。
臨洺縣 開皇六年改曰邯鄲，十年又改名，屬武安郡。	開皇六年復置曲周，大業初省入洺水。 洺水縣 開皇六年復置，改名，屬武安郡。
臨洺縣 武德元年置紫州，四年廢，屬磁州，五年屬洺州。	曲周縣 武德四年復置，屬洺州。 洺水縣 屬洺州，會昌三年併入曲周。
臨洺縣	曲周縣
宋熙寧六年省，元祐二年復置，尋又省。	曲周縣 宋熙寧三年省入雞澤，元祐二年復置，尋又省，四年復置。
	曲周縣 屬廣平路。
	曲周縣 屬廣平府。

肥鄉縣
列人縣屬廣平國。後漢屬鉅鹿郡。 邯溝侯國地節三年置，屬魏郡。後漢省。 即裴侯國征和元年置，屬魏郡。後漢省。
肥鄉縣魏黃初二年分置，屬廣平郡。 列人縣
肥鄉縣 列人縣屬廣平郡。
肥鄉縣後魏屬魏郡。東魏天平初併入臨漳。 列人縣齊省。
肥鄉縣開皇十年復置，屬武安郡，十六年屬洺州。 清漳縣開皇十六年置，屬武安郡。
肥鄉縣武德初屬紫州，四年屬磁州，六年屬洺州。 清漳縣屬洺州，會昌三年省。
肥鄉縣
肥鄉縣
肥鄉縣屬廣平路。
肥鄉縣屬廣平府。

續表

續表

雞澤縣	廣平縣	邯鄲縣
		邯鄲郡始皇十九年置。
廣平國前漢置郡，五鳳二年改國。後漢廢。 廣平縣前漢國治。後漢屬鉅鹿郡，建安十七年屬魏郡。	魏縣地。	趙國高祖四年改置，景帝三年復爲邯鄲郡，五年復故。後漢建安十七年省。
廣平郡復置郡。 廣平縣		
徙廢。 廣平縣屬廣平郡，後省。		
廣平縣後魏太和二十年復置。齊省。		
開皇十六年復置，改曰雞澤，大業初省入永年。		
雞澤縣武德四年復置，屬洺州，又置普樂縣，尋廢。		
雞澤縣		
雞澤縣金大定元年移今治。	廣平縣金大定七年置，屬洺州。	
雞澤縣初併入永年，尋復置，屬廣平路。	廣平縣屬廣平路。	
雞澤縣屬廣平府。	廣平縣屬廣平府。	

續表

	成安縣	威縣
邯鄲縣 國治。後漢建安十七年屬魏郡。 武始縣 屬魏郡。後漢省。	斥丘縣 屬魏郡。	廣宗國 後漢永元五年分鉅鹿置，尋廢。
邯鄲縣 魏屬廣平郡。	斥丘縣	
邯鄲縣 後屬魏郡。	斥丘縣	東晉時陷入石趙，置建興郡。尋廢。
邯鄲縣 後魏太平真君六年仍屬廣平郡。東魏天平初併入臨漳。	成安縣 東魏天平初併入臨漳。齊改置，屬清都尹。	廣宗郡 後魏太和十一年置，尋廢，孝昌中復置。
邯鄲縣 開皇十六年復置，移今治，屬武安郡。	成安縣 屬魏郡。	開皇三年郡廢。
邯鄲縣 武德四年屬磁州，貞觀元年屬洺州，永泰元年又屬磁州。	成安縣 武德元年屬磁州，貞觀元年屬相州，天祐二年復曰斥丘，三年改屬魏州。	武德四年置宗州，九年廢。
邯鄲縣	成安縣 後唐復故名。	
邯鄲縣	成安縣 宋屬大名府。金屬洺州。	洺水縣 金增置，屬洺州。
邯鄲縣	成安縣 至元二年省入滏陽，後復置，屬磁州。	威州 憲宗二年移來治，至正中省縣入州，屬廣平路。
邯鄲縣 洪武初改屬廣平府。	成安縣 屬廣平府。	威縣 洪武初降縣，屬廣平府。

續表

	清河縣
廣宗縣後漢廢國爲縣,屬鉅鹿郡。	清河郡高帝置,治清陽。後漢建初七年置國,建和二年徙廢。
廣宗縣	
廣宗縣屬安平國。	清河縣地。
廣宗縣後魏郡治。 經縣後魏太和十年置,屬廣宗郡,齊省。	貝州清河郡齊移治信成。周宣政元年置州。
宗城縣仁壽元年改名,屬清河郡。 府城縣開皇十六年分置,屬清河郡,大業初省。 經城縣開皇六年移置,屬清河郡。	清河郡開皇初郡廢,大業初復置,治清河。
宗城縣武德四年爲州治,天祐二年復曰廣宗。 武德四年復置,九年省。 經城縣初屬宋州,後屬貝州。	貝州清河郡屬河北道。
宗城縣後唐初復故名。 經城縣	貝州清河郡
宗城縣宋屬大名府。金屬洺州。 宋熙寧六年省入宗城。	恩州清河郡宋慶曆八年改州名,屬河北東路,治清河。金徙州治歷亭。
省入洺水。	

續表

	磁州
信成縣 屬清河郡。後漢省。 甘陵縣 本厝縣地，郡治，後漢安帝改名。 清陽縣 郡治，後漢省。	武安縣地。
武城縣 齊改置，爲郡治。周爲州治。	成安郡 周置。
清河縣 開皇初改名，郡治。 夏津縣 開皇十六年分置，大業初省。	開皇十年郡廢，改置磁州，大業初廢。
清河縣 州治，咸通元年移治。 武德四年復置，九年省。 清陽縣 開元二十三年移置，州治。	磁州 武德元年復置，貞觀元年州廢，永泰元年復置，屬河北道。天祐三年改曰惠州。
清河縣 清陽縣	磁州 唐復故名。
清河縣 宋淳化五年移今治。金屬恩州。 宋熙寧四年省入清河。	磁州 滏陽郡 屬河北西路。
清河縣 太宗七年割屬大名路。	磁州 太祖十年升滏源軍節度，屬真定路，太宗八年屬邢洺路，憲宗二年屬洺磁路，至元十五年屬廣平路。
清河縣 洪武六年改屬廣平府。	磁州 洪武初屬河南彰德府。

續表

		梁期縣 屬魏郡。
	臨水縣 魏黃初三年分置，屬廣平郡。	梁期縣
	臨水縣 省。	省。
滏陽縣 周分置。	臨水縣 後魏太平真君六年併入鄴縣，太和二十一年復置，屬魏郡。	
滏陽縣 初爲州治，尋屬魏郡。	臨水縣	
滏陽縣 州治，貞觀初屬相州。	昭義縣 永泰元年改名，屬磁州。	
滏陽縣 州治。	昭義縣	
滏陽縣	宋初更名昭德，熙寧六年省入滏陽。	
滏陽縣		
初省入州。		

大清一統志卷三十二

廣平府一

在直隸省治西南六百八十里。東西距一百七十里，南北距一百三十三里。東至山東臨清州界一百里，西至河南彰德府武安縣界七十里，南至彰德府臨漳縣界八十三里，北至順德府南和縣界五十里。東南至大名府治一百二十里，西南至彰德府林縣治三百里，東北至順德府廣宗縣治一百四十里，西北至順德府治九十里。自府治至京師九百五十里。

分野

天文昴分野，大梁之次。寰宇記：「洺州，星分昴宿一度。」

建置沿革

禹貢冀州之域。春秋屬晉。戰國屬趙。秦爲邯鄲郡地。漢初分置廣平郡〔一〕。水經注：「秦鉅鹿郡，景帝中元元年爲廣平郡。」〔二〕征和二年改平干國，五鳳二年復爲廣平國，屬冀州。後漢建武十三年省廣平國爲鉅鹿郡地，建安十七年割廣平、任城二縣屬魏郡，餘仍屬鉅鹿，十八年分置魏郡西部都尉。三國魏黄初二年復置廣平郡。晉屬司州。後魏因之。後周宣政元年於郡置洺州。隋開皇初廢郡存州，大業初改州爲武安郡。唐武德初復曰洺州，二年陷竇建德，四年建德平，立山東道大行臺，五年罷行臺，置大總管府，六年罷總管。天寶元年復曰廣平郡，乾元元年復曰洺州，屬河北道。五代因之。

宋仍曰洺州廣平郡，屬河北西路。金因之。元太宗八年置邢洺路。憲宗二年爲洺磁路，至元十五年改廣平路，隸中書省。明洪武初曰廣平府，屬北平布政使司，永樂後直隸京師。

本朝初因之，雍正四年以河南彰德府之磁州來屬。領州一，縣九。

永年縣。附郭。東西距九十五里，南北距七十二里。東至曲周縣界二十五里，西至河南彰德府武安縣界七十里，南至成安縣界二十二里，北至順德府南和縣界五十里。東南至肥鄉縣治四十里〔三〕，西南至邯鄲縣界五十里，東北至雞澤縣治七十里〔四〕，西北至順德府邢臺縣界四十五里。春秋晉曲梁邑。漢置曲梁侯國，屬廣平國。後漢屬魏郡。晉爲曲梁縣，屬廣平郡〔五〕。後魏爲廣平郡治。北齊省曲梁，改置廣年縣。隋仁壽元年避諱改曰永年，大業初爲武安郡治。唐爲洺州治。五代、宋、金因之。元爲廣平路治。明爲廣平府治。本朝因之。

曲周縣。在府東北四十里。東西距五十里，南北距五十里。東至山東臨清州丘縣界三十五里，西至永年縣界十五里，南至肥鄉縣界二十五里，北至雞澤縣界二十五里。東南至東昌府館陶縣治九十里，西南至肥鄉縣治五十里，東北至威縣治七十里，西北至雞澤縣治三十五里。漢武帝建元四年置曲周縣，屬廣平國。後漢屬鉅鹿郡。晉省〔六〕。後魏景明中分平恩置曲安縣，屬廣平郡。北齊省。隋開皇六年復置曲周縣，屬洺州，大業初併入洺水縣。唐武德四年復置，屬洺州。五代因之。宋熙寧三年省爲鎮，入雞澤縣，元祐二年復置，尋復廢，四年又置，屬洺州。金因之。元屬廣平路。明屬廣平府。本朝因之。

肥鄉縣。在府東南三十五里。東西距四十里，南北距四十七里。東至廣平縣界二十里，西至邯鄲縣界二十里，南至成安縣界二十二里，北至永年縣界二十五里。東南至廣平縣治三十里，西南至成安縣治三十五里，東北至曲周縣治五十里，西北至永年縣治三十五里。漢置列人縣，屬廣平國，又置邯溝侯國，屬魏郡。後漢省邯溝，以列人屬鉅鹿郡。三國魏黄初二年分置肥鄉縣，初屬廣平郡。晉因之。後魏改屬魏郡。東魏天平初併肥鄉入臨漳縣。高齊又省列人縣。隋開皇十年復置肥鄉縣，屬武安郡，十六年改屬洺州。唐武德初屬紫州，四年屬磁州，六年還屬洺州。五代、宋、金因之。元屬廣平路。明屬廣平府。本朝因之。

雞澤縣。在府東北六十里。東西距六十五里，南北距四十一里。東至威縣界三十五里，西至永年縣界三十里，南至永年縣界三十五里，北至順德府平鄉縣界六里。東南至曲周縣治三十里，西南至永年縣治六十里，東北至順德府廣宗縣界三十里，西北至順德府南和縣界八里。漢置廣平縣，爲廣平國治。後漢省廣平國，以縣屬鉅鹿郡，建安十七年割屬魏郡。晉屬廣平郡，後省。後魏太和二十年復置，屬廣平郡。北齊併入廣平縣。隋開皇中復置廣平縣，後改曰雞澤，大業初仍併入永年縣。唐武德四年復置雞澤縣，屬洺州。五代、宋、金因之。元初併入永年，後復置，屬廣平路。明屬廣平府。本朝因之。

廣平縣。在府東南六十里。東西距四十里，南北距二十五里。東至大名府元城縣界二十五里，西至成安縣界十五里，南至大名府大名縣界十五里，北至肥鄉縣界十里。東南至元城縣治六十里，西南至成安縣治三十里，東北至山東東昌府館陶縣治七十里，西北至肥鄉縣治三十里。漢魏郡魏縣地，金大定七年始分置廣平縣，屬洺州。元屬廣平路。明屬廣平府。本朝因之。

邯鄲縣。在府西南五十里。東西距六十五里，南北距五十里。東至肥鄉縣界三十里，西至河南彰德府武安縣界三十五里，南至磁州界二十五里，北至永年縣界二十五里。東南至成安縣治五十里，西南至磁州界二十里，東北至永年縣界三十里，西北至武安縣界三十五里。春秋時衛地，後屬晉。戰國爲趙國都。秦始皇十九年置邯鄲郡。漢高祖四年改置趙國，治邯鄲縣。景帝三年復爲邯鄲郡，五年復爲趙國。屬冀州。後漢因之，建安十七年國廢，以縣屬魏郡。三國魏屬廣平郡。晉初因之，後又屬魏郡。

後魏太平真君六年還屬廣平郡。東魏天平初併入臨漳縣。隋開皇十六年復置，屬武安郡。唐武德四年屬磁州，貞觀元年屬洺州，永泰元年又屬磁州。五代、宋、金、元因之。明洪武初改屬廣平府。本朝因之。

成安縣。在府南六十里〔七〕。東西距四十里，南北距五十里。東至廣平縣界二十五里，西至磁州界十五里，南至河南彰德府臨漳縣界二十二里，北至永年縣界二十八里。東南至大名府大名縣界二十五里，西南至臨漳縣治二十五里，東北至肥鄉縣治三十里，西北至邯鄲縣治五十里。春秋晉乾侯邑。漢置斥丘縣，屬魏郡。後漢、晉及後魏因之。東魏天平初併入臨漳。北齊改置成安縣，屬清都尹。隋屬魏郡。唐武德元年屬磁州，貞觀元年屬相州，天祐二年復曰斥丘，三年屬魏州。五代後唐復曰成安。宋屬大名府。金屬洺州。元至元二年併入滏陽，後復置，屬磁州。明改屬廣平府。本朝因之。

威縣。在府東北一百一十里。東西距七十里，南北距九十里。東至山東臨清直隸州界五十里，西至順德府平鄉縣界二十里，南至臨清州丘縣界二十里，北至冀州南宮縣界七十里。東南至東昌府館陶縣治六十里，西南至雞澤縣治六十里，東北至清河縣治七十里，西北至順德府廣宗縣治二十五里。漢鉅鹿縣地，後漢和帝時分置廣宗縣〔八〕，屬鉅鹿郡。晉屬安平國〔九〕。石趙於縣置建興郡，尋罷。後魏太和十一年置廣宗郡，尋罷，孝昌中復置，屬司州。隋仁壽元年避諱改曰宗城，屬清河郡。唐武德四年于縣置宗州，九年州廢，屬貝州，天祐三年復曰廣宗，屬魏州。五代後唐復曰宗城。宋屬大名府。金改屬洺州，又增置洺水縣。元初省宗城入洺水，憲宗二年自井陘移威州來治，至正中省洺水入威州。明洪武初降爲威縣，屬廣平府。本朝因之。

清河縣。在府東北一百八十里。東西距五十里，南北距三十里。東至山東東昌府夏津縣界三十里〔一〇〕，西至順德府廣宗縣界二十里，南至山東臨清州界二十五里，北至冀州南宮縣界五里。東南至山東臨清州治五十里，西南至威縣治七十里，東北至東昌府武城縣治五十里〔一一〕，西北至南宮縣治九十里。漢高帝置清河郡〔一二〕，治清陽縣，領信成等縣。後漢建初七年爲清河國，建和二年移國治甘陵〔一三〕，省清陽、信成皆入之〔一四〕。晉及後魏爲清河縣地。北齊始移清河郡及清河縣於故信成縣，改縣曰武城〔一五〕。後周宣政元年於郡置貝州。隋開皇初郡廢，仍改州治武城縣曰清河，大業初復爲清河郡。唐武德四年復曰貝州，開元二十三年兼移清陽縣於州治。天寶元年改清河郡，乾元元年復曰貝州，屬河北道。五代晉天福三年於州置永清軍節度。周顯德初軍廢。宋初復置永清軍，慶曆八年軍罷，改曰恩州，屬河北東路。熙寧四年省清陽縣入清河。金移恩州治歷亭，以清河爲屬縣。元太宗七年割屬大名路。明洪武六年屬廣平府。本朝因之。

磁州。在府西南一百二十里。東西距一百五十五里，南北距八十里。東至成安縣界五十五里，西至河南彰德府涉縣界一百里，南至彰德府安陽縣界三十里，北至邯鄲縣界五十里。東南至彰德府臨漳縣界四十里，西南至彰德府林縣治一百八十里，東北至邯鄲縣治七十里，西北至彰德府武安縣治九十里。漢魏郡武安縣地，後周分置滏陽縣。隋開皇十年於縣置磁州，大業初州廢，屬魏郡。唐武德元年復置磁州，貞觀元年州廢，屬相州，永泰元年復置磁州，屬河北道。天祐三年改曰惠州。五代唐復曰磁州。宋曰磁州滏陽郡，屬河北西路。金因之。元太祖十年升滏源軍節度（一六），屬真定路，太宗八年屬邢洺路，憲宗二年屬洺磁路，至元十五年屬廣平路。明洪武初省滏陽縣入州，屬河南彰德府。本朝雍正四年改屬廣平府。

形勢

北通燕、涿，南有鄭、衛，漳、河之間一都會也。漢書地理志。萬山盤礴，泉流環匯。圖經。肘翼太行，背沃洺水。府志。

風俗

土廣俗雜，大率精急，高氣勢。漢書地理志。人性敦厚，務農桑，好尚儒術。隋書地理志。地雜斥鹵，宜於畜牧。宋史地理志。

城池

廣平府城。周九里有奇，門四，濠廣十二丈。明嘉靖中因舊址築。本朝康熙七年修，乾隆三十一年重修。永年縣附郭。

曲周縣城。周五里，門四，引滏水爲濠，廣四丈餘。明萬曆四年、六年因舊址築。本朝順治年間修。

肥鄉縣城。周七里，門四。明崇禎十三年築。本朝康熙四年爲漳水所圮，寄治城東舊店營。雍正九年遷復舊治，重築城，周五里，門四，濠廣二丈。

雞澤縣城。周四里有奇，門四，濠廣五丈。明崇禎十三年甃甎。

廣平縣城。周三里有奇，門三，濠廣二丈。明天順間土築，崇禎十三年甃甎。本朝康熙四十二年，漳水泛溢，城圮，寄治於城西北里許，建築新堡。康熙五十年仍復舊基，築土城，門三，濠廣三丈。

邯鄲縣城。周七里有奇，門四，濠廣二丈。明嘉靖二十五年築。本朝康熙七年修，乾隆十九年重修。

成安縣城。周三里有奇，門三。明正統中因舊址築，崇禎十三年甃甎。本朝康熙十一年修，乾隆六年重修。

威縣城。周六里有奇，門四，外有濠。元時舊址。本朝乾隆四十三年修。

清河縣城。周三里，門三，外有濠。明正德七年於舊城東南隅改築。本朝康熙十四年修。

磁州城。周八里有奇，門四，濠廣二丈。明洪武二十年因舊址築，正德中甃甎。本朝康熙年間修，乾隆二十年、三十一年重修。

學校

廣平府學。在府治東南。金建，元末廢。明洪武四年重建。本朝屢修。入學額數二十名。

永年縣學。在縣治西。明洪武十一年自縣東北遷建於此。本朝屢修。入學額數十五名。

曲周縣學。在縣治東。金大定中建，明代屢修。本朝雍正十一年修。入學額數十五名。

肥鄉縣學。在縣治東南。宋天聖中建，元、明屢修。本朝順治十三年以漳水決，移置舊店營，雍正九年，知縣王建中就原址復建。入學額數十五名。

雞澤縣學。在縣治東。金承安三年建，元、明屢修。本朝雍正十一年修，乾隆九年重修。入學額數十八名。

廣平縣學。在縣治東南。明洪武三年建。本朝康熙四十二年圮於水，移置新堡，五十年，知縣華士捷就舊址重建。入學額數十二名。

邯鄲縣學。在縣治西。舊在縣治東南，明洪武十年遷建於此。本朝順治十四年修，雍正六年重修。入學額數十一名。

成安縣學。在縣治東南。明洪武三年建。本朝雍正九年修。入學額數十八名。

威縣學。在縣治東南。明洪武八年建。本朝順治十八年修，乾隆元年重修。入學額數十二名。

清河縣學。在縣治東南。金大定四年建，元、明屢修。本朝順治、雍正間重修。入學額數十八名。

磁州學。在州治東。舊在州治東北，明洪武五年遷建於此。本朝屢經修葺。入學額數十八名。

清暉書院。在府城東門外。舊曰荷花館，明萬曆中，知府蔣以忠建。本朝康熙八年圮於水，十一年，知府劉光棨修，五十五年知府王嗣衍重修。立學於堂之西偏，顔曰蓮花書院。乾隆六年，知府任弘業重葺〔一七〕，改今名。

毓英書院。在曲周縣治東。本朝乾隆六年建。

清漳書院。在肥鄉縣學前。本朝乾隆十一年建。

鳳輝書院。在雞澤縣治東。

邯山書院。在邯鄲縣治南〔一八〕。本朝乾隆十年建。

洺陽書院。在威縣治西。明嘉靖中建。按舊志載：漳川書院，在府學西，明正德中建。紫山書院，在府東門。公善書院，在曲周縣東，明崇禎中建。安仁書院，在曲周縣東北馬羅堡。崇德書院，在肥鄉縣西，明隆慶中建〔一九〕。滏陽書院，在磁州西南七里，明嘉靖中建。今俱廢，謹附記。

户口

原額人丁三十五萬四千二百十五，今滋生男婦大小共一百二十二萬五千四百八名口，計二十八萬七千七百十七户。

田賦

田地七萬二千四百六十三頃六十七畝五分有奇，額徵地丁正、雜銀三十二萬四千二百七兩四錢六分六釐。

山川

聰明山。在永年縣西六十里。邯鄲縣紫山之別峯也，或以爲即古之邯山。周圍俱石，形勢高峻，上有「聰明神廟」。

狗山。在永年縣西六十里。元和郡縣志：「在臨洺縣西十里。山頂石上有狗跡，因名。武德五年，太宗親討劉黑闥，於此立營。」舊志：「今名婁山。」

兔山。在永年縣西六十里。峯巒高峻，巖壑幽深。

紅山。在永年縣西七十里。踞紫山之北，迴峯環潤，形勢嶔崎。上有泉，自石罅下注成川，下有屯，曰豐稔屯。

天臺山。在肥鄉縣西南十五里。土山無石，高數丈。又縣南四里舊有浮丘山，亦土埠，今圮。

鳳起山。在雞澤縣治後。中峯鼎峙，樹木蔭鬱，今僅存坯土。

轆轤山。在廣平縣南二里。

紫荆山。在廣平縣東北三十里，舊漳河旁。又鉞子山，在縣西北半里。縣境平衍，無陵巒泉石之勝，轆轤諸山，僅同岡阜。

堵山。在邯鄲縣西三十里紫山南。山勢如堵墻，故名。漢書地理志：「邯鄲縣有堵山。」即此。又漢書注：張晏曰：「邯山在邯鄲東城下。」水經注：「牛首水東歷邯鄲阜，張晏所謂邯山也。」元和志：「邯山在邯鄲縣東南五里。」舊志：「今湮。」

紫山。在邯鄲縣西北。魏書地形志：「邯鄲有紫山。」隋書地理志：「臨洺有紫山。」寰宇記：「隋圖經云：紫山春夏有紫氣蓊鬱〔三〇〕，山下有石，石上菖蒲一寸九節，巖間有紫石英。」舊志：「在邯鄲縣西北三十里。山勢聳拔，岡巒迴複。一名馬服山，以上有趙奢冢也，又有王喬洞。」

葛山。在邯鄲縣西北三十里紫山之東。上有雙泉，林木森鬱，葛藟尤盛，故名。

神麕山。在磁州西四十里。山海經：「神囷之山，其上有文石。」舊志：「下有黑龍泉。」

賀蘭山。在磁州西北四十里。相傳賀蘭真人居此。

白土山。在磁州西北七十里。以地産白土而名。

黃要嶺。在府城西七十里。土嶺平漫，長二十里，高三里。

雙岡。在邯鄲縣西北，一名盧家疃。唐建中二年，馬燧遣將李自良等禦田悅於雙岡，即此。

白虎岡。在清河縣西南二里。

牛尾岡。在磁州西南二十里。

滏陽河。即滏水源出磁州神麕山，東北流逕邯鄲縣東三里，又東北逕永年縣南五里，又東北逕曲周縣東一里，又北逕雞澤縣東十二里，又北入順德府平鄉縣界。山海經：「神囷之山，滏水出焉，東流注於歐水。」淮南子墬形訓：「釜出景。」高誘注：「景山在邯鄲西南，釜水所出，南入漳。其源沸涌，勢如釜中湯，故曰釜，今謂之釜口。」元和志：「滏水出滏陽縣西北四十五里鼓山。」寰宇記：「源出鼓山南巖下，其水冬温夏冷。」元史：「中統三年，王允中請開洺州滏河以溉民田。至元元年以洺磁路引漳、滏、漁水溉田，致御河淺澁，鹽運不通，塞分渠以復水勢。」又河渠志：「至元五年，洺州路請疏滌舊渠〔二〕，置壩牐，引滏水分灌洺州城濠，以濟民用。」又郭守敬言：「磁州東北滏、漳二水合流處，引水由滏陽、邯鄲、洺州、永年下逕雞澤，合入澧河，可灌田三千餘頃。」舊志：「滏有二源，一出神麕山黑龍洞口，一出武安鼓山南巖下，合流逕磁州南關舊城東南，至臨漳縣西十五里入漳。明成化十一年，州判張珵以磁州地低窪，導水北流，從邯鄲界逕永年、曲周入漳，由是經流遂壯，南盡淤。」磁州志：「滏水至州南繞城東北，流至閻家淺入邯鄲界，又東北至府城南，又繞城東北，至曲周縣東，昔時漳、滏合流於此。」本朝康熙二十三年，漳河東徙，三十三年，漳水復還故道，尋又東徙，滏水獨流至雞澤縣，又北入平鄉界。按滏水舊合漳河，故多衝溢，今漳河南徙，水患遂息。自明嘉靖中，知府高汝行、永年知縣朱泰創建惠民等牐，引流灌溉，自後秔稻始興，而磁州之民欲專水利，築壩遏水，致下流稻田多廢，争訟累年。本朝雍正四年，怡賢親王奏請以磁州改屬廣平府，由是争訟始息，磁州以下均霑水利，營田多至二千餘頃，從前斥鹵盡爲稻鄉矣。又按牛尾河接滏陽河，分支北流逕永年、雞澤至馬坊營，入順德府南和縣界。本朝乾隆二十八年，總督方觀承奏請挑濬。

漳河。自河南林縣流入，逕磁州南，又東入河南臨漳縣界，又東逕成安縣南，至廣平縣西南分爲二流：一東流至大名府元城縣，至山東館陶縣入衛；一東北流逕廣平縣東，又東北至山東丘縣南，又分爲二，一東北逕威縣南、清河縣北，入冀州南宫縣界，曰老漳河，一北流入順德府廣宗縣界，曰新漳河。水經注：「漳水自交漳口東逕三户峽爲三户津。又東，汙水注之。又東逕武城南，又東北逕西門豹祠前，右與枝水合。又東逕鄴縣西，又東逕梁期城南，又逕平陽城北，又東逕斥丘縣北，即裴縣故城南，又東北逕列人縣故城南，右合白渠故瀆。又東北過斥漳縣南，又東北逕平恩縣故城西，又東北過曲周縣故城東，又北逕鉅橋邸閣西，又北逕鉅鹿縣故城東。」元和志：「漳水在曲周縣西二十九里。又洺、漳二水，在雞澤縣東南二十五里。合流，東入平鄉縣界。」舊志：漳河舊自臨漳縣三臺口分爲二：其正流東入成安縣，逕縣南五里，又東北逕肥鄉縣東十五里，又北逕曲周縣東南一里，流合滏陽河；其支流北入邯鄲縣，逕縣東十里，又北逕肥鄉縣西二十五里，又東北逕曲周縣西南十里，亦流合滏陽河。自曲周縣東漳、滏合流，又北逕雞澤縣東十二里，又北入順德府平鄉縣界。按漳水自磁州以下，歷代遷徙不常，水經注、元和志所載，在今肥鄉、曲周、雞澤、平鄉之地，本與滏、洺諸水合流。宋、元時始於上流引注衛河。明永樂中復與滏河合流，正德中又南徙，經魏縣入衛〔三〕，萬曆十六年復北徙，後分二支，一逕成安、肥鄉，一逕邯鄲、永年，皆至曲周合滏陽河。本朝順治中，益徙而南，逼近府城。康熙二十三年又徙而東，分爲三：一逕元城縣至館陶入衛；一自丘縣東北逕威縣、清河，歷冀州之南宮、棗强、河間之阜城交河諸縣界，至青縣入衛，謂之老漳河，乃經流也；一自丘縣北出逕廣宗、鉅鹿至寧晉縣，與滏陽會，至冀州與滹沱會，謂之新漳河，此支流也。自是邯鄲、肥鄉、永年、曲周、雞澤數縣皆與漳遠，今則自成安以下併流而東，至館陶入衛，其北流二支皆涸。乾隆二十七年，漳水汎溢，瀰漫境內，督臣奏請建壩於成安縣境沙莊、麗家林一帶，築壩二百四十丈，復濬通淤淺，自後遂免衝決之患。

洺河。源出山西遼州，自河南武安縣流入，逕邯鄲縣西北三十里，遶紫山之北，二流雙導，仍合爲一。又東逕臨洺鎮北，又東逕永年縣北二十里，又東北經雞澤縣西五里，又北入順德府南和縣界。按元和志：「洺水在永年縣南三里。」又云：「洺、漳二水至雞澤縣東南二十五里合流。」今自永年西北，又逕雞澤西北至南和，蓋今昔異流矣。

沙河。自順德府沙河縣流入，逕永年縣北五十里，又東逕雞澤縣西九里，又東北入順德府南和縣界。詳見順德府。

余公河。在肥鄉縣西北。明嘉靖中，滏陽河溢，瀰漫百里，知縣余炯鑿此河以洩水，長四十餘里，自是水患差少，民德之，因名。

舊滏河。在雞澤縣西。舊自永年通水牐北，鑿渠引流逕此，又北達平鄉縣入寧晉泊，故渠汙曲不能容，水常潰決爲患。本朝康熙七年，知縣姜炤挑濬新河二里許，以導其流。

拳壯河。在廣平縣東十里。舊志：漳河支流也，自成安縣流入，東至肥鄉縣，復入於漳。後漳水淺涸，此河遂爲枯瀆。謹按本朝康熙中，漳河東徙，自廣平縣西南又北分，即行此渠也。

渚沁二河。皆在邯鄲縣。亦名西河，即古牛首、拘澗水也。漢書地理志：「邯鄲縣堵山，牛首水所出，東入白渠。」又「武始縣有拘澗水，東北至邯鄲入白渠」。水經注：「拘澗水導源武始東山白渠之北〔二三〕，又東，有牛首水入焉，水出邯鄲縣西堵山，東流分爲二水，洪湍雙逝，澄映兩川。東入邯鄲城，逕温明殿南。又東逕叢臺南，又東歷邯鄲阜，又東流出城，又合成一川。又東，澄而爲渚沁水，東南流注拘澗，又東入白渠。」寰宇記：「牛首水，在邯鄲縣西北三十里。又名曲河，源出縣西南平地。」舊志：「渚河在邯鄲縣南。其源有二，一出縣西南二十五里曰藺家河，一出縣西南三十里曰閻家河，合流逕縣南五里，東入滏陽河。沁河，在縣北。其源亦有二，一在縣西二十里曰巖嵛河，一在縣西北三十里曰牛照河。二河皆出紫山，合流逕縣西北一里，又東繞縣北入滏陽河。」按明統志以渚沁爲一水，名曰西河，舊志謂渚即拘澗水，沁即牛首水，新志據水經注爲二水，皆古牛首水，然今二水源皆不同，又分入滏陽，與古異矣。

輸黿河。在邯鄲縣西北二十里，洺河支流也〔二四〕。其水夏秋之交，散注田疇，或抵城下，與沁水合流，入滏陽河。

衛河。在清河縣東南二十五里。自山東臨清州流入，與夏津縣分界，又東北入山東武城縣界，即古屯氏別河故道，亦名永濟渠。水經注〔二五〕：「屯氏別河東北逕信城縣，張甲河出焉〔二六〕。別河又東逕信成縣南，又東逕清陽縣故城南，清河郡北。」寰宇記：清河縣，「永濟渠，東南去縣十里。南自汲縣引清、漳二水入界，近孤女冢，元號孤女渠，隋煬帝征遼，改爲永濟，俗呼御河」。河防考：「清河縣河道北自夏津縣界孫家口，南至臨清州界半壁店，長二十里。」

賀蘭河。在磁州西北三十里。源出賀蘭山。又泥河，在州西北二十里。舊皆東流入滏陽河。又八字澗，在州西北七十里，亦東南流入滏陽河。

古汙水。在磁州西。史記：秦二世三年，「項羽悉引兵擊秦軍汙水上」。後漢書郡國志：「鄴有汙水。」徐廣曰：「在鄴西。」水經注：「汙水出武安縣山，東南流逕汙城北，東注於漳水。」

大河故瀆。在曲周縣東五十里。宋元豐間，大河經流於此，其後南徙，遺迹僅存。又有漯河枯瀆，在縣東。自永年泊頭堡接縣境西朱堡，長十五里，又東接漳河枯瀆。遇霖潦，滏水泛溢，輒由此分流北注。今湮。

洺河故瀆。在威縣。有二道，皆漳河分流也。自廣宗縣流入，一逕縣南五里，東南達於黄河，與運河合流；一逕縣北五十里，東入運河。今湮。

清河故瀆。自山東館陶縣流逕威縣東，又東北逕清河縣西，又東北入武城縣界。水經：「淇水過清淵縣西，又東北過廣宗縣東，爲清河。」注：「清河東北逕廣宗縣故城南，又東北逕界城亭東，又東北逕信鄉西，又北逕信成縣故城西，又東北逕清陽縣故城西，又東北逕陵鄉西，又東北逕東武城縣故城西。」

張甲河故瀆。自山東臨清州流逕威縣南，又北逕清河縣西，又北入南宫縣界。漢書地理志：信成，「張甲河首受屯氏別河，東北至蓚入漳。」水經注：「張甲河受屯氏別河故瀆，北絶清河於廣宗縣〔二七〕，分爲二瀆：左瀆逕廣宗縣故城西，又北逕建始縣故城東，又北逕經城東，又逕南宫縣西，北注絳瀆；右瀆東北逕廣宗縣故城南，又東北逕界城亭北，又東北逕棗强、廣川至修縣入清漳〔二八〕。」舊志：「有古黄河自曲周縣東流，逕丘縣入威縣界，又北逕清河縣一里，亦名黄蘆河，又北入南宫縣界。每衛河決，由疏水渠達此下注，疑即張甲故瀆也。」

雞澤。在永年縣西南。春秋襄公三年：「同盟於雞澤。」杜預註：「雞澤，在廣平曲梁縣西南。」水經注：「白渠又東，故瀆出焉。一水東爲澤渚，曲梁縣之雞澤也。國語所謂雞丘矣。東北通澄湖。」元和志：「澤在永年縣西南十里。魚鼈菱芡，州境所資。」

阿難渠。在曲周縣南。元和志：「衡漳故瀆〔二九〕，俗名阿難渠，在洺水縣西二百步。魏將李阿難所導，故名。」又阿難枯渠，在曲周縣南十四里。

古白渠。在邯鄲、肥鄉二縣界。水經注：「白渠水出武安縣欽口山，東南流逕邯鄲縣南，又東與拘澗水合。又東有牛首水入焉。又東，故瀆出焉。一水東爲雞澤。故瀆南出所在，支分右出，即邯溝也。歷邯溝縣故城東〔三〇〕，又東逕肥鄉縣故城北。渠道交徑，互相纏縻，與白渠同歸，逕列人右會漳津，今無水。」按今邯鄲以下，滏陽河所經，蓋即白渠故道也。

疏水渠。在清河縣東，一名涉水渠。明弘治中所鑿，起縣南新集洪河蓮花池，逕縣東門，入古黄河，長四十里。久淤塞，萬曆六年重濬。後復淤。

故漳渠。在清河縣南。寰宇記：「枯上漳渠者，濁漳渠也，源自上黨。枯下漳渠者〔三一〕，清漳渠也，自鄴縣界來，非濁漳也。隋大業中，制使姚暹疏決，從上漳渠水入此渠，亦名姚暹河。煬帝征遼回，泛舟於此，謂之回鑾河。大業十三年，竇建德於廣平郡又疏此水入柳溝，遂與永濟合流。」按舊志清河縣有漳渠，即此，今湮。

五爪渠。在磁州西十里。明洪武間，知州包宗達引滏水作渠，分爲五派，溉田千餘頃。後漸淤塞，萬曆十一年重濬。

董塘陂。在曲周縣西北。魏晉時，導漳水入陂，爲灌溉之利，今堙。元和志：「董塘陂，在洺水縣西北十五里。晉龍驤將軍劉牢之救苻丕，追慕容垂，大戰於董塘泉，即此陂也。」

曲溝。在磁州北十五里。以水流盤曲，故名。又駙馬溝，在州西十五里，相傳金時有駙馬韓洪居此。

賈葛潭。在永年縣西二十五里。受邯鄲西山之水，東流注滏陽河。又琵琶潭、裴陂潭，俱在縣西四十里。方頭固潭，在縣西北二十五里。

黑龍潭。在永年縣北三里。水深黑，明嘉靖中建龍神廟於其上。

龍潭。在清河縣西南五里。

劍池。在邯鄲縣東南二十里。相傳樂毅曾磨劍於此。又有照眉池，在縣西北三里。相傳趙王宮人照眉處。今堙。

蓮花池。在清河縣東南三十里。

酒務泉。在邯鄲縣西十里。其水冽且甘，俗傳趙王常釀酒於此。今其地亦名酒務頭。

隆興泉。在邯鄲縣西北二十里，即翰䆗河上流。四時常溢，遇旱禱雨多應。

流泉。在磁州西九十里。峯頂出泉，民資以爲灌溉。

聖井。在邯鄲縣西北二十里高阜上。水與井平，其深莫測，水溢出北流，匯而爲池，禱雨多應。

校勘記

〔一〕漢初分置廣平郡　乾隆志卷二一廣平府（以下同卷簡稱乾隆志）建置沿革同。周振鶴西漢政區地理第六章趙國沿革第三節鉅鹿郡沿革：「元朔、元狩間，鉅鹿郡境因得王子侯國而擴大，遂分南部置廣平郡，武帝間新置内郡常因此故。廣平郡始置年，史未明言。漢書載王温舒爲廣平都尉在元朔、元狩間，見本傳，郡置于此時亦有可能。」

〔二〕水經注秦鉅鹿郡景帝中元元年爲廣平郡　乾隆志同。按「秦鉅鹿郡，景帝中元爲廣平郡」，見載於水經濁漳水注，注文以爲秦鉅鹿郡即漢廣平郡，如上校勘記〔一〕所述，廣平郡實于漢武帝元朔、元狩年間分鉅鹿郡置，此注文疑誤。

〔三〕東南至肥鄉縣治四十里　「治」，原作「界」，乾隆志作「治」。按讀史方輿紀要卷一五：永平府肥鄉縣，「府南四十里」。乃指肥鄉縣治而言，記載里距正與本志相合。同治畿輔通志卷五一疆域圖説六：廣平府附郭永年縣，「東南至肥鄉縣界十八里，至縣治四十里」。肥鄉縣，「府東南四十里」。光緒廣平府志卷一永年縣圖：「南至肥鄉縣界二十里，至縣治四十里。」此「界」爲「治」字之誤，據改。

〔四〕東北至雞澤縣治七十里　「治」，原作「界」，乾隆志作「治」。按讀史方輿紀要卷一五：永平府雞澤縣，「府東北六十里」。乃指雞澤縣治而言，所載里距與本志約同。同治畿輔通志卷五一疆域圖説六：平府附郭永年縣，「東北至雞澤縣界二十二里，至縣治六十里」。光緒永平府志卷一永年縣圖：「東北至雞澤縣界二十二里，至縣治六十里（舊志作七十）。」此「界」爲「治」字之誤，據改。

〔五〕晉爲曲梁縣屬廣平郡　乾隆志同。按三國志卷二魏書文帝紀：黄初二年，「以魏郡東部爲陽平郡，西部爲廣平郡」。魏書卷一〇六地形志上：廣平郡，「魏文帝黄初二年復，改治曲梁城」。又三國志卷二〇魏書武文世王公傳：「廣平王儼，黄初三年封，四年薨，無子，國除。」據此，三國魏黄初二年復置廣平郡，本志前文記述是也，郡治曲梁縣，三年改爲廣平國，四年國除爲郡，此文之前脱誤。

〔六〕晉省　乾隆志同。晉書卷一四地理志上廣平郡不載。按晉書卷四五程衛傳：「廣平曲周人也。」宋書卷三五州郡志一：「曲周，前漢屬廣平，後漢屬鉅鹿。晉太康地志屬廣平，作『曲梁周』。」按晉書地理志廣平郡有曲梁縣，此「梁」字蓋衍，則西晉太康時曲周縣仍屬廣平郡，中國歷史地圖集第三册西晉司州廣平郡領曲周、曲梁二縣，是也，晉志脱載，此云誤。

〔七〕在府南六十里　「南」，原作「東」，乾隆志作「南」。讀史方輿紀要卷一五：廣平府成安縣，「府南六十里」。同治畿輔通志卷五一疆域圖説六：廣平府成安縣，「府南少西六十里」。光緒廣平府志卷一成安縣疆域圖同。此「東」爲「南」字之誤，據改。

〔八〕後漢和帝時分置廣宗縣　「和帝」，原作「章帝」，本於元和郡縣圖志卷一六貝州、太平寰宇記卷五四魏州宗城縣記載，據乾隆志及下引後漢書和帝紀改。漢書卷一二平帝紀：元始二年，「立代孝王玄孫之子如意爲廣宗王」。按續漢書郡國志二鉅鹿郡領有廣宗縣，錢大昕廿二史考異卷一四：廣宗縣，「前志無。平帝元始二年，封代孝王玄孫如意爲廣宗王，當即其地」。周振鶴西漢政區地理西漢郡國建置沿革概述：西漢末之廣宗國，「大約僅一縣之地」。則西漢元始二年始置廣宗國，領廣宗縣。東漢初，廣宗國廢，廣宗縣改屬鉅鹿郡，和帝永元五年又析鉅鹿郡置廣宗國，領廣宗縣，後漢書卷四和帝紀：永元五年正月，「封皇弟萬歲爲廣宗王」。秋九月，「廣宗王萬歲薨，無子，國除」。同書卷五五章帝八王傳：廣宗殤王萬歲，「以永元五年封，分鉅鹿爲國。其年薨，葬於京師。無子，國除，還并鉅鹿」。廣宗國廢，廣宗縣還屬鉅鹿郡。

〔九〕晉屬安平國　乾隆志同。按三國志卷五魏書文德郭皇后傳：「安平廣宗人。」吴增僅三國郡縣表附考證：魏安平郡領有廣宗縣。則廣宗縣改屬安平郡，始於三國魏。

〔一〇〕東至山東東昌府夏津縣界三十里　乾隆志同。按本志卷一八四山東臨清直隸州建置沿革載：乾隆四十一年升東昌府之臨清州爲直隸州，屬山東省，領原屬東昌府之武城、夏津、丘三縣。清史稿卷六一地理志八：臨清直隸州，初沿明制，爲東昌府屬州，「乾隆四十一年直隸，割武城、夏津、丘還隸」。則乾隆四十一年後，夏津縣自東昌府改屬臨清直隸州，直至清末。此「東昌府」爲「臨清州」之誤。

〔一一〕東北至東昌府武城縣治五十里　乾隆志同。按武城縣清初屬東昌府，乾隆四十一年升臨清州爲直隸州，屬山東省，縣改屬之，直至清末。詳見本卷上文校勘記，此「東昌府」爲「臨清州」之誤。

〔一二〕漢高帝置清河郡　乾隆志同。后曉榮秦代政區地理第三章秦置郡新證三統一後分地置郡考：「傳世封泥有『清河太守』。又據秦封泥中所見的即墨、河間、清河諸太守，應當爲其時有此三郡之證。又新出秦封泥有『清河水印』，爲清河郡水官之印。此兩枚秦封泥證明秦代設置清河郡。」

〔一三〕建和二年移國治甘陵　乾隆志同。按後漢書卷七桓帝紀：建和元年，「清河劉文反，欲立清河王蒜爲天子，事覺伏誅，蒜坐貶爲尉氏侯，徙桂陽，自殺」；二年，「改清河爲甘陵，立安平王得子經侯理爲甘陵王」。續漢書郡國志二：「清河國，桓帝建和二年改爲甘陵。」治甘陵縣，「故厝，安帝更名」。此「建和二年」脱載「改爲甘陵國」。

〔一四〕省清陽信成皆入之　原作「清河」，乾隆志作「清陽」。按漢書卷二八地理志上清河郡首縣清陽，爲郡治，不載於續漢書郡國志二清河國及其他郡國，則清陽縣於東漢初已廢。又漢志、續漢志二書均不載「清河縣」。此文有訛，乾隆志作「陽」是，據改。

〔一五〕北齊始移清河郡及清河縣於故信成縣改縣曰武城　乾隆志同。按太平寰宇記卷五八：貝州，「後魏移清河郡及清河縣于漢厝城置。高齊自厝城移郡及武城縣于今貝州西北十里故州城，其城即漢信成縣理」。武城縣，「高齊天保七年移理漢信成」。隋書卷三〇地理志中：清河郡清河縣，「舊曰武城，置清河郡。開皇初郡廢，改名焉」。則北齊移治漢信成者，武城縣也，非清河縣，其時清河縣仍治厝城。此云「移清河縣于故信成」、「改清河縣曰武城」，誤也。

〔一六〕元太祖十年升滏源軍節度　「十年」，乾隆志及元史卷五八地理志一同，大明清類天文分野之書卷一一作「十五年」。「源」，原作「陽」，據上引二書改。

〔一七〕知府任弘業重葺　「弘」，原脱，據同治畿輔通志卷一一六學校三、光緒廣平府志卷二九學校略上補。

〔一八〕在邯鄲縣治南　「南」，乾隆志作「西」。按同治畿輔通志卷一一六學校三、光緒廣平府志卷三〇學校略下皆作「西南」，此「南」上脱「西」字。

〔一九〕明隆慶中建　「隆慶」，原倒誤，據乾隆志及同治畿輔通志卷一一六學校三、光緒廣平府志卷三〇學校略下乙正。

〔二〇〕紫山春夏有紫氣蓊鬱　「紫」，原脱，乾隆志山川同，據太平寰宇記卷五八及同治畿輔通志卷六四山川八引隋圖經補。

〔二一〕洺州路請疏滏舊渠　乾隆志同。按元史卷六五河渠志二「滏河」：至元五年，洺磁路言「請疏滏舊渠」。同書卷五八地理志一：「廣平路，元太宗八年置邢洺路總管府，以邢、磁、威隸之。憲宗二年爲洺磁路，止領磁、威二州。」此「洺州路」爲「洺磁路」之誤。

〔二二〕經魏縣入衛　「魏」，原作「衛」，乾隆志作「魏」。按明代此地區無「衛縣」。大明一統志卷四大名府山川：「漳河，有舊、新漳二河，俱在魏縣西北，流至府城西。」明史卷四〇地理志一：大名府魏縣，「南有魏河，又有新、舊二漳河，下流俱合於衛河。」同治畿輔通志卷八一水道七：「漳河自明嘉、隆間決魏縣之回龍鎮，南入衛河。」此「衛」爲「魏」字之誤，據改。

〔二三〕拘澗水導源武始東山白渠之北　乾隆志同。按水經濁漳水注：拘澗水，「導源武始東山白渠，北俗猶謂是水爲拘河也」。此「之北」二字因涉下文「北俗」而衍誤。

〔二四〕洺河支流也　乾隆志同。同治畿輔通志卷六四山川八：「謹案輿圖，輸覺河源出（邯鄲）縣西北山下，東流逕劉莊鋪，又東至馮村入滏陽河，一統志謂『洺河支流』，誤。」

〔二五〕水經注 「注」，原脱，乾隆志同。按下文「屯氏別河東北逕信成縣」云云，見載於水經河水注，非「水經」，此脱「注」字，據補。

〔二六〕張甲河出焉 「河」，原脱，乾隆志及朱謀㙔水經注箋同，據王先謙合校水經注、楊守敬水經注疏河水注補。

〔二七〕北絶清河於廣宗縣 「縣」，原作「河」，據乾隆志及水經河水注改。

〔二八〕右瀆東北逕廣宗縣故城南至東北逕棗强廣川至修縣入清漳 「廣宗縣」之「縣」，原脱，據乾隆志及水經河水注補。「南」，原作「東」，乾隆志同，據水經河水注改。「棗」，原作「武」，乾隆志及朱謀㙔水經注箋同，據王先謙合校水經注、楊守敬水經注疏河水注改。「修縣」之「縣」，原作「泉」，乾隆志同，據水經河水注改。

〔二九〕衡漳故瀆 「漳」，原作「陽」，據乾隆志及元和郡縣圖志卷一五、太平寰宇記卷五八改。

〔三〇〕歷邯溝縣故城東 「溝」，原作「鄲」，據乾隆志及水經濁漳水注改。

〔三一〕枯下漳渠者 「渠」，原作「溝」，乾隆志同，據太平寰宇記卷五八及同治畿輔通志卷六四山川八改。

大清一統志卷三十三

廣平府二

古蹟

曲梁故城。今永年縣治。春秋時爲赤狄地。左傳宣公十五年：「晉荀林父敗赤狄於曲梁。」即此。漢元康三年封平干頃王子敬爲侯國。北齊移置廣年縣於此。元和志：永年縣，「本漢曲梁縣，高齊文宣帝省曲梁置廣年縣。隋仁壽元年改廣年爲永年，避煬帝諱也」。按廣年，諸志俱訛作「廣平」，惟元和志不訛，蓋隋避上「廣」字諱，不當並改下字。又漢廣平縣，北齊廢，隋復置，改雞澤縣，隋志甚明，特上永年縣下亦云舊曰廣平者，以「平」、「年」字相似而訛耳，考其文義本作「年」也。

臨洺故城。在永年縣西十五里。漢置易陽縣，屬趙國。後漢建安十七年改屬魏郡。晉屬廣平郡〔一〕。東魏天平初屬魏郡。北齊省。後周仍置。隋始改曰臨洺，隋書地理志：武安郡臨洺縣，「舊曰易陽，後齊廢入襄國縣，置襄國郡。後周改爲易陽縣，別置襄國縣。開皇六年改易陽爲邯鄲，十年改邯鄲爲臨洺」。舊唐書地理志：臨洺縣，「武德元年置紫州，四年罷，屬磁州，五年改屬洺州」。寰宇記：「縣在洺州西北五十里。本漢易陽縣〔二〕，後魏省入邯鄲縣。孝文於北中府城復置易陽，今理是也。隋開皇六年改爲邯鄲，十年移邯鄲縣理陟鄉城〔三〕，在今邯鄲縣界，仍於北中府城別置臨洺縣，以北濱洺水爲名。」宋史地理志：「熙寧六年省臨洺縣爲鎮，入永年，元祐二年復爲縣，尋復爲鎮。」府志：「今爲臨洺關。」

廣年故城。在永年縣西北。漢置縣，屬廣平國。後漢屬鉅鹿郡。晉仍屬廣平郡〔四〕，永嘉後廢。後魏太和二十年復置，屬廣平郡。北齊移其名於曲梁，而此城廢。後漢書注：「廣年故城，在今永年縣西北。」

斥章故城。在曲周縣東南。漢置斥章縣，屬廣平國。後漢屬鉅鹿郡。晉曰斥章〔五〕，屬廣平郡。後魏太平真君三年併入列人，太和二十年復置。東魏天平初屬魏郡。北齊省入平恩縣。隋開皇六年改置洺水縣，屬武安郡。唐初屬洺州，會昌初省。元和志：「洺水縣西至州五十里。本漢斥章縣，漳水經其城，其地斥鹵，故曰斥漳。開皇六年以縣西近洺河，改爲洺水。」寰宇記：「高齊天保七年移平恩縣理斥漳城。隋開皇六年移平恩入舊地，於此立洺水縣。唐會昌三年併入曲周。」

曲周故城。在今曲周縣東北。漢高帝六年封功臣酈商爲侯國，武帝時始置爲縣。北齊省。隋時復置，尋廢。唐初復置，屬洺州。元和志：「縣西南至洺州八十里。本漢舊縣。後魏宣武帝改置曲安縣，高齊省。開皇六年復置，屬洺州，大業二年省。武德四年於曲周故城重置。」宋史地理志：「熙寧三年省曲周縣爲鎮，入雞澤，元祐二年復爲縣，尋復爲鎮，四年依舊爲縣。」按唐縣去州道里較今縣多四十里，蓋宋時移今治也。

清漳故城。在肥鄉縣東。隋置縣。元和志：「縣西北至洺州七十里。本漢列人縣地，開皇十六年於此置清漳縣，南濱漳水，因以爲名。」寰宇記：「唐會昌三年併入肥鄉。」舊志：「清漳城，在肥鄉東三十里，今清漳、大寨等村，基址盡廢，獨故城隍神祠尚存。」

肥鄉故城。在今肥鄉縣西。水經注：「竹書紀年曰：梁惠成王八年伐邯鄲，取肥。晉書地道紀曰：太康中立，以隸廣平也。」魏書地形志：「臨漳有肥鄉城。」舊唐書地理志：「肥鄉，漢邯溝縣地。」元和志：「縣西北至洺州四十九里。魏黃初二年分邯鄲等二縣立肥鄉〔六〕，屬廣平郡。後魏省入臨漳。開皇十年又置肥鄉。故城在縣西二十二里。」

即裴故城。在肥鄉縣西。漢征和元年封趙敬肅王子道爲抑裴侯國，屬魏郡。後漢省。鄭氏曰：「抑裴音即非，在肥鄉縣南五里，即非城也。」水經注：「地理風俗記曰：列人縣西南六十里有即裴城，故縣也。」

邯溝故城。在肥鄉縣西北。漢宣帝地節三年封趙頃王子偃爲侯國，屬魏郡。後漢省。水經注：「邯溝歷邯溝縣故城東，蓋因溝以名縣〔七〕。地理風俗記曰：即裴城西北二十里有邯溝城，故縣也。」寰宇記：「邯溝故城，俗名桓公城，在肥鄉縣西北十里。」

列人故城。在肥鄉縣東北。水經注：「漳水逕列人縣故城南。竹書紀年曰：梁惠成王八年伐邯鄲取列人者也。」寰宇記：「列人故城，在肥鄉縣東北十五里。」

廣平故城。在雞澤縣東。漢高帝六年封功臣薛歐爲廣平侯。後漢建武十二年又封馮異爲侯〔八〕。晉後罷。後魏復置。北齊又廢。後漢書注：「廣平故城，在今永年縣東北〔九〕。」雞澤縣志：「故城在縣東二十里，今有舊城村。」按元和志：「隋於廣平城置雞澤縣。」則廣平即今縣，蓋唐宋時又嘗遷治也。

普樂故城。在雞澤縣東南。唐書地理志：「雞澤有普樂縣，武德初置，後陷竇建德，遂廢。」舊志：「普樂城，在雞澤縣東南二十五里。」

雞澤故城。在今雞澤縣南。元和志：「縣西南至洺州五十里。本漢廣平縣地，開皇十六年於廣平城置雞澤縣，大業二年省。武德四年重置。」名勝志：「雞澤縣城，隋、唐以來，徙置不一，金天會中寄治臺頭村，大定元年始營今治。」縣志：「唐初縣治馮鄭堡，今縣東南馮鄭、北馮鄭是也。五代石晉徙治於古城東二十里，金天會中以兵燹寄治臺頭村，今縣東南有南臺頭村、北臺頭村是也。大定元年始移今治。」

邯鄲故城。在今邯鄲縣西南。春秋時衛邑，後屬晉。戰國屬趙，敬侯元年自晉陽徙都於此。秦始皇十九年置邯鄲郡。漢高帝四年立張耳爲趙王，都邯鄲。張晏曰：「邯，山名〔一〇〕。單，盡也。邯山至此而盡，城郭從邑，故『鄲』字亦加『邑』。」後漢仍爲趙國治，建安末始改屬魏郡。東魏時併廢縣，地形志「臨漳縣有邯鄲城」是也。隋復置，屬武安郡。唐屬磁州。元和志：「縣南至磁州七十里。」寰宇記：「隋開皇六年改易陽爲邯鄲縣，十年移邯鄲縣理陟鄉城〔一一〕，在今邯鄲縣界。」舊志：「故城在今縣西南十里，俗呼爲趙王城，秦、漢時趙俱理此，雉堞猶存。中有一臺，疑即殿廷之所。」輿程記：「趙王城西南二十里至臺城岡，漢以前，邯鄲城大數十里，今縣城及故城皆邯鄲也。堙廢後，所存者止此耳。」

武始故城。在邯鄲縣西南。戰國時韓地，史記：「秦昭襄王十三年，『向壽伐韓，取武始』。」即此。漢置武始縣，屬魏郡。元朔三年封趙敬肅王子昌爲侯邑。後漢建武五年更封張純爲武始侯，而郡國志無此縣，蓋尋省也。括地志：「故城在邯鄲縣西南五十里。」

斥丘故城。在成安縣東南。本春秋時晉乾侯邑，左傳昭公二十八年〔一二〕：「公如晉，次於乾侯。」杜預注：「乾侯在斥丘縣。」漢高帝六年封功臣唐厲爲斥丘侯，後爲縣。應劭曰：「有斥丘在西南。」闞駰云：「地多斥鹵，故曰斥丘。」高齊改置成安縣而故城廢。元和志：「成安縣西南至相州一百五十里。斥丘故城，在縣東南三十五里。」

廣宗故城。在威縣東。漢平帝元始二年立代孝王玄孫之子如意爲廣宗王，王莽時廢。地理志不載，蓋未置縣也〔一三〕。後漢和帝永元五年封弟萬歲爲廣宗王國於此，尋罷爲縣，屬鉅鹿郡。晉改屬安平郡〔一四〕。水經注：「田融云：趙武帝十二年立建興郡〔一五〕，治廣宗。」蓋石虎也。後魏置廣宗郡，治廣宗縣〔一六〕，中興中，又分立南、北二廣宗，尋罷。北齊郡廢。隋改縣曰宗城，屬清河郡。唐屬貝州，元和志：「縣東北至貝州六十里。」五代周改屬大名府〔一七〕，寰宇記：「縣在魏州西北一百七十里。」宋政和間，秦坦宗城新修廟學記畧：「宗城舊治雉川避河之衝〔一八〕，崇寧四年始遷邵固，雖屬大名，而去甘陵不三十里，今改屬洺州。」元初省。威縣志：「有古城在縣東南二十里，即故宗城是也。」

府城故城。在威縣東。隋開皇十六年分經城縣置府城縣，屬貝州，大業初仍省入。唐武德四年復置，屬宗州，九年又廢。

洺水故城。在威縣北。宋初置洺水鎮，九域志：「雞澤縣有北洺水鎮。」即此。加「北」字者，以別於曲周之故洺水縣也。

金於此置洺水縣。元移威州來治〔一九〕，又徙治今所。威縣志：「洺水廢縣，在城北五十五里。」

經城故城。在威縣北。後漢分堂陽置經縣〔二〇〕，在今廣宗縣界。後魏孝文改置於此。元和志：「經城縣，東至貝州六十里。」寰宇記：「經城縣，在魏州西北二百三十里。後漢分前漢堂陽縣，於今縣西北二十里置經縣。後魏初省併南宮縣，太和十年又於今理置經縣，續於縣理置廣宗郡。高齊天保七年省郡及縣，仍移武强縣於此。後周建德七年復於此置廣宗郡。隋開皇三年罷郡，六年移武强縣於武强城南置，後於此置經城縣，屬貝州。今屬魏州。」宋史地理志：「熙寧六年省經城爲鎮入宗城。」舊志：「經鎮堡，在威縣北五十里，即古縣也。」又見廣宗。

建始故城。在威縣東北。水經注：「張甲左瀆北逕建始縣故城東。趙立建興郡，又置建始、興德等五縣隸焉。」魏書地形志：「廣宗縣有建始城、建德城。」舊志：「『建德』即『興德』之訛〔二一〕。今威縣東北有北古城村，蓋即建始城，又有南古城村在縣南，蓋即興德等縣也。」

清陽故城。在清河縣東。漢置縣，爲清河郡治。景帝中三年〔二二〕，封皇子乘爲清河王。武帝元鼎三年又徙代王義爲清河王，都清陽。後漢省。括地志：「清陽故城，在清河縣東北八里〔二三〕。」又寰宇記：「古清陽縣城，在清陽縣東三十五里。後魏孝昌三年，葛榮以城内有甘陵高大，因據陵爲堡，賊平，遂置清湯縣。唐永昌元年，緣地久積鹽鹵，遂西移於永濟渠之東孔橋。開元二十二年又移於今州城東、永濟渠之曲，即今邑也。」宋史地理志：「熙寧四年省清陽入清河。」

夏津故城。在清河縣東南。隋開皇十六年分清河縣地置夏津縣，大業初仍廢。唐武德四年復置，九年又省。寰宇記：「故夏津縣城，在清陽縣東南四十里。」按唐改鄃縣爲夏津〔二四〕，即今山東東昌府縣也〔二五〕。

信成故城。在清河縣西北。漢置信成縣，屬清河郡。後漢省。水經注：「清河北逕信成縣故城西，應劭曰：甘陵西北五十里有信成亭，故縣也。趙置水東縣於此，故亦曰水東城。」元和志：「貝州清河縣，郭下。本漢信成縣地。」寰宇記：「高齊天保七年自厝城移清河郡及武城縣於今貝州西北故信成縣〔二六〕。後周於郡置貝州。隋開皇六年移武城還舊理，又移清河縣於州郭。唐咸通元年，長史鄭仁凱以舊居湫隘，移於故州東南十里，即今理所。信成故城，在今理西北十二里故州城外，城東南去永濟河十里。唐咸通以前郡理於此。」宋史地理志：「端拱元年徙清河治永寧鎮。淳化五年徙今治。」

甘陵故城。在清河縣東。漢高帝置厝縣〔二七〕，屬清河郡。後漢安帝時改曰甘陵。晉省爲清河縣地。

滏陽故城。今磁州治。元和志：「磁州，本漢武安縣地，周武帝於此置滏陽縣及成安郡。隋開皇十年廢郡〔二八〕，於縣置磁州。大業二年州廢。唐永泰元年重置。」寰宇記：「唐永泰初，昭義節度使薛嵩請於滏陽復置磁州。天祐三年改曰惠州，十三年復舊名磁州。」舊志：「有故滏陽城，在今州西三里。」

梁期故城。在磁州東。漢置縣，屬魏郡。後漢因之。晉省〔二九〕。水經注：「漳水逕梁期城南，地理風俗記曰：鄴北五十里有梁期城，故縣也。漢武帝元鼎五年封任破胡爲侯國。晉惠帝永興元年，驃騎王浚遣烏丸渴末逕至梁期，成都王穎遣將軍石超討末，爲末所敗。」即此。

臨水故城。在磁州西北。魏黄初三年分武安縣置臨水縣，屬廣平郡。晉因之。後魏太平真君六年併入鄴縣，太和二十一年復置，改屬魏郡。唐改置昭義縣。元和志：「昭義縣東南至磁州四十里。魏置臨水縣。北齊天保元年移理松谷〔三〇〕。周建德六年廢。唐永泰元年再置，改名昭義。」舊唐書地理志：昭義縣，「永泰元年，觀察使薛嵩特置於滏口之右故臨水縣城」。寰宇記：「磁州昭義縣，在磁州西三十五里。周建德六年移臨水縣理故涉城。隋開皇七年移於西戍，十年移於今理。」舊志：按舊唐本紀：「開成四年移昭義縣於固鎮驛。」蓋非古治矣。宋初避諱，更名昭德，熙寧六年省爲鎮，入滏陽。金志：「滏陽有昭德鎮，後又增臨水鎮。」今臨水鎮，在州西四十里。

廢安州城。在磁州東北。寰宇記：「廢安州城，在滏陽縣東北六里。周建德六年置，隋開皇三年廢〔三一〕。」

五花城。在永年縣西北三十里。元末築此爲守戍處。又陽城，在縣西五十里，明末土人所築。

建德城。在永年縣北二十五里，接雞澤縣界。有故城二，東西相直，相傳竇建德屯軍處。

新興城。在肥鄉縣東南。晉太元九年，慕容垂攻苻丕於鄴，分遣老弱於魏郡肥鄉，築新興城以置輜重。舊志：「今俗呼爲白塔營，在肥鄉東南。」

葛孽城。在肥鄉縣西南二十里。戰國策：「魏王抱葛、孽、陰、成爲趙養邑〔三二〕。」鮑彪注：「葛、孽、陰、成，四邑名。」寰宇記：「葛孽故城，俗呼葛鸄城，即趙武靈王夫人所築，一云夫人城。」舊志：「在肥鄉縣西南二十里，今堙。」

鸄城。在廣平縣西。名勝志：「鸄城之名，不見史傳，惟金王世鑑碑銘曰：太原之系，奕葉西華，轉徙鸄城，始定厥家。在縣西五六里，遺址尚存。」

五氏城。在邯鄲縣西，亦曰寒氏。春秋：定公九年，「齊侯、衛侯次於五氏」。又左傳：「衛侯伐邯鄲午於寒氏。」杜預注：「寒氏，即五氏也。」舊志：「或曰『五』與『午』通，城蓋以邯鄲午而名。」

王郎城。在邯鄲縣西三里。後漢初，王郎屯聚處，俗猶呼爲郎村。

上白城。在威縣南。晉建興元年，石勒攻乞活李惲於上白。永和五年，後趙李農奔廣宗，率乞活數萬家，保於上白。

末柸城。元和志：「在清河縣東北五十里。」十六國春秋曰：鮮卑段末柸自稱遼西公，於此築城，與石勒相持，因以爲名。」縣志：「今屬武城縣界。」

九侯城。在磁州西南。後漢書郡國志：「鄴縣有九侯城。」徐廣曰：「一作鬼侯。與文王爲紂三公。」張守節史記正義：「九侯城，在滏陽縣西南五十里。」〔三三〕

岳城。在磁州西南五十里。相傳岳飛屯兵於此，今有鎮。又商城，在州東北四十里，有堡。彭城，在州西四十五里。

較城。在磁州西二十五里。俗傳漢光武擊王郎，較兵於此，故名。

講武城。有二：一在磁州南二十里，漳河之北；一在州西舊滏陽城。皆曹操所築。

王城。在磁州西北五十里。相傳周世宗擊北漢時築。

臺城。在磁州界。九域志：「滏陽縣有臺城鎮。」〔三四〕舊志：「在磁州東北二十里，亦曰臺城岡，北去邯鄲五十里。相傳趙王所築避暑臺。」州志：「在州北四十里，有堡。」

鉅橋倉。在曲周縣東北。水經注：「衡漳北逕鉅橋邸閣西，舊有大梁横水，故有鉅橋之稱。昔武王伐紂，發鉅橋之粟，以賑殷之饑民。服虔曰：鉅橋，倉名。鉅鹿水之大橋也，今臨側水湄，左右方一二里中，狀若丘墟，蓋遺囤故窖處也。」通典：「鉅橋倉在曲周。」

定陵墅。在威縣西北八里。有二陵相對，中隔半里，東陵周三百二十步，高二丈餘，西陵周二百餘步，高四丈餘。上舊有廣宗王廟，今圮，俗稱大小高廟。

信宮。在永年縣西北。史記：「趙武靈王元年，魏、韓來朝信宮。」正義：「在臨洺縣。」舊志：「有萬春宮，在縣治南。唐武德二年，竇建德取洺州，築萬春宮徙都之。今堙。」

邯鄲宮。在邯鄲縣西北里許。輿地要覽以爲趙王如意所建。光武破王郎居邯鄲宮，晝臥温明殿，即此。北齊武平七年嘗營治之。

檀臺。在永年縣西，故臨洺縣北。史記：「趙成侯二十年，魏獻榮椽，因以爲檀臺。」徐廣曰：「襄國縣有檀臺。」括地志云：「檀臺，在臨洺縣北二里許〔三五〕。」

廉頗臺。元和志：「在洺州城南十里。十六國春秋『冉閔遇慕容恪於廉臺，十戰皆敗』。」

會盟臺。在雞澤縣東南二十里。即春秋諸侯同盟于雞澤處〔三六〕，遺址尚存。

洪波臺。在邯鄲縣東南。後漢書郡國志注：「邯鄲有洪波臺。」元和志：「在縣西北五里。」寰宇記：「在縣西三里。」韓詩外傳云：「周舍死後，簡子與諸大夫飲於洪波臺，酒酣泣曰：『吾聞千羊之皮，不如一狐之腋；衆人之唯唯，不如周舍之諤諤』。」舊志：「今在縣東南三十里洪波城村，屬肥鄉縣界。」

叢臺。在邯鄲縣城東北。相傳趙武靈王築。漢書：「高后元年，趙王宫叢臺災。」後漢書：「世祖拔邯鄲，與馬武登叢臺。」水經注：「叢臺，六國時趙王之臺也。劉劭趙都賦曰：結雲閣於南宇，立叢臺於少陽。今遺臺舊墉尚存。」顔師古漢書注：「連聚非一，故名叢臺。」元和志：「叢臺，在邯鄲縣城内東北隅。」舊志：「明嘉靖十三年建據勝亭其上。本朝康熙十六年修爲游觀勝地。乾隆十五年，高宗純皇帝時巡經此，有御製登叢臺詩。」

兔臺。在成安縣南。史記：「趙敬侯四年，魏敗我兔臺。」河北郡邑志：「成安縣有兔臺。」

説法臺。在成安縣南二里匡教寺中。相傳達摩及慧可二祖説法處。隋開皇中築臺。又鳳凰臺，在縣北五里。

龍堂。在清河縣西十里。右有古槐一株，宛若龍形。相傳宋太祖微時曾避暑其下，解衣覆上遂下生。

寇公廳。在成安縣。宋寇準知成安縣時，與民期會聽斷處。

見山樓。在磁州城内。元張焕文建，望太行諸峯，紫翠萬狀。

浩歌亭。在曲周縣治。明知縣皇甫汸建。

卓茆亭。在磁州治西。元參政安祐建。

御射亭。在磁州北關外五里。本朝康熙四十二年，聖祖仁皇帝西巡回鑾，駐蹕於此，親御弓矢，以路旁柳樹爲的，三發三中，臣民瞻仰，歡聲雷動，遂建此亭，並立「智聖」、「神武」二坊，以紀盛績。乾隆十五年，高宗純皇帝時巡，道過磁州，有恭題御射亭詩并序。

遂初園。在磁州西北。金趙秉文别業。

樂毅宅。在邯鄲縣東二十里樂家堡。

迴車巷。在邯鄲縣西南。相傳藺相如引車避廉頗於此。又縣西二十里藺家河，有藺相如宅。

平黑闥壘。在永年縣西南。元和志：「平劉黑闥壘，在永年縣西南十里，洺水南。貞觀四年於壘東置昭福寺，寺碑岑文本辭。」

淳于長夏承碑。在永年縣治東故漳川書院。漢建寧三年，蔡邕八分書。明嘉靖二十四年重刻。

關隘

臨洺關。在永年縣西四十五里，即古臨洺縣治。宋、金以來爲鎮。明初城址猶存，嘉靖間重築，南北二百二十丈，東西半之，作六門，内有通判分司公署。本朝初改設巡司，今仍設通判，並有千總駐此。

車騎關。在磁州北三十里。有城，明弘治十四年築。舊置巡司，今裁。

大繇鎮。在永年縣東二十五里。又有牛家堡鎮，在縣南二十里。曲陌鎮，在縣北三十里。舊皆有城，今圮。

黄龍鎮。在永年縣西南。唐光化三年，朱全忠將葛從周救洺州，自鄴縣渡漳水，營於黄龍鎮。金人疆域圖：「永年縣有黄龍鎮。」

新安鎮。在肥鄉縣西。九域志：「肥鄉縣有翟固、新寨、清漳〔三七〕、新安四鎮。」縣志：「新安鎮，在縣西二十里，有堡。又翟固集，在縣東八里，即宋翟固鎮。又前後新寨，在縣東三十里，即新寨鎮也。」

大趙鎮。在邯鄲縣東南。九域志:「邯鄲縣有大趙鎮。」舊志:「今有代召鎮,在縣東南二十里,蓋即大趙之訛。」

安化鎮。在清河縣西南古黄河濱。九域志:「清河縣有定遠、阮村、甘陵、大清、寧化、田樓六鎮。」

彭城鎮。在磁州西四十五里。設有州判駐此。居民善陶缶、罌之屬,或繪以五綵。又有治子鎮,在州西八十里,亦陶冶處。

二祖鎮。在磁州東北五十里。九域志:「滏陽縣有昭德、觀城〔三八〕、臺城〔三九〕、二祖四鎮。」舊志:「昭德鎮,在州西北。臺城鎮,在州北。」

舊店營。在肥鄉縣東十八里,有城。本朝康熙年間,縣寄治於此。

馬羅堡。在曲周縣東北五十里。元時名安仁鎮,明改今名。

香城固堡。在曲周縣東北六十里,接威縣界。又大寨堡,在縣東北一百里,接清河縣界。大目寨堡,在縣東七十里,接山東臨清州界。侯村堡,在縣東南四十五里,接山東丘縣界。

南陽堡。在肥鄉縣東三十五里。又毛演堡,在縣北十八里。

浮圖店堡。在雞澤縣西十八里,周三里。又縣南十八里有小寨堡,周四里。外皆有池。

東韓村堡。在廣平縣東十八里。又平固堡,在縣東二十里〔四〇〕。孟固堡,在縣西十里。焦家堡,在縣西北三里。

河沙堡。在邯鄲縣東南二十五里。又王化堡,在縣北二十里。户村堡,在縣西二十五里。俱有土城。

郭方堡。在成安縣東二十里。又鄭家莊堡,在縣東南二十五里。北漳堡,在縣西北十二里。閻村堡,在縣東北十八里。

邵固堡。在威縣東。宋崇寧中嘗移廣宗縣治此。又七級堡,在縣北七十里。章華堡,在縣東北。

謝鑪堡。在清河縣東南十二里。周一里有奇,外有池。居民殷盛,商賈輳集。又蓮冢堡,在縣東北二十五里,有城,高廣與謝鑪等。

林檀堡。在磁州西北三十里。又王家莊堡，在州南。

油坊鋪。在清河縣。有縣丞駐此。

張臺村。在威縣東北。舊設巡司於此，今裁。

程孟集。在曲周縣東南。舊志：「金志曲周有平恩鎮，即今程孟集也。」

臨洺驛。在永年縣西四十五里。舊設驛丞，今裁。有遞運所。

叢臺驛。在邯鄲縣治西南。

滏陽驛。在磁州南一里。

津梁

弘濟橋。在永年縣東五里，亦名馬頭橋。

長橋。在永年縣東南十二里。唐書：「元誼據洺叛，王虔休戰於長橋，又破之雞澤。」即此。

廣濟橋。在永年縣南五里。明嘉靖二十三年建，亘以三洞，繚以周闌，跨滏陽河。

東橋。在曲周縣東，漳、滏合流處。又縣城南有南橋。

通濟橋。在雞澤縣西八里洺河上。

莊橋。在邯鄲縣東南，跨滏陽河。

市橋。在邯鄲縣西門外。相傳戰國時趙王建。下有鐵牛、鐵柱，商旅輳集於上。

學步橋。在邯鄲縣北關，跨沁河上。蓋取壽陵子餘學步邯鄲以名之。

護城隄橋。在成安縣南。明萬曆二十九年建。

古界橋。在威縣北。後漢書獻帝紀：「初平三年，袁紹及公孫瓚戰於界橋。」水經注：「清河逕界城亭東，水上有大梁，謂之界城橋。公孫瓚屯廣宗，袁本初自往征瓚，合戰於界橋南二十里。紹將麴義破瓚於界城橋〔四二〕，即此橋也。世謂之鬲城橋，蓋傳呼失實矣。」寰宇記：「袁公橋，在宗城縣東。袁紹破公孫瓚於此，故謂袁公橋也。」

孔橋。在清河縣永濟渠東南。久廢。

壘橋。在清河縣東北。

滏河石橋。在磁州南一里。金泰和四年建。趙秉文記。

永濟橋。在磁州北門外。明萬曆十三年建。

隄堰

護城隄。一在永年縣西南，延袤三十里許。明嘉靖中築。一在雞澤縣城濠外。嘉靖二十二年築。一在廣平縣南一里，長十餘里。本朝時加修築。

賈葛隄。在永年縣西南滏陽河濱〔四二〕，東至肥鄉縣界，長三十里許。

舊漳河隄。在曲周縣東二十里。又有漳河頭隄、高口隄、李軍門隄，皆在舊漳河岸。

神腴隄。在肥鄉縣北。東西約五里。唐邑宰韋景駿築，以防漳水。

列人隄。在肥鄉縣東北二十里，亦曰列人埤。漳水淤泥積久而成高岸。或曰漢時大河隄也。

新河隄。在雞澤縣西南，長二里許。本朝康熙七年築。

沙河隄。在雞澤縣西一里，長三十二里。又漳河隄，在縣東十二里，長二十五里。俱明嘉靖四十三年修築。

漳隄。在廣平縣南三里。又古隄，在縣南十里。

故隄。在廣平縣西十五里。又新隄，在縣城外，環繞縣治，高丈餘。縣境無山川，僅以諸隄備形勢云。

歐隄。在邯鄲縣西半里許。明萬曆中，知縣歐陽調律築。又護河隄，在縣西，新築。

古隄。在威縣東北。舊自堂陽至甘陵入縣界邵固集，高二丈有奇，久圮。

護河隄。在清河縣東運河西岸，長四十里。按威縣、清河與山東之臨清接壤，衛河水盛，則有氾溢之虞。本朝乾隆六年，二邑與臨清協築子隄，置汛防護，於是永慶安瀾，民享其利。

堰水隄。在清河縣南三十里。東自御河涯，西至鯀隄，長五十里。明弘治中築。

鯀隄。在清河縣西。寰宇記：「在清河縣西三十里。自宗城縣界來，是鯀治水時所築。」

漢壩。在邯鄲縣東十里鄢米口北一里。漳水舊流經此，折而東入肥鄉、曲周二縣界，爲壩所壅，時致潰決。明萬曆初嘗議決漢壩而東達曲周蘇胡寨口，入於滏陽河，後漳水東徙，遂止。

利民閘。在府城東南五里。明成化二十年建〔四三〕，初名惠民，後重修更名。又安民閘，在縣東五里。便民閘，在縣東北五里。皆成化中建，引滏水注城隍，兼溉負郭田。

通水閘。在府城北門外。明嘉靖十二年建〔四四〕，沿隄鑿溝，南接利民閘，北達雞澤縣，入洺河。

惠民閘。在永年縣西南十二里閻村。明嘉靖八年，知府高汝行倣古井田法，計工授地，開渠建閘，引滏水灌田，自是稻田盛興。又阜民閘，在縣南十里。廣濟閘、潤民閘，皆在縣南十三里。益民閘，在縣西南十四里。便民閘、普惠閘，皆在縣西南十五里。廣仁閘，在縣西南二十里。皆明時建。

石閘。在永年縣北，舊滏河南岸。本朝乾隆二十八年建，以洩城濠積水。

弘濟閘。在曲周縣南〔四五〕。明嘉靖中建。又護城閘，在縣城東北隅，引水入隍。

柳林閘。在邯鄲縣東三里。又羅城頭閘，在縣東南五里。蘇里閘，在縣東北二十里。

西閘。在磁州西十二里。明萬曆十五年，知縣孫健築石爲堰，建閘疏渠二道，引滏水溉田。本朝康熙二十一年修。

東閘。在磁州東北二十五里。明崇禎八年建，引滏水溉田。

陵墓

漢

甘陵。在清河縣東南三十里。漢安帝父孝德皇、母孝德皇后葬此，俗名英陵。

東魏

二陵。在磁州。寰宇記：「滏陽縣東魏二陵，即孝静帝父大司馬清河王亶及孝静帝二陵也。隋圖經云在縣東，即武城西北大岡。」舊志：「有太上冢，一名天子冢，在牛尾岡。相傳孝静帝陵，或以爲高歡父所築。」

齊

神武陵。元和志：「滏陽縣，高齊神武陵，在縣南三里。」寰宇記：「在東魏二陵之側〔四六〕，天鹿石闕尚存。」

周

冉子墓。在永年縣西五十里。相傳冉伯牛葬此，今有祠。

竇鳴犢冢。在永年縣西。寰宇記：「在臨洺縣西南十三里。」

平原君墓。元和志：「在肥鄉縣東南七里。」

毛遂墓。寰宇記：「在肥鄉縣南七里。」又舊志：「在永年縣南二里。」

程嬰公孫杵臼墓。元和志：「在邯鄲縣西十五里。」

趙簡子墓。元和志：「在邯鄲縣西南十二里。」寰宇記：「邯鄲縣石子崗有冢如研子，世謂之研子冢者，是趙簡子冢。」舊志：「在縣南故城中。」

樂毅墓。元和志：「在邯鄲縣西南十八里。」

藺相如墓。元和志：「在邯鄲縣西南二十三里。」

趙武靈王墓。在邯鄲縣西北二里，即照眉池西之高嶺也。應劭曰：「武靈王墓(四七)，在靈丘。」即此。按應劭謂墓在靈丘縣，縣以此得名。據史記，趙敬侯初徙邯鄲，敗齊於靈丘。後五十餘年而生武靈，故臣瓚以爲靈丘之號在武靈之前。且武靈卒於沙丘，而葬於靈丘，相越甚遠，亦不可曉。寰宇記爲「滄州城東南隅先有古墓，高二丈。唐貞元十三年增築外城(四八)，掘得銘記，是六國時趙武靈王墓(四九)，遂致祠祭。」戰國時，滄州屬齊北境，究未定爲何是也，存以誌疑。

趙三王墓。在邯鄲縣西北二十里，亦名三王陵。三王，惠文、孝成、悼襄也，俗呼爲「陵臺」，今其地即名爲三陵村。

趙奢墓。元和志：「在邯鄲縣西北七里。」舊志：「在縣紫山上。」

廉頗墓。在清河縣西三十里，近鯀隄。

漢

張耳墓。在成安縣東北三十里。

李雲墓。在清河縣西十里。冀州刺史賈宗刻石表之。

杜喬墓。在磁州北二十五里。舊志：「又有李固墓，在州東。」蓋誤。

三國　魏

疑冢。在磁州南。志勝舊傳：「曹操設疑冢七十有二，森然彌望，高者如小山，列布至州城而止。」

晉

石虎墓。在磁州西南。元和志：「石虎墓，在滏陽縣西南十四里。」

佛圖澄墓。在磁州西南。元和志：「在滏陽縣西南十七里。」

唐

宋慶禮墓。在邯鄲縣西二十里。縣志：「宋慶禮、宋慶賓，永年人，有墓在城西。或誤指爲宋璟墓，知府秦民悦立石辨之。」

張公謹墓。在清河縣西南二十里。

宋

李椿墓。在永年縣西，朱子爲墓銘。

李沆墓。舊在肥鄉縣西門外，後拓入城内。爲漳水所堙。

元

何榮祖墓。在永年縣西三十里。

吴元珪墓。在永年縣西臨洺鎮。

王磐墓。在永年縣北四十里。

竇默墓。在肥鄉縣東十里。

李齊墓。在廣平縣西關外。有祠。

劉肅墓。在威縣東。孫賡墓附焉。

元明善墓。在清河縣西二里。

明

申佳胤墓。在永年縣西七十里。

陳于陛墓。在曲周縣隄上村。

張學顔墓。在肥鄉縣東南三里。

賈銓墓。在邯鄲縣東南二里。

石永墓。在威縣南三里。

九冢。在清河縣南。巍然九阜，或曰亦古王墓也。

祠廟

冉子祠。在府西瓜井村。明茅坤有記。

申端愍公祠。即旌忠祠，在府治南。祀明殉難太僕寺丞申佳胤。本朝順治六年建。

滏漳二神祠。在曲周縣東東橋南河畔。又府城南有滏口祠，名勝志：「永年縣有滏口祠。」佛圖澄傳：「石虎時，自正月至六月不雨，澄詣稽首暴露，即有二龍降雨祠下。」

董子祠。在曲周縣東五十九里〔五〇〕。祀漢董仲舒。

李忠愍祠。一在曲周縣學西，一在威縣治南。俱祀宋李若水。

平原君祠。在肥鄉縣南堡村。

三忠祠。舊在邯鄲縣叢臺西南。明萬曆十九年建，祀晉程嬰、公孫杵臼、韓厥。今移建城西東明觀右。

三賢祠。舊在邯鄲縣西門外。祀趙藺相如、廉頗、李牧。歲久頹廢，移於城東北馬神廟内，今又改建南關外，增趙奢爲四賢祠。

呂翁祠。在邯鄲縣北二十里。唐李泌枕中記載盧生邯鄲道上遇呂翁事，後人因建祠名黄仙祠。明世宗御書額曰「風雷隆一仙宫」。本朝康熙七年總督白秉真修，有記。乾隆十五年，高宗純皇帝鑾輿南巡，恭建行宫於祠之東。

成安君祠。在成安縣西北。明嘉靖二十年改建，祀漢陳餘。

仰功祠。在成安縣治西北。祀宋寇準。明嘉靖二十五年建。

程宗二公祠。在磁州儒學東南。祀宋磁州守程珦、宗澤。

塗公祠。在磁州北五里。本朝順治六年建，祀巡道塗廓。

廉將軍廟。在永年縣南十二里。祀趙廉頗。

李衛公廟。在邯鄲縣東北來馬臺。唐李靖嘗統軍過此，後人因祀之。

曾子廟。在威縣城南。

寺觀

保慶寺。在府治東南。唐司空曙有遊保慶寺詩。明洪武五年重修。

泉亭寺。在永年縣西臨洺鎮西五里。鎮地掘井必三丈乃及泉，唯寺中地掘二尺即得水。內有蓮池，水泉常溢。

大乘寺。在邯鄲縣西關。有明黄振鳳重修大乘寺碑〔五一〕。

匡教寺。在成安縣南二里許。曹溪二祖慧可説法處。隋開皇中築臺，明代重修。

圖明寺。在成安縣西十二里。唐太極元年建。有古柏、石佛圖，俱千年遺迹。

保慶寺。在威縣治東北隅。府志：「金明昌中，有蕭氏女名浄興者，學道能前知。明昌六年，羽化於此。」

隆興寺。在清河縣西南。隋時建。府志：「寺東有『定光佛塔』，相傳宋太祖微時，嘗醉卧其下，塔影周迴蔭之，老僧知其非常人也，追至城西獻茶，登極後重修。梵宇極其弘麗，歲久圮廢。」

響堂寺。在磁州西四十里。北齊天統間建。殿宇弘敞，凡有穴處，微擊之，鏗然有聲，故名。

多慶寺。在磁州北林壇里。周廣順二年建。

元符寺。在磁州東北五十里。唐貞觀十六年建。相傳二祖示寂之所。

清都觀。在永年縣西北四十里。唐建。

名宦

漢

馮逡。潞人。成帝時遷清河都尉，治行廉平。

何武。郫縣人。成帝時爲清河太守，有惠政。

魯丕。平陵人。元和初拜趙相，門人就學者常百餘人，關東號之曰「五經復興魯叔陵」〔五二〕。章帝巡狩至趙，特被引見，難問經傳，厚加賞賜。在職六年，嘉瑞屢降，吏人重之。

尹勳。鞏人。順帝時舉孝廉，遷邯鄲令，政有異績。

韋義。杜陵人。順帝時辟爲甘陵令，政甚有績，官曹無事，牢獄空虛。

司馬芝。温人。建安中遷廣平令。征虜將軍劉勳，貴寵驕豪，賓客子弟在界數犯法。勳與芝書，多所託屬，芝不報其書，一皆如法。後勳以不軌誅，交關者皆獲罪，而芝以此見稱。

三國　魏

盧毓。涿人。文帝時遷廣平太守，有惠化。

鄭袤。開封人。明帝時爲廣平太守，以德化爲先，善作條教，郡中愛之。徵拜侍中，百姓戀慕，至涕泣路隅。

晉

丁紹。譙國人。武帝時爲廣平太守，政平訟理，道化大行。於時河北騷擾，靡有完邑，而廣平一郡，四境乂安，是以民皆悦其法而從其令。

竇允。始平人。拜臨水令，克己厲俗，改修政事，士庶悦服，咸歌詠之。

南北朝　魏

張恂。沮陽人。皇始中出爲廣平太守，招集離散，勸課農桑，流人歸者數千户。

羊敦。鉅平人。天平中爲廣平太守，甚有能名，姦吏跼蹐，秋毫無犯。雅性清儉，屬歲饑，家餽未至，使人外尋陂澤，採藕根而食。遇有疾苦，家人解衣質米以供之。卒官，吏民奔哭，莫不悲慟。

竇瑗。洛陽人。天平中除廣宗太守，治有清白之稱。廣宗民情凶戾，前後累政，咸見告訟。惟瑗一人，終始全潔。

北齊

宋世良。廣平人。魏末除清河太守。才識閑敏，尤善政術。在郡未幾，聲聞甚高。後齊天保中大赦，郡先無一囚，率羣吏拜詔而已。獄内穭生桃樹，蓬蒿亦滿。每日衙門虚寂，無復訴訟者。其年冬，醴泉出於界内。

裴讓之。河東人。文宣帝時除清河太守，至郡未幾，姦吏斂迹，盜賊清靖。

路去病。陽平人。武平中爲成安令。成安輦轂之下，舊號難治，近臣内戚，請屬百端。去病消息事宜，以理抗答，勢要莫不憚其風格，治術稱首。

隋

長孫平。洛陽人。開皇中歷貝州刺史，有善政。

薛孺。汾陰人。開皇中轉清陽令，有惠政。

楊善會。華陰人。大業中爲清河通守。竇建德擾清河，善會嬰城固守，賊圍之四旬，城陷被執，建德釋而禮之，用爲貝州刺史。善會駡曰：「老賊何敢擬議國士！」臨之以兵，辭氣不撓，建德害之。清河士庶莫不傷痛。

唐

戴元祥。武德初爲貝州刺史，劉黑闥陷鄃縣，元祥死之。

羅士信。齊州歷城人。武德五年爲洺州總管。劉黑闥陷洺州〔五三〕，執士信欲用之，不屈而死。

裴琰之〔五四〕。聞喜人。高宗時爲永年令，有惠政，吏刻石頌美。

韋景駿。萬年人。神龍中爲肥鄉令。縣北瀕漳，連年泛溢，人苦之。舊防迫漕渠，雖峭岸，隨即壞決。景駿相地勢，益南千步，因高築障，水至隄趾輒去，其北燥爲肥田。又維艫以梁其上，而廢長橋，功少費約，後遂爲法。方河北饑，身巡閭里，勸人通有無，教導撫循，縣民獨免流散。及去，人立石著其功。

宋璟。南和人。中宗時檢校貝州刺史。時河北水，歲大饑，武三思使斂封租，璟拒不與。

張巡。南陽人。開元末出爲清河令，治績最而負節義，或以困阨歸者，傾貲振護無吝。

畢炕。偃師人。天寶末爲廣平太守。拒安禄山，城陷，覆其家，謚忠。

張伾。德宗時以澤潞將守臨洺，田悦攻之，固守累月，士死，糧且盡，救不至。伾悉召部將立軍門，命女出徧拜，因曰：「諸君戰良苦，我無貲爲賞，願以是女賣直，爲一日費。」士皆哭曰：「請死戰！」會馬燧自河東將兵擊悦，敗之，伾乘勝出戰，無不一以當百。

五代　周

郭進。博野人。顯德中爲洺州團練使，有善政，郡民詣闕請立碑頌德，詔鄭起撰文賜之。進嘗於城四面植柳，濠中種荷芰蒲薍，後益繁茂。郡民見之有垂涕者，曰：「此郭公所種也。」

宋

孟玄喆。太祖時以泰寧軍節度鎮貝州，在鎮十餘年，有政績。

盧之翰。祁州人。太宗時通判洺州。會遼兵至，之翰募丁壯決漳、御河以固城堡，敵不能攻。吏民詣闕，求借留。

寇準。下邽人。太宗時知成安縣。每期會賦役，未嘗輒出符移，惟具鄉里姓名揭縣門，百姓莫敢後期。

李斌。青州人。淳化中領洺州團練使。勤於政理，人服其清慎，轉運使陳緯以狀聞於朝〔五五〕。至道初，徙滄州。及代，里民不忍其去，鄰境亦上其善狀，詔書褒美之。

周審玉。開封人。淳化中知貝州。有驍捷卒戍州者三十七人，同謀殺審玉，刼庫兵而叛，推虞候趙咸雍爲首，審玉覺之，與轉運使王嗣宗率兵悉擒其黨，磔咸雍於市。

柴禹錫。大名人。咸平中移知貝州。是歲遼兵奄至城下，禹錫内嚴備禦，寇引去。

王沿。館陶人。真宗時知宗城縣。張知白薦其才。

劉從廣。并州人。仁宗時知洺州。漳水溢，從廣穿隋故渠以殺水勢，洺人便之。

郭諮。平棘人。仁宗時攝肥鄉令。縣内田賦不平，歲久莫治。諮至，閉閤數日，以千步方田法，四出量括，遂得其數，除無地之租者四百家，正無租之地者百家，收逋賦八十萬，流民乃復。

董元亨。束鹿人。仁宗時通判貝州。王則據城叛，賊黨擐甲露刃脅元亨，索庫鑰。元亨叱之曰：「我有死耳，鑰不得可也。」賊遂殺之。事聞，仁宗曰：「守法之臣也。」

文彦博。介休人。仁宗時，貝州王則反，命彦博爲宣撫使，旬日，檻則送京師。

孫固。管城人。仁宗時調磁州司户參軍。從平貝州，爲文彦博言脅從罔治之義，與彦博義協，故但誅首惡，餘無所及。

宋守約。酸棗人。慶曆中遷知恩州。仁宗諭以亂後撫御之意，對曰：「恩與他郡等耳，而爲守者猶以反側待之，故人心不自安，臣願盡力。」

黄莘。蒲田人。嘉祐中爲清河令，與南宫令劉摯、信都令李沖，皆以治行聞，人稱爲「河朔三令」。

劉安世。魏人。爲洺州司法參軍。

杜紘。鄄城人。神宗時爲永年令。歲荒，民將他往，召諭父老曰：「令不能使汝必無行，若留，能使汝無饑。」皆喜聽命。乃官給印券，使稱貸於大家，約歲豐爲督償，於是咸得食，無徙者。

宗澤。義烏人。靖康元年知磁州。時太原失守，官兩河者率託故不行。澤曰：「食禄而避難，不可也。」即日單騎就道，從羸卒十餘人。磁經敵騎蹂躪之餘，人民逃徙，帑廩枵然。澤至，繕城壁，浚隍池，治器械，募義勇，始爲固守不移之計。金兵直叩磁州城，澤以神臂弓射走之，開門縱擊，斬首數百級。

金

劉敏行。平州人。天會中遷肥鄉令。歲大饑，盜賊掠人爲食。諸縣老弱入保郡城，不敢耕種，畝畝荒蕪。敏行白州，借軍士三千護縣民出耕，多張旗幟爲疑兵，敏行率軍巡邏，日暮閲民入城，由是盜不敢犯，耕稼滋殖。

巴達喇木布。奚王五族人。天會中同知磁州，捕獲太行羣盜。元帥府以磁、相二州屯兵屬之，擒王會、孫小十〔五六〕、苗清等，羣盜遂平。天德中，起復洺州防禦使。正隆盜起，州縣無兵，不能禦。洺舊有河附於城下，巴達喇木布乃引水注濠中以爲固，盜弗能近，州賴以安。「巴達喇木布」舊作「伯德特離補」，今改正。

黄久約。須城人。世宗時授磁州刺史。磁並山，素多盜，既獲而款伏者，審録官或不時至，繫者多以杖殺，或死獄中。久約惻然曰：「民雖爲盜，而不死於法可乎。」乃請盡讞之而後行。

賀揚庭。濟陰人。明昌二年除洺州防禦使。時歲歉民饑，揚庭諭蓄積之家，令出所餘以糶之，饑者獲濟，洺人立石頌德。

完顔齊。穆宗曾孫。章宗時爲磁州刺史，治以寬簡，未嘗留獄。磁名郡，刺史皆朝廷遴選，郡人以前政有聲，如劉徽柔、程輝、高德裕皆不及齊。

元

張礎。通州人。世祖時知威州。有婦人乘驢過市者，投下官阿齊之奴引鳴鏑射婦人墜地，匿阿齊家。礎將以其事聞，阿齊懼，乃出其奴，論如法。「阿齊」舊作「暗赤」，今改正。

劉容。雲京人。世祖時出爲廣平路總管。富民有同姓争財産者，訟久不決，容至，取籍考二人父祖名字，得其實，立斷之，争者遂服。

明

詹俊。當塗人。洪武初授磁州同知。值兵革初定，招徠流移，撫卹備至。州有蝗，爲文籲天，蝗悉出境。歲旱，俊作歌自責，雨隨至。

包宗達。金華人。洪武中磁州知州。以廉能著。濬五爪渠，引滏水溉田，民多利之。

熊懷。豐城人。天順中知廣平府。搏豪强，興水利，賑饑荒，治爲畿輔冠。比去，民立祠。

秦民悦。舒城人。成化中知廣平府。雪死囚十九人，清牧馬地三千餘頃，招集流亡六千户，考績稱最。九載去任，民立生祠祀之。

李進。曲沃人。成化中知廣平府。遇歲旱，修理民閘，灌田數千頃，疏渠引流，皆有成法，民受其賜。

張羽。南鄭人。正德中知廣平府。勤於政事，懲豪猾，恤鰥寡，興學校，治甚有聲。以調任去，士民泣送，攀輿不得行。

高汝行。太原人。嘉靖初知廣平府。有豪猾爲民害，前守不能禁，汝行至，即按以法。郡城西南有隙地，蕪穢不治，汝行鑿渠修堰，引滏水灌之，悉成良田，民建祠渠側祀焉。

瞿晟。黄梅人。嘉靖中知廣平府。鑿長渠三百里，引水爲四閘，灌田數千頃。有盗掠富人貲，晟禱於神，從衆中呼盗名誅之，一郡皆伏。

唐音。武進人。嘉靖中知雞澤縣。才贍力勤，爲民興革，必行其志。尤盡心獄訟。朝議市馬，他縣多威取於民，音不忍，上官督之急，即投劾請去，民間争出馬，半日而足，馬肥好，更爲諸縣最。卒於官，槖無餘貲。

馬翰如。陳留人。萬曆中知永年縣。時有水患，翰如決孟家口洩之，復築堰以障洺水，增稻田數百頃。改條鞭，革種馬大户，皆稱惠政。

本朝

塗廓。遼東人。任河南、河北兵巡道，駐磁州。順治六年，賊陷隆平，逼武安，廓率兵奮擊，馬蹶爲賊所害，麾下蘇某亦力鬬死。事聞，贈廓光禄寺卿，建祠以祀。

沈志禮。漢軍鑲黄旗人〔五七〕。磁州知州。歲旱，開渠引澤水溉田，秋禾乃登。徵收賦税，不差一役，而賦亦無虧，民德之。

華士捷。江南人。知廣平縣。漳水舊經邑界泛濫不時，士捷疏濬上流，水患遂息。城隍、廨宇、廟學，久就頹廢，士捷以次修建。在任十七年，卒於官。

校勘記

〔一〕晉屬廣平郡　乾隆志卷二一古蹟（以下同卷簡稱乾隆志）同。吳增僅三國郡縣表附考證：「易陽，故屬趙，據魏武紀，建安十七年移屬魏郡。寰宇記云：魏時移魏郡，晉復屬廣平。考易陽東界曲梁，西界邯鄲，南界肥鄉，肥鄉、邯鄲皆屬廣平，知易陽不能越二縣以屬魏郡。通鑑胡注云：易陽，魏屬廣平。蓋建安中移屬魏郡，黄初中分置廣平，又移屬焉。」中國歷史地圖集第三册三國魏易陽縣屬廣平郡，蓋據此。

〔二〕本漢易陽縣　乾隆志同。太平寰宇記卷五八：洺州臨洺縣，「本漢易陽縣也」。按「也」，他本作「地」。同書下文載：「後魏省入邯鄲縣，孝文帝于北中府城復置易陽，屬廣平郡，今理是也。隋開皇六年改易陽爲邯鄲縣，十年移邯鄲縣理陟鄉城，在今邯鄲縣界，仍于北中府城别置臨洺縣。」則魏世易陽縣非漢舊治（漢縣在今永年縣東南，舊永年縣西十五里），已遷治北中府城（今永年縣治臨洺關），即隋唐臨洺縣治，明爲二地，他本作「漢易陽縣地」是也，此脱「地」字。

〔三〕十年移邯鄲縣理陟鄉城　「陟」，原作「涉」；「城」，原作「縣」，乾隆志同，並據太平寰宇記卷五八改。後邯鄲故城引寰宇記改同。

〔四〕晉仍屬廣平郡　乾隆志同。吳增僅三國郡縣表附考證引皇輿表：廣年，「魏屬廣平」。中國歷史地圖集第三册三國魏廣年縣屬廣平郡。

〔五〕晉曰斥章　「斥章」，乾隆志同。按晉書卷一四地理志上、隋書卷三〇地理志中及水經濁漳水注皆作「斥漳」。

〔六〕魏黄初二年分邯鄲等二縣立肥鄉　「二」，乾隆志作「三」。按元和郡縣圖志卷一五：肥鄉縣，「黄初二年分邯鄲、列人等縣立肥鄉」。太平寰宇記卷五八：肥鄉縣，「黄初二年分邯鄲等縣立肥鄉縣」。則「等二」或「等三」，皆非。

〔七〕邯溝歷邯溝縣故城東蓋因溝以名縣　「邯溝縣」，原作「邯鄲縣」，據乾隆志及水經濁漳水注改。「東」，原脱，乾隆志同，據水經注補。

〔八〕後漢建武十二年又封馮異爲侯　乾隆志同。後漢書卷一七吴漢列傳：建武二年，「封漢爲廣平侯」。同書卷七八孫程列傳：順帝封「馬國爲廣平侯」。按後漢書卷一七馮異列傳：建武十年夏，「病發，薨于軍」，建武十二年何得封爲廣平侯？此誤。

〔九〕在今永年縣東北　乾隆志同。後漢書卷一八吴漢列傳李賢注：「廣平故城在今洺州永年縣西北。」按唐洺州治永年縣，即清廣平府治永年縣（今永年縣治臨洺關東南舊永年），漢魏廣平縣在清雞澤縣（即今縣）東二十里古城營，以方位而言，在唐永年縣東北，李賢注云「西北」，誤。此作「東北」，爲修本志者改正。

〔一〇〕邯山名　乾隆志同。漢書卷二八地理志下顔師古注引張晏曰：「邯鄲山在東城下。單，盡也。」按水經濁漳水注引此無「鄲」字，「張晏所謂邯山在東城下者也。曰單，盡也」。後漢書卷一光武帝紀注引前書音義：「邯，山名。單，盡也。邯山至此而盡。」亦無「鄲」字。

〔一一〕十年移邯鄲縣理陟鄉城　原「十」下衍「六」字，據乾隆志及太平寰宇記卷五八删。

〔一二〕左傳昭公二十八年　乾隆志同。按下引文「公如晉，次于乾侯」，見載於春秋經文，左傳爲「公如晉，將如乾侯」。此誤以經文爲傳文。

〔一三〕蓋未置縣也　乾隆志同。周振鶴西漢政區地理概述：元始二年置廣宗國，「大約僅一縣之地」。續漢書郡國志二鉅鹿郡領有廣宗縣，仍東漢初廢廣宗國，廣宗縣改屬鉅鹿郡。詳見本志卷三二廣平府一校勘記〔八〕。

〔一四〕晉改屬安平郡　乾隆志同。三國志卷五魏書后妃傳：文德郭皇后，「安平廣宗人」。裴松之注引魏書曰：「后以漢中平元年生。」則後漢末已改屬安平郡。

〔一五〕趙武帝十二年立建興郡　「十二」，原作「二十二」，乾隆志及朱謀𥚶水經注箋同。王先謙合校水經注、楊守敬水經注疏河水注皆作「十二」，云：「第石虎前後改元，共計十五年，不得云『二十二年』，上『二』字衍。」據刪上「二」字。

〔一六〕後魏置廣宗郡治廣宗縣　乾隆志同。太平寰宇記卷五四：經城縣，「後魏太和十年又于今理置經縣，續于縣理置廣宗郡。高齊天保七年省郡及縣，仍移武强縣于此」。則後魏置廣宗郡于經縣，清廣宗縣（今縣）東北，此謂「廣宗郡治廣宗縣」，誤。據魏書卷一〇六地形志上，後魏廣宗縣屬廣宗郡。

〔一七〕五代周改屬大名府　乾隆志同。按新唐書卷三九地理志三：魏州宗城縣，本隸貝州，「天祐三年曰廣宗，是歲來屬」。太平寰宇記卷五四：魏州（即大名府），天祐三年割貝州之宗城來屬，「從魏府之所請」。則唐末已改屬魏州。

〔一八〕雉川　「川」，原作「州」，乾隆志同，據同治畿輔通志卷一五七古蹟四引大清一統志、光緒廣平府志卷三七古蹟略、民國威縣志卷二古蹟改。

〔一九〕元移威州來治　「治」，原作「洺」，乾隆志同。按元史卷五八地理志一：威州洺水縣，「定宗二年改隸威州。憲宗二年徙威州治此」。同治畿輔通志卷一五七古蹟四引大清一統志：洺水故城，「元移威州來治」。光緒廣平府志卷三七古蹟略、民國威縣志卷二古蹟二皆作「治」。此「洺」爲「治」字形訛，據改。

〔二〇〕後漢分堂陽置經縣　乾隆志同。按漢書卷二八地理志上：鉅鹿郡堂陽縣，「嘗分爲經縣」。則西漢曾析堂陽縣置經縣。續漢書郡國志二安平國領有經縣，爲東漢於故縣復置。

〔二一〕建德即興德之訛　乾隆志同。按水經河水注云：趙立建興郡，建始、興德爲建興郡屬縣。魏書卷一〇六地形志上載：廣宗縣有「建始城、建德城」。「德」有可能爲「興」字之訛，但云「即興德之訛」，必無「建德」，缺乏確證。

〔二二〕景帝中三年　「中」，原作「十」，乾隆志同。按史記卷一一景帝本紀：中三年，立皇子方乘爲清河王（他本無「方」字，是）。

漢書卷五景帝紀、漢書卷一四諸侯王表、同書卷五三景十三王傳清河哀王乘同，此「十」爲「中」字之誤，據改。

〔二三〕在清河縣東北八里　乾隆志同。按史記卷五八梁孝王世家正義引括地志云：「清陽故城，在貝州清陽縣西北八里也。」此「清河」爲「清陽」、「東北」爲「西北」之誤。

〔二四〕按唐改鄃縣爲夏津　「鄃」，原作「歙」，據乾隆志及舊唐書卷三九地理志二、新唐書卷三九地理志三改。

〔二五〕即今山東東昌府縣也　乾隆志同。按本志卷一八四臨清州：明屬東昌府，「乾隆四十一年升爲直隸州，屬山東省」。領武城、夏津、丘三縣。夏津縣，「本朝初屬東昌府，乾隆四十一年改屬臨清州」。清史稿卷六一地理志八同。此「東昌府」應爲「臨清州」，才合。

〔二六〕高齊天保七年自厝城移清河郡及武城縣於今貝州西北故信成縣　「厝」，原作「晉」，乾隆志同。按太平寰宇記卷五八貝州：「後魏移清河郡及清河縣于漢厝城置。高齊自厝城移郡及武城縣于今貝州西北十里故州城，其城即漢信成縣理。」又清陽縣，「故厝城，在縣東南三十里。按地理志云『屬清河郡』」。此「晉」爲「厝」字之誤，據改。

〔二七〕漢高帝置厝縣　按太平寰宇記卷五八貝州：清河縣，「本周之甘泉市地，秦爲厝縣」。讀史方輿記要卷一五：清河縣，甘陵城，「秦置厝縣，屬鉅鹿郡，漢屬清河郡」。中國歷史地圖集第二册，秦鉅鹿郡領厝縣。

〔二八〕隋開皇十年廢郡　乾隆志同。按隋書卷一高祖紀：開皇三年，「罷天下諸郡」。則此「十年」爲「三年」之誤。

〔二九〕晉省　乾隆志同。水經濁漳水注：「（應劭）地理風俗記曰：鄡北五十里有梁期城，故縣也。」楊守敬水經注疏：「闞駰十三州志曰：『鄡北五十里梁期城，故縣也。』蓋本之應劭。一統志謂晉省，非。廣平府志謂魏省，亦非。據應劭說則後漢末已廢。」

〔三〇〕北齊天保元年移理松谷　「松谷」，乾隆志及太平寰宇記卷五六同，元和郡縣圖志卷一五作「松釜」。

〔三一〕隋開皇三年廢　「三」，原作「二」，據乾隆志及太平寰宇記卷五六、同治畿輔通志卷一五七古蹟四引大清一統志改。

〔三二〕魏王抱葛孽陰成爲趙養邑　「成」，原作「城」，據乾隆志及戰國策卷二四魏三葉陽君約魏改。本志下文鮑彪注作「成」，是也。

〔三三〕張守節史記正義九侯城在滏陽縣西南五十里　乾隆志同。按「九侯城，在滏陽縣西南五十里」之文不載於張守節史記正義，而見載於太平寰宇記卷五六「磁州滏陽縣」，蓋此引誤。

〔三四〕九域志滏陽縣有臺城鎮　乾隆志同。按元豐九域志卷二滏陽縣有「臺村鎮」，金史卷二五地理志中作「臺城鎮」，此以金志誤爲九域志。

〔三五〕在臨洺縣北二里許　乾隆志同。按史記卷四三趙世家正義引括地志無「許」字。

〔三六〕在雞澤縣東南二十里即春秋諸侯同盟于雞澤處　乾隆志同。左傳襄公三年：「六月，公會單頃公及諸侯。己未，同盟于雞澤。」杜預注：「雞澤，在廣平曲梁縣西南。」按西晉廣平郡曲梁縣，即清永年縣（今永年縣東南舊永年），則春秋時雞澤在今舊永年西南。楊伯峻春秋左傳注：「今河北邯鄲市東稍北舊有澤，即雞澤。」即在舊永年西南，與杜注正合。又今雞澤縣乃隋開皇時所置，非春秋時雞澤，本志疏誤。

〔三七〕清漳　「漳」，原作「潭」，乾隆志同，據元豐九域志卷二及同治畿輔通志卷六九關隘引元豐九域志改。

〔三八〕觀城　乾隆志及金史卷二五地理志中同，元豐九域志卷二作「觀臺」。

〔三九〕臺城　乾隆志及金史卷二五地理志中同，元豐九域志卷二作「臺村」。

〔四〇〕在縣東二十里　乾隆志同。同治畿輔通志卷六九關隘三引畿輔輿圖：「平固堡，在廣平縣東北三十里。」光緒廣平府志卷一六關隘同。按今廣平縣（即清縣）東北平固店（一九八二年河北省地圖集），即是。此「東」下脱「北」字。

〔四一〕紹將麴義破瓚於界城橋　「麴」，原作「鞠」，乾隆志及朱謀㙔水經注箋同，據三國志卷八魏書公孫瓚傳及王先謙合校水經注、楊守敬水經注疏淇水注改。

〔四二〕在永年縣西南滏陽河濱　「河」，原脱，據乾隆志補。讀史方輿紀要卷一五：「賈葛口堤，東沿滏河，至（廣平）府城東南復迤邐而北。」按滏河，亦名滏陽河。

〔四三〕明成化二十年建　「二十」，乾隆志同。光緒畿輔通志卷八七隄閘二、光緒廣平府志卷一九渠閘皆作「十二」，此「二十」蓋爲「十二」之誤倒。

〔四四〕明嘉靖十二年建　「十二」，乾隆志作「十三」，光緒廣平府志卷一九渠閘作「十一」。

〔四五〕在曲周縣南　乾隆志同。按同治畿輔通志卷八七隄閘二：「弘濟閘，在曲周縣東北濟川橋南。」光緒廣平府志卷一九渠閘：「弘濟閘，在曲周縣北。」此「南」疑爲「北」字之誤。

〔四六〕在東魏二陵之側　「魏」，原脱，據乾隆志及太平寰宇記卷五六、本志上文「東魏二陵」補。

〔四七〕武靈王墓　「王」，原脱，據乾隆志及史記卷四趙世家集解引「應劭曰」補。

〔四八〕唐貞元十三年增築外城　「元」，原作「觀」，據乾隆志及太平寰宇記卷六五改。

〔四九〕是六國時趙武靈王墓　「時」，原脱，據乾隆志及太平寰宇記卷六五補。

〔五〇〕在曲周縣東五十九里　乾隆志祠廟此文引之太平寰宇記，見載於該書卷五八，則此文前脱「太平寰宇記」或「寰宇記」諸字。

〔五一〕有明黄振鳳重修大乘寺碑　「振鳳」，原作「乘風」，乾隆志寺觀同，據同治畿輔通志卷一八二寺觀五、光緒廣平府志卷四一寺觀下改。

〔五二〕闞東號之曰五經復興魯叔陵　「叔」，原作「仲」，乾隆志同，據後漢書卷二五魯丕傳及同治畿輔通志卷一八三宦績一改。

〔五三〕武德五年爲洺州總管劉黑闥陷洺州　乾隆志同。按舊唐書卷一八七忠義傳上羅士信：「王世充平，擢授絳州總管，封剡國公。尋從太宗擊劉黑闥於河北，有洺水人以城來降，遣士信入城據守，賊悉衆攻之甚急，城陷，爲賊所擒。」新唐書卷一九一忠義傳上羅士信記載略同，但「洺水」作「洛水」。則此前者「洺州」爲「絳州」之譌，後者「洺州」爲「洺水」之誤。

〔五四〕裴琰之　「琰」，原作「炎」，據舊唐書卷一〇〇裴漼傳及乾隆志改。按，本志避清仁宗諱改字。

〔五五〕轉運使陳緯以狀聞於朝 「緯」，原作「偉」，乾隆志同，據宋史卷二七五李斌傳改。

〔五六〕孫小十 「十」，原作「卜」，乾隆志同，據金史卷八一伯德特離補傳改。

〔五七〕漢軍鑲黄旗人 乾隆志作「奉天鑲白旗人」。同治畿輔通志卷一九一宦績九、光緒廣平府志卷四五宦績録下皆作「鑲白旗人。」

大清一統志卷三十四

廣平府三

人物

漢

毛公。趙人。治詩，爲河間獻王博士。

貫公。趙人。從賈誼受左氏傳訓故〔一〕，爲河間獻王博士。子長卿，受詩於毛公，爲湯陰令。

吾丘壽王。趙人。從董仲舒受春秋，高材通明。遷侍中中郎，後爲光禄大夫、侍中。丞相公孫弘請禁民不得挾弓弩，壽王爲書難弘，弘屈服焉。

張禹。清河人。與蕭望之同時爲御史，數爲望之言左氏，望之善之，上書數以稱説。後望之爲太子太傅，薦禹于宣帝，徵禹待詔，未及問，會疾卒。

胡常。清河人。以明穀梁春秋爲博士、部刺史。又傳左氏。

李雲。甘陵人。性好學，善陰陽。舉孝廉，遷白馬令。桓帝時中常侍單超等五人以誅梁冀功封侯，專權用事。雲上書切諫，帝震怒，送黄門北寺獄，陳蕃、楊秉等上疏救，俱免歸田里。雲遂死獄中。

沮授。廣平人。少有大志，多權畧。仕州别駕，舉茂才，歷二縣令，又爲韓馥别駕。袁紹領冀州，表爲奮武將軍，使監護諸軍。及紹攻曹操，授數以策説紹，不能用。官渡之敗，爲操軍所執，操釋而厚遇之。尋謀歸袁氏，乃見殺。

三國　魏

劉劭。邯鄲人。黄初中爲散騎侍郎。受詔集五經羣書，以類相從，作皇覽。明帝即位，拜騎都尉，與議郎庾嶷、荀詵等定科令，作新律一十八篇，著律畧論。遷散騎常侍。景初中，受詔作都官考課七十二條。正始中，執經講學，凡所撰述，法論、人物志之類百餘篇。卒，贈光禄勳。

晋

程衛。曲周人。少立操行，彊正方嚴。劉毅聞其名，辟爲都官從事。毅奏中護軍羊琇犯憲，應死。武帝與琇有舊，遣齊王攸諭毅，衛正色以爲不可，徑自馳車入護軍營，收琇屬吏考問，先奏琇所犯狼籍，然後言于毅。由是名振遐邇，百官厲行。遷尚書郎、侍御史，在職皆以事幹顯。歷安定、頓丘太守。

劉遐。易陽人。性果毅，便弓馬。值亂爲塢主，每擊賊，率壯士陷堅摧鋒。冀州刺史邵續深器之，壁于河濟之間，賊不敢逼。間道遣使受元帝節度，朝廷嘉之，以爲龍驤將軍、平原内史。太寧初，平王含，以功封泉陵公，遷徐州刺史。卒，贈安北將軍。

南北朝　魏

宋隱。列人人。性至孝，專精好學。道武平中山，拜尚書吏部郎，轉行臺右丞。尋以母喪歸，既葬被徵，乃棄妻子匿于長樂，數年而卒。臨終謂其子經曰：「汝等苟能入順父兄，出悌鄉黨，仕郡幸而至功曹史，以忠清奉之，則足矣。不勞遠詣臺閣，恐汝不能富貴，徒延門户累耳。」

程駿。曲安人。少孤貧，居喪以孝稱。性機敏好學，晝夜無倦。仕魏爲著作佐郎，累拜祕書令。詔賜帛以旌其儉德，駿悉散之親舊。性介直，不競時榮。卒，贈兖州刺史、曲安侯，謚曰憲。

宋瓊。列人人。少以孝行稱，母病，季秋之月思瓜不已。瓊夢想見之，求而遂獲，時人稱異。母終，州郡屢辟皆不就。卒于家。

宋弁。列人人。初至京師，見尚書李沖，言論移日。沖異之，退曰：「此人王佐才也。」除尚書殿中郎中。孝文因朝會次，歷訪治道。弁年少官微，自下而對，聲姿清亮，進止可觀，因是大被知遇。車駕南征，以弁爲東道副將〔二〕。有盜馬靬者，斬而徇之，于是三軍振懼，莫敢犯法。累遷右衛將軍，兼祠部尚書，攝七兵事。弁劬勞王事，恩遇亞于李沖。卒，謚貞順。

宋翻。弁族弟。少有操行，宣武時爲河陰令。摧抑豪右，威振京師。孝莊時除河南尹。弟毓，字道和，敦篤有志行。卒于大中大夫。

宋世景。翻弟。少自修立，博覽群言，尤精經義。舉秀才上第，遷司徒法曹行參軍。著律令，裁決疑獄，剖判如流。轉尚書祠部郎，兼領數曹，深著稱績。左僕射源懷引爲行臺郎。巡察州郡十有餘所〔三〕，黜陟賞罰，莫不咸允。後爲伏波將軍，行滎陽太守。發姦摘伏，有若神明。坐弟道璵事除名。世景孝友過人，道璵死，哭之哀切。歲餘母喪，遂不勝哀而卒。

北齊

暮容儼。成安人。貌奇偉，學兵法。尒朱氏敗，歸神武。天保初，以功歷授開府儀同三司。梁陸法和以郢州城内附，議求忠勇過人者守之，衆推儼，遂遣鎮郢州。梁都督侯瑱、任約率水陸軍并力攻圍，糧運阻絶。儼信賞必罰，分甘同苦，自正月至六月，人無異志。後還，帝執其手，歎息久之。進爵義安王。卒，贈司徒、尚書令。

宋世良。毓子。年十五，便有膽氣。隨伯父翻在南兖州，屢有戰功，爲殿中侍御史。詣河北括户，大獲浮惰。還見汲郡多骸骨，移書州郡收瘞。後拜清河太守。在郡未幾，聲聞甚高。除東郡太守，卒官。世良强學，好屬文，撰字署五篇、宋氏别録十卷。

宋世軌。世良弟。好法律。天保初，歷都官郎中〔四〕，遷廷尉少卿。洛州民聚結，欲劫河橋，吏捕按之，連徒黨千七百人。崔暹以爲反〔五〕，數年不斷。及世軌爲少卿，判其事爲劫，殺魁首，餘從悉捨。時大理正蘇珍之亦知名，寺中爲之語曰：「決定嫌疑蘇珍之，視表見裏宋世軌。」時人以爲寺中二絶。南臺囚到廷尉，世軌多雪之。及卒，諸繫囚皆哭曰：「宋廷尉死，我等豈有生路！」

荀士遜。廣平人。好學有思理，爲文清典。武定末，舉司州秀才，迄天保十年不調。馬敬德薦爲主書，轉中書舍人。以文辭見重。累遷中書侍郎，號爲稱職。與李若等撰典言行于世。

隋

房山基。清河人。開皇中爲考功，稱爲明幹。

唐

王及善。邯鄲人。父君愕，有沉謀，累遷左武衛將軍。從太宗征遼戰死，贈邢國公。及善以父死事襲爵。武后時拜内史。來俊臣繫獄當死，后欲釋不誅，及善曰：「俊臣凶狡不道，天下疾之。不勦絶元惡，且揺亂貽禍，憂未既也。」后納之。廬陵王之還，密贊其謀。既爲皇太子，又請出外朝，以安羣臣。及善不甚文，而清正自持，臨事不可奪，有大臣節。時二張怙勢，數裁抑之，后不悦，改文昌左相、同鳳閣鸞臺三品。卒，謚曰貞。

宋慶禮。永年人。擢明經。武后時，以習識邊事，拜河東、河北營田使。奉詔與姜師度等築營州城，三旬而畢。兼營州都督，開屯田八十餘所，追拔漁陽、淄青没户，還舊田宅。不數年，倉廥充，居人蕃輯。卒，贈工部尚書，謚曰敬。

潘好禮。宗城人。第明經，拜侍御史，徙岐王府司馬。居後母喪，詔奪服，固辭不出。開元初，爲邠王府長史。王爲滑州刺史，好禮兼府司馬。王每遊獵，好禮必諫諭禁切。遷豫州刺史，勤力于治。徙温州别駕，卒。好禮博學能論議，節行修整，無所傾附，未嘗自列階動，居室服用，麤苟至終身。

傅良弼。清河人。初爲王承宗將，使守樂壽〔六〕。王廷湊叛，良弼堅壁爲國固守者累年。擢沂州刺史〔七〕，率衆力戰，乃得去。天子以良弼忠，賜奴婢服馬。寶曆初，擢夏綏銀節度使。蕃酋懷惠，終横海節度使。

崔彦昭。清河人。淹貫儒術，擢進士第。數應帥鎮辟奏，吏治精明，所至課最。累進户部侍郎。僖宗立，同中書門下平章事，百職修舉，察不至苛。遷門下侍郎。彦昭雖宰相，退朝侍母膳，與家人齒，順色柔聲，士人多其孝。累拜兼尚書右僕射，以疾去位，卒。

五代　梁

霍存。曲周人。驍勇善騎射。仕梁，累立戰功，官曹州刺史，兼諸軍都指揮使。

張歸霸。清河人。仕梁，戰數有功，嘗與張晊戰，中流矢，歸霸拔其矢，反以射賊，一發而斃，奪其馬而歸。累拜右龍虎統軍、左驍衛上將軍。弟歸厚，善用弓槊，能以少擊衆，累拜鎮國軍節度使。

晉

王清。曲周人。仕晉爲奉國都虞候，以戰功加檢校司徒。從杜重威拒遼，力戰死。漢高祖立，贈清太傅。

宋

范質。宗城人。舉後唐長興進士。晉宰相桑維翰深器之。周廣順初，拜平章事。建議以律條繁冗，輕重無據，世宗特命詳定爲刑統。宋初，加兼侍中。奏請封建子弟，并薦呂餘慶、趙普堪受台司。討論舊典，定南郊行禮圖，由是禮文始備。進封魯國公。質力學强記，手不釋卷，以廉介自持。身没，家無餘貲。子旻〔八〕，能屬文，以父任歷官知邕州。鄧存忠劫衆攻城七十餘日，旻堅壁固守，賜璽書獎之。累遷給事中。有集十卷、邕管記三卷。

解暉。臨洺人。少有勇力，仕周爲奉國軍指揮使。宋初，以功累遷雲、應、寰、忻、代等州都巡檢使。暉鷙猛木强，每受詔征伐，常身先之，頻立戰功，金創滿體，時稱驍將。

王明。成安人。初爲藥元福從事，多所規正。乾德初，召爲左拾遺。開寶初南征，以明爲隨征轉運使。山路險絶，舟車不通，但以丁壯轉遞，供億不闕。賀州未下，明率所部堙其塹，城中懼，遂納款。抵廣州與潘美等逆擊大捷，劉鋹遂降。以功擢祕書監，爲嶺南轉運副使。七年伐南唐，屢破其軍，擒其將朱令贇。金陵平，詔明安撫諸郡。太宗時，累遷禮部侍郎，知真定府〔九〕。卒。子扶、挺，並進士及第，皆知名。

張美。清河人〔一〇〕。仕周，爲三司使。强力有心計，周知利病，以幹敏稱。世宗連歲征討，糧餽不乏。宋初，加檢校太尉。李筠征上黨，美度其必反，陰積粟懷、孟間。後筠叛，太祖討之，大軍十萬出太行，經費無闕，美有力焉。歷官左驍尉上將軍。

元達。雞澤人。負膂力，善射。太宗時，累遷京城巡檢。卒，贈昭化軍節度。達歷職戎署，交士大夫，能折節盡禮，人是以稱之。

郭密。經城人。軀幹雄偉，膂力絶人。初隸晉王帳下。淳化間，累遷貝州駐泊兵馬部署。會夏人寇邊，以密有武畧，充靈州兵馬都部署。夏人畏服，邊境賴以靖謐。卒，贈保順軍節度。

李沆。肥鄉人。少好學，器度宏遠。太平興國中，舉進士甲科，累遷翰林學士。咸平初，拜平章。真宗北幸，命沆留守，京師肅然。累加門下侍郎、尚書右僕射。卒，謚文靖。沆性直諒，内行修謹，識大體。居位慎密，人莫能干以私。真宗嘗問治道所宜先，沆對曰：「不用浮薄新進喜事之人，此最爲先。」帝怪沆獨無密啓，沆對：「密啓者，非讒即佞，臣嘗惡之，豈可效之。」李繼遷久叛，咸謂靈州不可失。沆獨以爲宜棄，未幾，靈州果陷。沆爲相，王旦參政事，沆日取四方水旱盜賊奏之，旦以爲不足上聽。沆曰：「人主少年，當使知四方艱難。不然，不留意聲色犬馬，則土木、甲兵、禱祠之事作矣。」後旦思沆先識，歎曰：「李文靖真聖人也。」仁宗即位，詔配享真宗廟廷。

李維。沆弟。第進士，累官翰林學士承旨。仁宗初，遷工部尚書。嘗兩使遼，遼主隆緒重維名，館勞加禮。維博學，少以文章知名，至老手不廢書。嘗豫修續通典、册府元龜。性寬易，喜愠不見于色，好奬借後進。既没，家無餘貲。

田祚。貝州人。十世同居，詔表其門閭。

張君平。滏陽人。以父承訓與遼戰死，補黔州指揮使，累擢閤門祗候，管勾汴口。天聖初，議塞滑州決河，命以左侍禁簽書滑州事，兼修河都監。君平有吏材，尤明于水利，自議塞河，朝廷每訪以利害。河平，君平且死，論者惜之。

李玭。宗城人。性篤孝，力耕以事母。母卒，讓田與其弟，遂廬葬所，晝夜號泣，負土築墳高丈餘。又以二代及諸族父母藁葬者盡禮築之，凡三年成六墳，復留守墳三年。嘗令兄子賣藥以自給。年六十餘，足未嘗入縣門。鄉人目爲李孝子。天禧中，詔賜粟帛，令府縣安存之。

孟元。洺州人。性謹愿，喜讀書。少隸禁軍，累遷真定路兵馬鈐轄。王則據貝州叛，元赴城下攻戰，被數十鎗，又中機石，墜濠中。既出戰愈力，更募死士由永濟渠穴地以進。賊平，擢普州刺史，尋管勾麟府馬軍事。護築永寧堡，敵不敢動。卒，贈遂州觀察使。

蘇寀。滏陽人。擢第，調兗州觀察推官。受知于守杜衍，爲大理詳斷官。提點梓州、益州路刑獄，歷判大理寺、刑部，後知審刑院，卒。寀長于刑名，故屢爲法官，數以讞議受詔獎焉。

李若水。曲周人。上舍登第。靖康初，擢吏部侍郎。金人再邀帝出郊，若水從行，金粘罕逼帝易服，若水抱持而哭。後旬日，粘罕召計事，且問不肯立異姓狀，指宋朝失信，若水曰：「若以失信爲過，公其尤也。」歷數其五事，罵不絕口，監軍者撾破其唇，噀血罵愈切，至以刃裂頸斷舌而死。高宗即位，詔贈觀文殿學士，謚忠愍〔一一〕。「粘罕」舊作「粘默合」，今改正。

孟忠厚。元曾孫，隆祐太后兄。累官開府儀同三司，封信安郡王。忠厚避遠權勢，不敢以私干朝廷。明受之變，太后垂簾，忠厚乞裁節本家恩澤。秦檜當國，親姻扳援以進，忠厚獨與之忤，以此見廢。帝以太后故，眷遇特優。

李椿。永年人。父升，進士起家。靖康之難，升翼其父，以背受刃，與長子俱卒。椿奉繼母南走，竭力以養。以父故，補迪功郎，歷官寧國軍推官。吏材精强，張浚辟以自隨。椿奔走淮甸，綏流民，布屯戍，察軍情，相視險要，周密精審，所助爲多。孝宗時，累除吏部侍郎，進敷文閣直學士，致仕。椿年三十始學易，其言于朝廷，措諸行事，皆易之用。尤惡佛老。朱子嘗銘其墓，謂椿「逆知得失，不假蓍龜，不阿主好，不詭時譽」云。

金

董師中。洺州人。皇統進士。補尚書省令史，右相唐古額爾古尤器重之，撫其座曰：「子議論英發，襟度開朗，他日以居此座。」明昌中，累進尚書左丞。師中通古今，善敷奏，練達典憲，處事精敏，常言：「宰相不當事細務，要在知人才，振綱紀，但一心正，兩目明，足矣。」卒，謚文定。「唐古額爾古」舊作「唐括訛魯古」，今改正。

李慶嗣。洺州人。舉進士不第，棄而學醫，讀素問諸書，洞曉其義。大德間，歲大疫，廣平尤甚。慶嗣攜藥與米遺之，全活者衆。所著傷寒纂類四卷、改證活人書二卷、傷寒論三卷、鍼經一卷，傳於世。

趙秉文。滏陽人。大定進士。累官禮部尚書。哀宗即位，改翰林學士。自幼至老，未嘗一日廢書，著述甚多。其文長於辨析，詩尤精絶。爲人至誠樂易，仕五朝，官六卿，自奉養如寒素。楊雲翼常與秉文代掌文柄，時人號楊趙云。

劉政。洺州人。性篤孝，母老喪明，政每以舌舐母目，逾旬母能視物。母疾，晝夜侍側，衣不解帶，刲股肉啖之者再三。母死，負土築墳，葬之日，飛鳥哀鳴翔集，廬于墓側者三年。防禦使以聞，除太子掌飲丞。

元

劉肅。洺州人〔一二〕。金興定初詞賦進士。爲尚書省令史。嘗辨析冤獄，出十一人于極刑。金亡，依東平嚴實。中統初，授左三部尚書〔一三〕，官曹典憲，多所議定。未幾，兼議中書省事。致仕。肅性舒緩，有執守。嘗集諸家易説，曰讀易備志。累贈邢國公。謚文獻。

王磐。永年人。父禧，金進義副尉。元兵破永年，將屠之，禧罄家貲助軍，衆賴以安。磐擢正大經義進士第，授歸德府録事判官，不赴。肆力于經史百氏，文辭宏放。東平總管嚴實興學養士，迎磐爲師，受業者常數百人。世祖召拜翰林直學士，累遷太常少卿，進資德大夫，致仕。磐資性剛方，閒居不妄言笑，每奏對，必以正，不肯阿意承順，帝嘗以古直稱之。卒，追封洛國公〔一四〕，謚文忠。

竇默。肥鄉人。初隱大名，與姚樞、許衡朝暮講習，繼還肥鄉，以經術教授。世祖在潛邸，嘗召之。既至，問治道，首以三綱五常、誠意正心爲言。一日凡三召與語，奏對皆稱旨，自是敬待加禮，不令暫去左右。世祖即位，召問欲求如唐魏徵者，乃薦許衡、史天澤。帝以默爲翰林侍講學士。時平章王文統用事，默力詆其「學術不正，久居相位，必禍天下」。文統深忌之。默謝病歸，未幾，文統伏誅，乃召還。國有大政，輒以訪之。加昭文館大學士，卒。默爲人樂易，平居未嘗評品人物，至論國家大計，面折廷諍，人謂汲黯無以過。累贈太史，封魏國公，謚文正。

劉恩。洺州人，徙威州。幼知讀書，勇而有謀。以管軍總管從入蜀與宋將戰有功，授成都管軍副萬户。後同僉行樞密院事。招降夔府等州邑，授四川西道宣慰使。

石高山。洺州人。中統中，以管軍總管鎮息州〔一五〕，軍令嚴肅，邊境晏然。至元中，從取光州，克棗陽，進攻襄樊，皆有功。從下江南，下令無擄掠，秋毫無犯。至焦山，與宋將孫虎臣等戰，殺獲甚多。累遷顯武將軍、侍衛親軍都指揮使。

何榮祖。廣平人。狀貌魁偉，以吏遷中書省掾，擢御史臺都事。始折節讀書，日記數千言。累官參知政事。時桑格專政，亟于理算錢穀，人受其害。榮祖數請罷之，同僚止勿言。榮祖執愈堅，未踰月而弊皆聞。帝召問所宜。榮祖請于歲終立局考校，人以爲便，立爲常式。桑格敗，改中書右丞。奏行所定至元新格〔一六〕。累加平章，卒。謚文憲。榮祖身至大官，而僦地以居。中宫常賜銀鈔以旌其廉。所著書有大蓄集、學易記、載道集、觀物外篇諸書。「桑格」，改見正定府「人物」。

劉賡。肅之孫。幼有文名。至元間，用薦者授國史院編修官。累遷翰林學士承旨，兼國子祭酒。國學故事，伴讀生以次出補吏，莫不争先出。時有一生，親老且貧，同舍生有名在前者，請讓之先，賡從其讓，別爲書薦其人，朝廷反先用之。自是六館之士，皆知禮讓。加光禄大夫，卒。賡久典文翰，當時大製作多出其手，以耆年宿德，爲朝廷所推重云。

吴元珪。廣平人。父鼎，燕南提刑按察副使。元珪簡重，好深沉之思，凡征謀治法、律令章程，皆得于家庭所授。世祖時，以後衛經歷，擢樞密都事。江南既定，樞密奏裁定官屬，均俸禄，給衣糧，設學校，置屯田，多元珪所論建。大德初，除吏部尚書。選曹銓注，多有私其鄉里者，元珪曰：「此風不可長，川黨、朔黨之興，宋之所由衰也。」請謁悉皆謝絶。武宗即位，拜樞密副使。詔議政中書，所建白皆切於世務。卒，追封趙國公，謚忠簡。

元明善。清河人。穎悟絶出，讀書過目輒記，諸經皆有師法，而尤深於春秋。仁宗居東宫，擢爲太子文學。及即位，升翰林直學士。詔節尚書經文，譯其關政要者以進。書成，每奏一篇，帝必稱善。累拜湖廣行省參知政事。後入爲翰林學士，眷遇之隆，當時莫並。卒，謚文敏。明善早以文章自豪，出入秦、漢間，晚益精詣，有文集行世。

秦起宗。洺水人。辟武衛，譯史。幼生長兵間，學書無從得紙，父順削柳爲簡，寫以授之，成誦，削去更書。文宗時，累拜中臺御史，劾中丞化勝受人婦人、賤買官屋，不報。起宗又奏「不罪化勝，無以正國法」。化勝服辜。帝曰：「爲御史當如是矣。」出爲撫州路總管，以兵部尚書致仕。卒，謚曰昭肅。「化勝」舊作「和尚」，今改正。

李齊。廣平人。元統初進士第一。知高郵府，有政聲。至正十三年，泰州民張士誠爲亂，行省以左丞奇齊也勒圖鎮高郵，以齊守甓社湖。高郵陷，會有詔赦叛逆者，賊紿曰：「請李知府來，乃受命。」行省强齊往諭，至即下齊獄中。初無降意，官軍諜知之，乃進攻城，士誠呼齊使跪，齊叱曰：「吾膝如鐵，豈肯爲賊屈！」立而詬詈，士誠捶碎其膝而剮之。「奇齊也勒圖」舊作「契哲篤」，今改正。

明

賈銓。邯鄲人。永樂末進士。授刑科給事中〔一七〕。英宗即位，命讞在京重囚，多所原宥。出爲大理知府，就擢左布政使。治行爲一時冠，遷副都御史巡撫山東、河南。清静不自表暴，民亦安之。成化初，召署院事。卒官。謚恭靖。

羅綺。磁州人。宣德進士。授御史，有能名。正統中，擢大理右寺丞，參贊寧夏軍務。以忤王振，謫戍遼東。景帝立，復官，進右少卿，使衛拉特。上皇駕還，以勞擢刑部左侍郎。尋鎮守松潘，累有破賊功。在鎮七年，威名甚震。天順初，召爲左副都御史。復忤石亨坐貶。「衛拉特」舊作「瓦剌」，今改正。

張憲。成安人。爲諸生。父母相繼没，並廬墓，每哭泣，烏鵲羣繞哀鳴。景泰中旌表。

傅海。威縣人〔一八〕。父喪廬墓，有虎至，海叱之曰：「我爲父母，生死何惜。」虎即去。景泰中旌表。

劉玉。磁州人。生有膂力。天順、成化間，數以偏將征慶遠蠻，討東苗，平固原賊，有功，歷官左都督。玉勇決過人，善撫士，所至未嘗挫衄。卒，贈固原伯，謚毅敏。

馬子聰。廣平人。成化進士。弘治初，爲南京禮科給事中。時僉都御史錢鉞以中旨晉秩移撫河南，中官蔣琮守備南京，肆爲兇暴。子聰皆劾之。孝陵災，偕同官極諫，復陳土木繁興，并傳奉冗員之弊，前後數十疏，多排斥近倖。終工科都給事中。

石永。威縣人。嘉靖進士。歷御史，巡山海關，按淮揚、四川，皆振風紀。爲陜西副使，濬泉溉田，民甚德之。巡撫延綏，禦寇于環慶有功。總督川、湖、貴州軍務，擒苗酋沈亞當等。累擢户部左侍郎。歷官以清節稱。既卒，妻子不免寒餒。贈右都御史。

張學顔。肥鄉人。嘉靖進士。由曲沃知縣，累遷薊州兵備副使。隆慶五年，擢僉都御史，巡撫遼東。與總兵李成梁破土蠻卓山，進右副都御史。萬曆初，召理戎政，進户部尚書。奏列清丈諸弊，以祛姦慝。太監馮保傳諭多所徵索，學顔争之，得減免〔一九〕。改兵部，抗疏請停内操。以老乞致仕。卒，贈少保。

李巳。磁州人。嘉靖進士。歷禮科給事中。隆慶中，頻詔户部有所徵索，巳屢争執。既復詔市珍寶，再疏極諫，帝怒，杖之百，錮刑部，尋釋歸。神宗立，起兵科都給事中〔二〇〕，論傳奉之弊，劾兵部尚書譚綸、平江伯陳王謨，時號敢言。累遷右僉都御史，巡撫保定。罷歸。

王邦直。磁州人。生而駢脅，有神力，人稱王千觔。弱冠補諸生，好騎射，窮韜畧。嘉靖中，詔舉天下武勇，給事中戴夢桂薦之，詔送大同立功。總督翁萬遠遇以國士。寇數萬騎犯鵓鴿峪，同故參將張鳳等遇之，大呼入敵陳，敵皆辟易，已見軍無後繼，圍之數重，鳳等皆力戰死，邦直猶揮大刀斬數十人，力竭遇害。贈都指揮僉事，官爲建祠。

賈待問。威縣人。隆慶進士。歷懷慶知府，築堤以禦沁河，人稱賈公堤。累擢陝西巡撫。中官以榷採肆横，待問力爲節制。在任七年，甚有威惠。卒，贈太子太保、兵部尚書。

王世揚。廣平人。萬曆初進士。爲御史，巡視陝西茶馬。開成七監大災，奏發茶課賑濟，蠲餉邊銀二年，免課馬七千餘匹。巡按浙江，減御衣織造三之一。擢撫宣府，復許順義王濟里克貢市，款約益堅。總督宣大、山西，敵服其威信，邊境無事。仕至戎政尚書，加太子太保。「濟里克」舊作「撦力克」，今改正。

路振飛。曲周人。天啓進士。除涇陽知縣。流賊入境，擊却之。徵授御史，疏劾首輔周延儒卑污姦險；尚書閔洪學結權勢，樹私人；侍郎劉宇烈勦叛無功。廷推謝陞爲僉都御史，振飛力詆其醜狀，遂不果用。歷按福建、蘇、松，温體仁、修郄謫官。累遷右僉都御史，巡撫淮、揚，團練鄉兵，得勁卒二十餘萬。李自成已陷京師，遣其黨吕弼周來代，勒兵擒之，軍聲大振。會馬士英欲用其所親田仰，乃罷振飛。唐王時，召爲大學士。卒。

鍾希顔。字心卓，清河人。天啓進士。由户部郎中升冀北道〔二一〕。歸里。崇禎十一年遇亂，城陷，不屈死。同時有靈壁知縣王茂遠、貢生解嗣昇，皆殉難。本朝乾隆四十一年賜希顔謚節愍，餘並予入忠義祠。

申爲憲。永年人。由進士歷官山東副使。崇禎十五年，大兵破城，爲憲時家居，殉節死。本朝乾隆四十一年賜謚節愍。

李昌期。永年人。由進士爲兗州府推官。嘗監軍，破土寇萬餘，人推其才。崇禎十五年，大兵破城，死之。贈僉事。本朝乾隆四十一年賜謚節愍。

申佳胤。永年人。崇禎進士。由知縣擢文選主事，歷太僕丞。出近畿閱馬，聞居庸陷，疾馳入都。京師不守，歎曰：「吾起微賤，食祿十三年，國事至此，敢愛死乎！」遂入井死。本朝賜謚端愍。乾隆四十一年，予入忠義祠。

王之統〔二二〕。成安人。多義行，以歲貢任趙州訓導。闖賊破城，死於「明倫堂」。本朝乾隆四十一年予入忠義祠。

宋湯濟〔二三〕。肥鄉人。崇禎間爲諸生。聞京師陷，與諸生郭珩、王拱辰等起兵討李自成，爲自成將張汝行所殺。本朝乾隆四十一年並予入忠義祠。

殷淵。雞澤人。父大白，崇禎間爲關南監軍副使，楊嗣昌陷以失機論死。淵上書請代，跪朝門外五日，奉旨詰責，遂棄舉子業隱山中。淵負奇氣，從父兵間，善技擊，嘗欲報父讎。及賊破雞澤，謀起兵復之，俄聞京師陷，號慟，即約山中壯士誅賊所置官，僞令秦植踉蹌走。乃入城發喪製服，行哭臨禮，義聲大振。爲姦人所乘，被殺，屍暴烈日中，十餘日不壞，有黃犬守之不去。士人以神祀之。本朝乾隆四十一年予入忠義祠。

張蓋。永年人。爲諸生。性孤介，家貧力學。崇禎末，以次當貢太學，不就。母老，饘粥不繼，授徒以養。甲申後，自閉土室中七年，穴而進食，歲時一出拜母，雖妻子不見也。

本朝

劉璇。永年貢生。善爲詩。順治初，由沁源知縣遷鄖陽同知，值王光泰叛，城陷，罵賊死。詔贈按察司副使。

李芳濈。永年人。順治初，由貢生授漢中通判。賀珍寇漢中，芳濈佐理軍餉有功，擢知鄜州。王永强之亂，竭力拒守，城破，不屈死。詔贈按察司僉事。

宋永譽。永年人。順治二年，由舉人授鄖縣知縣。賀珍作亂，永譽爲戰守備，以死自誓。賊遣人誘降，永譽囚其使，賊怒，攻圍五晝夜，城陷被執，駡不絶口，遇害。詔贈按察司僉事。

申涵光。佳胤子。博學工詩文，與殷岳、張潰稱畿南三才子。聞父殉難，哀毁不欲生，遂絶意仕進。晚年名益重，有文集四卷、聰山詩八卷及荆園小語諸書。弟涵昐，順治進士，官檢討，亦以文學著。

殷岳。淵兄。父大白，忤楊嗣昌死獄中，上疏爲父請骸骨。比歸而京師已陷，遂入西山，與其弟淵謀舉義兵。事洩，淵被害，岳匿申涵光家得免。順治初，吏部按舊籍選人，除岳睢寧知縣，抵任未幾，即告歸，與涵光相唱和。

滕運昌。清河人。父病，爲嘗糞，侍母疾五年無怠。母嗜雞，及没，遂終身不食雞。順治六年旌。

安居。曲周諸生。父明國，病殁，廬墓三年，日夜哀思，年未四十，鬚髮盡白。家貧，事母甘旨無缺。同縣路元升〔二四〕，康熙進士，官檢討。父殁，哀毁卒，均康熙年間旌。

張榕端。磁州人。少聰穎能文。康熙進士。授編修，視學江南。衡鑑精審，凡所識拔，皆一時能文之士。官至内閣學士。卒，入祀鄉賢祠。

任培元。邯鄲人。性至孝，父殁，哀毁幾絶，既葬，廬墓三年。家貧母老，人有貸之資本，使貿易以養者，培元力辭，與弟躬耕奉養，甘旨不缺。雍正三年旌。

流寓

漢

陳逸。平輿人。父蕃死獄中，蕃友人朱震匿逸于甘陵界中，後大赦黨人，乃還。

唐

李崿。趙人。客清河。安禄山亂，清河太守使崿乞師于平原太守顔真卿，一郡獲全。

列女

晉

劉遐妻邵氏。曲梁邵續女。驍果有父風。遐嘗爲石季龍所圍，妻將數騎，拔遐出于萬衆之中。

隋

鄭善果母。清河崔氏女。適鄭誠。誠討尉遲迥戰死。善果以父死王事，授魯郡太守。母性賢，通曉治方。每聽事，于障後察之，剖斷合理則悦，否則終日不食。恒自紡績至夜分。自初寡不御脂粉，非祭祀賓客，酒食不妄陳。姻戚有吉凶事，但厚贈遺，不詣其家。非自手作及莊園禄賜所得，雖親戚禮遺，悉不入門。善果歷任州郡，凡公廨所供，皆不許受，由此號爲清吏。

趙元楷妻崔氏。清河人。家有素範。宇文化及反，元楷歸長安，遇盜僅以身免。崔氏爲賊所拘，將凌之，崔取賊佩刀倚樹立曰：「欲殺我，任加刀鋸，若覓死，可來相逼！」賊怒射殺之。元楷後得殺妻者，支解以祭崔氏。

唐

宋若昭。貝州清陽人。父廷芬，生五女，皆警慧，善屬文，長若莘，次若昭、若倫、若憲、若荀。莘、昭文尤高，皆性素潔，不願歸人，欲以學名家。若莘誨諸妹如嚴師，著女論語十篇，推明婦道所宜，若昭又爲傳申釋之。貞元中，節度使李抱貞表其才，德宗召入禁中，試文章，並問經史大誼，帝諮美，悉留宮中，高其風操，不以妾侍命之，呼學士。詔若莘總領秘禁圖籍。若莘卒。穆宗以若昭尤通練，拜尚宮，嗣若莘所職，歷憲、穆、敬三朝，皆呼先生。后妃與諸王主率以師禮見。卒，贈梁國夫人。若憲代司秘書。文宗尚學，以若憲善屬詞，粹論議，尤禮之。太和中，爲李訓、鄭注譖死，訓、注敗，帝悟其譖，追恨之。

崔彦昭母。彦昭與王凝爲外昆弟。凝先顯，而彦昭未仕，嘗見凝，凝倨不冠帶，嫚言曰：「不若從明經舉。」彦昭爲憾。及彦昭相，母敕婢多製履襪，曰：「王氏妹必與子皆逐，吾將共行。」彦昭聞之，泣且拜，不敢爲怨。凝竟免。

宋

趙氏。貝州人。王則反，聞趙有殊色，劫致之，欲納爲妻。趙知不脫，乃紿曰：「必欲妻我，宜擇日以禮聘。」賊信之，使歸其家，具聘帛，盛輿從來迎。趙與家人訣，涕泣登輿，至州廨，已自縊輿中死矣。

劉淑貞。威州人。許聘李御史子，未歸而夫卒，泣告于父母，送夫殯至葬所，遂縊于冢後，因合葬焉。

元

王時妻安氏。名正同，磁州人。至正十九年，時以參知政事分守太原，安氏從之。賊兵寇太原，城陷，衆皆逃，安氏與妾李氏同赴井死。贈梁國夫人，謚莊潔。

明

李氏女。曲周人。年十七。正德六年，遇流賊，逼使上馬，女不從，誘脅萬端，大罵不屈，賊支解之。事聞，爲築墳立碑旌異之。

曹炒兒妻霍氏。曲周人。炒兒繼母强氏，性毒而行醜，氏不從，遂惡之，逐氏依窮孀諸母家，仍督以紡績井臼之事。氏晝供姑役，夜作餬口計，糧不盈缶，姑輒取去，氏絶糧數日，夜投井死。

馬尚良妻李氏。肥鄉人。尚良染惡瘡，年餘不起，氏朝夕不離側，疾革，許以從葬。及卒，屢欲自盡，姑防守甚嚴，一日防者稍疎，距户自縊死。

陳氏女。廣平人。字王養威。養威卒，女年十五，父母議改適，女誓不從，遂絶飲食。臨殁，屬母以喪歸王氏，父母哀其志，合葬焉。

彭大義妻李氏。邯鄲人。大義娶時疾已篤，甫七日而殁。及窆，氏觸棺祈死，不得。後舅姑欲奪其志，遂自縊。

張鵬翼妻劉氏。成安人。事舅姑、兄妹無間言。鵬翼殁，氏不欲生，姑與母令諸姑姊日夜伺之，少得間，即自經死。

田藴璽妻李氏。雞澤人。遇亂，藴璽兄弟被殺，李抱女同姒王抱男而逃，王足創難行，令李速去，李曰：「良人兄弟俱死，當存此子，以留田氏後。」遂棄己女，抱其子赴城，得無恙。

李氏。雞澤人。嫁曲周郭某。崇禎十一年之亂，舉家走匿，翁姑旋被殺，李攜幼男及夫弟方七歲者共逃，力罷不能俱全，或教之舍叔而抱男，李曰：「翁姑死矣，叔豈能再得乎？子雖難割，然吾夫在外，或未死尚可期也。」竟棄男負叔而逃。

王氏女。永年人。字李球彝。會兵至，姑姊謀避，女曰：「死作李氏鬼，何避爲。」城陷，死之，兵退，面色如生。

胡廷器妻吴氏。永年人。崇禎末，值兵至，執氏并其父母。氏紿之曰：「二親老，不如遣之去。」兵許之。氏度去遠，即赴水，兵挽之，不得死，遂大罵，兵怒，支解之。

韓氏二女。永年韓策女。姊妹皆及笄未嫁，避亂臨洺鎮，兵至被執，不屈，皆遇害。

吴復澄妻徐氏。雞澤人。事繼姑盡孝，爲兵所掠，逼之以行，氏憤罵自刎死。

宋應試妻劉氏。廣平人。避寇伯氏樓中，寇攻樓急，氏曰：「我何爲累伯氏。」與諸婦縋而下，負幼子而逃。寇將追及，氏曰：「若吾子有託，當以一死救衆人。」衆挾其子而行，氏乃回顧大駡，賊怒殺之，衆得脱。

王山妻常氏。成安人。流賊入境，爲所獲，逼之，厲聲駡賊，遂投井死。

本朝

郝氏女。永年人。字李芳潤。芳潤病危，迎女歸，未及門而芳潤歿，守節六十餘年。

陳彤瑞妻柴氏。雞澤人。年十七而寡，遺孤纔月餘，貧窶無依，父母勸之改適，氏髠髮示不可奪。順治年間旌。

楊之孚妻馬氏。廣平府人〔二五〕。年二十二夫亡，舅姑欲强嫁之，服毒死。同縣逯國顯妻胡氏，夫早亡，父母强以改適，引刀自毁其面，守節六十餘年。又張盈妻趙氏，李合天妻張氏，皆絶食殉夫死。張文玉妻王氏，遇暴逼污，不從而死。

丘運至妻解氏。清河人。夫亡守節，撫子芝香，爲娶妻高氏。芝香死，高即自縊以殉。均順治年間旌。

陳啓芳妻楊氏〔二六〕。曲周人。遇暴不辱，守正捐軀。

賈藥性妻張氏。邯鄲人。爲武生冀璞逼污不從，自經死。

張崑妻賈氏。威縣人。遇强逼污，不從而死。

董三節妻李氏。雞澤人。早寡，家貧甚，翦髮葬姑，撫孤子，拾薪挑菜以自給，苦節五十九年。雍正年間旌。

劉廷璋妻王氏。永年人。夫亡，事舅姑盡禮。舅姑歿，每食必祭，哀泣終日，撫遺孤得成立。同縣節婦：王于燕妻趙氏，王子洛妻崔氏，趙昌梁妻解氏，宋忠妻郝氏，郭兆麟妻李氏，冀如鏡妻王氏，姜璽妻崔氏，李克鎔妻秦氏，楊敦禮妻趙氏，楊智妻郝氏，趙丞妻王氏，寧儀妻夏氏，劉源妻韓氏，曹慧妻賈氏，李如蘭妻郭氏，張秀妻李氏，靳逢源妻葉氏，李求條妻劉氏，趙先型妻武氏，劉登美妻趙氏，孫芬妻婁氏，劉可忠繼妻賈氏，楊正妻時氏，申覲宸妻董氏，王治妻杜氏，劉愷妻姚氏，張淳妻祁氏，杜斯美妻盧氏〔二七〕，李籐妻楊氏，李之茂妻孔氏，李徽妻董氏，劉崇儒妻李氏，張維垣妻曹氏，妾徐氏，楊端妻霍氏，楊士傑妻張氏，程維新妻顔氏，孫光烈妻時氏，饒士義妻李氏，貞女臧存姐。均乾隆年間旌。

劉進福女貴姐。曲周人。遇暴不從，守正捐軀。同縣烈婦：張克纘妻李氏，司兆通妻耿氏，吉三基妻尹氏。節婦：劉稽妻王氏，吉升妻張氏，楊芝瑞妻趙氏，衛綽妻王氏，孫開先妻霍氏，張擢妻雒氏，李翹才妻冀氏，賈成龍妻申氏。均乾隆年間旌。

馬秉寬妻張氏。廣平人。夫亡守節。同縣烈婦：趙小妻陳氏，張三妻張氏。均乾隆年間旌。

田士秀妻王氏。肥鄉人。夫亡守節。同縣節婦：劉增貴妻翟氏，吴養粹妻楊氏。均乾隆年間旌。

秦三妻申氏。雞澤人。遇暴不污，投井死。同縣節婦：李皖妻王氏，齊青雲妻蘇氏，宋秉衡妻胡氏，梁怡妻胡氏，侯以節妻薛氏，張進才妻郝氏，賈天與妻田氏，劉雲鳳妻安氏，梁煥妻高氏，馮自修妻李氏。均乾隆年間旌。

宋文奎妻張氏。邯鄲人。夫亡守節。同縣節婦：張英望妻劉氏，師五典妻王氏，張大鵬妻姚氏，安世德妻張氏，張行選妻劉氏，劉奉朝妻薛氏，王景福妻陳氏，賀執中妻趙氏，姚岑妻賈氏，郭元夔妻張氏，連淦萱妻韓氏，崔懷濱妻丘氏，王祚茂妻牛氏。均乾隆年間旌。

劉作楫妻暴氏。成安人。夫亡守節。乾隆年間旌。

翁題元妻王氏。威縣人。夫亡截髮自矢，守節終身。同縣節婦：薛瑨妻王氏，潘蓮妻賈氏，李曰琚妻鮑氏，張培興妻王氏，夏際祥妻王氏。烈婦：熊來七妻周氏。均乾隆年間旌。

顧勉學妻馬氏。清河人。夫亡，子甫五歲，氏孝事孀姑，撫孤成立，苦節終身。又顧勤學妻謝氏；顧篤學妻張氏；皆夫亡守志。一門四節〔二八〕。均乾隆年間旌。

陳烺然妻孫氏。磁州人。烺然爲諸生，早亡，氏守節。翁病篤，割股和羹以求翁愈。同州烈婦：董有成妻楊氏，霍登子妻王氏。烈女：朱二孩，李大孩。節婦：許銘妻張氏，姜棫妻馬氏，田義妻王氏，張堉妻劉氏。均乾隆年間旌。

閻思敬妻王氏。永年人。夫亡，矢志守節，聞穢語投繯死。同縣烈婦：李閻氏，裴武氏，張景印妻張氏，武起才妻李氏，武好妻李氏，張有功女張氏。節婦：酆永盛妻李氏，霍桂妻劉氏。均嘉慶年間旌。

郭廷海妻李氏。曲周人。守正捐軀。同縣節婦：李全德妻籍氏，王斢妻丁氏〔二九〕，周偉妻張氏，張藎妻王氏，高添幅妻蘇氏，顔鳴鶴妻岳氏。均嘉慶年間旌。

李大倫妾薛氏。肥鄉人。夫亡守節。同縣節婦王名福妻武氏。均嘉慶年間旌。

郭寶山妻郭氏。邯鄲人。遇暴不污見殺。同縣烈婦馮起才妻姚氏。均嘉慶年間旌。

弓氏女愛姐。雞澤人。守正捐軀。同縣烈婦：霍有才妻王氏，李起元妻慕氏，范珣妻閻氏。均嘉慶年間旌。

臧存姐。廣平人。守正捐軀。嘉慶年間旌。

秦廷選妻朱氏。成安人。遇暴不從，被害。同縣烈婦：魏五兒妻李氏，楊言媳李氏。烈女李氏女巧姐。均嘉慶年間旌。

張宇和妻宓氏。威縣人。夫亡守節。同縣節婦余若思妻劉氏。烈婦：張三妻劉氏，段讓妻侯氏，張崇本妻楊氏。均嘉慶年間旌。

欒氏女。清河人。守正捐軀。嘉慶年間旌。

羅長金妻張氏。磁州人。守正捐軀。同州烈婦李才妻索氏，節婦蘇鑰妻高氏，烈女楊四女楊氏。均嘉慶年間旌。

仙釋

唐

潘師正。宗城人。少以孝聞。事王遠知爲道士，得其術，居逍遥谷。高宗幸東都，召見，問所須，對曰：「茂林清泉，臣所須也，既不乏矣。」帝尊異之，詔即其廬作崇唐觀。時太常獻新樂，帝更名祈仙、望仙、翹仙曲。卒，年九十八，謚體玄先生。

金

寶公。姓武氏，磁州人。慧性超絶，胸次不凡。大定初，于滏陽造仰山寺，殿宇華麗，柱上作金龍像蟠之，忽有題詩于柱上曰：「人道斑鳩拙，我道斑鳩巧。一根兩根柴，便是家園了。」寶公大悟，即入西山，結茅以居。後徧歷諸山，住峡峪寶嚴寺。一夕大風震地，晏坐而逝。

土産

綢絹。郎蔚之隋圖經：「清河絹，爲天下第一。」元和志：「洺州貢綿、絹、縑、纊。」唐書地理志：「洺州貢絁、綿、綢。貝州貢絹。惠州貢紗。」寰宇記：「洺州土産平綢、絁子、絹。貝州土産絲布、絁、絹。」舊志：「曲周、肥鄉出綿、綢，清河出屯絹，威縣出絲帶。」

氈。唐書地理志：「貝州貢氊、覆鞍氈。」寰宇記：「貝州産白氈、靴氈〔三〇〕。」

油衣。唐書地理志：「洺州貢油衣。」

稻。産於府西。引滏水灌田，白粲不減江浙。

蓮。府城濠最盛，西境亦多有之。

梨。産臨洺鎮，曰洺梨。香脆無渣。

藍。有大小二種，即靛也。

玄精石。明統志：「邯鄲出。」

磁石。唐書地理志：「惠州貢磁石。」寰宇記：「磁州産磁毛石。」

磁器。出磁州。

羊。西山最宜畜牧。

孩兒魚。舊志：「廣平府産。」

校勘記

〔一〕從賈誼受左氏傳訓故 「故」，原脱，據乾隆志卷二一人物（以下同卷簡稱乾隆志）及漢書卷八八儒林傳補。

〔二〕以弁爲東道副將　原「將」下衍「軍」字，乾隆志同，據魏書卷六三、北史卷二六宋弁傳删。

〔三〕巡察州郡十有餘所　「郡」，乾隆志同，魏書卷八八良吏傳、北史卷二六宋世景傳皆作「鎮」，此「郡」蓋爲「鎮」字之誤。

〔四〕歷都官郎中　「都官」，原作「官都」，乾隆志同。按北史卷二六宋世軌傳作「都官郎中」。隋書卷二七百官志中載，尚書省有三公郎中、都官郎中。此「官都」爲「都官」之倒誤，據以乙正。

〔五〕崔暹以爲反　「崔暹」，乾隆志及北齊書卷四六循吏傳宋世軌同，北史卷二六宋世軌傳作「崔昂」。按北史卷三〇崔昂傳載曾爲「廷尉卿」，而崔暹傳並未曾爲「廷尉」，疑北史是。

〔六〕初爲王承宗將使守樂壽　乾隆志同。新唐書卷一四八傳良弼傳：「初，瀛之博野、樂壽，介范陽、成德間，每兵交，先薄二城，故常爲劇屯。德宗以王武俊破朱滔功，皆隸成德，故以良弼守樂壽，李寰守博野。」按舊唐書卷一四二、新唐書卷二一一王承宗傳皆不載「德宗時以王承宗使守樂壽」事，疑此「王承宗」爲「王武俊」之誤。

〔七〕擢沂州刺史　「沂」，原作「忻」，乾隆志同，據新唐書卷一四八傳良弼傳改。

〔八〕子旻　「旻」，原作「旼」，據乾隆志及宋史卷二四九范旻傳改。下同。

〔九〕知真定府　「真」，原作「正」，乾隆志同。本志卷二七正定府建置沿革：唐恒州，後改鎮州，五代後唐改爲真定府，元爲真定路，明洪武初復爲真定府，「清雍正元年改爲正定府」。則清康熙以前皆作「真」，雍正以後避諱改爲「正」。宋史卷二七〇王明傳作「真」，是也，據改。後孟元事蹟所記之「正定府」同改。

〔一〇〕清河人　「河」，原作「和」，據乾隆志及宋史卷二五九張美傳改。

〔一一〕謚忠愍　「愍」，原作「毅」，據乾隆志及宋史卷四四六忠義傳一李若水改。

〔一二〕洺州人　「州」，乾隆志作「水」。元史卷一六〇劉肅傳作「威州洺水人」。按金史卷二五地理志中載：洺州治永年縣，領有洺水縣。元史卷五八地理志一：廣平路，唐洺州，元太宗八年置邢洺路，憲宗二年爲洺磁路，至元十五年升廣平路。領有威州，金始置，太宗八年以洺水縣隸洺州，「定宗二年改隸威州」。劉肅爲金末蒙古初時人，時爲洺州洺水縣，蒙古定宗初洛水縣改屬威州，以州而言，云「洛州」或「威州」是，以縣而言，云「洛水」亦是。
〔一三〕授左三部尚書　「左」，原作「右」，據元史卷一六〇劉肅傳改。
〔一四〕追封洺國公　「洺」，原作「洛」，乾隆志同，據元史卷一六〇王磐傳改。
〔一五〕以管軍總管鎮息州　「息」，原作「思」，乾隆志同，據元史卷一六六石高山傳及同治畿輔通志卷二一四列傳二三改。
〔一六〕奏行所定至元新格　「所」，原作「取」，乾隆志同，據元史卷一六八何榮祖傳及同治畿輔通志卷二一四列傳二三改。
〔一七〕授刑科給事中　「刑」，乾隆志同。明史卷一五九賈銓傳作「禮」，同治畿輔通志卷二二一列傳三〇引畿輔人物考同。
〔一八〕威縣人　「縣」，原作「遠」，乾隆志同。同治畿輔通志卷二二一列傳三〇：「傅海，威縣人。」光緒廣平府志卷四九列傳四同。按明史卷四〇地理志一：廣平府領有威縣。此「遠」爲「縣」字之誤，據改。
〔一九〕得減免　乾隆志作「得稍減免」。明史卷二二二張學顏傳：「是時宫闈用度汰侈，多所徵索。學顏隨事納諫，得停發太倉銀十萬兩，減雲南黄金課一千兩，餘多弗執争。而金花銀歲增二十萬兩，遂爲定額。人亦以是少之。」則有「稍」字是，此蓋脱。
〔二〇〕起兵科都給事中　「都」，原脱，乾隆志同，據明史卷二一五李已傳、同治畿輔通志卷二二一列傳三〇補。
〔二一〕由户部郎中升冀北道　乾隆志同。同治畿輔通志卷二二一列傳三〇、光緒廣平府志卷五〇列傳皆作「冀北道參議」，此「冀北道」下蓋脱「參議」二字。
〔二二〕王之綋　「之」，乾隆志同。明史卷二九一忠義傳三、同治畿輔通志卷二二一列傳三〇皆作「一」。
〔二三〕宋湯濟　「濟」，乾隆志同，同治畿輔通志卷二二一列傳引雍正志作「齊」，光緒廣平府志卷五〇列傳五同，此「濟」蓋爲「齊」字之誤。
〔二四〕同縣路元升　「元」，原作「允」，乾隆志同，據同治畿輔通志卷二三九列傳四七、光緒廣平府志卷五一列傳六及同治曲周縣志卷一七人物改。
〔二五〕廣平府人　原作「廣平人」。同治畿輔通志卷二七二列女二八：「楊之孚妻馬氏列於廣平府永年縣。」光緒廣平府志卷五六列女傳二：「永年縣楊之孚妻馬氏。」則非廣平縣人，乾隆志列女作「廣平府人」，永年縣爲廣平府附郭，此脱「府」字，據補。

〔二六〕陳啓芳妻楊氏　「陳」，原作「程」，據同治畿輔通志卷二七二列女二八、光緒廣平府志卷五七列女傳三及同治曲周縣志卷一八列女改。

〔二七〕杜斯美妻盧氏　「美」，原作「羑」，據乾隆志及同治畿輔通志卷二七二列女二八、光緒廣平府志卷五六列女傳二改。

〔二八〕夫亡子甫五歲至一門四節　按本志所載，顧勉學妻馬氏、顧勤學妻謝氏、顧篤學妻張氏，僅一門三節，與「一門四節」不合。乾隆志：「顧勉學馬氏，「夫亡，子瑶五歲，氏紡績維勤。後爲瑶娶婦丘氏，生子一週而卒，丘氏亦矢志守節，孝奉孀姑」。同治畿輔通志卷二七四列女三〇：「顧勉學妻馬氏與夫弟勤學妻謝氏、篤學妻張氏、子瑶娶婦丘氏，俱早孀，一門四節。」光緒廣平府志卷五九列女傳五同，與乾隆志相符，則此缺脱顧勉學妻馬氏「子瑶妻丘氏」事。

〔二九〕王斛妻丁氏　「斛」，原作「鄭」，據光緒廣平府志卷五七列女傳三及同治曲周縣志卷一八列女改。

〔三〇〕貝州産白氈靴氈　「産」下原衍「出」字，據乾隆志土産及太平寰宇記卷五八删。

大名府圖

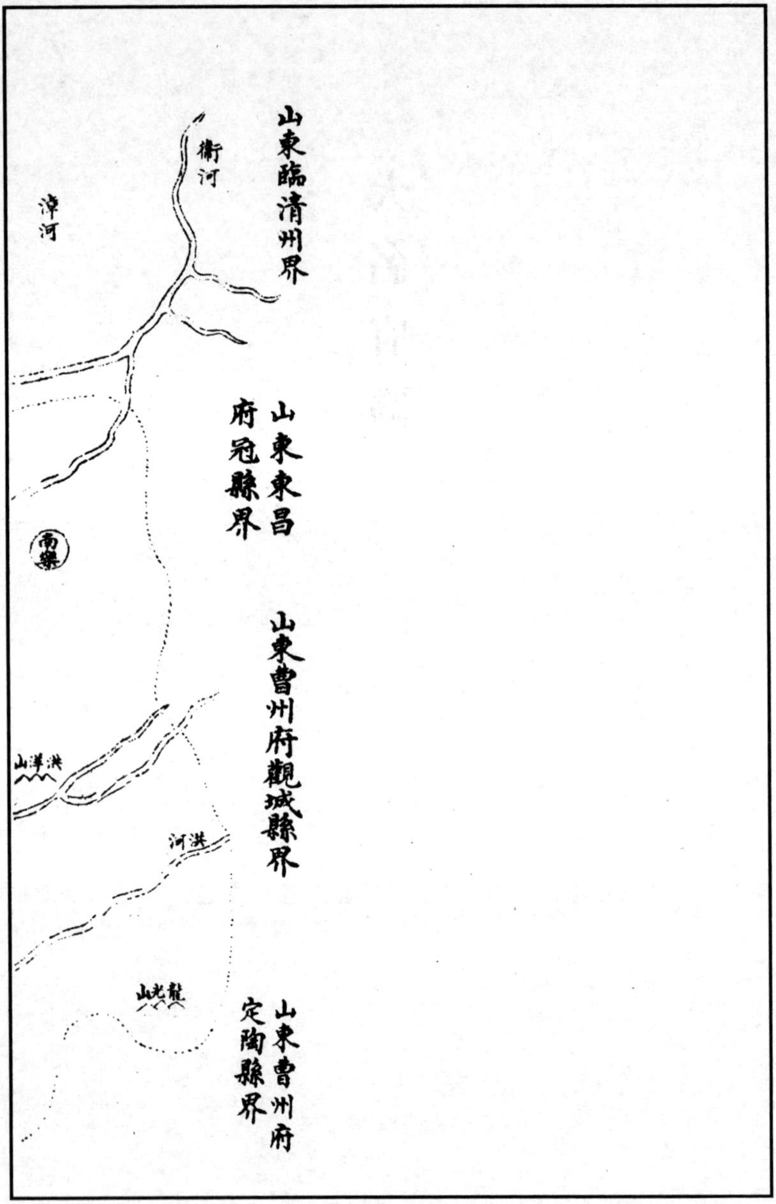
山東臨清州界
衛河
漳河
山東東昌府冠縣界
南樂
山東曹州府觀城縣界
洪洋山
洪河
龍光山
山東曹州府定陶縣界

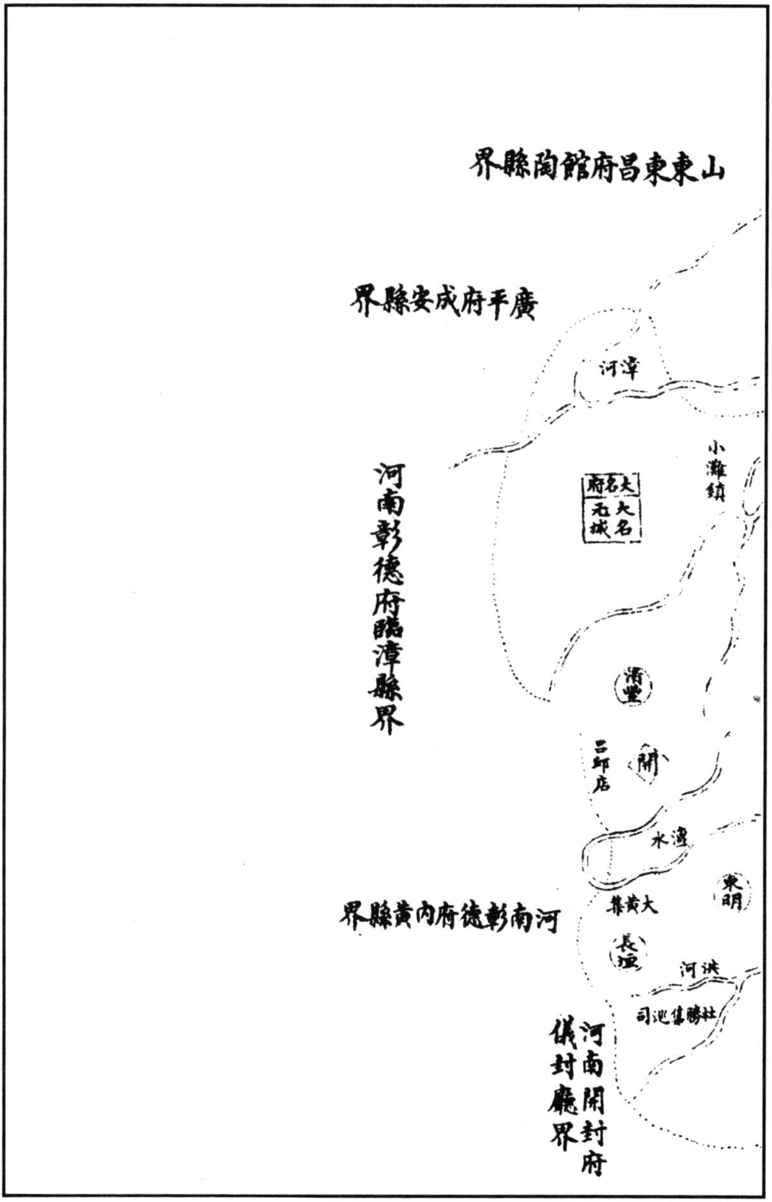
山東東昌府館陶縣界
廣平府成安縣界
漳河
小灘鎮
大名府大名元城
河南彰德府臨漳縣界
清豐
三鄉店
開
漳水
東明
大黃集
河南彰德府内黄縣界
長垣
洪河
杜勝集巡司
河南開封府儀封廳界

大名府表

	大名府	大名縣
秦	屬東郡。	
兩漢	分屬魏郡。後漢建安十八年分置東部都尉。	元城縣地。
三國	陽平郡魏黄初二年置。	
晉	陽平郡	
南北朝	魏州周大象二年分置。	東魏後元城、貴鄉二縣地。
隋	武陽郡大業初改州爲郡。	
唐	魏州魏郡武德四年復置州，龍朔二年改曰冀州，咸亨三年復故，天寶元年改郡名。	
五代	大名府後唐同光元年升東京興唐府，三年改鄴都。晉天福初改廣晉府。漢乾祐初又改。周罷都。	
宋金附	大名府宋慶曆二年建北京，熙寧六年分爲河北東路。金正隆二年置大名府路。	宋政和六年移大名縣來治。金省爲鎮。
元	大名路屬中書省。	至元九年復移來治。
明	大名府復府，直隸京師。	大名縣洪武初省，三十一年復置於府郭，永樂九年復移來治，屬大名府。

續表

	元城縣
魏縣 屬魏郡，爲都尉治。	元城縣 屬魏郡。
魏縣	元城縣
魏縣 長樂縣 屬魏郡。	元城縣 郡治。 貴鄉縣
魏縣 齊省入昌樂。 洹水縣 齊省。周建德六年分置。	元城縣 東魏天平初屬魏郡。齊省入貴鄉。 貴鄉縣 東魏天平初析置，屬魏郡。
魏縣 開皇六年復置，十六年析置漳陰縣，大業初省，屬武陽郡。 洹水縣 屬魏郡。	元城縣 開皇六年復置，又分置馬陵縣，大業初省入，屬武陽郡。 貴鄉縣 郡治。
魏縣 武德四年復置漳陰，貞觀初省，天寶三年復置，屬魏州。 洹水縣 屬相州，天祐二年屬魏州。	元城縣 貞觀十七年併入貴鄉，聖曆二年復置，開元十三年移今治。 貴鄉縣 州治。
魏縣 洹水縣	元城縣 後唐改曰興唐。晉復故名。 大名縣 晉改曰廣晉。漢乾祐初又改。
魏縣 屬大名府。 宋熙寧六年省入成安。	元城縣 大名縣 宋熙寧六年省，紹聖(二)[三]年復置，政和六年徙治南樂鎮。金復移府郭。
魏縣	元城縣 至元二年併入大名，尋復置，路治。 大名縣 至元九年復還故治。
魏縣 洪武三年又移今治，屬大名府。	元城縣 府治。洪武三十一年移今治。 洪武初省，三十一年復置，永樂九年復還故治。

續表

南樂縣	清豐縣
樂昌縣 屬東郡。後漢省。	
	頓丘郡 泰始二年置，治頓丘。
昌樂縣 後魏太和二十一年析置，永安初置昌樂郡。天平中廢，屬魏郡。 平邑縣 東魏天平二年分置，屬魏郡。齊省。	頓丘郡 齊廢。
大業初省入繁水。 繁水縣 開皇六年析置，屬武陽郡。 開皇十六年復置，大業初併入貴鄉。	
昌樂縣 武德五年移置，屬魏州。 貞觀十八年省入昌樂。	澶州 武德四年置，治頓丘，貞觀元年廢，大曆七年復置，屬河北道。
南樂縣 後唐改名。	晉天福三年徙廢。
南樂縣 宋崇寧四年改屬開德府。金屬大名府。	
南樂縣 屬大名路。	
南樂縣 屬大名府。	

續表

	東明縣
頓丘縣 屬東郡。後漢建安十七年屬魏郡。　陰安縣 屬魏郡。	離狐縣 屬東郡。後漢建初四年屬濟陰郡。
頓丘縣　陰安縣	離狐縣
頓丘縣 郡治。　陰安縣 屬頓丘郡。	離狐縣
頓丘縣 齊省。　陰安縣 後魏太平真君三年并入衛國，太和十九年復置。齊省入頓丘。	離狐縣
頓丘縣 開皇六年復置，屬武陽郡。	離狐縣 仍屬東郡。
頓丘縣 州治。　清豐縣 大曆七年置，屬澶州。	南華縣 屬曹州，天寶元年改名。
德清軍 晉天福四年置，開運二年徙。　晉天福三年省。　清豐縣 屬德清軍。	南華縣
清豐縣 慶曆四年移縣治德清軍，屬開德府。金屬開州。	東明縣 金省南華入冤句，尋移來治，屬曹州。
清豐縣	東明縣 太宗七年屬大名路，至元三年屬開州。
清豐縣 移今治，改屬大名府。	東明縣 洪武初省入長垣，弘治四年復置，屬大名府，萬曆中屬開州。

開州

東郡 始皇五年置。	濮陽縣 郡治。		
東郡	濮陽縣		
東郡	濮陽縣		
濮陽國 咸寧三年改置。東晉後徙廢。	濮陽縣 國治。		
	濮陽縣		東黎縣 後魏永安元年分置，屬黎陽郡。北齊省。
	濮陽縣 屬東郡。	昆吾縣 開皇十六年析置，大業初省。	臨河縣 開皇六年置，屬汲郡。
	濮陽縣 武德四年屬濮州。	武德四年復置，八年省。	臨河縣 武德初屬黎州，貞觀十七年屬相州，天祐三年屬魏州。
澶州 晉天福三年移置。	濮陽縣 州治。		臨河縣 晉隸澶州。
開德府 宋崇寧五年升府，屬河北東路。金復州，皇統四年改名開州。	濮陽縣 宋熙寧十年移治。		宋省。
開州 屬大名路。	濮陽縣		
開州 屬大名府。	洪武初省入。		

續表

	長垣縣
	長垣縣屬陳留郡。後漢爲侯國。 平丘縣屬陳留郡。 長羅侯國屬陳留郡。後漢省。
	長垣侯國 平丘縣
	長垣縣復爲縣，屬陳留國。 省。
	長垣縣後魏太平真君八年併入外黃，景明五年復置，屬東郡。
澶淵縣開皇十六年析置，屬汲郡。	匡城縣開皇十六年移治改名，屬東郡。 長垣縣開皇十六年分置，大業初省入匡城。
武德初改曰澶水，屬黎州，四年屬澶州，貞觀元年還屬黎州，十七年省。	匡城縣屬滑州。 武德初復置，八年省。
	匡城縣梁改曰長垣。後唐復故，屬開封府。
	長垣縣宋建隆元年改曰鶴丘，尋又改。金屬開州。
	長垣縣初屬大名路，至元二年屬開州。
	長垣縣洪武初移今治。

大清一統志卷三十五

大名府一

在直隸省治西南八百里。東西距一百二十里，南北距三百六十里。東至山東東昌府冠縣界四十里，西至河南彰德府臨漳縣界八十里，南至河南開封府儀封廳界三百一十里，北至東昌府館陶縣界五十里。東南至山東曹州府定陶縣治三百里，西南至彰德府内黄縣治九十里，東北至山東臨清州治一百五十里，西北至廣平府成安縣治八十里。自府治至京師一千一百二十里。

分野

天文室、壁分野，娵訾之次。按唐書天文志：「營室、東壁，娵訾也。自危十三度至奎一度。」今大名府以及開州境内正當其地，爲衛分野。

建置沿革

禹貢冀、兖二州之域。府地屬冀，開州以南屬兖。春秋屬晉、衛二國。戰國屬魏、衛二國。秦屬東郡。漢分屬魏郡。南境爲東郡及陳留郡地。後漢建安十八年分魏郡置東部都尉。三國魏黄初二年以東部置陽平郡。晉因之。元和志：「前燕慕容暐於今州理置貴鄉郡。尋廢。」後魏爲陽平郡地。時郡徙治館陶，今屬山東東昌府，元和志作「石趙時徙郡」。東魏天平初改屬魏郡。後周大象二年始分相州置魏州。隋大業初改爲武陽郡。唐武德四年復曰魏州，龍朔二年改曰冀州，置大都督府。咸亨三年罷府，復曰魏州。開元二十一年置河北採訪使。天寶元年改曰魏郡，乾元元年復曰魏州。廣德元年置魏博節度使。建中三年，田悦嘗改州爲大名府，尋罷。天祐元年賜號天雄軍節度。五代唐同光元年升爲東京興唐府，三年改爲鄴都。晉天福初改爲廣晉府。漢乾祐元年始改曰大名府。周顯德元年罷都，仍爲天雄軍節度。宋初因之，慶曆二年建爲北京。熙寧六年分爲河北東路。金初爲散府，正隆二年升爲總管府，置大名府路，貞祐二年置行尚書省。元志「金改安武軍」，而金志不載〔一〕。元曰大名路，屬中書省。明曰大名府，直隸京師。

本朝初因之，領州一、縣十。雍正三年以内黄縣改屬河南彰德府，以濬、滑二縣改屬河南衛輝府。乾隆二十三年裁魏縣分屬大名、元城。今領州一、縣六。

大名縣。附郭。在府治南偏。東西距九十二里，南北距九十里。東至元城縣界二里，西至河南彰德府臨漳縣界九十里，南至清豐縣界七十里，北至元城縣界二十里。東南至南樂縣界十八里，西南至河南彰德府内黄縣界六十里，東北至元城縣界八里，西北至廣平府廣平縣界五十里。本治府南少東八里南樂鎮。漢爲元城縣地。東魏以後爲元城、貴鄉二縣地。宋政和六年移大名縣來治。金廢爲南樂鎮。元至元九年復移來治。明洪武初省，三十一年復置於府郭。永樂九年復移來治，屬大名府。本朝乾隆二十三年移治府城。

元城縣。附郭。在府治北偏。東西距七十七里，南北距七十五里。東至山東曹州府朝城縣界七十五里，西至大名縣界二里，南至南樂縣界三十里，北至山東東昌府館陶縣界四十五里。東南至南樂縣三十里，西南至大名縣界八里，東北至東昌府冠縣界三十五里，西北至廣平府廣平縣界五十里。漢置元城縣，屬魏郡。後漢因之。三國魏爲陽平郡治。晉因之。後魏移郡治館陶〔二〕，以元城爲屬縣。東魏天平初改屬魏郡，又析置貴鄉縣。北齊省元城入貴鄉。後周於貴鄉縣置魏州。隋開皇六年復置元城縣，大業初以貴鄉爲武陽郡治。唐初復於貴鄉置魏州，貞觀十七年又併元城入貴鄉，聖曆二年又置，屬魏州。開元十三年移入州郭，與貴鄉皆爲州治。五代唐改元城曰興唐。晉復曰元城，改貴鄉曰廣晉。漢乾祐初改廣晉曰大名。宋、金因之。元至元二年併元城入大名，尋復置，爲大名路治。明爲大名府治。本朝因之。

南樂縣。在府東南五十里。東西距七十五里，南北距三十五里。東至山東曹州府朝城縣界四十里，西至大名縣界三十五里，南至清豐縣界十五里，北至大名縣界二十里。東南至山東曹州府觀城縣治五十里，西南至河南彰德府内黄縣六十里，東北至山東東昌府冠縣治一百里，西北至元城縣治五十里。漢置樂昌縣，屬東郡。後漢省。後魏太和二十一年分魏縣置昌樂縣，永安初置昌樂郡。東魏天平中郡廢，縣屬魏郡。隋開皇六年析置繁水縣，大業初省昌樂入繁水，屬武陽郡。唐武德五年復置昌樂縣，屬魏州，貞觀十八年省繁水入焉。五代唐改曰南樂。宋初屬大名府，崇寧四年改屬開德府。金還屬大名府。元屬大名路。明屬大名府。本朝因之。

清豐縣。在府南九十里。東西距六十二里，南北距四十里。東至山東曹州府觀城縣界三十七里，西至河南彰德府内黄縣界二十五里，南至開州界十五里，北至南樂縣界二十五里。東南至曹州府濮州治六十里，西南至開州治四十里，東北至南樂縣治四十里，西北至大名縣治九十里。漢置頓丘縣，屬東郡。後漢建安十七年割屬魏郡。晉泰始二年於縣置頓丘郡。後魏因之。

北齊郡縣俱廢。隋開皇六年復置頓丘縣，屬武陽郡。唐初屬魏州，武德四年於縣置澶州，貞觀元年州廢，還屬魏州。大曆七年復置澶州，又析置清豐縣屬之。五代晉天福三年州徙德勝寨〔三〕，縣隨州徙，廢舊州爲頓丘鎮，四年改鎮置德清軍。宋慶曆四年徙清豐縣治德清軍，屬開德府。金屬開州。元仍舊。明初改屬大名府。本朝因之。

東明縣。在府南二百二十里。東西距六十里，南北距八十五里。東至山東曹州府界三十里，西至長垣縣界三十里，南至河南開封府儀封廳界六十里，北至開州界二十五里。東南至山東曹州府定陶縣治一百里，西南至長垣縣治七十里，東北至山東濮州治一百五十里，西北至開州治九十里。漢置離狐縣，屬東郡。後漢建初四年改屬濟陰郡。晉、魏因之。隋仍屬東郡。唐屬曹州，天寶元年改曰南華。五代、宋因之。金初爲河所圮，省入冤句，尋移東明縣來治，仍屬曹州。元太宗七年改屬大名路，至元二年改屬開州。明洪武初省入長垣，弘治四年復置〔四〕，屬大名府。萬曆中屬開州。本朝仍屬大名府。

開州。在府南一百二十里。東西距一百二十五里，南北距一百里。東至山東曹州府濮州界五十五里，西至河南衛輝府滑縣界七十里，南至東明縣界六十五里，北至清豐縣界三十五里。東南至東明縣治九十里，西南至河南衛輝府濬縣治九十里，東北至清豐縣治四十五里，西北至河南彰德府内黄縣界十五里。古顓頊之墟。夏時爲昆吾國。春秋曰帝丘，爲衛國都。戰國曰濮陽，仍爲衛都。秦始皇五年置東郡〔五〕。漢以濮陽縣爲東郡治。後漢因之。晉咸寧三年改置濮陽國〔六〕，仍治濮陽縣。東晉後，郡治移鄄城〔七〕，以濮陽爲屬縣。後魏因之。隋屬東郡。唐屬濮州。五代晉天福三年改置澶州，四年移濮陽縣入州治。開運元年升爲鎮寧軍節度。宋曰澶州澶淵郡鎮寧軍節度。崇寧四年建爲北輔，五年升爲開德府。宣和二年罷輔郡，屬河北東路。金仍曰澶州，皇統四年改曰開州，屬大名府路。元屬大名路。明洪武初以州治濮陽縣省入，仍屬大名府。本朝因之。

長垣縣。在府西南二百五十里。東西距七十里，南北距六十五里。東至東明縣界四十里，西至河南衛輝府滑縣界三十里，南至河南開封府蘭陽縣界四十里，北至滑縣界二十五里。東南至開封府儀封廳治一百里，西南至開封府封丘縣界三十里〔八〕，東北至東明縣治七十里，西北至滑縣治九十里。春秋衛地。戰國魏首垣邑。漢置長垣縣〔九〕，屬陳留郡。後漢爲長垣侯國。晉復爲縣，屬陳留國。後魏太平真君八年併入外黄，景明五年復置〔一〇〕，屬東郡。隋開皇十六年改曰匡城，仍屬東郡。唐屬滑州。五代梁復曰長垣，屬開封府。後唐復曰匡城。宋建隆元年避諱改曰鶴丘，尋復曰長垣，仍屬開封府。金泰和八年以限河不便，改屬開州。元初屬大名路，至元二年仍屬開州。明因之。本朝屬大名府。

形勢

屹屹魏土，山河之固。宋劉攽魏京詩。矗如巨防，扼爲要津。宋江休復縣壁記。九河綿絡之奥區。宋黄庭堅上梁文。南距衛，北負漳爲險。舊府志。

風俗

俗近梁、魯，微重而矜節。史記貨殖傳。剛武，尚氣力。漢書地理志。人人知本農桑，勸學校。宋晁無咎澶淵登科記。俗尚義概，有古推遜之風。澶淵舊志。先人後己，務崇禮讓。元志。

城池

大名府城。周八里有奇，門四，外有濠廣七丈五尺。明建文三年築，嘉靖四十年甃甎。本朝康熙年間修，乾隆三十三年重修。大名、元城兩縣附郭。

南樂縣城。周六里有奇，門四，濠廣一丈。元末築。明嘉靖三十四年甃甎。本朝康熙十二年修。

清豐縣城。周五里有奇，門四，濠廣三丈。明成化初築，崇禎十一年甃甎。本朝康熙十三年修。

東明縣城。周七里有奇，門四，濠廣六丈。明弘治四年築，崇禎十二年甃甎。本朝康熙九年修。

開州城。舊土城，周二十四里，門四，濠廣一丈。宋時舊址，明弘治以來，相繼修築。

長垣縣城。周八里有奇，門四，濠廣四丈六尺。明正統十四年築，崇禎十年甃甎。本朝康熙年間修，雍正九年築護城隄。

學校

大名府學。在府治東南。明永樂元年建。本朝康熙十一年修。入學額數二十名。

大名縣學。舊在縣治西南。明洪武三年建。本朝乾隆二十三年，縣移附府城，學署併入元城縣學。入學額數十五名。

又大名鄉學，在舊魏縣東南，本魏縣學。本朝乾隆二十三年裁改。入學額數十六名。

元城縣學。在縣治西北。明永樂元年建。入學額數十五名。

南樂縣學。在縣治東南。明洪武三年建。入學額數十五名。

清豐縣學。在縣治北。明洪武七年建。入學額數二十三名。

東明縣學。在縣治東南。明弘治中建。入學額數二十三名。

開州學。在州城東門内。元大德間建。入學額數二十三名。

長垣縣學。在縣治西。明洪武元年建。入學額數二十三名。以上各學，本朝俱屢修。

天雄書院。在府治。本朝康熙十年建，乾隆二十三年，大名縣移治郡城，以書院改爲縣署，以舊通判署移建書院，仍名天雄。

元城書院。在府治西南。明正德中建，祀宋劉安世。

繁陽書院。在南樂縣治。本朝康熙二十四年建〔一〕。

廣陽書院。在清豐縣治。本朝乾隆二十二年建。

扶義書院。在東明縣治。明隆慶中建。本朝順治八年圮于水，乾隆二十九年重建。

明道書院。在開州治。明嘉靖中建，祀程子。

寡過書院。在長垣縣治。本朝康熙五十九年建。

户口

原額人丁四十一萬七千六百二十八，今滋生男婦大小共一百九十六萬四千八百七十二名口，計四十四萬二千五百一十五户。

田賦

田地六萬五千八百六十七頃七十七畝一分有奇，額徵地丁正、雜銀三十三萬八百三十四兩一錢三分三釐，粟米四十二石一斗二升七合，小麥四十二石一斗二升七合。

山川

㥄山。在大名縣北。元和志：「貴鄉縣古堰，今名㥄山，在縣西九里。漢成帝時河決金隄，河隄使者王延世募人運土塞河之處，以其㥄當人情，故謂之㥄山。」明統志：「㥄山，在大名縣北十五里。」舊志：「土阜突然，卉木周鬱。」

沙麓山。在元城縣東。舊作沙鹿。春秋僖公十四年：「沙鹿崩。」公羊傳：「沙鹿者何？河上之邑也。」穀梁傳：「林屬於山爲鹿。」「沙，山名也。」漢書元后傳：「王翁儒既徙魏郡元城委粟里，元城建公曰：『昔春秋沙鹿崩，晉史卜之，曰：後六百四十五年，宜有聖女興。其齊田乎！今翁儒徙，正直其地，日月當之。元城郭東有五鹿之墟，即沙鹿地也。後八十年，當有貴女興焉。』後元后歷漢四世爲天下母。」水經注：「周穆王喪盛姬，東征舍於五鹿，其女叔㜿届此思哭，是曰女㜿之丘，爲沙鹿之異名也。」元和志：「沙鹿，在縣東十二里。」明統志：「沙麓山，在府城東四十五里。」

方山。在南樂縣北七里。舊有二土山並峙，其形正方。宋嘉祐以後，大河經縣境，蕩決不時，遂爲平陸。其地名方山村。

秋山。在清豐縣西。元和志：「在頓丘縣西北三十五里。」今無考。

龍光山。在東明縣東南三十里。以雲氣如龍而名，歲旱禱雨有應。

白雲山。在東明縣東北二十里。郊原平衍，土山突起，相傳張良辟穀於此。其里曰白雲里，相近又有懷良村。

金沙山。在開州治東迤北。宋建炎間，楊棣守開德〔一二〕，金師來攻，棣與弟彭年力戰死之，人爲瘞骨，立冢如山，因以沙名。又有雞鳴山，在州城内蓮花沼後。

洪洋山。在開州東南五里。土岡綿亘數里，山南有浮翠橋，即澶水所經。寰宇記有「衛陽山，在濮陽縣東南二十里，居衛之陽」。又「鮒鰅山，在頓丘縣西北三十里。今名廣陽山。山海經云：顓頊葬其陽，九嬪葬其陰」。今皆不知所在。按「鮒鰅」，山海經作「務隅」，又作「附禺」。

五霸岡。在東明縣東南五十里。相傳春秋時會盟處，亦名霸王岡。

黄陵岡。在東明縣東南八十里，接山東曹縣界。元時賈魯治河始此。詳見「曹縣」。

大岡。在長垣縣東五十里。雄隄環抱，形勢屹然。

荆岡。在長垣縣東南四十里荆岡集。岡項當集之中，岡畔有琉璃井。

青岡。在長垣縣西二十里。平地突起，土皆青色，故名。岡項有寺，下有白蓮池。

學堂岡。在長垣縣北十里。平廣突兀，近岡土皆赤色。相傳孔子嘗過此講學。今有廟，明天順中建。其前又有小岡，形勢連亘。又金哀宗興定二年〔一三〕，濟河至蒲城，次漚麻岡，應在今縣界。

古黄河。有三道：一自河南滑縣流入，經開州西北，又東北經清豐縣南，又東北經南樂縣西北，又東北經元城縣東，又東北入山東館陶縣界，此西漢以前黄河經行之故道也。漢書武帝紀：「元光三年春，河水徙，從頓丘縣東南流入勃海〔一四〕。夏，河水決濮陽，氾郡十六。發卒十萬救決河。」溝洫志：「河至大伾，禹釃二渠，以引其河，北載之高地，過洚水。元光中，河決瓠子。後二十餘歲乃塞之，道河北行二渠，復禹舊迹。」孟康曰：「二渠：其一出貝丘西南，南折者也；其一則漯川。河自王莽時遂空，惟用漯耳。」水經注：河水自涼城，「又東北爲長壽津，故瀆出焉。一則漯川，今河所流；一則北瀆，王莽時空，故俗名是瀆爲王莽河。東北逕戚城西，又逕繁陽縣故城東，又北逕陰安縣故城西，又東北逕樂昌縣故城東〔一五〕，又東北逕平邑郭西，又東北逕元城縣故城西北，而至沙丘堰。自堰南分，屯氏河出焉」。元和志：「王莽河西去昌樂縣十六里。去貴鄉縣三里。」寰宇記：「王莽河，在頓丘縣北十里。接清豐，入南樂縣界〔一六〕。又在德清軍城西南五里。」

一自滑縣流入，經開州西南，又東北經清豐縣南，又東北入山東觀城縣界，此東漢以後及唐時故道。其自開州又東北出，逕大名、元城之東者，宋時北流故道也。水經注〔一七〕：「河水東逕鐵丘南，東北流逕濮陽縣北，爲濮陽津。又東北逕衛國縣南。」元和志：「黄河南去臨河縣五里。北去濮陽縣十五里。又在頓丘縣南三十五里。清豐縣南五十里。」宋史河渠志：「澶州有濮陽、大韓、大吴、商胡、王楚、横隴、曹村、依仁、大北、岡孫、陳固、明公、王八凡十三埽，大名府有孫村、侯村二埽。景德元年，河決横隴埽。慶曆八年，決商胡埽。皇祐元年，合永濟渠注乾寧軍，是謂北流。嘉祐元年，塞商胡北流，入六塔河，河不能容，是夕復決。五年，河流派別於魏之第六埽，曰二股河，自魏、恩東至德、滄入海，是爲東流。熙寧二年，開修二股河東流，閉北流。十年，大決於曹村，澶淵北流斷絶，河道南徙，東匯於梁山、張澤濼，分爲二派，一合南清河入淮，一合北清河入海。元豐元年，決口塞，河復歸北。四年，小吴埽復大決，自澶注入御河。八年，河流雖北，而孫村低下，漲水往往東出。於是回河東流之議起。元祐元年十一月，張問請於南樂大名埽開直河并簽河，分引水勢入孫村口，於是減水河之議復起。四年，詔罷回河及修減水河。元符二年，河決内黄口，東流遂絶。」舊志：「金時河徙而南，北流亦絶，諸口皆爲平陸。今開州境内有商胡埽，在州東北三十里；六塔河，在州東北十七里。自商胡東南通横隴之支渠也。孫村埽，在州東北三十四里；横隴埽，在州東。」

一自河南封丘縣流入，經長垣縣南，又東經東明縣南，又東入山東曹州府界，此宋南渡以後，黄河改流之故道也。明統志：「長垣縣南六十里及廢東明縣南五十里皆有黄河故道。正統十三年，河決陽武，循故道至開州南百二十里，東抵濮州張秋，其流奮激，聲聞數十里，俗名響子口。」舊志：正統十四年，河決長垣朱家口。弘治二年，又決封丘荆隆口，漫入長垣、東明。嘉靖十五年，河南徙杜勝集。萬曆十五年，又決荆隆口，由長垣毛家潭直薄東明。本朝順治七年，又決荆隆口，循響子口故道入洪河委折東北，凡二十餘里，下通張秋。今有淘北河，一作淘背河，在長垣縣南三十里，東流至紙坊集入河。又有白家河，在縣東南三十里，自毛家潭東經盛橋入河〔一八〕。又有枯河，在東明縣南六十里。皆黄河舊流也。朱家口，在長垣縣東南七十里。響子口，在東明縣西南二十里。

衛河。自河南内黄縣流入，經大名縣南，又東北經元城縣東，又東北入山東館陶縣界，即古白溝水，亦名永濟渠，亦名御河。水經注：「白溝自内黄北逕高城亭東，洹水注之。又北逕問亭東，即魏界也。左與新河合。又東北逕銅馬城西，又東北逕羅勒城東，漳水注之，謂之利漕口。又東北逕趙城西，又北阿難河出焉。又東北逕空陵城西，又北逕喬亭城西，東去館陶縣故城十五里。」元和志：「永濟渠，西去洹水縣二里。」唐書地理志：「貴鄉縣有西渠，開元二十八年，刺史盧暉徙永濟渠，自石灰窠引流至城西，注魏橋，以通江、淮之貨。」寰宇記：魏縣，「白溝水，接館陶縣界〔一九〕，南自洹水縣界流入」。元史河渠志：「御河，自魏縣界經元城縣泉源鄉於村渡，南北約十里，東北流至包家渡，下接館陶縣界三口。」舊志：「元時衛河猶在府北。明正德中，始出府南經艾家口，又東北經小灘鎮，入館陶縣界。嘉靖三十六年，漳水自魏縣南迴龍鎮決入衛河，遂捨艾家口，改今大名縣南，東北流至小灘鎮西南仝道村，始入舊河。萬曆十六年，漳水還北流，衛河故道遂爲漳水所奪。今衛河現由之道，與河南内黄縣接界之張二莊爲大名縣屬，至山東館陶縣接界之王家莊爲元城縣屬，皆歲有修濬。」

漳河。有新、舊二河，俱自河南臨漳縣流入，經大名、元城二縣界，又東北入山東館陶縣界。元和志：魏縣，「舊漳河，在縣西北十里。新漳河，在縣西北二十里」。明統志：「舊漳、新漳二河，俱在魏縣西北，流至府城西。宋時嘗引注雕馬河入府城灌御河。又從西北陡門出，灌流沙河，復入漳河漕運。」舊志：「明初漳水自河南臨漳縣東流，折北經魏縣南關，又東北歷府城西北二十里西店集，東注館陶合衛水，所謂舊漳河也。正德初，徙從府西南閻家渡入衛，又十餘年，自魏縣東南雙井入衛，皆由府南艾家口，東北流經小灘鎮，入館陶界。嘉靖三十六年，復自魏縣西南迴龍鎮入衛。萬曆十六年，始還北流。今經魏縣南十八里，又東入府界，亦曰新漳河，即衛河故道也。今之新漳，非元和志之新漳矣。」按通志：「今新漳河北徙，自廣平縣流經魏縣東北，至府北界，又東抵館陶入衛。舊志所謂新漳河自魏縣南者，今又爲舊漳矣。又接魏縣之分入元城、大名者，由漳河決溢之故。今豫省之臨漳爲上游，大名縣境内之麗家村爲支流，皆大名上衛。」本朝乾隆二十四年，直隸總督方觀承奏准建壩，以固隄防，而舊縣之衛河隄，亦重加修葺。元城之西店集隄、長垣之太行隄，自乾隆五年以來，並歲加增築。又於長垣之甄家店隄南開新引河一道，自隄西村起至紙坊村入舊引河止，長二千七百五十五丈。於是民有奠居，田疇亦享其利。乾隆十五年，高宗純皇帝巡幸嵩、洛，鑾輿過此，有御製詩。

硝河。源出河南濬縣，自滑縣分二：一東流逕開州西爲馬頰河，又東北經戚城北，又東匯爲趙村陂，至白倉北，會傳家河，又北經清豐縣西，又北經南樂縣西，至縣北爲岳儒固河，又北入大名縣，達元城縣東城館〔二〇〕，下流入山東朝城等縣。一由河南内黄縣東北入大名縣南界，又東北注於縣東三角潭，分十之三自飲牛口注衛，十之七自梅家口注衛，水潦則由石村分注開州北火燒店，經清豐縣西秦村，而北注岳儒固河；或由内黄而東，經南樂縣西，亦會於岳儒固河，其水瀉滷下墊，凡所經流，率至數歲不復芻牧。

沙河。在元城縣東，大河支流也。宋史河渠志：「元祐四年，李偉開北京南沙河直隄第三鋪，放水入孫村口〔二一〕。」明統志：「沙河舊自府城西南引漳河入城灌御河，復西北出城灌流沙河，南北約長二十里，東西濶二里。其河常不定，形勢如山，相近沙麓。」舊志：「此河今堙。」按今大名府屬之沙河，自河南封丘縣界穿太行隄，經龍相入東明縣之李連莊，長七十里。又一支自龍相迤北分流，下入李連莊，長三十里。新舊引河之水，皆注沙河。

洪河。在東明縣東南三里許。自河南滑縣流入，逕縣界洪門村雲臺口，又逕南關、東關，又東北會濮水，入山東濮州界。

濮河。自河南封丘縣流入，經長垣縣北，又東經東明縣南，又東經開州東南，合洪河，入山東濮州界，俗訛爲普河。水經注：「濮河故瀆自濟東北流，左迤爲高梁陂，方三里。又東逕匡城北，又東北左會别濮水，又東北與酸水故瀆會。又東逕蒲城北，又東逕韋城南，又東逕長垣縣故城北。又東分爲二瀆，北濮出焉。濮渠又東逕須城北，又北逕襄丘亭南，又東逕濮陽縣故城南，又東逕離狐縣故城南，又東逕葭密縣故城北，又東北逕鹿城南，又東與句瀆會，與濟同入鉅野。」元和志：「濮水，在南華縣南五里。」寰宇記：南華縣，「濮水，西自滑州韋城縣界入，乘氏縣界〔三三〕」。明統志：「濮水，在開州東南六十里。」舊志：「今有五里河，在長垣縣北，乃河南黑陽山諸水下流，自滑縣流入，西南抵小務口，又東南流入河。又有逯家河，在縣東北三里，自小務口東流入東明縣河，爲縣巨浸。蓋皆濮渠餘流也。其東明縣者，俗又訛爲普河，自縣南三十五里袁長官營東北流，經縣東南八里袁旗營，又東北經任二營、趙官營，又東北入於洪河。」

豬龍河。一名朱龍河，在清豐縣東七里，南接開州。自縣之田村，逕縣城北啞叭隄口，東逕南樂縣之韓家集，入山東曹州府觀城縣界，觀城之龍窠河水注之。豬龍蓋唐、滋、沙三水之下流也。方輿路程考以豬龍爲即龍窠，名勝志遂以爲源出冠縣，均誤。

灉河。在東明縣南五十里。西南自故黃河來，折而東北入山東曹州界。今涸，故道猶存。

賈魯河。在東明縣東南。元史河渠志：「至正四年，河決白茅隄，又決金隄，水勢北侵安山，沿入會通、運河。督漕運使賈魯議挽河東行以復故道。丞相脱脱韙其策。十一年四月，命魯爲總治河防使，興繕鳩工，十一月工畢，河復故道，南匯於淮，東入於海。共濬故道通長二百八十里有奇。始自白茅，長百八十二里。繼自黃陵岡至南白茅，闢生地十里。南白茅至劉莊村接入故道十里。」縣志：「賈魯河，在縣南六十里斷頭隄外。」

漆河。在東明縣北門外。源自河南黑陽山東流，逕縣西漆隄北，又東逕縣北關外，又東合於洪河。漆隄，在縣西十二里，居民築之以障漆水。

洹水。在大名縣西。自河南臨漳縣流入，古洹水支流也。水經注：「洹水枝津，謂之新河。東逕鸕鷀陂，北與台陂水合，注白溝河。」元和志：洹水縣，「洹水，西自堯城縣界流入」。舊志：「今併入漳河。」

澶水。在開州西南，大河分流也，一名繁水，一名浮水。春秋襄公二十年：「盟於澶淵。」杜預注：「澶淵，在頓丘縣南，今名繁汙。」水經注：「浮水故瀆，上承大河於頓丘縣而北出，東逕繁陽故城南。張晏曰：縣有繁淵，春秋盟於澶淵，即繁淵也，亦謂之浮水。又東絶大河故瀆，又東逕五鹿之野，又東逕衛國縣，入東武陽縣，入河〔二三〕。」寰宇記：「澶淵，在臨河縣東南十七里，黎州東北八十里。又十三州志云：澶水在頓丘西南三十里，伏流至繁城西南。」明統志：「繁水，在南樂西北三十五里。」舊志：「澶州陂，在開州西南。其水由州南界，東北逕城東二十里曰清河頭。十之七分注於霸家河，又東逕濮州入張秋河；十之三分注於清豐縣東南界孫固城北，匯爲朱龍河，又西受硝河之水，流經縣北邵家灣、英滿城，又北入南樂縣界，逕縣東南四十里，又東入山東觀城縣界。蓋即古繁水古瀆也。」

古濟水。在東明、長垣二縣南，北濟也。水經：「濟瀆東過平丘縣南，又東過濟陽縣北。又東北逕冤句縣故城北〔二四〕，又東北與濮水合注。濟瀆自武父城北〔二五〕，東逕濟陽縣故城北，又東北逕煮棗城南，又東北逕呂都縣故城南，又東北逕定陶縣故城北〔二六〕。」

屯氏河故瀆。在元城縣東北。漢書溝洫志：「自塞宣防後，河復北決於館陶，分爲屯氏河，東北經魏郡、清河、信都、勃海入海，廣深與大河等。」水經〔二七〕：「大河故瀆自沙丘堰南分，屯氏河出焉。逕館陶縣東。」按舊志謂在大名縣東南，誤。

瓠子河故瀆。在開州南。史記河渠書：「元光中，河決於瓠子，東南注鉅野，通於淮、泗。使汲黯、鄭當時興人徒塞之，輒復壞。後二十餘歲，使汲仁、郭昌發卒數萬人塞瓠子決。天子自臨決河，沈白馬玉璧於河，令從官自將軍以下皆負薪寘決河。卒塞瓠子。」蘇林曰：「瓠子河，在鄄城以南，濮陽以北，廣百步，深五丈許。」水經：「瓠子河出東郡濮陽縣北河〔二八〕。」縣北十里，即瓠子河口也。漢元封二年，塞瓠子口，築宮於其上，名曰宣房宮，故亦謂瓠子堰爲宣房堰。平帝以後，未及修理。永平十二年，顯宗詔王景治渠築隄。瓠子之水絶而不通，惟溝瀆存焉。河水舊東流，逕濮陽城東北，又東逕桃城南，又東南逕清丘北(二九)。又東至句陽。」寰宇記：「瓠子口，在濮陽縣西南十七里河津。」明統志：「在開州西南二十五里。」

胡柳陂。在開州東南五十里，接山東濮州界。五代梁貞明四年，晉王與梁軍大戰處。詳見濮州。

張家潭。在大名縣東二里。魚藻繁衍，冬夏不涸。舊時衛河水自東南決，多由此溢入縣城。

三角潭。在大名縣東十五里。方塘百畝，歲久不涸，或以爲「龍湫」也。建「龍王祠」於其上，禱雨輒應。

白水潭。在大名縣西五里。林樹交蔭，菱荇縱横，爲近郊勝地。

傅家潭。在南樂縣西北四里。周約二里，今涸。

黄龍潭。在清豐縣東南三十五里。斷隄之間，約二十餘頃。

佘家潭。在東明縣東十里。北曰長潭，南曰圓潭，相去一里許。

黑龍潭。在開州西南瓠子河口。大旱不竭，俗稱「龍湫」。又有蓮花潭，在黑龍潭南三里，方五六頃，每秋水泛溢，則二潭相通。

閻家潭。在長垣縣東南六十七里。明正統十四年，河水決入縣境，回流衝齧，因成此潭。弘治五年，築隄環之。潭西七里曰牛家口，東三里曰大岡，皆築隄以防決溢處。

西湖。在開州西南。舊時河流匯入，積而成湖，周數百畝。後涸。

蓮花池。有四：一在大名故城東二十里；一在南樂縣東十八里宋隄之西；一在南樂縣西北三十里，舊爲繁水所溢，今皆湮；一在開州儒學後，水澄潔可鑒，後壅。明天順間知縣李迪重濬。

鳳溝。在長垣縣西四十里。

飲牛口。在元城縣東十里。地勢窪下，每秋雨霖潦，水積其中，即水退，不可耕植。明嘉靖二十四年開爲官渠。

艾家口。在元城縣南，接大名縣界。舊時衛河所經也。明初置水驛於此，後廢。

寒泉。在開州南。詩衛風：「爰有寒泉，在浚之下。」水經注：「浚城側有寒泉岡，世謂之高平渠，非也。」通典：「寒泉，在濮陽縣東南。」

御井。在開州治南。泉極甘冽，宋真宗駐蹕時所鑿。

古蹟

魏州故城。在今府東。東魏始置貴鄉縣。唐時貴鄉、元城二縣皆治此。舊唐書地理志：「魏州，漢元城縣地，後魏天平二年分館陶西界，於今州東北三十里古趙城置貴鄉縣。後周建德七年以趙城卑濕，東南移三十里〔三〇〕，就孔思集寺爲縣廨。大象二年於縣置魏州。武德八年移縣入羅城。開元二十八年，刺史盧暉移於羅城西百步。大曆四年又移於河南岸。」元和志：「魏州城，前燕慕容暐所築，周宣帝於此置州理。開元十三年又移元城縣於州東北三百步。貴鄉管西界，元城管東界。今爲魏博節度理所。」寰宇記：「後唐同光元年升州爲東京興唐府，三年改爲鄴都。晉天福初改爲廣晉府，又改貴鄉曰廣晉。漢乾祐元年改爲大名府、大名縣。」宋史地理志：「慶曆二年建大名府爲北京。宮城周三里一百九十八步〔三一〕，即真宗駐蹕行宮。殿曰班瑞、時巡、靖方、慶寧。京城周四十八里二百六步，門十七。」舊志：「宋熙寧六年省大名縣入元城，後移南樂鎮。自是元城獨爲府治。明洪武三十一年，衛河泛溢，城圮，因遷今治。舊府城，在今城東十里。」按魏書地形志、舊唐志皆云「貴鄉縣，天平二年置」，而元和志作

「孝文帝置」，寰宇記作「太和二十一年」，皆誤。

大名故城。在府南少東八里。宋政和六年自府徙大名縣治南樂鎮，即其地。本朝乾隆二十三年，水圮爲患，移治府城，始廢爲村，惟縣丞仍駐舊治，專管衛河修防事宜。

魏縣故城。有三，俱在大名縣西。漢置魏縣，應劭曰：「魏武侯別都也。」北齊省入昌樂。隋開皇六年復置。元和志：「縣東至魏州四十里。」舊唐書地理志：「漢舊縣，在今縣南。天寶三年移於今所。」明統志：「故魏縣城，在府西三十五里。俗名舊縣店〔三二〕。」舊志：故城在今縣東三十里，俗名舊縣村。宋熙寧中移治洹水鎮。明洪武三年復爲漳河所衝齧，始遷五姓店，在府西北四十里〔三三〕。本朝乾隆二十三年縣廢，併入大名。

洹水故城。在大名縣西，故魏縣西南三十里。漢内黄縣地，晉置長樂縣，屬魏郡。後魏省，孝文復置長樂縣，北齊省入臨漳。後周建德六年又分臨漳東北界置洹水縣。隋屬魏郡。唐屬相州。元和志：「縣西南至相州一百二十里。」天祐三年改屬魏州。寰宇記：「縣在魏州西南九十三里。」宋史地理志：「熙寧六年省洹水縣爲鎮入成安。」舊志：故城在成安縣東南三十里。後改屬魏縣，今入大名。

漳陰故城。在大名縣西北，故魏縣西。隋開皇十六年析魏縣置漳陰縣，屬魏州，大業初省入。唐武德四年復置，貞觀元年仍省入。

元城故城。有三，皆在今元城縣東。漢初置元城縣，在沙麓旁。應劭曰：「魏武侯公子元食邑於此，故縣氏焉。」歷晉、魏，至北齊始廢〔三四〕。隋開皇中復置。唐又遷此。舊唐書地理志：「隋元城縣治故殷城，貞觀十七年併入貴鄉。聖曆二年又分貴鄉、莘縣置，治王莽城。開元十三年移治州郭下。古殷城，在朝城東北十二里〔三五〕。」舊志：王莽城，在舊州城東北二十餘里王莽河北岸，亦謂之故元城。五代梁貞明二年，晉王自貝州還擊劉鄩，追至故元城，是也。

馬陵故城。

在元城縣東南五十里。春秋成公七年:「同盟於馬陵。」史記:魏惠王三十年,齊孫臏擊魏,「大敗之馬陵,殺其將龐涓」。隋書地理志:元城縣,「開皇六年又置馬陵縣,大業初廢」。元和志:「馬陵,在元城縣東南一里。」寰宇記:「在縣東南十里。」

昌樂故城。

在南樂縣西北。魏書地形志:「昌樂縣,太和二十一年分魏置。」元和志:「縣北至魏州五十里。本漢舊縣,屬東郡。後漢省。後魏孝文帝於漢舊城置昌樂郡及昌樂縣。周武帝改屬魏郡。隋屬魏州。」舊唐書地理志:「昌樂縣,晉置,屬陽平郡。後魏置昌州,今縣西古城是也。隋廢昌樂縣入繁水。武德五年復置,隸魏州。今治所,武德六年築。」明統志:「五代唐改昌樂爲南樂。」名勝志:「昌樂故城,在今治西北三十五里。俗訛爲昌意城,謂黄帝子昌意所築。」按水經注以樂昌爲即漢東郡屬縣〔三六〕,元和志因之〔三七〕。舊唐志又以爲晉置,而晉志不載,各書參錯不一〔三八〕。今考漢志本作樂昌,名既不同,且地在黄河西,亦非東郡之界〔三九〕。疑本魏縣地,惟地形志足據,諸書之説恐皆有誤。

繁水故城。

在南樂縣西北。隋開皇六年分昌樂縣置,大業初廢昌樂縣入之。唐初屬魏州,貞觀十八年省入昌樂。縣志:「故城在縣西北三十五里。」

平邑故城。

在南樂縣東北。本趙地。史記:趙獻侯十三年,「城平邑」。漢爲元城縣地,東魏天平二年分置平邑縣,屬魏郡。北齊廢。隋開皇十六年復置〔四〇〕,大業初併入貴鄉。括地志:「平邑故城,在昌樂縣東北四十里。」明統志:「在南樂縣東北七里。唐馬燧嘗提兵至此。今有浮屠。」舊志:「今爲平邑村,有馬燧營遺址。」

頓丘故城。

在清豐縣西南。春秋衛頓丘邑,在今河南濬縣界。漢置頓丘縣於此,屬東郡。晉爲頓丘郡治〔四一〕。後魏因之。北齊郡縣俱廢。隋開皇六年復置頓丘縣。唐置澶州治此。元和志:「澶州北至魏州一百十里,南至濮陽縣三十六里〔四二〕。」寰宇記:「古頓丘縣,在清豐縣東南十五里。本舊澶州理所。晉天福三年隨州移於德勝砦,於舊州置頓丘鎮;四年改鎮爲德清軍。開運二年又移軍於陸家店。此城廢。」通鑑注:「九域志清豐縣有舊州鎮,即頓丘城也。」明統志:「頓丘故城,在清豐縣西南二十五里。」

清豐故城。在今清豐縣西。元和志：「縣東至澶州二十五里(四三)。本漢内黄縣地，大曆七年於清豐店置，因以爲名。」舊唐書地理志：清豐縣，「割頓丘、昌樂二縣界四鄉置，以縣界有孝子張清豐門闕，魏州田承嗣請爲縣名」。寰宇記：「縣在澶州西北五十五里。」舊志：「按宋志慶曆四年徙清豐縣治德清軍，廢此城爲鎮。」九域志：「清豐縣有清豐鎮。」即此。

德清軍故城。在清豐縣西北。寰宇記：「晉天福四年改頓丘鎮爲德清軍。開運二年又移德清軍於陸家店，在新澶州北七十里。南至舊澶州二十五里，北至南樂縣二十五里，西南至清豐縣三十里。」宋史地理志：「慶曆四年徙清豐縣治德清軍，即縣置軍使，隸澶州。」舊志：「德清城，在今縣西北三十里。」按清豐縣自慶曆中移治德清城，其後以水患又遷今治，今不可考。明統志：「清豐故城，在今縣西北十八里。宋時因水故遷今縣。」蓋即德清城也。明志不知宋慶曆中移清豐治德清城(四四)，乃謂徙德清軍治清豐，又别載「德清城在開州北七十里」，皆混。

陰安故城。在清豐縣北二十里。漢置縣，屬魏郡。元朔三年封濟北貞王子不害爲陰安侯，五年又封衛不疑於此。後漢永安五年爲肅宗女吉食邑，仍屬魏郡。晉屬頓丘郡(四五)。後魏太平真君三年併入衛國，太和十九年復置，仍屬頓丘郡。北齊省入頓丘縣。舊唐書地理志：「頓丘縣後移治於陰安城，今縣北古陰安城是也。」

德勝故城。在開州，有南、北二城，今州治即北城也。其地本名德勝渡，爲河津之要。五代梁貞明五年，晉將李存審於德勝渡南北築兩城守之(四六)，謂之「夾砦」。梁賀瓌攻德勝南城，不克。晉王尋自魏州發徒數萬廣德勝北城。自後梁、晉相争於此，大小凡百餘戰。石晉時，慮遼兵爲患，遂移澶州跨德勝津併頓丘徙焉。寰宇記：「晉天福三年自舊澶州移於夾河，造舟爲梁，頓丘縣亦隨州移理；四年又移濮陽縣於州之南郭。漢乾祐元年移州就德勝砦故基。周世宗又移今理。」明統志：「德勝砦，在開州南三里。漢乾祐初自夾河移澶州於此。周世宗又遷於夾河，與德勝砦南北相直，故居人有南澶、北澶之目。」舊志：「宋初州治頓丘縣，而濮陽縣在州東門外。景德初，遼兵入犯，寇準勸帝親征，駕至澶州南城駐蹕，準固請渡河，御北城門樓。蓋是時州治南城也。

熙寧十年，南城圮於水，移治北城，惟以濮陽縣爲治。明初始省入州。」

昆吾故城。在開州東。詩商頌：「韋顧既伐，昆吾夏桀。」國語：「昆吾爲夏伯。」左傳哀公十七年：「衛侯夢於北宫，見人登昆吾之觀。」杜預注：「衛有觀，在古昆吾氏之墟。今濮陽城中。」漢書地理志：「濮陽本顓頊之墟。」夏后之世，昆吾氏居之。隋書地理志：「濮陽，開皇十六年分置昆吾縣，大業初省入。」舊唐書地理志：「武德四年分濮陽置昆吾縣，八年併入濮陽。」括地志：「昆吾故城，在濮陽縣西三十里。昆吾臺，在縣西百步。」寰宇記：「顓頊城，在臨河縣東北三里。隋於城内置昆吾縣。昆吾臺，在城中，高二丈。」

濮陽故城。在開州西南二十里。漢置縣〔四七〕。本古帝丘也。春秋僖公三十一年：「衛遷於帝丘。」左傳昭公十七年：梓慎曰：「衛，顓頊之墟也，故爲帝丘。」史記：「衛嗣君五年，獨有濮陽。元君十四年，秦徙野王縣〔四八〕，而并濮陽爲東郡。」漢書地理志：「東郡治濮陽縣，「衛成公自楚丘徙此。故帝丘，顓頊墟」。元和志：「濮陽縣，東至濮州八十里。本漢舊縣。隋開皇十六年改屬濮州。」寰宇記：「晉天福四年，詔移濮陽縣於澶州之南郭爲理所。」通鑑注：「五代以前，濮陽在河南，宋澶州治之濮陽，晉天福四年移就澶州南郭者也。」按明統志又有帝丘城：「在滑縣東北七十里土山村，即衛成公所遷。」蓋即濮陽城，境相接也。

臨河故城。在開州西。漢黎陽縣地，後魏永安元年分置東黎縣，屬黎陽郡。北齊廢。隋開皇六年置臨河縣，屬汲郡。唐武德初屬黎州，貞觀十七年州廢，屬相州。元和志：「臨河縣，西北至相州一百二十里。其城本春秋時衛築新城也。」寰宇記：「縣在澶州東六十五里〔四九〕。魏東黎縣也。隋置臨河縣，南臨黄河爲名。唐天祐三年屬魏州。晉天福九年隸澶州。」文獻通考：「紹興間，臨河縣爲黄河水渰廢。」明統志：「廢臨河縣，在開州西六十里。」

澶水故城。在開州西二十里。本臨河、内黄、頓丘三縣地，隋開皇十六年置澶淵縣，以南臨澶淵爲名，屬汲郡。唐初避諱，改曰澶水，屬黎州。武德四年屬澶州。貞觀元年〔五〇〕，澶州廢，還屬黎州，十七年省入臨河。寰宇記：「廢澶淵縣，在臨河縣東四十里。」

離狐故城。在東明縣東南。元和志：「南華縣，東南至曹州一百二十里。本漢離狐縣，屬東郡。舊傳初置縣在濮水南，嘗爲神狐所穿穴，遂移城濮水北，故曰離狐。後漢屬濟陰郡。魏志『李典從太祖〔五一〕，遷離狐太守』，然則魏時爲離狐，郡也。晉屬濟陰郡。開皇三年罷郡，縣屬曹州。天寶元年改曰南華。」寰宇記：「離狐故城，在今縣西北三十三里，後魏移今地。」通考：「南華縣，金時爲黄河渰廢。」舊志：「故城在東明縣東北十里西臺集，又曰在曹州西四十里李二莊，蓋境相接也。又山東單縣有離狐城，乃劉宋僑置，非故縣。」

東明故城。凡有三：其一在河南蘭陽縣界，即故陽武户牖鄉，漢置曰東昏縣，王莽改曰東明，晉省〔五二〕，宋復置東明縣。其二在今東明縣界，金時東明以河患，徙河北冤句故地，今曰南東明集，在縣南三十里，明洪武初徙治雲臺集，尋廢，今曰西東明集，在縣西十五里。弘治四年復置縣於大單集〔五三〕，即今治也。按舊志概以陽武户牖，漢、宋東昏、東明事混入今縣，皆誤。

故蒲城。今長垣縣治。春秋桓公三年：「齊侯、衛侯胥命於蒲。」杜預注：「蒲，衛地，在長垣縣西南。」家語：「子路治蒲三年，孔子過之，三稱其善。」括地志：「故蒲城，在匡城縣北十五里。」寰宇記：「在長垣縣東北十里。」舊志：「明洪武初遷縣於此。」

故匡城。在長垣縣西南五十里〔五四〕。春秋僖公十有五年：「盟於牡丘，遂次於匡。」杜預注：「匡，衛地，在長垣縣西南。」論語：「子畏於匡。」後漢書郡國志：「長垣有匡城。」又「平丘有匡亭。」戴氏北征記：「匡城周三里。」元和志：「匡城縣西北至滑州一百里。隋開皇十六年於此置匡城縣，屬滑州。故匡城，在縣西南十里。」寰宇記「隋於婦姑城置匡城縣」，謂「縣南有古匡城爲名。朱梁割屬開封，宋初改爲長垣縣。在開封府東北一百里」。縣志：「今縣西南有司家坡，即古匡城也。」

平丘故城。在長垣縣西南。本衛邑。春秋昭公十三年：「會於平丘。」即此。杜預注：「平丘，在長垣縣西南。」漢置平丘縣，屬陳留郡。後漢因之。晉省。魏書地形志：「長垣有平丘城。」寰宇記：「平丘城，在陳留縣北九十里。」

長羅故城。在長垣縣北。漢宣帝本始四年，封常惠爲侯國，屬陳留郡。後漢建武五年，封樊宏長羅侯，十五年徙廢。水經注：「圈稱曰：長垣縣有羅亭，故長羅縣也。後漢省併。長垣有長羅澤，又有長羅岡。」寰宇記：「長羅縣城，在長垣縣東北四十里。」明統志：「長羅城，在舊長垣縣西南三十里。」

長垣故城。在今長垣縣東北。漢置縣〔五五〕，本魏之首垣邑也。戰國策：韓侈謂秦王曰：「進齊、宋之兵至首垣，遠薄梁郭。」史記：趙肅侯七年，「公子刻攻魏首垣。」水經注：長垣，「故首垣，秦更從今名」。陳留風俗傳曰：「縣有防垣，故縣氏之。」孝安帝以建光元年封宋俊爲侯國。隋時移治故匡城北，改名曰匡城，又分韋城置長垣縣，大業初仍省入匡城。唐武德初又分匡城置長垣縣，屬滑州，八年又省入匡城〔五六〕。括地志：「長垣故城，在匡城縣東北二十七里。」〔五七〕宋初改匡城爲長垣縣。金初遷縣於柳冢村〔五八〕。明洪武元年以水患，又遷於蒲城，即今縣也。縣志：「舊長垣集，即柳冢，在縣東北四十里，地名鮑堌，今有廢城，寬壘深濠，猶然險固。」按明統志：「秦長垣縣城，在今縣西南三十五里。」誤。參考括地志、寰宇記，當在今縣東北十四里。

五鹿城。有二：一在元城縣東，一在開州南。左傳僖公二十三年〔五九〕：「晉公子重耳過衛，出於五鹿，乞食於野人。」杜預注：「五鹿，衛地，今衛縣西北有地名五鹿。」元城縣東亦有五鹿，水經注：「浮水故瀆東經五鹿之野。晉文公受塊於野人，即此處也。京相璠曰：今衛國縣西北三十里有五鹿城〔六〇〕，今屬頓丘縣。」元和志：「五鹿墟，在元城縣東十二里。」寰宇記：「濮陽縣五鹿城，在縣南三十里。」

幾城。在元城縣東南。史記：趙惠文王二十三年，「樓昌將攻魏幾，不能取。十二月，廉頗將攻幾，取之」。括地志：「幾城，在元城縣東南。」

魏武侯城。在元城縣南十里。相傳魏武侯所置，舊有壇，亦曰武侯壇。

陽狐城。在元城縣東北。史記：齊宣公四十三年，「田莊子伐晉，圍陽狐」。括地志：「陽狐郭，在元城縣東北三十二里。」

空陵城。在元城縣東北。魏書地形志〔六一〕：「貴鄉縣有空陵城。」

朝城。在南樂縣東二十五里，近山東朝城縣界。唐置朝城縣，以此爲名，今名韓張堡。

昌城。在南樂縣南。晉永和六年，趙將張賀度等會於昌城，將攻冉閔於鄴。魏書地形志：「昌樂縣有昌城。」明統志：「南樂縣界有昌意城，黄帝子昌意所築。」即此。

觀澤城。在清豐縣東。史記：趙武靈王九年，「齊敗我觀澤」。括地志：「觀澤故城，在頓丘縣東十八里。」

衛城。在清豐縣東南四十里。相傳靈公所都。又有聶城，在縣東北〔六二〕。春秋僖公元年：「齊師次於聶北。」或以爲即此城之北。又有瓦屋頭集，在縣東三十五里，或謂春秋隱公八年「宋、齊、衛盟於瓦屋」即此〔六三〕。

孫固城。在清豐縣東南十五里，周五里。宋時大河經流處，即所謂孫村也。又六塔渠，在縣東南三十里，亦即六塔河之故渠也。

鹹城。在開州東南六十里。春秋僖公十有三年：「會於鹹。」杜預注：「鹹，衛地，濮陽縣東南有鹹城。」

浚城。在開州南。詩鄘風：「在浚之城。」水經注：「濮水枝津東逕浚城南，西北去濮陽三十五里〔六四〕。」

懿城。在開州西北。左傳襄公二十六年：「晉討衛疆戚田，取衛西鄙懿氏六十以與孫氏。」杜預注：「戚城西北五十里有懿城，因姓以名城也。」

干城。在開州北。詩邶風：「出宿於干。」後漢書郡國志：「衛國縣有竿城。」水經注云：「河之西岸有竿城。」蓋即干城之訛也。今州北有干城村。又清豐縣志：「在縣西北三十里。」

戚城。在開州北。春秋文公元年：「公孫敖會晉侯於戚。」杜預注：「戚，衛邑，在頓丘衛縣西。」水經注：「戚，衛之河上邑。漢高帝十二年，封將軍李必爲侯國。」括地志：「故戚城，在澶水縣東三十里。」寰宇記：「在澶州北十里。」〔六五〕明統志：「在開州北七里。」又清豐縣志：「戚城，在縣南三十五里。」

龍城。在長垣縣南。魏書地形志：「長垣有龍城。」寰宇記：「龍城，在縣東南二十里。昔夏臣龍逢所居〔六六〕，因以爲名。」縣志：「今名龍相村。」

婦姑城。在長垣縣南十里。縣舊治於此，故墟猶存。舊有婦姑廟，今移南關廂，或云莊姜死，衛人愍而祀之也。

訾婁城。在長垣縣西。左傳僖公十八年：「衛侯師於訾婁。」元和志：「訾婁城，在匡城縣西北十六里〔六七〕。」按滑縣志謂在縣西南六十里，蓋境相接也。

祭城。在長垣縣東北。後漢書郡國志：「長垣有祭城。」杜預左傳注：「長垣縣東北有祭城。」縣志：「今縣東北有祭城村。」按杜注以此城爲鄭祭封人仲邑〔六八〕，今考此乃衛地，不應爲鄭臣采邑。

南樂鎮。在大名縣南。舊爲縣治。本漢樂昌縣地，東魏於今府東置貴鄉縣，唐爲魏州治，五代漢改曰大名，宋熙寧六年省入元城，紹聖二年復置，政和六年移治南樂鎮。金仍徙縣入府郭〔六九〕，南樂仍爲鎮，屬南樂縣。元至元九年復爲縣治，今仍附府郭，此廢。按名勝志：「縣故城距今治十三里，有臺曰惠王臺，魏王所築。今不知所在，疑指唐時貴鄉故治也。」〔七〇〕

瑕丘。在開州東南十八里義井里。禮記檀弓：「公叔文子升瑕丘，蘧伯玉從，文子曰：『樂哉，斯丘也。』」寰宇記：「瑕丘，在濮陽縣東南三十里〔七一〕，高三丈。」又有延丘，「在縣東南四十里。延陵季子適衛憩此」。舊志：「瑕丘，在州東南十八里。延丘，在州東南文岡里。」

清丘。在開州東南七十里。春秋宣公十二年：「同盟於清丘。」杜預注：「清丘，衛地，在今濮陽縣東南。」水經注：「瓠瀆又東南逕清丘北。」京相璠曰：「在濮陽縣東南三十里，魏都尉治。」元和志：「在臨濮縣西三十五里。」通鑑：後唐同光元年，「李紹興敗粱游兵於清丘驛〔七二〕」。

旄丘。在開州西。詩衛風：「旄丘之葛兮。」寰宇記：「在臨河縣西南四十步。」按爾雅：「前高爲旄丘。」

鐵丘。在開州北。春秋哀公二年：「晉趙鞅及鄭罕達戰於鐵〔七三〕。」左傳：「趙鞅納衛大子於戚，與鄭戰，衛大子登鐵上，望見鄭師衆，自投車下。」杜預注：「鐵，丘名，在戚城南。」五代史：晉開運二年，「閱馬於鐵丘」。寰宇記：「鐵丘，在頓丘縣西北五里。又縣北十里有蒯聵臺。」按元和志謂鐵丘在衛南縣東南十里〔七四〕，誤。

蘧伯鄉。在長垣縣東。水經注：「陳留風俗傳曰：長垣有蘧伯鄉，一名新鄉，有蘧亭。曹大家東征賦曰：到長垣之境界兮，察農野之居民；觀蒲城之丘墟兮，生荆棘之蓁蓁。蘧氏在城之東南兮，民亦饗其丘墳。」縣志：「縣東南有伯玉村。」

龍淵宮。在開州西南。漢書武帝紀：元光三年，「起龍淵宮」。水經注：「河南有龍淵宮，蓋武帝起宮於決河之旁，龍淵之側，故曰龍淵宮也。」寰宇記：「宮在濮陽縣東十里。又縣西南八里有赤龍渦，有決河故道，蓋古之龍淵也〔七五〕，非築宮之所。」

宣房宮。在開州西南。史記河渠志：「塞瓠子，築宮其上，名曰宣房宮。」舊志：「宣房宮，在州西南十七里瓠子隄上。」州志：「在州南别駕里。」

潛龍院。在清豐縣舊澶州城内。寰宇記：「後唐明宗宅，後爲僧院。」〔七六〕舊志：「又有御店，亦在故城内，宋太祖、太宗微時邸舍也。徽宗時改爲潛德觀。」

騎山樓。在府城東舊府治西園。宋韓琦留守北京時建。

披雲樓。在開州治南。宋真宗幸澶淵時建。

禮賢臺。在大名縣西。舊名魏臺，相傳魏文侯所築，賓禮段干木處。久廢，明萬曆十九年重築，易今名。

銅臺。在大名縣東北五里。積土畝許，蓋戰國會盟處。

烽火臺。在開州東南。舊志：「澶、濮間濱河遠近，多有土臺，連絡相望，蓋皆五代及宋初所築，以備遼兵處。」

重華臺。在開州城南。九域志：「開德府有衛靈公臺〔七七〕，亦名重華臺。」

楚王臺。在開州南。相傳項羽追章邯於濮陽，駐軍於此，後人因立此臺。

荆臺。在東明縣南四十里。俗傳即田氏兄弟三人「紫荆宅」故處。

康王臺。在東明縣南五十里。宋靖康間，康王總帥河北，招集義旅，築臺於此。故址猶存。

文臺。在東明縣東北。戰國策：「無忌謂魏王曰：秦七攻魏，邊城盡拔，文臺墮。」括地志：「文臺，在冤句縣西北六十五里。」舊志：在今東明縣北數里。又縣東北十五里有東臺。

安正堂。在舊府治。宋韓琦留守時建，有琦重九會安正堂詩。

清心堂。在舊府治内。宋馮京留守時建。又觀德堂，亦在府治西園，後周符彦卿所創射堂，京改名觀德。按府志：「西園在舊府治堂後，宋韓琦於府治立三堂，曰安正、養善、雅集。後園即晚香亭，西園曰騎山樓。又别置東園於城南。」

衆樂堂。在舊府治西園。宋文彦博爲留守時建。每春日許郡人遊賞，故名。又有九思亭，亦彦博建。

賢樂堂。在舊府城内。宋通判黄庭堅建。

愛景堂。在開州城内。宋何承矩建。

晚香亭。在舊府治。宋韓琦爲留守，重九日，宴諸監司於後圃，有詩云：「莫嫌老圃秋容澹，且看黄花晚節香。」後人因以名亭。又有望春亭，亦琦所建。

喜雨亭。在舊府城東。五代時王彦超建。

雪香亭。在舊府城。名勝志：「韓魏公琦於壓沙寺種梨千樹，方花繁盛時，邦人士女日攜觴酣飲其下，寺僧創亭花間，取唐人詩句名之，文彥博有詩刻石尚在。」

金波亭。在元城縣東，故魏州城南。五代史：「梁分魏、相六州爲兩鎮，懼魏軍不從，遣王彥章將五百騎入魏，屯金波亭以禦變。」即此。

沙亭。在元城縣東南。春秋定公七年：「齊侯、衛侯盟於沙。」左傳作「盟於瑣」。杜預注：「元城縣東南有沙亭。瑣，即沙也。」晉地道記：「縣南有瑣陽城。」即此。

夢山亭。在南樂縣西二里。元隱士張淳築，姚燧牧菴書其額。前有古文山，其上三峯，東崖曰月窟，西崖曰雲堆，今廢，遺址尚存。

蒼亭。在南樂縣西二十里。其地有蒼頡陵及造書臺，亭因以名。後漢靈帝中平元年，皇甫嵩與黃巾戰於蒼亭，晉時冉閔敗張賀度等於蒼亭，皆即此。

臨河亭。在開州。宋史真宗紀：咸平二年，「駐蹕澶州，幸浮橋，登臨河亭，賜澶州父老錦袍、茶帛」。景德元年冬，「帝次澶州，渡河幸城南臨河亭，賜鑿淩軍綿襦。」

瑶碧亭。在開州治西南。五代時建。

宛亭。在長垣縣西南。左傳僖公二十八年：「甯武子與衛人盟於宛濮。」杜預注：「長垣縣西南有宛亭，近濮水。」水經注：「濮渠之側有漆城。竹書紀年：梁惠成王十六年，邯鄲伐衛，取漆富丘城之者也。或亦謂之宛濮亭。」寰宇記：「漆城，在長垣縣西二十里。」

梨園。在舊府城內。舊有梨樹數千本，宋呂夷簡判大名，又植桃數千本間之，築亭於中，後人因其進封許國公，遂名爲許公亭。

百花塢。在舊府城内。宋王拱辰留守時，於西園築塢，遍栽雜卉，名曰百花。

王彦章營。在南樂縣南門外。彦章駐兵之所。

操刀營。在南樂縣西三十里。其東有留胄營，相去六里。相傳宇文周滅齊，遣兵追高緯，此其故壘。

五花營。在南樂縣北十八里。唐時河北五鎮會兵於此，因名。後人因其壁壘聚居成鎮，今名五花村。又有建成營，在縣北八里。武德中，太子建成駐兵處。

五禮碑。曹溶金石表：宋徽宗五禮碑，在大名府舊城内。按五禮碑，徽宗御書。

校勘記

〔一〕元志金改安武軍而金志不載　乾隆志卷二二大名府建置沿革(以下同卷簡稱乾隆志)同。如上記述，唐廣德初於魏州置魏博節度使，天祐初賜號天雄軍節度使。金仍以大名府爲天雄軍，而以冀州爲安武軍，見載於金史地理志。此引元志當作「金稱天雄軍」，云「而金志不載」，誤。

〔二〕三國魏爲陽平郡治晉因之後魏移郡治館陶　乾隆志同。按水經淇水注：館陶縣，「魏陽平郡治」。魏書卷一〇六地形志上：「陽平郡，魏文帝黄初二年分魏置，治館陶城。」晉書卷一四地理志上：陽平郡治元城縣。元和郡縣圖志卷一六：「館陶縣，石趙移陽平郡理此。」太平寰宇記卷五四同。則三國魏文帝置陽平郡，治館陶縣，西晉移郡治元城縣，十六國石趙復還治館陶縣，後魏因之。

〔三〕五代晉天福三年州徙德勝寨　乾隆志同。資治通鑑卷二八一後晉紀二：天福三年十一月，「澶州舊治頓丘，帝慮契丹爲後世之患，遣前淄州刺史汲人劉繼勳徙澶州跨德勝津，并頓丘徙焉」。胡三省註：「澶州本治頓丘縣，今併州縣皆徙治德勝。按九域志之澶州距魏州一百三十里；德勝之澶州，晉人議者以爲距魏州一百五十里，有二十里之差。蓋自澶州北城抵魏州止一百三十里，若自南城渡河并浮梁，計程則一百五十里也。」據此，晉天福三年澶州及頓丘縣并徙治德勝津，其地胡氏釋在澶州南城并黄河浮梁。舊五代史卷七七晉書高祖紀三謂澶州「移於德勝口爲治所」，亦指黄河德勝津渡口也。太平寰宇記卷五七：澶州，晉天福三年自舊州移於此，「夾河造舟爲梁」。漢乾祐元年移就德勝寨故基」。資治通鑑卷二六九後梁紀四貞明元年胡三省註：「九域志：魏州南至澶州一百四十里。按九域志之澶州乃漢乾祐元年所徙之澶州。」則漢乾祐所徙爲德勝寨，綜合上引胡氏註，其地爲九域志之澶州，澶州北城也。

〔四〕明洪武初省入長垣弘治四年復置　乾隆志同。明史卷四〇地理志一：東明縣，「洪武十年五月省入開州及長垣縣。弘治三年九月復置，屬大名府」。此紀年誤。

〔五〕秦始皇五年置東郡　乾隆志同。史記卷三七衛康叔世家：「元君十四年，秦拔魏東地，秦初置東郡，更徙衛野王縣，而并濮陽爲東郡。」水經瓠子水注：「秦始皇徙衛君角于野王，置東郡，治濮陽縣。」太平寰宇記卷一四：濮州，「秦滅濮陽，并天下，置三十六郡，今州即秦之東郡地」。是秦置東郡，治濮陽縣。

〔六〕晉咸寧三年改置濮陽國　乾隆志同。宋書卷三五州郡志一：南濮陽郡，本東郡，「晉武帝咸寧二年，以封子允，以東不可爲國名，東郡有濮陽縣，故曰濮陽國」。則東郡改爲濮陽國在咸寧二年，作「三年」誤。

〔七〕東晉後郡治移鄄城　乾隆志同。魏書卷一〇六地形志上：濮陽郡，晉置，領有鄄城縣。隋書卷三〇地理志中：鄄城縣，「舊置濮陽郡，開皇初郡廢」。讀史方輿紀要卷三四：濮州，鄄城廢縣，漢置，晉屬濮陽國，「後魏亦爲濮陽郡治。隋開皇初郡廢」。則北魏濮陽郡移治鄄城縣。

〔八〕西南至開封府封丘縣界三十里　乾隆志同。按本志卷一八六開封府一建置沿革：乾隆四十八年，「以封丘縣改屬衛輝府」。

同書卷一九九衛輝府一建置沿革：封丘縣，「明屬開封府。本朝因之，乾隆四十八年改屬衛輝府」。本書政區以嘉慶二十五年爲準，封丘縣屬衛輝府，此「開封」爲「衛輝」之誤。

〔九〕漢置長垣縣　乾隆志同。考水經濟水注：濮渠「東逕長垣縣故城北，衛地也，故首垣矣。秦更從今名」。太平寰宇記卷二長垣縣：「長垣城，在縣東北二十五里。地理志：秦滅衛，以爲長垣縣。」則秦置長垣縣，中國歷史地圖集第二冊秦圖屬東郡。

〔一〇〕景明五年復置　「五年」，乾隆志同。魏書卷一〇六地形志上：長垣縣，「景明三年復」。此「五」爲「三」字之誤。

〔一一〕本朝康熙二十四年建　「康熙」，乾隆志作「乾隆」，同治畿輔通志卷一一六學校三作「乾隆二十三年」，咸豐大名府志卷八書院同。

〔一二〕楊棣守開德　乾隆志山川同。讀史方輿紀要卷一六「棣」作「隶」。同治畿輔通志卷六四引州志作「王棣」。咸豐大名府志卷五山川同，並云「舊志以『王棣』爲『楊棣』，誤」。

〔一三〕又金哀宗興定二年　乾隆志同。按金史卷一八哀宗紀下：「天興二年正月，濟河，北風大作，不克濟，元兵追擊於南岸，金高顯等前鋒至蒲城，「上次漚麻岡」。讀史方輿紀要記其事於南宋紹定六年，即金哀宗天興二年，且興定爲金宣宗年號，此「興定」爲「天興」之誤。

〔一四〕從頓丘縣東南流入勃海　「東」，原脫，據乾隆志及漢書卷六武帝紀補。

〔一五〕又東北逕樂昌縣故城東　「樂昌」，原倒誤「昌樂」，乾隆志及朱謀㙔水經注箋同，據王先謙合校水經注、楊守敬水經注疏河水注乙正。

〔一六〕接清豐入南樂縣界　乾隆志同。按太平寰宇記卷五七頓丘縣：「王莽河，在縣北十里。上接清豐縣界，下入南樂縣界。」此蓋脫「上」、「下」二字。

〔一七〕水經注　原作「水經」，乾隆志及朱謀㙔水經注箋同。王先謙合校水經注河水注：「原本及近刻並訛作經，今考鐵丘、戚並值長壽津東，濮陽、衛國兩縣之西南，乃注文，不得與經相紊。」楊守敬水經注疏同。則此乃水經注文，據補「注」字。

〔一八〕自毛家潭東經盛橋入河　「盛橋」，乾隆志同。同治畿輔通志卷六四山川八、卷八一水道七皆作「盛家橋」。咸豐大名府志卷五山川亦作「盛家橋」，此疑脱「家」字。

〔一九〕接館陶縣界　乾隆志同。太平寰宇記卷五四：「白溝水，北接館陶界。」此「接」上蓋脱「北」字。

〔二〇〕達元城縣東城館　「東」，原作「柬」，乾隆志同。讀史方輿紀要卷一六大名府：「柬館堡，在府東六十里，以有柬皙廟而名。亦曰柬館鎮。」本志卷三六大名府二關隘、同治畿輔通志卷六四山川八「馬頰河」皆作「柬」，此「東」爲「柬」字形訛而誤，據改。

〔二一〕放水入孫村口　乾隆志同。按宋史卷九二河渠志二：李偉言：「已開撥北京南沙河直堤第三鋪，放水入孫村口故道通行。」又同書：王存、胡宗愈奏：「若能全回大河，使由孫村故道，豈非上下通願？」可見此「孫村口」乃指大河故道而言，「孫村口」下蓋脱「故道通行」四字，或脱「故道」二字。

〔二二〕乘氏縣界　乾隆志同。太平寰宇記卷一三「南華縣」：濮水，西自滑州韋城縣界入，「又東入乘氏縣界」。此脱「又東入」三字。

〔二三〕又東逕衛國縣入東武陽縣入河　乾隆志同。按水經河水注：浮水故瀆，「又東逕衛國縣故城南，又東北入東武陽縣，東入河」。則此「衛國縣」下脱「故城南」三字，「入」上脱「又東北」三字，「武陽」下脱「縣」字，「入河」上脱「東」字，疏漏甚矣。

〔二四〕又東北逕冤句縣故城北　乾隆志同。水經濟水注云：濟瀆逕乘氏縣與濟渠、濮渠合，北濟自濟陽縣北，東北逕煮棗城南，「又東北逕冤朐縣故城北」。王先謙合校水經注：此十字「原本及近刻並訛作經」。楊守敬水經注疏：朱謀㙔水經注箋「訛作經」。則此十字訛作經文。據上所引，此十字應敘於本書下文「又東北逕煮棗城南」之下，此乃錯簡。

〔二五〕濟瀆自武父城北　乾隆志同。據水經濟水注：北濟「自武父城北」爲記敘於水經「又東過濟陽縣北」下之注文，此錯簡於「又東北與濮水合注」之下。

〔二六〕東逕濟陽縣故城北至又東北逕定陶縣故城北　乾隆志同。據水經濟水注，此三十六字皆是水經注文，非經文，是注混作經。

〔二七〕水經　乾隆志同。按下文：「大河故瀆自沙丘堰南分，屯氏河出焉，逕館陶縣東。」王先謙合校水經注、楊守敬水經注疏並改爲水經河水注文，云：朱謀㙔水經注箋「訛作經」。則此「水經」爲「水經注」之訛。

〔二八〕瓠子河出東郡濮陽縣北河　「北河」之「河」，原作「注」，乾隆志同，據水經瓠子河篇改。

〔二九〕縣北十里即瓠子河口也至又東南逕清丘北　乾隆志同。據王先謙合校水經注、楊守敬水經注疏，此文爲水經瓠子河注文，非經文，此混注爲經。

〔三〇〕東南移三十里　「東」，原作「西」，乾隆志及舊唐書卷三九地理志二同。按舊唐書地理志「魏州」：天平二年「於今州西北三十里古趙城置貴鄉縣」。並載於本書上文所引。同書「貴鄉縣」：「周建德七年自趙城東南移三十里，以孔思集寺爲縣廨。」則此「西」爲「東」字之訛，據改。

〔三一〕宮城周三里一百九十八步　「八」，原脱，乾隆志同，據宋史卷八五地理志一補。

〔三二〕俗名舊縣店　「俗名」，乾隆志作「今爲」，同大明一統志卷四、同治畿輔通志卷一五七古蹟四，則「今爲」是。

〔三三〕在府西北四十里　「西北」，原作「西東北」，乾隆志作「西北」，無「東」字。大明一統志卷四：大名府魏縣，在府城西四十里，「本朝徙治五姓店」。讀史方輿紀要卷一六：魏縣，大名府西四十里，「明初移治五姓店」。明史卷四〇地理志一：大名府魏縣，「府西，少北。舊治在縣西，洪武三年遷於此」。即今魏縣。則此「東」字衍，據删。

〔三四〕至北齊始廢　「至」，原作「齊」。按隋書卷三〇地理志中：「元城，後齊廢，隋開皇六年復。」元和郡縣圖志卷一六同。此「齊」字誤。乾隆志及同治畿輔通志卷一五七古蹟四作「至」，是，據改。

〔三五〕在朝城東北十二里　「二」，原作「一」，據乾隆志及舊唐書卷三九地理志二改。

〔三六〕按水經注以樂昌爲即漢東郡屬縣　「樂昌」，原作「昌樂」，乾隆志及朱謀㙔水經注箋同。王先謙合校水經注河水注改作「樂昌」，云：「案漢志東郡有樂昌縣，後漢省，今本作『昌樂縣』，誤。」楊守敬水經注疏同。此「昌樂」爲「樂昌」之倒誤，據以乙正。

〔三七〕元和志因之　乾隆志同。元和郡縣圖志卷一六「昌樂縣」：「本漢舊縣，屬東郡，後漢省。」核諸漢書地理志及漢書外戚恩澤侯表，漢時名樂昌，不作「昌樂」，舊本水經注之「昌樂」爲「樂昌」之倒誤，元和志亦誤。

〔三八〕舊唐志又以爲晉置至各書參錯不一　乾隆志同。舊唐書卷三九地理志二「昌樂縣」：「晉置，屬陽平郡。」讀史方輿紀要卷一六「南樂縣」：「漢置樂昌縣，屬東郡，後漢省，「晉改置昌樂縣，屬陽平郡，尋省。後魏太和二十一年復分魏縣置昌樂縣，屬魏郡，永安初置昌樂郡治焉。東魏天平中罷郡，後周復置」。則昌樂縣之設置始於晉也，惟不久省，北魏太和末復置，舊唐志之説是也。

〔三九〕今考漢志本作樂昌至亦非東郡之界　乾隆志同。按漢書地理志東郡屬縣樂昌。水經河水注：「大河故瀆（即西漢黄河）北逕陰安縣故城西，「東北逕樂昌縣故城東，地理志東郡之屬縣也」。西漢樂昌縣在黄河西，樂昌縣及黄河東西兩岸並屬東郡地域，即在東郡界内。

〔四〇〕隋開皇十六年復置　「隋」，原脱，據乾隆志及隋書卷三〇地理志中、同治畿輔通志卷一五七古蹟四補。

〔四一〕晉爲頓丘郡治　「郡」，原脱，乾隆志同。晉書卷一四地理志上：「頓丘郡首縣頓丘。」即爲郡治。魏書卷一〇六地形志上同。讀史方輿紀要卷一六：「頓丘城，漢置頓丘縣，「晉爲頓丘郡治，後魏因之」。」據補「郡」字。

〔四二〕南至濮陽縣三十六里　「六」，原脱，乾隆志同，據元和郡縣圖志卷一六補。

〔四三〕縣東至澶州二十五里　「二」，原脱，乾隆志同，據元和郡縣圖志卷一六補。

〔四四〕明志不知宋慶曆中移清豐治德清城　乾隆志同。按大明一統志卷四「清豐故城」不載「宋慶曆中徙清豐縣於德清軍城」，别載「德清城在開州北七十里」，則此「明志」乃謂「明統志」，疑「明」下脱「統」字。

〔四五〕晉屬頓丘郡　「屬」，原作「置」。晉書卷一四地理志上：「頓丘郡治頓丘縣，陰安爲屬縣。」乾隆志作「屬」，是。此「置」字誤，據改。

〔四六〕晉將李存審於德勝渡南北築兩城守之　「李」，原作「符」，乾隆志同，據資治通鑑卷二七〇後梁紀五、舊五代史卷二九唐書五莊宗紀三改。

〔四七〕漢置縣　乾隆志同。史記卷三七衛康叔世家：「秦拔魏東地，秦初置東郡，更徙衛野王縣，而并濮陽爲東郡。」水經瓠子河注：「秦始皇徙衛君角于野王，置東郡，治濮陽縣。」后曉榮秦代政區地理第五章山東南部諸郡置縣：東郡濮陽，「西漢初年的張家山漢簡秩律有濮陽縣」。則秦置濮陽縣，爲東郡治，漢因之。

〔四八〕秦徙野王縣　乾隆志同。史記衛康叔世家：元君十四年，「秦拔魏東地，秦初置東郡，更徙衛野王縣」。水經沁水注：「始皇拔魏東地，置東郡，衛元君自濮陽徙野王。」此「徙」下當脱「衛」字。

〔四九〕縣在澶州東六十五里　乾隆志及太平寰宇記卷五七同。大明一統志卷四：「廢臨河縣，在開州西六十里。」讀史方輿紀要卷一六同。明開州即今河南濮陽市，即在宋初澶州（今濮陽市南）西，此「東」爲「西」字之誤。

〔五〇〕貞觀元年　「元」，原作「九」，據乾隆志及舊唐書卷三九地理志二、新唐書卷三九地理志三改。

〔五一〕李典從太祖　「典」，原作「興」，乾隆志同，據三國志卷一八魏書李典傳、元和郡縣圖志卷一一改。

〔五二〕晉省　乾隆志同。按輿地廣記卷五「東明縣」：本漢東昏縣，「王莽改曰東明。東漢復曰東昏，後省爲東明鎮」。蓋東漢末、三國魏初廢，晉因之。

〔五三〕弘治四年復置縣於大單集　乾隆志同。明孝宗實録卷四二：弘治三年九月，「復設大名府東明縣」。明史卷四〇地理志一同，此紀年誤。

〔五四〕在長垣縣西南五十里　乾隆志作「在長垣縣西南」，無里數。本志下文引縣志云：「今縣西南司家坡，即古匡城也。」乾隆志及同治畿輔通志卷一五七古蹟四同。畿輔通志卷五二疆域圖説七，長垣縣（即今縣）西南地名司波，應即其地，計其道里，約十五里。大明一統志卷四、讀史方輿紀要卷一六皆載：「匡城，在長垣縣西南十五里。」正與長垣縣西南司家坡里距相合，此「五十」蓋「十五」之倒誤。

〔五五〕漢置縣　乾隆志同。水經濟水注：「濮渠東絶馳道，東逕長垣縣故城北，衛地也，故首垣矣。秦更從今名，王莽改爲長固縣。」太平寰宇記卷二：「長垣城，在長垣縣東北二十里。」地理志：秦滅衛，以爲長垣縣。」中國歷史地圖集第二册：秦長垣縣屬東郡。

〔五六〕八年又省入匡城　乾隆志同。新唐書卷三八地理志二「滑州匡城縣」：「有長垣縣，貞觀八年省。」太平寰宇記卷二「長垣縣」：「唐初復置（縣），至貞觀八年廢。」此「八年」上脱「貞觀」二字。

〔五七〕括地志長垣故城在匡城縣東北二十七里　乾隆志同。按括地志不載此文，太平寰宇記卷二「長垣縣（隋、唐初匡城縣）」：「長垣城，在縣東北二十五里。」疑此引誤。

〔五八〕金初遷縣於柳冢村　「冢」，原作「家」，乾隆志作「冢」，讀史方輿紀要及本志下文引縣志皆作「冢」，一九七〇年河南省地圖長垣縣東北西柳冢，即其地，此「家」爲「冢」字形訛，據改。

〔五九〕左傳僖公二十三年　「三」，原作「二」，乾隆志同。按下文載「晉公子重耳過衛，出於五鹿」，見於左傳僖公二十三年，此「二」爲「三」字之誤，據改。

〔六〇〕水經注至今衛國縣西北三十里有五鹿城　「水經注」，原作「水經」，「晉文公」上原有「注」字，乾隆志及朱謀㙔水經注箋同。王先謙合校水經注河水注改爲「水經注」，「晉文公」上無「注」字，云「原本及近刻並訛作『經』，今考以下皆『注』内敘浮水所逕。」楊守敬水經注疏同，據以補删。「衛國縣」，水經注疏同，合校水經注作「衛縣」，删「國」字。「五鹿城」，原作「五鹿地」，乾隆志及朱謀㙔水經注箋同，據合校水經注及水經注疏改。

〔六一〕魏書地形志　「形」，原作「理」，據乾隆志及魏書地形志改。

〔六二〕在縣東北　乾隆志同。讀史方輿紀要卷一六：「清豐縣北十里有聶城。」此疑非。

〔六三〕又有瓦屋頭集在縣東三十五里至即此　乾隆志同。春秋隱公八年：「宋公、齊侯、衛侯盟于瓦屋。」杜預注：「瓦屋，周地。」左傳隱公八年：「齊人卒平宋、衛于鄭。秋，會于温，盟于瓦屋。」按温在今河南温縣西南三十五里。楊伯峻春秋左傳注：

「依傳文，可知在今温縣西北。或以河南省洧川廢治南當之，則是鄭地，誤。又或以今清豐縣東三十五里之瓦屋頭集當之，尤非。」中國歷史地圖集第一册春秋瓦屋在今温縣西北，是也。

〔六四〕西北去濮陽三十五里　「西」，原脱，乾隆志同，據王先謙合校水經注、楊守敬水經注疏瓠子河注補。

〔六五〕寰宇記在澶州北十里　乾隆志同。按太平寰宇記卷五七「澶州」不載其文。

〔六六〕昔夏臣龍逢所居　乾隆志同。按太平寰宇記卷二作「昔夏桀臣龍逢所居」，此「夏」下蓋脱「桀」字。

〔六七〕在匡城縣西北十六里　「六」，原作「八」，乾隆志同，據元和郡縣圖志卷八、太平寰宇記卷二改。

〔六八〕按杜注以此城爲鄭祭封人仲邑　「仲」，原脱，乾隆志同，據續漢書郡國志二劉昭注引「杜預曰」補。

〔六九〕金仍徙縣入府郭　「金」，原作「今」。按金史卷二六地理志下大名府郭下二縣，元城、大名。讀史方輿紀要卷一六「大名縣」：「金亦爲倚郭縣。」乾隆志作「金」，是也。此「今」爲「金」字之誤，據改。

〔七〇〕按名勝志至疑指唐時貴鄉故治也　乾隆志同。舊唐書卷三九地理志二：魏州貴鄉縣，後魏於魏州西北三十里趙城置貴鄉縣，「周建德七年自趙城東南移三十里，以孔思集寺爲縣廨。大象二年於縣置魏州。武德八年移縣入羅城内。開元二十八年，刺史盧暉移於羅城西百步。大曆四年又移于河南岸」。所云「河」，指永濟渠，太平寰宇記卷五四魏州大名縣(即貴鄉縣之改名)：「西渠，開元二十八年九月，刺史盧暉移永濟渠自石灰窠引流注于城西，夾水制樓百餘間，以貯江、淮之貨。」又元和郡縣圖志卷一六：魏州郭下二縣，貴鄉縣「管西界」，元城縣「管東界」。唐貴鄉縣治魏州城西區永濟渠南岸，元城縣治魏州城東區。唐魏州城即宋大名府城，本卷「魏州故城」載：舊府城，「在今大名府城東十里」。同治畿輔通志卷一五七古蹟四：「府舊城，唐魏博節度使樂彦楨建，治貴鄉，周圍八十里，號河北雄鎮。今城距舊城西八里。」今河北大名縣東北大街(一九六一年河北省地圖集)，即唐魏州城、宋大名府城中心區，唐貴鄉縣治其西，元城縣治其東。又據本卷「大名故城」載，南樂鎮爲宋政和六年大名縣所徙治，亦非「唐貴鄉故治」，名勝志誤也。

〔七一〕在濮陽縣東南三十里　「濮」，原作「漢」，據乾隆志及太平寰宇記卷五七改。

〔七二〕李紹興敗梁游兵於清丘驛　乾隆志同。資治通鑑卷二七二後唐紀一：同光元年，「李紹興敗梁遊兵於清丘驛南」。此蓋脱「南」字。

〔七三〕晉趙鞅及鄭罕達戰於鐵　「達」，原作「逵」，乾隆志同，據春秋哀公二年改。

〔七四〕按元和志謂鐵丘在衛南縣東南十里　「南」，原脱，乾隆志同。按元和郡縣圖志卷一六「衛縣」不載「鐵丘」，同書卷八「衛南縣」：「鐵丘，在縣東南一十里。」正合本志記載，此「衛」下脱「南」字，據補。

〔七五〕蓋古之龍淵也　「龍淵」，乾隆志同，太平寰宇記卷五七作「龍淵宫」，此蓋脱「宫」字。

〔七六〕寰宇記後唐明宗宅後爲僧院　乾隆志同。按太平寰宇記卷五七：德清軍，「潛龍院，後唐明宗潛龍宅在舊澶州，其僧院隨軍移至此」。其文含義有異。

〔七七〕開德府有衛靈公臺　「開德府」，乾隆志同。新定九域志卷二作「澶州」。宋會要方域五之二七：「舊澶州，崇寧五年升爲開德府。」新定九域志作于紹聖四年，成書于崇寧以前，此應作「澶州」爲是。

大清一統志卷二百三十六

大名府二

關隘

杜勝集巡司。在東明縣南六十里。明弘治六年設通判及主簿駐此，專理河務。本朝初設守備把總，康熙年間增設巡司，後裁。雍正十年改守備爲都司，十一年復設巡司，又增置千總。

回龍鎮。在大名縣西南六十里，接内黄縣界。相傳宋真宗北征時，回鑾經此。

李固鎮。在大名縣西。唐文德元年，朱全忠救樂從訓，自白馬濟河，下黎陽、臨河、李固三鎮。九域志：「魏縣有李固鎮。」

雙井鎮。在大名縣西二十里，當漳、衛合流之處。明嘉靖中建。

北皋鎮。在大名縣西，與成安、臨漳二縣接界。明嘉靖三十年築城，與雙井、沙口俱稱境内巨鎮。

東館鎮。在元城縣東六十里。以其地有東暂廟而名，亦名東廟堡。

小灘鎮。在元城縣東北二十五里衛河濱。自元以來，爲轉輸要道，河南漕運以此爲轉兑之所。明初設巡司，嘉靖三十七年又設税課司于此，今裁。本朝嘉慶十二年設主簿駐此。

韓張鎮。在南樂縣東二十五里。金志：「朝城縣有韓張鎮。」即此。

古定鎮。在開州東南六十里。舊置巡司，今裁，俗稱小濮州。

土樓鎮。在開州西。宋永初末，北魏奚斤等拔宋滑臺，進擊翟廣于土樓，破之，即此。九域志：「臨河縣有土樓鎮。」

大岡鎮。在長垣縣東南七十里。明洪武初置巡司，今裁。舊志：「明嘉靖中于縣境築四堡：曰版丘，在縣南；曰樊相，在縣西北；曰南嶽，在縣東北；其一即大岡也。」

黄軍營。在東明縣西南。明洪武初，徐達取河北，遣宜春侯黄彬出大名，彬駐師大善集西南三里，依河而陣，檄諭諸縣，皆望風降服，大名遂定，因名其地爲黄軍營。

沙口堡。在大名縣西二十里。當元城、大名之衝，爲要隘處。明嘉靖中建。

臺頭堡。在元城縣南門外。其地有高臺，相傳魏惠王拜郊臺，堡因以名。又黄金隄堡在縣東北十里〔一〕，儒家砦堡在縣西北四十里，皆商民輳集處。

主簿砦堡。在清豐縣東南三十里。又許村堡在縣西南三十里，馬村堡在縣東北二十里，皆有小城。

慶祖堡。在開州南二十五里〔二〕。又井店堡在州西北五十里，衛、硝二河列其左右。

楊村。在開州西南十五里，舊時大河要口也。五代梁貞明五年，晉王軍于德勝，梁王瓚據上游十八里楊村，夾河築壘。後唐同光初，梁將王彦章攻唐德勝，自楊村乘流而下，遂克南城。今爲楊村鋪。

趙征村。在開州東北。宋嘉祐元年，六塔河決，内侍劉恢往視，還言：「河口乃趙征村，于國姓、御名有嫌，大興臿劚，非便。」今其地名趙村鋪。

北張集。在大名縣東南十二里。又邊馬集，在縣西南三十里。
裴子巖集。在東明縣南五十里，與長垣接界。
白茅集。在長垣縣東一百二十里，接東明界。元賈魯治河始此。
大黄集。在長垣縣。有縣丞駐此。
吕丘店。在開州。有州判駐此。

津梁

長橋。在大名縣西北，舊魏縣東郭龍化村。長十里，以防漳水。
漳寧橋。在大名縣西北，舊魏縣東郭外。爲内黄等處通衢。
楊家橋。在元城縣西北。
樂清橋。在南樂縣西北四里，跨岳儒固河。明嘉靖間建。
西河橋。在清豐縣西郭外。又舊城橋在縣南三里。大河橋在縣北三里。
玉帶橋。在東明縣北門外，跨漆河。又吴勝橋在縣東十五里，普河橋在縣東南八里。
石川橋。在開州東門外。明嘉靖中建。
浮翠橋。在開州東南五里洪洋山南。

南溪橋。在開州東南八十餘里汲河頭。

大通橋。在長垣縣東北二里許，跨逯家河。明萬曆五年建。

隄堰

附城隄。在大名舊縣城外，環繞縣治。明正德間，漳、衛二河決溢入境，知縣吴拯增築，植柳千株，亦名吴公柳隄。

逯家隄。在大名舊縣東南三里許。起自南樂縣界，經縣境，抵衛河濱，蓋古隄也。又有諸公隄、張公隄俱在縣西二里，李茂隄在縣南八里，范勝隄在縣東北十八里，俱明嘉靖中築，以捍衛河泛溢。

漳河隄。在大名舊縣西。南岸起自臨漳，延袤八十里，北岸起自成安，延袤五十里，俱由縣境抵元城縣界。明永樂中築。本朝歲有修築。

衛河隄。在大名舊縣西北五里。明成化間築，起濬縣之新鎮，下達館陶，延袤三百餘里。本朝歲有修築。

紅船灣隄。在大名舊縣北艾家口。明弘治初因衛河決溢，築以障禦。

河門隄。在元城縣東舊城外。舊志：府内有河門舊隄，魏帥樂彦楨嘗因以築羅城。

金隄。在元城縣舊府城北十九里。南自滑縣接界，繞古黄河，歷開州、清豐、南樂、大名、元城，東北接館陶界，即漢時古隄也。漢書：成帝建始四年，「河決東郡金隄」。寰宇記：「金隄，在頓丘縣北十里，清豐縣南四十五里，德清軍城東南五里，下入南樂縣界。」

宋隄。在南樂縣東十八里，古黄河西岸。自清豐縣六塔集來，宋時所築，故名。

王村隄。在南樂縣西北三十里。舊繁水所經，延袤六十里，入元城縣界。

護城隄。在東明縣城外，周八里許。明萬曆十六年築。本朝康熙十年修。

白茅隄。在東明縣東南，長垣縣之紙坊集東，東南去曹州七十里。又金隄，在縣東南七十里，西接黄陵岡，東抵小張家灣，元賈魯創築，明弘治間修，凡二百餘里。

孟華隄。在東明縣南二十五里。西起滑縣，東抵山東界，綿亘二三百里。按胙城有孟華潭，流入滑縣界，隄蓋以障此水下流，故名。

海頭集隄。在東明縣東北二十里。

韓村隄。在開州南七十里。

復關隄。在開州西。寰宇記：「在臨河縣南三百步，黄河岸北。」

鯀隄。在開州西。寰宇記：「在臨河縣西十五里。自黎陽入界。鯀治水所築。」舊志：今俗所稱鯀隄，在州西十里。又州南一里有宋隄，相傳宋時所築。州界南抵長垣，北至大名，其間長短無名之隄，不可數計。城南隄，自滑縣來，經州東七十里鄄城鄉，分五道，入山東范縣界。城北隄，亦自滑縣入，至清豐。蓋皆宋時遺蹟。

三尖口隄。在長垣縣東三十五里。元時賈魯治河築隄始此。

長隄。在長垣縣南。黄河之北自縣西接河南儀封廳界，迤邐而東，歷東明縣南杜勝集，至紙坊集，仍屬長垣，接河南儀封、山東曹州界，綿亘二百餘里，自明以來，相繼修築。按長隄亦謂之太行隄。本朝乾隆十六年，豫省黄河漫溢，縣迤東之隄齧，十七年於甄家莊修築新隄，與故隄相接，長二千七百九十九丈。

小務隄。在長垣縣西五里。起自縣西北青岡集，繚城南東至黄家渡口，約六十里，合長隄。明嘉靖二年，知縣王三省以水溢開小務口，道水由城北東行。

陵墓

蒼頡冢。明統志：「在南樂縣西三十五里。」縣志：「又有赫胥陵，在縣東四十里。」皆傅會也。

夏

關龍逢墓。在長垣縣南。寰宇記：「在龍城東，墓側有祠。」

周

孔悝墓。寰宇記：「在頓丘縣北三里。」

衛康叔墓。元和志：「在頓丘縣東北九十里。」

子路墓。水經注：「聶城東有子路冢。」明統志：「子路墓有三：一在清豐縣西南三十里，一在開州北十里，一在長垣縣北三里。」舊志：「一在開州戚城之東門外，有『正大光明坊』，享殿三楹，四壁石刻，題詠甚多，東西廡庖湢皆具。一在清豐縣西南二十里趙讓村。一在長垣縣東關外。又見河南滑縣。」

王孫賈墓。在東明縣東二十里。俗名王孫孤堆。

閔子騫墓。在東明縣西北二十里。墓旁有祠。按濟南府及宿州皆有閔子墓。名勝志又謂「在清豐縣西南二十里，衛人葬其衣冠處」。

公西華墓。在東明縣閔子墓東二十步。

莊周墓。在東明縣東北漆園城，有廟。

柳下惠墓。在開州東南大砦村。

蘧伯玉墓。在長垣縣南十五里。陳留風俗傳：「長垣縣有蘧伯玉冢。」寰宇記：「在長垣縣東七里。祠在墓側。」明統志：「在縣南十五里。」縣志：「在縣南八里。」

衛靈公墓。在長垣縣東北十里。又見順德府平鄉及山東朝城縣。

漢

蓋寬饒墓。在大名縣西。元和志：「在魏縣東南八里。」明統志：「久被水衝没。」

王翁孺墓。元和志：「在元城縣東二百步。翁孺，元后之祖也。」

審食其墓。在清豐縣北。魏書地形志：「陰安有審食其冢。」

婁敬墓。在開州東南。名勝志：「漢婁敬墓在州東南六十里録士望社内。」

汲黯墓。寰宇記：「在濮陽縣西南六十里。黯自淮陽太守歸葬於此。」

齊王冢。在東明縣西南二十里。史記：「齊王田儋死臨濟亭。」蓋即此〔三〕。

吴恢吴祐墓。在東明縣西二十里吴家村。故址及石人馬尚存。

晉

束皙墓。元和志：「在元城縣東二十五里。」舊志：「在今縣東六十里東館鎮，前有祠。」

唐

羅弘信墓。在大名縣西北十八里。

張公謹墓。在南樂縣西三十五里，故繁水城南〔四〕。

五代 梁

王彦章墓。在開州南徐鎮里。一名忠陵。

晉

王清墓。在南樂縣西北三里。晉開運初，清與遼兵戰死，葬于此。

周

劒甲墓。在大名縣南八里許。後周太祖遺詔葬劒甲于此。

宋

晁宗慤墓。在清豐縣西北四十里。

楊棣墓。在開州東門内金沙山。明萬曆中，知州沈堯中建碑表其墓。

元

張淳墓。在南樂縣西南二里。

明

成基命墓。在府城南關。

魏允貞墓。在南樂縣南關外。

祠廟

四賢祠。在府治内。祀唐狄仁傑、宋寇準、韓琦、劉安世。明嘉靖中建。

三賢祠。明統志：「在舊府城文廟東南。祀唐魏徵、狄仁傑、宋韓琦。」

狄梁公祠。明統志：「在府城南門外。唐狄仁傑嘗爲魏州刺史，有異政，故民爲立祠。舊有雙碑：一李邕文，張繼處書，開元中立。一馮宿文，胡證書，元和中立。」又元和志有祠在魏縣東南四里〔五〕。今廢。

趙文君祠。在大名縣西北，廢魏縣治内。祀漢縣令趙夔。舊在縣東南二十三里，明嘉靖中徙今所。

張清豐祠。在清豐縣南郭外。清豐，隋時孝子，明嘉靖中建祠。

南將軍祠。在清豐縣北門外。祀唐南霽雲。

二賢祠。在東明縣東二十里。祀閔子騫、公西華。明嘉靖中建。

忠烈祠。在開州治東。元郭嘉死遼東之難，明洪武初旌其忠烈，命有司立祠。

寇萊公祠。在開州東門内。

程明道祠。在開州城内。

柳下惠祠。在開州東北柳村里。明萬曆中建。

阿薩爾祠。在開州由義坊。阿薩爾，元人，屢立戰功，世祖器重之。時開州有大獄，株連千餘家，阿薩爾爲剖辨得雪。至元初，散軍衛于河北，民被其虐，阿薩爾悉繩以法，故州人感而祀之。「阿薩爾」舊作「阿朮律」，今改正。

子路祠。有二：一在開州北墓所，一在長垣縣北街。明嘉靖中建。

雙忠祠。在長垣縣南關。祀關龍逢、比干。明弘治中建。

衛靈公祠。寰宇記：「在長垣縣東北舊長垣城内〔六〕。」

蘧伯玉祠。在長垣縣南街。舊爲子路祠，明嘉靖中改祀蘧伯玉于此。

靈津廟。在開州西南别駕里。宋孫洙靈津廟記：「元豐元年，曹村新隄成，賜名隄曰靈平，廟曰靈津。」

寺觀

興隆寺。在舊府城内。名勝志：「興隆寺佛殿四楹下有魏宫彈棋局，魏文帝時故款也。」

白馬寺。在府城内西南隅。宋崇寧中〔七〕，有佛放光，如白馬駕車狀，因敕建寺名曰「白馬」，作浮屠五層，極土木之盛。後燬，明萬曆間重葺。今名白佛寺。

普照寺。在府治西。宋、元時，在舊府城内，明永樂初徙建於此。按清豐縣亦有普照寺，寺中有明王越碑記。

文殊寺。在大名縣西胡管莊。相傳金、元以前建，規模宏擴，爲境内名刹。

大安寺。在元城縣東舊府城内。宋時建，東壁畫真宗幸大名府時儀衛鹵簿及扈從各官，首列寇萊公。

舊賢寺。在東明縣東南六十里。其地有龐居士莊，相傳漢龐居士世居於此，練行成道，唐開元中建寺莊前，名曰舊賢。

太平興國寺。在開州治東。宋時敕建，本朝康熙十年重葺。

延昌寺。在開州東南小濮州。創于後唐，舊名法空寺，元世祖在藩邸，曾駐蹕於此，生皇子，後即位，賜金改名延昌，至元三十八年重修。有劉元碑記。

龍泉寺。在開州清河店北岡之上，去州十里。面河背山，樹木幽翳，後有土山高三丈。

洪福寺。在開州新店，去城數里。創於後周，修於宋，明隆慶、萬曆時屢修。寺中有塔，碑文云：「寺即宣房故墟也，洪洋拱其東，龍潭匯其西，平岡曲阜，巖壑深邃，林木蔚茂，爲澶盛刹。」

清涼寺。在開州之郭村，去城十里。唐太和中比丘洪貞建，宋至明屢加修葺。中有石香亭，記其始末。州之古刹，推爲第一。

白塔寺。在長垣縣西門内。明洪武八年建塔，相傳有鐘不扣自鳴。

萬壽觀。在開州城東。元郎明道真人修煉之所，泰定二年建，曰元都萬壽觀。

名宦

漢

韓廷壽。燕人。宣帝時徙爲東郡太守，上禮儀，好古教化，聘賢士，表孝弟有行；修治學宫，春秋鄉射，陳鐘鼓，盛升降揖讓，及都試講武，習射御之事。治城郭，收賦租，先明布告其日，吏民敬畏趨鄉之。又置正、五長，相率以孝弟，不得舍姦人。接待下吏，恩施甚厚，而約誓明。或欺負之者，延壽痛自刻責，吏聞者自傷悔。在東郡三歲，令行禁止，斷獄大減，爲天下最。

王尊。高陽人。成帝時遷東郡太守。河水盛溢，泛浸瓠子金隄。尊躬率吏民，沈白馬，祀河伯，親執圭璧，使巫策祝，請以身填金隄，因止宿，廬居隄上。吏民叩頭救止，尊終不去。及水盛隄壞，尊立不動，而水波消卻迴還。吏民嘉壯尊之勇節，白馬三老朱英等奏其狀。詔：「秩尊中二千石，加賜黄金二十斤。」數歲，卒官，吏民祀之。

耿純。宋子人。光武時爲東郡太守。時東郡未平，純視事數月，盜賊屏迹。居四歲，坐事免。從擊董憲，道過東平〔八〕，百姓數千隨車駕涕泣曰：「願復得耿君。」帝曰：「純治郡乃能見思若此乎？」建武八年，東郡、濟陰盜賊羣起，帝以純威信著於衛地，使與李通、王常會兵東郡擊之。東郡聞純入界，盜賊九千餘人皆詣純降，大兵不戰而還。璽書復以爲東郡太守，吏民悦服。

張酺。細陽人。肅宗初出爲東郡太守。酺雖儒者而性剛斷，下車擢用義勇，搏擊豪强。長吏有殺盜徒者，酺輒按之，以爲令長受贓，猶不至死，盜徒皆饑寒傭保，何足窮其法！擢用郡吏王青，且上疏薦其三世死節。帝幸東郡，引酺及門生並郡縣掾史咸會于庭。帝先備弟子之儀，使酺講尚書一篇，然後修君臣之禮。視事十五年。

魯丕。平陵人。永元二年遷東郡太守。修通溉灌，百姓殷富。數薦達幽隱名士。

三國　魏

胡質。壽春人。太祖召爲頓丘令。縣民郭政通於從妹，殺其夫程他，郡吏馮諒繫獄爲證。政與妹皆耐掠隱抵，諒不勝痛，自誣，當反其罪。質至官，察其情色，更詳其事，檢驗具服。

晋

鄭默。開封人。武帝時出爲東郡太守，值歲饑，默輒開倉賑給，乃舍都亭，自表待罪。朝廷嘉默憂國，詔書褒歎，比之汲黯。

隋

元暉。洛陽人。開皇中拜魏州刺史，有惠政。

楊文思。華陰人。開皇中爲魏州刺史，甚有惠政，及去職，吏民思之，爲立碑頌德。

張琚。河東人。開皇中爲洹水令，以清正聞。

魏德深。弘農人。文帝時遷貴鄉長。爲政清静，不嚴而治。會興遼東之役，徵税百端，人不堪命，惟德深一縣，有無相通，所求皆給，而百姓不擾。於時盜賊羣起，諸城多淪陷，唯貴鄉獨全。尋轉館陶長，貴鄉父老詣闕請留，有詔許之。館陶父老復詣郡相訟〔九〕，郡不能決。會持節使者韋霽、杜整等至，斷從貴鄉。貴鄉吏人歌呼滿道，館陶合境悲哭，因從而居住者數百家。

慕容遐。燕人。大業中爲澶水丞。漢王諒反，抗節不從，以誠節聞。

唐

潘道毅。魏州總管。武德四年劉黑闥陷魏州，道毅死之。

權威。魏州刺史。武德四年，劉黑闥陷鄃縣，威死之。

孔昌寓。山陰人。貞觀中爲魏州司馬，有治狀，帝爲不置刺史。爲政三年，璽書褒美。

李靈龜。唐宗室。歷魏州刺史，爲政威嚴，盜賊不發。鑿永濟渠，通新市，百姓利之。

蘇幹。武功人。垂拱中遷魏州刺史。河朔饑，前刺史苛暴，百姓流徙。幹檢吏督姦，勸課農桑，由是流冗盡復，以治稱。

狄仁傑。太原人。萬歲通天中，契丹陷冀州，河北震動。擢仁傑爲魏州刺史。前刺史懼賊至，驅民保城，修守具。仁傑曰：「賊在遠，何自疲民？萬一賊來，我自辦之，何預若輩？」悉縱就田。賊聞亦引去。民愛仰之，爲立祠。

韋景駿。萬年人。爲貴鄉令。有母子相訟者，景駿曰：「令少不天，常自痛。爾幸有親而忘孝也，教之不孚，令之罪也。」因嗚咽流涕，付授孝經，使習大義。於是母子感悟，請自新，遂爲孝子。

宋璟。南和人。睿宗時爲魏州刺史，有德政。

陽嶠。洛陽人。睿宗時爲魏州刺史，以清白聞。既徙荆州，爲本道按察使，魏人詣闕下，請嶠爲刺史，故再治魏。

張廷珪。濟源人。開元中徙魏州刺史。初，景龍中，宗楚客、紀處訥〔一〇〕、武廷秀、韋温等封户多在河南、河北，諷朝廷詔兩道蠶產所宜，雖水旱得以蠶折租。廷珪謂：「兩道倚大河，地雄奥，股肱走集，宜得其歡心，安可不恤其患而殫其力？若以蠶桑所宜而加别税，則隴右羊馬、山南椒漆、山之銅錫鉛鍇、海之蜃蛤魚鹽，水旱皆免，何獨河南、北外於王度哉？願依貞觀、永徽故事，准令折免。」詔可。在官有威化。

苗晉卿。壺關人。天寶中徙魏郡太守，即充河北採訪使。居三年，政化大行。魏人爲營生祠，立石頌美。

李咢。趙人。爲南華令。大水，他縣饑，人至相屬，咢爲具飡粥，及去，糗糧送之，吏爲立碑。

五代　周

魏丕。相州人。世宗鎮澶淵，辟司法參軍。有盜五人獄具，丕疑其冤，緩之。不數日，果獲真盜，世宗嘉其明慎。

辛仲甫。汾州孝義人。顯德初，郭崇出鎮澶淵，署仲甫掌書記。崇所親吏爲廂虞候，部民有被劫殺者，訴陰識賊魁，即捕盜吏也，官不敢詰。仲甫請自捕逮，鞫之，吏故稽其獄，仲甫曰：「民被寇害而使自誣服，蠹政甚矣，焉用僚佐爲？」請易吏以雪冤憤。崇悟，移鞫之，乃得實狀。

宋

王祐。莘人。符彦卿鎮大名，頗不治，太祖以祐代之，俾察彦卿動静。祐以百口明彦卿無罪，彦卿由是獲免。

陳恕。南昌人。太宗時知大名府。時遼人内寇，受詔增浚城隍，其器用取于民者不時集，恕立擒府中大豪一人，械之以徇，民皆悚慄，無敢後期者，數日功就。

王承衍。洛陽人。雍熙中知天雄軍府兼都部署。時遼兵擾鎮陽，鄰境戒嚴，城市大恐。屬上元節，承衍下令市中及佛寺燃燈設樂，與賓佐宴遊達旦，人賴以安。後再知天雄軍，吏民千餘詣監軍，請爲本道節帥，詔褒之。

趙昌言。汾州孝義人。淳化中知天雄軍。大河貫府境，豪民峙芻茭圖利，誘姦人潛穴隄，歲仍決溢。昌言知之。一日隄吏告急，命徑取豪家廥積以給用，自是無敢爲姦利者。屬澶州河決，流入御河，溢浸府城，昌言籍兵負土增隄，不浹旬城完。太宗手詔褒諭之。

吴元扆。太原人。真宗時知澶州。咸平三年，轉運使劉錫上其治狀，詔書嘉奬之。

張進。曲阜人。咸平中徙天雄軍部署。會河決鄆州王陵口，發數州丁男塞之，命進董其役，凡月餘畢，詔褒之。

何承矩。河南人。景德元年出知澶州。承矩自守邊以來，常欲朝廷懷柔遠人，爲息兵之計。及是車駕按巡本部，卒與遼和，益加歎賞。

張旦。趙州人。真宗時知德清軍。景德中，遼兵入寇，陷軍壁。旦與其子利涉率衆奮擊，並戰没。帝聞之驚悼，録其四子官。時虎翼都虞候胡福，副指揮使尚祚，指揮使張睿、劉福，都頭輔能等，皆力戰而死。真宗嘉歎其忠勇。

周起。鄒平人。真宗時徙知天雄軍，所至有風烈，數賜書褒諭。

陳若拙。盧龍人。真宗時知澶州。蝗旱之餘，勤於政治，郡民列狀乞留。

靳懷德。高唐人。真宗時知澶州。州居水陸之要，懷德悉心撫治，頗著政績。

張禹珪。河朔人。景德中知澶州。勤於政治，以瑞麥生、獄空，連詔嘉獎。會河隄決溢，禹珪率徒塞之，宰相王旦使兖州還，言其狀，優詔褒之。

王曾〔一一〕。益都人。天禧中知天雄軍。仁宗初以彰信軍節度使復知天雄軍〔一二〕。遼使者往還，斂車徒而後過，無敢譁者。人樂其政，爲畫像而生祠之。

曹瑋。靈壽人。仁宗初知天雄軍。遼使過天雄，部勒其下曰：「曹公在此，毋縱騎馳驅也。」

王德用。趙州人。仁宗時，遼遣劉六符來求復關南地，以兵壓境，乃改德用知澶州。歲大熟，六符見德用拜曰：「此公仁政所及也。」

趙及。偃師人。仁宗時知魏縣，歷通判大名府。所治有聲，吏民安之。

李京。趙州人。仁宗時知魏縣。奉法嚴正，吏不便，欲以苛中京，遂相率遁去。監司果議以苛刻斥京，知府任布曰：「如此，適墮吏計中。」京賴以免。

程琳。博野人。仁宗時知天雄軍。後又判大名府。持重不擾，前後守魏十年，度要害，繕壁壘，增守禦。備植雜木數萬，曰：「異時樓櫓之具，可不出于民矣。」人愛之，爲立生祠。

陳執中。南昌人。皇祐中判大名府。河決商胡，走大名，程琳欲爲隄，不果成而去。執中乘年豐，調丁夫，增築二十里，以障横潰。

賈昌朝。獲鹿人。仁宗時判大名府。時河決商胡，昌朝請復故道，不從。六塔功敗，濱、棣、德、博民多水死〔一三〕，昌朝振救之甚力。

杜衍。山陰人。仁宗時知天雄軍。衍爲治謹密，不以威刑督吏，然吏民亦憚其清整。

張問。襄陽人。仁宗時通判大名府。郡牧地在魏，歲久冒入於民，有司按舊籍括之，地數易主，券不明，吏苟趣辦，持詔書奪人田，至毀室廬、發丘墓。問至，則曰：「是豈朝廷意耶？」具以上聞。仁宗諭大臣曰：「吏用心悉如問，何患赤子之不安也！」立罷之。

張觀。絳縣人。仁宗時徙知澶州。河壞孫陳埽及浮梁，州人大恐，或請趨北源以避水患。觀曰：「太守獨去，如州民何？」乃躬率卒徒增築之，隄完，水亦退。

李肅之。濮州人。仁宗時監大名府軍資庫。大河溢，府檄修冠氏隄，隄功就弗擾，民悦之。通判澶州，遼使將過郡，而樓堞壞圮，肅之謂郡守曰：「吾州爲景德破敵之地，當示雄强。」遂鳩工搆城屋凡千區。已而中貴人銜命來視，規置一新，驚賞嗟異。

陸詵。餘杭人。仁宗時僉書北京判官。貝州亂，給事不乏；賊平，又條治其獄，無濫者。

韓綜。雍丘人。仁宗時通判天雄軍。河溢金隄，民依丘冢者數百家。綜令曰：「能濟一人，予千錢。」民争操舟栰以救之，已而丘冢多潰。

傅求。考城人。仁宗時通判大名府。府守吕夷簡委以事。夷簡入相，薦其才。

張燾。臨濮人。仁宗時提點河北刑獄，攝領澶州，七日而商胡決。燾振溺捄饑，所全活者十餘萬。

姚仲孫。商水人。仁宗時權知澶州。河壞明公埽，絶浮橋，仲孫親總役堤上，埽一夕復完。權知大名府，夜領禁兵塞金隄決河。是歲，澶、魏雖大水，民不及患。

李遵勗。上黨人。仁宗時知澶州。河水潰，將壞浮梁，遵勗督工徒，七日而隄成。

康德輿。洛陽人。仁宗時歷大名府路鈐轄，提舉金隄。至和中，河決小吳埽，破東隄頓丘口，居民避水者趨隄上，而水至不得達，德輿以巨船五十，順流以濟之，遂免墊溺。

劉渙。保塞人。治平中知澶州。河北地震，民乏粟，率賤賣耕牛以供朝夕，渙盡發公錢買之。明年，民無牛耕，價增十倍，渙復出所市牛，以原值與民，澶民賴不失業。

程顥。河南人。英宗時僉書鎮寧軍判官〔一四〕。程昉治河，取澶卒八百虐用之，衆逃歸。羣僚畏昉，欲勿納。顥曰：「彼逃死自歸，弗納必亂。若昉怒，吾自任之。」即親往拊勞，約少休三日復役，衆歡踊。曹村埽決，顥謂郡守劉渙曰：「曹村決，京師可虞。臣子之分，身可塞，亦所當爲，盍盡遣廂卒見付？」渙以鎮印付顥，立走決所，激諭士卒，命善泅者渡決口，引巨索濟衆，兩岸並進，數日而合。

韓琦。安陽人。熙寧元年徙判大名府。王安石用事，出常平使者散青苗錢，琦亟言之。帝出其疏以示宰臣，曰：「琦真忠臣，雖在外，不忘王室。朕始謂可以利民，今乃害民如此。」當是時，青苗法幾罷。琦在魏郡久，遼使每過，移牒必書名，曰：「以韓公在此故也。」魏人爲立生祠。

文彦博。介休人。仁宗時判大名府，熙寧中復判大名府。身雖在外，而帝眷有加。初治河者爲濬川杷，王安石遣都水丞范子淵行其法。彦博言：「河非杷可濬，臣不敢雷同罔上。」

黄庭堅。分寧人。熙寧中教授北京國子監，留守文彦博才之，留再任。

鄭僅。彭城人。熙寧中爲大名府司户參軍。留守文彦博以爲材，部使者檄往他郡，彦博曰：「如鄭參軍，詎可令數出？」奏改司法。

薛向。河中萬泉人。神宗時，論河北糴法之弊，朝廷是向計，始置使糴司於大名，以向爲提點刑獄兼其事。武强有盜殺人而逸，尉捕平民抑使承，向覆其冤，脱六罪囚於死。

王拱辰。開封咸平人。元豐初判大名。時三路籍民爲保甲，日聚而教之，禁令苛急，往往去爲盜。拱辰抗言其害，主者指爲沮法，拱辰上章不已，帝悟，於是第五等户得免。

韓璹。汲人。神宗時知澶州。河決，晝夜捍禦，帝念其勞，遷太中大夫。璹吏事絶人，歷案牘，終身不忘，澶州民懷思之。

他日，郡守或欲有所爲，民必曰：「此已經韓太中矣。」以故輒止。

章衡。浦城人。元豐中知澶州。至部，會官立法禁民販鹽，衡言：「民恃鹽以生，生之所在，雖犯法不顧，徒令犴獄日繁〔二五〕，請如故便。」

韓絳。雍丘人。哲宗初爲北京留守。河決小吴，都水議傍魏城鑿渠東趨金隄，役甚急。絳言：「功必不成，徒耗費國力，而使魏人流徙，非計也。」三奏，訖罷之。

徐處仁。穀熟人。河北盜起，徙大名尹。前尹王革慘而怯，盜無輕重悉抵死，小有警，輒閉城以兵自衛。處仁至，即大開城門，徹牙内，人情遂安。在官以剛廉稱。

黄友。温州平陽人。通判澶州。金人敗盟，郭藥師以常勝軍叛，燕士響應，友獨領數千人與之戰，躬冒矢石，破裂脣齒。欽宗即位，召對問狀，爲之稱歎。

金

梁肅。奉聖州人。以山東西路轉運副使攝大名少尹。正隆末，境内盜起，驅良民陷賊中不能自辯者數千人，皆繫大名獄。肅到官，考驗得其情，讞出者十八九。

楊伯仁。藁城人。世宗時改大名少尹。郡中豪民横恣，民受其害，伯仁窮竟渠黨，四境爲之帖然。

徒單公弼。河北東路孫卓貨明安人。章宗時知大名府事。是時，伐宋軍興，有司督逋租及牛頭税甚急，公弼奏：「軍士從戎，民亦疲弊，可緩徵以紓民。」朝廷從之。　「孫卓貨明安」，改見順天府名宦。

裴莫亨。臨潢府人。章宗時同知大名府事。先是豪猾縱横，前政莫制，莫亨下車，宣明約束，闔境帖然。

徒單銘。特赫塔臘人。大安三年知大名府。荐饑重困，銘乞大出交鈔以賑之。　「特赫塔臘」舊作「忒黑闢剌」，今改正。

王毅。大興人。官東明令。貞祐二年，東明圍急，毅率兵民欲戰者數百人拒守。城破，猶率衆抗戰，力窮被執，與縣人王八等四人同驅之郭外。先殺二人，王八即前跪將降，毅以足踣之，厲聲曰：「忠臣不佐二主，汝乃降乎！」驅毅者以刃斫其脛，毅不屈而死。贈曹州刺史。

元

張弘範。定興人。至元二年守大名。歲大水，漂没廬舍，租税無從出，弘範輒免之。朝廷罪其專擅，弘範入見曰：「臣以爲朝廷儲小倉，不若儲之大倉。」帝曰：「何説也？」對曰：「今歲水潦不收，而必責民輸，倉庫雖實，民死亡殆盡，明年租將安出？曷若活其民，使不至逃亡，則歲有恒收，非陛下大倉乎？」帝曰：「知體，其勿問。」

張孔孫。隆安人。至元中以廉訪使莅大名。以所没贓糴粟賑饑民。尋除大名路總管，兼府尹，大興學校。有獻故河隄三百餘里於太后者，即上章請還于民，從之。

明

焦昉。定興人。永樂初爲長垣知縣，任滿當去，百姓詣闕請留。詔許之，以知州秩仍理縣事，政績益著。宣德中卒于官，民爲營葬于邑城東南隅，且築室居其妻子。

賀禎。仁宗時爲大名縣丞。勵廉隅，三考當遷，民乞留，即擢知本縣。

閻禹錫。洛陽人。景泰中任開州訓導。從學者如市，人士化之，有不率輒曰：「吾無以見閻先生。」

李瓚。臨汾人。成化中知大名府。河決長垣、東明，瓚築長隄延袤二百餘里，植榆柳數萬株，沿隄置鋪夫，遇衝刷輒補葺。又于元城築衛河隄，工費不擾，世享其利。民有不事生業者，督命紡織，遠近革化。在官十二年，民户祝之。

韓福。天長人。弘治中知大名府。自罷兵戍，盜稍起，福定諸州縣番上之法，躬親團操，又時詗察，盜賊屏跡，道不拾遺。鼓樓下置「認物亭」，命境内有見道上所遺物一錢以上，悉齎投亭中，許亡者認取。諸州縣吏民以事詣府者率投衣囊亭中，事畢，各持去，間有過旬者，吏民不敢取也。在任八年，治行爲天下第一。賜宴光禄，兩入覲。朝中吏士夾道指曰：「此大名韓知府也。」時以比宋包拯云。

鮑琦。麻城人。弘治中知魏縣。值漳水決，漂没田廬。琦築隄一百三十里捍之，不三月而成，水患以息，至今稱鮑公隄。

劉鸞。白水人。正德中知東明縣。時流賊攻東門二日，幾陷，鸞乘城督戰，悉力拒守，項中二槍神色不變，縱火燒賊營，圍始解。

張謙。慈谿人。嘉靖中知大名府。以廉馭吏，終謙之治，無敢受一錢者。故事，養馬常課外，復徵餘地錢，百姓苦之，謙請豁免。值歲旱蝗，爲減徵派，緩馬價，蠲田租，凡事不便民者，悉加酌濟，流亡多來歸。

諸偁。秀水人。嘉靖中知大名縣。政尚寬簡，邑有水患，築隄障之，至今稱諸公隄。

甄敬。平定州人。嘉靖中知大名縣。漳、衛河決，敬築樓底埽口。以牛種給民，均畝定則，歲以豐稔，流亡歸業。

朱湘。義烏人。嘉靖末知大名縣。初至，首築護城隄，創應龍書院，會士人月三試之，置學田二百餘畝，建社學十四所，選塾師分訓之，文教大興。

盧象昇。宜興人。天啓末知大名府，擒大盜馬翩翩。崇禎三年擢大名兵備副使，嘗追賊于小西天山，又敗之青龍岡，前後斬首數千。象昇每臨陣，身先士卒，與賊格鬬，刃及于鞍弗顧，失馬即步戰，以是賊甚畏，不敢窺大名。本朝乾隆八年入祀名宦祠。

朱廷煥。單縣人。崇禎中以兵備副使分巡大名。流賊逼畿輔，僞檄至，怒而碎之。及城破，被執不屈死。

本朝

方元啓。開化人。順治間知南樂縣。時民多逃亡，徭役無所出，居者重困。元啓按籍清審，減免丁銀六百餘兩，來歸者給以牛、種、農具，不數年，增户口萬六千有奇。

高文鑑。江陵人。順治十八年知清豐縣。先是，縣多雜徵，歲責數千兩，文鑑至悉除之。争訟者立爲剖決，未嘗留滯。以病去，民立祠祀之。

耿介。登封人。康熙初分巡大名道。介故清正，爲下所服，及去，父老相送數百里。

范明德。壽州人。康熙六年爲大名府通判。制府幕士犯罪，明德按治之，其人走愬制府，明德曰：「某守法吏，敢以上官撓法耶？」卒于官，貧不能殮，士民傷之。

來謙鳴。蕭山人。雍正中知魏縣。甫至，督民築漳河隄，嚴明條約，在工者無敢作奸。乾隆二十二年，魏圮于漳，民避居護城隄上，隄爲謙鳴增築者，屢齧不圮。

陳睿。長壽人。乾隆十九年知大名縣。二十二年大水，邑故有護城隄，睿躬率民夫，晝夜補築，水猛溢入隄，急招民避城上。先是，水將至，魏汜沁水，挾淇、漳注衛，衛高數丈，徹數十里，民情倉皇。睿豫運米貯城樓，至是以所儲米煮粥徧給。數日水稍平，開倉出粟，牒請不俟報可。及奉旨賑濟，睿詳查户口，撫卹周至。後移疾歸，士民爲之流涕。

王沛生。山東人。乾隆二十二年知魏縣。時魏城新没于水，奉旨賑卹，沛生加意撫循，嘗乘小舟躬至各鄉查勘，不避寒暑。明年以裁缺去。

茹敦和。會稽人。乾隆二十九年知南樂縣。南樂地故卑下，當豬龍河之衝。敦和審地形高下，因勢利導，水不爲患。縣地多茅沙鹽堿，教以周禮土化之法，多種雜樹，瘠田皆變沃壤。邑人以麥稭編笠爲生，率荒本業，敦和勸令種桑，勒碑記以示民，民獲其利。調大名縣，地濱漳河，水患尤劇。漳之旁有梁河，敦和謀開渠以殺其勢，議甫定，内遷大理寺評事，不及上請履勘，乃勸民興修，刻期集河干，親爲指示形勢，民具畚鍤來者以萬計，及旬而渠成。嘉慶十年，入祀名宦祠。

趙綸。仁和人。嘉慶十六年知長垣縣。十八年，教匪滋事，綸入縣，屬葦園村搜捕匪黨，被賊戕害。事聞，賜卹。

校勘記

〔一〕又黄金隄堡在縣東北十里「十」，乾隆志卷二二大名府鎮堡（以下同卷簡稱乾隆志）同。讀史方輿紀要卷一六、同治畿輔通志卷六九關隘三皆作「三十」。畿輔通志卷五二疆域圖說元城縣東北黄金隄，即今大名縣北偏東黄金堤（一九六一年河北省地圖集），里距與方輿紀要、畿輔通志記載相符，此「十」上脱「三」字。

〔二〕在開州南二十五里　「二十五」，乾隆志同。同治畿輔通志卷六九關隘三引畿輔輿圖作「四十」，即今河南濮陽縣（清開州）南慶祖集（一九八二年河南省分縣地圖册），里距正合，此「二十五」爲「四十」之誤。

〔三〕在東明縣西南二十里至蓋即此　乾隆志陵墓同。史記卷九三田儋列傳：章邯「大破齊、魏軍，殺田儋於臨濟下」。謂「臨濟」，非「臨濟亭」。又續漢書郡國志三：陳留郡平丘縣「有臨濟亭，田儋死此」。則「臨濟亭」見載於續漢志。讀史方輿紀要卷一六：平丘城，在「長垣縣西南五十里」。本志卷三五大名府古蹟亦載平丘故城「在長垣縣西南」。臨濟亭近在此地，不在東明縣，明也。

〔四〕在南樂縣西三十五里故繁水城南　「西」，原作「南」，據乾隆志及同治畿輔通志卷一七三陵墓九改。本志卷三五大名府古蹟：繁水故城，「在南樂縣西北三十五里」。畿輔通志：「考唐書，公謹，繁水人。今縣西北有繁水故城，則墓當在此爲近。」

〔五〕又元和志有祠在魏縣東南四里　乾隆志祠廟同。元和郡縣圖志卷一六：「狄仁傑祠，在貴鄉縣東南四里。」又太平寰宇記卷五四：「狄仁傑祠，在魏縣東南四里。」二書記載不同，此以寰宇記所記誤爲元和志，引元和志，「魏縣」應作「貴鄉縣」。

〔六〕在長垣縣東北舊長垣城内　乾隆志同。太平寰宇記卷二二：「衛靈公祠，在長垣縣東北二十七里長垣城内。」此疑脱「二十七里」四字。

〔七〕宋崇寧中　「崇」，原作「建」，乾隆志寺觀同。按同治畿輔通志卷一八二寺觀五作「徽宗建寧中」，據宋史卷一九徽宗紀一載，年號崇寧，無「建寧」之年號，此「建」爲「崇」字之誤，據改。

〔八〕道過東平　乾隆志卷二三大名府二名宦（以下同卷簡稱乾隆志）同。後漢書卷二一耿純列傳作「東郡」，此「平」爲「郡」字之誤。

〔九〕館陶父老復詣郡相訟　「郡」，原作「闕」，據乾隆志及隋書卷七三循吏列傳魏德深改。按下文云「郡不能決」，可證。

〔一〇〕紀處訥　「訥」，原作「納」，據乾隆志及新唐書卷一一八張廷珪傳、卷一〇九紀處訥傳改。

〔一一〕王曾　「曾」，原作「會」，乾隆志同，據琬琰集中編卷四四王曾行狀、宋史卷三一〇王曾傳改。

〔一二〕仁宗初以彰信軍節度使復知天雄軍　「彰信軍」，乾隆志及宋史王曾傳同，琬琰集王曾行狀、東都事略卷五一王曾傳皆作「彰德軍」，此「信」蓋爲「德」字之誤。

〔一三〕濱棣德博民多水死　「濱」，原作「賓」，乾隆志同。據宋史卷九〇地理志六載，賓州屬廣南西路，與此載黃河決溢地域不合。宋史卷九一河渠志一歐陽修疏曰：「若六塔者，於大河有減水之名，而無減患之實，「若全回大河以注之，則濱、棣、德、博河北所仰之州，不勝其患」。續資治通鑑長編卷一八一載同。此「賓」爲「濱」字之誤，據改。

〔一四〕英宗時僉書鎮寧軍判官　乾隆志同。據東都事略卷一一四儒學傳九七、宋史卷四二七程顥傳載，程顥簽書鎮寧軍判官在神宗時，此誤。

〔一五〕徒令犴獄日繁　「犴」，原作「扞」，據乾隆志及宋史卷三四七章衡傳改。

大清一統志卷三十七

大名府三

人物

漢

汲黯。濮陽人。孝景時爲太子洗馬，以嚴見憚。武帝即位，爲主爵都尉，亦以數直諫，不得久居位。帝問嚴助曰：「汲黯何如人也？」曰：「使黯任職居官，無以踰人，至其輔少主守成，雖自謂賁、育，弗能奪也。」帝曰：「然。古有社稷之臣，至如汲黯，近之矣。」後拜淮揚太守，居十歲而卒。

京房。頓丘人。治易，事梁人焦延壽。其説長于災變，分六十四卦，更直日用事，以風雨寒温爲候，各有占驗。房用之尤精。好鍾律，知音聲。以孝廉爲郎。永光、建昭間，數上疏，所言屢中。石顯、五鹿充宗疾之，出爲魏郡太守。後卒爲所中，下獄死。

王閎。元城人。平阿侯譚之子，哀帝時爲中常侍，倖臣董賢爲大司馬，寵愛貴盛，閎屢諫，忤旨。帝臨崩，以璽綬付賢，閎白元后，請奪之，即帶劍至宣德後闥，舉手叱賢。賢不敢拒，乃跪授璽綬。閎馳上太后。王莽忌閎，出爲東郡太守。莽敗，漢兵起，閎獨完東郡三十餘萬户，歸于更始。

索盧放。東郡人。以尚書教授千餘人。初署郡門下掾〔一〕。更始時，使者督行郡國，太守有事當斬。放願以身代，使者義而赦之，由是顯名。建武六年徵爲洛陽令，徙諫議大夫，數納忠言。後以疾去。復徵不起，光武使人輿之，見于南宫雲臺，賜穀二千斛，遣歸。

吴祐。長垣人。父恢，爲南海太守，欲殺青簡以寫經書，祐諫曰：「海濱舊多珍怪，此書若成，則載之兼兩。嫌疑之間，誠宜慎也。」恢撫其首曰：「吴氏世不乏季子矣。」及年二十，喪父，居無擔石，而不受贍遺。舉孝廉，遷膠東侯相，爲政仁簡，爭訟自息。梁冀表爲長史。冀誣奏李固，祐爭之，不聽。時扶風馬融爲冀章草，祐因謂融曰：「李公之罪，成于卿手，卿何面目見天下之人乎？」遂自免歸，躬灌園蔬，以經書教授。長子鳳，樂浪太守；少子愷，新息令；鳳子馮，鮦陽侯相：皆有名于世。

秦周。平丘人。名在八廚，官至北海相。

謝弼。濮陽人。中直方正，爲鄉邑所宗。建寧二年詔舉有道之士，弼對策除郎中。時青蛇見前殿，大風拔木。弼上封事言：「竇氏之誅，太后幽隔空宫，愁感天心，陛下以桓帝爲父，豈得不以太后爲母？又故太尉陳蕃，勤身王室，而見陷羣邪，宜還其家屬，解除禁網。徵故司空王暢、長樂少府李膺並居政事，庶災變可消。」左右惡其言，出爲廣陵府丞。去官歸家。中常侍曹節從子紹爲東郡太守，忿疾于弼，遂收拷掠死獄中。

三國　魏

毛玠。平丘人。少爲縣吏，以清公稱。太祖辟爲治中從事，嘗爲東曹掾，與崔琰並典選舉〔二〕。所舉用皆清正之士，務以儉率人，由是士莫不以廉節自勵。太祖平柳城，班所獲器物，特以素屏風、素凴几賜玠，曰：「君有古人之風，故賜君古人之服。」玠居顯位，常布衣蔬食，賞賜即賑施貧族，家無所餘。魏國初建，爲尚書僕射，後卒於家。

晉

杜友。東郡人。魏正元中爲侍御史。毌丘儉之誅，黨與七百餘人，友治其獄。惟舉首事十人，餘皆奏散。後仕晉，歷冀州刺史、河南尹。

成公簡。東郡人。性樸素，不求榮利，潛心道味。張茂先每言簡清静比楊子雲，默識擬張安世。官至散騎常侍。

束晳。元城人。漢疏廣之後。王莽末，避難，因改姓。晳博學多聞，察孝廉，舉茂才，皆不就。太康中，郡界大旱，爲邑人請雨，三日而雨注，衆爲作歌。性沈静，不慕榮利，作玄居釋以擬客難，張華見而奇之，召爲掾。累遷尚書郎。趙王倫請爲記室。辭疾罷歸，教授門徒。及卒，元城市里爲之廢業，門生故人立碑墓側。所著五經通論、發蒙記、補亡詩、文集數十篇行於世。

南北朝　魏

李崇。頓丘人。襲爵陳留公。孝文初爲荆、兖二州刺史〔三〕，俱有稱績。後行梁州刺史，討平叛民楊靈珍。宣武初，魯陽蠻柳北喜等叛，詔崇進討，諸蠻悉降。延昌初，都督淮南諸軍事，在州十年，寇賊侵邊，所向摧破。號曰「卧龍」〔四〕，累遷尚書令，加侍中。在官和厚，明于決斷。卒，謚武康。

李平。崇從弟。涉獵羣書，有文才。宣武時，累官相州刺史，徵拜度支尚書。京兆王愉反于信都〔五〕，平都督諸軍討平之。孝明時遷尚書右僕射。卒，謚文烈。平自在度支，至於端副，夙夜在公，孜孜匪懈，凡處機密十有餘年，有獻替之稱。子諧風流文辨，孝静時，歷中書侍郎。魏梁和好，諧爲聘使，甚爲梁武所重。

唐

李勣。離狐人。本姓徐，初從李密。武德二年，密歸唐，其地勣統之，未有所屬。乃録郡縣户口以啓密，請自上之。高祖喜曰：「純臣也。」詔授黎州總管，封英國公〔六〕，賜姓，附宗正屬籍。從秦王征伐，平竇建德，俘王世充，又從破劉黑闥、徐圓朗。貞觀初拜并州都督，降突厥，破薛延陀，屢有功。高宗立，拜尚書左僕射，進司空。率兵討高麗，平其國。卒，贈太尉，謚貞武。孫敬業，少從勣征伐，襲爵英國公，爲眉州刺史。坐事貶，客揚州。武后擅命，敬業起兵稱匡復，檄州縣，疏武氏過惡，復廬陵王天子位，後以兵敗死。

張公謹。繁水人。爲王世充洧州長史，挈城歸唐。貞觀初爲代州都督，數言時政得失，太宗多所採納。後副李靖經略突厥，敗頡利，璽詔慰勞，追封鄒國公，改襄州都督，以惠政聞。卒官，太宗不避辰日哭之。

馬嘉運。繁水人。少爲沙門，還治儒學，長議論。貞觀初累除越王東閣祭酒。退隱白鹿山，受業至千人。召拜弘文館學士。以孔穎達正義繁釀，掎摭其疵，當世諸儒服其精。終國子博士。

谷那律。昌樂人。淹識羣書，褚遂良嘗稱爲「九經庫」。貞觀中累遷諫議大夫。孫倚相，爲秘書省正字，讎覆圖書，多所刊定。倚相孫從政，涉儒學，有風操。事孫寶臣，歷定州刺史。及惟岳與田悦謀拒天子命，從政諫不納，即仰藥死。

杜正倫。洹水人。隋世重舉秀才，天下不十人，而正倫一門三秀才，皆高第，爲世歆羨。貞觀中累進中書侍郎，論事稱旨。顯慶元年進同中書門下三品，遷中書令，封襄陽縣公。李義府同執政，不能下，出補爲横州刺史，卒。正倫工屬文，與董思恭夜直，論文章。思恭歸，謂人曰：「與杜公論文章，日覺吾文頓進矣。」

張文瓘。昌樂人。幼孤，事母、兄以孝友聞。貞觀初，第明經，補并州參軍。時李勣爲長史，歎曰：「稚圭，今之管、蕭，吾所不及。」乾封二年，同東西臺三品，遂與勣同爲宰相。改黄門侍郎，兼大理卿。不旬日，斷疑獄四百，抵罪者無怨言。時以執法平恕方戴胄。後拜侍中。諸囚聞其遷，皆垂泣。性嚴正，未嘗回容，諸司奏議，悉心糾駮。新羅叛，帝將出兵討之。文瓘請「息兵修德，以懷異俗」。詔可。卒，贈幽州都督，謚曰懿。四子：潛、沛、治、涉，皆至三品，時謂「萬石張家」。文瓘兄文琮，好自寫書，筆不釋手。永徽初，獻文皇帝頌，優制褒美。官終建州刺史。從父弟文收，終太子率更令。善音律，著新樂書數十篇。

李義琰〔七〕。昌樂人。及進士第，補太原尉。李勣爲都督，甚禮之。累遷中書侍郎。上元中，同中書門下三品。高宗欲使武后攝國政，義琰固爭得寢。帝每顧問，必鯁切不回。宅無正寢，弟義璡爲市堂材送之。義琰曰：「處貴仕又廣居宇，非有令德，必受其殃。」卒不許。致仕歸，公卿以下悉祖餞通化門外，時人比漢疏廣。

解琬。元城人。中幽素科，歷官侍御史。安撫烏質勒及十姓部落。景龍中遷御史大夫，兼朔方行軍大總管。前後守邊積二十年，務農習戰，華夷安之。終同州刺史。

郭元振。貴鄉人。名震，以字顯。少有大志，年十八，舉進士。武后用爲奉宸監丞。吐蕃請和，其大將論欽陵請罷四鎮兵，乃以元振充使。還，上疏具言所以制御之策，后疑之。後數年，吐蕃君臣猜攜，卒誅欽陵，而其弟贊婆來降，拜元振爲涼州都督，置和戎城及白亭軍，拓境千五百里。于甘州闢屯田，食支數十年。神龍中遷安西大都護。睿宗立，召爲太僕卿。安西酋長有剺面哭送者。先天二年，以兵部尚書同中書門下三品。玄宗誅太平公主，諸宰相走伏外省，獨元振提兵護帝。進封代國公。元振少雄邁，及貴，居處儉約，手不置書，人莫見其喜愠。

姜師度。魏人。擢明經。神龍初爲河北道巡察使，廝溝于薊門，以限契丹，並海鑿渠以通餉路。累遷河中尹。引安邑鹽池，置鹽屯，公私取利不貲。徙同州刺史。又派洛灌朝邑、河西二縣，闕河以灌通靈陂，收棄地二千頃爲上田，置十餘屯。進將作大匠。卒。師度喜渠漕，所就必爲世利。

吳保安。魏州人〔八〕。睿宗時，姚、嶲蠻叛，拜李蒙爲姚州都督，郭元振弟子仲翔爲判官。時保安罷義安尉，未得調，仲翔以同里力薦之。蒙表掌書記。保安復往，蒙已戰歿，仲翔被執。蠻聞仲翔貴胄，必千縑方許贖，保安留嶲則力居貨，十年得縑七百。都督楊安居義之，助其乏，贖仲翔歸。後保安以彭山丞客死，喪不克歸，仲翔爲服縗絰，囊其骨，徒跣負歸葬魏州，廬墓三年乃去。後爲嵐州長史，迎保安子，爲之娶而讓以官。

杜暹。濮陽人。自高祖至暹，五世同居。暹尤恭謹，事繼母孝。擢明經第，補婺州參軍，歷鄭尉，俱以清節顯。開元四年，以監察御史覆屯磧西，會郭虔瓘與劉遐慶更相訟，詔暹即按。突厥以金遺暹，暹受焉，陰埋幕下。已出境，乃移文俾取之。突厥大驚，度磧追，不及，去。十四年，同中書門下平章事，進禮部尚書，封魏縣侯。卒，謚貞孝。族子鴻漸，第進士，爲朔方判官。禄山亂，迎肅宗至靈武，密贊大計，累官門下侍郎。

南霽雲。頓丘人。安禄山反，從張巡守睢陽，賊將尹子奇來攻，巡使霽雲射，一發中其左目。既而被圍久，城中食盡。時賀蘭進明屯臨淮，許叔冀、尚衡次彭城，皆觀望莫肯救。巡使霽雲如叔冀請師，不應，復遣如臨淮告急，引精騎三十冒圍出，賊萬衆遮之，霽雲左右射，皆披靡。既至，進明初無出師意，又愛霽雲壯士，欲留之，爲大饗，樂作，霽雲泣曰：「昨出睢陽時，將士不食月餘日矣，義不忍獨食。」因拔刀斷一指，座大驚，爲出涕，即馳去，復冒圍入。城陷被執，賊欲降之。巡呼曰：「南八，男兒死耳，不可爲不義屈！」霽雲笑曰：「欲將以有爲也，公有言，敢不死！」遂死之。贈揚州大都督，圖形凌煙閣。

劉晏。南華人。明皇封泰山，晏始八歲，獻頌行在，即授太子正字。肅宗、代宗時，兩爲户部侍郎，領度支、鹽鐵、轉運、鑄錢、租庸使，拜吏部尚書，同中書門下平章事，使如故，兼領東都、河南、江淮轉運、租庸、鹽鐵、常平使。通江淮漕渠，歲致四十萬斛，上勞曰：「卿，朕酇侯也。」又兼益湖南、荆南、山南東道，與第五琦分領天下金穀。榷利益廣，民不告勤。大曆時，軍國皆仰晏。德宗立，又加關内、河東、三川及諸道青苗使。楊炎執政，搆之，貶忠州刺史，賜死，天下寃之。晏兄暹爲汾州刺史。天資疾惡，建中末，召爲御史大夫。盧杞憚其嚴，更薦于頎代之〔九〕。終潮州刺史。晏孫濛舉進士，累官給事中，以才爲李德裕所知。暹孫潼擢進士，歷京兆尹。山南有劇賊，潼直叩其壘，諭降之。累遷西川節度使。南詔懼其威信，不敢犯邊。

吴溆。濮陽人。章敬吴皇后之弟。建中初，遷金吾大將軍。朱泚反，詔大臣持節慰曉。德宗顧左右，無敢行，溆曰：「陛下不以臣無能，願至賊中諭天子至意。」即日賫詔見泚，泚留漵不遣，卒被害。贈太子太保，謚曰忠。子士矩，文學早就，喜與豪英遊。開成初爲江西觀察使。

吴湊。漵弟。累進左金吾衛大將軍。湊才敏鋭，而謙畏自將，帝尤委信。時令狐彰、田神功等繼殁，其下揺亂。湊持節至汴、滑，委曲慰諭，軍中驩附。元載當國久，帝召湊圖之，收載賜死。貞元十四年，拜京兆尹，進兼兵部尚書。卒，謚曰成。湊任中外，未嘗有過，爲外戚表。

張萬福。元城人。三世明經，止縣令、州佐。萬福乃學騎射，從征遼東有功。累攝壽、濠、舒三州刺史。代宗召見曰：「欲一識卿面。」後以利州刺史鎮咸陽。李正己反，屯兵埇橋，江淮漕船不敢踰渦口。德宗乃以萬福爲濠州刺史，漕遂通。改泗州，爲杜亞所忌，召拜右金吾將軍，圖形凌煙閣。陽城等論裴延齡事，伏閤不去，帝震怒，左右懼不測。萬福大言曰：「國有直臣，天下無慮矣。吾年八十，與見盛事。」徧揖城等勞之，天下益重其名。以工部尚書致仕，卒，年九十。

王栖曜。濮陽人。性謹厚，善騎射，累授試金吾衛將軍。袁鼂亂浙東，栖曜與戰，日十餘遇，生擒鼂。授浙西都知兵馬使。李希烈陷汴州，將襲宋州，栖曜以强弩三千涉水，夜入寧陵〔一〇〕，希烈遂不敢東。貞元初，終鄜坊節度使〔一一〕。子茂元〔一二〕，累官河陽節度使。

柏良器。魏州人。父造，以獲嘉令死安禄山難。乃學擊劒，欲報賊。父友王奂薦之李光弼，遷左武衛中郎將。年二十四，更戰陣六十二。李希烈圍寧陵〔一三〕，遏水灌之，期翌日拔城。良器以救兵至，擇善射者沿汴渠夜入，及旦，伏弩發，乘城者皆死。録功封平原郡王，圖形凌煙閣。終左領金吾衛大將軍。子耆，有縱横學。王承宗叛，耆詣裴度，言願得天子一節馳入鎮，掉舌下之。乃以左拾遺往。既至，以大義動承宗，至泣下。乃請獻二州，以二子入質，由是聲震一時。

杜羔。洹水人。貞元初及進士第，有至性。父死河北，母更兵亂，不知所之，羔憂號終日。及從兄兼爲澤潞判官，鞫獄，有媪辯對不凡，乃羔母，因得奉養。而不知父墓區處，晝夜號慟，他日舍佛祠，觀柱間有文字，乃其父臨死記墓所在，因是乃得葬。元和中爲萬年令，後歷振武節度使，以工部尚書致仕。卒，謚曰敬。子中立，開成初，尚真源長公主，累官司農卿、義武節度使。居官精明，吏下畏服。

韓弘。匡城人。莊重寡言，沈謀勇斷，由大理評事，累官宣武節度使。憲宗用兵淮西，拜爲諸軍行營都統使。吴元濟平，以功加兼侍中，封許國公。子公武，以討蔡功爲鄜坊節度使。弘弟充，累官宣武節度使。性節儉，歷三鎮，居處服玩如儒生，乘機決策無餘悔，世推善將。

谷感德。南樂人，又毛仁，魏縣人，皆以孝行被旌。

五代　梁

龐師古。南華人。太祖鎮宣武，得馬五百匹爲騎兵，以師古將之，從破黄巢、秦宗權，皆有功。又破徐州，斬時溥，表爲徐州留後。師古自微時事太祖謹甚，未嘗離左右。及爲將出兵，必受方畧以行。遣攻淮南，營清口，或請就高爲栅，師古以非太祖命不聽。淮人決水浸之，遂見殺。

唐

劉贊。魏州人。舉進士。明宗時，累遷刑部侍郎。守官以法，權豪不可干以私。時秦王從榮握兵而驕，多過失，拜贊秘書監，爲秦王傅。秦王府官屬，類多浮薄傾險之徒，日獻諂諛以驕王，獨贊從容諷諫，率以正道。及王敗，屬官多坐，贊得免死。

晉

馬全節。元城人。晉高祖時，累遷廣晉尹，留守鄴都。全節爲人謙謹，事母至孝，臨政決事，必問法如何。初徙廣晉，過元城，衣白襴謁其縣令，州里以爲榮。子令琮，少善騎射，從其父屢戰有功，由是知名。宋初，累官昭義兵馬鈐轄。

周

馮暉。魏州人。晉天福中，拜義成軍節度，徙鎮靈武。撫綏邊部，凡十餘年，恩信大著。官至中書令，封陳留王。暉卒，子繼業代領其衆，宋開寶二年，拜定難軍節度使〔一四〕，改鎮定國軍，吏民立碑，頌其遺愛。太平興國初，封梁國公。

宋

潘美。大名人。開寶二年爲行營諸軍都部署〔一五〕，征嶺南，擒劉鋹送京師。八年，征江南，爲昇州道行營都監。金陵平，拜宣徽北院使。太平興國四年平并州，留屯北邊，累官忠武軍節度使，封韓國公。卒謚武惠。子惟熙，女即章懷皇后也。從子惟吉，累官天雄軍駐泊都監。敭歷中外，以勤敏稱。

趙延進。頓丘人。姿狀秀整，涉獵經史。周世宗征淮南，延進獻萬縑以助軍，授濠州兵馬鈐轄。宋初，歷知河中府、梓相青三州。太平興國初，討幽薊，詔督造礮具八百，期以半月，延進八日成。遼人擾邊，命將兵禦之，三戰大破之，獲人馬、牛羊、鎧甲數十萬，以功遷右監門衛大將軍，知鎮州。

田仁朗。元城人。宋初爲西頭供奉官。從討李重進有功，還浚五丈河以通漕運。乾德中，從破蜀，秋毫無犯，累拜右神武軍大將軍。部修河北東路諸州城池，數月而就。仁朗性沈厚，有謀畧，頗涉書傳，所至有善政。

宋白。大名人。年十三，善屬文，豪俊尚氣節。建隆二年，擢進士甲科。乾德初，獻文百軸，試拔萃高等，累官翰林學士。雍熙中，與李昉纂文苑英華一千卷。凡三知貢舉，所得士如蘇易簡、王禹偁、胡宿、李宗諤輩，皆其人也。真宗時，官至吏部尚書。白贍濟親族，世稱其雍睦。聚書數萬卷，嘗類故事，號建章集。後進有文藝者，必極意稱獎，如胡旦、田錫皆出其門。有集百卷。

柳開。大名人。幼穎異，有膽勇。既就學，喜討論經義。慕韓愈、柳宗元爲文。開寶六年舉進士，累官殿中侍御史。雍熙中，抗疏願任河北用兵之地，以爲崇儀使，知寧邊軍〔一六〕，歷全、邠、代等州，皆有政績。有集十五卷，作家戒千餘言以訓諸子。性倜儻重義。嘗過酒肆飲，有士人至自京師，以貧不克葬親，將丐王祐，問所費，曰：「二十萬。」開即罄所有遺之。

臧丙。大名人。弱冠好學，性剛果，有吏幹。太平興國初舉進士，釋褐大理評事。淳化初，歷知江陵府。

王延德。大名人。少給事晉邸，遷供奉官。高昌國遣使朝貢，太宗以遠人輸誠，遣延德使焉。自夏州渡河，經沙磧，歷伊州，望北庭萬五千里。雍熙二年，使還，撰西州程記以獻。真宗時，歷左千牛衛上將軍，致仕。

劉筠。大名人。舉進士。詔試選人校太清樓書，擢筠第一，爲祕閣校理。預修圖經及册府元龜。累進翰林學士。嘗草丁謂罷相制，既而謂復留，令別草制，筠不奉詔，曰：「姦人用事，安可一日居此。」請補外，知廬州。復召爲翰林學士承旨，再知廬州。卒。筠文辭善對偶，尤工詩。初爲楊億所拔，後遂與齊名，時號「楊劉」。凡三入禁林，三典貢舉。性不苟合，臨事明達，而治尚簡嚴。

劉越。大名人。少孤貧，有學行，舉進士。知襄城、固始二縣，有能名。遷秘書丞。會禁中火，詔劾火所從起，越與殿中丞滕宗諒上疏諫。仁宗爲罷詔獄。又請章獻太后還政。太后崩，擢嘗言還政者，越已卒，贈右司諫，官其一子。

陳伯玉。臨河人。舉進士。丁父喪，哀毀。墳木連理。累遷殿中侍御史。天聖五年祀南郊，中外以爲丁謂復還，伯玉上疏曰：「丁謂因緣險佞，私結要權，冀移善地，請勿原赦。」帝然之。官至尚書工部郎中。

潘夙。美從孫。天聖中，上書論時政，授仁壽主簿。累遷湖南轉運使。破邵州蠻，圍峒九十。後知河中府。章惇察訪荊湖，討南北江蠻徭，陳夙憂邊狀，以知潭州。再知荊南、鄂州。

閻守恭。榆次人。徙家大名府。明道中爲并代路兵馬鈐轄。守恭性沈勇，御軍嚴。雖家居如對賓客。所得俸禄，悉散與人。

鄧中和。長垣人。仁宗時，舉三禮。喪親，廬墓終其喪，定省往來如事生者二十年，負土累墳高三丈。

郭申錫。魏人。舉進士。仁宗時爲侍御史知雜事。屢詆權倖無所避。种諤取綏州，申錫曰：「邊患將自此始。」及諒祚反〔一七〕，請捐前故，聽其子襲爵，且言：「但得重將守邊，不要功生事，則善矣。」著邊鄙守禦策。以給事中致仕。

王獵。長垣人。累舉進士不第。慶曆中，范仲淹薦爲藍田主簿，徙林慮令，吏民愛信。入爲諸王侍講。英宗在邸，尊禮之。及即位，拜天章閣待制兼侍講。方議濮王稱，以問獵，獵不可。帝曰：「王待侍講厚，亦持此説耶？」對曰：「臣荷恩厚，不敢以非禮名號加于王，所以報也。」帝大悟，自是不復議。神宗立，自工部郎中爲本曹侍郎致仕。

張田。澶州人。登進士。歐陽修薦其才，通判廣信軍。歷知湖州、廬州、桂州、廣州，皆有治迹。田伉直自喜，臨政以清，嘗作欽賢堂，繪古昔清刺史像，日夕師拜之。蘇軾讀其書，以侔古廉吏。

李清臣。魏人。七歲知讀書，日數千言。韓琦聞其名，以兄之子妻之。舉進士，應材識兼茂科，歐陽修壯其文，以比蘇軾。爲兩朝國史編修官，撰河渠、律曆諸志，文直事詳，人以爲不減史、漢。累官尚書右丞、門下侍郎。

劉航。魏人。第進士，歷知虞城、犀浦縣，爲政寬猛不同，兩縣皆治。知宿州。押伴夏使，使者執禮不遜，航皆折正之。持節冊夏主，凡例所遺寶帶、名馬，卻弗受。上禦戎書。爲河北西路轉運使。熙寧大旱求言，航論新政不便者五，請祠去。起知涇、相二州。終太僕卿。

劉安世。航之子。登進士第，不就選。從學於司馬光。光薦爲秘書省正字，擢右正言，進諫議大夫。論事剛直，一時敬懾，目之曰「殿上虎」。章惇惡之，安置英、梅等州。凡投荒七年，甲令所載遠惡地無不歷之。徽宗即位，超知鄆州、真定府。蔡京既相，又七謫至峽州羈管。稍復承議郎，卜居宋都。卒。安世儀狀魁碩，音吐如鐘，家居未嘗有惰容，不好聲色貨利，其忠孝正直，皆則象司馬光。

郭永。元城人。少剛明勇決。以祖任爲丹州司法參軍，歷知太谷縣，調東平府司録參軍〔一八〕。所在有聲，遷河東提點刑獄〔一九〕。宗澤守京師，以大名當衝要，檄永守之。不數日，聲振河朔。劉豫來寇大名，孤城無援，永率士晝夜堅守，城陷怒罵不絶，一家皆遇害。永博通今古，家藏書萬卷，爲文不求人知。見古人立名節者，未嘗不慨然掩卷終日。聞兩宫北狩，號絶仆地，不食者數日，其忠義蓋天性然。紹興初，贈資政殿學士，謚勇節。

金

王汝梅。大名人。始由律學爲伊陽簿，秩滿，遂隱居不仕。性嗜書，動有禮法。生徒以法經就學者，兼授以經學。諸生咸服其教，無敢爲非義者。同業憫其貧，時周之，皆謝不受。

張特立。東明人。泰和進士。歷宣德州司候〔二〇〕。正大初，拜監察御史〔二一〕，首言：「世宗諸孫不宜幽囚。」又言：「尚書右丞顔扎舒魯與小民争田，失大臣體；參知政事徒單武丹。諂事近習，皆宜罷黜。」當路者忌其直，遂罷歸田里，教授諸生。元世祖降璽書賜號「中庸先生」。所著有易集説、歷年係事記。「顔扎舒魯」舊作「顔盞世魯」，「徒單武丹」舊作「徒單兀典」，今並改正。

王鶚。東明人。幼聰悟，日誦千餘言，長工詞賦。金正大元年，中進士第一，歷左右司郎中。蔡州陷，萬户張柔救之，輦歸保州。世祖在藩邸，遣使聘至，進講孝經、書、易及治道，每夜分乃罷。及即位，首授翰林學士承旨，制詔典章，皆所裁定。阿哈瑪欲取相位，大臣復助之，衆莫敢言。鶚獨不附。卒謚文康。有詩文四十卷，曰應物集。

王珍。南樂人。慷慨有大志。金末，與楊鐵槍以兵應太祖，行營率安濟、按已署珍軍前都彈壓〔一二〕。宋將彭義斌侵據大名，珍棄其家，間道走還軍中。及元兵擊走義斌，珍謂其妻子曰：「吾非棄汝輩，誠不以私愛奪吾報國之心耳。」後以軍功累授本路行軍萬户。子文幹，襲爵，累遷江東建康道提刑按察使〔一三〕，卒於官，貧不能歸葬，人以此稱之。「安濟」舊作「按只」，今改正。

靳德進。大名人。父祥，師事陵川郝温，兼善星曆。金末，與母相失，母悲泣而盲，祥訪得之，舐母目，百日復明，人稱其孝。元初，太祖命劉敏行省于燕，敏辟祥賓幕下。時藩帥得擅生殺，無辜者多賴祥以免。德進爲人材辯，讀書通大義，尤精星曆之學。世祖命劉秉忠選太史官屬，德進以選授天文、星曆、卜筮三科管勾，凡交蝕躔次、六氣侵移，所言休咎輒應。時因天象以進規諫，多所裨益。累遷秘書監，掌司天事。從征叛王那彦，揆度日時，率中機會。諸將欲剿絶其黨，德進獨陳天道好生，請待其降。從之。成宗即位，歷陳世祖進賢納諫、咨詢治亂之原，帝深嘉納。授中書右丞，累官昭文館大學士、知太史院，預議中書政事。卒，贈大司徒，謚文穆。「那顔」舊作「乃顔」，今改正。

張立道。大名人。年十七，備宿衛。從世祖北征，未嘗去左右。至元中，使安南，並黑水至其國，定歲貢之禮。授大理等處巡行勸農使，治昆明池，得地萬餘頃，皆爲良田。教爨、僰蠶桑之法，雲南由是富庶。又建孔子廟，置學舍，風化大行。累拜雲南行省參政。卒于官。所著有劾古集、平蜀總論、安南録、雲南風土記、六詔通説若干卷。

祖父母，以諸喪序列附于塋次。

元善。大名人。父有昆弟五人，因貧流散江淮，久之遂客死。至大四年，善往尋其骸骨，并迎弟姪等一十五喪而歸，改葬

蓋苗。元城人。延祐進士，授單州判官，歇歷中外，多善政讜言。累遷陝西行御史臺中丞。卒，追封魏國公，謚文獻。苗學術淳正，性孝友，喜施與，置義田以贍宗族。平居恂恂謙謹，及遇事，張目敢言，雖經挫折，無少回撓，有古遺直之風焉。

李好文。東明人。至治進士。除太常博士。纂成太常集禮五十卷。至正中，皇太子入學，命好文以翰林學士兼諭德，乃摘諸經要畧，取史傳及先儒論説，有關治體而協經旨者，倣大學衍義之例，爲書十一卷，名曰端本堂經訓要義，詔令太子習焉。又集歷代帝王故事，總百有六篇，以爲太子問安餘暇之助。又取古史爲書，曰大寶録、大寶龜鑑，皆録以進。以翰林學士承旨致仕。

郭嘉。濮陽人。祖昂，父惠，俱以戰功顯。嘉慷慨有大志，登泰定進士，累遷禮部員外郎。會遼東騷動，授嘉廣寧路總管。奉詔團練義兵，號令齊一，賞罰明信，爲東方諸郡之最。既而賊勢日熾，孤城無援，賊脅之降，嘉開門逐賊，力戰以死。贈河南江北等處行省左丞、太原郡公，謚忠烈。

劉天孚。大名人。由中書譯史爲東平總管府判官，歷知冠州〔二四〕、許州，所至有治績。後知河中府。陝西行省阿斯罕爲亂，舉兵至河中。天孚日夜治戰守具，選丁壯分守要害。及阿斯罕入城，脅天孚使附己。天孚謂幕僚曰：「吾荷上恩，與其辱於賊手，不如蹈河以死。」時河冰方堅，乃拔佩刀斫冰，北望再拜，投水死。事平，贈護軍、彭城郡侯，謚忠毅。「阿斯罕」舊作「阿思罕」〔二五〕，今改正。

巴顔。一名師聖，哈喇魯氏，隸軍籍蒙古萬户府，世居開州濮陽縣。自弱冠即以斯文爲己任。至正四年，徵至京師，授翰林待制，預修金史。既畢，辭歸，四方來學者千餘人。其學務真知力踐，不屑事詞章。士出其門，不問而知其爲巴顔氏學者。十八年，河南賊蔓延河北，巴顔渡漳北行〔二六〕，邦人從之者數十萬家。至磁，與賊遇，賊知巴顔名士，生劫之，將誘以富貴，巴顔罵不

屈，引頸受刃，與妻子俱死之。贈奉議大夫，謚文節。「巴顏」，改見順天府人物〔二七〕。

卞琛。大名人。游學京師，補國子生。丁母憂，家居。至正十二年，盜起，琛統丁壯數百人擊賊，衆潰散被擒。賊素知琛，脅之降。琛唾罵曰：「我國子生也，雖至死不從賊。」大罵不止，賊屢脅不聽乃殺之。

明

周武。開州人。從太祖定江南，征陳友諒，平張士誠，俱有功，累官都督僉事。以破西番功，封雄武侯。卒，贈汝國公，謚勇襄。

康祥。南樂人。母患瘋疾，祥晨夕虔禱，疾遂愈；繼患瘡癬，又禱，欲以身代，忽徧體皆癬，母疾亦愈。及卒，負土成墳，廬其側三年。宣德中旌表。

楊鐸。南樂人。少孤，養母至孝，及卒，廬墓三年，身容毁瘁。宣德中旌表。

甘澤。開州人。正統進士，歷御史巡按陝西，與武清侯石亨不協，謫常熟知縣。奔父喪，與弟潤俱廬墓三年。澤卒，潤居母喪，復廬墓。弘治中旌表。

侯英。開州人。天順進士，歷官江西按察僉事。遭母喪，與弟侃俱廬墓三年，有白鳥數千繞樹。成化中旌表。

馬宗範。開州人。爲國子生。父喪廬墓，盜不敢犯。弘治中旌表。

王鼒。長垣人。爲諸生。父喪，有白蛇烏鳥之祥。弘治中旌表。

翟唐。長垣人。弘治進士。擢御史。正德四年，出按湖廣，奏言：「四川賊首劉烈僭號設官，將爲大患，宜切圖豫備之策。」時劉瑾竊柄，言路久閉，而唐疏中有「壅蔽」語，瑾怒切責。久之，遷寧波知府，有善政。以裁抑市舶中官崔瑤，被誣下獄，謫嵩明知州，終陝西副使。

王綎。開州人。弘治進士。歷户部員外郎，署郎中事。劉瑾竊政，羣閹多請託，綎悉格不行，遷衛輝知府、湖廣副使。中官谷大用以迎立興世子至安陸，驕恣甚，綎不屈，棄官歸。嘉靖中，起河南副使，轉山西參政，皆有討賊功，累擢大理卿。綎正直鯁亮，居官布衣蔬食如寒士，左遷山東參政。卒于官。

石星。東明人。嘉靖進士。官吏科給事中。隆慶初，以帝任用宦官，不親政事，上疏極諫，詔杖六十，絶而復甦。星妻鄭誤聞星斃，遽觸柱死。神宗初，起故官，累遷工部尚書。以四方災傷，而織造不已，數有論諫。改户部，覈邊計，建白十四條。尋改兵部。倭入朝鮮，星力主封貢。後事壞，下獄論死。天啓初復官。

李化龍。長垣人。萬曆初進士。累遷右僉都御史巡撫遼東。時泰寧巴圖爾入寇，化龍與總兵官董一元伏兵破之，邊塞讋服。進兵部侍郎。播州楊應龍作亂，以化龍總督湖廣川貴，兼撫四川，發兵討平之。父喪服除，起爲工部侍郎，總理河道，奏開泇河二百六十里，以避黄河吕梁之險，爲漕渠永利。歷戎政尚書，條上兵食戰守之策，言甚切至。加少傅，兼太子太保。卒，贈襄毅，加贈太師。「巴圖爾」舊作「把兔兒」，今改正。

魏允貞。南樂人。萬曆進士。授荆州推官。大學士張居正家奴犯法，執而杖之。擢御史，劾兵部尚書吴兑結納權閹，不可典中樞。又陳時弊四事，忤執政，謫許州判官。累遷右僉都御史巡撫山西，政聲大著。進兵部右侍郎〔二八〕。卒，謚介肅。弟允中，有儁才，舉鄉試第一，中進士，官吏部主事。允中弟允孚，舉進士，官刑部郎中，亦有名。世稱「南樂三魏」。

崔景榮。長垣人。萬曆進士。擢御史，劾東廠太監張鯨罪。巡按甘肅、湖廣、河南，後按四川。播州亂，景榮監劉綎〔二九〕、吴廣等軍。賊平，奏蠲蜀一歲租，卹上東五路，罷礦使。擢右僉都御史，巡撫寧夏。申威信，省市費，邊陲宴如。累遷兵、吏二部尚書，忤魏忠賢奪職。崇禎中，贈少保。

朱爵。開州人。萬曆進士。歷吏科給事中。嘗論時政闕失，因疏趙志皋、張位罪，三王並封制下，爵又切諫，謫山西按察司知事。天啓中，贈太僕少卿。

董漢儒。開州人。萬曆進士。歷官江南糧儲參政。稅監陳增恣横，其胥役爲盜，漢儒捕殺之。擢湖廣按察使。會楚宗人華越訐嗣王華奎以王姓子冒襲，下撫按勘。諸宗以巡撫趙可懷左袒華奎，伺而撲殺之。時變起倉猝，人心恟懼，漢儒獨鎮静，故緩其獄，已而首惡抵法，餘悉平反。累遷宣大總督。天啓初，入爲兵部尚書。魏忠賢矯旨，欲廕其弟姪爲錦衣僉事，漢儒上疏力争，言極鯁直。會丁母憂歸。崇禎初，進太子太保，未及赴召，卒，謚肅敏。

成基命。大名人。萬曆進士。改庶吉士，授編修，累遷禮部右侍郎〔三〇〕。魏忠賢用事，絶弗與通。及楊漣獄起，忠賢指爲黨，矯旨奪官。崇禎初，復起吏部左侍郎〔三一〕，召見平臺，咨方畧，力薦舊輔孫承宗。尋拜禮部尚書、東閣大學士，日夜籌畫邊事，奏疏數十上，咸中機宜。以疾歸，卒，謚文穆。

李其紀。清豐人。萬曆進士。授工部主事，調吏部，歷升郎中，典選事。帝嘉其廉直，後以事左遷行人司副，遂還里。崇禎十五年，城陷，不屈死。本朝乾隆四十一年，賜謚烈愍。

張三傑。魏縣人。天啓中，舉於鄉。歷官户部員外郎。崇禎末，李自成陷京城，三傑爲賊所執，不屈死。本朝乾隆四十一年，賜謚節愍。

張力。東明人。崇禎進士。爲萊州府推官，罷歸。李自成陷京師，遣僞官至縣，力偕同邑紳士誅之，爲賊將所執，大駡而死。本朝乾隆四十一年，賜謚節愍。

楊希震。長垣人。崇禎進士。知堂邑縣。時歲大旱，請蠲積逋四萬八千有奇。李自成遣僞官至，希震結壯士謀誅之，事洩，被酷刑，令供同謀者。希震忍死不言，賊斷其頭，身仆，復躍起，若擊賊狀，賊大驚，擲之城外，忽白氣亘天，久之方散。本朝乾隆四十一年，賜謚烈愍。

劉永錫。魏縣人。崇禎舉人。授長洲學教諭。明亡後，隱居於陽澄湖。巡撫欲薦之，以疾固辭。家貧，衣食或不給，淡如也，常自鼓柂出，至中流作歌，歌竟而返。及卒，其友與門人共葬之。又大名舉人夏道一，明亡不仕，率婦子耕績，作紡車以自給。人以爲永錫之亞焉。

本朝

成克鞏。基命子。順治初，授檢討。累官内秘書院大學士。疏請定曹銓置簿之條，以覈功過；嚴督撫考察之例，以勵法廉；立劇邑久任之規，以課成效；嚴誣告反坐之例，以杜刁風。切中時要，悉見施行。康熙元年，乞休歸，優游林下者三十年。卒年八十四。祀鄉賢。子光，廕補工部員外郎，出爲武昌守道。方正自持，不惑鬼神之説。時妖人朱方旦傾動一時，其徒挾勢横鄉里，光立斃之。

崔九圍。長垣人。順治初，奉母及妻子館從祖濬縣教諭署中。寇至，持刃脅母。九圍突前救護，以頭觸壁，身受三刃，髮截指落，瀕死復甦，母賴以全。妻劉氏，爲賊所逼，不屈死。九圍登辛卯鄉試，官白水知縣。

崔崶。長垣人。順治進士。知山東蒙陰縣，有政聲。青、兖盜起，崶督鄉兵竭力守禦，城陷，望闕再拜，抱印投井死。賊至署中，索金不得，唯圖書數卷而已。

郜炳元。長垣人。順治進士。知湖北孝感縣。時楚方用兵，有賊踞山負固，久不下。炳元至，單騎馳赴賊壘開諭之，呼酒劇飲，既醉就卧。賊感悦，遂出降。制府奇其才，更令招降餘黨。先是，有吏侵盜庫金，炳元窮治之，吏亡走賊中，言炳元將誘殺降者，賊信之，聚衆來攻。時城無守禦具，或勸之逃，炳元曰：「我受國恩，不幸墮賊手，有死而已。」遂死之，妻李氏亦遇害。

閻祚茂、祚盛。長垣人。順治中河決，兄弟奉母避水至劉家口，舟覆母溺，二人呼天叫號，同躍入水，出没波濤間數里，竟負母而出，皆無恙。

張延禔。大名人。貢生。仕郃陽知縣。輕刑簿賦，移易風俗。會寇起，城陷，延禔罵賊，賊壯其直，不加害。尋卒，祀鄉賢。

胡鑣。南樂人。順治中，武進士。累官浙江遊擊。康熙十四年，耿精忠叛，山寇應之，鑣謹斥堠，嚴巡緝，寇不敢犯。未幾，賊分犯台州，賊渠脅鑣降。鑣以一矢傷其額，賊渠盡驅其衆來攻。鑣復手刃二十餘人，力竭，赴海死。事聞，贈參將。

張可久。魏縣人。順治中，武進士。累官廣東水師營遊擊。值賊犯境，可久率所部兵迎戰，力竭，死之。事聞，議卹。

魏體仁。南樂貢生。官永清訓導。母谷氏病癱症，體仁侍奉十三年，未嘗解衣而寢。性廉介，不苟取予。知縣田慶曾重其人，嘗貽銀五十兩，力辭弗受。善書法，亦能詩。同縣民李立春，事親至孝，父母殁，俱廬墓三年。康熙年間旌。

于世俊。長垣人。父南極，爲于光宗毆死〔三二〕，世俊時年幼，欲報未能，時懷刃以伺。越數年，遇於酒家，誘之醉，擊碎其首，詣縣自首。有司嘉其孝，奏釋之。

王士本。大名人。邑諸生。性篤孝，七歲時，母病，籲天求代。母尋愈，後母卒，廬墓三年，歸省其父，足未嘗至私室。雍正年間旌。

閃文繡〔三三〕。大名人。由武進士累官河北鎮總兵。居官二十年，廉潔自矢，惟以練兵核餉爲務，戎政肅然。雍正年間，晉階議政大臣，奉命征準噶爾，卒於軍。事聞，賜祭葬。

張貽忠。長垣人。廩生。嘉慶十八年，教匪滋事，遇賊被戕。同縣武生崔清彪、東明縣生員戴丙寅、監生何庠元，俱遇賊捐軀。先後賜卹。

流寓

漢

王賀。東平陵人。與東平陵終氏爲怨〔三四〕，乃徙魏郡元城委粟里，爲三老，魏郡人德之。

鄭均。任城人。常稱疾家居，不應州郡辟召。郡將欲必致之，既至，卒不能屈。於是客於濮陽。建初三年，司徒鮑昱辟之，後舉直言，並不詣。

晉

祖逖。范陽遒人。僑居陽平。年二十四，陽平辟察孝廉，司隸再辟舉秀才，皆不行。

唐

王義方。漣水人。客於魏。孤且窶，事母甚謹。後官侍御史，以劾李義府，貶萊州司户參軍。歲終不復調，往客昌樂，聚徒教授，隱居不出。

宋

高頔。雍丘人。爲天雄軍掌書記。以病免，居於魏。符彦卿待之甚厚，及彦卿罷鎮，其故時將吏、賓客無敢復遊魏者，惟頔清苦守法，魏人愛之，在魏三十年，無一人言其非者。

元

竇默。肥鄉人。元兵至，南走渡河，又走德安。謝憲子以伊洛性理之書授之，適中書楊惟中奉旨詔集儒士，默乃北歸，隱於大名，與姚樞、許衡朝暮講習，至忘寢食。

列女

唐

劉玄佐母。滑州匡城人。玄佐貴，母尚月織絁一端，示不忘本。數教玄佐盡臣節。見縣令走廷中白事，退，戒曰：「長吏恐懼卑甚，吾思而父吏於縣，亦當爾。而據案當之，可安乎？」玄佐感悟，待下益加禮。

宋

劉安世母。安世初除諫官，未拜命，入白母曰：「朝廷不以安世不肖，使在言路。須明目張膽，以身任責，脱有觸忤，禍譴立至。主上方以孝治天下，若以老母辭，當可免。」母曰：「不然。吾聞諫官爲天子諍臣，汝父平生欲爲之而弗得，汝幸居此地，正當捐身以報國恩，得罪流放，無問遠近，吾當從汝所之。」於是受命。

元

王德政妻郭氏。大名人。少孤，事母張氏孝謹，以女儀聞於鄉。及笄，富貴家慕之，争求聘，張氏不許。時德政教授里中，年四十餘，貌甚古陋，張氏以貧不能教二子，欲納德政爲婿〔三五〕，使教之。宗族皆不然，郭氏慨然願順母志。既婚，與德政相敬如賓，屬教二弟有成。未幾，德政卒，郭氏年方二十餘，勵節自守，甚有貞名。大德間表其家。

馮淑安。字静居，大名宦家女，山陰縣尹山東李如忠繼室也。如忠初娶蒙古氏，生子任，數年而卒。大德五年，如忠病篤，馮引刀斷髮，誓不他適，既没兩月，遺腹生一子，名伏。李氏及蒙古氏之族至山陰，盡取其貲及子任以去。馮不與較，一室蕭然，朝夕哭泣。久之，鬻衣權厝如忠、蒙古氏兩柩，攜子廬墓側。時年二十二歲，羸形苦節，爲女師以自給。父母憐其孤苦，欲使更事人，馮爪面流血，不肯從。居二十年，始護喪歸葬汶上，齊魯人聞之，莫不歎息。

明

楊善妻劉氏。魏縣人。生一女，幼有志操。正德六年，流賊至，執女而去。劉追奪，賊并欲執劉，劉曰：「吾雖死不受辱。」賊殺之，挾女上馬，女奮手擊賊面流血。賊怒，刳其腹而死。同縣閻氏女、閻蘭妻韓氏，皆以罵賊不屈見殺。

張翃妻房氏。大名人。與母避亂相失，遇寇掠之，紿曰：「有母在前，俟覓得從汝。」寇遣之，遂赴井死。

姜從仁妻王氏。清豐人。賊至，抱一歲兒避難，賊將追及，即投井死，賊怒射之，後出其屍，身貫數矢。同縣楊布娥、張金臺、孔穿臺三女，皆以罵賊不屈見殺。

郜仁妻邵氏〔三六〕。長垣人。仁卒，遺二孤，長甫三歲，幼在襁褓。氏紡紝自給，事姑羅氏盡孝，訓二子皆成立，次子永春登進士。隆慶中詔旌其門。同縣毛秀妻王氏，流寇至不屈見殺。

麻鐩繼妻和氏。大名人。年十七適鐩，四年而寡，子甫一歲，前子甫六歲，和拜其母，飲毒死。

崔氏女。魏縣人。幼字張魯。及笄，魯以罪繫獄，女聞内自傷悼，麤衣素食，每夕焚香籲天，祈免魯罪。母兄數欲令改適，女誓死不從。歷五年，魯得免死戍邊，女欲與俱，母兄不許，遂服毒死。

武氏女。南樂人。字諸生李括。括家貧不能娶，尋病卒，女聞欲往弔，父母不許，即自縊。同縣張臣妻李氏、某妻蘇氏，皆以罵賊不屈見殺。

張慶妻陳氏。開州人。慶有疾，氏號泣籲天，願以身代，謂慶曰：「若不幸，父母必再嫁我，我當以一死報君。」慶卒，氏即自縊。同州白士强妻李氏、劉氏女玉桂，皆以罵賊不屈見殺。

本朝

馮瑞繼妻白氏。清豐人。順治五年爲賊所掠，大罵被殺。

徐日新女。大名人。字周官，官病歿，女隨母往弔，乞留侍翁姑不許，絶食十六日死。同縣劉可大女、李隨蘭女，皆爲隣惡所逼，不從被殺。康熙年間旌。

曹化白孫女。東明人。遇暴逼污，不從被戕。康熙年間旌。

張嚴妻史氏。開州人。夫亡，前妻遺一子，已生一女，皆幼。遭明末寇亂，氏棄女抱子以逃，事平，女竟無恙，子亦成立。康熙年間旌。

張握瑾妻郜氏〔三七〕。長垣人。夫亡，不食七日，父母百計勸之乃食。姑病，禱天願以身代，及歿，哭之喪明。康熙年間旌。

王鶴冲妻崔氏。大名人。年十八而寡，養姑，撫子成立。及姑卒，曰：「吾事畢矣。」不食數日死。同縣：朱某妻孟氏、妾許氏，事舅姑以孝聞，及舅姑死，葬畢，同日自盡。成夢斗妻張氏，年二十，夫亡無子，事寡姑，撫夫幼弟夢庚，及長爲娶婦田氏，甫合巹，夢庚遽卒，田即自經，救免，偕張守節歷三十年，姑病，張祈以身代，田割股和藥以進，姑歿，田不食而死。

成奕越妻杜氏。大名人。年十九夫亡，立族子爲嗣，未幾又殤，氏遂不食死。同縣：成化龍妻李氏、侯國卿妻段氏，皆早寡撫姪，姪死，俱自盡。柴廷獻妻蔡氏，年十九夫亡，徒步二十里送葬，及歸，不食死。成其行妻崔氏，趙遐妻陳氏，俱以夫死殉節。

王三妻景氏。大名人。遇强不污，死之。雍正年間旌。

鄭國器妻宋氏〔三八〕。元城人。夫亡，姑以氏年少，强令改適，氏抱稚女赴墓悲號，投井死，邑人哀之，立碑於墓。同縣烈婦孫月樸妻謝氏。均雍正年間旌。

張二墨妻孟氏。南樂人。爲暴所逼，不從死。雍正年間旌。

劉璧星繼妻彭氏。東明人。璧星官即墨知縣，歲甲申，與張力等同誅僞官遇害，氏潛匿幼孤，收葬夫骸，守節至八十八歲。同縣烈婦胡亢爵妻趙氏〔三九〕、趙廷桂女大姐。均雍正年間旌。

王鎮妻馮氏。東明人。年二十餘夫亡，姑及伯姪相繼歿，翁年六十，氏孝養守節。後翁繼娶陳女，生二子，翁又歿，氏勸陳同守，撫二子成立。年至九十歲卒。

馮彦居妻劉氏。開州人。爲暴所逼，不從死。同州烈婦王坤妻劉氏。均雍正年間旌。

李大成妻張氏。開州人。夫亡，殉節而死。

劉建子妻劉氏。長垣人。守正捐軀。同縣烈女王宗湯女二妮、郭禹女二鳳。均雍正年間旌。

李鏞妻張氏。長垣人。夫亡守節。雍正年間旌。

王克廣妻王氏。大名人。夫亡家貧，事翁姑盡禮。同縣節婦：楊大紀妻丹氏〔四〇〕，安左妻王氏，張進道妻曹氏，王之瀚妻魏氏，郭嗣義妻連氏，王振華妻李氏，王佩妻皇甫氏，劉從偉妻郭氏，徐筠妻王氏，徐鈍妻趙氏，張其正妻魏氏，李作楧妻張氏，邢昭妻高氏，劉芳妻陳氏，劉廷蘭妻顏氏，張濟繼妻錢氏，張立基妻許氏，張焕妻馬氏，韓法祖繼妻史氏，李弘模妻郭氏，苗苾妻高氏，解俊妻張氏，崔紀妻李氏，崔鍹妻苗氏，朱大武妻王氏，張滋妻劉氏，郭炘廷妻王氏，邢爾達妻李氏〔四一〕，郭壆妻李氏，邢爾藝妻張氏，段自有妻孫氏〔四二〕，劉智妻魏氏，楊九如妻馬氏，張成德妻郭氏。均乾隆年間旌。

錢含芬妾程氏。元城人。夫亡，悲切自縊。同縣貞女黄彪之女黄氏，天性篤孝，因父無子，矢志不嫁，孝養父母，及歿殯葬以禮，年六十九終。烈婦徐年妻吴氏、馮小妻郭氏，皆遇暴不污，悲忿自盡。節婦：陳朝賡妻王氏〔四三〕，張士鏜妻陳氏，魏充妻高氏，虞濬妻高氏，李鉉妻張氏，吕韻妻馬氏，陳弘志妻楊氏，于登雲妻周氏，冀昇妻張氏，郭良圖妻趙氏，王貴賢妻張氏，邵克巖妻常氏，陶立言妻楊氏，王子綸妻王氏，任超妻王氏，苗維馨妻房氏〔四四〕，吕純仁妻趙氏，劉玉美妻李氏，步光祖妻張氏，屠國玉妻趙氏，賈建妻張氏，楊璽妻孫氏。均乾隆年間旌。

段鵬起妻趙氏。南樂人。夫亡無子，衣食不給，事翁姑能得歡心。同縣節婦：孟喬妻谷氏，武允曾妻高氏〔四五〕，張正心妻樊氏，李挺生妻閻氏，馮有倉妻賈氏，劉桐妻姜氏，閻訪妻王氏，谷登妻王氏，張令聲妻翟氏，魏大梁妻王氏，萬應旌妻連氏，武其秀妻谷氏，段三署妻劉氏，韓起元妻張氏，王元勳妻李氏，牛世信妻李氏。均乾隆年間旌。

常洵妻李氏。清豐人。夫亡守節。同縣節婦：楊俊妻曼氏，杜純禮妻馬氏，杜昌貞妻高氏，周邦魁妻杜氏，亢金宿妻趙氏，郭維祥妻李氏，婁輝妻費氏，師奉進妻靳氏〔四六〕，李文林妻秦氏，杜旭妻黄氏，朱良白妻張氏；烈女吴松姐、高氏女、解氏女、翟氏女。均乾隆年間旌。

章氏女改姐。東明人。遇暴不污，悲忿自縊。同縣烈婦宋黄水妻朱氏。烈女宋隴姐。節婦：戴會隆妻張氏，盧汝爲妻張氏，黄炎妻甄氏〔四七〕，盧龍甲妻甄氏，李凱妻陳氏，岳璠妻張氏〔四八〕，楊元貞妻張氏。均乾隆年間旌。

尹沐妻楊氏。開州人。夫亡，悲切自縊。同州烈婦：宋德隆妻杜氏，張珍妻段氏，劉倫妻王氏，芮闓妻江氏，馬貞妻宋氏，張治恭妻劉氏，田三妻楊氏，王林妻趙氏、王廉氏，吴學思妻任氏，張士妻吴氏，李十妻李氏。烈女許巧姐。節婦：董純修妻張氏，周映箕妻張氏，董倫妻李氏，張福妻趙氏，傅鵬翔妾袁氏，王煩妻郭氏，王化遠妻謝氏，張廷秀妻隨氏，段生彩妻王氏，張廷彩妻耿氏，田耕妻吕氏，金重妻張氏，金蘭妻田氏，胡克書妻苗氏〔四九〕，郭奉來妻李氏〔五〇〕，郭同善妻閻氏，王聲赫妻胡氏，田日璋妻聶氏，孫惟統妻趙氏〔五一〕，李淑妻劉氏，孫汝霖妻谷氏，楊瀠然妻劉氏〔五二〕，李焕然妻沈氏，李翠妻程氏，李翬妻王氏，郜德明妻陳氏，谷呈禧妻段氏，張應遴妻王氏，谷嶧妻張氏，王之玉妻巴氏，王仁道妻施氏，蘇大生妻李氏，陳源清妻劉氏，竇國士妻徐氏，劉欽妻于氏，胡作景妻任氏，曹爵禄妻傅氏，謝廷闇繼妻張氏，郭方馨妻王氏，程先潾妻黄氏，石崇妻劉氏，程榮妻張氏，薛騰宇妻蕭氏，夏孟元妻靳氏，王俊起妻周氏，石有妻唐氏，蘇尚智妻馬氏，謝廷俊妻王氏，蕭良輔妻劉氏，劉景泰妻李氏，厙遇賢妻趙氏〔五三〕，謝士遴妻何氏，夏銑妻史氏，謝士英妻張氏，郭宣妻王氏，郭榮妻張氏，胡弘相妻李氏。均乾隆年間旌。

王德成女王氏。長垣人。遇暴不污，捐軀明志。同縣烈婦：李有禄妻王氏，張能妻蘇氏。節婦：張珙妻楊氏，趙儲妻夏氏，王欑妻魏氏，李固仁妻王氏，張世永妻李氏，張繩曾妻趙氏，王鵾冲妻吉氏，于潛海妻張氏，郭建侯妻吕氏，陳闇然妻范氏，王曰采妻陳氏，王鶂冲妻李氏，陶士升妻闞氏，趙士奇妻李氏，崔茂林繼妻楊氏，崔汝庸妻郜氏，陳克恭妻解氏，杜汝夔妻秦氏，王相妻吉氏，毛重新妻許氏，李興妻王氏，闞發户妻劉氏，張秉良妻于氏，湯桂妻翟氏，成奕强妻崔氏，張士哲妻許氏，王延玿聘妻扈氏，史似蘧妻郜氏，李鐙妻崔氏，成彦濟妻宋氏，楊鍾衡妻王氏，張象賢妻李氏，郭興妻劉氏，蕭芬妻趙氏，崔鉅妻郭氏，楊藻妻田氏，陳元魁妻朱氏，宋太巖妻王氏。均乾隆年間旌。

盧星妻閻氏。大名人。遇暴不從被害。同縣烈婦：王克興妻張氏、陳王氏，高得正妻張氏，柴敬妻連氏。烈女：柴雙姐，陳笠泰女陳氏。節婦：吴映妻劉氏，陳世德妻張氏。均嘉慶年間旌。

李氏女。清豐人。李毛坤女，守正捐軀。嘉慶年間旌。

楊中立妻蔡氏。東明人。夫亡守節。同縣節婦：胡溥妻支氏，何玉道妻王氏，李子章妻吴氏，馬永成妻張氏。均嘉慶年間旌。

李珩妻宋氏。開州人。夫歿，父令嫁，捐軀明志。同州烈婦：吕廷璧妻劉氏，王滿妻趙氏。節婦：胡璽妻王氏，卓玉麟妻崔氏，王永祚妻劉氏，劉士奇妻魯氏，馬錫仁妻張氏，陳源沛妻葉氏，惠廷禄妻曹氏，謝熾妻谷氏，駱大禮妻趙氏，鄭秉禮妻李氏，張維玿妻李氏。烈女梁隨姐。均嘉慶年間旌。

楊傅妻李氏。長垣人。夫亡守節，撫孤成立。同縣烈婦：湯桂妻翟氏〔五四〕，張家科妻周氏，劉國興媳宋氏。節婦：鄭廷瑞妻孫氏，胡應運妻董氏。均嘉慶年間旌。

仙釋

唐

僧一行。張公謹之孫。自幼聰黠，師事普寂禪師，見高僧盧鴻文，一覽成誦。因窮大衍曆數，得其精妙。唐明皇召問之，曰：「卿何能？」對曰：「善記覽。」即以宫人籍示之，覽畢，如素所習讀。帝歎異之。卒，謚大慧禪師。

土産

角弓。唐書地理志：「澶州土貢。」

席。唐書地理志：「澶州土貢鳳翮席。」宋史地理志：「開德府貢莨蓎席。」

紙。開州志：「州東清河濱，人多造紙爲業，頗佳。」

紫草。唐書地理志：「魏州土貢。」

胡粉。唐書地理志：「澶州土貢胡粉。」宋史地理志：「開德府貢南粉。」

硝。明統志：「土硝本府出。」府志：「出硝河。」

醦。明統志：「本府出。」

枝頭乾。明統志：「南樂縣出。」

梨。金史地理志：「大名府產梨。」

櫻桃。金史地理志：「大名府產櫻桃煎。」

棗。府志：「府境最多。」按舊志載：唐書地理志「魏州土貢花紬、綿紬、平紬、絁、絹」，金史地理志「大名府產皺縠絹」，今元城、開州雖織絁絹，大都麤不充用，謹附記。」

校勘記

〔一〕初署郡門下掾　「郡」，原脫，據乾隆志卷二三大名府二人物（以下同卷簡稱乾隆志）及後漢書卷八一獨行列傳索盧放補。

〔二〕與崔琰並典選舉　「琰」，原作「炎」，據乾隆志及三國志卷一二魏書崔琰傳、毛玠傳改。

〔三〕孝文初爲荊兗二州刺史　乾隆志同。按魏書卷六六李崇傳：「高祖初，爲大使巡察冀州。尋以本官行梁州刺史。時巴氐擾動，詔崇以本將軍爲荊州刺史。」「尋勒邊戍，掠得蕭頤人者，悉令還。」「在治四年，甚有稱績。」「以本將軍除兗州刺史。」齊武帝蕭頤即位在北魏太和六年，時孝文帝在位已十二年，李崇任兗州刺史更在此後，則此作「孝文初」，非是。

〔四〕號曰卧龍　「龍」，乾隆志同。魏書李崇傳作「虎」，北史卷四三李崇傳作「彪」，避唐諱改，此「龍」爲「虎」字之誤。

〔五〕京兆王愉反于信都　「愉」，原作「偷」，據乾隆志及魏書卷二二孝文五王列傳京兆王、卷六五李平傳改。

〔六〕封英國公　乾隆志同。按舊唐書卷六七李勣傳：武德二年，「詔授黎陽總管、上柱國、萊國公」；貞觀十一年，「改封英國公」。新唐書卷九三李勣傳略同。此「英國公」應作「萊國公」。

〔七〕李義琰　「琰」，原作「炎」，據乾隆志及舊唐書卷八一、新唐書卷一〇五李義琰傳改。下同。

〔八〕魏州人　原作「魏人」，乾隆志同。新唐書卷一一六忠義傳上：吴保安，「魏州人」。後文載：保安以彭山丞客死，郭仲翔囊其骨，「歸葬魏州」。本志下文同，舊新唐書地理志並載魏州，此脱「州」字，據補。

〔九〕更薦于頎代之　「頎」，原作「欣」，乾隆志同，據舊唐書卷一四六于頎傳、新唐書卷一四九劉晏傳附于頎傳改。

〔一〇〕夜入寧陵　「寧陵」，原脱，據乾隆志及舊唐書卷一五二、新唐書卷一七〇王栖曜傳補。

〔一一〕終鄜坊節度使　「坊」，原作「防」，據乾隆志及舊新唐書王栖曜傳改。

〔一二〕子茂元　「元」，原作「先」，據乾隆志及舊新唐書王栖曜傳改。

〔一三〕李希烈圍寧陵　「寧陵」，原作「陵寧」，乾隆志同，據新唐書卷一三六李光弼傳附柏良器傳及卷三八地理志二乙正。

〔一四〕拜定難軍節度使　「定難軍」，乾隆志同，宋史卷二五三馮繼業傳作「静難軍」，此「定」蓋爲「静」字之誤。

〔一五〕開寶二年爲行營諸軍都部署　「二年」，乾隆志同。琬琰集删存卷三潘武惠公美傳：「開寶三年九月，征嶺南，以美爲賀州路行營馬步都部署。」宋史卷二五八潘美傳亦載在開寶三年，續資治通鑑長編卷一〇同，此「二年」爲「三年」之誤。

〔一六〕知寧邊軍　「寧」，原作「靖」，據乾隆志及宋史卷四四〇文苑傳二柳開改。

〔一七〕及諒祚反　「反」，乾隆志同，宋史卷三三〇郭申錫傳作「死」，此「反」蓋爲「死」字之誤。

〔一八〕調東平府司録參軍　「府」，原脱，乾隆志同，據宋史卷四四八忠義傳三郭永補。

〔一九〕遷河東提點刑獄　乾隆志及宋史忠義傳三郭永同，浮溪集卷二〇、建炎以來繫年要録卷一八「建炎二年十二月」皆作「河北東路提點刑獄」。

〔二〇〕歷宣德州司候　「候」，原脱，乾隆志同，據金史卷一二八循吏傳張特立及元史卷一九九隱逸傳張特立補。金史卷五七百官志三：諸防刺史州司候司，「司候一員」。

〔二一〕正大初拜監察御史　乾隆志同。按金史循吏傳張特立：「正大四年，拜監察御史。」此云「初」，誤。

〔二二〕行營率安濟按已署珍軍前都彈壓　「按已」，乾隆志不載，元史卷一五二王珍傳作「按只」，不載「安濟」。本志下文云：「『安濟』舊作『按只』，今改正。」則此「按已」之「已」蓋爲「只」字之訛，又並録未删。

〔二三〕累遷江東建康道提刑按察使　「東」，原作「南」，據乾隆志及元史王珍傳改。

〔二四〕歷知冠州　「冠」，原作「寇」，據乾隆志及元史卷一九三忠義傳一劉天孚改。元史卷五八地理志一冠州，即此。

〔二五〕阿斯罕舊作阿思罕　「思」，原作「恩」，據乾隆志及元史忠義傳劉天孚改。

〔二六〕巴顔渡漳北行　「漳」，原作「江」，據乾隆志及元史卷一九〇儒學傳二伯顔改。

〔二七〕巴顔改見順天府人物　按本志卷一〇順天府五人物不載，卷一二九潁州府二祠廟「巴顔祠」：「巴顔，改見鳳陽人物門『孟祺』註。」卷一二七鳳陽府三人物：元孟祺註：「『巴延』舊作『伯顔』，今改正。」此註文誤。

〔二八〕進兵部右侍郎　「右」，原脱，據乾隆志及明史卷二三二魏允貞傳補。

〔二九〕景榮監劉綎　「綎」，原作「綖」，乾隆志同，據明史卷二五六崔景榮傳改。

〔三〇〕累遷禮部右侍郎　「右」，原脱，據乾隆志及明史卷二五一成基命傳補。

〔三一〕復起吏部左侍郎　「左」，原脱，據明史成基命傳補。乾隆志作「右」，誤。

〔三二〕爲于光宗毆死　「宗」，原脱，據乾隆志及同治畿輔通志卷二四〇列傳四八補。

〔三三〕閃文繡　「閃」，同治畿輔通志卷二四〇列傳四八作「閻」，此「閃」疑爲「閻」字之誤。

〔三四〕與東平陵終氏爲怨　「平」，原脱，據漢書卷九八元后傳補。乾隆志流寓作「東平」，脱「陵」字。

〔三五〕欲納德政爲婿　「婿」，原作「婚」，據乾隆志列女及元史卷二列女傳一「王德政妻」改。

〔三六〕郜仁妻邵氏　「仁」，乾隆志同。同治畿輔通志卷二四九列女五：郜壬，「縣志、府志同。王錫爵郜公墓表亦作『壬』，一統志、康熙志、雍正志皆作『仁』，誤」。

〔三七〕張握瑾妻郜氏　「瑾」，乾隆志同。嘉慶長垣縣志卷一二列女記、咸豐大名府志卷一六列女皆作「珵」，同治畿輔通志卷二七八列女三四：「府縣俱作『珵』。」

〔三八〕鄭國器妻宋氏　「宋」，原作「朱」，據乾隆志及同治畿輔通志卷二七五列女三一、民國大名縣志卷一九列女改。

〔三九〕同縣烈婦胡亢爵妻趙氏　「亢」，乾隆東明縣志卷六貞烈、同治畿輔通志卷二七六列女三二皆作「允」，此「亢」蓋爲「允」字形訛。

〔四〇〕楊大紀妻丹氏　「大」，原脱，據乾隆志及同治畿輔通志卷二七五列女三一補。

〔四一〕邢爾達妻李氏　「達」，原作「逵」，據乾隆志及同治畿輔通志卷二七五列女三一改。

〔四二〕段自有妻孫氏　「段」原脱，「自」原作「白」，據乾隆志及同治畿輔通志卷二七五列女三一補改。

〔四三〕陳朝廣妻王氏　「廣」，原作「庚」，據乾隆志及同治畿輔通志卷二七五列女三一、同治元城縣志卷五節孝改。

〔四四〕苗維馨妻房氏　「維」，原作「惟」，據乾隆志及同治畿輔通志卷二七五列女三一、同治元城縣志卷五節孝改。

〔四五〕武允曾妻高氏　「曾」，原作「曹」，據乾隆志及同治畿輔通志卷二七六列女三二、光緒南樂縣志卷六人物節婦改。又「允」，乾隆志同，畿輔通志作「元」，南樂縣志同。

〔四六〕師奉進妻靳氏　「奉」，乾隆志同。同治畿輔通志卷二七六列女三二作「逢」，引大名府志、清豐縣志同。

〔四七〕黄炎妻甄氏　「炎」，乾隆志作「琰」，乾隆東明縣志卷六貞烈及同治畿輔通志卷二七六列女三二皆作「琰」，此「黄炎」爲「房琰」之訛。

〔四八〕岳璠妻張氏　「璠」，同治畿輔通志卷二七六列女三二作「璜」。

〔四九〕胡克書妻苗氏　「苗」，原作「嬈」，據乾隆志及同治畿輔通志卷二七七列女三三、光緒開州志卷七列女志改。

〔五〇〕郭奉來妻李氏　「奉」，乾隆志同，同治畿輔通志卷二七七列女三三、光緒開州志卷七列女志俱作「鳳」。

〔五一〕孫惟統妻趙氏　「惟」，乾隆志同，同治畿輔通志卷二七七列女三三、光緒開州志卷七列女志俱作「維」。

〔五二〕楊濴然妻劉氏　「濴」，乾隆志同，同治畿輔通志卷二七七列女三三、光緒開州志卷七列女志俱作「瀅」。

〔五三〕厙遇賢妻趙氏　「遇」，原作「運」，據乾隆志及同治畿輔通志卷二七七列女三三改。

〔五四〕湯桂妻翟氏　「湯」，同治畿輔通志卷二七八列女三四作「楊」，此「湯」蓋「楊」字之訛。

宣化府圖

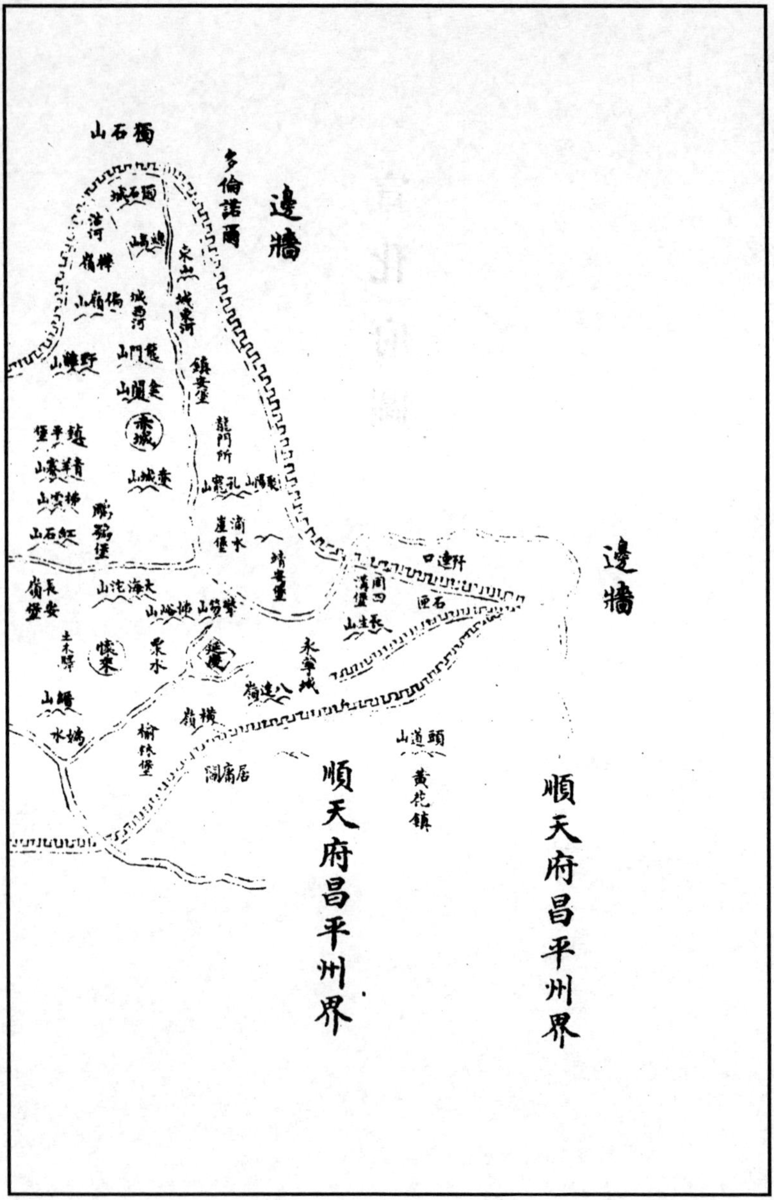
獨石山
多倫諾爾
邊牆
獨石城
龍門所
鎮安堡
赤城
滴水崖堡
靖安堡
雕鶚堡
紅石山
青羊寨山
大海陀山
長安嶺堡
土木驛
懷來
延慶
永寧城
八達嶺
橫嶺
嬀水
榆林堡
居庸關
石匣
邊牆
頭道山
黃花鎮
順天府昌平州界
順天府昌平州界

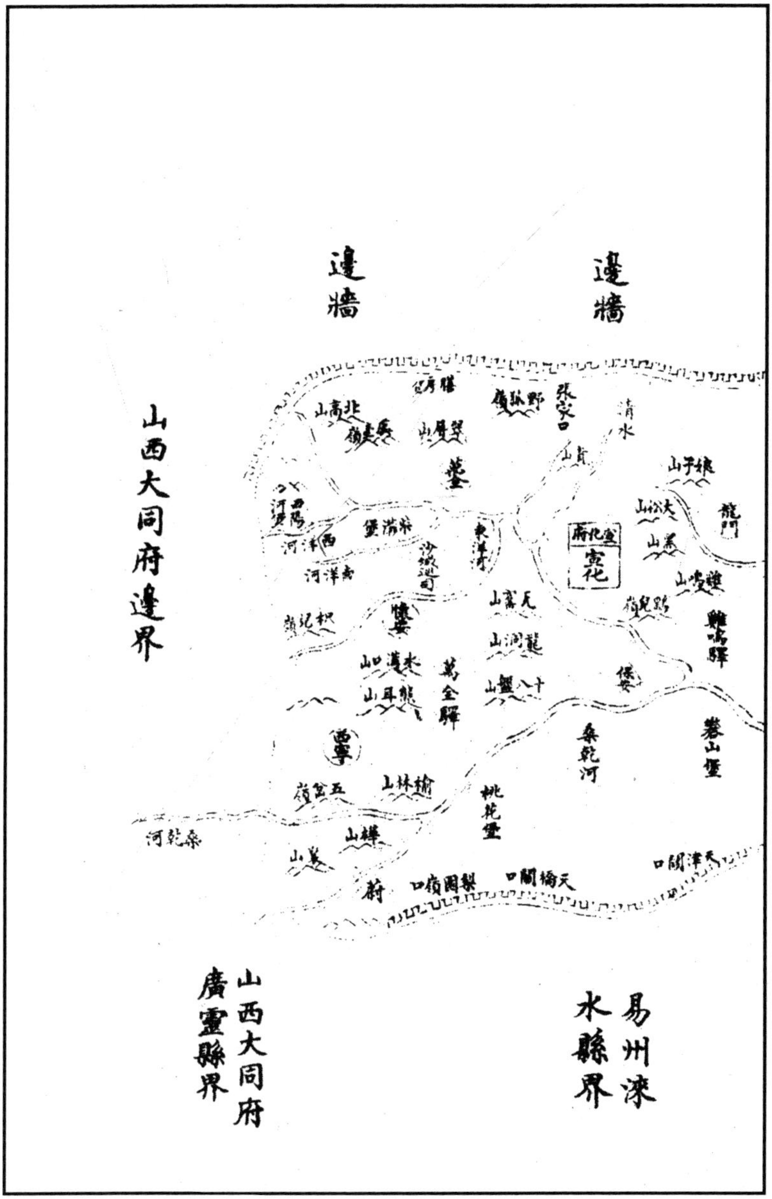
邊牆
邊牆
山西大同府邊界
張家口
清水
宣化府
宣化
龍門
雞鳴驛
萬全驛
桑乾河
桃花堡
天橋關口
天津關口
東洋河
西洋河
南洋河
五台嶺
榆林山
龍洞山
大松山
娘子山
翠屏山
野狐嶺
北高山
十八盤山
熊耳山
保安
蔚
山西大同府廣靈縣界
易州淶水縣界

宣化府表

	宣化府	宣化縣
秦	上谷郡地。	
兩漢		廣寧縣屬上谷郡。後漢曰廣寧。 寧縣屬上谷郡。後漢曰寧。
三國		廣寧縣 寧縣
晉	廣寧郡太康中分置。	省入下洛。 省。
南北朝	燕州　廣寧郡後魏置州。	
隋	涿郡地。	
唐	武州光啓中置，屬河東道。	文德縣初爲懷戎縣地，後分置，爲武州治。
五代遼附	武州晉初入遼，改名歸化，屬西京道。	文德縣遼爲歸化州治。
宋金附	宣德州宋宣和五年來歸。金大定七年改宣化州，八年又改名，屬西京路。	宣德縣金大定二十九年改名。
元	順寧府初升宣寧府，中統四年改宣德府，後至元三年又改名，屬上都路。	宣德縣府治。
明	宣府鎮洪武四年府廢，永樂七年置鎮，宣德五年置萬全都指揮使司。	宣府衛洪武初省，二十六年置左、右、前三衛。

續表

	赤城縣	萬全縣
	上谷郡地。	上谷郡寧縣地。
茹縣 屬上谷郡。後漢省。且居縣 屬上谷郡。後漢省。		
	後魏禦夷鎮地。	
	嬀州地。	文德縣地。
	望雲縣 遼置，屬奉聖州。	
	望雲縣 金屬德興府。	
	雲州 中統四年升州，屬上都路。	宣平縣地。
	洪武初州廢，宣德五年置赤城堡。	萬全右衛 洪武二十六年置德勝堡，永樂二年移衛來治，宣德中屬萬全都司。

續表

龍門縣	懷來縣
	上谷郡
女祁縣屬上谷郡。爲東部都尉治。後漢省。	上谷郡
	上谷郡
	上谷郡
	後魏廢。
龍門縣屬新州。	嬀州嬀川郡長安二年移置，天寶初改郡，乾元初復州，屬河北道。
龍門縣遼屬奉聖州。	嬀州
龍門縣金屬德興府，明昌三年屬宣德州。	金廢。
望雲縣至元二年省入宣德，二十八年復置，改名，屬雲州。	
龍門衛洪武初省，宣德六年置衛，屬萬全都司。	

續表

	蔚州
沮陽縣 郡治。	代郡
沮陽縣	代郡 前漢治桑乾。後漢徙。
沮陽縣	代郡
沮陽縣	代郡 復移治代縣，永嘉後廢。
後魏省。齊以後爲懷戎縣地。	代郡 後魏復置，孝昌中廢。
懷戎縣 垂拱中置清夷軍，長安二年移縣來治，爲州治。	蔚州 天寶初移州來治，屬河東道。
晉天福初入遼，會同元年改名可汗州。 懷戎縣 遼改名懷來。	蔚州 晉天福九年入遼，屬西京道。
媯川縣 金明昌六年又改名，屬德興府。	蔚州 宋屬雲中路。金屬西京路。
懷來縣 復改名，延祐二年屬龍慶州。	蔚州 至元二年廢，尋復置。
懷來衛 洪武初改千户所，永樂十五年改懷來左衛，十六年曰懷來衛，宣德初移延慶右衛於此，並屬萬全都司。	蔚州 洪武四年屬山西大同府。

續表

代縣 古代國都，屬代郡。 桑乾縣 前漢代郡治。後漢屬代郡。 東安陽縣 屬代郡。 當城縣 屬代郡。 雊瞀縣 屬上谷郡。
代縣 郡治。 東安陽縣 當城縣 雊瞀縣
代縣 孝昌中廢。 省。 後省。 省。
安陽縣 後魏復置，去「東」字，屬高柳郡。
興唐縣 開元十二年置安邊縣，屬蔚州，至德二載改名。
靈仙縣 晉初改名，天福元年入遼，屬蔚州。 定安縣 遼置，屬蔚州。
靈仙縣 定安州 金貞祐三年升州。
靈仙縣 屬弘州。 定安縣 復降縣。
洪武四年省入州。 省入州。 蔚州衛 洪武七年置衛，屬山西行都司，宣德五年屬萬全都司。

續表

西寧縣	懷安縣
	下落縣地。 馬城縣 屬代郡，東部都尉治。
	馬城縣
	省。
興唐縣地。	懷安縣 屬新州。
弘州 遼統和中置，屬西京道。 永寧縣 遼置，爲州治。 順聖縣 遼置，屬奉聖州，尋屬弘州。	懷安縣 遼初屬奉聖州，後屬大同府。
弘州 襄陰縣 金大定七年改名。 順聖縣	懷安縣
弘州 屬大同路。 至元中省入州。 順聖縣	懷安縣 初屬宣德府，中統三年改屬興和路。
順聖西城 洪武初州廢，天順四年置城，屬萬全都司。 順聖東城 洪武初縣廢，天順四年置城，屬萬全都司。	懷安衛 洪武二十六年改衛，屬萬全都司。

續表

	延慶州
	上谷郡地。
	居庸縣 屬上谷郡。 夷輿縣 屬上谷郡。後漢省。
	居庸縣
	居庸縣
	齊省，爲懷戎縣地。
	儒州 分置。 縉山縣 天寶中置嬀川縣，屬嬀州，後改置爲州治。
	儒州 晉天福元年入遼，屬西京道。 縉山縣
宣平縣 金承安二年置。 陽門縣 金貞祐二年置。	金皇統元年州廢，崇慶元年復置鎮州。 縉山縣 屬德興府。
宣平縣 省。	龍慶州 初廢，至元三年省縣入懷來，五年復置，延祐三年升縣爲州，屬大都路。
洪武二十六年改置萬全左衛。	延慶州 洪武初改千户所，永樂二年置隆慶衛，十一年復置州，直隸京師，隆慶元年改名。

續表

保安州
上谷郡地。
下落縣屬上谷郡。 潘縣屬上谷郡。 涿鹿縣屬上谷郡。
下落縣 潘縣 涿鹿縣
下落縣改「落」爲「洛」，郡治。 潘縣屬廣寧郡。 涿鹿縣屬廣寧郡。
齊置北燕州及長寧、永豐二郡，周去「北」字。 齊省。 懷戎縣齊改置爲州治。 後魏末省。
開皇初郡廢，大業初州廢。 懷戎縣屬涿郡。
新州武德七年復置北燕州，貞觀八年改曰嬀州，長安二年徙廢，光啓中改置。 永興縣光啓中改置，爲州治。 礬山縣屬新州。
新州晉天福元年入遼，改名奉聖州，屬西京道。 永興縣 礬山縣遼屬奉聖州。
德興府金大安元年升府，屬西京路。 德興縣金大安元年改名，府治。 礬山縣金初屬弘州，明昌三年改屬德興府。
保安州至元三年復曰奉聖州，後至元三年改名，屬順寧府。 永興縣至元三年復故名。 至元二年省入永興。
保安州洪武初廢，永樂十二年復置，直隸京師。 洪武初省。

大清一統志卷三十八

宣化府一

在直隸省治北七百里。東西距三百六十里，南北距二百七十五里。東至邊界二百十五里，西至山西大同府邊界一百四十五里，南至易州淶水縣界二百十里，北至張家口邊界六十五里。東南至順天府昌平州界二百五十里，西南至大同府廣靈縣界二百六十里，東北至獨石口邊界三百十里，西北至邊界一百六十里。自府治至京師三百四十里。

分野

天文尾、箕分野，析木之次。

建置沿革

禹貢冀州之域。周幽州之域。春秋戰國時爲燕地。秦爲上谷郡地。漢置廣寧等縣屬焉。郡治沮陽，屬幽州，西南境兼爲代郡地。後漢因之。晉分上谷置廣寧郡。後魏兼置燕州。北齊屬北燕州。

後周屬燕州。

隋屬涿郡。唐初屬嬀州，唐光啓中始置武州，屬河東道。石晉天福初入遼，改曰歸化州，兼置雄武軍，屬西京道。遼史地理志：「歸化州，本唐武州，僖宗改毅州。後唐太祖復武州，明宗又爲毅州，潞王仍爲武州〔一〕。晉高祖割獻於遼，改今名。」

宋宣和五年歸宋。尋復入金，大定七年改曰宣化州，八年又改曰宣德州，屬西京路。元初升爲宣寧府，太宗七年改山東路總管府〔二〕，中統四年改宣德府〔三〕，屬上都路。後至元三年改順寧府。明洪武四年府廢，二十六年置宣府左右前三衛，隸北平都指揮使司〔四〕。永樂七年直隸京師，又置總兵鎮此，稱宣府鎮。宣德五年置萬全都指揮使司。領宣府左右前三衛及萬全左右、隆慶左右、懷安、永寧、保安、懷來、龍門、開平、蔚州共一十四衛，雲州、永寧等七所，城堡三十有三，其延慶、保安二州則直隸京師。

本朝初仍曰宣府鎮。領宣府前衛及萬全左右、懷安、懷來、永寧、龍門、開平、保安、蔚州等十衛，延慶、保安二州。康熙三十二年改置宣化府，並以山西之蔚州來屬〔五〕。乾隆二十二年裁蔚縣，併入蔚州。今領州三，縣七。

宣化縣。附郭。東西距九十五里，南北距一百七十里。東至龍門縣界五十五里，西至懷安縣界四十里，南至蔚州界一百三十五里，北至龍門縣界三十五里。東南至保安州治六十里，西南至懷安縣治一百二十里，東北至龍門縣治一百十里，西北至萬全縣治八十里。漢置廣寧縣，屬上谷郡。後漢因之。晉省入下洛縣。唐初爲懷戎縣地，後析置文德縣，爲武州治。遼爲歸化州治。金大定二十九年改縣曰宣德，爲宣德州治。元爲宣德府治。明洪武初府縣俱廢，二十六年改置宣府左右前三衛。本朝初省左右二衛入前衛，爲宣府鎮治。康熙三十二年改置宣化縣爲宣化府治〔六〕。

赤城縣。在府東北一百七十里。東西距七十五里，南北距一百二十里。東至邊界四十五里，西至龍門縣界三十里，南至龍門縣界二十里，北至邊界一百里。東南至延慶州界九十里，西南至龍門縣界十里，東北至邊界五十七里，西北至邊界五十五里。本漢上谷郡北境，後魏禦夷鎮地，唐爲嬀州地，遼置望雲縣，屬奉聖州。金屬德興府。元中統四年升爲雲州。明初州廢，宣德五年置赤城堡。本朝初屬宣府鎮，曰上北路，康熙三十二年改置赤城縣，屬宣化府。

萬全縣。在府西北八十里。東西距一百三十里，南北距七十里。東至宣化縣四十五里，西至山西大同府天鎮縣界八十五里，南至懷安縣界四十里，北至神威臺接邊界三十里。東南至張家口前屯接宣化縣界三十五里，西南至陽門堡接懷安縣界七十里，東北至東窰子接龍門縣邊界四十里，西北至鎮河臺接邊界九十里。本漢上谷郡寧縣地，唐爲武州文德縣地，元爲宣德府宣平縣地。明洪武二十六年置德勝堡，永樂二年移萬全右衛治此，十六年直隸京師。宣德中屬萬全都指揮使司。本朝初屬宣府鎮，爲西路，康熙三十二年改置萬全縣，屬宣化府。

龍門縣。在府東少北一百十里。東西距一百十五里，南北距一百四十五里。東至赤城縣界六十里，西至宣化府界五十五里，南至懷來縣界一百十五里，北至邊界三十里，東南至懷來縣治一百七十里，西南至宣化縣界七十里，東北至赤城縣界五十里，西北至邊界二十五里。漢置女祁縣，屬上谷郡，爲東部都尉治。後漢省。唐末置龍門縣，屬新州。遼屬奉聖州。金初屬弘州，後屬德興府。明昌三年又改屬宣德州。元至元二年廢爲鎮〔七〕，屬宣德縣，二十八年復改置望雲縣，屬雲州。明洪武初州縣俱廢，宣德六年置龍門衛，屬萬全都指揮使司。嘉靖元年分爲中路。本朝屬宣府鎮，順治六年改曰下北路。康熙三十二年復置龍門縣，屬宣化府。

懷來縣。在府東南一百五十里。東西距七十里，南北距七十里。東至延慶州界二十里，西至保安州界五十里，南至順天府昌平州界五十里，北至龍門縣界二十里。東南至昌平州治一百五十里，西南至保安州界七十里，東北至延慶州界四十里，西北至宣化縣界八十里。戰國燕置上谷郡。秦因之，秦置沮陽縣爲郡治。漢及後漢、晉因之。後魏時郡縣俱廢。齊、周及隋爲懷戎縣地。唐垂拱中分置清夷軍，長安二年始移懷戎縣及嬀州來治。天寶初曰嬀川郡，乾元初復曰嬀州，屬河北道。五代晉天福元年入遼，改州曰可汗，縣曰懷來，屬西京道。金初州廢，明昌六年改縣曰嬀川，屬德興府。元復曰懷來縣，延祐二年改屬龍慶州。明洪武初改懷來守禦千户所〔八〕，永樂十五年改懷來左衛，十六年曰懷來衛，直隸京師。宣德中又徙居庸關北口隆慶右衛於此，並屬萬全都指揮使司。本朝初屬宣府鎮爲東路，康熙三十二年復改爲懷來縣，屬宣化府。

蔚州。在府西南二百三十里。東西距一百二十里，南北距一百十里。東至保安州界九十里，西至山西大同府廣靈縣界三十里，南至易州廣昌縣界五十里，北至西寧縣界六十里。東南至廣昌縣治一百三十里，西南至大同府靈丘縣治一百三十里，東北至保安州治一百八十里，西北至西寧縣治九十里。春秋時代國。戰國屬趙，置代郡。秦亦爲代郡。漢初爲代國，尋爲代郡，治桑乾縣，兼領代縣〔九〕。後漢徙郡治高柳，以二縣屬之。晉復移郡治代縣，永嘉後廢。後魏復置代郡，孝昌中廢。東魏天平中屬靈丘郡。隋爲靈丘縣地。唐開元十二年始分置安邊縣，屬蔚州。天寶初自靈丘移州來治，改曰安邊郡。至德二載並改安邊縣曰興唐。乾元初復曰蔚州，屬河東道。五代晉初改縣曰靈仙，天福元年割屬遼，仍爲蔚州，置忠順軍，屬西京道。宋宣和五年屬雲中路，六年仍入金，屬西京路。元至元二年州廢，縣屬弘州，尋復置州，改屬宣德府。明洪武四年以州治靈仙縣省入，屬山西大同府，七年增置蔚州衛〔一〇〕，屬山西行都司，宣德五年衛屬萬全都指揮使司。本朝康熙三十二年改衛置蔚縣，屬宣化府。乾隆二十二年裁蔚縣，地併入州。

西寧縣。在府西南二百里。東西距一百里，南北距六十五里。東至宣化縣界八十五里，西至山西大同府天鎮縣界十五里，南至大同府廣靈縣界四十里，北至天鎮縣界二十五里。東南至蔚州治九十里，西南至廣靈縣界五十里，東北至懷安縣治九十里，西北至天鎮縣治六十里。漢置陽原縣，屬代郡。後漢省。唐爲興唐縣地。遼統和中置永寧縣，兼置弘州永寧軍，後改博寧軍，屬西京道。金亦曰弘州，改軍曰保寧，尋廢。大定七年改縣曰襄陰。元至元中以襄陰縣省入州，屬大同路。明初州廢，天順四年築城曰順聖川西城，屬萬全都指揮使司。本朝初屬蔚州衛，康熙三十二年改置西寧縣，屬宣化府。

懷安縣。在府西少南一百二十里。東西距一百十里，南北距六十里。東至宣化縣界八十里，西至山西大同府天鎮縣界三十里，南至西寧縣界三十里，北至萬全縣界三十里。東南至宣化縣界七十里，西南至西寧縣治九十里，東北至萬全縣治八十里〔一一〕，西北至萬全縣界八十里。本漢上谷郡下落縣地。唐末置懷安縣，屬新州。遼初屬奉聖州，後改屬大同府。金因之。元初屬宣德府，中統三年改屬興和路〔一二〕。明初縣廢，洪武二十六年改置懷安衛，屬萬全都指揮使司。本朝初屬宣府鎮，康熙三十二年改爲縣，屬宣化府。

延慶州。在府東南二百里。東西距一百五十里，南北距六十里。東至順天府懷柔縣界一百一十里，西至懷來縣界四十里，南至順天府昌平州界四十里，北至赤城縣界二十里。東南至永寧南邊牆九十里，西南至懷來縣界四十五里，東北至赤城縣界一百一十里，西北至龍門縣界五十里。秦上谷郡地。漢置居庸縣，屬上谷郡。後漢及晉因之。後魏孝昌中陷廢，天平中復置，仍屬上谷郡。高齊縣廢，爲懷戎縣地〔一三〕。唐天寶中析置嬀川縣，屬嬀州。唐末改置縉山縣，兼置儒州。五代晉天福元年入遼，置縉陽軍，屬西京道。金皇統元年州廢，以縣屬德興府，崇慶元年復升爲鎮州。元初州廢，至元三年省縣入懷來，五年復置，屬奉聖州。延祐三年升爲龍慶州，屬大都路。明洪武初州廢，置守禦千户所於居庸關，永樂十二年改置隆慶衛，十一年復置隆慶州，直隸京師。隆慶元年改今名，仍置衛，領左、右、中、前、後五千户所。本朝初屬宣府鎮，爲東路，康熙三十二年屬宣化府，乾隆二十六年裁延慶衛所轄地併入州。

保安州。在府南少東六十里。東西距九十里，南北距一百六十里。東至懷來縣界六十里，西至宣化縣界三十里，南至易州淶水縣界一百五十里，北至宣化縣界十里。東南至順天府宛平縣界一百六十里，西南至蔚州治一百八十里，東北至龍門縣界五十里，西北至宣化縣治六十里。秦上谷郡地。漢置下洛、涿鹿、潘三縣，皆屬上谷郡。後漢因之。晉太康中分置廣寧郡，治下洛，以涿鹿、潘縣屬之。後魏太和中兼置燕州，孝昌中陷廢。北齊改置懷戎縣，兼置北燕州及長寧、永豐二郡。周去「北」字。隋開皇初郡廢，大業初州廢，以懷戎縣屬涿郡。唐武德七年復置北燕州，貞觀八年改曰嬀州。長安二年徙治居庸界。光啓中改置新州，兼置永興縣爲州治，屬河東道。後唐同光元年置威塞軍。晉天福元年入遼，改曰奉聖州、武定軍，屬西京道。金大安元年升爲德興府，治德興縣，屬西京路。元至元三年復降爲奉聖州〔一四〕，改縣曰永興，屬宣德府。後至元三年又改曰保安州，屬順寧府。明洪武初州縣俱廢，永樂十三年復置保安州，直隸京師。本朝初屬宣府鎮爲東路，康熙三十二年屬宣化府。

形勢

前望京都，後控沙漠。左挹居庸之險，右擁雲中之固。明統志。飛狐紫荊控其南，長城獨石枕其北。舊司志。群山環抱於東北，洋河縈繞於西南，居道里之中，爲要會之地。舊鎮志。

風俗

人性鷙悍，不憚戰陣，喜立功業。勤儉務農，無浮末之習。明統志。地方千里，山高水激，風勁氣寒。人性勇健，敦信義，故多貞烈之節。舊鎮志。

城池

宣化府城。周二十四里有奇，門四。明洪武二十七年因舊址展築，正統五年甃甎。本朝康熙十五年修，乾隆七年、二十一年重修。宣化縣附郭。

赤城縣城。周三里有奇，門二。本赤城堡，明宣德五年築。本朝乾隆六年修。

萬全縣城。周六里三十步，門三，濠廣二丈。本德勝堡，明洪武二十六年築，永樂二年改建。

龍門縣城。周四里五十三步，門二。明宣德六年築。

懷來縣城。周七里有奇，門三，遶城爲濠，東北倚山。明永樂二十年築，正統、景泰間甃甎。本朝乾隆五年修，三十七年重修。

蔚州城。周七里有奇，門三。明洪武七年石築。

西寧縣城。周四里十三步，門四。明天順四年築。本朝康熙十一年修。

懷安縣城。周九里三十步，門四，西、南、北三面有濠，廣丈八尺。明洪武二十五年建。本朝乾隆三十一年修。

延慶州城。周四里有奇，門三，濠廣三丈。明景泰三年因舊址建，萬曆七年展築。本朝乾隆十二年修。

保安州城。周四里有奇，門四，濠廣二丈二尺。明永樂十三年建。本朝乾隆四十六年修。

學校

宣化府學。在府治東。明宣德七年建。入學額數十二名。

宣化縣學。在府城内。明景泰五年建。入學額數十五名。

赤城縣學。在縣治東。明景泰五年建。入學額數八名。

萬全縣學。在縣治東。明正德五年建。入學額數十八名。
龍門縣學。在縣治東北。明弘治初建。入學額數八名。
懷來縣學。在縣治西北。明萬曆中建。入學額數十二名。
蔚州學。在州治東。元至元中建。入學額數十五名。又蔚州鄉學，在蔚州城内。本蔚縣學〔一五〕，本朝乾隆二十二年，蔚縣裁併蔚州，改名。入學額數十八名。
西寧縣學。在縣治東北。明天順中建。入學額數十五名。
懷安縣學。在縣治東。明正德三年建。入學額數十五名。
延慶州學。在州治東南。明洪熙初建。本朝順治初修。入學額數十五名。又延慶鄉學，在州東南五十里，本延慶衛學，乾隆二十六年衛裁〔一六〕，改設。入學額數十名。
保安州學。在州治東。明景泰二年建。本朝康熙四十二年修。入學額數十八名。
柳川書院。在府城内。本朝乾隆二十一年，宣化知縣黄可潤建〔一七〕。
赤城書院。在赤城縣。本朝乾隆四十年，知縣李維嶠建。
龍門書院。在龍門縣。
文蔚書院。在蔚州。本朝乾隆四十年建。
敬一書院。在懷安縣。
冠山書院。在延慶州。

新州書院。在保安州。舊名涿鹿書院。本朝乾隆二十四年修，改今名。

户口

原額人丁五萬九千三百八十五，今滋生男婦大小共八十三萬八千五百三十七名口，計一十六萬二千四百六十七户。

田賦

田地六萬九千三百七十一頃二十二畝二分有奇，額徵地丁正、雜銀六萬二百六十二兩四錢四分七釐，糧六萬一千五百十九石六斗七升四勺，改折銀一萬五千五百五十五兩七錢七分一釐。

校勘記

〔一〕僖宗改毅州至潞王仍爲武州　乾隆志卷二四宣化府一建置沿革（以下同卷簡稱乾隆志）同。按新唐書卷三九地理志三「武州」不載「唐改毅州」，舊五代史卷六〇職方考「武州」亦不載「五代唐改毅州，又改武州」。陳漢章遼史索隱：「案武州再改毅州，唐志、五代史職方考并無之，此蓋由下武州而誤。」

〔二〕太宗七年改山東路總管府　乾隆志同。按元史卷八一選舉志一：太宗九年，「山西東路課税所長官劉中」。至正集卷四四上都孔子廟碑：「山西東路課税長官劉中。」則此「山」下脱「西」字。

〔三〕中統四年改宣德府　乾隆志及元史卷五八地理志一同。温海清畫境中州下篇元史地理志考釋：「據大明清類天文分野之書卷二三燕分幽州「宣德府」條云：『中統元年改爲宣德府。』再據經世大典站赤的記載，中統三年四月已出現有宣德府之稱（永樂大典卷一九四一六）。由此可知，其廢路改府年代，不應爲地理志所指稱的中統四年，似應在中統元年，至少是在中統三年之前。」

〔四〕隸北平都指揮使司　乾隆志同。明史卷四〇地理志一：宣府左右前衛，洪武二十六年置，「屬山西行都司。永樂二年二月直隸後軍都督府。宣德五年六月改屬萬全都指揮使司」。此誤。

〔五〕並以山西之蔚州來屬　清世宗實録卷六八：雍正六年四月，山西之蔚州歸直隸宣化府管轄。清史稿卷五四地理一同。按此承上文「康熙三十二年改置宣化府」而言，則此紀年脱誤。

〔六〕康熙三十二年改置宣化縣爲宣化府治　「三十二」，原作「二十二」，據乾隆志改。按下列萬全、龍門、懷來、蔚州、西寧、懷安、延慶州、保安州，皆於康熙三十二年改屬宣化府，可資佐證。

〔七〕元至元二年廢爲鎮　乾隆志及元史卷五八地理志一同。按元史卷一〇世祖紀七：至元十六年六月，「改宣德府龍門鎮復爲縣」。則龍門於至元十六年復爲縣，此缺載。

〔八〕明洪武初改懷來守禦千户所　乾隆志同。明太祖實録卷二四九：洪武三十年正月，「置興和、懷來二守禦千户所」。明史卷四〇地理志一同，此誤。

〔九〕尋爲代郡治桑乾縣兼領代縣　乾隆志同。漢書卷二八地理志下載代郡領桑乾、高柳、代等一十八縣，桑乾縣爲首列。但不是代郡治。王先謙漢書補注：「據水經㶟水注，郡治高柳。」李子魁漢百三郡國守相沿所考：「㶟水注：『雁門水東南流逕高柳縣故城北，舊代郡治。』此東漢郡治也，西漢高柳爲西部都尉治，不得復爲郡治。」所論極是。考史記卷九七酈生陸賈列傳正義：「蔚州飛狐縣北百五十里有秦漢故郡城。」同書卷一一〇匈奴列傳正義：「代郡城，北狄代國，秦漢代縣城也，在蔚州羌胡縣（飛狐縣之誤）北百五十里。」元和郡縣圖志卷一四：蔚州，戰國時屬趙，襄子殺代王有其地，「秦亦爲代郡。漢元年，項羽徙趙王歇爲代王。……三年，韓信斬陳餘，置代郡」。按唐蔚州治安邊縣（後改名興唐縣），即今河北蔚縣，州屬飛狐縣，即今淶源縣，唐飛狐縣北百五十里爲秦漢代郡治代縣城，亦即今蔚縣東北代王城，正與元和郡縣圖志記載之秦漢代郡相合，故漢代代郡治代縣無疑，云「治桑乾縣」誤也。

〔一〇〕七年增置蔚州衛　乾隆志同。按明太祖實録卷四八：洪武三年正月，「增置蔚州衛指揮使司」。此紀年誤。

〔一一〕東北至萬全縣治八十里　「八十」，乾隆志同。同治畿輔通志卷五二疆域圖説七：懷安縣，「東北至萬全縣治一百二十里」。又乾隆宣化府志卷四形勢疆域：懷安縣，「東北八十里許家莊至萬全縣界」。則此「治」蓋爲「界」字之訛。

〔一二〕中統三年改屬興和路　乾隆志及元史卷五八地理志一同。元史卷一一世祖紀八：至元十七年四月，「隆興路楊門站復爲懷安縣」。則中統三年後，懷安縣曾廢，至元十七年復設，此缺載。又元史卷五世祖紀二：中統三年十一月，陞撫州爲隆興府，「割宣德之懷安、天成及威寧、高原隸焉」。同書卷六世祖紀三：至元四年正月，「析上都隆興府自爲一路，行總管府事」。隆興路何年改爲興和路，無明確記載，應在至元三年以後。温海清畫境中州下篇元史地理志考釋：武宗、仁宗時期，此地政區建置改動，「隆興路後改興和路，事在仁宗時期」。此云中統三年已爲興和路，當誤。

〔一三〕高齊縣廢爲懷戎縣地　乾隆志同。魏書卷一〇六地形志上：「上谷郡，天平中置。」領縣二，其二居庸，「孝昌中陷，天平中置」。讀史方輿紀要卷一一：「居庸城，在昌平州西北。漢縣，屬上谷郡，東漢至晋皆爲上谷郡屬縣，後魏、高齊因之。」施和金北齊地理志卷一：上谷郡領有居庸縣。此説誤。

〔一四〕元至元三年復降爲奉聖州　乾隆志及元史卷五八地理志一同。考元史卷六世祖紀三：至元五年十二月，「德興府改奉聖州，隸宣德」。二者記年有差異，應從本紀爲準。

〔一五〕本蔚縣學　「蔚」，原作「衛」，據乾隆志及同治畿輔通志卷一一六學校三、光緒蔚州志卷七學校志改。

〔一六〕乾隆二十六年衛裁　「六」，原脱，據乾隆志補。按本卷建置沿革「延慶州」載：「乾隆二十六年裁延慶衛所轄地併入州。」清史稿卷五四地理志一載同，可證。

〔一七〕宣化知縣黄可潤建　「可」，原作「河」，據乾隆志及同治畿輔通志卷一一六學校三、民國宣化縣新志卷七學制志上改。

大清一統志卷三十九

宣化府二

山川

燕然山。在宣化縣東三十里。上有疊翠巖，雨霽時青翠可愛。宣府鎮志：「相傳爲竇憲紀功處。」按後漢書注：「燕然在速邪烏，出塞三千里。」〔一〕鎮志傅會不足信。

黑山。在宣化縣東四十里。土石多黑。

湯池山。在宣化縣東四十五里。温泉出焉。

黄羊山。在宣化縣東南三十里。雲發則雨。

雞鳴山。在宣化縣東南。亦作鳴雞山。魏書高宗紀：「和平元年，葬昭太后於廣寧鳴雞山。」水經注：「魏土地記曰〔二〕：下洛城東北三十里有延河東流，北有鳴雞山。趙襄子殺代王，其姊磨笄於山而自殺，因名其山爲磨笄山。每夜有野雞群鳴於祠屋上，故亦謂之爲鳴雞山。」通典：「懷戎縣有鳴鷄山。」金史地理志：「德興縣有雞鳴山。」本朝康熙四十五年，聖祖仁皇帝駕幸雞鳴山，御製有詩。乾隆十年，高宗純皇帝聖駕經臨有詩。按磨笄山，水經注兩引魏土地記，一爲鳴雞山，一爲馬頭山，未詳孰是。通典、寰宇記皆云鳴雞即磨笄，括地志則以馬頭爲磨笄。明尹耕磨笄山辨謂鳴雞在上谷境，馬頭近代城，當以馬頭爲磨笄，詳見下。

龍洞山。在宣化縣西南六十里。有龍洞。

十八盤山。在宣化縣西南深井堡南二十里，去東城六十里。以高峻盤折而名。其東有歪頭山，去堡十三里。

天德山。在宣化縣西北三十里。疊嶂層巒，勝致不一。夕陽時，更覺煙霞絢爛。

東望山。在宣化縣北二十五里。其西又有西望山。又馬鞍山，在縣東北七里。

赤城山。在赤城縣東二里。山石多赤，古赤城在其上。

鷹窩山。在赤城縣東龍門所東南四里。又有鷹嘴山，在所西南四里。

聚陽山。在赤城縣東龍門所東南三十里。元人開冶處。

孔寵山。在赤城縣東龍門所南十五里。崖有孔六七尺，透明。有筆架峯。

黑峪山。在赤城縣東龍門所南十里。中有仙鶴峪最深，常有鶴棲宿其内。又有燕窩石，其形如燕窩，可容數十人。

西高山。在赤城縣東龍門所西二里。山勢高聳，登其嶺可以望遠。又有北高山，在所北二十里。亦峻拔，經夏冰雪常存。

青羊寨山。在赤城縣西南十五里。又偏頭山，在縣西北十五里。

紅山。在赤城縣西北馬營堡東南二十里。山勢高險，石色多赤。下有紅泉，東流合大河入龍門峽。

蒼崖山。在赤城縣西北馬營堡南二十里。其上有飛泉。

紗帽山。在赤城縣西北馬營堡北二里。以形似名，一名冠帽山。

野雞山。在赤城縣西北七十里。多産野雞。

鶴山。在赤城縣西北馬營堡東二里，俗名東山。上多檜柏，一望森然，野鶴恒來棲止。

雷山。在赤城縣西北馬營堡東五十里，上有雷神廟，下多積雪堅冰。

金閣山。在赤城縣北雲州堡西南十五里。元建崇真觀長春洞於此。前有游仙峪，又有瓊泉，在長春洞前。

龍門山。在赤城縣北雲州堡東北，即古獨固門也。水經注：「沽水南出峽，夾岸有二城，世謂之獨固門，以其藉險憑固，易爲依據，巖壁深聳〔三〕，疏通若門，故得是名。」遼史地理志：「龍門縣有龍門山，石壁對峙，高數百尺，望之若門。徼外諸河及沙漠潦水皆於此趨海。雨則俄頃水踰十仞，晴則清淺可涉，實塞北控扼之衝要也。」宣府志：「龍門山在雲州堡東北五里，又名龍門峽，龍門川經此南下。」又保安州北與宣化縣接界處，亦有龍門山，去府城三十里。本朝康熙三十五年，聖祖仁皇帝駕幸龍門山，御製有詩。

棋盤山。在赤城縣北獨石城南四十里。山峯高峻，人鮮能到。上有「石棋盤」，相傳有仙人弈於此。

崆峒山。在赤城縣北獨石城東南十里。

氊帽山。在赤城縣北獨石城西北十里。圓聳卓立，遠望如帽，因名，一名簪纓山。

偏嶺山。在赤城縣北獨石城北四十五里，或曰即天嶺也。胡嶠記〔四〕：「自歸化州行三日登天嶺，東西連亘，有路北下。」蓋訛「天」爲「偏」也。

總高山。在赤城縣北獨石城東北十里。登眺可見遼海。

東山。在赤城縣北獨石城東三十里。極高峻，上有墩臺，可瞭三百餘里。

劉不老山。在赤城縣東北十里。相傳有劉姓者修煉於此，因名。

大王山。在萬全縣南二十里。

炭山。在萬全縣西南四十里。遼史地理志：「歸化州有炭山，又謂之陘頭，有涼殿，承天皇后納涼於此。山東北三十里有新涼殿，景宗納涼於此，惟松棚數徑而已。」按五代史：「契丹阿保機告其部落，請帥漢人居古漢城，别爲一部。其城在炭山東南灤河上，有鹽鐵之利，乃後魏滑鹽縣。其地可植五穀，漢人安之。」宋白曰：「漢城在檀州西北五百五十里，城北有龍門山，山北有炭山。炭山即與契丹、室韋二界相連之地。此則又一炭山，在今獨石口外，非此山也。」

華山。在萬全縣西南西陽河堡東南二十里。下有靈潭，旱可禱雨。

紫巖山。在萬全縣西北五里。極高聳，從危磴而上，旁多群峯掩映，下有水泉。

小尖山。在萬全縣西北三十里。又有大尖山，在縣東北六十里〔五〕。

桃山。在萬全縣西北新河口堡東北三里，亦名桃山臺。

馬頭山。在萬全縣西北洗馬林堡西北四里〔六〕。下有泉，盛暑極寒。前有水關洞。

北高山。在萬全縣西北洗馬林堡西二十五里。邊牆極其西麓。

孤山。在萬全縣西北。有東、西二山，東山在洗馬林堡北四十里，獨出群山；西山在堡西北三十里，陡峻特立。内産赤石，人取之爲繪畫之用。

翠屏山。在萬全縣北三里〔七〕。兩峽高百餘丈，望之如屏。

水泉山。在萬全縣東北張家口堡北四里。

高山。在萬全縣東北。有二，東高山在張家口堡東北七里，西高山在堡西北七里，相去數十步，對峙如門。張家口之名以此。

紅石山。在龍門縣東五里。上産紅石，可供玩好。

拂雲山。在龍門縣東鵰鶚堡北百步。

雙尖山。在龍門縣東南長安堡北十里。雙峯並峙。

八仙山。在龍門縣東南長安堡西二里。八峯高聳，中有石室。又龍潭山，在堡西一里，有瀑布泉。

松山。在龍門縣東南長安堡東南里許。又石盤山，在堡東南二十五里。

大松山。在龍門縣西。遼開泰九年如鴛鴦灣，獵於松山。明永樂中北征，嘗駐蹕於此。明統志：「山在衛西十里。上有古松盤曲，因名。」

塔溝山。在龍門縣西十五里。兩峯相峙，俱極高險。上各有浮圖，元至元中所建。亦名雙塔山。

娘子山。在龍門縣西二十里。極高聳而無險惡之勢。迤南有龍門山，極高峻，明置龍門關於此。

椵樹山。在龍門縣西北〔八〕。宣府志：「在大白陽堡南四里，上有古椵樹。」

東高山。在龍門縣西北常峪口北十五里。又有西高山，在青邊口西北十二里。

青山。在龍門縣西北青邊口北八里。色比群山獨青。

石嵯山。在龍門縣西北。宣府志：「在青邊口北十餘里。」舊志謂之石崖山，在葛峪堡西北三十五里。

鼇頭山。在龍門縣西北。宣府志：「在羊房堡西北十五里。上有巨石突出，高濶數十百丈，因建墩臺，以便瞭望。」

雙峯山。在龍門縣北二十里。兩峯相向，高出衆山。

立石山。在懷來縣東南三十里。又窟窿山，在縣東南四十里。

水谷山。在懷來縣南十六里，一名龍山。

水頭山。在懷來縣南二十里，一名笑隱山。元釋忻笑隱嘗棲此，因名。

軍都山。在懷來縣南五十里。東西極高，南與順天府昌平州接界，漢軍都縣以此名。

良山。在懷來縣西十五里。本名狼山，明永樂中，車駕駐此，改名。

黄山。在懷來縣西北十五里。又北一里，有青山。

螺山。在懷來縣北十五里。樹木森茂，多資民用。

大海沱山。在懷來縣東北三十里，接延慶州界。高百仞許，下有龍潭。

倒刺山。在蔚州東。魏書靈徵志：「神麝三年，白鹿見代郡倒刺山。」水經注：「倒刺山甚層峻，未有升其巔者。魏土地記曰：代城東五十里有倒刺山，上有佳大黄也。」元和志：「倒刺山，在興唐縣東七十里，亦號雪山，俗傳靈仙所居，與五臺山畧等。」舊志：「雪山高五百丈，周六里。又有小五臺山，在縣東八十里，高四百餘丈，周五里。山有五臺，四時積雪不消。」

九宫山。在蔚州東南四十里。金章宗嘗避暑於此，又名殿子山。

永寧山。在蔚州東南五十里。相傳金章宗遊獵於此，命名。

孫子山。在蔚州東南六十里。多産松實，亦名松子山。

麻田山。在蔚州東南八十里。内有王喜洞，通易州，相傳漢代王喜所穿。

馬頭山。在蔚州東南。水經注：「魏土地記云：代城東南二十五里有馬頭山，其側有鍾乳穴。趙襄子既害代王，其姊代夫人磨笄自刺而死。括地志：「磨笄山，在飛狐縣東北百五十里。」州志：「馬頭山，在州東南三十里，一名太白山。有奇石狀如馬頭，金河發源太白山下。」

玉泉山。在蔚州南二十里。有石泉飛瀑，爲州之勝。

靈仙山。在蔚州南二十五里。山上有三奇石，夕陽照映，宛若三仙，五代晉以此名縣。

翠屏山。在蔚州南三十里，一名北口山。峪内有龜崖，又有孤峯，屹然獨聳，直入霄漢。

石門山。在蔚州西南三十里。路通山西靈丘。

玉屏山。在蔚州西北六十里，與襄山接。金李純甫居此，因以自號。

高氏山。在蔚州西北七十里。下産石灰可用。按：滱水所出之高氏山，在山西渾源州，此别是一山。

襄山。在蔚州西北八十里。路通山西應州。

榆林山。在西寧縣東順聖東城南二十里。

鼇魚山。在西寧縣東順聖東城西北十五里。内有大石如鼇，狂瀾至此即息，俗呼爲鎮水魚。又大王山，在東城北十里。大蟒山，在東城東北十五里。

樺山。在西寧縣東南四十五里，一名樺嶺。

獨山。在西寧縣南三十里。敻出群山之表。又馬頭山，在縣西南二十一里。

溜雲山。在西寧縣西南三十五里。山勢嵯峨，高出雲表。下有秋林亭，遼建。盛暑時，山石滴水成冰，可消煩渴。

盤崖山。在西寧縣北少東十五里。勢甚高險。

水溝口山。在懷安縣南十五里。兩山巍峙百餘丈，其陽有海眼泉。

熊耳山。在懷安縣南三十里。

雲頭山。在懷安縣西南三十里。山高聳，雲覆其頂即雨。中有斑石洞，相傳爲仙人煉丹處。

虎窩山。在懷安縣西南三十里。崖畔水出，盛暑結爲冰柱，隆冬反釋。

平頂山。在懷安縣西三十里。内有天窨洞，四圍俱山，惟從一穴而入。

花山。在懷安縣西北三十里。春冬多花〔九〕，上有池，水旱不涸。

栲栳山。在懷安縣北八里。又駱駝山，在縣北二十里，以形似名。

白腰山。在懷安縣東北三十里。高聳壁立，下有白土如帶。

瓦窑山。在懷安縣東北萬全左衛東南五里。以陶甓所在而名。又孤山，在左衛西南四里。香鑪山，在左衛西南五里，圓整如香鑪。

紅塘山。在懷安縣東北萬全左衛西南十里。下有河，其地産西瓜甚佳。

没皮山。在懷安縣東北萬全左衛西南十里。其山光潔，草木濯濯。

饅頭山。在懷安縣東北萬全左衛西南十五里。

居庸山。在延慶州東，接昌平州界。詳見「昌平」。

獨山。在延慶州東。巍然獨立，一名團山，溪河出此。水經注：「魏土地記曰：沮陽城東八十里有牧牛山，山在居庸縣東北三十里〔一〇〕，山下有百泉競發〔一一〕，有一神牛駮身，自山而降，下飲泉竭，故名。」按沮陽，今懷來縣，以方位道里計之，疑即此山也。」

縉陽山。在延慶州東。下有縉陽泉。一名縉雲山，又名龍安山。

雙髻山。在延慶州東，去周四溝堡十五里。雙峯並峙，狀如髻，一名仙髻山。

神仙山。在延慶州東。徑路崎嶇，其上平衍，舊有神仙寨。

高山。在延慶州東四海冶堡北三里。以高聳獨峙而名。

黑頭山〔二〕。在延慶州東四海冶堡東三十里。明嘉靖中，總督翁萬達言：「黑頭山至密雲城不五六十里，可爲直垣相屬。」

紅門山。在延慶州東南二十里。高三里，有大小紅門口，爲戍守處。相近有蟒山，形如蟒頭。

筆架山。在延慶州南十里。三峯突起。又南十里有羊頭山。

玉峯山。在延慶州南四十里。

柏鈴山。在延慶州南四十里。上多柏木。又水峪山，在州西南五十里。

金櫃山。在延慶州南居庸關城西。形如金櫃。

大翮山。在延慶州西北。水經注：「陽溝水逕大翮小翮山南，高巒截雲，層凌斷霧，雙阜共秀，競舉群峯之上，郡人王次仲改蒼頡舊文爲隸書。秦始皇奇而召之，三徵不至。始皇怒，令檻車送之。次仲化爲大鳥，翻飛而去，落二翮於斯山，故其峯巒有大翮、小翮之名。魏土地記曰：沮陽城東北六十里有大翮山、小翮山，其山在縣西北二十里，峯舉四十里，上有廟，即次仲廟也。」隋書地理志：「懷戎縣有大小翮山。」明統志：「大翮山在延慶州北二十五里。」相連者爲小翮山，差卑。舊志：「有佛峪山，在州西北三十里。下有温泉，蓋即大翮山也。」

東螺山。在延慶州西北三十里。盤回而上，高七里許。又有西螺山，在州西北六十七里。

石佛山。在延慶州西北五十里。巖中有古佛像，因名。

官帽山。在延慶州北十八里。狀如幞頭，與大海沱山東西相望。

石門山。在延慶州北十八里。中有洞，南北通明如門。

擎笏山。在延慶州北二十里。峭拔孤立，狀如擎笏。中有瀑布泉，飛流直下。相近曰應夢山，相傳遼蕭后嘗應夢，建寺其上，因名。

東巖山。在延慶州東北十八里。

金剛山。在延慶州東北二十五里。

縉山。在保安州東南。宣府志：「在保安衛東南二十里。」

礬山。在保安州東南。遼史地理志：「礬山縣山出白緑礬，故名。」明統志：「在保安州東南一百二十里。」

東靈山。在保安州東南一百二十里。又西靈山，在州南八十里，東西並峙。

涿鹿山。在保安州東南。史記：「黄帝與蚩尤戰於涿鹿之野。」服虔曰：「涿鹿，山名。」水經注：「涿水出涿鹿山。」括地志：「涿鹿山，在嬀州東南五十里。」按明統志謂「在保安州西南九十里」，誤。

橋山。在保安州東南。魏書：泰常七年，「如廣寧，幸橋山，遣使者祠黄帝唐堯廟。」魏土地記：「下洛城東南四十里有橋山。」隋書地理志：「懷戎有橋山。」按明統志謂「在今保安州西南一百二十里」，誤。

筆架山。在保安州西南六十里。三峯鼎峙。

笄頭山。在保安州西南。水經注：「協陽水東北流歷笄頭山〔一三〕，闞駰曰：笄頭山在潘城南。」按明統志作「磨笄山，在今州西北二十里」，誤。

釜山。在保安州西南。史記：「黄帝合符釜山。」括地志：「釜山在懷戎縣北三里。」

歷山。在保安州西南。魏土地記：「潘城西北三里有歷山，山上有虞舜廟。」隋書地理志：「懷戎有歷陽山。」括地志：「懷戎城北有歷山。」按今延慶州西北二十里亦有歷山，相近又有阪山，一名阪泉山，皆傳訛也。

羹頡山。在保安州西。漢高帝七年封兄子信爲羹頡侯。括地志：「羹頡山在懷戎縣東南十五里。」高祖取其山名爲侯號。

孤山。在保安州西十里。有南北二山並峙。又梁山，在州西三十里。石骨嶙峋，上有土田四百餘畝。

保寧山。在保安州西北六十里，舊名白帖山。其中洞穴穹窿，有石如仰盂，泉出其中，僅一斗許，群飲不竭，冬夏常然。

孝文山。在保安州東北。宣府志：「在保安衛北八里。」相傳魏孝文駐蹕於此，故名。其麓有龍湫。

鷂兒嶺。在宣化縣東二十里，古名藥兒嶺。唐廣明元年，幽州帥李可舉追李克用至藥兒嶺，大破之，即此。

沙嶺。在宣化縣西北。遼史地理志：「歸化州有斷雲嶺，極高峻。」宣府志：「沙嶺在鎮西北二十里，即斷雲嶺，以嶺上常有陰雲斷續不一也。」今有沙嶺堡。

樺嶺。在赤城縣西北馬營堡北五十里。多産樺木。

蕁麻嶺。在萬全縣西北七十里，即洗馬林也。嶺路崎嶇，爲隘口要地。

寨兒嶺。在萬全縣西北洗馬林堡南五里〔一四〕。其山四合若寨。

虞臺嶺。在萬全縣西北新河口堡東北十二里。

野狐嶺。在萬全縣東北三十里。勢極高峻，風力猛烈，雁飛遇風輒墮地。遼史：重熙六年，「獵野狐嶺」。明史：洪武三年，「李文忠北伐，出野狐嶺」。景泰元年，「上皇自北還，額森遣兵送至野狐嶺」。皆即此。「額森」，改見順天府人物。

浩門嶺。在龍門縣東鵰鶚堡北二十五里。明初以此名驛。上有古松數百株，鬱然蒼秀。

長安嶺。在龍門縣東南。本名槍桿嶺，明永樂中改名。今有堡。

洗馬嶺。在龍門縣北。

火石嶺。在懷來縣南二十里。産五色火石。又有唐家嶺，在縣東南。

賈兒嶺。在蔚州東一百二十里。路通保安州。

黑石嶺。在蔚州東南廣昌城北五十里。石黑色，勢險絶。明嘉靖中始築城戍守。

退虎嶺。在蔚州西南七十里。路通山西靈丘縣。

神仙嶺。在蔚州北三十里。

五岔嶺。在西寧縣東南四十五里，與蔚州接界。嶺當通衢，歧路四達。

枳兒嶺。在懷安縣西三十里，與山西天鎮縣接界。

雪嶺。在懷安縣西北西陽河堡東南八里。

花皮嶺。在懷安縣東北萬全左衛東十五里。

長城嶺。在延慶州東永寧城東九十里。又明統志有「澁石嶺在城東北十二里，苗香東嶺在城東北十里，苗香西嶺在城西北十五里。」

八達嶺。在延慶州南三十三里居庸關城外。東南去居庸上關十七里，爲往來之衝要，元時以此爲居庸北口，上有城，設兵戍守。昌平山水記：「自八達嶺下視居庸關，若建瓴，若闞井，昔人謂居庸之險不在關城，而在八達嶺也。」

分水嶺。有二，一在延慶州南四十里，一在州北三十里。

横嶺。在延慶州南四十七里。當居庸之西北，亦要路也。明時設兵戍守。

地椒嶺。在延慶州西北四十里。産地椒。又有榛坡，在州西北十五里，産榛實。

鎮南峯。在延慶州東四海冶堡南三十里。舊有墩，曰鎮南墩。

威遠峯。在延慶州東四海冶堡東北三里。舊有墩，曰威遠峯墩。

桃花巖。在懷來縣南三十里。又乳香巖，在縣西南三十里。

疊翠巖。在保安州西。本名惡崖，金泰和中改名。又州境有漫天窩，泰和中改名拂雲坪。

滴水崖。在赤城縣東南滴水崖堡北二里。石崖滴水，去地百餘仞，隆冬不凍。東有香爐峯。

望國崖。在赤城縣北望雲州東北〔一五〕。下有擔子窪。

捨身崖。在赤城縣北雲州堡北五里。

紅崖。在萬全縣張家口堡東北十里。

鵰鶚崖。在龍門縣東鵰鶚堡西一里。

龍王嵯。在赤城縣東龍門所西北八里。嵯峨高聳，夏月雲從此出則大雨。又磨盤嵯，在所西十里，以形似名。又有木龍王嵯，在滴水崖堡南十五里。

太保峪。在赤城縣北獨石城西南十五里。內有古墓、石羊，蓋前有官太保者葬此，故名。

翦子峪。在龍門縣東三十里。其形如翦，一名大嶺山。

李老峪。在龍門縣東南長安堡北十里。又獅子峪，在堡北三十里。

棒棰峪。在懷來縣東南三十里，接延慶州界。舊有邊牆，東達大小紅門、岔道諸處，謂之南山口。

乾河峪。在蔚州南三十里北口傍山口。內有水，附近居民引以灌園。又直峪，在州西南五十里。

横谷。在蔚州西北。漢高帝十一年，樊噲破陳豨於横谷，即此。

聖音洞。在宣化縣北五里。又石峯洞在縣北六里，四角洞在縣西北四十里。

紅寺洞。在萬全縣西北新河口堡東南十里。又黑龍洞，在洗馬林堡西南。

盤崖洞。在西寧縣南四十里。峭壁千仞，架獨木爲橋，經久不朽。遼時建亭於其側，號崖木亭。

獨石。在赤城縣北獨石城南一里。水經注：「大谷水流逕獨石北界，石孤生，不因阿而自峙〔一六〕。」宣鎮志：「在開平城南。一石屹起平地，上可構屋數楹，有『獨石神廟』。」

桑乾河。自山西天鎮縣流入，東逕西寧縣南、蔚州北，又東逕宣化縣南界，又東逕保安州南，與洋河會，又東南入順天府宛平縣界。即古㶟水也〔一七〕。水經注：「㶟水自道人縣又東逕陽原縣故城南，又東，安陽水注之。又東逕東安陽縣故城北，又東逕昌平縣故城北，又東北逕桑乾縣故城西，又屈逕其城北。又東流，祁夷水注之。又東北逕石山水口，又東逕潘縣故城北〔一八〕，東合協陽關水。又東逕雍洛城南，又東逕下洛縣故城南，又東逕高邑亭北，又東逕三臺北，又東逕無鄉城北。又東，溫泉水注之。又東左得于延水口。又東過涿鹿縣北〔一九〕，涿水入之。又東南左會清夷水。又南至馬陘山，謂之落馬河。」舊志：「桑乾河自天城衛流入，逕順聖西城南二十里，又東逕蔚州北七十里，又東逕深井堡南三十里，又東逕保安州南一里，至州東南二十里，與洋河合，如燕尾然，亦名燕尾河。又轉東南流逕縉山北，名縉山河。又南流二十五里，與嬀水合，爲合河口。」遼志「奉聖州有兩河會」，即桑乾、洋河合流處。金志「嬀川縣西北有合河」，即桑乾、清夷合流處也。

洋河。亦名東洋河。源出邊外，自山西天鎮縣界流入，東流逕懷安縣北，又東逕萬全縣南舊左衛北，又東南逕宣化縣南，至保安州東合桑乾河，即古于延水也。漢書地理志：「且如縣，于延水出塞外，東至廣寧入沽。」水經注：「于延水出塞外柔玄鎮西長川城南小山。山海經曰：梁渠之山，修水出焉。東南流逕且如縣故城南，又東南逕馬城縣故城北，俗謂是水爲河頭，河頭出戎方，土俗變名耳。又東逕零丁城南，右合延鄉水。又東南於大寧郡北，右注雁門水。自下通謂之于延水。又東南逕岡城南，又東，左與寧川水合，又東逕小寧縣故城南。又東，黑城川水注之。又東南逕茹縣故城北，又東南逕鳴雞山西，又南逕且居縣故城南，東南流注於灅水。地理志曰：于延水東至廣寧入沽。非矣。」明統志：「洋河在鎮城南五里〔二〇〕。源出境外，至此東流入桑乾河。」水冬月盡冰，惟對城一方，融液不凍，臘日洗馬不災。舊志：「東洋河，在柴溝堡西北十五里。源出邊外，東南流入界，至堡西北，合西洋河，因通謂之西洋河。又東至堡東五里，合南洋河，名曰燕尾河。又東逕萬全左衛北五里，又轉東南過鎮城南，又東逕保安州北、雞鳴驛南，又東南流十七里入桑乾河。」

清水河。源出邊外鴛鴦泊南，匯正北溝、東西沙溝諸水，流入張家口，南流逕萬全縣東，又南至宣化縣西入洋河〔二一〕，即古寧川水也。魏書：登國二年，「帝幸寧川」。即此。水經注：「寧川水出西北，東南流逕小寧縣古城西，東南注于延水。」按今清水河發源張家口外，二派分流，其東北有水，自獨石口外西南流合焉，南流入邊，經張家口堡東北五里，又南至宣化縣西界入洋河。舊志與柳河川混而爲一，誤。

泥河。在宣化縣東十五里。自關子口西南流四十里，與洋河合，即古黑城川水也。水經注：「黑城川水有三源，出黑土城西北，奇源合注，總爲一川，東南逕黑土城西，又東南流逕大寧縣西而南入延河。」

沽河。源出邊外，自獨石口流入，流逕獨石城西，又南逕赤城縣東，又南至延慶州東北界，仍出邊外。水經注：「沽河出禦夷鎮西北九十里丹花嶺下，東南流，大谷水注之，水發鎮北大谷谿，西南流逕獨石北界。又南，九泉水注之，水導北川，左右翼注，八川共成一水，故有九源之稱。其水南流，至獨石注大谷水。大谷水又南流逕獨石西，又南逕禦夷鎮城西。又東南，尖谷水注之，水源出鎮城東北尖谿，西南流逕鎮城東，又西南流注大谷水，亂流南注沽水，又南出峽，世謂之獨固門。又南，左合乾溪水，引北川西南逕一故亭東〔二二〕，又西南注沽水，沽水又西南逕赤城東，故河有赤城之號。又東南與鵲谷水合，又東南合高峯水，水出高峯戍東南，西南流，又屈而東南入沽水。沽水又西南流出山，逕漁陽縣故城西。」畿輔通志：「沽河在赤城縣東，其源有二，皆自塞外流入：一曰獨石水，由獨石城西爲西河〔二三〕；一曰紅山水，由紅石山逕獨石城東爲東河，俱流至城南而合。又南逕龍門山下，名龍門川，又南逕雲州堡東，又南逕縣東門外，又南逕龍門所南曰揚田河，又南與陽樂河合，又東南逕滴水崖堡南，亦曰白河。又南逕延慶州靜安堡，又東至東河口，由邊外達順天府密雲縣之石塘嶺關，此通州白河之上源也。」

湯泉河。在赤城縣西。明統志：「温泉，在赤城西十五里。」又「西河，在赤城西，合温泉，東流分爲二：一從西北入城，一從城南流合東河」。又有「赤城湯，在宣府鎮城東一百四十里。自龍門鎮北鄉赤城寺側山根湧出，暴熱而流，旁有冷泉，隨人浴之，皆可愈疾」。畿輔通志：「湯泉河，在赤城西，源出西山，東流至城西南合水泉河，又東合東河〔二四〕。」

水泉河。在赤城縣西北五里，亦名城西河。源出赤城西北二堡子，南流入湯泉河。

西沙河。在萬全縣西四十里洗馬林堡百餘步〔二五〕。源出塞外，東南流入洋河。每當汎漲時，比東沙河尤甚。本朝乾隆六年以後，屢經相度築隄，以資捍禦。

東沙河。在萬全縣東北一里許。上承大水泉、龍池泉諸水，夏秋汎溢湍激。本朝乾隆六年，動帑築隄，三十一年復經修整。

陽樂河。在龍門縣南。東流至赤城縣界入沽河。漢書地理志：「且居縣，陽樂水出東，南入沽〔二六〕。」水經注：「鵲谷水有二源，南即陽樂水也，出且居縣東，北流逕大翮山、小翮山北，歷女祁縣故城南，世謂之横水，又謂之陽田河〔二七〕，又東，左與候鹵水合〔二八〕，水出西北山，東南流逕候鹵城北，又東南流注陽樂水。陽樂水又東南傍狼山南〔二九〕，又東南逕温泉東，又逕赤城西，屈逕其城南，東南入赤城河。」畿輔通志：「今龍門縣有龍門河，源出縣西娘子山，東南流逕縣南二里，又東逕鵰鶚堡西南，即水經注所云横水也。又有南河，源出縣南狗兒村，東北流至堡西南七里，合龍門河，即水經注所云候鹵水也。龍門、南河合而東逕堡南，統謂之南河，又東至赤城縣界，合沽水，即水經注所云陽樂河東南入赤城河者是也。」

金河。在蔚州東，即古倒刺山水也。水經注：「連水出雊瞀縣東，西北流逕雊瞀縣故城南，又西逕廣昌城南，又西逕王莽城南，又西，倒刺山水注之，水出倒刺山西，北流逕一故亭東，西北注連水。又北逕當城縣故城西，又逕故代東而西北流注祁夷水。」舊志：「金河，在蔚州東南七十里，發源小五臺山，西北流入壺流河。其水映石如金，故名。又有乾河，在州東南三十里，源出太白山，流二里出口，散溉民田數十里，流會金河。」

壺流河。在蔚州北。自山西廣靈縣流入，又東北經蔚州界，入桑乾河，即古祁夷水，亦曰漚夷河。水經注：「祁夷水逕石門關東北流，水側有故池，又東北得飛狐谷水〔三〇〕，又東北逕代城西，又東北，熱水注之。又東北，谷水注之。又東北，右會逆水。又東北逕青牛淵，又北逕一故城西，又逕昌平郡東，又北，連水入焉。又北逕桑乾故城東而北流注於㶟水。」元和志：「興唐縣，漚夷河，亦曰瓠𤬪河，上槽狹，下流闊，有似瓠𤬪，因名。」州志：「壺流河，在州北半里。自州西東流會滋泉，又東北會煖泉，又東逕城北，南通城濠。又東北會金河、七里河之水，又東北至州東北境入桑乾河。」

龍王河。在西寧縣城東一里。又西沙河，在順聖東城西一里，皆泉水湧出南流入桑乾河。

南洋河。在懷安縣西。自山西天鎮縣界流入，經柴溝堡西南五里，又東入東洋河，即古雁門水也。水經注：「雁門水出雁門山，東南流，敦水注之。又東北入陽門山，謂之陽門水。又東逕三會亭北，又東逕西伺道城北，又東，託台水注之。又東逕大寧郡北，修水注之。」

西洋河。在懷安縣西北。自山西天鎮縣平遠堡流入，經西陽河堡南五里，又東至柴溝堡西北入東洋河，即古延鄉水也。水經注：「延鄉水東逕延陵縣故城北，又東逕羅亭，又東逕馬城南，又東注修水。」

水溝口河。在懷安縣北。自天鎮縣流入，經縣西南三十里，折北流至縣西北，有柳河自縣西七里東流入焉。又東北逕城北至萬全縣舊左衛界入洋河，即古託台谷水也。水經注：「託台谷水上承神泉於葦壁北，東逕陽門山南託台谷，謂之託台水。東逕三會城南，又東逕託台亭北，又東北逕馬頭亭北，東北注雁門水。」

媯河。自延慶州東北發源，西流逕州城南，又西逕懷來縣城南，又西南流入桑乾河，本古清夷水也，今譌曰媯河。水經注：「清夷水出長亭南，西逕北城村故城北，又西北，平鄉川水注之。又西北逕陰莫亭，又西會滄河。自下二水互受通稱。又西，靈亭城水注之。又西與泉溝水會〔三一〕，又西南得桓公泉，又西逕沮陽縣故城北，又屈逕其城西，南流注於㶟水。」按括地志媯水在懷戎，本漢潘縣，在今保安州西南界，此自是清夷水，遼史謂「媯泉在可汗州城中」，宣鎮志謂「出延慶海沱山」，皆不察懷戎之移治清夷而誤指也。

滄河。在延慶州南。水經注：魏土地記曰：「牧牛山下有九十九泉，即滄河之上源也。今山下導九十九泉，積以成川，西南流，谷水與浮屠溝水注之。又西南，右合地裂溝，有小水，俗謂之分界水，南流入滄河。又西逕居庸縣故城南，有粟水入焉。又西，右與陽溝水合〔三二〕，又左，得清夷水口。」宣鎮志謂之「溪河，源出團山，自永寧縣西南流入延慶州界」。舊志又謂之「龍灣河，在永寧衛西十里，源出團山南龍王潭」。其東又有暖泉，皆南入媯河，蓋即古九十九泉之餘流，今皆指爲媯河上源也。

淍河。在延慶州東南三十里。源出八達嶺東四里，東南流逕昌平州界，入榆河。

板橋河。在延慶州西北十五里。源出阪泉，西南流入媯河。按水經注：「陽溝水出居庸縣東北，西南流逕縣故城北〔三三〕，西逕大翮山、小翮山南，又南注滄河。」即此。

温泉河。在延慶州西北三十里佛峪口。水經注：「大翮山右出温湯，療治萬病，泉所發之麓，俗謂之土亭山。其水東南流，左會陽溝水，亂流南注滄河。」册說：「温泉河，在州西北三十里。源出佛峪山，南入嬀河。」聖祖仁皇帝車駕臨幸，御製有温泉行。

飛狐谷水。在蔚州西南。水經注：「飛狐關水西北流逕南舍亭西，又逕句瑮亭西，西北注祁夷水。」今湮。

熱水。在蔚州西。水經注：「熱水出綾羅澤，澤際有熱水亭，其水東北流，注祁夷水。」州志：「城西三十里綾羅里有暖泉，澄清如鑒，嚴寒不凍，居民資以灌溉，旱禱輒應，即古熱水也。」

溪水。在延慶州東四海冶堡北門外。水有三源：一出堡西南昌平州黄花路界，東北流經堡西至堡北，有别源自西北來流合焉；一出堡南，東北流經堡東北，與西水合，又東北流三里，出邊外入沽河；又有蓮花池，在堡南，産魚。

粟水。在延慶州西。水經注：「粟水出居庸縣下城西，枕水又屈逕其縣南，南注滄河〔三四〕。」

涿水。在保安州東南。水經注：「涿水出涿鹿山，世謂之張公泉，東北流逕涿鹿縣故城南。又東北與阪泉合，其水導源縣東一里。阪泉東北流與蚩尤泉會，水出蚩尤城，淵而不流，霖雨併則流注阪泉，亂流東北入涿水。涿水又東逕平原郡南，又東北逕祚亭北，而東北入灅水。」括地志：「阪泉今名黄帝泉，在懷戎縣東五十六里，出五里至涿鹿，東北與涿水合。」保安州志：「礬山堡西南十里有七旗里泉，即阪泉也。東北流合黑龍池、水頭寺津及龍王堂池諸水，又東環堡城北，又東南入縉山河。黑龍池在堡西七里，水頭寺津在堡西南四里，龍王堂池在堡西南三里，即蚩尤泉也。」

礬山水。在保安州東南。源出礬山，南流至易州界，入淶水。又有龍池，在礬山北二里，水自平地湧出，澄清可鑒，瀦而爲池，溉地甚廣。又有二郎溝，在州東南八十里，亦出礬山下，東北流入桑乾河，居民資以灌溉。

温泉水。在保安州南。魏書世祖紀：「神䴥元年，東幸廣寧，臨觀温泉。三年行幸廣寧，臨温泉，作温泉之歌。」水經注：

「橋山下有温泉，石池吐泉，湯湯其下，炎涼代序，其水灼焉無改，能治百疾，北流入於灅水。」遼史地理志：「奉聖州有温泉。」冬可浴。宣鎮志：「温泉在保安州南十五里。」

協陽關水。在保安州西南。水經注：「水出協溪，東北流，歷笄頭山，又北逕潘縣故城，左會潘泉故瀆，又東北注灅水。」

嬀水。在保安州西南，即古潘泉也。水經注：「潘泉故瀆上承潘泉於潘城中，其泉縱廣十數步，東出城，注協陽關水，雨盛則通注，陽旱則不流，唯泆泉而已。」括地志：「嬀水源出嬀州城中。」

馬蘭溪。在延慶州西。史記：「燕王盧綰反，周勃代樊噲將，破綰軍於上蘭。」正義云：「括地志『懷戎縣東北有馬蘭溪水』，恐是也。」水經注：「靈亭水出馬蘭西澤中，衆泉瀉溜歸於澤，澤水所鍾，以成溝瀆，瀆水又左與馬蘭溪水會，水導源馬蘭城，城北負山勢〔三五〕，因阿仍谿，民居所給，惟仗此泉，南流出城，東南入澤水。澤水又南逕靈亭北，又屈逕靈亭東，又南注清夷水。」

柳河川。在宣化縣北。源出龍門縣屬常峪口塞外，流四十里至宣化縣，繞府城西北隅入洋河。宣鎮志：「今有柳溝在葛峪堡東三里，南流城河，居民利之。」金大定七年幸柳河川；明史列傳常遇春拔開平，還次柳河川，以疾卒。即其地也。

韭菜川。在赤城縣北。明統志：「在開平衛城東。發源東山，流逕城南合氈帽川。」

愛陽川。在萬全縣西。遼史地理志：「歸化州有愛陽川。」宣鎮志：「在今炭山西北二十里。本放牧之地，深二尺餘，下有頑冰黑色者數尺，上有浮草性涼，尤宜牧馬。其地又生黄花，大如錢，發於土上，人馬蹂踐萎悴，明日復生如新。」

順聖川。在西寧縣東。舊志：「在鎮城西南一百里廢順聖縣治。延袤二百里，地多美芻，明時牧馬於此。」

牛心川。在懷安縣東萬全左衛東南四十里。

紅草溝。在萬全縣西北十二里〔三六〕。又孫才溝，在洗馬林堡西南十里。

玉石溝。在懷來縣保安衛東北二十五里。產花斑石，似玉，琢磨可以成器。

苣香溝。在西寧縣西南三十里。出蘗木諸香。

西海子。在懷安縣東北萬全左衛城西。水環三十里，東南流入洋河。

青牛淵。在蔚州東。水經注：「祁夷水東北逕青牛淵，水自淵東注之。耆彦云〔三七〕：有潛龍出於兹浦，形類青牛，故名。

潭深不測，水周多蓮藕生焉。」州志：「有蓮花池，在州東北六十里。周一百五十步，中栽荷蓮，蓋即古青牛淵也。」

鴛鴦泊。在赤城縣西北。宣鎮志：「在雲州堡西北一百里境外。周八十里，其水停積不流，自遼、金以來爲飛放之所。」

大海沱潭。在龍門縣東鵰鶚堡東三十里大海沱崖谷間。有泉下匯爲潭，禱雨輒應。

龍潭。在龍門縣西趙川堡東北十三里。潭水湧出，南流一里，沙淤。又懷來縣西北四十里亦有龍潭。

白龍潭。在延慶州東永寧城東南四十里。水深莫測，祈雨有應。

九龍池。在宣化縣東九十餘里。九竅湧出，南流入延慶州界。

九女池。在宣化縣南深井堡南四十五里。

修水池。在龍門縣西趙川堡東八里白廟堡内。

蓮花池。在懷來縣西五里。相傳遼蕭后種花之所。又有養鵝池，在縣東南二十里。水四時不竭，相傳亦蕭后所鑿。

代王魚池。在蔚州西南。水經注：「祁夷水側有故池，魏土地記曰：代城西南三十里有代王魚池，池西北有代王臺，東去代城四十里。」

王靈池。在西寧縣東城南三十里。禱雨輒應。

暖湯。在赤城縣北雲州堡寶濟鄉。一處出泉，凡七十二眼。

鐵底湯。在龍門縣西。明統志：「在宣府鎮東六十里。冬夏水溢，望之熱氣氤氳，病者浴之立愈。」畿輔通志：「在趙州堡東南八里。」

温湯。在蔚州北，後魏和平末，侍中、司徒陸麗治疾於代郡温泉。太和二年，行幸代之温泉。水經注：「桑乾城西度桑乾水，去城十里，有温泉，療疾多驗。」

東莊泉。在赤城縣東龍門所東二里。又有涼水泉，在所東南七十里。

神泉。在赤城縣西北馬營堡北三里。池方一畝，其水迸出，轉流成河，浴之愈疾。

獨石泉。在赤城縣北獨石城東北隅。水極澄澈，其甘如飴，滿而不溢。

龍池泉。在萬全縣東南德勝關内。水清澈如鑑，南引入城，可資灌溉。

沙城暖泉。在萬全縣西南，去柴溝堡東北八里。平地湧出，冬温夏涼，南流入洋河。

大水泉。在萬全縣西北膳房堡北三里。又正南泉在新開口堡南四十步，清水泉在堡西南六十步。

鷹窩泉。在龍門縣東南長安堡西北三里。引流入堡中，匯而爲池，可給居人。

娘子山泉。在龍門縣西娘子山下。泉水溢出，勢甚浩瀚，可資灌溉。明正統十四年竭，後湧出如舊。

桓公泉。在懷來縣南。水經注：「清夷水又西南得桓公泉，蓋齊桓公北伐山戎，過孤竹西征，束馬懸車，上卑耳之西極，故水受斯名也。水源出沮陽縣東，而西北流入清夷水。」宣鎮志：「今有水泉，一名鏡泉，在懷來縣南七里，可溉田。」

金波泉。在蔚州東二十里古代王城内。有二泉合流而北，名七里河，流入金河。

滋泉。在蔚州西南三十里。源出馬南莊，一名神水泉，北入壺流河。元時居民争水灌田，以鐵板鑄九孔分流，今水涸板存。

飲馬泉。在蔚州西十里。俗傳唐太宗曾飲馬於此。

海子泉。在蔚州北一百五十里。隆冬不冰，盛夏愈涼，汲之不竭。

三泉。在西寧縣東南二十里。有三泉堡。

柳園泉。在西寧縣西三里。源出城西北，南流東屈逕城南，又東南入桑乾河。又有温泉，在順聖東城東二里。

塔兒泉。在懷安縣東南十五里。有古塔，高四丈餘，泉出其下，故名。

冷泉。在懷安縣東北萬全左衛城西三里。

玉液泉。在延慶州城南。水味清甘，元時取以造酒，西流入清水河。

白馬泉。在延慶州北三里。其深莫測，旁爲白馬村。遼統和七年，祭風伯於儒州白馬村，即此。

康濟井。在萬全縣北二里山巔。極清澈。

洪贊井。在龍門縣東南長安堡西。

舜井。在保安州西南。括地志：「懷戎縣城中有舜井〔三八〕。」宣鎮志：「今有舜池，在州西南七十里舜鄉堡。」

校勘記

〔一〕按後漢書注燕然在速邪烏出塞三千里　乾隆志卷二四宣化府一山川（以下同卷簡稱乾隆志）同。按漢書卷九四匈奴傳上：

貳師「引兵還至速邪烏燕然山」。顔師古注：「速邪烏，地名也，燕然山在其中。」後漢書卷二三竇憲傳：「憲、秉遂登燕然山，去塞三千里。」則「燕然山在速邪烏」，載於漢書及注，而「出塞三千里」見於後漢書，此混淆舛錯。

〔二〕魏土地記曰 「魏」，原脱，據水經濕水注、史記卷四三趙世家正義引括地志補。下文「土地記」及後列倒刺山、獨山、金櫃山、橋山、歷山、滄河、代王魚池等文改同。

〔三〕夾岸有二城至巖壁深聳 「夾」，原脱，乾隆志及朱謀瑋水經注箋同，據王先謙合校水經注、楊守敬水經注疏沽水注補。

〔四〕胡嶠記 乾隆志同。讀史方輿紀要卷一八、同治畿輔通志卷六五山川九皆作「胡嶠陷番記」。

〔五〕小尖山在萬全縣西北三十里又有大尖山在縣東北六十里 乾隆志同。讀史方輿紀要卷一八：萬全右衛，「大尖山，在衛東北六十里，又衛西北三十里有小尖山」。同治畿輔通志卷六五山川九：「雍正志：大尖山在萬全縣東北六十里，縣西北有小尖山。今按縣圖，大尖山在縣西北三十里馬連灘北，小尖山在縣東北六里。」

〔六〕在萬全縣西北洗馬林堡西北四里 乾隆志同。按同治畿輔通志卷五二疆域圖説七，洗馬林在萬全縣西偏南，今地同，見于一九六一年河北省地圖集、一九八二年河北省分縣地圖册，不在「萬全縣西北」，此「北」或爲「南」字之誤，或爲衍字。下北高山同。

〔七〕在萬全縣北三里 乾隆志及乾隆宣化府志卷五山川志上同。同治畿輔通志卷六五山川九：「謹案縣志：翠屏山，在萬全縣北三十里，舊置德勝關於此。與雍正志、一統志不符。今考縣圖與縣志合，蓋脱『十』字也。」

〔八〕在龍門縣西北 乾隆志同。按清龍門縣即今河北赤城縣西南龍關，其西爲大白陽，今屬宣化縣東北（一九八二年河北省分縣地圖册），本志下引宣府志云椴樹山「在大白陽堡南四里」，則在清龍門縣（今龍關）西少南，不在「龍門縣西北」。

〔九〕春冬多花 乾隆志同。嘉靖宣府鎮志卷八山川考作「春夏有花」，讀史方輿紀要卷一八作「春夏多花」，乾隆宣化府志卷六山川志下同，此「冬」疑爲「夏」字之訛。

〔一〇〕山在居庸縣東北三十里 此「十」字原錯簡於下文「有一神牛駮身」之上，據水經濕水注乙正。

〔一一〕山下有百泉競發 文下原衍「水經注」三字，據乾隆志及水經濕水注删。

〔一二〕黑頭山　乾隆志及讀史方輿紀要卷一七、同治畿輔通志卷六五山川九同，乾隆宣化府志卷六山川志下及光緒延慶州志卷一山川皆作「黑山」，下文「黑頭山」作「黑山頭」。

〔一三〕協陽水東北流歷笄頭山　乾隆志同。按水經灅水注：「協陽關水出協溪，魏土地記曰：下洛城西南九十里有協陽關，關道西通代郡。其水東北流，歷笄頭山。」則應是協陽關水，此脱「關」字。

〔一四〕在萬全縣西北洗馬林堡南五里　乾隆志同。同治畿輔通志卷六五山川九引雍正志：「寨兒嶺，在萬全縣西南洗馬林南五里。」同書卷五二疆域圖説七，洗馬林在萬全縣西偏南，今地同，見于一九六〇年河北省地圖集、一九八二年河北省分縣地圖册。畿輔通志疆域圖説，洗馬林南寨兒嶺，則此「西北」之「北」爲「南」字之誤。參見本卷校勘記〔七〕。

〔一五〕在赤城縣北望雲州東北　乾隆志同。按遼史卷四一地理志五：「望雲縣，本望雲川地，後置望雲縣。」金史卷二四地理志上：「望雲縣，本望雲川地，後更爲縣。」元史卷五八地理志一：「雲州，古望雲川地，契丹置望雲縣，金因之。元中統四年升爲雲州，治望雲縣，至元二年，州存縣廢。」嘉靖宣府鎮志卷八山川考：「望國崖，在望雲川東北。」此「州」爲「川」字形訛。

〔一六〕石孤生不因阿而自峙　「石」上原衍「其」字，「阿」原訛作「河」，並據王先謙合校水經注、楊守敬水經注疏沽水注删改。

〔一七〕即古灅水也　「灅」，原作「濕」，乾隆志同，據王先謙合校水經注、楊守敬水經注疏灅水注改。下文及後洋河、壺流河、嬀河、涿水、温泉水等文改同。

〔一八〕安陽水注之至又東逕潘縣故城北　「安陽水」原脱「安」字，「潘縣故城」原訛作「潘城縣」，乾隆志同，並據王先謙合校水經注、楊守敬水經注疏灅水注補改。

〔一九〕又東過涿鹿縣北　乾隆志同。據水經灅水篇，此爲經文，非注文。

〔二〇〕洋河在鎮城南五里　「鎮城」，乾隆志同。按大明一統志卷五作「宣府城」，此與明統志不符。

〔二一〕又南至宣化縣西入洋河　「洋」，原作「界」，據乾隆志及乾隆宣化府志卷五山川志上、同治畿輔通志卷六五山川九改。

〔二二〕八川共成一水至引北川西南逕一故亭東　「八」，原作「入」，乾隆志及朱謀㙔水經注箋同，據王先謙合校水經注、楊守敬水經注疏沽水注改。「引」上原衍「水」字，乾隆志同，據合校水經注、水經注疏删。

〔二三〕由獨石城西爲西河　「獨石城」下原脱「西」字，乾隆志同。按下文云「逕獨石城東爲東河」，則一在獨石城西，一在獨石城東。乾隆宣化府志卷五山川志上、同治畿輔通志卷六五山川九皆作「獨石城西爲西河」，是，據補。

〔二四〕又東合東河　「東河」，乾隆志同。同治畿輔通志卷六五山川九：「湯泉河，出西山，東流至赤城縣城西南，合水泉河，又東合沽河。」同書卷五二疆域圖説七：赤城縣西南湯泉河，東流合水泉河，又東入白河（即沽河），與今赤城縣湯泉河經流形勢相符（見一九六〇年河北省地圖集），此「東河」爲「沽河」之誤。

〔二五〕在萬全縣西四十里洗馬林堡百餘步　乾隆志同。乾隆宣化府志卷五山川志上、同治畿輔通志卷六五山川九皆載：「西沙河，在萬全縣西七十里洗馬林堡西百餘步。」畿輔通志卷五二疆域圖説七，西沙河在萬全縣西洗馬林堡之西，即今萬全縣西之洗馬林河（一九六〇年河北省地圖集），此載里數有差誤，「洗馬林堡」下脱「西」字。

〔二六〕南入沽　「沽」，原作「海」，乾隆志同。王先謙漢書補注：「王念孫曰：『入海』當爲『入沽』。沽水注『陽樂水出且居縣』，引地理志云『水出縣東』，又曰『陽樂水東南合赤城水，又東南入沽』，是其證。」此「海」爲「沽」字之誤，據改。

〔二七〕又謂之陽田河　「田」，原作「曲」，乾隆志及朱謀㙔水經注箋同，據王先謙合校水經注、楊守敬水經注疏沽水注改。

〔二八〕左與候鹵水合　「候」，原作「舊」，乾隆志及水經注箋同，據合校水經注、水經注疏沽水注改。下「舊鹵城」、「舊鹵水」之「舊」改同。

〔二九〕陽樂水又東南傍狼山南　「傍」上原衍「逕」字，乾隆志及水經注箋同，據合校水經注、水經注疏沽水注删。

〔三〇〕又東北得飛狐谷水　乾隆志同。按水經㶟水注：「祁夷水又東北得飛狐谷，即廣野君所謂杜飛狐之口也。」則飛狐谷無「水」字，此疑衍。

〔三一〕又西與泉溝水會　「與」，原作「得」，乾隆志及朱謀㙔水經注箋同，據王先謙合校水經注、楊守敬水經注疏㶟水注改。「會」，原脱，乾隆志同，據合校水經注、水經注疏補。

〔三二〕右與陽溝水合　「右與」，原倒誤「與右」，乾隆志及朱謀㙔水經注箋同，據王先謙合校水經注、楊守敬水經注疏濕水注乙正。

〔三三〕西南流逕縣故城北　「故」，原脱，乾隆志同，據王先謙合校水經注、楊守敬水經注疏濕水注補。

〔三四〕南注滄河　「南」，原脱，乾隆志同，據王先謙合校水經注、楊守敬水經注疏濕水注補。

〔三五〕靈亭水出馬蘭西澤中至水導源馬蘭城城北負山勢　「靈亭」下原衍「城」字，「水導」下原脱「源」字，乾隆志及朱謀㙔水經注箋同，又「北負」上原脱「城」字，並據王先謙合校水經注、楊守敬水經注疏濕水注删補。

〔三六〕在萬全縣西北十二里　「十二」，原作「二十」，乾隆志同。讀史方輿紀要卷一八：「紅草溝，在萬全右衛城西北十二里。」按清康熙中改萬全右衛爲萬全縣。乾隆宣化府志卷五山川志上：「紅草溝，在衛城西北十二里許。」此「二十」爲「十二」之倒，據以乙正。

〔三七〕耆彦云　「彦」，原作「諺」，乾隆志及朱謀㙔水經注箋同，據王先謙合校水經注、楊守敬水經注疏濕水注改。

〔三八〕懷戎縣城中有舜井　乾隆志同。按史記卷一五帝本紀正義引括地志云：「舜井在嬀州懷戎縣西外城中。」則不在「懷戎縣城中」，此引誤。

大清一統志卷四十

宣化府三

古蹟

且居故城。在宣化縣東。漢置縣，屬上谷郡。後漢省。水經注：「于延水逕且居縣故城南〔一〕。」舊志：「且居故城，在衛東六十里，周一里。元時因舊址修築，明時復修爲戍守之所。」

茹縣故城。在宣化縣南。漢置縣，屬上谷郡。後漢省。水經注：「于延水逕茹縣故城北〔二〕，世謂之如口城。魏土地記：城在鳴雞山西十里，南通大道，西達寧川。」

雲州故城。在赤城縣北。本望雲川地，遼置望雲縣，屬奉聖州。金屬德興府。元中統四年升爲雲州，至元二年省望雲縣入州。明初州廢。今爲望雲堡。按舊志謂「遼景宗嘗潛居於此，後國人訪求立之，遂作屋宇於舊居，號曰『御莊』，置望雲縣」。今考遼史，景宗年四歲，穆宗養諸永興宮，即位，並無遯荒民間訪求迎立之事。

女祁故城。在龍門縣東。漢置縣，屬上谷郡，爲東部都尉治。後漢省。水經注：「陽樂水歷女祁縣故城南。」按遼志以文德縣及中京北安州爲女祁縣地，皆非是。

沮陽故城。在懷來縣南〔三〕。秦置縣，爲上谷郡治。後魏省〔四〕。水經注：「清夷水西逕沮陽縣故城北，秦上谷郡治此。闞駰曰：『涿鹿東北至上谷城六十里。』魏土地記：『城北有清夷水西流也。』」括地志：「上谷故城在懷戎縣東北百二十里。漢沮陽縣也。」

代縣故城。在蔚州東。本古代國，史記：「趙襄子元年，殺代王，遂平代。」即此。後武靈王置代郡。秦始皇十九年，王翦滅趙，趙公子嘉率宗族奔代，自立爲代王；二十五年，王賁自燕還攻代，虜代王嘉，仍爲代郡。漢元年，項羽徙封趙歇爲代王，都代，歇尋徙趙；六年，高帝立兄喜爲代王。後爲縣，屬代郡。晉爲代郡治。後燕慕容垂建興二年，代郡人許謙以郡附劉顯；三年，燕趙王麟破謙，徙其民於龍城，遂廢代郡。水經注：「祁夷水東北逕代城西，盧植言：初築此城，板幹一夜自移於此。故代西南五十里大澤中營城自護，結葦爲九門，於是就以爲治。城圓匝而不方〔五〕，周四十七里，開九門，更名其故城曰東城。」金史地理志：「靈仙縣有代王城。」明統志：「代王城在蔚州東二十里。」按漢文帝初封代王，都晉陽，徙中都，未嘗居代。明統志謂「文帝封代王時居此」，誤。又魏書靈徵志：「神䴥三年，白鹿見代郡倒刺山。」本紀：「太和十一年，肆州之代郡民饑。」是後魏時，嘗復置代郡屬肆州也。李元護傳：「叔恤爲東代郡太守。」蓋太和遷洛後，以平城爲代郡，故以此爲東代郡也。地形志俱不載，其缺略多矣。

當城故城。在蔚州東。漢置縣，屬代郡〔六〕。後漢、晉初因之，後廢。水經注：「連水北逕當城縣故城西。高祖十二年，周勃定代斬陳豨於當城，即此處。應劭曰：當桓都山作城，故曰當城也。」

雊瞀故城。在蔚州東。漢置雊瞀縣，屬上谷郡。後漢因之。晉廢。水經注：「連水出雊瞀縣東，西北流，逕雊瞀縣故城南。」

東安陽故城。在蔚州西北。本趙之安陽邑，漢置東安陽縣，屬代郡。後漢因之。晉廢。後魏復置安陽縣，屬高柳郡。北齊廢。水經注：「灅水東逕東安陽故城北，趙惠文王三年，主父封長子章爲代安陽君，此即章封邑。地理風俗記曰：五原有西安陽，故此加『東』也。」

昌平故城。在蔚州北。水經注：「㶟水逕昌平縣故城北，王莽之長昌也。昔牽招爲魏鮮卑校尉，屯此。又祁夷水逕昌平郡東，魏太和中置，西南去故城六十里。」按漢昌平縣屬上谷郡，水經注及括地志皆云昌平在軍都東南，今順天府昌平州界是也。今蔚州乃漢代郡地，漢時桑乾爲代郡治〔七〕，不應上谷之縣反出其西。蓋此昌平縣在後魏天平中屬平昌郡，謂即牽招所屯，恐非〔八〕。

桑乾故城。在蔚州東北。漢置縣，爲代郡治。後漢移郡治高柳，以桑乾屬焉。建安二十三年，曹操遣子彰擊代郡烏丸，逐北至桑乾，去代二百餘里。即此。裴松之三國志注：「桑乾縣，今北虜居之，號爲索干之都。」水經注：「㶟水東北逕桑乾縣故城西，魏土地記：代城北九十里有桑乾城。」

陽原故城。在西寧縣南。漢置縣，屬代郡。後漢省。水經注：「㶟水逕陽原縣故城南，俗謂之北鄉州城〔九〕。」舊志：「故城在西城南十里。」

馬城故城。在懷安縣北。漢置縣，屬代郡，爲東部都尉治。後漢因之。晉廢〔一〇〕。水經注：「修水東南逕馬城縣故城北，十三州志：馬城在高柳東二百四十里。」

居庸故城。在延慶州東。漢置縣，屬上谷郡。後漢建安中，劉虞自薊北奔居庸，即此。水經注：魏上谷郡治。按史志，天平中復置，改郡屬，北齊併廢〔一一〕。

夷輿故城。在延慶州東北。漢置縣，屬上谷郡〔一二〕。後漢省。水經注：「谷水與浮圖溝水注之，水出夷輿縣故城西南。」〔一三〕

永興故城。今保安州治。本漢涿鹿縣地，唐末置縣爲新州治。遼神册元年，平西北諸郡，回攻新、蔚、武、嬀、儒五州，盡有其地，置西南面招討使。明年，晉復取之。會同元年，石晉復割入遼，改爲奉聖州。保大二年，金遣完顏忠攻奉聖州，破遼兵於雞鳴山，州降。元爲保安州治。明初，州縣俱廢。永樂十二年於此置保安衛，十三年復置保安州。景泰二年移保安衛於雷家站，因謂州城爲舊城，與新城互爲脣齒。

礬山故城。在保安州東南六十里。本漢軍都縣地，唐末置縣，屬新州。遼屬奉聖州。金初屬弘州，明昌三年改屬德興府。元至元二年省入永興。明置礬山堡於此。

涿鹿故城。在保安州南。史記：「黄帝邑於涿鹿之阿。」漢置涿鹿縣，屬上谷郡。晉屬廣寧郡。後魏省〔一四〕。魏土地記：「下洛城東南六十里有涿鹿城。」括地志：「涿鹿故城在嬀州東南五十里〔一五〕，本黄帝所都。」舊志：「今保安州東南四十里有土城遺址〔一六〕，制甚宏闊，中有黄帝廟。明志謂之軒轅城，即涿鹿城也。」

潘縣故城。在保安州西南〔一七〕。漢置縣，屬上谷郡。後漢初省，永元十一年復置。晉改屬廣寧郡。後魏省。隋置懷戎縣於此〔一八〕。水經注：「㶟水北逕潘縣故城北〔一九〕，或云舜所都也。」魏土地記：下洛城西南四十里有潘城。十三州志曰：「廣平城東北一百一十里有潘縣。」隋書地理志云：「涿郡懷戎縣，後齊置北燕州，領長寧、永豐二郡。周去『北』字。開皇初郡廢，大業初州廢。」舊唐書地理志：「嬀州，隋涿郡之懷戎縣。武德七年，討平高開道置北燕州，復北齊舊名。貞觀八年改名嬀州，長安二年移治舊清夷軍城。懷戎縣，本漢潘縣，北齊改爲懷戎。嬀水經其中，州所治也。」宣府志：「有舜鄉堡，在今保安州西南七十里，即故潘縣也。」按舊志以今懷來縣爲故潘縣，誤。

下洛故城。在保安州西。漢置縣，屬上谷郡。晉曰下洛〔二〇〕，太康中置廣寧郡治焉。後魏兼置燕州於此。魏書穆羆傳：「太和十六年除燕州刺史，鎮廣寧。」地形志：「太和中分恒州東部置燕州，孝昌中陷。」水經注：「㶟水東逕下洛縣故城南，魏燕州廣寧縣廣寧郡治。」魏土地記：去平城五十里，城南二百步有堯廟。」

廣寧舊城。在宣化縣西北〔二一〕。漢置縣，屬上谷郡。晉置廣寧郡於下洛，省縣入之。亦曰大寧。咸和二年，代王紇那爲石虎所敗，徙都大寧以避之。水經注：「延河東逕大寧縣故城南，地理志云廣寧也。魏土地記：下洛城西北百三十里有大寧城。」

寧縣舊城。在宣化縣西北。漢置寧縣，屬上谷郡，爲西部都尉治。後漢曰寧縣，建武二十五年置烏桓校尉於寧城，領内附烏桓并鮮卑内屬者。晉省。魏土地記：「大寧城西二十里有小寧城。」

宣德廢縣。今宣化縣治。唐末置武州，治文德縣。通考云：「南至新州七十里。」遼神册元年攻有其地，改爲歸化州。宋宣和五年入宋，六年築固疆堡，尋復入金，改州縣俱曰宣德。元爲順寧府治。明洪武初府縣俱省，二十六年置宣府左右前三衛於此。本朝初省左右二衛入前衛，爲宣府鎮在城廳。康熙三十二年，巡撫郭世隆奏改鎮置宣化府，改在城廳置宣化縣，以宣府驛深井堡併入。

陽門廢縣。在懷安縣北。本金置，元廢。金史地理志：「弘州陽門鎮，貞祐二年七月升爲縣。」宣鎮志：「在鎮西一百二十里。」

宣平廢縣。在懷安縣東北。金史地理志：「宣德州領宣平縣，承安二年以大新鎮置。」舊志：「元移治於辛南莊。明洪武初縣廢，二十六年改置萬全左衛。故城在衛西十里。」宣鎮志：「在鎮城西七十里。」

靈仙廢縣。今蔚州治。唐時興唐縣也。元和志：「興唐縣，本靈丘縣地，開元十二年於州東北一百三十里横野軍子城南置安邊縣，屬蔚州。天寶元年改爲安邊郡，仍自靈丘移州理於安邊城。至德二年改爲興唐郡，仍改安邊縣爲興唐縣。」寰宇記：「梁開平二年改爲隆化縣。後唐同光初復舊。晉初改爲靈仙縣。」按舊唐志，州治靈丘，以興唐爲屬縣，云：「隋置安邊縣。」新唐志又謂：「開元初自靈丘徙州治安邊。至德二載復故治。」皆誤。今從元和志。

定安廢縣。在蔚州東北。遼置，屬蔚州。金貞祐三年升爲定安州。元復爲縣。明初省。蔚州志：「定安廢縣，在州東北六十里。」

縉山廢縣。今延慶州治。唐末置爲儒州治。元廢。按遼志：「縣本漢廣寧縣地，唐天寶中割嬀川縣置。」考水經注：「于延水逕廣寧城南。」則廣寧在于延水北，即今宣化縣地，今延慶州在清夷水北，乃漢居庸縣地，非廣寧也。又新舊唐書皆無縉山，則非天寶中置可知，當從通考唐末所置爲是。

龍門舊縣。今龍門縣治。唐末所置也。遼史地理志：「龍門縣，在奉聖州東北二百八十里。」元改置望雲縣。明初廢，宣德中因其地置龍門衛。本朝康熙三十二年改置龍門縣，以葛峪、趙川、鵰鶚、長安嶺四堡併入。

懷安舊縣。在今懷安縣東。唐書地理志：「新州領懷安縣。」遼史地理志：「懷安縣，本漢夷輿縣地〔一二〕。歷魏至隋爲突厥所據。唐克頡利，縣遂廢爲懷荒鎮。高勳鎮燕，奏分歸化州文德縣置。在奉聖州西北二百八十里。」舊志：「懷安故城，在今懷安縣東二十里。明廢縣爲衛，移今治。」本朝康熙三十二年改置懷安縣，以萬全左衛及紫溝、西陽河二堡併入。按水經注，夷輿縣在居庸縣東北，遼志謂在懷安縣，誤。

永寧舊縣。今西寧縣治。遼統和中置弘州，又置永寧縣爲州治。金改縣曰襄陰。元省入州。明初州廢，天順四年築城，謂之順聖西城。成化十九年設南路參將駐此。本朝初設宣府鎮南路廳，康熙三十二年改置西寧縣，以東城併入。又有永寧舊縣，在延慶州東，明永樂置，詳見關隘。按遼志謂：「弘州本東魏北靈丘郡，唐橫野軍安邊縣。」今考北靈丘及橫野軍並在蔚州，永寧特唐時安邊地耳，遼志誤襲元和志蔚州建置之文，遂謂縣本唐橫野軍，誤〔一三〕。

順聖舊縣。在西寧縣東六十里。遼置。遼史地理志：弘州統順聖縣，「本安塞軍，五代兵廢。景宗分永興縣置〔一四〕。初隸奉聖州。在州西北二百八十里。」金史地理志：「順聖縣，遼應曆中置。金因之。」舊志：明初縣廢，天順中改築順聖東城。詳見關隘。

舊赤城。今赤城縣治。水經注：「沽水逕赤城東，趙建武年，并州刺史王霸爲燕所敗，退保此城。城在山阜之上，下枕深隍。」舊志：「後魏登國二年，臨幸廣寧，遂如赤城；三年，燕將慕容麟擊擒賀納於赤城，既而魏主幸東赤城，即此。加『東』者，以平城西又有赤城也。五代晉天福六年，遣使如契丹，見契丹主於赤城，亦即此。元置赤城站。明宣德五年築城曰赤城堡，正統末陷廢。景泰初收復。嘉靖元年設兵備駐此。」本朝順治十年裁。康熙元年設上北路廳於此，三十二年改置赤城縣，以開平衛、龍門所、滴水崖、雲州、鎮安、馬營、鎮寧等七堡併入，三十五年，聖祖仁皇帝臨幸，御製有詩。

禦夷鎮城。在赤城縣東北。後魏太和中置，爲六鎮之一。水經注：「大谷水南逕禦夷鎮城西，魏太和中置以捍北狄也。」又「候鹵城，在居庸縣西北二百里。太和中更名禦夷鎮」。

清夷軍城。今懷來縣治。唐書地理志：「媯州有清夷軍，垂拱中置。」舊唐書地理志：「媯州懷戎縣，長安二年移治舊清夷軍城。」即此。遼改州曰可汗，縣曰懷來。金又改縣媯川。元復曰懷來。明置懷來衛。本朝初爲宣府鎮東路廳，康熙三十二年改置懷來縣，以保安衛及土木、榆林二堡併入。按今縣本秦漢沮陽縣地，城南有清夷水，故唐置清夷軍，取水爲名。長安中，始自潘城移懷戎縣及媯州來治，其故懷戎即漢潘縣，則在今保安州西南界。括地志所云媯州懷戎及歷山、媯水皆在其地，二地迥別。自天寶改郡曰媯州，金又改縣曰媯川，皆沿唐初故名，後人不察移治之事，遂誤以今縣爲即潘縣，并誤指清夷水爲媯川也。

大寧郡城。在懷安縣北〔二五〕。水經注：「雁門水逕大寧郡北，魏太和中置。」按大寧即廣寧也，後魏時廣寧郡治下洛〔二六〕，豈嘗移治西界歟？

白城。在赤城縣北雲州堡東北百里。金世宗納涼之所，章宗誕生於此。又有黑城，在白城西南九十里。

古長城。在赤城縣北。魏書明元紀：「泰常八年築長城，自赤城西至五原〔二七〕，延袤二千餘里。」舊志：「望雲縣有古長城。」又唐書地理志：「懷戎北有長城，開元中張説築。」在今懷來縣北。

零丁城。在萬全縣北。水經注：「修水東逕零丁城南，右合延鄉水。」

廣邊城。在龍門縣東鵰鶚堡東。唐書地理志：「懷戎北有廣邊軍，故白雲城也。」宋白曰：「軍在嬀州北百三十里，近鵰窠邨。」按鵰窠邨即明鵰鶚堡。

羊城。在龍門縣東南三十里。遼築以便市易。

六郎城。在懷來縣東南棒棰峪。相傳宋楊延昭所築。

寧武城。在懷來縣西。唐書地理志：「懷戎縣西有寧武軍。」

代東城。在蔚州東北。水經注：「逆水導源將城東，西北流逕將城北，在代城東北一十五里，疑即東代矣，而尚傳將城之名。」盧植曰：「此城方就而板幹自移。」應劭曰：「城徙西南，去故代五十里〔二八〕，故名代曰東代，或傳書倒錯，情用疑焉。」又「祁夷水逕一故城西，西去代城五十里，又疑是代之東城，而非所詳也」。舊志：「按水經注，故代城在熱水之西。今暖水出綾羅里，即古熱水，在州西南三十里。疑今州治即古將城地，而州志所謂代王城，則水經注代東北五十里之故城也。」

沙城。在懷安縣舊萬全左衛西北。明永樂中北征，道宣府，次沙嶺〔二九〕，次萬全，次沙城。景泰三年設沙城堡，周三里。

九王城。在懷安縣舊萬全左衛北五里。相傳遼築，遺址尚存。

岡城。在懷安縣東北舊萬全左衛北。水經注：「于延水東逕岡城南，按史記蔡澤，燕人也，謝病歸，相秦，號岡成君，疑即澤所邑也，世名武岡城。」

隆鎮衛城。在延慶州南。元大德中，指揮使哲彦布哈所建。宣鎮志：「城在州南，址尚存。」又有古城在州東北二十里，相傳遼蕭太后所築。「哲彦布哈」舊作「哲言不花」，今改正。

藥師城。在保安州東合河鎮。相傳宋宣和中，郭藥師守燕山時所築。

平原城。在保安州東南。水經注：「涿水東逕平原郡南，魏徙平原之民置此，故立僑郡以統之。」

蚩尤城。在保安州東南。水經注：「蚩尤泉水出蚩尤城，城無東面。魏土地記曰：涿鹿城東南六里有蚩尤城。」

無鄉城。在保安州南。水經注：「灅水逕無鄉城北，地理風俗記曰：燕語呼毛爲無，今改宜鄉也。」

雍洛城。在保安州西。水經注：「灅水逕雍洛城南，魏土地記：下洛城西南二十里有雍洛城〔三〇〕，桑乾水在城南東流者也。」

故萬全右衛。今萬全縣治。本曰德勝堡，明洪武二十六年置，是年置萬全右衛，與左衛同城。永樂二年城德勝口，移右衛來治。成化十年設上西路參將，轄邊牆一百二十四里有奇。本朝康熙三十二年改置萬全縣，以張家口、膳房、新河口、洗馬林等四堡併入。

故蔚州衛。即舊蔚縣治。明洪武七年置衛蔚州城中〔三一〕，屬山西行都司。宣德五年割衛屬萬全都指揮使司。本朝康熙三十二年改衛及廣昌千户所地置蔚縣，乾隆二十二年裁併入州。

故延慶衛。在州東南四十里居庸關口，南接居庸關。本名隆慶衛，明建文四年，燕王置，隆慶初改今名。本朝乾隆二十六年併衛地入延慶州，移昌平州州判於此，改爲延慶州分防州判。又有隆慶左右衛，永樂二年置，宣德五年移左衛於永寧，移右衛於懷來，今皆廢。

狼山府。在懷來縣西。唐永徽元年建狼山都督府。宣鎮志：「狼山堡，在懷來衛西十五里良山之南。其地尚多瓦礫。」

長春宮。在赤城縣北雲州堡西南〔三二〕。遼建，景宗嘗遊於此。

慶寧宮。在龍門縣界。金史地理志：「龍門有慶寧宮，行宮也。」

明昌苑。在懷來縣東。遼置。

上花園。在宣化縣東南四十里。又有下花園，在縣東南五十里。相傳皆遼蕭后種花處。本朝高宗純皇帝鑾輿駐此，御製有詩。

東花園。在懷來縣東十里。遼置。

杏園。在延慶州南七里。相傳金時植杏於此。

香水園。在延慶州東北。元仁宗誕生於此。

鎮朔樓。在宣化縣治東。明正統中，都御史羅亨信建。直南北二門通衢，上置鼓角漏刻，以司昏曉。亨信有記。本朝乾隆十年賜額曰「神京屏翰」。

清遠樓。在宣化縣治東。明成化中，都御史秦紘建。上置鐘以司昏曉。

鎮邊樓。在蔚州城内。明洪武初，指揮周房建。

望軍樓。在懷來縣西十里。

鳳凰臺。在延慶州西南三十五里。金時建。

歇馬臺。在赤城縣東龍門所東五十里口外。相傳遼蕭后歇馬處。

羊房。有二，東羊房在延慶州北十里，西羊房在州西北十五里。相傳皆遼蕭后養羊之所。

薄家莊。在蔚州西三里。相傳漢文帝母薄氏宗族所居。金志：「靈仙縣有薄家邨。」即此。

關隘

飛狐關。在蔚州南。魏土地記：「代城南四十里有飛狐關。」州志：「飛狐口，在州東南六十里，北口在州南三十里。」

隘門關。在蔚州西南四十里石門峪，亦曰石門口。兩山對峙，中通一線，路通山西靈丘縣。明洪武中設巡司，久廢。

孔嶺關。在蔚州東北。元和志：「蔚州東北至孔嶺關一百里，從關至嬀州百五十里。」

美峪關。在保安州南六十里，西南通蔚州界。舊曰美峪所，本在保安衛西，明景泰二年移置於此。

協陽關。在保安州西南。魏土地記：「下洛城西南九十里有協陽關，西通代郡。」

獨石口。在赤城縣東北一百里，府東北三百十里。其南十里爲獨石城。本元雲州之獨石地，明初建城，周六里，門三。宣德五年自故開平城移置開平衛於此，屬萬全都指揮使司。景泰三年設上北路參將。本朝初屬宣府鎮，曰上北路。康熙三十二年併衛入赤城縣，仍設參將防駐，曰獨石口，並設縣丞分駐其地。雍正六年改設副將，轄雲州、赤城、鎮安、滴水崖、龍門所五營，十二年增設理事同知。口外爲太僕寺牧廠，察哈爾遊牧處及阿霸垓諸旗分地。康熙三十五年，聖祖仁皇帝駕次獨石口，御製有詩。

張家口。在萬全縣東二十里。其南五里爲張家口堡。明宣德四年築，周四里有奇，門二。嘉靖中改築，周三里有奇，城外有池。明季爲互市之所。本朝爲張家口路，設參將駐防，康熙二十九年改設副將，轄萬全營、膳房堡、新河口、萬全左衛、柴溝堡、洗馬林堡、西陽河堡、懷安城八營，三十二年設縣丞分駐其地。雍正三年增設理事同知。口外爲禮部、太僕寺牧廠及察哈爾官兵阿霸哈納爾等諸旗分地。乾隆十年，高宗純皇帝清蹕所經，有御製進張家口途中詩。

沿河口。在懷來縣南一百三十里，宛平縣界。桑乾河口也。詳見順天府。

九宫口。在蔚州東南四十里九宫山側。明洪武九年置巡司，弘治七年移於黑石嶺，萬曆十六年廢。又九宫口東有永寧、松子二口，明永樂十三年塞。

直峪口。在蔚州西南六十里〔三三〕。路通山西靈丘縣。即唐之直峪關，詳見山西志。

鴛鴦口。在蔚州東北七十里，近壺流河。兩山相峙，狀如鴛鴦，路通西寧縣〔三四〕。明永樂十三年置巡司，今裁。

興寧口。在蔚州東北一百二十里，路通府城，明永樂十三年置巡司，天順中徙於興寧北口，今裁。

丁寧口。在西寧縣東南。舊志：「東城相近有丁寧、鰲魚等口。明嘉靖中，余子俊以丁寧、鰲魚、水峪爲東城三隘。」

岔道口。在延慶州南二十里。舊志：「自八達嶺而北，地稍平，五里至岔道，有二路：一自懷來衛歷榆林、土木、雞鳴三驛，至宣府爲西路；一至延慶州永寧衛四海冶爲北路。八達嶺爲居庸之襟喉，岔道又八達之藩籬也。明嘉靖三十年築城於此，周二里有奇，西、南、北三門。」本朝設守備駐此。

天津關口。在保安州東南一百里，與良鄉縣接界。自口而西爲天橋關口、梨園嶺口、滑車安口，皆去州百里。

天門關口。在保安州東南一百里，與房山縣接界。相近曰東龍門口。

馬水口。在保安州西南一百六十里，接淶水縣界。又西曰石龍安口、康家溝口、狼兒溝口、定樂安口，皆南接紫荆關界。

多倫諾爾。在張家口外。本朝雍正年間設同知、巡檢各一員，兼設都司駐此。

永寧城巡司。在延慶州東四十里。明永樂十二年置永寧縣，屬隆慶州，十五年又於縣置永寧衛，屬宣府鎮。本朝順治八年設都司駐守，十六年併縣入衛，康熙三十二年又併衛入延慶州，今爲永寧路都司，所轄周四溝、靖安、四海冶三堡，城周六里有奇，門四。雍正十二年設巡司。

沙城巡司。在懷來縣東北〔三五〕。

新保安城。在懷來縣西北七十里，即故保安衛也。其地本名雷家站，明景泰二年自保安州城移置保安衛於此，改築新城，周七里有奇，門三。本朝康熙三十二年以衛併入懷來縣，設懷來路參將駐此。雍正十年改設都司，轄礬山堡、懷來城二營。

東城。在西寧縣東六十里。本遼金時順聖縣，明初廢，天順四年築城周四里有奇，謂之順聖川東城。本朝初屬蔚州衛，爲宣府鎮南路，康熙三十二年併入西寧縣，設守備駐防，仍屬蔚州路。

萬全左衛。在懷安縣東北六十里。本元宣平縣地，明洪武二十六年改置萬全左衛，三十一年徙廢。永樂二年復還故治，屬萬全都指揮使司。本朝初屬宣府鎮，爲西路，康熙三十二年以衛併入懷安縣，設守備駐防，屬張家口路。城周六里十三步，門二。

龍門所。在赤城縣東三十里，東至邊界十五里。本元雲州之東莊地，明宣德六年建千户所，築堡周四里有奇，南、北二門。萬曆十八年〔三六〕，以北路地勢隔遠，增設下北路參將駐此。本朝順治八年改設守備，轄鎮寧一堡。

雞鳴驛堡。在宣化縣東南六十里。明永樂十六年設站於此，因雞鳴山爲名，十七年因民堡增築〔三七〕，周四里有奇。舊爲鎮城入京要路。本朝設把總駐此。

深井堡。在宣化縣南少西六十里，東至保安州四十里，西南至東城八十里。明正德五年築城，周三里有奇，門三。初屬蔚州衛，後改屬萬全都司。舊設守備、把總各一。本朝康熙三十二年裁守備一員。

寧遠站堡。在宣化縣西北四十里。明永樂初設站置堡，周三里有奇。又洋河堡在縣南五里，水泉堡在縣南四十里，榆林東、中、西三堡在縣北三十里，雙營堡在縣東北四十里。

滴水崖堡。在赤城縣東八十里，北去龍門所五十里。本龍門所地，明弘治八年築堡，周三里有奇，門二。東去大邊二十里，即薊門古北口之後也。本朝初設守備，雍正十年改設都司，轄馬營、松樹、君子三堡。又寧遠堡在滴水崖東，舊爲朶顔易馬市口，明嘉靖二十八年築堡，周二里有奇，東去盤道口邊十五里。又長伸地堡在寧遠堡東北，明萬曆十年築，周一里有奇。

樣田堡。在赤城縣東龍門所西南二十里。舊名雞田，民堡也。明嘉靖三十七年始爲官堡，改名樣田，周二里有奇。又牧馬堡在龍門所北，故牧場也。明弘治十年築，周一里有奇。皆久廢。

鎮寧堡。在赤城縣西北三里〔三八〕，西至邊界三十里，北至邊界三十五里。明弘治十一年築，周二里有奇。舊設守備。本朝康熙元年改設把總。

馬營堡。在赤城縣西北六十里，西至邊界二十五里，北至邊界三十里。元爲雲州之大猫兒峪，明宣德七年築堡，周六里有奇，門四。本朝設把總駐守，雍正十年改設千總。其東南有倉上堡〔三九〕，周不及一里，明嘉靖三十七年築，久廢。

松樹堡。在赤城縣西北馬營堡西。明嘉靖二十五年築。又君子堡在松樹堡北，明宣德初築，俱周一里有奇。本朝雍正十年於松樹堡增設千總，君子堡增設把總。

雲州堡。在赤城縣北三十里，即元故雲州也。明洪武初廢州，置雲州驛，宣德五年於河西大路築城置戍，景泰五年增設千户所，後又設上北路參將。本朝改設守備。舊有驛丞，今裁。城周三里有奇，門二。其北二十里爲猫兒峪堡，又北二十里爲半壁店堡，俱明嘉靖中修築，周一里有奇。久廢。

鎮安堡。在赤城縣東北五十里。明成化八年築堡，周二里有奇。本朝設守備駐此。

清泉堡。在赤城縣東北獨石城邊外。山下有清泉涌出，遶堡東，因名。明景泰四年築，周二里有奇。久廢。

新河口堡。在萬全縣西北四十里，西、北至邊界皆十里。明宣德十年築堡，周二里有奇。本朝設守備駐此。

洗馬林堡。在萬全縣西北七十里〔四〇〕，西至邊界二十里，西南至西陽河堡三十里，東北至新河口堡四十里。元曰蕁麻林，後譌洗馬。明宣德十年始築城於舊堡北十里，隆慶五年增修，周四里有奇，門二。本朝設守備駐此。

膳房堡。在萬全縣北二十里，東南至張家口堡三十三里，西南至洗馬林堡五十里，北至邊界十里。明成化十五年築堡，嘉靖十二年展築，周二里有奇。本朝設守備駐此。

鵰鶚堡。在龍門縣東四十五里。元爲雲州之鵰窠站。明初置浩嶺驛，有驛丞。永樂中改爲鵰鶚堡，宣德六年築城，周二里有奇，門二。當北路之中，爲往來要道。本朝裁驛丞，設把總駐守。

長安嶺堡。在龍門縣東南九十里。明洪武初置豐峪驛，設驛丞。永樂九年築城置戍，改今名。弘治三年增置守禦千户所。本朝初設守備，雍正十年改設都司駐防，十三年增設把總，裁驛丞。城周五里有奇，東西跨嶺，中通線道，稱爲險要。

龍門關堡。在龍門縣西二十五里。明宣德三年築堡，周二里有奇，關門在堡東五里。又三岔口堡在縣東十五里，明嘉靖二十八年築，周一里有奇。金家莊堡在縣西北七十里，明成化二年築，周二里有奇。三堡皆本朝順治八年併入。

趙川堡。在龍門縣西五十里，北至邊界二十八里，西至葛峪堡三十里。明宣德五年築，隆慶後改築甎城，周四里，東南二門，城外有池。本朝初設把總，雍正十二年改設千總。其北二十里有大白陽堡，即唐媯州之白陽鎮也。明成化初置堡，周三里。東北十里又有小白陽堡，明宣德五年築，周二里有奇。本朝順治八年，二堡皆併入趙川堡。

葛峪堡。在龍門縣西北八十里，北至邊界十五里，西北至張家口六十里。明宣德五年築，周四里有奇，後設中路參將駐此。本朝改設守備，轄趙川、鵰鶚二堡。其西七里有常峪堡，又西二十里有青邊口堡，皆明宣德中置，周三里有奇。又西二十里有羊房堡，北去邊牆十里，與張家口接壤，明成化元年築，周二里有奇。本朝順治八年，三堡皆併入葛峪堡。

榆林驛堡。在懷來縣東南三十里，東至延慶州岔道口二十五里，至居庸關五十八里。元置榆林驛，明初因之，正統末築堡，周二里有奇。本朝設把總駐守，舊兼設驛丞，今裁。

土木驛堡。在懷來縣西二十五里，西至保安州四十里，爲往來孔道。本名統漠鎮，唐初高開道據懷戎時所置，後譌爲土木。明永樂初置堡。正統末，英宗親御六師駐此，師潰，額森擁之北行，堡遂毁。嘉靖四十五年，就故堡修築，周二里有奇。當長安嶺紅站口之衝，爲襟要之地，設驛丞。本朝因之，兼設把總駐守，屬懷來路。乾隆十年，高宗純皇帝聖駕經臨，御製有土木堡詩。

黑石嶺堡。在蔚州東南黑石嶺上，接廣昌界。明正德三年築堡，周二百四十步。本朝設把總駐此。

桃花堡。在蔚州東北九十里。明嘉靖四十四年築堡。周二里，門二，設倉置遞。本朝設把總駐守。舊與黑石嶺俱屬廣昌營，雍正六年改屬蔚州路。又有鴉澗堡在堡西南三里，後營堡在堡東北五里。

西陽河堡。在懷安縣西北，東去萬全縣八十里，北至邊界二十里。相傳金元時嘗築小城，設兵戍守，明正統五年因舊址築堡，周四里有奇，門四。爲府境極西，西北與山西大同平遠堡接壤，兩面皆邊，舊稱衝要，今設守備駐守。其東十五里又有渡口堡。

李信屯堡。在懷安縣西北三十里。明嘉靖十六年築堡，周二里有奇，南一門。西北去大同永嘉堡十里。

柴溝堡。在懷安縣北五十里，東北至萬全縣四十里，至張家口四十八里，西北至洗馬林堡四十里。元設柴溝營，明正統二年築堡，周七里有奇，東西南三門，城外有池，北去邊界二十里。嘉靖初增設參將，以右衛爲上西路，此爲下西路。本朝康熙三十二年，與西陽河堡俱併入懷安縣，設守備駐此。雍正十年改設參將，十二年又改都司。

會河堡。在懷安縣東北萬全左衛西，即東、南二洋河合流處也。堡爲遼、金時所築。宋嘉定四年，蒙古追金人至會河堡，即此。又衛東十五里有閻家屯堡。

周四溝堡。在延慶州東永寧城東北三十里。明嘉靖十九年築，周二里有奇，南一門。本朝設守備駐此，屬永寧路。又劉斌堡在周四溝堡西南十八里，明萬曆三十二年築，周一里。黑漢嶺堡在周四溝堡東南十五里，明嘉靖三十年築，周二里有奇。

四海冶堡。在延慶州東永寧城東六十里。舊嘗冶鑄於此，以有四水合流，名四合冶。元時往來上都，恒取道於此，後譌爲四海冶。明天順八年築堡，周三里有奇。弘治七年徙永寧左千户所屯守。本朝爲延慶州地，設守備駐防，兼轄榆林堡。

靖安堡。在延慶州東永寧城北三十里，東至邊界五里，北至邊界三里。明嘉靖三十五年築，周二里有奇，門三。本朝初設守備，雍正十年改設都司，乾隆四年改設千總。

沙城堡。在保安州東六十里。相近又有二堡相連，曰沙城中堡、東堡。其西十里有良田屯堡，爲居民屯聚之所。又東八里堡，在舊保安衛東八里，西八里堡在衛西八里。

礬山堡。在保安州東南六十里。本遼、金時礬山故縣，明初築礬山堡，周三里，萬曆七年設兵戍守。本朝設守備於此，屬懷來路。

麻峪口堡。在保安州南，當龍門南口。明洪武二十五年築，周一里有奇。旁有紅站口，皆險隘之地。

西白馬營。在西寧縣東十五里。又東一里爲東白馬營。

柳溝營。在延慶州東。明萬曆中築城，周二里有奇，門三。

神道溝鎮。在蔚州東南一百里，路通廣昌縣。明萬曆三十八年置巡司，今裁。

長寧鎮。在蔚州東北七十里。地雖平坦，爲諸關隘之襟喉，舊設巡司，今裁。

弘陽鎮。在延慶州西南。唐武德六年，高開道以所部弘陽、統漠二鎮來降。即此。舊志：「弘陽鎮在州西南三十里，統漠即土木驛也。」

三馬房。在西寧縣東城東十五里。又四馬房在縣東十里，七馬房在縣西十里，八馬房在縣西二十里。

宣化驛。在府城南。舊名宣府驛，本朝康熙三十二年改名。

雞鳴驛。在宣化縣東南雞鳴驛堡。明永樂十六年置，有驛丞。

赤城驛。在赤城縣治東北。明永樂中置。舊曰雲門驛，今改名。

萬全驛。在懷安縣舊萬全左衛南門外。明正德八年置，有驛丞。

懷安驛。在懷安縣北門外。明永樂十八年置於萬全左衛東門外，名東門驛，成化二十年改置於此。本朝康熙三十二年改名。

居庸驛。在居庸關内。舊屬延慶衛，本朝乾隆二十六年，衛裁，屬延慶州分防州判管理。

津梁

報捷橋。在府城小東關外。

承恩橋。在府城南昌平門外。其東又有通濟橋。本朝乾隆二十六年建。

普濟橋。在府城南五里洋河上。

様田河橋。在赤城縣東南様田堡北四里許。

順濟橋。在赤城縣東北獨石城南三里。

三橋。在懷來縣南嬀河上。

新橋。在懷安縣東北三十里，跨洋河。又七里橋在縣西，跨柳河。

九宫口橋。在蔚州東南四十里。

官莊橋。在蔚州西十里。

渡口橋。在西寧縣東三十里。

萬固橋。在西寧縣南桑乾河上，地名余獻莊，爲東西南北通衢。明弘治五年建石橋，凡八空，縱三十仞，橫三仞有奇。

屠營橋。在延慶州東，跨龍灣河。又孤山橋在州西十里，跨嬀河。

青龍橋。在延慶州東南三十餘里，跨澗河，又廣濟橋在州南，跨嬀河。通濟橋在州西，跨沽河。

武林橋。在保安州東南保安衛南四十里，跨桑乾河。

隄堰

洗馬林堡石隄。在萬全縣西沙河東岸。本朝乾隆六年建築，二十八年被水衝刷，復經增修完整。

懷安城河石隄。在懷安縣南門外。本朝乾隆五年築，以禦城西南諸山匯流之水；三十三年復接築土隄，使湍流越過城隅，由洪塘溝達於洋河，由是城垣得免衝嚙。

柳河川壩。在宣化府城西北兩門外。本朝乾隆八年因柳河川水勢衝激，分建甎壩、石壩，以資捍禦，嗣後屢經修築。乾隆二十七年復將舊存土壩改建石工，於是西北城隅藉以鞏固。

張家口堡石壩。一在張家口大境門外。本朝乾隆二十四年、二十八年，先後建築，以禦西沙溝之水；一在堡之東北清水河，伏秋雨漲，邊牆輒被衝嚙，乾隆十一年、十二年築壩以禦之，二十二年、二十八年復屢次加築。又有乾沙河一道，洩本境諸山無源瀝水，乾隆三十年分建石壩並土隄以引水旁流，於是牆堡無傾圮之患。

陵墓

元

劉敏墓。在宣化縣。

譚資榮墓。在懷來縣。

明

楊洪墓。在赤城縣北舊開平衛。相近有洪從子武强伯楊能墓。

祠廟

褒忠祠。在府城内。明嘉靖七年建，祀有功烈節義諸武臣薛禄、譚廣等，許成名有記。

昭德祠。在府城内。明嘉靖二年建，祀李儀、羅亨信、李秉、葉盛、秦紘、張錦、李介、楊謐、陳紀、馬中錫、雍泰、王雲鳳十二人，呂柟有十二公傳序。

義烈祠。在赤城縣北雲州堡。明景泰三年建，祀死事谷春、孫剛等九十餘人，葉盛有記。

表忠祠。在懷來縣新保安城〔四一〕。祀明謫戍、錦衣衛經歷沈鍊。

顯忠祠。在懷來縣。明景泰初建，萬曆末重修，祀正統土木死事諸臣：王佐、鄺埜、曹鼐、丁鉉、王永和、鄧棨、張益、龔全安、黄養正、戴慶祖、王一居、劉容、淩壽、包良佐、姚銑、鮑輝、俞拱、潘澄、錢昺、張洪、黄裳、魏貞、夏誠、申佑、尹竑、童存德、孫慶、林翔鳳、齊汪、馮學明、滕員、王健、程思温、程式、逯端、俞鑑、張瑭、鄭瑄、馬預、尹正、羅如墉、廖羲仲、劉信、欽謙、李恭、石玉、張輔、朱勇、吴克忠、宋瑛〔四二〕、陳瀛、井源、薛綬、朱冕、陳懷、李珍、陳塤、沈榮、吴克勤、粱成、王貴、藍睦、雷震、范弘共六十四人。

黄帝祠。在保安州東南。水經注：「涿鹿城東一里阪泉上有黄帝祠。」宣鎮志：「在橋山後，魏天興中建，每遇東巡幸，率親臨以祀。興光元年詔修之。」

温泉神廟。在赤城縣西温泉上。明正統六年因舊重修。

獨石神廟。在赤城縣北獨石城南。明正統七年建，祀土神。

漢文帝廟。在蔚州南關。世傳遼穆宗建。

寺觀

彌陀寺。在府城内。明宣德八年修，楊士奇有記。本朝康熙元年重修。

永寧寺。在府城東南雞鳴山。遼時建，元至元中地震，寺圮重建，有歐陽元碑記。

妙峯寺。在府城東北三十里。明孫琦碑記云：「寺有蒙古碑，丞相太師布哈撰，今湮没，無迹可考。」「布哈」，改見順天府列女。

廣慈寺。在懷來縣城内。本朝順治五年建，康熙三十五年賜額。内有行宫，乾隆十年，高宗純皇帝駕幸多倫諾爾，經臨寺中，賜「鏡圓常照」額。

柏林寺。在懷來縣新保安西二十里。唐時有僧卓錫於此。蒼柏萬株，平地有三巨石，高各十餘丈，鑿石爲龕，刻佛像其中。

虎窩寺。在懷安縣西三十里虎窩山之陽〔四三〕。府志云：「即漢壽峯寺，明時改名。張士範有記。」

靈巖寺。在蔚州城内西北隅。俗稱前寺。

雙松寺。在蔚州城西北。俗稱後寺。府志云：「遼三字故址。」

金河寺。在蔚州東小五臺山下。金時建。

千佛寺。在西寧縣順聖西城東南二里。本金羅化院舊址〔四四〕。

靈山寺。在保安州南一百五十里。金泰和八年建。

靈真觀。在赤城縣雲州堡西南十五里金閣山中。舊曰雲谿觀，元改名。本朝康熙十一年修。

校勘記

〔一〕于延水逕且居縣故城南　乾隆志卷二四宣化府一古蹟（以下同卷簡稱乾隆志）同。按水經灤水注：「于延水又南逕且居縣故城南。」此「逕」上脱「南」字。

〔二〕于延水逕茹縣故城北　乾隆志同。按水經㶟水注：「于延水又東南逕茹縣故城北。」此「逕」上脱「東南」二字。

〔三〕在懷來縣南　乾隆志同。劉建華張家口地區戰國時期古城址調查發現與研究：「上谷郡城址，位於懷來縣東南二十里的大古城村北，官廳水庫南岸。從大古城内暴露遺物看，多爲戰國、兩漢時期的，没有較晚時期的遺物，這説明大古城確建於戰國時期，秦漢時代，城内相當繁榮。」（文物春秋，一九九三年第四期）秦兩漢上谷郡治沮陽縣，可補證沮陽故城的具體地址。

〔四〕後魏省　按魏書卷二四張袞傳：「上谷沮陽人。」子太，「沮陽侯」。同書卷八七節義傳邵洪哲：「上谷沮陽人。縣令范道榮坐除名，羈旅孤貧，不能自理。洪哲不勝義憤，遂代道榮詣京師，明申曲直。又北鎮反亂，道榮孤單，無所歸附。洪哲兄伯川復率鄉人來相迎接，送達幽州。」施和金北齊地理志卷一河北地區上：「所謂北鎮反亂，是指北魏後期六鎮之亂，説明此時上谷郡仍領有沮陽縣。魏書地形志云：上谷郡，天平中置，領平舒、居庸二縣，孝昌中陷，天平中置。原上谷郡孝昌中陷，而此東魏天平中所復置上谷郡領縣中已無沮陽縣，則此前沮陽已廢入居庸矣。」

〔五〕城圓匝而不方　「圓」，原作「周」，乾隆志同，據水經㶟水注改。

〔六〕漢置縣屬代郡　乾隆志同。后曉榮秦代政區地理第六章山東北部諸郡置縣：代郡當城縣，「秦封泥有『當城丞印』。史記高祖本紀：樊噲別將兵定代，斬陳豨當城。正義引括地志云：當城在朔州定襄縣界。土地十三州記云：當城在高柳東八十里。縣當常山，故曰當城。」

〔七〕漢時桑乾爲代郡治　乾隆志同。王文楚關於中國歷史地圖集第二册西漢圖幾個郡國治所問題：「代郡。漢書地理志首列桑乾縣。王先謙漢書補注曰：『據水經㶟水注，郡治高柳。』李子魁漢百三郡國守相治所考曰：『㶟水注：雁門水東南流逕高柳縣故城北，舊代郡治。此東漢郡治也，西漢高柳爲西部都尉治，不得復爲郡治。』所論極是，西漢代郡不治高柳。李氏又云：『元和志卷一四蔚州，趙襄子殺代王有其地，秦爲代郡，漢三年，韓信斬陳餘，置代郡，領縣十八。按蔚州，漢代縣，是代郡治代。』考史記酈生陸賈列傳正義引括地志：『蔚州飛狐縣北百五十里有秦漢故代郡城（此脱「代」字，據史記匈奴列傳正義補)。』史記匈奴列傳正義：『代郡城，北狄代國，秦漢代縣城也，在蔚州飛狐縣(原作「羌胡縣」，據史記酈生陸賈列傳改)。』按唐飛狐縣即今河北淶源縣，則唐飛狐縣北百五十里爲秦漢代郡治代縣城，即今蔚縣東北代王城，正與元和志記載之秦漢代郡治代縣相合，漢代郡治代縣無疑，漢書地理志代郡首縣桑乾，亦誤。」(載歷史地理第五輯)後列桑乾故城云「漢爲代郡治」，誤同，不再重述。

〔八〕在蔚州北至蓋此昌平縣在後魏天平中屬平昌郡謂即牽招所屯恐非　乾隆志同。　王仲犖北周地理志北魏延昌地形志北邊州鎮考證：「魏書地形志：『平昌郡，孝昌中陷，天平中置。領縣二：萬言、昌平。』地形志言天平中置者，蓋據其寄治年月言之耳。水經灅水注：『灅水又東逕昌平縣，温水注之。灅水又東逕昌平縣故城北，王莽之長昌也。昔牽招爲魏鮮卑校尉屯此。灅水又東北逕桑乾故城西，又屈逕其城北。』又云：『祁夷水又東北流逕代城西，又東北，熱水注之。祁夷水又東北，谷水注之。水出昌平縣故城南，又東北入祁夷水。祁夷水右會逆水，水導源將城東，西北流逕將城北。祁夷水又北逕一故城西。祁夷水又逕昌平郡東，魏太和中置，西南去故城六十里。』按灅水即今桑乾河，祁夷水即今壺流河，昌平縣在舊桑乾縣之西。熱水即今蔚縣西三十里之暖泉。將城蓋今蔚縣城關又北一故城，即今蔚縣東二十里代王城。昌平縣城當在今河北陽原縣之東南，『平昌郡』當從水經灅水注作『昌平郡』，當在今陽原縣東。蓋昌平郡與昌平縣不同治一城也，昌平縣在西，昌平郡在東，均在桑乾河、壺流河兩河之間。」據此，北魏昌平郡在今陽原縣(清西寧縣)東，昌平縣在今陽原縣東偏南，不在清蔚州(今蔚縣)北。　魏書地形志及本志「平昌郡」爲「昌平郡」之訛。

〔九〕俗謂之北郁州城　「郁」原作「郙」，「城」原脱，乾隆志同，據水經灅水注改補。

〔一〇〕晉廢　乾隆志同。　吴增僅三國郡縣表附考證：馬城縣地「爲鮮卑所擾，城邑殘破，棄爲荒外之地」。

〔一一〕北齊併廢　乾隆志同。　讀史方輿紀要卷一一：昌平州，居庸城，「漢縣，屬上谷郡，闕因以名。東漢至晉皆爲上谷郡屬縣，後魏、高齊因之，後周廢」。

〔一二〕漢置縣屬上谷郡　乾隆志同。　后曉榮秦代政區地理第六章山東北部諸郡置縣：「上谷郡領夷輿縣，秦封泥有『夷輿丞印』。」

〔一三〕谷水與浮圖溝水注之水出夷輿縣故城西南　「注之」原脱，「出」上原脱「水」字，乾隆志同，據王先謙合校水經注、楊守敬水經注疏灅水注補。

〔一四〕後魏省　乾隆志作「後魏未省」。按魏書卷二太祖紀：天興三年五月，「幸涿鹿」。同書卷三：神瑞二年六月，「幸涿鹿」。讀史方輿紀要卷一七：保安州，「涿鹿城，在州西南。漢縣，屬上谷郡。晉屬廣寧郡。後魏亦屬廣寧郡，後廢」。此誤。

〔一五〕涿鹿故城在嬀州東南五十里　「州」，原作「川」，乾隆志同，據史記卷一五帝本紀正義引括地志改。

〔一六〕今保安州東南四十里有土城遺址　乾隆志同。劉建華張家口地區戰國時期古城址調查發現與研究：「涿鹿故城位於涿鹿縣礬山鄉三堡村北五十米，俗稱黄帝城。城址内暴露遺物均爲戰國、漢時期，此城當爲戰國、漢時期的涿鹿縣故城。」（文物春秋，一九九三年第四期）清保安州即今涿鹿縣，劉氏之説可補證涿鹿故城具體地址。

〔一七〕在保安州西南　乾隆志同。劉建華張家口地區戰國時期古城址調查發現與研究：「潘縣故城位於涿鹿縣（西南）保岱鎮内。城内采集文物有戰國、漢、遼、金、元時期的陶片、瓷片，因此，保岱城當爲漢時的潘縣城，城創建於戰國時期，延用到元代。」（文物春秋，一九九三年第四期）按清保安州即今涿鹿縣，劉氏之説可補證潘縣故城的確切今址。

〔一八〕隋置懷戎縣於此　乾隆志同。太平寰宇記卷七一：懷戎縣，「本漢潘縣也，魏孝昌中廢。高齊天保六年于此置懷戎縣」。此云「隋置」，誤。

〔一九〕灅水北逕潘縣故城北　後一「北」字原脱，乾隆志同，據水經灅水注補。

〔二〇〕晉曰下洛　乾隆志同。按漢書卷二八地理志下、續漢書郡國志五皆作「下落」，晉書卷一四地理志上及水經灅水注引魏土地記皆作「下洛」。

〔二一〕在宣化縣西北　乾隆志同。王仲犖北周地理志北魏延昌地形志北邊州鎮考證：大寧郡大寧縣，「漢置廣寧縣，按漢書地理志上谷郡有廣寧縣，即此。魏廢。後魏復置大寧縣。大寧城蓋即張家口市，此大寧縣即漢之廣寧縣。後魏亦有廣寧縣，爲燕州廣寧郡治，即漢之下洛縣故治，在今涿鹿縣西。是漢廣寧縣去後魏廣寧縣有一百餘里之遥也。」中國歷史地圖集第二册二漢上谷郡廣寧縣，第四册北魏廣寧郡大寧縣，即今張家口市，北魏廣寧郡治廣寧縣，今涿鹿縣，是也。

〔二二〕本漢夷輿縣地　乾隆志同。本志下文云：「按水經注，漢夷輿縣在居庸縣東北，居庸故城在延慶州東，夷輿故城在州東北，遼志謂在懷安縣，誤。」是也。金史卷二四地理志上：「懷安縣，晉故縣名。」可補證遼史地理志闕誤。

〔二三〕今考北靈丘及横野軍並在蔚州至遂謂縣本唐横野軍誤　乾隆志同。按元和郡縣圖志卷一四蔚州：「東魏孝静帝又於此置北靈丘郡。」蔚州治興唐縣：「開元十二年置安邊縣，屬蔚州。天寶元年改爲安邊郡，仍自靈丘移州理於安邊城。至德二年改爲興唐郡，仍改安邊縣爲興唐縣。」是唐天寶元年安邊郡自靈丘縣移治安邊縣，後改名爲興唐郡興唐縣。新唐書卷三八地理志三蔚州：「東北有横野軍。」「興唐縣治横野軍。」則興唐縣與横野軍同治。其地即清蔚州，今蔚縣。遼史地理志所載之弘州治永興縣，既非東魏之北靈丘郡，亦非唐代之興唐縣與横野軍，其地乃清西寧縣，今陽原縣，與唐蔚州無關，其事明矣，故遼志舛謬，本志雖論其誤，但失詳悉，特補充申明。

〔二四〕景宗分永興縣置　乾隆志同。馮家昇遼金史互校：「按金志：『遼應曆中置。』是穆宗時置，遼志作『景宗』。考遼史高勳傳云：『應曆初，封趙王，出爲上京留守，尋移南京。會宋欲城益津，勳上書請假巡徼以擾之，帝然其奏，宋遂不果城。』則高勳鎮幽州（遼太宗升幽州爲南京）當穆宗之世。疑當作『穆宗應曆中置』。」

〔二五〕在懷安縣北　乾隆志同。王仲犖北周地理志北魏延昌地形志北邊州鎮考證：「水經㶟水注：『修水又東南于大寧郡北，右注雁門水。』按修水即于延水，今曰東洋河。雁門水，今曰南洋河。又㶟水注：『雁門水又東逕大寧郡北，魏太和中置，有修水注之，即山海經所謂修水東流注于雁門水也。地理志有于延水而無雁門、修水之名，山海經有雁門之目而無説于延河，自下亦通謂之于延水矣。』按于延水指今洋河言之，修水指洋河上游東洋河言之，雁門水指南洋河言之。大寧郡治在今東洋河、南洋河將合口處，蓋在今河北懷安縣新治柴溝堡東南也。」在今懷安縣（柴溝堡）東南東南洋河會合處，亦在清懷安縣（今懷安縣南懷安城）之北，王氏所考具體而微，優於本志。

〔二六〕後魏時廣寧郡治下洛　「魏」，原作「漢」，據乾隆志改。水經㶟水注：「㶟水又東逕下洛縣故城南，魏燕州廣寧縣廣寧郡治。」可證。

〔二七〕自赤城西至五原　「赤城」下原衍「縣」字，據乾隆志及魏書卷二太宗紀删。本志卷三八宣化府一建置沿革：「康熙三十二年改赤城堡置赤城縣。」

〔二八〕去故代五十里　「代」，原作「城」，乾隆志同，據水經濕水注改。

〔二九〕次沙嶺　「沙」，原作「少」，據乾隆志及讀史方輿紀要卷一八改。

〔三〇〕下洛城西南二十里有雍洛城　「南」，原脱，乾隆志同，據王先謙合校水經注、楊守敬水經注疏濕水注補。

〔三一〕明洪武七年置衛蔚州城中　「七年」，乾隆志同。據明太祖實録卷四八載：「洪武三年正月，「增置蔚州衛指揮使司」。此紀年誤。參見本志卷三八宣化府一校勘記〔一〇〕。

〔三二〕在赤城縣北雲州堡西南　「州」，原作「川」，據乾隆志改。本卷關隘：「雲州堡，在赤城縣北三十里。」即是。

〔三三〕在蔚州西南六十里　乾隆志關隘同。讀史方輿紀要卷四四蔚州廣靈縣：「林關口，在縣西南四十里林管山下，「其東三十里有直峪口」。清史稿卷六〇地理志七大同府廣靈縣有「直峪鎮」。按明清廣靈縣，即今縣，直峪在其南（一九六一年山西省地圖集），則不在明清蔚州（今蔚縣）西南，同治畿輔通志卷六九關隘三：「唐山口在蔚州西七十里，口在廣靈縣城西南，「其南有直峪口，山間僻徑，均屬廣靈縣境。案直峪口，舊志載入蔚州，誤」。其説是也。

〔三四〕路通西寧縣　乾隆志同。同治畿輔通志卷六九關隘三、光緒蔚州志卷五關隘皆載：「通宣化縣。」與此不同，未知孰是。

〔三五〕在懷來縣東北　乾隆志：「沙城堡，在保安州東六十里，其西十里有良田屯堡。」按清保安州，即今河北涿鹿縣，其東六十里，則在清懷來縣（今懷來縣治沙城東南舊懷來，已没入官廳水庫）西北。同治畿輔通志卷六九關隘三：「沙城堡，在懷來縣西北六十里，新保安城東。」今懷來縣治沙城在清懷來縣西北，其西爲良田屯，西北爲新保安（一九六一年河北省地圖集），正合上引記載，即清沙城，則此「東北」爲「西北」之訛。

〔三六〕萬曆十八年　「十八」，乾隆志同，同治畿輔通志卷六九關隘三作「十四」。

〔三七〕明永樂十六年設站於此因雞鳴山爲名十七年因民堡增築　「十七年」，乾隆志及讀史方輿紀要卷一八同，乾隆宣化府志卷八城堡、同治畿輔通志卷六九關隘三皆作「成化十七年」。

〔三八〕在赤城縣西北三里　「三」，乾隆志同。讀史方輿紀要卷一八：「鎮寧堡，在赤城堡西北四十里。」按明置赤城堡，清康熙三十二年改置赤城縣。同治畿輔通志卷六九關隘三：「鎮寧堡，在赤城縣西北三十里。一統志作『三里』，誤。」按今赤城縣西北鎮寧堡，里距正與畿輔通志記載相符（一九六一年河北省地圖集），則畿輔通志所載是也。

〔三九〕其東南有倉上堡　「上」，原作「山」，乾隆志同。讀史方輿紀要卷一八、乾隆宣化府志卷八城堡志、同治畿輔通志卷六九關隘三皆作「倉上堡」，畿輔通志卷五二疆域圖説七同，今赤城縣西北馬營東南倉上（一九八二年河北省分縣地圖册），即是，此「山」爲「上」字形訛，據改。

〔四〇〕在萬全縣西北七十里　乾隆志同。按同治畿輔通志卷五二疆域圖説七，洗馬林在萬全縣西偏南，今地同，見于一九六一年河北省地圖集、一九八二年河北省分縣地圖册，不在萬全縣西北，此「北」或爲「南」字之誤，或爲衍字。參見本書卷三九宣化府二校勘記〔八〕。

〔四一〕在懷來縣新保安城　「新保安城」，原作「新安堡城」，乾隆志祠廟同。乾隆宣化府志卷一三典祀作「新保安城」。同治畿輔通志卷一七七祠宇三：表忠祠，在保安新城，「今祠在懷來縣之新保安，明之保安衛也」。本卷關隘：「新保安城，在懷來縣西北七十里，即故保安衛也。」此誤，據改。

〔四二〕宋瑛　「宋」，原作「宗」，據乾隆志及乾隆宣化府志卷一三典祀、同治畿輔通志卷一七七祠宇三改。

〔四三〕在懷安縣西三十里虎窩山之陽　「三」，原作「二」，據乾隆志寺觀及乾隆宣化府志卷一三典祀、同治畿輔通志卷一八二寺觀五改。本志卷三九宣化府二山川：「虎窩山，在懷安縣西南三十里。」可證。

〔四四〕本金羅化院舊址　「化」，乾隆志同。乾隆宣化府志卷一三典祀、同治畿輔通志卷一八二寺觀五皆作「漢」，此「化」蓋爲「漢」字之誤。

大清一統志卷四十一

宣化府四

名宦

漢

李廣。成紀人。文帝時爲上谷太守，數與匈奴戰〔一〕。

劉茂。晉陽人。爲沮陽令。王莽時棄官，避世弘農山中教授。

蘇竟。平陵人。平帝時，拜代郡中尉。時匈奴擾亂，北邊多罹其禍，竟終完輯一郡。光武即位，就拜代郡太守，使固塞以拒匈奴。

王霸。潁陽人。建武九年，拜上谷太守，時盧芳與匈奴、烏桓會兵，寇盜尤數。詔霸將弛刑徒六千餘人，與杜茂治飛狐道，堆石布土，築起亭障，自代至平城三百餘里。與匈奴、烏桓大小數十百戰，頗識邊事，數上書言宜結和親，又陳委輸可從溫水漕，以省陸轉之勞，事皆施行。後南單于、烏桓降服，北邊無事。在上谷二十餘歲。永平二年，以病免。

三國　魏

裴潛。聞喜人。太祖以爲代郡太守。烏丸王及其大人，凡三人，各自稱單于，專制郡事。太祖欲討之，潛曰：「宜以計謀圖之，不可以兵威迫也。」遂單車之郡。單于驚喜。潛撫之以靜。單于以下脱帽稽顙，悉還前後所掠婦女、器械、財物。潛暗誅郡中大吏與單于爲表裏者郝温、郭端等十餘人，北邊大震，百姓歸心。

南北朝　魏

王憲。北海劇人。爲上谷太守，清身率下，風化大行。

唐

李思儉。弘道元年，爲蔚州刺史。突厥寇州，思儉死之。

遼

楊佶。南京人。重熙十五年，出爲武定軍節度使。境内亢旱，苗稼將槁，視事之夕，雨澤霑足。百姓歌曰：「何以蘇我？上天降雨。誰其撫我？楊公爲主。」瀑陽水失故道，乃以己俸創長橋，人不病涉。及被召，郡人攀援泣送。

竇景庸。中京人。大安中，授武定軍節度使。審決冤滯，輕重得宜，以獄空聞。

趙徽。南京人。咸雍中，出爲武定軍節度使，及代，軍民請留。

金

完顏宗賢。天德中，除忠順軍節度使。捕盜司執數人至府，白獄已具，宗賢閲其案，謂僚佐曰：「我察此輩必冤。」不數日，賊果得，人服其明。

伊拉衮。遼横帳人。大定中，由臨海軍移鎮武定，歲旱且蝗，因割指，以血瀝酒中祈禱。既而雨霑足，有群鴉啄蝗立盡，歲乃大熟。「伊拉衮」，改見保定府名宦。

賈少沖。通州人。熙宗時，爲定安令。時蔚州刺史恃貴不法，屬吏畏之，每從其意，少沖守正不阿，用廉進官一階。

李瞻。玉田人。貞元三年，爲忠順軍節度使。正隆末，盜賊蠭起，瞻增築城壘爲備，蔚人賴之以安。

王擴。永平人。明昌中，爲懷安令。猾吏張執中誣敗二令，擴到官，執中挈家避去。

張特立。東明人。調宣德州司候。州多皇族巨室，特立繩之以法，闔境肅然。

元

連格。蒙古克類氏。從太宗南伐數有功。金亡後，太宗謂曰：「西山之境，八達以北，汝其主之。」生平寬大愛人。卒，謚忠襄。「連格」舊作「速哥」，「克類」舊作「怯烈」，今並改正。

明

宋忠。建文元年，以都督總邊兵屯開平。燕師起，忠率兵至居庸關，不得進，退保懷來。燕王率精兵八千，卷甲倍道至。

忠戰敗，死之。時都指揮余瑱、彭聚、孫泰與忠同守懷來，及戰，瑱被執，不屈死，泰中流矢，裹創立戰，與聚俱陷陣亡。福王時，贈忠壽昌伯，謚莊愍；瑱東陽伯，謚翼愍；泰象山伯，謚勇愍；聚左都督。

鄭亨。合肥人。永樂元年，充總兵官，鎮宣府。時元遺兵出没塞下，亨度宣府、萬全、懷來形便，每數堡相距，擇一堡爲高城深池，多置門浚井，蓄水其中，度可容數堡士馬者，謹斥堠，遠瞭望。兵至，夜舉火，晝鳴礮，併力堅守，規畫周詳，後莫能易。後移守開平，再鎮宣府，五出塞，皆有功。

趙玨。祥符人。永樂中，以禮部尚書督建隆慶、保安二州，撫綏新集，民安其業。

薛禄。膠州人。宣德初，佩鎮朔大將軍印，守宣府，屢立功。建議徙開平於内地〔二〕，以便戍守。又築獨石、隆慶等城，躬視版築，與卒伍同勞苦。

譚廣。丹徒人。時以左都督鎮宣府二十年，撫士卒有恩，邊徼帖然〔三〕。

李儀。涿州人。正統初，宣鎮始設巡撫，命儀以右僉都御史往〔四〕。時軍府草創，儀規畫俱可法守，潔廉持正，邊徼信畏。以被誣下吏死。嘉靖初，鎮人建昭德祠以祀之。

羅亨信。東莞人。正統五年，以右僉都御史巡撫宣府〔五〕，汰諸衛冗官老弱者四百八十餘人。土木之變，人情恟懼，有議棄宣府城者，官吏軍民紛然就道。亨信仗劍坐城門，令曰：「敢出城一步者斬。」又誓諸將曰：「朝廷付亨信此城，以死守之。」人心始定。額森奉車駕至，傳命啓門。亨信登城語曰：「奉命守城，不敢擅啓門。」額森乃去。時額森兵日薄城下，亨信以孤城當其衝，外禦强寇，内屏京師。以勞進左副都御史〔六〕。

楊洪。六合人。正統初，守備赤城、獨石，以擊寇功進都指揮同知，充右參將。建議加築開平城，拓龍門所，自獨石至潮河川，增至堠臺六十，形勢相接。十二年充總兵官，鎮宣府。景泰中，佩鎮朔大將軍印。以疾召還京，卒，贈潁國公。洪御軍嚴肅，士馬精强，爲一時邊將冠，迤北憚之，稱爲楊王。性好儒雅，請建學宣府，教諸將子弟。敵不敢軼宣大南侵者，二人力爲多。

朱謙。夏邑人。正統末，充總兵官，鎮宣府。敵屢入犯，謙力戰却之。景泰初，郭登守大同，謙守宣府，數以羸師挫勁騎，

李秉。曹縣人。景泰二年，以右僉都御史〔七〕，代侍郎劉連督宣府軍餉，盡反連弊政，厚恤屯軍，發帑市牛種，士卒自城守外，悉令屯作。凡使者至及宦官鎮守，供億科斂，皆罷之。尋命兼巡撫，乃易守帥，練士卒，興學校，經久之策，細大畢舉。邊關千里間，比户樂業。天順初，罷巡撫，改官。憲宗立，復命以副都御史往撫，軍民聞其來，夾道歡迎。

葉盛。崑山人。景泰時，爲右參政，督餉宣府，協贊軍務。自土木之變，獨石、馬營、龍門諸衛，赤城、鵰鶚諸堡，將士皆棄城遁，盛悉收復之。發帑市牛種給軍，盡心拊循，惠政大著。憲宗初，以左僉都御史巡撫宣府〔八〕。復舉官牛官田之法，墾田四千餘頃。以其餘積市戰馬千八百匹，修屯堡七百餘所，邊塞益寧。

秦紘。單縣人。成化中，以右僉都御史巡撫宣府〔九〕。練兵積粟，繕器甲，明斥堠，爲戰守計甚備。小王子數萬騎入掠，紘躬擐甲冑，與總兵官周玉等邀擊，遁去。尋復入寇，連戰却之，追還所掠，璽書勞焉。

雍泰。咸寧人。弘治十二年，以右副都御史巡撫宣府〔一〇〕。官馬死，軍士不能償，泰言於朝，以官帑市。邊軍貧，有妻者輒鬻，泰請官爲資給。尚書周經因令貧者給聘財，典賣者收贖，一軍盡歡。

馬中錫。故城人。弘治中，以右副都御史巡撫宣府〔一一〕。劾罷貪耄總兵官馬儀，革鎮守以下私役軍士，使隸尺籍。寇嘗犯邊，督軍敗之。

翁萬達。揭陽人。嘉靖中，以兵部右侍郎總督宣大軍務〔一二〕。謹偵堠，明賞罰。寇大入，率兵擊敗之。後修築邊牆，自大同東路至宣府西路二百餘里，敵臺暗門悉具。後又修築宣府東路及大同西路邊牆，凡八百里。牆堞遠近，濠塹深廣，曲盡其宜。

寇乃不敢輕犯。牆内得以耕牧，歲省邊費幾半。

關山。大同人。嘉靖中，宣府中路參將。小王子率六萬騎入葛峪山，所部不滿千，力戰一晝夜，援兵不至，身被重創死。詔贈卹予祭。

郭都。廣寧衛人。嘉靖中，以副總兵協守宣府。寇入深井堡，都率所部禦之，轉戰三日，多所斬獲。追至淘沙堡，兵疲無援，陷圍中，身被數十創死。事聞，贈左都督，謚忠壯。

李光啓。嘉靖中，爲宣府參將。遇賊於青邊口，兵敗被執，擄至墩下，索金帛爲贖，光啓瞋目大罵，賊怒，劓殺之。詔贈都督僉事，謚節愍，立祠以祀。

王遴。霸州人。隆慶時，以右僉都御史巡撫宣府〔一三〕。大興屯田，募民耕治，輕其租税，奏行屯政便宜，邊儲賴之。

孫維城。丘縣人。萬曆中，爲赤城兵備副使。繕亭障二百六十所，招史、車二部千餘人。以功屢進按察使，兵備如故。部長安圖恃其勇，挾五千騎邀賞，維城請於督、撫，革其市賞而遣譯使責之，語中竅要，遂斂戢不敢肆。「安圖」舊作「安兔」，今改正。

閻生斗。汾西人。崇禎中，由歲貢生歷保安知州。性廉介，持法嚴，吏民畏服。七年，大兵臨城，生斗集吏民固守，力屈死之。判官李師聖、吏目王本立、訓導張文魁亦同死。事聞，生斗贈太僕少卿，師聖等贈恤如制。

朱之馮。大興人。崇禎十六年，以右僉都御史巡撫宣府。明年三月，李自成陷大同，之馮集將吏於樓，歃血誓死守，盡出所有犒士。時人心已散，莫爲盡力，監視中官杜勳、總兵王承廕先遣人納款〔一四〕，叩頭請之馮降，之馮大罵。賊將至，勳郊迎三十里外，將士皆散走。之馮登城，使人發大礮，無應者。自起爇火，或從後掣其肘。俄賊薄城，承廕遽開門降，左右欲擁之馮出走，叱之，乃南向叩頭，草表勸帝收人心，培氣節，遂自縊死。

本朝

陸濬睿。平湖人。順治中，爲宣府推官。察重囚輩加世、段大、康性全等冤，出之獄。拔諸生之秀者以興文教。鎮將徐洪志擅殺平民，濬睿按之如律，忤巡撫去。

楊維喬。寧海人。康熙十九年任口北道。會歲歉，力請蠲賑。有豪勢販略婦女越境者，嚴禁之。

陳天棟。永嘉人。爲西寧管糧通判。歲饑，力請蠲賑，全活數萬人。及去，民立碑記之。

王隲。福山人。康熙二十五年，任口北道。旗丁利民地可種菸，控部差員查丈，隲力爲詳請，民不失業。

汪天柄。錢塘人。康熙中，爲西寧知縣。邑有土可煎鹽，被禁抑，爲民病者且三十年，天柄申請聽民自煎，公私賴之。

人物

漢

范升。代郡人。九歲通論語、孝經，及長習梁丘易、老子，教授後生。建武二年，光武徵諸懷宮，拜議郎。遷博士，上疏讓於梁恭、呂羌，帝不許，然由是重之。數召見，每有大議，輒見訪問。時尚書令韓歆欲爲費氏易、左氏春秋立博士，詔下其議。升以爲非宜，與韓歆、許淑等互相辯難而罷。永平中，爲聊城令，坐事免，卒於家。

韓珩。代郡人。清粹有雅量。少喪父母，奉養兄姊，宗族稱孝悌。事袁紹爲別駕，袁熙、袁尚敗，其將焦觸、張南驅率諸郡太守令長，背袁向曹，珩獨不肯。曹操聞珩節，甚高之，屢辟不至，卒於家。

晋

魯勝。代郡人。少有才操，爲佐著作郎。元康初，遷建康令。著正天論。遂表上求下公卿士考論，不報。嘗歲日望氣，知將來多故，便稱疾去官。中書令張華遣子勸其更仕，再徵博士，舉中書郎，皆不就。其著述爲世所稱，遭亂遺失，惟注墨辯存。

趙至。代郡人。寓居洛陽。少時詣師受業。聞父耕叱牛聲，投書而泣。師怪問之，至曰：「我小未能榮養，使老父不免勤苦。」師甚異之。後向遼西占户，三辟部從事，斷九獄，見稱精審。太康中，以良吏赴洛，方知母亡。初，至自耻士伍，欲以宦學立名，期於榮養。既而其志不就，號憤慟哭，嘔血而卒。

公孫鳳。上谷人。少有經學，比長，隱於昌黎之九城山谷，冬衣單布，寢土牀，夏則并食於器，停令臭敗，然後食。彈琴吟咏，人莫能測也。慕容暐在鄴，以安車徵之，及見暐，不言不拜，衣食舉動如在九城。賓客造請，尠得與言。數年病卒。

南北朝　魏

張袞。沮陽人。純厚篤實，好學，有文才。太祖爲代王，選爲左長史。常参大謀，決策帷幄。破走劉顯，大破慕容寳，尅中山，累拜奮武將軍、幽州刺史，爵臨渭侯。坐事黜爲尚書令史。袞遇創業之始，以才謨見任，率心奉上，不顧嫌疑。年過七十，闔門守静，手執經書，刊定乖失，愛好人物，喜誘無倦，士類以此高之。卒謚文康。

張恂。袞弟。隨袞歸魏，參代王軍事。皇始初，拜中書侍郎，帷幄密謀，頗預参議。賜爵平皋子，歷廣平、常山二郡太守。當官清白，仁恕臨下，百姓親愛，治爲當時第一。卒，謚曰宣。

張白澤。袞之孫。年十一，遭母憂，以孝聞。長而博學。高宗初，除中散，遷殿中曹給事中，出行雍州刺史，清心少欲，吏民安之。顯祖詔監臨官受羊一口、酒一斛者，罪至大辟，與者以從坐論；糾告者各隨所糾官授之。白澤表諫請依律令，顯祖納之。太和初，懷州民三十餘人謀反，文明太后欲盡誅一城之民。白澤諫止。遷殿中尚書。卒，謚曰簡。

邵洪哲。沮陽人。縣令范道榮除名，羈旅孤貧，不能自理。洪哲代詣京師，明申曲直，經歷寒暑，不憚劬勞，道榮卒得復雪。又北鎮反亂，道榮孤單無所歸，洪哲兄伯川復率鄉人送達幽州。道榮感其誠節，訴省申聞。詔下州郡，標其閭里。

唐

侯仲莊。蔚州人。爲李光弼先鋒，擒安太清有功，累加冠軍將軍。僕固懷恩以朔方反，仲莊爲都將，訓兵自守，號爲「平射」，人畏其鋒。懷恩敗，郭子儀代之，引爲腹心。封上谷郡王，爲神策京西將。德宗幸奉天，遷左衛將軍，爲防城使。修壘堞，晝夜執戈徼循。帝還都，復鎮奉天，幾二十年。卒，贈洪州都督。

五代　後唐

高行周。媯州人。初隸明宗帳下爲裨將。莊宗遣明宗襲鄆州，行周將前軍，乘夜雨入其城，鄆人方覺，遂取之。莊宗滅梁，以功領端州刺史，遷絳州。明宗時，從平朱守殷，克王都，歷振武、彰武、昭義節度使。周太祖時卒，贈尚書令。

金

李師夔。永興人。以蔭爲本州麴監。太祖襲遼主於鴛鴦濼，郡守委城遁去，衆請師夔主郡事。迪古鼎兵至，師夔與其故人沈璋出降，詔以師夔領節度，璋佐之。劇賊張勝以萬人逼城，師夔度衆寡不敵，僞與之和，乘其不備，使人刺勝，殺之，賊衆散去。又擒斬别賊尹智穆，是後賊衆不敢入境。累遷陝西東路轉運使，封任國公。「迪古鼐」舊作「迪古乃」〔一五〕，今改正。

沈璋。永興人。學進士業。由武定軍節度副使，累遷山西路都轉運使〔一六〕，加衛尉卿。從伐宋，汴京平，衆爭趨資貨，璋獨無所取，惟載書數千卷而還。知潞州事，百姓爲之立祠。改同知太原尹。介休人張覺聚黨鈔掠，璋往招之，覺即日降。終鎮西軍節度使。

魏子平。弘州人。登進士第。世宗時，累遷户部尚書，拜參知政事。上問：「民不足，何也？」對曰：「古有一易再易之田，今乃一切與上上田稅之〔一七〕，此民之所以困也。」又問：「前令内外官並舉所知，未聞有舉者。」子平「請當舉之官，每任須舉一人」。其獻納皆此類。歷官平陽尹，致仕。

梁肅。奉聖州人。天眷進士，累官攝大名少尹。正隆末，境内盜起，平人陷賊者數千人。肅考驗得其情，讞出者十八九。大定中，轉吏部尚書，疏言「臺諫官宜親擇，不可委之宰相，恐樹私恩，塞言路」。上嘉納之。後拜參知政事。疏論生財舒用八事，又嘗諫田獵。及請老，上謂宰臣曰：「梁肅知無不言，正人也。」卒，謚正憲。

王元節。弘州人。幼穎悟，雖家世顯貴而從學甚謹。渾源劉撝愛其才俊，以女妻之，遂傳其賦學。登天德三年詞賦進士第。雅尚氣節，不能隨時俯仰。遷密州觀察判官，既罷，即逍遥鄉里，以詩酒自娱，號曰遯齋。有詩集傳世。弟元德，亦第進士，官提刑有名。孫國綱，業儒術，尤長吏事。宣宗聞其才幹，特召爲近侍，擢御史。死節。

牛德昌。定安人。父鐸，遼將作大監。德昌少孤，其母教之學，有勸以就蔭者，其母曰：「大監遺命不使作承奉也。」登皇統二年進士，調磐山簿。遷萬全令〔一八〕，有惠政。累官吏部侍郎，中都路轉運使，廣寧、太原尹。

程輝。靈仙人。性倜儻敢言。皇統二年，擢進士第，由尚書省令史，累官户部尚書，拜參知政事。世宗謂「其遇事輒言，過於王蔚」。以老乞休，後起知河南府事。卒，謚忠簡。

靖安民。永興人。貞祐初，隸苗道潤麾下，以功累遷知德興府事、中都路總領招撫使。道潤死，安民代領其衆。興定中，安民出兵至礬山，復取擔車寨。元兵至，提控馬豹等以安民妻子出降，軍中駭亂，衆欲降以保妻子，安民及經歷官霍端不從〔一九〕，遂遇害。詔贈金紫光禄大夫。

畢資倫。縉山人。以傭僱從軍，積功至都總領。璞薩阿哈南征，軍次梅林關，不得過，資倫引兵取之。還復爲宋所據，資倫再奪之。論功第一，授遥領同知昌武軍節度使。尋命統本軍屯泗州。興定五年，宋將時青襲破泗州，資倫自投城下，不死，宋軍執以見青。青説之降，資倫極口駡，青知無降意，下盱眙獄，復囚於鎮江府獄。鈐以鐵繩，脅誘百方，凡十四年，終不屈。及聞蔡州破，嘆曰：「吾無望矣，容我一祭乃降耳。」宋人信之，爲設祭鎮江南岸。資倫祭畢，伏地大哭，乘其不防，投江水死。宋人爲立祠。

「璞薩阿哈」舊作「僕散阿海」，今改正。

殷禮。宣德人。性至孝，鬻薪自給，顧日求甘脆奉親。貞祐中，元兵陷宣德，下令盡殺老者。禮念父必不免，乃伏其父於身下，自以兩手據地，延頸待刃，項腦中二創，幸不死，至夜半甦。後二日，令再下，無老幼盡殺。會禮以善舞被選，已行至蔚州矣，聞父死，潛歸求屍得之，負以涉河，冰傷脛血出，發母冢下屍封識之，復還軍中。後以功得漢軍千户。子尚古、尚質，俱至顯官。

元

劉敏。宣德府人。爲太祖宿衛，從征諸國，授安撫使，兼燕京路税課、漕、鹽等事。遼人夜掠民財，敏戮其渠魁。又豪民冒籍良民爲奴者衆，敏悉歸之。選民習星宿者爲司天，興學校，薦名士爲之師。太宗即位，授行尚書省。憲宗時，請以子世亨自代，退居年豐。世祖南征過年豐，敏入見，諭之曰：「我太祖勵精圖治，見而知者惟卿耳，爾其彙次以爲後法。」

楊惟中。弘州人。金末，以孤童子事太宗，知讀書，有膽畧，太宗器之。年二十，奉命使西域三十餘國，宣暢國威，敷布政教，皆籍户口屬吏，乃歸。從皇子庫楚伐宋，得名士數十人，收伊、洛諸書送燕都，建太極書院，延儒士趙復、王粹等講授其間，遂通聖賢書，慨然欲以道濟天下。定宗時，仗節諭降武善餘黨。憲宗時，歷河南經畧使、陝右四川宣撫使，所至肅然。世祖總統東師，奏惟中爲江淮京湖南北道宣撫使〔二〇〕，諸帥並聽節制。卒，謚忠肅。「庫楚」，改見順天府流寓。

趙瑨。蔚州人。從穆瑚黎攻相州，抵其門，死士突出，瑨直前擊之，流矢中鼻側，鏃出腦後，拔矢再戰，七日破其城。論功授冀州行軍都元帥〔二一〕，讓其兄珪，改授軍民總管，累遷河南道提刑按察使。卒，謚襄穆。「穆瑚黎」，改見順天府人物。

魏初。順聖人。好讀書，尤長於春秋，爲文簡而有法。中統初，授國史院編修官，尋拜監察御史，首言：「方今法有未定，百司無所持循，宜參酌考定，頒行天下。」時襄樊未下，將括民爲兵，或請自大興始。初言：「京師天下之本，詎宜騷動。」遂止。累遷御史中丞。

崔彧。弘州人。負才氣，剛直敢言，世祖器重之，前後官御史中丞十年，章凡數百上。中書省請以彧爲右丞，世祖曰：「崔彧不愛於言，惟可使任言責。」成宗即位，彧以病辭，諭曰：「勉爲朕少留。」卒，追封鄭國公，謚忠肅。

譚澄。懷來人。襲父職爲交城令，時年十九，有惠政。世祖即位，擢懷孟路總管。歲旱，令民鑿唐温渠〔二二〕，引沁水以溉田，遂爲永利。歷陝西四川提刑按察使，代四川僉省嚴忠範守成都，會西南夷羅羅斯内附〔二三〕，帝以撫新國，宜擇文武全才，遂以澄爲副都元帥，同知宣慰使事。比至，以疾卒。

武恪。宣德府人。初以神童遊學江南，吴澄薦入國學。明宗在潛邸，選爲説書秀才，及出鎮，欲起兵陝西，恪諫，遣還京師，居陋巷，教授子弟。文宗知其名，除祕書監典簿〔二四〕。丁内艱，再除中瑞司典簿，改汾西縣尹，皆不起。人或勸之仕，恪曰：「向爲親屈，今親死，不復仕矣。」恪好讀周易，每日危坐。或問先生學以何爲本，曰：「以敬爲本。」所著水雲集若干卷。

吴思達。蔚州人。兄弟六人，嘗以父命析居。思達爲開平縣主簿，父卒，還家。治葬畢，會宗族，泣告其母曰：「吾兄弟別處十餘年矣，今多破産，以一母所生，忍使苦樂不均耶！」即以家財代償其逋，更復共居。母卒，哀毁甚。宅後柳連理，人以爲義友所感。

明

嚴垣。懷安人。永樂中，由進士爲御史，歷按山東、畿輔、四川、河南，並著風力，終浙江僉事。性至孝，入仕三十年，人稱廉介。

李衍。隆慶州人。景泰進士。成化初，歷官參議，督四川松潘糧儲，行部至彭索河，知生蠻擾邊，民不得耕，衍以計誅其渠帥，乃視要害築亭障，墾荒田千餘頃。灌縣江都堰壞，衍修之。三遷以户部侍郎權尚書事。河北連歲饑，郡縣當輸粟塞下者，槖銀就糴，穀騰貴，衍請輸銀京師，以太倉米給邊，軍民便之。二十年，總督關陝，引渭水爲渠，溉民田。召爲户部尚書。以老告歸。

孫剛。宣化前衛人。以功遷都指揮守備永寧。正統中，敵陷獨石、馬營，剛率兵往援，遇敵數萬騎猝至，剛大呼，陷陣死，都指揮谷春、衛指揮向通、王敬、張澄同死之。事聞，予祭廕，後葉盛奏建義烈祠祀之。

張俊。宣府前衛人。嗣世職爲本衛指揮使，累擢大同遊擊將軍。弘治時，霍什入寇，力戰却之。歷大同、宣府總兵官。正德間，楊虎、劉六等起，率師進討，屢敗賊。俊爲將能持廉，有謀勇，其殁也，家無贏資。「霍什」舊作「火篩」〔二五〕，今改正。

王軏。開平衛人。弘治進士。正德初，歷工部員外郎，出監遵化鐵廠。劾前郎中鮑瓘等虧耗，因乞減歲辦數以寬民，禁豪家毋攬納薪炭，詔從之。嘉靖時，以右副都御史巡撫四川〔二六〕，討平芒部隴政，遷户部侍郎。覈九門苜蓿地，勘御馬監草場，多所釐政。又出覈勳戚莊田，疏請如周制，計品秩，別親疎，以定多寡，於是兼并者悉歸之官。終南京兵部尚書。

馬森。懷安衛人。嘉靖進士。歷太平知府，有善政。累遷至大理卿，屢駁疑獄，稱明允。隆慶初，爲户部尚書，勸帝力行節儉。帝命中官崔敏發户部帑銀六萬市黄金，森執奏乃止。既又命購珠寶，森力争，不聽。以母老乞養歸。森初學於王守仁門人黄直。里居，力贊巡撫龐尚鵬行一條鞭法，鄉人德之，爲立報功祠。卒，贈太子少保，謚恭敏。

岳倫。懷安衛人。嘉靖進士。官行人，使河南，見餓殍載路，疏請蠲賦筭，發粟賑之。又抗疏論宰相專擅，謫齊東丞，稍遷工部郎。世宗南巡，已戒行，倫疏諫止，上怒，下詔獄，尋放還。

郝杰。蔚州人。嘉靖進士。授行人，擢御史。巡按畿輔。寇入永平，疏劾薊督劉燾、巡撫耿隨卿觀望冒功，並論副使沈應乾、遊擊李信、周冕等，皆得罪去。駕幸南海子，命京營諸軍盡從。復争之，不聽，出爲陝西副使。累遷右僉都御史(二七)，巡撫遼東。總兵李成梁飾功邀敘，督撫多庇之，杰獨不與比。進南京兵部尚書。卒，贈太子少保。

馬芳。蔚州人。有膽智，初爲隊長，數禦寇有功，累加左都督。嘉靖中，爲薊鎮副總兵，尋移宣府。寇大入山西，芳一日夜馳五百里及之，七戰皆捷，又連敗之。就擢總兵官。擊破上海十萬衆。每歲出師擣巢，多所斬獲。帥師至大松林，登高四望，耀兵而還。芳起行伍爲將帥，大小百十戰，身被十餘創，以少擊衆，未嘗不大捷，威名震邊陲，爲一時將帥冠云。子林，官總兵，守開原，與二子燃、熠俱戰死。林兄子爌，甘肅總兵，闖寇破城，被獲，不屈而死。爌弟颺，爲沔陽州同知，城陷，亦死之。爌父子兄弟俱死國難。本朝乾隆四十一年賜謚馬爌忠烈，餘並予祀忠義祠。「上海」舊作「辛愛」，今改正。

董一元。宣府前衛人。父暘，嘉靖中，爲宣府遊擊將軍。諳達犯滴水崖，力戰死。兄一奎，都督僉事。歷鎮三邊，以勇敢著。一元智畧過之，萬曆中，以都督僉事歷昌平、薊州、宣府總兵官，劾罷。鄭洛經畧洮河，命一元練兵西寧。擊破霍洛齊之衆，擢鎮延綏。徙遼東，巴圖爾大舉入寇，一元用計大破之，逐北七十餘里，斬獲甚衆。進左都督，加太子太保。一元歷鎮衝邊，並著勞績，與麻貴、張臣、杜桐、達雲爲邊將選云。「霍洛齊」，改見保定府人物；「巴圖爾」，改見大名府人物。

潘宗顏。保安衛人。善詩賦，曉天文、兵法，登萬曆進士，授户部主事，歷郎中。數上書當路言遼事，不能用。命督餉遼東，擢開原兵備僉事。四十六年，大兵至開原，宗顔力戰死之。贈大理卿，謚節愍。

滿桂。蒙古人。初入中國，家宣府。勇敢便騎射，每從軍，斬獲多。由總旗歷官參將。孫承宗奇其才，擢副總兵，守寧遠，累進總兵左都督。移鎮關門、大同。桂天性忠勇，持身廉，無聲色好，與士卒同甘苦，所至輒有功。崇禎二年，京師戒嚴，以五千騎入衛，拜武經畧。與大兵戰於永定門外，衆寡不敵，力戰死。贈少師，遣官致祭，有司爲建祠。本朝乾隆四十一年，賜謚烈愍。

本朝

馬騰龍〔二八〕。宣化人。順治初，隨定南王孔有德屢立戰功，擢桂林遊擊。李定國犯桂林，騰龍竭力守禦，糧盡援絶，城陷被執，不屈遇害。妻郭氏，被焚死。仲弟從龍，亦赴闘死。

張文衡。赤城人。先世以指揮隸開平衛。文衡早孤，事母以孝聞，通天官、輿圖、風角之説，尤邃於易術，能前知機祥。天聰八年，自大同徒步來歸，上書言安民計，太宗嘉納之。順治八年，請守青州，誘擒流賊餘黨趙應元等，山東遂平。移守淮安，修戰具，軍需應機立辦。請於帥，禁士卒毋入城。遷徽寧道副使，勦平大盜汪張飛、劉時祥等。累擢僉都御史，巡撫甘肅。總督孟喬芳調回兵往征川寇，其酋米喇印丁國棟結連生羌，乘間至蘭州爲亂，執總兵劉良臣。文衡倉卒聞變，部兵已與賊合，僅得親卒三十餘人，與賊巷戰，賊矢攢射，遂遇害，僵立不仆，賊驚懼羅拜，誓不敢輕犯眷屬，乃仆。文武十餘人，俱不屈死。贈右都御史，入祀昭忠祠。

姚永肅。宣化人。父熙吾，官陝西興安知州，永肅隨至任。值鄰邑洵陽失守，民多赴興安避亂，永肅訓練保障，全活甚衆。參將康國安薦其才，授興安都司。順治三年，叛賊孫守法糾流賊圍州城兩月，糧盡援絶，姦民内應，城陷，永肅死之。

賈士璋。延慶州人。順治初，以貢生授宜君知縣，流賊王永强攻城陷，士璋死之。贈按察司僉事。

李之實。延慶州人。順治初，以貢生爲江南睢寧訓導。賊海時行倡亂，攻陷睢寧，之實不屈被殺。贈國子監學録。

魏象樞。蔚州人。順治進士。改庶吉士，授吏科給事中〔二九〕。劾安徽巡撫王櫾徇庇受賄，罷之。又請定藩司會計之法及内外各署治事限期，疏凡數上，皆議行。坐事左遷，丁母憂家居。用大學士馮溥薦，起貴州道御史，累遷左都御史，進刑部尚書。上疏願留掌都察院事，詔許之。再擢刑部尚書，以疾致仕。卒，謚敏果，入祀賢良祠。象樞性方嚴，在臺省知無不言，整飭紀綱，百僚憚之。及爲刑部，治獄嚴明，未嘗輕有縱釋，然被罪者服其不冤。好汲引人材，所薦舉湯斌、郝浴、陸隴其諸人，皆爲名臣大儒。居恒究心理學，而惡虚聲標榜，惟務力行。所著有儒宗録、知言録、寒松堂集行世。

劉廷社〔三〇〕。宣化人。康熙中，爲湖廣南漳守備。吴三桂遣其黨持書招之降，廷社焚其書，率兵赴陣死。

馬宏儒。蔚州人。順治武進士。歷官雲南掌印都司。康熙十二年，吴三桂謀逆，脇受僞職，不從，餓死。妾李氏礐身殯殮。事平，喪歸易棺，面色如生。

李旭升。蔚州人。康熙進士。由中書累遷工部侍郎。福建沿海大饑，奉命發江浙米三十萬石往賑，旭升計口授食，無遺無濫。歷吏部侍郎，加尚書銜。致仕歸。卒。弟暄亨，康熙進士。仕中書。居親喪，哀毁廬墓。學術醇正，詩文皆有法度。

李周望。旭升子。康熙進士。由編修遷侍讀，督學湖廣，以端士習、正文體爲己任。詔命廷臣甄别各省學臣，周望爲天下第一。擢國子祭酒，累遷禮部尚書。以病歸，卒。周望爲人厚重，居官清慎，自奉淡薄，終身如一日。弟舜臣，廕生，以孝友稱，居鄉里急公好義。殁祀鄉賢。

趙登舉。宣化人。由行伍往擊流賊，以功升江西饒州參將。康熙十四年，賊圍廣信急，登舉奉檄赴援，直衝賊營，擒前隊數人，轉戰而前，遇伏死之。事聞，贈都督同知。

武英。西寧人。任雲南曲尋鎮守備。雍正十三年，逆苗犯丹江，英奉檄協勦，擊賊於平寨河，陣殁。事聞，贈都司。

孟臣。宣化人。任陝甘督標守備，管遊擊事。乾隆十二年，隨征金川，進攻噶達，力竭死之。事聞，贈參將，廕守備。

王無黨。萬全人。武進士。由侍衛洊擢貴州提督，歷勦台拱九股及姑盧、黑峒等處叛苗。在黔年久，懋著勞績。乾隆二十四年，調浙江提督，以疾歸。卒，謚壯愨。

武遜。宣化人。寄居雲南。乾隆三十一年，由把總隨征緬甸，擊賊於壩尾江，陣亡。事聞議卹，廕把總。

張德飛。宣化人。由行伍洊升千總。嘉慶元年，隨勦湖北邪匪，力竭陣亡。同縣羅文峪、把總王武平於漢壩擊賊陣亡〔三二〕。蔚州路把總閃美玉於牛蹄灣擊賊陣亡，千總張發祥隨勦陝西教匪陣亡。事聞，均議卹，廕雲騎尉。

王國棟。萬全人。由行伍洊升都司。嘉慶三年，隨勦邪匪王三槐等於陝西之固軍壩，以功賞戴花翎。嗣因奪據白山寺，對山分抄賊營，受傷陣亡。同縣千總劉烱隨勦箕山一帶賊匪陣亡，郭錦標於上津堡擊賊陣亡，安榮庫於分水嶺擊賊陣亡，把總武文玉於火神山擊賊陣亡。事聞，王國棟加等議卹，餘俱廕雲騎尉。

流寓

明

沈鍊。會稽人。嘉靖中，以劾嚴嵩謫佃保安。里老日致薪米，遣子弟就學。鍊語以忠義大節，皆大喜。争詈嵩父子，且縛草爲人，象李林甫、秦檜及嵩，醉則聚子弟攢射之。嵩聞大怒，囑總督楊順、御史路楷搆殺之。及嵩敗，世蕃坐誅，鍊所教保安子弟在太學者，以一帛署鍊姓名官爵，持入市。觀世蕃斷頭訖，大呼曰：「沈公可瞑目矣。」慟哭而去。

列女

元

臺叔齡妻劉氏。宣德人。會地震，叔齡壓壞牆中，家復失火，不復救，氏語小姑曰：「汝兄死，吾必不生。」遂投火中死。火滅，家人得二屍灰燼中，猶手相握。事聞，詔旌之。

明

妙聰。保安指揮張孟喆家婢。永樂十一年，寇入城，孟喆妻李氏語小姑曰：「吾與汝俱宦門女，事亟，即死耳，不可辱。」遂同投樓前井中，妙聰亦隨入，二人顧皆未死。妙聰念李有孕，恐水傷之，乃負李於背。賊退，家人以索引二人出，而妙聰死矣，時稱爲義婢。

賈義妻王氏。隆慶人。宣德間，義樵古城山中，遇虎。氏聞之，踉蹌往救，義已死，氏奪身號叫，奪夫屍，負之歸，虎隨至，繞其屋咆哮，久之去。氏以舌舐血，易新衣，令匠爲大棺曰：「欲實以衣衾也。」迫夜自縊死，遂同棺葬焉。

池寬妻陳氏。開平衛人。年十六，歸指揮池信子寬，信監雲州城操演〔三二〕，挈家以行。正統間，邊騎大入，寬隨其父提兵援馬營。雲州陷，陳先爲繯，令小姑及其子女皆縊，然後自縊死，一門死者九人。景泰初，詔旌之，仍立祠以祀。

賀榮妻韋氏。宣鎮人。歸軍校賀榮。正德間，榮從遊擊張勛禦敵於千家營，戰死。氏痛哭徒跣，往尋夫骨，負以歸，既葬，投池中死。事聞，詔旌其門。

林景雍妻張氏。永寧人。歸諸生林景雍。嘉靖間，寇至，氏被掠，逼之不從，亂刃交下，氏罵不絶口死。詔旌其門。

趙資妻段氏。隆慶人。資死，氏年十九，事舅姑盡孝。嘉靖間，兵入泥河堡，氏被掠，將污之，氏罵詈不屈，敵怒，支解之。

劉瑛妻竺氏。保安衛人。歸指揮劉嵩子瑛。瑛死無子，氏遂絶食，伏柩前八日死，時年十九。

本朝

安進功女二姐。宣化前衛人。爲强暴逼污不從，遇害。康熙年間旌。

饒紹德妻朱氏。赤城人。紹德官江西浮梁知縣。耿精忠叛，兵民皆應，賊勢猖獗，氏與夫相對投繯，夫救甦，氏已氣絶。康熙年間旌。

宋友懷女典姐〔三三〕。蔚州人。字藺姓〔三四〕，聞婿歿，投繯以殉。康熙年間旌。

劉德榮女二姐。西寧人。爲强暴所逼，不屈死。康熙年間旌。

薛宗州妻楊氏。宣化人。夫爲營兵，弟宗寶，素無賴，一日乘兄出，入調其嫂，氏詈罵不從，被斫死。雍正年間旌。

魏之樞妻王氏。宣化人。之樞登鄉薦，將婚而殁。氏年十八，奔喪，遂留侍舅姑，撫姪爲嗣，守貞數十年。同縣節婦：姚廷敬妻朱氏，廷敬兩弟妻張氏、李氏，霍成印妻馮氏，李郁妻王氏，王世臯妻高氏，董元妻楊氏，王永福妻郭氏，牛世儒妻仙氏，褚世昞妻黄氏，王汝霖妻冀氏，郭家珍妻楊氏，李自馨妻喬氏，張士恒妻靳氏，王士琳妻楊氏〔三五〕，王文麟妻葉氏，姚廷槐妻李氏，于養志妻王氏，石永妻孔氏，黑常暄妻高氏〔三六〕，張希浚妻姚氏，胡以融妻楊氏〔三七〕，魏廷賓妻王氏，趙賓妻劉氏，閃全妻王氏，陳國懷妻孫氏，谷成妻白氏，丁才妻孔氏，陳禄妻張氏，聞常祚妻郝氏，仝進福妻張氏，許賓妻王氏，李名卿妻張氏，冀國樑妻郭氏，張志奇妻潘氏，陳萬鍾妻李氏，王之纖妻蕭氏，王元功妻張氏，黑天潢妻張氏，梁邦鈺妻任氏，管有功妻朱氏，王元模妻龐氏，王道宏妻仇氏，王永興妻韓氏，酆得化妻王氏。均乾隆年間旌。

龔爾昌妻朱氏。赤城人。夫亡守志，苦節終身。同縣節婦喬俊又妻李氏。均乾隆年間旌。

郝氏女聰女。萬全人。爲强暴所逼，不從死。同縣烈婦：武興之妻周氏。節婦：孫國基妻冀氏，王廷俊妻馮氏，郭祚綿妻程氏，薛文暉妻温氏，王無逸妻劉氏，劉綸妻楊氏〔三八〕，郭英妻程氏，閻如璧妻趙氏，賈獻珍妻田氏。均乾隆年間旌。

薩爾善妻常氏。張家口駐防滿洲人。夫亡守節。乾隆年間旌。

劉溥妻王氏。龍門人。夫亡，事舅姑以孝聞，撫育遺孤成立。同縣節婦高應龍妻韓氏，貞女郝全女郝氏。均乾隆年間旌。

趙時雲妻陸氏。懷來人。拒强不辱死。同縣烈婦：郭登霄繼妻王氏。節婦：高嗣緒妻劉氏，高嗣絳妻孫氏，高嗣文妻程氏，劉加遇妻張氏，沈明新妻姚氏，徐昂妻楊氏，王仰聖妻馬氏，劉世榮妻唐氏，鄭國俊妻田氏，李榮妻張氏，孫耀龍妻米氏，楊之樞妻陳氏，蔣士湘妻陶氏，吴家駒妻吕氏，吴進福妻史氏，劉鼎新妻丁氏，王茂德妻鄒氏，陸士勳妻陳氏，顧文銓妻徐氏，楊淳繼妻鄭氏，孫堂妻鄭氏，貞女郭氏。均乾隆年間旌。

劉生花女俊姐。蔚州人。遇强不從，被殺。同州烈婦：李富友妻朱氏，宋滽妻郭氏。均乾隆年間旌。

韓才妻穆氏。蔚州人。夫亡守節。同州節婦：郭明禮妻李氏，段學正妻王氏〔三九〕，史繼文妻温氏，邢婉妻劉氏，李生敏妻張氏，張其義妻高氏，劉三畏妻賈氏，霍如思妻趙氏〔四〇〕，馬策妻劉氏，郭之昂妻霍氏，魏綍妻李氏，朱國良妻袁氏，李淳新妻徐氏，劉廷瑞妻米氏，郝峻妻梁氏，盧上元妻趙氏，王國相妻趙氏，王河妻武氏，宋淵妻郭氏，馮貞妻王氏，宋國相妻段氏〔四一〕，張璋妻王氏，李芝妻蘇氏〔四二〕，王學純妻孫氏，李蕙妻苗氏，侯維祉妻李氏，劉中翰妻阮氏，劉相臣妻高氏，趙克誠妻段氏，康煜元妻李氏，武鎮妻賈氏，賀德炳妻康氏。均乾隆年間旌。

薛永中妻王氏。西寧人。矢志守節，孝事孀姑，撫孤成立。同縣節婦：李恒文妻李氏，任之璧妻馬氏，馬衛城妻李氏，馬義珍妻董氏，李琦妻張氏，馮勉妻康氏，李植妻張氏，李壑妻鄧氏，李址妻董氏，楊成智妻陳氏，王永昌妻李氏，賈安妻王氏，董獻珍妻劉氏，田計妻陳氏，李堧妻鄧氏〔四三〕，李煒妻單氏。均乾隆年間旌。

牛寬妻阮氏〔四四〕。懷安人。夫亡守節。同縣節婦：李春泰妻王氏，杜延芝妻薛氏，王時若妻康氏。均乾隆年間旌。

劉琪妻張氏。延慶人。早寡，食貧守志。姑歿，勉營喪葬，撫孤成立。同州節婦：趙連科妻胡氏，賀文元妻唐氏，崔洙妻成氏，解元兆妻張氏，段應麟妻康氏。均乾隆年間旌。

陳大受妻趙氏。保安人。夫故無嗣，撫姪承祧。聘宋氏，未婚而殀。宋亦守貞不字，姑媳並持冰操數十年。同州節婦：宗孔履妻鄭氏，姚燦妻趙氏，葛凝祉妻彭氏，張貴妻章氏，朱益昂妻李氏，楊運啓妻陳氏〔四五〕，孫振祖妻董氏，宗鳴坦妻張氏，白玉妻柏氏，蔣萬成妻張氏，楊登翰妻畢氏，張挹妻郝氏，康舒泰妻司氏，王道普妻張氏，司鳳洲妻楊氏，楊登陛妻王氏，岳宗華妻曾氏，王懋才妻范氏，趙士達妻龐氏。貞女宋女。均乾隆年間旌。

王懋妻劉氏。宣化人。夫亡守節。同縣楊朝輔妻王氏，何景福妻胡氏。烈婦郝李氏，烈女李夠姐。均嘉慶年間旌。

王福妻張氏。赤城人。守正捐軀。嘉慶年間旌。

格綳額妻于氏。獨石口駐防披甲滿洲人。夫亡守節。又節婦德昇妻覺羅禪氏，嗎勒洪阿妻黃氏，烏林泰妻丁氏，伊淩阿繼妻楊氏，烏雲保繼妻那拉氏，領催額爾登布繼妻劉氏。均嘉慶年間旌。

德林妻范氏。張家口駐防馬甲滿洲人。夫亡守節。嘉慶年間旌。

康贇元妻董氏。蔚州人。夫亡守節。同州節婦：康鎰妾劉氏〔四六〕，趙應仁妻高氏。烈婦董國泰妻馬氏。均嘉慶年間旌。

朱琭妻慕氏。西寧人。矢志守節。同縣張邦成妻薛氏，郝震廷妻張氏。均嘉慶年間旌。

趙醇妻閻氏〔四七〕。懷安人。夫亡守節。同縣節婦：馬宣猷妻任氏，宋登桂妻杜氏〔四八〕。均嘉慶年間旌。

胡心融妻閻氏。延慶人。夫亡守節。同縣節婦胡培祖繼妻施氏。均嘉慶年間旌。

趙鈺妻劉氏。保安人。夫亡守節。同縣節婦王懋修妻楊氏〔四九〕。均嘉慶年間旌。

仙釋

漢

鮑叔陽。廣寧人。好服桂屑，與司馬季主在委羽山師事西靈子都、太玄仙女，得尸解之道。

唐

瑕丘仲。寧人。賣藥百餘年，因地震宅壞，仲與里中數十家皆死。或取仲屍棄于延水中，收其藥賣之，俄見仲被羔裘詣之取藥，棄仲者懼，叩頭求哀。仲曰：「使人知我耳，非恨汝也。」後爲夫餘王驛使，自北乘車至寧。人謂之「謫仙」。

土産

礬紅石。出府城北馬鞍山。

花斑石。出保安州及蔚州。

磁石。與大赭石俱出龍門縣。

石炭。出保安、西寧、蔚州及萬全縣。

煤。出府城近屯堡。

礬。有青、白及土粉色三種，俱出礬山。

包金土。宣化縣及蔚州出。

緑土不灰木。石質木性，可製盆、爐等器，蔚州出。

松實。唐書地理志：「蔚州貢。」

豹，熊。元和志：「蔚州貢豹尾、熊皮。」

青羊，黄羊。味甚美，其類又有秋羊。

熊膽，鹿茸，麝香。通典：嬀川郡貢麝香〔五〇〕。按舊載寰宇記「蔚州産金、銀」，明時曾開礦，然不久即罷。又府城西四角洞井出瑪瑙石，黄尖山出水晶，今皆無之，謹附記。

校勘記

〔一〕文帝時爲上谷太守數與匈奴戰　乾隆志卷二五名宦（以下同卷簡稱乾隆志）同。史記卷一〇九李將軍列傳：「景帝時，「徙爲上谷太守，匈奴日以合戰」。漢書卷五四李廣傳：景帝時，「爲上谷太守，數與匈奴戰」。此云「文帝時」，誤。

〔二〕建議徙開平於内地　「地」，原作「城」，據乾隆志及嘉靖宣府鎮志卷三四名宦傳改。

〔三〕時以左都督鎮宣府二十年至邊徼帖然　乾隆志「時」上有「仁宗」二字，「邊徼帖然」下有「以勞封永寧伯」六字。明史卷一五五譚廣傳：「仁宗嗣位，擢左提督，佩鎮朔將軍印，鎮宣府。」又載：正統六年，「以禦敵功，封永寧伯」。則乾隆志是。

〔四〕命儀以右僉都御史往　「右」，原脱，據乾隆志及明史卷一五九李儀傳補。

〔五〕以右僉都御史巡撫宣府　「右」，原脱，據乾隆志及明史卷一七二羅亨信傳補。

〔六〕以勞進左副都御史　「左」，原脱，據乾隆志及明史卷一七二羅亨信傳補。

〔七〕以右僉都御史　「右」，原脱，據乾隆志及明史卷一七七李秉傳補。

〔八〕以左僉都御史巡撫宣府　「左」，原脱，據乾隆志及明史卷一七七葉盛傳補。

〔九〕以右僉都御史巡撫宣府　「右」，原脱，據乾隆志及明史卷一七八秦紘傳補。

〔一〇〕以右副都御史巡撫宣府　「右」，原脱，據乾隆志及明史卷一八六雍泰傳補。

〔一一〕以右副都御史巡撫宣府　「右」，原脱，據乾隆志及明史卷一八七馬中錫傳補。

〔一二〕以兵部右侍郎總督宣大軍務　「右」，原脱，據乾隆志及明史卷一九八翁萬達傳改。

〔一三〕以右僉都御史巡撫宣府　「右」，原脱，據乾隆志及明史卷二二〇王遴傳補。

〔一四〕以右僉都御史至總兵王承廕先遣人納款　「右」，原脱，據乾隆志及明史卷二六三朱之馮傳補。「廕」，乾隆志同，明史朱之馮傳作「胤」，下同。

〔一五〕迪古鼎舊作迪古乃　「古」，原作「吉」，據乾隆志人物及金史卷七五李師夔傳改。
〔一六〕累遷山西路都轉運使　「轉運使」，乾隆志同。金史卷七五沈璋傳作「轉運副使」，此脱「副」字。
〔一七〕今乃一切與上上田稅之　「上上田」，乾隆志作「上田」。金史卷八九魏子平傳：「今乃一切與上田均稅之。」此衍一「上」字，「田」下脱一「均」字。
〔一八〕遷萬全令　「萬全」，乾隆志同，金史卷一二八循吏牛德昌傳作「萬泉」，此蓋誤。
〔一九〕安民及經歷官霍端不從　「霍端」，乾隆志同。金史卷一一八、續通志卷四四五靖安民傳皆作「郝端」，此「霍」爲「郝」字之誤。
〔二〇〕奏惟中爲江淮京湖南北道宣撫使　乾隆志同，元史卷一四六楊惟中傳「道」作「路」。
〔二一〕論功授冀州行軍都元帥　「冀」，原作「薊」，據乾隆志及元史卷一五〇趙瑨傳改。
〔二二〕令民鑿唐温渠　「温」，原脱，乾隆志同，據元史卷一九一良吏譚澄傳及牧庵集卷二四譚澄神道碑補。
〔二三〕會西南夷羅羅斯内附　原脱一「羅」字，乾隆志同，據元史良吏譚澄傳及牧庵集譚澄神道碑補。
〔二四〕除祕書監典簿　「監」，原脱，乾隆志同，據元史卷一九九隱逸武恪傳補。元史卷九〇百官志六：祕書監，典簿一員。
〔二五〕霍什舊作火篩　「火」，原作「大」，據乾隆志及明史卷一七五張俊傳改。
〔二六〕以右副都御史巡撫四川　「右」，原脱，據乾隆志及明史卷二〇一王軏傳補。
〔二七〕累遷右僉都御史　「右」，原脱，據乾隆志及明史卷二二一郝杰傳補。
〔二八〕馬騰龍　「騰」，乾隆志同，乾隆宣化府志卷二九人物志下、同治畿輔通志卷二四一列傳四九俱作「勝」。
〔二九〕授吏科給事中　「吏」，乾隆志及同治畿輔通志卷二四一列傳四九俱作「刑」。
〔三〇〕劉廷祉　「廷」，乾隆志同，乾隆宣化府志卷二九人物志下、同治畿輔通志卷二四一列傳四九及民國宣化縣新志卷一三人物志上俱作「延」。

〔三一〕把總王武平於漢壩擊賊陣亡　「平」，同治畿輔通志卷二四一列傳四九作「年」。

〔三二〕信監雲州城操演　「州」，原作「川」，據乾隆志列女及嘉靖宣府鎮志卷四〇貞烈傳、同治畿輔通志卷二五〇列女六改。明史卷四〇地理志一、讀史方輿紀要卷一八皆作「雲州堡」。下改同。

〔三三〕宋友懷女典姐　「友」，乾隆志同。光緒蔚州志卷一七列女及同治畿輔通志卷二八〇列女三六皆作「有」，畿輔通志引魏象樞蔚州宋烈女石碣銘可證，此「友」爲「有」字之誤。

〔三四〕字蘭姓　乾隆志同，光緒蔚州志及同治畿輔通志「蘭」皆作「蘭」。

〔三五〕王士琳妻楊氏　「琳」，原作「林」，據乾隆志及乾隆宣化府志卷三〇列女志上、同治畿輔通志卷二七九列女三五改。

〔三六〕黑常暄妻高氏　「暄」，乾隆志同，乾隆宣化府志卷三〇列女志上及同治畿輔通志卷二七九列女三五皆作「昇」。

〔三七〕胡以融妻楊氏　「融」，乾隆志同，乾隆宣化府志卷三〇列女志上及光緒畿輔通志卷二七九列女三五皆作「瀜」。

〔三八〕劉綸妻楊氏　「綸」，原作「倫」，據乾隆志及同治畿輔通志卷二七九列女三五改。

〔三九〕段學正妻王氏　「學正」，乾隆志同，乾隆宣化府志卷三〇列女志上及光緒蔚州志卷一七列女、同治畿輔通志卷二八〇列女三六皆作「其學」。

〔四〇〕霍如思妻趙氏　「霍」，原作「翟」，據乾隆志及乾隆宣化府志卷三〇列女志上、同治畿輔通志卷二八〇列女三六改。

〔四一〕宋國相妻段氏　「宋」，原作「朱」，據乾隆志及乾隆宣化府志卷三〇列女志上、同治畿輔通志卷二八〇列女三六改。

〔四二〕李芝妻蘇氏　「芝」，乾隆志作「芸」，光緒蔚州志卷一七列女及同治畿輔通志卷二八〇列女三六皆作「雲」。

〔四三〕李塽妻鄧氏　「塽」，原作「瑛」，據乾隆志及同治畿輔通志卷二八〇列女三六改。

〔四四〕牛寬妻阮氏　「阮」，原作「院」，據乾隆志及乾隆宣化府志卷三一列女志下、同治畿輔通志卷二八〇列女三六改。

〔四五〕楊運啓妻陳氏　「楊」，原作「趙」，據乾隆志及乾隆宣化府志卷三一列女志下、同治畿輔通志卷二八〇列女三六改。

〔四六〕康鎰妾劉氏　「鎰」，原作「益」，據光緒蔚州志卷一七列女及同治畿輔通志卷二八〇列女三六改。

〔四七〕趙醇妻閻氏　「醇」，同治畿輔通志卷二八〇列女三六作「醇」，未知孰是。

〔四八〕宋登桂妻杜氏　「登桂」，同治畿輔通志卷二八〇列女三六作「桂登」，未知孰是。

〔四九〕同縣節婦王懋修妻楊氏　「王」，原作「三」，據同治畿輔通志卷二八〇列女三六改。

〔五〇〕通典嬀川郡貢麝香　乾隆志土産同。按通典卷一七八州郡八不載，當屬引誤。

承德府圖

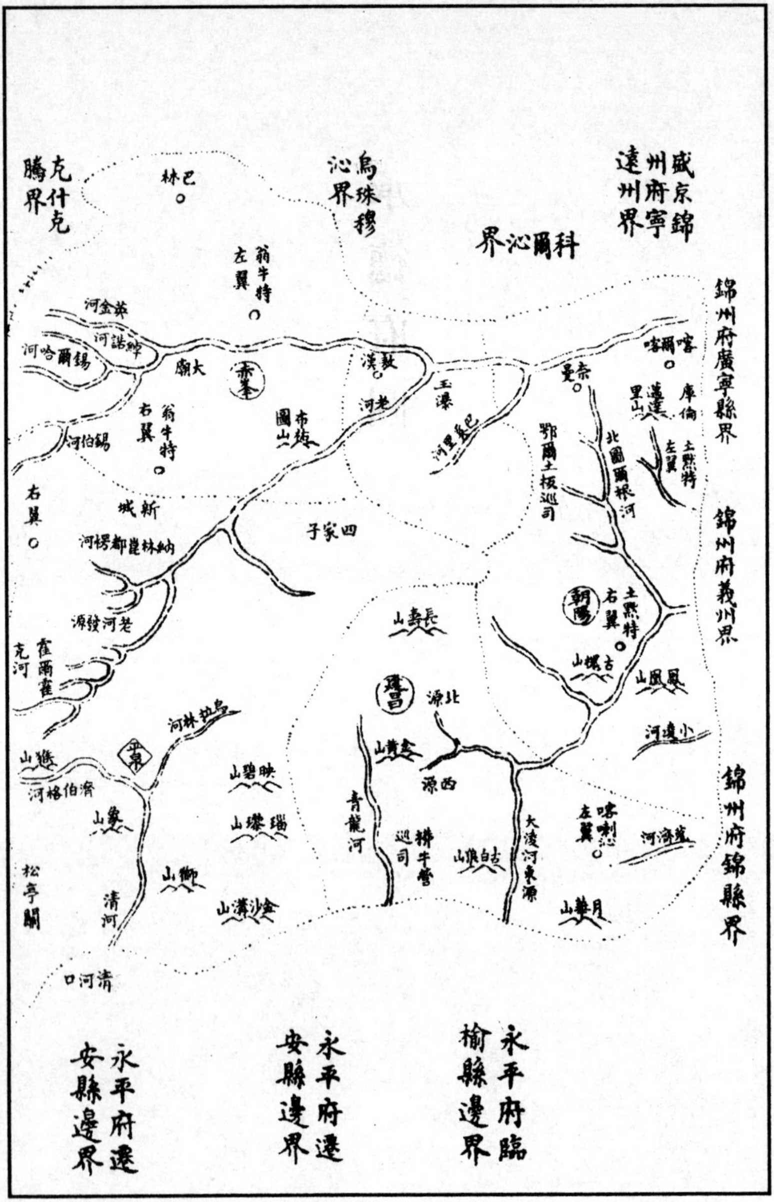
克什克騰界
烏珠穆沁界
盛京錦州府寧遠州界
科爾沁界
巴林
翁牛特左翼
英金河
錫爾哈河
大廟
赤峯
敖漢
老河
翁牛特右翼
錫伯河
喀爾喀
奈曼
錦州府廣寧縣界
庫倫
土默特左翼
北圖爾根河
右翼
新城
四家子
老河發源
長壽山
朝陽
土默特右翼
錦州府義州界
鳳凰山
建昌
北源
小凌河
平泉
映碧山
西源
青龍河
大凌河東源
喀喇沁左翼
象山
松亭關
清河
月華山
清河口
錦州府錦縣界
永平府臨榆縣邊界
永平府遷安縣邊界
永平府遷安縣邊界

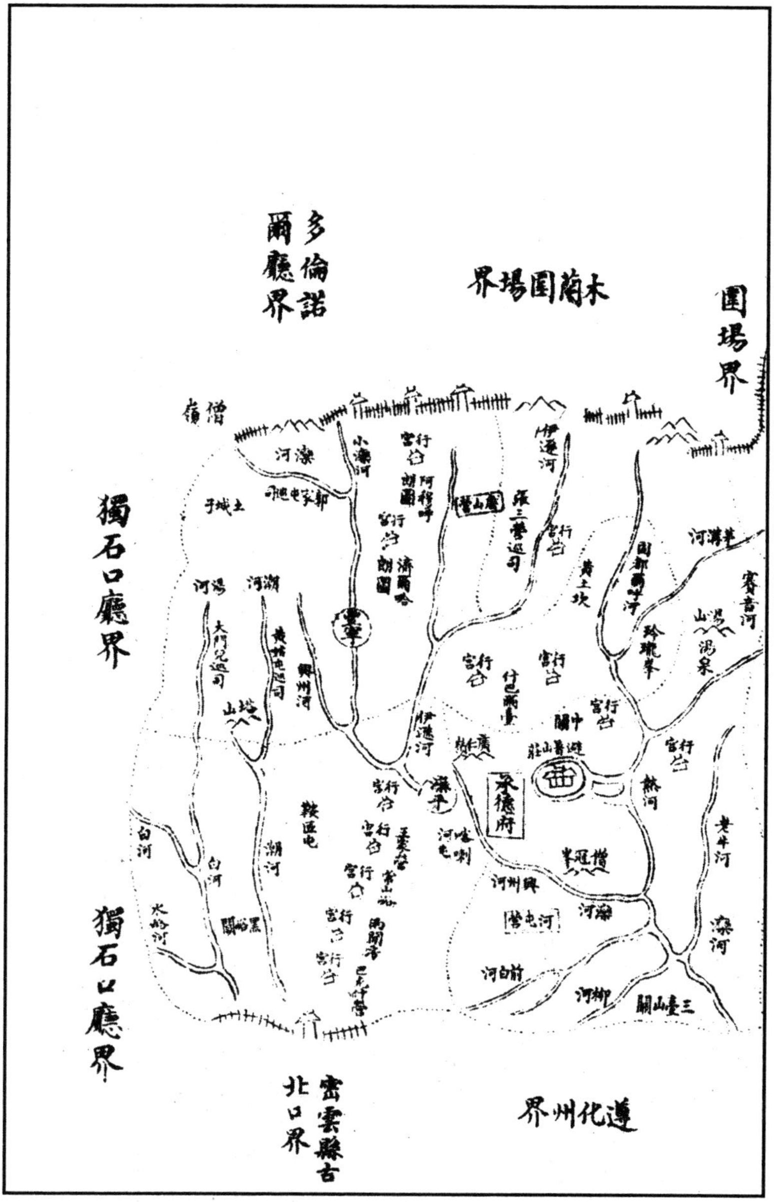
多倫諾爾廳界
木蘭圍場界
圍場界
獨石口廳界
獨石口廳界
密雲縣古北口界
遵化州界
承德府
避暑山莊
熱河
灤河
小灤河
伊遜河
湯河
白河
潮河
興州河
老牛河
柳河
前白河
土城子
黑峪關
三臺山關
湯泉
中關

承德府表

	承德府	灤平縣
秦	漁陽、右北平、遼西郡地。	
兩漢	初爲匈奴地。武帝時爲塞地，後入於烏桓，後漢爲鮮卑地。	上谷郡女祁縣地。
三國	魏爲鮮卑軻比能地。	
晉	鮮卑段氏、宇文氏地，後併於慕容氏爲前燕地。苻堅滅燕，爲秦地。慕容垂復國，爲後燕地。馮跋時爲北燕地。	
南北朝	後魏安州、營州及庫莫奚、契丹地。	後魏安州廣陽郡廣興縣地。
隋	奚及契丹地。	
唐		
遼	中京道大定府、興中府諸州及上京道臨潢府諸州地。	北安州興化軍屬中京道。 興化縣州治。
金	北京路大定府、興中府及西京路桓州地。	興州寧朔軍承安五年置州，屬北京路。 興化縣
元	上都路興州、利州、大寧路大定諸縣及全寧路，魯王分地。	興州廢軍，中統三年改屬上都路。 省。
明	大寧、新城、富峪、會州、全寧、營州、興州諸衛地，後俱廢。	興州衛初屬北平府，旋改置衛，永樂初移衛內地，故城廢。

續表

	豐寧縣	平泉州
		右北平郡平剛縣地。
	安州廣陽郡 後魏皇興二年置，治燕樂縣。	後魏營州建德郡陽武縣、冀陽郡平剛縣地。
		遼西郡地。
		奚地。
		中京大定府 統和二十五年置。 大定縣 府治。
宜興縣 泰和三年置，屬興州。	興化、宜興二縣地，西北境爲西京道桓州。	北京大定府 貞元元年改爲北京。 大定縣
宜興州 致和元年升州。 興安縣 置屬興州。	宜興、興安二縣地，西北境爲開平縣地。	大寧路 至元七年改路。 大定縣 路治。
初置守禦千户所，永樂初廢。 省。	興州衛、開平衛地。	大寧衛 初置衛，後廢入朵顏衛。 富峪衛 初置，永樂初廢。

續表

	赤峯縣
	遼西郡文成縣地。
	契丹地。
富庶縣 置屬大定府。 澤州 屬中京道。 神山縣 州治。	高州 三韓、饒州長樂、臨河、安民、臨潢、定霸、保和、潞、宣化諸縣地。 松山州 置屬中京。
富庶縣 澤州 神山縣 屬大定府。	三韓、靜封、安豐、臨潢、盧川諸縣地。 松山州 皇統三年廢。
富庶縣 屬大寧路。 惠州 改名。 省入州。	高州、全寧縣及魯王分地。 松州 中統時復置，屬上都路。
寬河衛 初置，永樂初廢。 省。 初置會州衛，永樂初廢。	大寧、全寧二衛地，後廢入朵顏衛。 廢。

續表

	建昌縣
	遼西郡交黎、臨渝諸縣地。
	後魏石城、廣都、柳城諸縣地。 建德郡後魏置，治白狼城。
	遼西郡地，北境契丹地。
	柳城縣地。
松山縣州治。	阜俗、永和、海濱、三韓諸縣地 龍山縣置屬漳州。 惠州置屬中京道。 惠和縣州治。 榆州置屬中京道。 和衆縣州治。
松山縣屬大定府。	龍山縣屬利州。 廢。 惠和縣屬大定府。 廢。 和衆縣屬大定府。
至元二年省入州。	龍山縣屬大寧路。 惠和縣屬大寧路。 和衆縣屬大寧路。
	營州衛地，後廢入泰寧衛。 省。 省。 省。

續表

朝陽縣
柳城、交黎二縣地。
龍城縣 咸康七年置。
營州昌黎郡 後魏置。 龍城縣 州治。
遼西郡 大業初置。 柳城縣 初改名龍山，後又改郡治。
營州柳城郡 天寶初改名。 柳城縣
興中府 初置霸州彰武軍，重熙十年升府。 興中縣 重熙十年改名，府治。 安德州 置屬興中府。 安德縣 州治。 建州 置屬中京道。 永霸縣 州治。
興中府 屬北京路。 興中縣 安德州 廢。 永德縣 大定中改名，屬興中府。 建州 屬北京路。 永霸縣
興中州 至元七年降州，屬大寧路。 興中縣 省。 永德縣 省。 建州 永霸縣 省入州。
營州衛地，後廢入泰寧衛。 建州 廢。

續表

川州 會同中改爲白川州，天禄五年去「白」字，治咸康縣，屬中京道。	宜民縣 置屬川州。
大定六年廢，承安二年復置，泰和四年又廢。	宜民縣 大定六年屬懿州，泰和四年屬興中府。
川州 復置，屬大寧路。	省。
廢。	

大清一統志卷四十二

承德府一

在直隸省治東北七百八十里。東西距一千二百里，南北距三百五十八里。以平泉州、赤峯縣兩屬統計之，八百十里。東至盛京錦州府錦縣界七百五十里，西至直隸口北道屬獨石口廳界四百五十里，南至遵化州界一百五十里，北至木蘭圍場界二百十八里。東南至永平府臨榆縣界五百八十里，西南至順天府密雲縣古北口界一百九十里，東北至錦州府廣寧縣界一千零十五里，西北至口北道屬多倫諾爾廳界五百六十里。自府治至京師四百二十里。

分野

天文尾、箕，析木之次。漢書地理志：「自危四度至斗六度，謂之析木之次，燕之分也。」唐書天文志：「尾、箕，析木津，得上谷、漁陽、右北平、古北燕、孤竹、無終諸國。」

建置沿革

古爲山戎、東胡地。戰國屬燕。秦爲漁陽、右北平、遼西郡邊外接東胡地。漢初爲匈奴地，武帝時爲塞境，後入於烏桓。後漢爲烏桓、鮮卑地，後盡入於鮮卑。三國魏爲鮮卑軻比能地。晉初，鮮卑諸部分據之，屬鮮卑段氏、宇文氏，其後併於慕容氏爲前燕。苻堅滅燕，爲秦地。慕容垂復國，爲後燕。馮跋時爲北燕。北魏爲安州、營州及庫莫奚、契丹地。齊、周爲庫莫奚地。

隋爲奚地，其東南境屬營州。隋書地理志：「遼西郡，舊置營州，統縣一，柳城。」

唐與隋同。唐書地理志：「營州柳城郡，上都督府。本遼西郡，萬歲通天初爲契丹所陷，開元五年還治柳城，天寶元年更名柳城郡。縣一，柳城。西北接奚，北接契丹。」

遼爲中京道大定府、興中府諸州及上京道臨潢府諸州地。金爲北京路大定府、興中府及西京路桓州地〔一〕。元爲上都路興州、利州〔二〕、大寧路大定諸縣及全寧路，魯王分地。明初屬北平府，尋改屬北平行都司，爲大寧、新城、富峪、會州、全寧、營州、興州諸衛地。永樂元年徙衛于山南，盡割大寧諸衛地畀烏梁海，於是諸地盡入於朵顏、泰寧。後爲察哈爾所併，其屬爲喀喇沁、翁牛特、土默特、敖漢、奈曼、巴林、喀爾喀左翼諸部。

本朝龍興，諸部相率歸誠，編列旗分。康熙四十二年肇建避暑山莊于熱河，爲每歲巡幸駐蹕之所。雍正元年設熱河廳，十一年改設承德州。乾隆七年罷州，仍設熱河廳，四十三年改設承德府，屬直隸省，領州一，縣五。

灤平縣。在府西南。即喀喇河屯廳境。東西距四百四十五里，南北距二百六十八里。東至府界四十里，西至口北道屬獨石口廳界四百五里，南至古北口界一百三十八里，北至豐寧縣界一百三十里。東南至順天府密雲縣界，西南至獨石口廳界，東北至府界，西北至獨石口廳界。漢上谷郡女祁縣地〔三〕，北魏爲安州廣陽郡廣興縣地，西境爲禦夷鎮地。後併入厙莫奚。北齊、周、隋、唐因之。遼爲中京道北安州興化軍興化縣。金爲北京路興州寧朔軍，縣仍舊。元廢軍省縣入州，屬上都路，尋置興安縣〔四〕。明初爲興州衛，後廢入朵顏衛。本朝初内屬，乾隆七年設喀喇河屯廳，四十三年改設灤平縣，屬承德府。

豐寧縣。在府西北。即四旗廳地。東西距五百二十里，南北距二百二十里。東至府界二百五十里，西至獨石口廳界二百七十里，南至灤平縣界六十里，北至圍場界一百六十里。東南至府界，西南至獨石口廳界，東北至圍場界，西北至多倫諾爾廳界。漢至北燕與府同。北魏爲安州廣陽郡燕樂縣及方城縣地，西南境爲禦夷鎮地，北境爲厙莫奚地。北齊、周、隋、唐因之。遼爲中京道北安州利民縣〔五〕，西境奚王府地。金爲北京路興州興化縣、宜興縣地，西北境爲西京路桓州地〔六〕。元爲上都路興州興安縣、宜興縣地，西北境爲開平府開平縣地〔七〕。明初爲興州衛、開平衛地〔八〕，後廢入朵顏衛。本朝初内屬，乾隆元年設四旗廳，轄察哈爾鑲白、正藍、鑲黄、正白四旗，四十三年改設豐寧縣，屬承德府。

平泉州。在府東。即八溝廳地。東西距五百四十里，南北距四百九十里。東至建昌縣界三百里，西至府界二百四十里，南至永平府遷安縣邊界一百三十里，北至赤峯縣界三百六十里。東南至建昌縣界，西南至府界，東北至建昌縣界，西北爲喀喇沁右翼接圍場界。漢右北平郡平剛縣地。北魏及齊爲營州建德郡陽武縣、冀陽郡平剛縣地〔九〕。隋爲遼西郡地，西境爲奚地。唐爲奚地。遼爲中京大定府大定縣及長興、勸農、富庶、文定、升平、歸化、金源諸縣，恩州恩化縣，澤州神山縣地。金爲北京大定府大定、長興、富庶、金源、神山諸縣地。元爲大寧路大定、富庶、金源諸縣及惠州地。明初爲大寧、新城、富峪、會州諸衛，後廢入朵顏衛。本朝初内屬，雍正八年設八溝廳〔一〇〕，乾隆四十三年改設平泉州，屬承德府。

赤峯縣。在府東北。即烏蘭哈達廳地。東西距二百七十里，南北距三百二十里。東至建昌縣界一百二十里，西至圍場界一百五十里，南至平泉州界六十里，北至烏珠穆沁、克什克騰諸旗界二百六十里。東南至建昌縣界，西南至平泉州界，東北至烏珠穆沁旗界，西北至克什克騰旗界。漢遼西郡文成縣地〔一一〕。隋、唐爲契丹國地。遼爲中京道高州三韓縣，上京道松山州松山縣〔一二〕、饒州長樂縣、臨河縣、安民縣，上京臨潢府臨潢、定霸、保和、潞、宣化諸縣地。金爲北京路大定府三韓、松山、静封諸縣、全州安豐縣、臨潢府臨潢縣、盧川縣地。元爲大寧路高州、上都路松州、全寧路全寧縣及魯王分地。明初爲大寧衛、全寧衛地，後廢入朵顔衛。本朝初内屬，雍正七年設八溝廳，乾隆三十九年於八溝廳北析置烏蘭哈達廳，轄南境之翁牛特右翼旗，北境之翁牛特左翼旗、巴林旗，四十三年改設赤峯縣，隸承德府。

建昌縣。在府東南。即塔子溝廳地。東西距二百六十里，南北距六百八十五里。東至朝陽縣界一百二十里，西至平泉州界一百四十里，南至永平府臨榆縣邊界二百六十里，北至烏珠穆沁界四百二十五里。東南至盛京錦州府錦縣界，西南至永平府遷安縣邊界，東北至朝陽縣界，西北至赤峯縣界。漢遼西郡交黎、臨渝諸縣地〔一三〕。北魏爲營州建德郡石城縣、廣都縣、冀陽郡柳城縣地。隋爲遼西郡地，北境爲契丹地。唐爲營州柳城郡柳城縣地，後與契丹雜居，北境契丹，西境奚地。遼爲中京道利州阜俗縣、潭州龍山縣〔一四〕、榆州和衆縣、永和縣，東南境兼得隰州海濱縣地，北境惠州惠和縣，兼得高州三韓縣地。金爲北京路利州阜俗縣、龍山縣、大定府和衆縣，東南境兼得瑞州海濱縣，北境大定府惠和縣兼得三韓縣地。元爲大寧路和衆縣、龍山縣、利州，東南境兼得瑞州地，南境惠州地，北境惠和縣。明初爲營州衛地，後廢入泰寧衛。本朝初内屬，乾隆三年設塔子溝廳〔一五〕，廳南境爲喀喇沁右翼旗，北境爲敖漢旗，四十三年改設建昌縣，屬承德府。

朝陽縣。在府東北。即三座塔廳地。東西距二百六十里，南北距五百三十里。東至盛京錦州府義州界一百三十里，西至建昌縣界一百三十里，南至建昌縣界一百五十里，北至科爾沁旗界三百八十里。東南至錦州府錦縣界，西南至建昌縣界，東北至錦州府寧遠州界〔一六〕，西北至建昌縣界。漢柳城、交黎二縣地〔一七〕。北魏爲營州昌黎郡龍城縣、廣興縣〔一八〕、定荒縣地。北齊爲營州龍城縣、廣興縣〔一九〕。隋初爲營州建德郡，後廢州，置總管府，改置遼西郡龍山縣，後改柳城縣。唐爲營州柳城郡，北境自魏、齊以後俱爲契丹地。遼爲中京道興中府興中縣及營丘象雷閭山諸縣、建州〔二〇〕、安德州、川州〔二一〕、武安州、成州，東境兼得宜州弘政縣〔二二〕，西境兼得大定府神水縣〔二三〕，東南境兼得來州地〔二四〕。金爲北京路興中府興中縣及建州、大定府武平縣，東境兼得義州、弘政縣〔二五〕、同昌縣。元爲大寧路興中州、建州、川州、武平縣，東境兼得義州、懿州地，西北境兼得魯王分地。明初爲營州衛地，後廢入泰寧衛。本朝初内屬，乾隆三年設塔子溝廳，三十九年於廳東境析置三座塔廳，廳東北境爲土默特左翼旗，西北境爲土默特右翼旗，又北爲奈曼旗，又東北兼轄喀爾喀、庫倫兩旗地，四十三年改設朝陽縣，屬承德府。

形勢

北界興安大嶺，鍾峯東峙，廣仁西控，形勢之雄，甲於紫塞。欽定熱河志。

風俗

萃神皐之廬井，人服先疇，沃奥壤之耕桑，户敦古處。欽定熱河志。

行宫

避暑山莊。在承德府治東北。聖祖仁皇帝歲巡塞外，駐蹕熱河。康熙四十二年肇建避暑山莊，爲時巡展覲、臨朝聽政之所。陰陽和會，靈境天開，俯武列之水，挹磬鍾之峯，疊石繚垣，上加雉堞，如紫禁城之制。週十六里三分，南爲三門：中麗正門，東德匯門，西碧峯門。其東及東北、西北門各一。東門外長隄蜿蜒，北起獅子溝，南盡沙隄觜，延袤十二里，甃石七層，廣約丈許。宮左湖右山〔二六〕。山勢自北而西，曰梨樹峪，曰松林峪，曰榛子峪，曰西峪，迴抱如環。湖水自東北演迤而南，至萬樹園之陽，浄練澄空，沙隄曲徑，如意洲在焉。其北爲千林島。瀑源來自西峪，垂於涌翠巖之巔，匯注湖中。湖岸曲樹、長橋，引而東南，至德匯門之左，爲出水牐，以時蓄洩。敞殿飛樓，平臺、奥室，因地形，任天趣，不崇華飾，妙極自然，洵爲玉塞之神皋，金庭之奥域。有聖祖仁皇帝御製避暑山莊記，高宗純皇帝御製避暑山莊詩序、避暑山莊後序、避暑山莊百韻詩，仁宗睿皇帝御製木蘭記。謹案高宗純皇帝法祖巡行，歲涖山莊，仁宗睿皇帝紹繼前猷，詰戎綏遠，天文炳焕，象緯昭陳，非尺幅所能殫述。兹以統志爲志地之書，謹録聖製之有關地理者，標列御題，以昭示萬世，餘篇不備述。後倣此。

三十六景。聖祖仁皇帝既建避暑山莊，延攬勝概，錫以三十六景之名，皆御書題額，並御製三十六景詩，繪圖成帙，垂示册府。高宗純皇帝有御製恭跋皇祖聖祖仁皇帝御製避暑山莊三十六景詩文，乾隆六年有御製恭和皇祖聖祖仁皇帝御製避暑山莊三十六景詩，十八年有御製避暑山莊三十六景詩。

煙波致爽。澹泊敬誠殿後第三重。爲殿七楹，宏敞高明，旁挹雲嵐，後帶湖渚，爲三十六景之冠。

芝徑雲隄。由萬壑松風之前北行，長隄蜿蜒，徑分三洲，若芝英、雲朵。隄左右皆湖，中架木爲橋，南北樹寶坊，湖波鏡影，勝趣天成。

無暑清涼。芝徑雲隄之東北。洲曰如意，建殿三重，第一重面南，爲門五楹，四面皆水，門當其前，湖風徐度，人天勝境。

延薰山館。如意洲正殿七楹，左右配殿各五楹，在無暑清涼内第二重，南向，楹宇敦樸，薰風時來。

水芳巖秀。延薰山館後殿十五楹，在如意洲最深處。鏡波繞岸，瑶石依欄。聖祖仁皇帝嘗以幾暇讀書其中。殿之東閣，高宗純皇帝御書額曰「隨安室」。

萬壑松風。前殿據岡背湖，漸近湖爲坡陁。殿五楹，北向，長松數百樹，掩映週迴，笙鏞迭奏。高宗純皇帝御題曰「紀恩堂」，有御製避暑山莊紀恩堂記。殿後三楹，曰鑑始齋，坡下亭曰晴碧亭。
松鶴清越。山莊内西偏爲榛子峪，殿門五楹，南向，青蓋垂陰，九皋振響。後殿，高宗純皇帝御題曰「静餘軒」。
雲山勝地。煙波致爽之後。高樓北向，俯瞰群峯，雲嵐秀蔚。樓之西楹奉佛像，高宗純皇帝御題曰「蓮花室」。
四面雲山。山莊西北隅最高處。構亭其上，凌霄切漢，群山拱揖，各開生面，數百里外，如列屏幛。
北枕雙峯。山莊内直北山頂，有亭翼然，西北金山，東北黑山，排空屹向，如天門雙闕，對拱檐楹。亭前兩石筍，秀削青瑶，鐫聖祖仁皇帝暨高宗純皇帝和章於其上。
西嶺晨霞。自雲帆月舫右行，傑閣巋然，臨波面岫，紫霞晨映，錦章繡錯，在雲岑、木杪之間。
錘峯落照。山莊東五里爲磬錘峯，就山莊西嶺構亭，與四面雲山亭相望，紅輪西照，是峯迥出孤標，揚暉天際。
南山積雪。亭在山莊正北，高據山巔，塞地高寒，杪秋雪下，南望諸峯，皎然寒玉。
梨花伴月。山莊西北曰梨雲峪，入峪平岡透迤，幽澗潺鳴，當春時梨花萬樹，豔挹清輝，爲壺天勝境。
曲水荷香。亭在北山麓，南向，下映曲沼，芙蕖萬柄，翠蓋紅葩，翛然香遠。
風泉清聽。松鶴清越之西。置三楹，有泉出兩山間，琤琮穿注〔二七〕，風來澗響，與鶴韻松聲相應答，内爲秋澂齋。
濠濮間想。澄湖之北。構亭凡四面，此亭在如意洲上，水木明瑟，魚鳥因依。
天宇咸暢。湖之東岸，有阜巍然，上構殿宇三楹，積翠中天，層霄紫漢，皆歸一覽。
暖溜暄波。熱河以水得名，山莊東北隅有牐，湯泉餘潤，自宫墻外演迤流入，建閣其上，漱玉跳波，靈潤蒸蔚。
泉源石壁。懸崖直下，旁無路蹊，飛流百丈從石壁瀉出。磨崖恭勒聖祖仁皇帝御書。西爲半月湖，更西有亭曰矚朝霞。
青楓緑嶼。越泉源石壁而北，跨巔面南，置三楹，錦樹分叢，丹霞競彩，其中殿五楹，曰「風」、「泉」、「滿」、「清」、「聽」，門外三楹，面西曰「霞標」，皆聖祖仁皇帝御書扁額。東嚮四楹，高宗純皇帝御書額曰「吟紅榭」。
鶯囀喬木。亭當萬樹園之陽，近俯清波，遠連叢樾，和風澹蕩，時鳥嚶鳴，見萬物得所之樂。

香遠益清。萬樹園東南，金山之陰。前殿五楹，下臨曲沼，涼軒明浄，緑房紫葩，芬菲襲人。後三楹曰「紫浮軒」，西八楹曰「依緑齋」，皆聖祖仁皇帝御題。齋左有亭，高宗純皇帝御書額曰「含澄景」。

金蓮映日。延薰山館之右。有殿五楹，西嚮，環蒔金蓮花，亞葉交枝，含風浥露，晨景初出，金彩鮮新。旁室三楹。高宗純皇帝御書額曰「川巖明秀」。

遠近泉聲。緣長隄而北，石路半里許，漸聞水聲，摐金戛玉，水樂琅然。殿三楹，南嚮，其東曰聚香齋，殿後爲亭曰聽瀑。外三楹，南嚮，高宗純皇帝御書額曰「招涼榭」。

雲帆月舫。仿舟形作室，上爲樓，北嚮，在如意洲延薰山館之西。

芳渚臨流。由萬壑松風西行，折而北，傍湖一曲，有亭南嚮，巨石嵌空，清流倒影，夾岸嘉木灌叢，芳草如織。

雲容水態。梨樹峪之東。山麓砥平，殿五楹，東嚮，横峯側嶺，獻秀争奇，繚白縈青，波光無際。其西向樓三楹曰「曠觀」。

澄泉繞石。入梨樹峪，一徑青蒼，泉自石竇流出，依山曲折，有亭北嚮，倚層巘，鏡清漪，雲根緑浄，響若璆琳。

澄波疊翠。亭三楹，北嚮，在如意洲之陰。湖光一碧，遠極天際，其北翠壁千尋，浮光掩映，風景幽絶。

石磯觀魚。由遠近泉聲而下，清溪一曲，有石磯平廣，作亭其上，東嚮，俯視澄波，潛鱗涵泳，一一可數。

鏡水雲岑。天宇咸暢閣下。有殿五楹，西嚮，倚山搆宇，水周三面，曲廊外布，迴抱如半月，檻陰架亭，額曰「金山」，下有亭曰「芳洲」，皆高宗純皇帝御書。

雙湖夾鏡。水自東北入〔二八〕，南匯山泉，鍾爲大湖，隄橋左右，分一湖爲二，跨橋寶坊二，其北額曰「雙湖夾鏡」。

長虹飲練。在長橋南岸，與雙湖夾鏡坊對峙。兩岸煙瀾渺瀰，瀰望如一。

甫田叢樾。湖北岸最東一亭，與萬樹園相近。平原茂木，奥如翳如。聖祖仁皇帝駐蹕山莊，爲閲習步圍之地。

水流雲在。湖北岸最西一亭，漸近長隄。湖水澄虚，空明上下，悠然與造化同符。聖祖仁皇帝御題「三十六景」，以兹爲殿。

再題三十六景。乾隆十九年，高宗純皇帝駐蹕避暑山莊，於聖祖仁皇帝御題「三十六景」之外，再題「三十六景」，標題皆以三言，有即聖祖仁皇帝御題額者，有爲高宗純皇帝新題額者，雲巒獻秀，川岫呈奇，覲揚綏撫之烈，經緯制度之宜，均於是見焉。有高宗純皇帝御製再題避暑山莊三十六景詩。

麗正門。山莊正南一門。崇宏廣大，門左右爲朝房，内則恭懸聖祖仁皇帝「避暑山莊」題額，每秋巡之期，臣工啓事，外藩展覲，皆由於此。

勤政殿。麗正門之左。南嚮殿二重，前五楹曰勤政殿。高宗純皇帝敬天法祖，式勤民隱，巡行所至，離宫别殿，悉循圓明園之制，題以「勤政殿」，内面南額曰「正大光明」，面北額曰「高明博厚」，後殿前簷額曰「卷阿勝境」，後簷面北額曰「雲牖松扉」。殿前樓五楹，長廊周匝，凡慶賚燕饗之典，於斯御焉。

松鶴齋。澹泊敬誠殿之東，搆大殿七楹。是地爲昔年高宗純皇帝恭奉孝聖憲皇后頤養之所，岫列喬松，庭翔雪羽，循聖祖仁皇帝「松鶴清越」之義，高宗純皇帝題額曰「松鶴齋」。

如意湖。作亭於湖曲，東嚮，前臨如意洲。芷岸蔭林，苔堦漱水，洲勢透迤，如芝英之半偃。亭之西爲芳園居。

青雀舫。山莊勝趣，實在一水，濺瀑渟泉，咸匯湖中，有御舟，題曰「青雀舫」。泛月銜雨，漾碧摇青，靈境畢獻。舟有塢，在臨芳墅旁。

綺望樓。碧峯門之左。倚城爲樓，凡九楹，北嚮。登臨極望，水木雲巒，組分繡錯。後樓三楹，南嚮，恭懸聖祖仁皇帝御題額曰「坦坦蕩蕩」。

馴鹿坡。塞山產鹿，孳息蕃衍，而山莊所畜爲特馴。山逕透迤，儦俟成群，樂依文囿。高宗純皇帝御書「馴鹿坡」三字勒於石。

水心榭。石梁跨水，南北坊各一，中爲榭，三楹，飛桷高騫，虚簷洞朗，上下天光，影落空際，逾石梁而北，有亭名曰牣魚。

頤志堂。清舒山館之西。數楹南嚮，恭懸聖祖仁皇帝御題額曰「頤志堂」，又曰「光風霽月」。其西有殿東嚮，曰學古堂，均爲幾餘典學之所。

暢遠臺。清舒山館之左。因周垣舊基互爲長廊，下依緑水，有臺巍然，登臨縱覽，萬象森羅。

静好堂。在清舒山館之後。筠篁叢碧，巘岫縈青。堂外飛樓，疏櫺四啓，曰澄霽樓。樓下堂室區分，曰「風泉滿清聽」，曰「山水含清輝」，曰「高山流水」，曰「岫幌」，並聖祖仁皇帝御書。

冷香亭。静寄山房之側。有亭臨水，東嚮，山莊荷花，秋深未落，與晚菊寒梅同韻。亭北三楹，曰峽琴軒，與亭鱗次。

採菱渡。湖之南有小洲可登〔二九〕，搆亭其湑，形如一笠。新菱出水，帶露縈煙。亭後殿三楹，曰環碧。

觀蓮所。延薰山館西南。崇亭傍水，南嚮，芙蕖萬柄，涵光照影，天葩瓊蘂，洵爲甲觀。

清輝亭。如意洲東。臨水一亭，垂楊披岸，亭角出柳陰中，有清曠絶塵之趣。

般若相。清暉亭西精舍一區，南嚮，中奉佛像，額曰「法林寺」。内殿三楹，額曰「般若相」，皆聖祖仁皇帝御題。

滄浪嶼。嶼不滿十弓，而峭壁直下，有千仞之勢，中爲小池，石髮冒池，如緑雲浮空。有室三楹，後簷北嚮，恭懸聖祖仁皇帝御書題額。

一片雲。由延薰山館再折而東。面山殿八楹，雲陰乍起，紛郁輪囷，極静深之趣。

蘋香沜。萬樹園之東南，湖水分流，一鑑澄澈，中多青蘋，丰茸淺蔚，清香襲人，水濱殿三楹，南嚮。

萬樹園。北倚山，南臨湖，其中平原數千畝，嘉木羅植。高宗純皇帝御書碣曰「萬樹園」。自西師蕆事，錫宴、觀燈、馬伎咸在斯園。

試馬埭。萬樹園西南。草柔地曠，馳道如弦，雲錦成群，騰驤沛艾。大駕巡幸，於此考牧。高宗純皇帝御書碣曰「試馬埭」。

嘉樹軒。萬樹園東。爲軒凡三楹，南嚮，老樹輪囷，垂蔭數十畝，長榮永邑，皆百年前物。

樂成閣。嘉樹軒之上。重閣五楹，一重曰「開襟霄漢」，再重曰「樂成閣」〔三〇〕，塞田遠近，崇墉比櫛，童叟慶舞，適觀厥成。

宿雲簷。宫城東北隅，山盡處，當惠迪吉門，因勢高敞，搆平臺以攬勝，雲氣往來，若宿簷際。

澄觀齋，宫城東北，殿五楹，西南曰惠迪吉，聖祖仁皇帝御書，其前簷額曰「澄觀齋」，高宗純皇帝御書。前匯山莊諸水，緑波翠影，遠近交映。

翠雲巖。澄觀齋之後，有亭翼然，晨霞暮靄，絢紫緋青，巖巒交複，雲氣特多。聖祖仁皇帝御題曰「翠雲巖」。亭後，摩崖勒聖祖仁皇帝御書大字曰「雲巖」。

罨畫窗。自青楓緑嶼折而東。曲室窈深，疎櫺洞啓，峯嶺林泉，咸在几席，儼如罨畫。

凌太虚。北山之巔，置亭，拔地倚天，顥氣清英，飄飄有凌雲之致。下爲殿五楹，額曰「清溪遠流」〔三二〕，東三楹爲含粹齋。

千尺雪。玉琴軒之東，數十武有瀑泉，懸流噴薄，搆殿五楹。高宗純皇帝御題「千尺雪」額。瀑源來自雲根，捲沫跳波，寒光四射，清景獨絶。

寧静齋。千尺雪之後，依山搆齋，倚山帶溪。高宗純皇帝御題曰「寧静」。後樓恭懸聖祖仁皇帝御書曰「清敞」。

玉琴軒。與寧静齋並峙。當泉流激湍間，觸石琮琤，清越相應。

臨芳墅。水流雲在亭之隔岸，西折而南，臨芳墅在焉。爲殿五楹，曲渚迴汀，藥欄荷沼，芬郁左右。

知魚磯。臨芳墅前。殿五楹，面南，踞湖之北，與采菱渡相對。群魚出游，爲潛爲躍，並呈天趣。

涌翠巖。瀑自巖而下，巖間搆殿三楹，東嚮。晨曦朝爽，空翠四合。殿後爲佛廬，有樓三楹，額曰「自在天」。

素尚齋。梨峪中搆殿五楹，面南，地在山巔，因高得勢，軒宇曠然，結搆渾樸，不施雕繢。

永恬居。素尚齋之前。殿五楹，面南。水木澄明，煙巒静妙，景物恬和，如遊瓊島。後三十六景至此而攬其全。

澹泊敬誠。山莊正殿，凡七楹。聖祖仁皇帝御題曰「澹泊敬誠」，恭懸墨寶。每高宗純皇帝萬壽聖節，祝嘏臚歡，遠臣肆覲，則御兹殿。左右配殿各五楹，後殿亦五楹，曰「依清曠」，亦聖祖仁皇帝御書墨寶。東偏，高宗純皇帝御題額曰「寶筏喻」。

清舒山館。在水心榭之東北，凡五楹。恭懸聖祖仁皇帝御題，内曰承慶堂，高宗純皇帝御題額曰「煙霞澄鮮」。東楹奉聖祖仁皇帝宸翰，牓曰「冰奩」，内曰「含德齋」，後簷額曰「聚雲複岫山房」，西南隅別殿曰「蘿月松風」。謹案自清舒山館以下，每歲高宗純皇帝、仁宗睿皇帝臨幸，皆有御製題詠。天藻所摛，焜燿日月，不及備載，恭識於此。

戒得堂。清舒山館之東。堂五楹，南嚮。高宗純皇帝御題額曰「戒得堂」，有御製戒得堂記、戒得堂後記。堂之後廡曰鏡香亭，堂北層樓特起，曰問月樓，樓之東爲群玉亭，其南有軒曰舍古。自軒而南爲來薰書屋，又南爲佳蔭室，室外有齋三楹，俯臨流水，曰面水齋。

繼德堂。在松鶴齋後。乾隆五十五年奉命葺治，如煙波致爽之制。高宗純皇帝御題額曰「繼德堂」。

春好軒。在萬樹園東南，濱湖。軒凡五楹，軒後一亭，曰巢翠亭。

静寄山房。山房環澄湖，踞平阜，穆然淵静，宛在水中。又内爲瑩心堂，額曰「間止」，又内爲湖山罨畫，門南嚮，牓曰「月色江聲」。

煙雨樓。如意洲北。舊名青蓮島，建樓五楹，四面臨水，一碧無際。高宗純皇帝御題額曰「煙雨樓」。樓外構屋三楹，曰青楊書屋，溪旁構齋曰對山齋，山頂有亭曰翼然亭。

緑雲樓。越涌翠巖，有樓聳峙，地當西峪，爲瀑源所自出。疊嶂層雲，滃然四合，額曰「緑雲樓」。旁三楹曰「木映花承」，又前三楹曰「水月精舍」。

創得齋。西峪最深處。踞山爲屋三楹，曰創得齋，其後右偏爲樓三楹，曰夕佳樓，前小樓二楹曰桃碧室，内牓曰「一塵不染」。

觀瀑亭。山莊崖館雲阿，深林穹谷，咸以瀑流增勝，乳竇穿空，雲根吐溜，構亭山麓。高宗純皇帝御題曰「觀瀑」。半山有亭，御書「瀑源」二字，由是再陟而上爲笠雲亭。

食蔗居。由觀瀑而窮其源，緣山取逕，繚繞數折，至食蔗居，凡三楹，松林峪之勝境也。徑既幽迴，地復高敞，奧如曠如，轉深轉妙。左三楹，額曰「小許菴」，右有亭曰倚翠亭，東北山亭曰松巖。

敞晴齋。山莊西北隅，緣岡冠嶺，構堂其上。秋高氣朗，蒼碧千里。門外有橋，奇石森列，左曰青綺書屋，右曰繪韻樓。

秀起堂。西峪中峯特起，列岫層巒，奔趨拱極，據峯爲堂，備攬諸勝，登臨振衣，如在天半。其下曰經畬書屋，東北曰振藻樓。堂後山如屏障，雲際一亭，曰眺遠亭。

静含太古山房。鷲雲寺之側，萬嶂環列，築山房一區，額曰「静含太古」。邃谷穹林，纖塵不到。由西廊而出，曰不遮山樓，向南得小亭，額曰「趣亭」。

有真意軒。自西峪至秀起堂，山逕縈紆，架屋數楹，高宗純皇帝御題曰「有真意軒」。軒外林巒高下，一草一木，曲呈真趣。軒左曰空翠書樓，右曰小有佳處，後有亭額曰「對畫亭」。

碧静堂。倚山爲堂，絶巘浮青，在煙嵐縹緲間，額曰「碧静堂」。堂之左曰松壑間樓，右曰静賞室，跨澗爲樓，曰浄練溪樓。

含青齋。架巖爲屋，疊石成階，與敞晴齋隔溪相望，額曰「含青齋」。内面北，額曰「清暉娱人」，左曰挹秀書屋，右曰松霞室。

玉岑精舍。山莊西北，溯澗流而上至山麓，攢峯竦岫，如縣圃積玉，精舍三楹，額曰「玉岑室」。右偏曰貯雲簷，穿雲陟逕，有亭二，曰湧玉，曰積翠，依山梁搆室，曰小滄浪。

文園獅子林。清舒山館之前，度地爲園，模山範水，藴淑懷奇，因倪瓚獅子林圖之式，備十有六景之勝，高宗純皇帝御題曰「文園獅子林」，乾隆三十九年、四十年、四十四年、四十五年皆有御製題文園獅子林十六景詩。其目曰獅子林，曰虹橋，曰假山，曰納景堂，曰清閟閣，曰藤架，曰磴道，曰占峯亭，曰清淑齋，曰小香幢，曰探真書屋，曰延景樓，曰畫舫，曰雲林石室，曰横碧軒，曰水門。

文津閣。山莊千尺雪之後，卜高明爽塏，用浙江范氏天一閣之式，建爲高閣，以藏四庫全書。高宗純皇帝御題曰「文津閣」，與紫禁之文淵、御園之文源、盛京之文溯，四閣並峙，琅函瓊册，輝燭霄漢。有御製文津閣記，題文津閣諸詩。閣前爲趣亭，東爲月臺，西則西山層巘屏列。

宜照齋。山莊西北門内。倚石城構齋五楹，臨風致爽，晴照宜人，右爲屬霄樓，左爲卻炎榭，由榭而東爲就松室，其後爲積嘉亭。

山近軒。在山莊西北。峯巒窈窕，環抱檐楹，當萬山深處。宮門三楹，南嚮。正殿五楹，殿西三楹，額曰「清娱室」，東五楹，曰「養粹堂」，堂之南爲延山樓，西嚮，敞亭三楹，奇石嵌空，迴廊曲注，額曰「簇奇廊」。東峯之頂，草亭一區，有松蒼然，額曰「古松書屋」。

獅子園。園以傍獅子嶺得名。世宗憲皇帝在藩邸扈從賜居於此，中多世宗憲皇帝題額，園額則聖祖仁皇帝賜書也。東西宮門五楹，其南碧水迴環，北岸亭三楹，額曰「翠柏蒼松」，逾橋而南，恭懸聖祖仁皇帝賜額，前五楹，額曰「芳蘭砌」，曰「樂山書屋」。書屋東，環以迴廊，中峙方亭。又東南殿三楹，額曰「水情月意」，後殿三楹，東有亭，額曰「環翠」。北有待月亭，在殿東南〔三二〕。前殿五楹，後殿三楹，東五楹，額曰「片雲舒卷」。又東北三楹，高宗純皇帝御書額曰「護雲莊」，西北七楹，額曰「群山環翠」。東北爲草房。又東北殿五楹，額曰「澂懷」，更内五楹，曰「松柏室」，後三楹爲「忘言館」。其西跨澗爲小堂，三楹，曰「秋水澗」，西南爲「妙高堂」，恭懸聖祖仁皇帝題額，堂五楹，踞山峯最高處。其南爲法林寺，額曰「普門隨現」，有世宗憲皇帝御製熱河園中避暑詩、園中即景詩、中元登獅子嶺詩、感懷詩、妙高堂詩、獅子園夏日詩。高宗純皇帝、仁宗睿皇帝念切紹庭，歲時展詣，慕思所積，題詠尤多，奎文寶翰，雲日留輝，不能盡載云。

釣魚臺行宮。在承德府治北，山莊東北十三里。乾隆七年建。自熱河啓蹕至木蘭，中關爲首程，釣魚臺、黄土坎爲止頓。宫門南嚮，殿東嚮。土人舊呼雙黄寺，地當熱河上流，三源既會，中産嘉魚，故名釣魚臺云。

黄土坎行宫。在承德府治北，釣魚臺北十七里。康熙五十六年建。南嚮，殿五楹，後殿九楹，左右各三重。宫之北有賽因河，會入固都爾呼河。

中關行宫。在承德府治北，黄土坎東北七十里。康熙五十一年建。南嚮，殿五楹，牓曰「松間明月」，後殿牓曰「雲林蔚秀」。東十餘里有峯嶄然，洞穴嵌空，錫名瓏瓏峯，自宫中望之，縹緲雲際，致爲勝境。

張三營行宫。在承德府治北，波羅河屯北六十二里。康熙四十二年建。北即石片子。秋獮東道由波羅河屯，高宗純皇帝駐蹕於此，額曰「雲山寥廓」。

喀喇河屯行宫。在灤平縣治西，去山莊西南三十五里。當山莊未建，康熙十六年，聖祖仁皇帝肇舉巡典，駐蹕於此，嗣是歲以爲常。宫門南嚮，五楹，額曰「秀野軒」。宫基中界灤河，依山帶水，有小金山之號。西上則灤陽别墅，有堂曰翠雲，亭曰虬蓋，水木清華，景物明瑟，外則萬家煙井，鱗次櫛比。熱河以南，此爲勝境。百餘年來，秋巡駐蹕山莊，迴鑾必莅此地，紹文繼序，題詠至多焉。

王家營行宫。在灤平縣治西。康熙四十三年建。牓曰「引流成溪」。凡四重，東西亦如之。其陽面山，地勢平曠，廊軒接比，院宇高明。

常山峪行宫。在灤平縣治西南，去王家營四十里。康熙五十九年建。南嚮，殿五楹，曰蔚藻堂，内曰青雲梯，西曰虚白軒，後曰如是室。蔚藻之右，曰翠風埭，曰綠樾徑，曰楓香坂，曰陵霞亭，皆創建於聖祖仁皇帝時。高宗純皇帝時巡，標爲八景，御書題額，分章疊詠焉。

兩間房行宫。在灤平縣治西南，去常山峪三十三里，至古北口四十餘里。康熙四十一年建。南嚮，殿五楹，額曰「秀抱清芬」，曰「鏡風含月」，後殿越小橋，當山東北隅，曰澄秋軒，盤折而東，高出木杪，有亭曰暢遠。塞外山川，茲地首當形勝，自昔以兩間房得名，今則成聚成都，煙火相望，極稱豐盈矣。

巴克什營行宮。在灤平縣治西南，至古北口十里。康熙四十九年建。殿五楹，南嚮，後殿左右各二重，旁東西嚮。規制純樸，南望邊牆，高出山上，潮河奔流入塞，田疇井里，熙然豐樂，不覺在邊關之外。

什巴爾台行宮。在豐寧縣治東南。中關行宮北三十七里。康熙五十九年建。自中關至波羅河屯，以什巴爾台爲止頓。南嚮，大殿五楹，後爲永懷堂。

波羅河屯行宮。在豐寧縣治東南，什巴爾台北十八里。康熙四十二年建。殿南嚮，後依崇巘，前俯平林，有額曰「山泉賞」，曰「簷際千峯」，曰「秋澄景清」。

濟爾哈朗圖行宮。在豐寧縣東，波羅河屯西北五十八里。秋獮西道由波羅河屯至濟爾哈朗圖及阿穆呼朗圖，入伊瑪圖口。乾隆二十四年建。「濟爾哈朗圖」，蒙古語安樂所也。水泉甘美，庶草豐蕪，因以得名。

阿穆呼朗圖行宮。在豐寧縣東北，濟爾哈朗圖北四十三里。乾隆二十七年建。當西入圍場之路。「阿穆呼朗圖」，蒙古語康寧也。

圍場附

木蘭圍場。在承德府北境外，蒙古各部落之中。周一千三百餘里，東西三百餘里，南北二百餘里。東至喀喇沁旗界，西至察哈爾旗界，南至承德府界，北至巴林及克西克騰界。東南至喀喇沁旗界，西南至察哈爾鑲白旗界〔三三〕，東北至翁牛特界，西北至察哈爾正藍旗界。聖祖仁皇帝秋巡塞外，舉蒐狩之典，因喀喇沁、敖漢、翁牛特諸旗敬獻牧場，遂開靈囿。高宗純皇帝、仁宗睿皇帝式遵舊制，每以八月行圍肄武，六飛于邁，雲合景從，名王左右，躬屬櫜鞬，以效馳驅，詰戎綏遠，訓垂萬世。國語謂「哨鹿」曰「木蘭」，圍場爲「哨鹿」之所，故以得名。四面皆立界限，曰柳條邊，其南爲入圍場之路。自波羅河屯入圍場有二道：東南由崖口入，即石片子也；西道由濟爾哈朗圖入。初，每歲行圍，俱出入崖口。乾隆二十四年建行宫於濟爾哈朗圖，於是聖駕行圍由崖口入，則迴鑾由濟爾哈朗圖，若由濟爾哈朗圖入，則迴鑾由崖口，歲以爲常云。謹按康熙間，聖祖仁皇帝歲舉行圍之典，乾隆六年，間歲一舉，十六年以來，定爲歲一舉行，每歲皆有御製行圍諸詩，不及備録，恭識於此。

圍場規制。木蘭四面樹柵，限別内外，按八旗，以一晉房統五卡倫，各有分地，以司稽察。

鑲黄旗，在奇卜楚高，爲北之東。其卡倫曰賽堪達巴漢色欽，曰阿魯色㕲，曰阿魯呼魯蘇台，曰英格，曰拜甡圖。

正白旗，在納林錫爾哈，爲東之南。其卡倫曰巴倫崑得伊，曰烏拉台，曰錫喇諾海，曰諾林錫爾哈，曰格爾齊老。

鑲白旗，在十八里台，爲南方。其卡倫曰噶海圖，曰卓索，曰什巴爾台，曰麻尼圖，曰博多克。

正藍旗，在石片子，爲南之東。其卡倫曰木壘喀喇沁，曰古都古爾，曰察罕札克，曰汗特穆爾，曰納喇蘇圖扎巴。

正黄旗，在錫拉扎巴，爲北之西。其卡倫曰庫爾圖陀羅海，曰納喇蘇圖和碩，曰沙勒當，曰錫拉扎巴，曰錫拉扎巴色欽。

正紅旗，在扣肯陀羅海，爲西之北。其卡倫曰察罕布爾噶蘇台，曰阿爾撒朗鄂博，曰麻尼圖布拉克，曰齊呼拉台，曰布哈渾爾。

鑲紅旗，在蘇木溝，爲西之南。其卡倫曰海拉蘇台，曰姜家營，曰西燕子窩，曰郭拜，曰和羅博爾奇。

鑲藍旗，在海拉蘇台，爲南之西。其卡倫曰朱爾噶岱，曰蘇克蘇爾台，曰卜克，曰東燕子窩，曰卓索溝。皆設八旗官兵，分守其境。

東界圍場十：凡圍場六十有七。其在東界者：

巴顏布爾噶蘇台圍場，在正白旗巴倫崑德伊卡倫之西，其北與默爾根烏里雅蘇台接，其西有畢老哈爾巴齊達巴漢，其南敦達烏拉臺河源出焉。
温都爾華圍場，在巴顔布爾噶蘇台之東南，準烏拉台河源出焉。
諤爾根郭勒圍場，在巴顔布爾噶蘇台之西南，其西則巴隆烏拉台河源出焉〔三四〕。
達顔德爾吉圍場，在諤爾根郭勒之西，西北有達顔達巴漢，達顔河源出焉。其北有碑一，恭鐫高宗純皇帝御製古長城説。
畢圖舍哩圍場，在達顔德爾吉之西南，其北有納瑪達巴漢〔三五〕。
德爾吉圍場，在畢圖舍哩之西。
多們圍場，在畢圖舍哩之南，其東爲格爾齊老，北即巴隆烏拉台河。
布扈圖圍場，在正白旗烏拉台卡倫之西。
威遜格爾圍場，在布扈圖之西，有高宗純皇帝御製威遜格爾詩。
阿濟格趄圍場，在德吉爾之南，阿濟格趄河源出焉。東北則伊遜烏藍哈達，更東北則布扈圖口，乾隆二十三年以西域諸藩於此入覲，賜名曰伊綿峪。

西界圍場八：

蒐濟圍場，在正紅旗瑪尼圖布拉克卡倫之東。
浩賚郭勒圍場，在蒐濟之東南。
德勒格楞圭鄂博圍場，在浩賚郭勒之東北。
明安阿巴圖圍場，在德勒格楞圭鄂博之東南，其西明安阿巴圖河源出焉。
喀喇瑪拉哈圍場，在明安阿巴圖之東。
齊老圖色欽圍場，在德勒格楞圭鄂博之東北，其西北有齊老圖達巴漢，齊老圖河源出焉。

巴顏圖庫穆圍場，在喀喇瑪拉哈之東北，東與額爾吉庫哈達接。

哈爾雅里圍場，在巴顏圖庫木之西北。

永安拜色欽圍場，在哈里雅爾之北，其北有永安拜達巴漢，永安拜河源出焉。更東有安巴究達巴漢，安巴究河源出焉，東與錫喇德卜色克接。

南界圍場五：

塔里雅圖圍場，在正藍旗汗特穆爾卡倫之北，北接永安莽喀，南則伊遜哈巴齊柵。有碑一，恭鐫高宗純皇帝御製入崖口詩。自此西折而南則石片子營房，即崖口也。

卜克圍場，在鑲藍旗卜克卡倫之北，其北有卜克達巴漢，卜克河源出焉。有碑一，恭鐫高宗純皇帝御製於木蘭作詩九首。

布圖爾圍場，適當中路，在鑲白旗博多克卡倫之北，其南有博里哈達，東則色利河源出焉。

永安湃圍場，在布都爾之北。有碑一，恭鐫高宗純皇帝御製永安湃圍場殪虎詩，碑旁恭鐫高宗純皇帝御製永安湃圍場詩，備四體書。其東有察爾巴呼達巴漢，察爾巴呼河源出焉，南爲伊瑪圖河，有高宗純皇帝御製進伊瑪圖口行圍即事諸詩。

僧機圖圍場，在永安湃之東，其北有察罕達巴漢，僧機圖河源出焉。僧機圖哈達在其東，其南少西有古松同根異幹，高百尺，千年前物也。高宗純皇帝行圍過此，錫名「夷齊松」，有御製夷齊松歌、御製嘆夷齊松賦。

英圖圍場，在永安湃之西。

北界圍場三：

扎喀烏里雅蘇台圍場，在鑲黃旗賽堪達巴漢色欽卡倫之南，東與色呼接。

都呼岱圍場，在圍場正北〔三六〕，更北爲達爾罕賽堪摩敦，摩敦河源出焉，稍西爲都呼岱河源，其北爲興安大嶺，有高宗純皇帝御製興安大嶺歌於興安作諸詩。

圖爾根伊扎爾圍場，在正黄旗錫勒扎巴欽卡倫之西南，其北則圖爾根伊扎爾河源出焉，東則有穆呼勒伊扎爾河，東南則有托克隆和賚河。

中界圍場九：

們都阿魯圍場，在伊遜色欽之南。

圖們索河圖圍場，在們都阿魯之東南。

哈達圖扎卜圍場，在圖們索和圖之東，與德爾吉接。

錫喇德卜色克圍場，在安巴究達巴漢之南。

巴雅斯呼察罕圍場，在巴顔圖庫木之東北，與錫喇德卜色克接。

固庫圖察罕圍場，在圖們索和圖之西。

額呼蘇錫納圍場，在圖們索和圖之南。

鄂爾吉庫哈達圍場，在英圖之北，其南有鄂爾吉庫哈達。

鄂倫索和圖圍場，在鄂爾吉庫哈達之東。

東南界圍場十五：

錫喇諾海圍場，在正白旗錫喇卡倫之西，有錫喇諾海達巴漢。

噶海圖圍場，在錫喇諾海之西北，其西噶海圖河源出焉。

巴顔喀喇圍場，在噶海圖之西南，其北有拜布哈達巴漢，拜布哈河源出焉。

察罕扎巴圍場，在巴顔喀喇之東南。

固爾班錫納圍場，在察罕扎巴之東南。

永安莽喀圍場，在巴顏喀喇之西南。有碑一，恭鐫高宗純皇帝御製永安莽喀詩。國語「永安」，沙也；「莽喀」，岡也。是地爲入崖口第一圍場。

坡賚圍場，在永安莽喀之西北，其南爲烏藍哈達。

巴顏納錫圍場，在坡賚之西南。

默爾根精奇尼圍場，在坡賚圍場北，其北默爾根精奇尼河源出焉。

固爾班固爾班圍場，在默爾根精奇尼之西，其北則沙第哈達。

克伊呼圍場，在錫埒海之南〔三七〕，其北則克伊埒河源出焉。

喀喇楚古爾蘇圍場，在正白旗格爾齊老卡倫西南，其東納林西爾哈河源出焉。

愛里色欽圍場，在喀喇楚古爾蘇之西，其南則布敦哈達，布敦河源出焉。

庫庫哈達圍場，在正藍旗木壘喀喇沁卡倫之西北，其東南則庫克哈達，南則珠爾達巴漢。

汗特穆爾圍場，在正藍旗古都古爾卡倫之北，其西則汗特穆爾達巴漢，南則雲特穆爾達巴漢，其東則有崆郭達巴漢。

西南界圍場四：

哈朗圭圍場，在鑲紅旗和羅博爾奇卡倫之東。

珠爾噶岱圍場，在鑲紅旗蘇木溝營房之東，珠爾噶岱河源出焉。

孟奎色欽圍場，在哈朗圭之東，其北有孟奎達巴漢，孟奎河源出焉。哈拉錦務呼拉達巴漢在其東南。

巴顏陀羅海圍場，在鑲藍旗東燕子窩卡倫之北〔三八〕，西南則哈達拉達巴漢，巴顏陀羅海河源出焉。東南與卜克圍場接，康熙四十八年，聖祖仁皇帝於此行圍，親御弓矢，射獲大鹿，異常産，藏角武庫。高宗純皇帝御製鹿角記，識前烈焉。

東北界圍場八：

色呼圍場，在鑲黄旗阿魯呼魯色勒卡倫之西南。
巴爾圖圍場，在呼魯蘇台之西南。
呼魯蘇台圍場，在鑲黄旗阿魯呼魯蘇台卡倫之西南〔三九〕。
岳樂圍場，在巴爾圖西南。有碑一，恭鐫高宗純皇帝御製虎神鎗記。其北有塔錫呼達巴漢。
珠爾圍場，在岳樂場之西，其南有鄂爾楚克哈達，北則珠爾河源出焉。
巴顔木墩圍場，在珠爾之西，其西北有五虎爾濟達巴漢，南有旺展達巴漢，東則巴顔木墩河源出焉。伊遜河源在其西。
默爾根烏里雅蘇台圍場，在鑲黄旗拜甡圖卡倫之西，默爾根烏里雅蘇台河源出焉。
巴顔郭圍場，在默爾根烏里雅蘇台之西，其西南巴顔郭河源出焉。

西北界圍場五：

沙勒當圍場，在正黄旗沙勒當卡倫之東南，圖爾根依扎爾河在其北。
巴顔莽喀圍場，在正黄旗納喇蘇圖和碩卡倫之東南，其西則布哈淖爾，南爲塔木陀羅海。
崆郭羅鄂博圍場，在正紅旗齊呼拉台卡倫之東。
阿魯木拉克圍場，在塔木陀羅海之東，其南則額墨勒達巴漢〔四〇〕，東北則雅岱，與永安湃色欽接。
鄂勒哲依圖察罕圍場，在雅岱東北，其北則鄂勒哲依圖察罕河源出焉〔四一〕。

學校

承德府學。在府治東。舊爲熱河道學。本朝乾隆四十三年定爲承德府學。入學額數六名。

灤平縣學。未建，隸府學。入學額數四名。
豐寧縣學。未建，隸府學。入學額數四名。
平泉州學。未建，隸府學。入學額數四名。
赤峯縣學。未建，隸府學。入學額數四名。
建昌縣學。未建，隸府學。入學額數四名。
朝陽縣學。未建，隸府學。入學額數四名。
秀峯書院。在府城板棚街。本朝乾隆四十二年建。
灤江書院。在灤平縣西南里許。本朝乾隆五十二年建，嘉慶十九年修。
平泉書院。在平泉州治東，舊在州南里許。本朝乾隆三十八年移建，嘉慶十四年修。
赤峯書院。在赤峯縣。本朝乾隆四十三年建，嘉慶十九年改建。
秀塔書院。在建昌縣東北隅。本朝乾隆三十八年修。
鳳儀書院。在朝陽縣治東。

户口

原編無，今滋生男婦大小共七十八萬三千八百六十七名口，計一十四萬四千六百四十六户。

田賦

田地二萬二千八百七頃六十畝四分有奇，額徵地丁正、雜銀二萬一十八兩，米一百一石八斗一升六合八勺。

校勘記

〔一〕金爲北京路大定府興中府及西京路桓州地　乾隆志卷二六承德府一建置沿革（以下同卷簡稱乾隆志）同。按金西京路桓州治今内蒙古正藍旗西北，其地於清屬口北道多倫諾爾廳（今多倫縣）。清史稿卷五四地理志一：口北三廳，隸口北道，「雍正中，先後置三理事同知廳（張家口、獨石口、多倫諾爾）」。多倫諾爾廳，「雍正十年置理事廳」。乾隆口北三廳志卷一地輿：「金爲西京路桓州威遠軍節度使，今舊開平；撫州鎮寧軍節度使地，今舊興和。」按金桓州治今正藍旗西北，開平城西南，於清屬多倫諾爾廳境。光緒承德府志卷三建置：「金時興州（治興化縣，今承德市西灤河鎮）之西，即接桓州。桓州故城在今多倫諾爾廳境，開平衛故城之西南。」可證金西京路桓州地屬清口北道多倫諾爾廳，不屬承德府境地。

〔二〕元爲上都路興州利州　乾隆志同。考元史卷五九地理志二，利州隸屬大寧路，應序列下文大寧路，此記敘於上都路，誤。

〔三〕漢上谷郡女祁縣地　本書卷四〇宣化府三古蹟：「女祁故城，在龍門縣東。漢置縣，屬上谷郡。」按清龍門縣，即今河北赤城縣西南龍關，女祁故縣在今龍關東，即在今赤城縣南。清灤平縣，治今承德市西灤河鎮，與赤城縣相距遥遠。據中國歷史地圖集第二册西漢幽州刺史部圖，上谷郡女祁縣東界約在今赤城縣東長城一綫，迤東屬漁陽郡，爲清承德府灤平縣地，此云清灤平縣「漢上谷郡女祁縣地」，誤。

〔四〕元廢軍省縣入州屬上都路尋置興安縣　乾隆志作「元爲上都路興州興安縣宜興縣地」。元史卷五八地理志一：上都路興州，金爲興州，元中統三年屬上都路，領興安、宜興二縣，至元二年置。本志卷四三承德府二古蹟：「興州故城，在灤平縣西南。宜興故城，在灤平縣西北七十五里。」則元興州治興安縣、宜興縣於清代爲灤平縣地，此脱載宜興縣。

〔五〕遼爲中京道北安州利民縣　「利民縣」，乾隆志同。錢大昕廿二史考異卷八三：「案金史地理志：興州，本遼北安州興化軍興化縣，承安五年升爲興州，領興化、宜興二縣。興化爲倚郭，遼舊縣。又有利民縣，承安五年以利民寨升，泰和四年廢。蓋遼之北安州有興化縣，無利民縣；惟金承安嘗升利民寨爲縣，未久旋廢。作遼史者乃以金所置之利民爲遼時舊縣，而不及興化，誤矣。」一九七四年中華書局遼史卷三九地理志三「北安州興化縣」校勘記：「原誤『利民縣』，據遼文滙卷五宋匡世墓誌及考異改。」利民爲金承安五年以利民寨升置，遼無利民縣。所云確是，此亦誤。

〔六〕西北境爲西京路桓州地　「路」，原作「道」，乾隆志同。金史卷二四地理志上：「襲遼制，建五京，置十四總管府，是爲十九路。」西京路爲十九路之一，領有桓州，本志上文承德府總序作「西京路桓州」，此「道」爲「路」字之誤，據改。按金桓州治今内蒙古正藍旗西北，其地於清屬口北道多倫諾爾廳（今多倫縣），詳見本卷校勘記〔一〕，此云「豐寧縣西北境爲西京路桓州地」，誤。

〔七〕西北境爲開平府開平縣地　乾隆志同。元史卷五八地理志一：「金置桓州，憲宗六年，「命劉秉忠相宅於桓州東、灤水北之龍岡，中統元年爲開平府」，置開平縣爲府治。」同書卷五世祖紀二：中統四年「升開平府爲上都，其達魯花赤兀良吉爲上都路達魯花赤，總管董銓爲上都路總管兼開平府尹」。上都開平府開平縣城在今内蒙古正藍旗東北兆奈曼蘇默古城，桓州城在其西南，其地在清時屬於口北三廳之多倫諾爾廳（今多倫縣），乾隆口北三廳志卷一地輿：「元爲上都、興和二路及興、松、雲三州地。」上都路治開平府，興和路治高原縣（今河北張北縣），在清時皆屬口北三廳。同書卷三古蹟：多倫諾爾，開平故城，「上都牧廠東北灤河北岸巴哈呼爾虎之麓，土人呼爲奈曼蘇默城」。可證開平府開平縣在清代屬口北三廳之多倫諾爾廳地，不屬豐寧縣西北境。參見本卷校勘記〔五〕。

〔八〕明初爲興州衛開平衛地　乾隆志同。明史卷四〇地理志一：開平衛，元上都路，「洪武二年爲府，尋廢府置衛，永樂元年二月徙衛治京師，四年二月還舊治。宣德五年遷治獨石堡」。即本志所謂明初之開平衛。其地即元開平府開平縣，治今內蒙古正藍旗東北兆奈曼蘇默古城，其地於清代屬口北三廳之多倫諾爾廳境地。乾隆口北三廳志卷一地輿：「明爲開平衛及興和守禦千户所地。」同書卷三古蹟：多倫諾爾，開平故城，「明洪武二年建衛於此，宣德五年移開平衛治獨石，舊城遂廢」。可證明開平衛在清代乃口北三廳之多倫諾爾廳地，不屬豐寧縣地。參見本卷校勘記〔七〕。

〔九〕北魏及齊爲營州建德郡陽武縣冀陽郡平剛縣地　魏書卷一〇六地形志上：營州建德郡，「真君八年置，治白狼城」，領陽武縣，「正光末置」。冀陽郡，「真君八年併昌黎，武定五年復」，領平剛縣。王仲犖北周地理志魏書地形志營州所統郡縣考證：建德郡治白狼城，「今遼寧喀喇沁左翼西南平房子附近」。按郡實置於北燕，北魏以北燕僭僞，擯之不數，故魏收云真君八年置也。陽武縣，今喀喇沁左翼西南」。「冀陽郡，治冀陽城，今遼寧凌源縣境」。按此亦前燕所立之郡。晉書慕容廆載記：時二京傾覆，士庶多襁負歸之，廆乃立郡以統流人，冀州人爲冀陽郡。按載記謂慕容皝曾罷冀陽等郡，蓋罷未久而復置也。魏書世祖紀：延和元年八月，詔驃騎大將軍樂平王丕攻冀陽，拔之。平剛縣，今凌源縣大凌河南岸」。按隋書卷三〇地理志中載：北齊仍存建德、冀陽二郡，陽武、平剛縣廢。讀史方輿紀要卷一八：陽武廢縣，「後魏正光末置縣，屬建德郡，亦高齊時廢」。又云「高齊廢平剛縣」。

〔一〇〕雍正八年設八溝廳　乾隆志同。清世宗實録卷八七：雍正七年十月，「添設熱河迤東八溝地方通判一員」。本卷赤峯縣及清史稿卷五四地理志一皆載：「雍正七年置。」應以「七年」爲準。

〔一一〕漢遼西郡文成縣地　據中國歷史地圖集第二册西漢幽州刺史部，遼西郡文成縣在今遼寧建昌縣東，清赤峯縣（赤峯市）於漢代爲右北平郡北境邊塞地，不屬遼西郡地，二者并不相合，此説無據。

〔一二〕上京道松山州松山縣　乾隆志同。遼史地理志記載松山州有二：一屬上京道，其故城在今内蒙古巴林右旗東；一屬中京道，松山州治松山縣，在清赤峯縣（今赤峯市）西南。二州地望不同，此所記之松山州松山縣，乃屬中京道。本志卷四三承德府二古蹟：「松山故城，在赤峯縣境。遼置松山州，治松山縣，屬中京。」此以中京道之松山州屬上京道，誤。

〔一三〕漢遼西郡交黎臨渝諸縣地　據中國歷史地圖集第二册西漢幽州刺史部，遼西郡交黎縣治今遼寧義縣（清義州），臨渝縣（原作「榆」，據漢書地理志、續漢書郡國志改）在今朝陽市（清朝陽縣）東，皆不屬清建昌縣（今凌源市）境地，而清建昌縣地在漢代爲右北平郡地，二者皆不相符，此乃無稽之説。

〔一四〕潭州龍山縣　「潭」，原作「澤」，乾隆志同，據遼史卷三九地理志三及光緒承德府志卷五建置改。

〔一五〕乾隆三年設塔子溝廳　乾隆志及光緒承德府志卷五建置同。清高宗實録卷一一二：乾隆五年三月，「於塔子溝添設通判一員」。應以五年爲準。

〔一六〕東北至錦州府寧遠州界　「州」，原作「縣」，乾隆志同。本志卷六四錦州府一建置沿革：寧遠州，明置寧遠衛，「本朝康熙二年改爲寧遠州」。此「縣」爲「州」字之誤，據改。清寧遠州治今遼寧興城市，以方位而言，位於清朝陽縣（今朝陽市）南稍東，同治畿輔通志卷四八疆域圖説三：「朝陽縣南至錦州府寧遠州界二百二十里。」此「東北」爲「南」或「東南」之訛。

〔一七〕漢柳城交黎二縣地　據中國歷史地圖集第二册西漢幽州刺史部，遼西郡柳城縣故城在今遼寧朝陽市（清朝陽縣）西南，交黎縣故城即今義縣（清義州），則清朝陽縣於漢代爲柳城縣地，而非漢代交黎縣地。

〔一八〕廣興縣　乾隆志同。據中國歷史地圖集第四册北魏相冀幽平等州圖，營州昌黎郡廣興縣，位在今遼寧錦州市（清錦州府治錦縣），不屬清朝陽縣（今朝陽市）地。

〔一九〕北齊爲營州龍城縣廣興縣　乾隆志同。隋書卷三〇地理志中：後魏昌黎郡龍城縣、定荒縣，後齊廢昌黎郡定荒縣，留龍城縣。施和金北齊地理志卷一：昌黎郡，「當是廢於後齊天保七年」，定荒縣亦廢，「所剩龍城、廣興二縣改屬冀陽郡」。按廣興縣故城在清錦州府治錦縣（今遼寧錦州市），不屬清朝陽縣（今朝陽市），見本卷校勘記〔一八〕。

〔二〇〕建州　乾隆志作「建州永霸縣永康縣」，光緒承德府志卷六建置同。遼史卷三九地理志三：建州統永霸、永康二縣，永霸縣爲州治。據中國歷史地圖集第六册遼中京道，建州永霸縣治今遼寧朝陽市（清朝陽縣）西南，永康縣無考，張修桂遼史地理志匯釋：永康縣「治今朝陽市西南」。則本志不載，非也。

〔二一〕川州　乾隆志作「川州咸康縣弘理縣宜民縣」，光緒承德府志卷六建置同。遼史卷三九地理志三：川州統縣三：弘理、咸康、宜民。中國歷史地圖集第六册遼中京道，川州治咸康縣，在今遼寧朝陽市（清朝陽縣）東北，弘理縣在北票市西北，宜民縣在北票市東北。鄭寶恒民國時期政區沿革：「北票縣，一九四五年十月由朝陽縣析置。」則本志不載，非也。

〔二二〕東境兼得宜州弘政縣　乾隆志同。據中國歷史地圖集第六册遼中京道，宜州治弘政縣，在今遼寧義縣，即清義州，不屬清朝陽縣地。

〔二三〕西境兼得大定府神水縣　「定」，原作「武」，乾隆志同，據遼史卷三九地理志三及光緒承德府志卷六建置改。

〔二四〕東南境兼得來州地　乾隆志同。據中國歷史地圖集第六册遼中京道，來州治來賓縣，在今遼寧綏中縣西南前衛，今綏中縣爲清錦州府寧遠州西南之中後所城，本志卷六五錦州府二城堡：「中後所城，在寧遠州西南八十里。」則遼來州於清屬寧遠州地，不屬清朝陽縣地。

〔二五〕東境兼得義州弘政縣　乾隆志同。金史卷二四地理志上：義州，「遼宜州，天德三年更州名」。首縣弘政，即州治。據中國歷史地圖集第六册金北京路，義州治弘政縣，在今遼寧義縣，即清義州，不屬清朝陽縣地。參見本卷校勘記〔二二〕。下述元「東境兼得義州」同此。

〔二六〕宮左湖右山　乾隆志同。光緒承德府志卷首二二山莊作「宮中左湖右山」，此「宮」下蓋脱「中」字。

〔二七〕琤琮穿注　「琮」，原作「淙」，據乾隆志及光緒承德府志卷首二二山莊改。

〔二八〕水自東北入　乾隆志同。光緒承德府志卷首二二山莊作「湖水自東北入」，此「水」上蓋脱「湖」字。

〔二九〕湖之南有小洲可登　「洲」，原作「舟」，據乾隆志及光緒承德府志卷首二三改。

〔三〇〕一重曰開襟霄漢再重曰樂成閣　乾隆志同，光緒承德府志卷首二三山莊作「一重額曰『開襟霄漢』，再重額曰『樂成閣』」。此二「重」字下蓋脱「額」字。

〔三一〕額曰清溪遠流　「遠流」，乾隆志同，光緒承德府志卷首二三山莊作「流遠」。

〔三二〕北有待月亭在殿東南　光緒承德府志卷首二四山莊作「橋之北爲正殿，東南有待月亭」，此蓋舛謬。乾隆志作「有待月亭，在殿東南」，亦誤。

〔三三〕西南至察哈爾鑲白旗界　乾隆志圍場同。光緒承德府志卷首二六圍場作「西南至察哈爾正藍鑲白二旗界」，此脱「正藍旗」。

〔三四〕其西則巴隆烏拉台河源出焉　「西」，乾隆志同。光緒承德府志卷首二六圍場作「西南」，同書圍場圖，巴隆烏拉台河源在諤爾根郭勒圍東南，文圖不合。

〔三五〕其北有納瑪達巴漢　「北」，乾隆志同。光緒承德府志卷首二六圍場作「南」，同書圍場圖相合，此「北」爲「南」字之誤。

〔三六〕在圍場正北　「圍場」，乾隆志同，光緒承德府志卷首二六圍場作「巴顏木敦圍場」，此脱「巴顏木敦」四字。

〔三七〕在錫埒海之南　「錫埒海」，乾隆志同，光緒承德府志卷首二六圍場作「錫喇諾海」，同書圍場圖，克伊呼北爲「錫喇諾海」。本卷上列東南圍場亦作「錫喇諾海」。

〔三八〕在鑲藍旗東燕子窩卡倫之北　「藍」，原作「紅」，據乾隆志及光緒承德府志卷首二六圍場、同書圍場圖改。

〔三九〕在鑲黄旗阿魯呼魯蘇台卡倫之西南　上一「魯」字，原作「爾」，據乾隆志及光緒承德府志卷首二六圍場、同書圍場圖改。

〔四〇〕其南則額墨勒達巴漢　「墨」，原作「達」，據乾隆志及光緒承德府志卷首二六圍場、同書圍場圖改。

〔四一〕其北則鄂勒哲依圖察罕河源出焉　「鄂」，原脱，據本卷上列「鄂勒哲依圖察罕圍場」條、乾隆志及光緒承德府志卷首二六圍場、同書圍場圖補。

大清一統志卷四十三

承德府二

山川

天橋山。在府東南三十八里。山勢穹長，如飛梁跨空，縹緲天半，與行宫内四面雲山亭相對〔一〕。高宗純皇帝有御製天橋山歌。

五指山。在府東南四十里。五峯峭崒，儼如仙掌，土人稱鷄冠山。山有古靈峯禪寺，寺有元至元二十四年僧居實撰五指山大輪禪師碑。

駱駝山。在府東南五指山之東。

帽盔山。在府東南八十里。以形似兜鍪得名。

鐵虎山。在府東南九十里。

筆架山。在府東南九十里。三峯矗立，故名。

青雲山。在府東南一百二十里，白河之旁。林木翳蔚，泉響潺然，雲峯寺建其上。

敵樓山。在府東南一百六十里白馬川之南，亦名觀音山。有元至元二十六年僧顯月撰天宫禪院碑。

烏龍山。在府東南二百五十里，古盧龍山也。盧龍塞當在其地。水經注：「盧龍之險，峻坂縈折，故有九缔之名矣。」

尖帽山。在府南一百八十里。其南接遵化州界。

黑山。在府西北四十五里。山脈周圍數十里，一峯拔起，高出羣山，石色如黳，故名。

金山。在府西北五十里。山勢高聳，東與黑山相對。凡附近熱河諸山，皆金山、黑山支派所分。

大黑山。在府北一百八十里，當張三營西北。周百餘里，複嶂懸崖，煙巒蒸鬱，遥望黝然，伊遜河自北來流繞其足。

象鼻山。在府東北四十四里。山勢隋長，形如象鼻，故名。

湯山。在府東北八十里。山出湯泉，流入賽音河〔二〕。

奇山。在灤平縣西南常山峪北，距官道七里。峯勢中開，狀如擘裂。

雙塔山。在灤平縣北八里。大小二峯，矗立百餘丈，如窣堵坡，高下相亞，其一峯中開三孔，表裏通明。有高宗純皇帝御製雙塔山詩、仁宗睿皇帝御製望雙塔山詩。

元寶山。在豐寧縣東十五里。山形中凹旁峻，以形似得名。

筆架山。在豐寧縣東，正當波羅河屯行宫之東。三峯列峙，中翹旁亞，作筆架形。有高宗純皇帝御製筆架峯詩。

苔山。在豐寧縣東。有浮圖三級，高矗峯頂，東則伊遜河，西則伊瑪圖河，蜿蜒如帶，夾流山下。

赫山。在豐寧縣西二十五里，錫喇塔拉川之西。山峯峭拔，林木蔚然，爲縣西勝地。

龍泉山。在豐寧縣西。有大小龍潭三水，從石罅中流出，三潭迭注，東南流入潮河。

塔山。在豐寧縣西。山有古塔一。

駱駝山。在豐寧縣西。其西即獨石口廳界。

青石拉綿山。在豐寧縣西，土人亦稱爲大山。綿亘數十里，其北即圍場界。

大對山。在豐寧縣北。灤河流經其下。

沙爾呼山。在豐寧縣北，正白旗西稍南八十里。

喇嘛山。在豐寧縣北。半山石洞一，仄徑，沿緣盤紆而上，林壑幽絶。

湯山。在豐寧縣北。山有温泉，流入灤河〔三〕。又縣西鑲黄旗境亦有湯山，洪湯寺建其側，湯河發源其地。

窟窿山。在豐寧縣北。三峯屹立，有石穴嵌空，故名。

半壁山。在豐寧縣北。石壁陡削，形若堵牆，小灤河流經其下，其北即圍場界。按豐寧縣境，舊爲察哈爾四旗地，山水互詳藩部卷中〔四〕。

五峯山。在豐寧縣東北九十里。五峯環列，澗壑幽深。山有興隆寺。

白雲山。在豐寧縣東北一百二十里。山腹一泉，自洞中流出，最爲清冽。

平頂山。在豐寧縣東北。頂平如砥，石壁劖削，每白雲滃然，瀰漫峯頂，則山雨立至，土人以爲占候。此山綿亘廣遠，其北接圍場界。

映碧山。在平泉州東八里。高五里，廣三里。

瑙瓈山。在平泉州東三十里。山陽有石洞，中搆屋祀泰山神。有二泉，一自高巖下注，一自山麓涌出，流遶其下。

和爾博勒津山。在平泉州東一百二十里，漢名七金山。遼史地理志：「聖宗過七金山土河之濱，南望雲氣，有郛郭樓闕之象，因議建都。」又云：「中京大定府有七金山。」金史地理志：「北京大定府有七金山。」元一統志：「七金山，在大寧縣北十五里。東西長十里，南北廣五里，山有七峯，因名。」遼時嘗建三學寺於山中。按遼金大定府即今平泉州境之大寧舊城，元大寧縣即遼金大定府屬之大定縣，今和爾博勒津山，漢名與古相同，地位亦正相值，知爲古七金山矣。

獅山。在平泉州南六里。山勢雄偉，其東峭壁，石色全赭，土人稱爲紫霞峯。

象山。在平泉州南五里。東與獅山相對，爲州境之形勝，豹河流經兩山之間。

金沙溝山。在平泉州南一百里。以沙色如金，故名。

永安山。在平泉州南一百九十里，漢名馬盂山。地産鉛砂，老河發源於此。遼史地理志：「中京大定府有馬盂山。」元一統志：「馬盂山，在大寧縣西六十里。中有一峯，形類馬盂，故云。」按宋王曾行程録稱「富谷館東望馬雲山，山多禽獸、林木，國主多於此打圍」。馬雲與馬盂，蓋音之轉，實一山也。歐陽修詩曰「馬盂山西看落霞」，亦即指此。

红山。在平泉州西南十里。

老姥山。在平泉州西南三十里。

猴山。在平泉州西五里。危峯孤峙，高出雲際，每朔雪初晴，皚如積玉，土人稱爲「猴峯積雪」。

石佛溝山。在平泉州東北一百二十里。石壁上鐫佛像一。

喀卜齊爾東山。在平泉州東北一百六十里。有洞深三丈餘，洞外石筍矗立，有泉清鑒毛髮，上建龍神祠〔五〕。按平泉州屬境有喀喇沁部落山水，互詳藩部卷中。

烏蘭布通山。在赤峯縣屬翁牛特右翼東十五里。

布祜圖山。在赤峯縣屬翁牛特右翼東七十里，漢名白鹿山。

布當華山。在赤峯縣屬翁牛特右翼東九十里，亦名大華山。

扎喇山。在赤峯縣屬翁牛特右翼東九十里，漢名蛸山。

烏納格圖山。在赤峯縣屬翁牛特右翼東一百二十里，漢名屋狐山。

齊巴噶山。在赤峯縣屬翁牛特右翼東南一百里，漢名棗山。

遮蓋山。在赤峯縣屬翁牛特右翼南三十餘里，亦名阿圭山。入山十餘里，有洞寬不及二丈，高一丈有餘，土人稱爲大碾子洞，中有石佛像及阿難迦葉像，其兩崖石壁上亦俱鑿成佛像，有金皇統三年劉子初撰遮蓋山靈峯院千佛洞碑。元一統志：「遮蓋山在松州東南二十里，有古寺、石洞、石佛。」

伊瑪圖山。在赤峯縣屬翁牛特右翼東北三十里，漢名羳羊山。又左翼西南一百里有伊瑪圖山，亦名羳羊山。

布爾克爾圖山。在赤峯縣屬翁牛特右翼東北五十里。伯爾克河流經其下。

伊克納喇蘇台山。在赤峯縣屬翁牛特左翼南二十里，漢名大松山。富弼行程録：「自中京正北一百九十里至松山館。」劉敞亦有寄歐陽修宿松山詩。此伊克納喇蘇台山方位爲相近云。

扎固圖察罕陀羅海山。在赤峯縣屬翁牛特左翼南五十里。

薩喇納台喀喇山。在赤峯縣屬翁牛特左翼西一百三十里，漢名山丹山。

翁衮山。在赤峯縣屬翁牛特左翼西北一百四十里，漢名神山。

布爾噶蘇台山。在赤峯縣屬翁牛特左翼西北一百五十里，漢名柳山。按赤峯縣全境爲翁牛特左翼右翼二旗地，山水互詳藩部卷中。

布静依克山。在赤峯縣屬翁牛特左翼東北四十里，漢名兔麝山。遼史地理志：「中京惠州，太祖俘漢民數百户於兔麝山，創城居之。」即此地也。

金黄山。在建昌縣東南三十五里。袤延七十里，山石磊砢，遠望作黄金色，山半有石洞，西南半里有泉涌出，冬夏不竭。

月華山。在建昌縣東南一百八十里。有石竇，東西相通。高一丈五尺，廣倍之，土人稱窟窿山。山有林泉寺，元大德中，僧無際撰月華山林泉寺碑，稱「大寧東南三舍餘有山名月華，突然秀出。面山之腹有巖竇，號曰『崆峒』」。知是山以洞稱勝，由來久矣。

長壽山。在建昌縣東北六十里土城子西〔六〕。山有元雲峯真人康太真墓碑。又距山四百步許有玉京觀舊址，有元至元二十四年，李察撰利州長壽山玉京觀地産碑。

巴顔濟嚕克山。在建昌縣東南一百十里，漢名牛心山。爲喀喇沁左翼貝子旗駐處。

布祜圖山。在建昌縣屬喀喇沁左翼東三十里，即古白狼山，漢名白鹿山。漢書地理志：「白狼縣有白狼山，故以名縣。」〔七〕三國志魏武紀：「北征烏丸，引軍出盧龍塞，東指柳城，未至二百里，登白狼山。」魏書地形志：「營州建德郡石城縣有白鹿山祠。」水經注：「石城川水東流逕石城縣故城南，北屈逕白鹿山西，即白狼山也。」元一統志：「白狼山在建州南二十五里。」按元建州即今建昌縣境，所云白狼山，即此山也。又縣北敖漢境，亦有布祜圖山。

邁拉蘇台喀喇山。在建昌縣屬喀喇沁左翼東四十餘里。蒐濟河發源於此，漢名柏樹山。

托蘇圖喀喇山。在建昌縣屬喀喇沁左翼西五里。和爾圖河發源於此。

僧機圖山。在建昌縣屬喀喇沁左翼西四十里。僧機圖河發源於此。

錫喇哈達圖山。在建昌縣屬喀喇沁左翼南五里。大淩河流經其麓。

瑞雲山。在建昌縣屬喀喇沁左翼南七十里。山有五洞，第一洞廣二丈五尺，高一丈五尺，中有佛像，石罅玲瓏，五色互映，雕繪之功所不及。旁行一竇，石若純漆，自壁以上白如堊，秉燭視之，具種種草木、禽獸形，稱爲靈境。其第四、第五洞皆廣七尺，高五尺，上下相通，狀如重屋，洞南坡下有泉，水極清冽，東流會蒐濟河。東南二里又有一洞〔八〕，内生石筍，如人背立形。山有雲谿觀舊址，元至正七年〔九〕，張道中撰瑞州海濱鄉周家莊雲谿觀碑。元一統志：「雲巖洞，在瑞州西一百三十里周家莊。」即此。

布勒圖喀喇山。在建昌縣屬喀喇沁左翼南九十餘里，漢名寬山。布勒圖河發源於此。

波羅特爾格山。在建昌縣屬喀喇沁左翼北二十七里，漢名車輪山。

哈勒渾穆克阿瑪爾吉山。在建昌縣屬喀喇沁左翼北一百餘里，漢名温泉北山。山南有温泉。

紗帽山。在建昌縣屬喀喇沁左翼東南七十里。山頂一峯，形如岸幘，故名。

威遜圖山。在建昌縣屬喀喇沁左翼西南四十里，漢名樺山。大淩河流經其麓。

鴻吉爾岱山。在建昌縣屬喀喇沁左翼西北六十里。賽音台河發源於此。

固爾班圖勒噶山。在建昌縣北敖漢境。爲敖漢郡王駐處。漢名鼎足山。

騰格里山。在建昌縣屬敖漢境南三十里，漢名天山。又南五十里有騰格里山，亦名曰天山。

烘郭爾鄂博山。在建昌縣屬敖漢境南四十五里。

鄂爾吉勒喀喇山。在建昌縣屬敖漢境南六十里，亦名盤道山。

庫里葉圖山。在建昌縣屬敖漢境西南一百三十里，亦名道場山。

巴雅海山。在建昌縣屬敖漢境西北六十里。按建昌縣南境之東爲喀喇沁左翼旗地，北境爲敖漢旗地，山川互詳藩部卷中。

雲蒙山。在朝陽縣東南一百七十里。山周四十餘里，四望陂陀逶迤相屬，一峯突起數百丈，常有雲氣蒙冒其上，故名。山下一泉，炎暵不竭。

古槐山。在朝陽縣南六十里。山有朝陽洞，亦名槐樹洞，洞高二丈，廣五丈，石罅貫穿如蜂窠，中有石佛像一。

羊山。在朝陽縣南一百二十里。高峯矗雲，林木蔽翳，上建靈佑宫。

固爾班蘇巴爾罕山。在朝陽縣西，漢名三塔山，以山有三古塔，故名。

黑山。在朝陽縣西二十里。有泉出石洞中，匯而爲潭，清深不涸。

昂吉山。在朝陽縣西五十里。山周三十餘里，上有卧佛寺，有石佛像一，高八尺餘。寺中存遼應曆七年石幢記。

興隆山。在朝陽縣西六十五里。其東十餘里與昂吉山相接，亦有朝陽洞。

巴顔華山。在朝陽縣東北土默特右翼境。漢名大華山。其南爲右翼貝子駐處。巴圖察罕河發源於此。遼史地理志：「興中府有大華山。」即此。

塔本陁羅海山。在朝陽縣屬土默特右翼東四十里，漢名五鳳山。格爾庫爾台河發源於此。

柏山。在朝陽縣屬土默特右翼東七十里，亦名烽臺山。山有十六峯，盤鬱四十餘里。山頂有遼安德州城廢基，斷井頽垣，猶可辨識。山半有遼靈巖寺舊址，乾統八年耶律劭碑尚存。元一統志：「興中州南三十里，綿亘柏山。」

翁額勒庫山。在朝陽縣屬土默特右翼東八十餘里，漢名麝香山。翁額勒庫河發源於此。遼史地理志：「興中府有麝香崖。」

蘇巴爾罕岡山。在朝陽縣屬土默特右翼東九十里，漢名石塔岡。哈柳圖河發源於此。

鳳凰山。在朝陽縣屬土默特右翼東南二十里。羣峯連亘，周九十餘里，山椒一塔聳峙，諸峯抱之如翠鳳昂首舒翼，故名。山亦有朝陽洞，洞有卧石佛像。又塔旁一小洞，有銅佛像，其北麓去朝陽洞二十里，山勢伏而復起，土人别名曰麒麟山，其實一山也。山半向西有三洞，夜半嘗聞木魚聲，因名聞仙洞，即古龍山也。十六國春秋前燕録：「慕容皝以柳城之北，龍山之西，福地也，使築龍城。」水經注：「白狼水東北流逕龍山西，又北流逕黄龍城東。」元一統志：「和龍山，在興中州東，南北長二十里〔一〇〕，東西廣三十里。一峯特聳，號曰『天柱孤峯』。」

蘇巴爾噶圖山。在朝陽縣屬土默特右翼南三十里，亦名平山，又名神應山。衮齊老河發源於此。

喀喇脱歡山。在朝陽縣屬土默特右翼南六十里，漢名釜山。有喀喇脱歡泉，山有重修金山神廟碑。

庫里葉圖山。在朝陽縣屬土默特右翼西南一百五十里。山半有二洞，内有石佛像。

卓昌吉爾山。在朝陽縣屬土默特右翼西南二百餘里。斜袤三十餘里，山形中斷，山南有穆壘河流貫其中，山麓有泉注之，下流爲小淩河。

明安喀喇山。在朝陽縣屬土默特右翼西南二百二十里。山色深黝，千峯競秀，故名。頂有石洞，洞旁三泉交流，爲小淩河之源。

哈卜塔海華山。在朝陽縣屬土默特右翼西一百六十里。察罕河發源於此。

温都爾華山。在朝陽縣屬土默特右翼西北七十五里，漢名香高山。遼史地理志：「興中府有香高山。」

多倫和爾和山。在朝陽縣屬土默特右翼北六十里。什巴爾台河發源於此。

綽諾圖山。在朝陽縣屬土默特右翼北一百十里。山有古塔半圮，山麓有金三學寺舊址，大定五年韓長嗣撰三學寺碑尚存。漢名狼山。

波羅孟固山。在朝陽縣屬土默特左翼西三十里，漢名野狐山〔一一〕。

烏納格圖山。在朝陽縣屬土默特左翼西七十里，漢名青金山。

哈特哈山。在朝陽縣東北二百八十里土默特左翼境。爲左翼貝勒駐處。亦名旱龍潭山。

摩該波羅山。在朝陽縣屬土默特左翼西北四十八里，漢名青蛇山。錫喇塔拉河發源於此。

邁達里山。在朝陽縣屬土默特左翼西北六十里，漢名彌勒山。伊瑪圖河發源於此。

喀喇陀羅海山。在朝陽縣屬土默特左翼西北一百里，漢名黑頂山。鷹鷂河發源於此〔一二〕。

塔本陀羅海山。在朝陽縣屬奈曼境南五十里，漢名五鳳山。圖爾根河發源於此。按此與土默特右翼境及建昌縣屬之塔本陀羅海山異。

固爾班喇呼山〔一三〕。在朝陽縣屬奈曼境東南五十里。

瑪尼喀喇山。在朝陽縣屬奈曼境西南一百二十里。按朝陽縣境多爲土默特左翼地，其東北境爲土默特右翼，北境又爲奈曼旗，山川互詳藩部卷中。

羅漢峯。在府東南九里。岡巒曼衍，似人趺坐坦腹，故名。

僧冠峯。在府南二十六里，舊名僧官峯。本朝乾隆三十九年賜今名。峯形如毘盧覆頂，土人以雲聚散占晴雨之驗，輒應。

磬錘峯。在府東北十六里。翹然秀拔，下鋭上豐，即古石挺峯，俗稱棒槌峯，聖祖仁皇帝賜今名。高宗純皇帝御題「山莊三十六景」，中有錘峯落照，即此峯也。高宗純皇帝有御製錘峯歌、望錘峯作歌詩。水經注：「武列水東南歷石挺下，挺在層巒之上，孤石雲舉，臨崖危峻，可高百餘仞，牧守所經，命選練之士，彎張弧矢，無能届其崇標者。」

駝峯。在灤平縣西南。一峯聳立，形似橐駝，故名。有高宗純皇帝御製駝峯歌。

⿰王靈瓏峯。在豐寧縣東正藍旗黄姑屯東南六十里，舊名興隆山。山峯嵌空，有洞西向，隙光穿透，雲氣滃鬱。本朝乾隆十九年，高宗純皇帝巡蹕經臨其地，因賜今名，有御製⿰王靈瓏峯詩。

鳳凰嶺。在府南二十五里〔一四〕，灤河之南。

廣仁嶺。在府西十一里，即古墨斗嶺。嶺之西南爲灤平縣界，自灤平縣至熱河，爲輦路必經之地。本朝康熙五十七年發帑開治，徑路平坦，賜名廣仁嶺，勒碑山上，東麓建萬壽亭。乾隆三十八年建碑亭一〔一五〕，恭鐫高宗純皇帝御製雨中乘輿過廣仁嶺詩。凡山莊西境諸山，皆與廣仁綿亘相接。王曾行程録：「過烏灤河，又過墨斗嶺，亦名渡雲嶺，長二十里許。」曾公亮武經總要：「北安州有墨㪷嶺，在德勝嶺北百二十里。」「㪷」乃「斗」傳寫之誤也。

風雲嶺。在府西北六里。

獅子嶺。在府西北九里。嶺勢奇偉，形似狻猊，故名。嶺下爲獅子園行宮。嶺之東，地勢閎敞，名獅子溝，凡普陀宗乘諸巨刹，多建於此。

興安大嶺。在熱河北。雄峙塞上，素著靈應，屢見於高宗純皇帝聖製集中。嘉慶十五年秋，仁宗睿皇帝巡幸木蘭，晴雨應時，聿昭順佑，命禮臣酌議祀典，以隆望秩。爰視四鎮之儀，每歲春秋致祭。

鞍子嶺。在灤平縣西南六十二里。

十八盤嶺。在灤平縣西南一百里。其南四里，爲小十八盤嶺。

插箭嶺。在灤平縣西南二百四十里，高家營北。潮河流經其西。

椴樹嶺。在灤平縣西南二百五十餘里。潮河流經其麓。

葦峪嶺。在灤平縣西十里。自王家營至喀喇河屯，輦道必經。又巴克什營北亦有葦峪，土人呼爲西葦峪。高宗純皇帝有御製過葦峪嶺詩、葦峪詩。

偏嶺。在灤平縣西一百里，當鞍匠屯之南。又南爲前偏嶺。王曾行程録：「過偏槍嶺四十里至卧如來館，過烏灤河。」偏槍嶺，即偏嶺也。

固都爾呼嶺。在豐寧縣東，正藍旗黄姑屯東。固都爾呼河流經其旁。山脈始於官家廠，蜿蜒而南，至中關綿亘百餘里。

鳳凰嶺。在平泉州東五十里。複嶂中開〔一六〕，爲州東境之門户。嶺上山桃極盛，春時遠望如紅霞。

默沁嶺。在平泉州屬喀喇沁左翼西一百餘里。茅溝河發源於其西，爲熱河之中源。

霍爾霍克嶺。在平泉州屬喀喇沁右翼南一百二十里。有二洞，皆僧所居，依洞架楹，搆精舍於其側，户牖旁通，隨山向背。其東則霍爾霍克河出焉，西則賽音河發源其麓。

摩該圖嶺。在建昌縣屬喀喇沁左翼南三十里。摩該圖河發源於此。

額里葉嶺。在建昌縣屬喀喇沁左翼南七十里。額里葉河發源於此。

青鸞嶺。有二：一在建昌縣屬喀喇沁左翼南三十里。摩該圖河支源發源於此。一在朝陽縣屬土默特右翼西北一百八十里。嶺北有古塔一，嶺上巨石縱横，向稱險峻。元時曾加開鑿，有元統三年興中州平治道塗碑尚存嶺側。一名青山嶺。元一統志：「青巒嶺，在興中州西八十里，有金嚴寺。」「青巒」，即「青鸞」傳寫之誤也。

紅石巒。在府東南十六里，羅漢峯之東。綿亘十餘里，其西地勢寬廣，土人稱爲紅石巒溝。

滴水崖。在府東南一百三十里，一名珍珠崖。灤河流經其下，山勢盤旋數十里，松柏叢鬱，積翠成屏。臨河石壁峭立，山腰有洞，流泉淙琤，若珠璣迸落，故名。

常山峪。在灤平縣西南七十里。嶺勢迴環，如列屏障。行宫建於山麓，正據其勝。

星龕巖。在灤平縣西北五十三里。聖祖仁皇帝御題巖名。巖間鐫石佛像三，有寺名星龕巖寺。

横道梁。在府東北茅溝汛境内，窑溝之北。茅溝河經流其西。

三道梁。在灤平縣西南五十里。

黄土梁。在灤平縣西南八十里。又有小黄土梁，亦在縣境。

青石梁。在灤平縣西南九十里，與黄土梁形勢相連。自兩間房至常山峪，羣峯綿亘，青石梁最峭拔，高出諸山之上。有高宗純皇帝御製過青石梁詩、雨中過青石梁詩。

平西梁。在豐寧縣西，鑲黄旗大閣兒西南八十五里，其西即獨石口廳界。相近有大草坪梁。

韭菜梁。在豐寧縣西北。灤河流經其下。

烏勒呼瑪梁。在平泉州北六十里。有山泉匯流，南入豹河。

朝陽洞。在府東南三十七里。石竇嵌空，横貫山腹，深二十餘丈，廣二丈餘，其東高盈丈，西半之。曉日初生，光射石罅，隔山可見朝陽，義蓋取此。洞内外小佛祠各一。

喇嘛洞。在灤平縣西七十里。石洞中虚，形如廣廈。

雲光洞。在豐寧縣東黄姑屯南四十里。山勢阻深，其右有泉從石間出，東南流，會入固都爾呼河。山麓有洞，本朝康熙六十一年就洞建寺，賜額曰「雲齊珠光」，故即以「雲光」名洞。

白雲洞。在豐寧縣西大閣兒東南七十五里，亦名朝陽洞。洞頂有雙瀑對懸，飛流樹杪。洞內有神像，鐫額曰「寶華臺」，不知何時書。外種山桃百餘株，春時霏紅掩映，尤增勝致。

千佛洞。在朝陽縣南八十里。石磴盤迴，繞山如束，躡級而登，洞在山半，洞口徑二十餘丈。入洞內數武，徑歧爲三，各循石隙，崎嶇引入，繚曲往復，最爲幽絶。其一洞深三丈餘，中有大小石佛像，今完者纔七八十尊。洞外斷碑，鐫大悲陀羅尼咒，爲遼統和二十三年造。

五佛洞。在朝陽縣南一百里。與千佛洞相去二十里，中有石佛像五。

熱河。在府東。有三源：一出圍場東南界察罕陀羅海之西，固都古爾卡倫之南，在熱河行宮東北二百餘里，爲西源，合平頂山南諸小水南流，逕豐寧縣屬察哈爾正黄旗境，屈曲南流，逕固都爾呼河，又西南流至中關行宮之東。一出平泉州屬喀喇沁右翼西境默沁嶺西之玳瑁溝，在喀喇沁右翼西一百餘里，當平泉州治西北境，爲中源。初名默沁河，西南流逕承德府東北之茅溝汛，名茅溝河，至中關之東，與固都爾呼河合而南流。一出喀喇沁右翼西南境霍爾霍克嶺西之三道溝〔一七〕，亦當平泉州治西北境，爲東源，名賽音河，西南流入承德府東北境，有溫泉注之，又西與固都爾呼河合。三源合而西南流，逕黄土坎行宮及釣魚臺行宮之東，又西南流，環避暑山莊之東，行宮內有溫泉流出注之，始名熱河。南流折而東，復折而南，至下營子入灤河，即古武列水。高宗純皇帝御製熱河考：「水經注：武列水，『三川派合，西源右爲谿水，亦曰西藏水，東南流出谿，與蟠泉水合。西藏水又西南流，東藏水注之，水出東谿。一曰東藏水西南流出谷，與中藏水合，水導中谿，南流出谷，南注東藏水。故目其川曰三藏川，水曰三藏水。東南歷石挺下，其水東東藏水又南，右入西藏水，亂流右會龍泉水，又東南流與龍芻水合，又東南流逕武列谿〔一八〕，謂之武列水。東合流入濡。』謹案酈注之三藏水，即今之固都爾呼河、茅溝河、賽音河三水，今固都爾呼河，先合中源之茅溝河，然後合東源之賽音河，酈注言中藏水，先注東藏水，後合西藏水，舛誤明矣。」伏讀高宗純皇帝御製熱河考，辨證精詳，知道元當日未得躬親目覩，故先後舛誤，謹列水經注原文，而附辨於此。

新河。在府東，熱河行宮之南境。長六百九十餘丈，廣七丈。本朝乾隆三十六年所開，以洩西南諸山夏秋漲水，由南山下東歸熱河〔一九〕。有高宗純皇帝御製開新河記。

老牛河。在府東。西南流逕四溝、五溝、六溝，至下板城入灤河，即古五渡水。水經注：「五渡水北出安樂縣丁原山，南流逕其縣故城西，其水南入五渡塘，又南流至於濡。」

灤河。在府南。源出獨石口外牧廠界之巴顏屯圖古爾山，西北流入多倫諾爾廳界，共行四百餘里，入豐寧縣屬察哈爾鑲黄旗境，南流至僧機圖汛之東，又東南流逕正白旗境，又東逕鳳凰山，小灤河自北來會，始名灤河。行豐寧縣境，曲折四百十八里，入灤平縣境，興州河自西來會。折而東流，伊遜河與伊瑪圖河合流，自北來會。行灤平縣境二百十八里，入府境。東流至下營子，熱河自東北來會。南流逕上板城，前白河自西來會，又老牛河自東北來會。又東南流逕下板城，柳河、車河自西來會。又東南流至門子哨，接平泉州境，共行府境二百二十里。沿平泉州之西，會黄花川、清河、豹河，至潘家口入邊，即古濡水也。有高宗純皇帝御製灤河濡水源考證：「漢書地理志：『肥如縣，濡水南入海陽。』水經注：『濡水出禦夷鎮東南，二源雙引，夾山西北流，出山，合成一川。又西北逕禦夷鎮故城東。又東南，水流曲屈，謂之曲河。鎮東北三百里，又東出峽入安州界。又東南，索頭河注之。又東南流，武列水入焉。又東南，五渡水注之，又與高石水合。又東南逕盧龍塞，塞道無終縣東出，渡濡水，向林蘭陘，東至清陘。』按灤河自漢以前，皆書爲『濡』，顔師古漢書註：『音乃官反。』其音正相同也。唐書地理志漁陽郡下有『渡灤河』之文，『濡』字作『灤』，當自唐始。至水經注序述濡水源委，頗稱詳悉，乃於『出峽入安州界』之下，誤入『逕白檀要陽，會大要水』之文。魏安州即今豐寧縣地，白檀爲今密雲縣地，相去七百餘里，其舛誤甚矣。至注所稱之索頭水即今伊遜河，武列水即今熱河，五渡水即今老牛河，高石水即今豹河，方位尚一一可考，惟今之前白河、柳河、黄花川諸水，無古名可合，當由道元時，安州諸郡縣陷入庫莫奚，故所載未免遺漏耳。」伏讀高宗純皇帝御製灤河濡水源考證，指示精詳，酈注及諸書之得失昭然若發矇矣。

前白河。在府南，亦名乾白河。自莊窠峪東南流至上板城之東南白河口，入灤河。

柴河。在府南。源出遵化州馬蘭關外山中，東北流至柴河口，會前白河。

柳河。在府南。源出馬蘭關外霧靈山下，東流至板谷嶺，逕府南境，又東至柳河口，入灤河，亦名流河。

車河。在府南。源出遵化州邊外山中，東流至柳河之南，入灤河。

伊遜河。在府北，一名伊松河，俗名羊腸河。河源出圍場内伊遜色欽，逕片石子入府境，南流逕張三營行宫之西。又南流至坡賴村，折而西南流入豐寧縣境，繞波羅河屯行宫之西，會伊瑪圖河，合而西南流。又折東南入灤平縣境，復屈曲流至喀喇河屯行宫之北，入灤河。即古索頭水也。有高宗純皇帝御製伊松河詩、汲伊遜水烹茶詩。水經注：「索頭水南流逕廣陽僑郡西〔二〇〕，今安州治。又南流，注於濡水。」

興州河。在灤平縣東，以在古宜興州地得名，一名錫喇塔拉川。源出豐寧縣西北之沙爾呼山，東南流逕花家營之西，逕赫山之東。又東南流至波羅梁汛之西南入灤平縣境。東南流，復折而東流逕金鈎屯之東，入灤河。

清水河。在灤平縣南。源出縣南境邊城外，西南流至牆子峪之北入邊，下流入潮河。

乾塔河。在灤平縣南。源出縣南邊城外，西南流至黑峪關入邊，下流會清水河。

水峪河。在灤平縣西南。源出道溝峪，東南流至黄崖關外，入白河。

白馬關河。在灤平縣西南。源出火石嶺，東南流至白馬關入邊，下流入白河。

馮家峪河。在灤平縣西南。源出縣西之恒梁，南流至馮家峪口入邊，下流入白河。

鞍子嶺河。在灤平縣西南。源出鞍子嶺，東南流至石塘口入邊，下流入白河。

七渡河。在灤平縣西南，亦名依渡河。源出縣境之分水嶺，東南流至大水峪口入邊，下流入白河。水經注：「七渡水出北山黄頒谷〔二一〕，亦謂之黄頒水，東南流注於沽水。」

潮河。在灤平縣西。源出豐寧縣西北城根營西南山下，屈曲南流，龍潭溝水自西來會，入灤平縣西北境，逕呼什哈汛之東，折東南流至巴克什營之西，復折而西南流，行縣境二百八十里，至古北口關西之潮河川入邊，會白河，即古沺水也。有高宗純皇帝御製潮河橋詩、潮河詩。漢書地理志：「白檀縣，沺水出縣北蠻夷中。」亦名鮑丘水。水經注：「鮑丘水出禦夷北塞中，東南出峽，逕安州舊漁陽郡之滑鹽縣南，左合縣之北溪水。」

白河。在灤平縣西。源出獨石口外瑪尼圖嶺，南流入口，逕赤城堡，東流仍出邊，至判官渡，入灤平縣西境。東流至湯河口，湯河自北來會〔二二〕。折南流至石塘口關入邊，至密雲縣境，又南會潮河，即古沽水。漢書地理志：「漁陽縣，沽水出邊外。」水經注：「沽水出禦夷鎮西北丹化嶺下，東南流，大谷水注之。又南出，夾岸有二城，世謂之獨固門。又南左合乾溪水，又西南逕赤城東，又西南流出山，逕漁陽故城西〔二三〕，而南合七渡水。」

固都爾呼河。在豐寧縣東，即熱河之西源。出圍場東南界察罕陀羅海之西，南流入豐寧縣境，逕固都爾呼嶺，名固都爾呼河。下流合茅溝河、賽音河，以入於熱河。

伊瑪圖河。在豐寧縣西〔二四〕，亦稱伊瑪圖川。源出圍場内，會諸小水，屈曲南流，出瑪尼圖柵，逕什巴爾台入豐寧縣境，逕阿穆呼朗圖行宫及濟爾哈朗圖行宫之西。又南流至沙府營之東，又南至四道營，與伊遜河會，南流入灤河。

湯河。在豐寧縣西。源出縣境十八盤嶺東之麻線溝，在縣治西北三百六十里，南流至湯山，有温泉注之，始名湯河泉，在縣治西南。泉上建洪湯寺，有浴池在泉側。又南流至大草坪之東，共行縣境百餘里，入灤平縣境。又南流九十里，至湯河口入白河。

庫爾奇勒河。在豐寧縣北，亦名小灤河。源出圍場興安嶺之陽，會諸小水，出海拉蘇台栅迳半壁山，入豐寧縣境，南流至熱水溝，有温泉注之。泉在縣治之北一百三十里，泉側有浴池。又南流至郭家屯之北，入灤河。

清河。在平泉州西南，一名嬭兒河，亦名白馬川。匯近山澗水，入遷安縣界，至清河口，入灤河。

澈河。在平泉州西南。源出州境之邊城外，東南流至龍井關入邊，下流入灤河。遼史地理志：「澤州有撒河〔二五〕。」元一統志：「澈河，源出惠州西南乾山，東流至灤陽站，東合灤河。」

濟伯格河。在平泉州西，亦名鏵子河。東南流經州治西之老嶂子，亦名老嶂子河，有錫爾哈河來入。東南流至州治南，會豹河。

默沁河。在平泉州西北，即熱河中源。源出默沁嶺之玳瑁溝，有温泉二，一自東境西流，一自西境東南流，俱會默沁河，下流爲茅溝河。

賽音河。在平泉州西北，即熱河東源。源出霍爾霍克嶺西之三道溝，西南流入承德府境，會固都爾呼河。

綽諾河。在平泉州西北。源出喀喇沁右翼西南一百二十里，南流會賽音河〔二六〕。

老河。在平泉州西北，亦名上河，蒙古稱老哈穆楞。源出平泉州屬之永安山，初名奇扎爾台河，會諸小水，東北流，自大寧古城之西南，迳其東北，稱爲老河。又北流入赤峯縣境，迳翁牛特左翼南境，入建昌縣屬敖漢西北境，會英金河。遼史地理志：「聖宗過七金山土河之濱，因議建都。」又「中京大定府有土河」。金史地理志：「大定府大定縣有土河。」

呼察河。在平泉州西北。源出呼察察罕陀羅海山，東流五十里，會老河。

烏拉林河。在平泉州北。東南流至州治東，會托津圖河。

霍爾霍克河。在平泉州北。源出霍爾霍克嶺，東南流一百五十里，入老河。

布爾罕阿蘭善河。在平泉州治北，漢名上神水。河源出喀喇沁右翼南一百里，東流三十餘里，入老河。又有烏魯斯台河、烏台河〔二七〕、伯爾克河，皆西北流入老河。

納林崑都楞河。在平泉州北。源出喀喇沁右翼南九十里，東北流，會吉納河、巴蘇河、和爾圖河三水，共行一百五十餘里，入老河。

豹河。在平泉州東北，亦名瀑河，亦名柳河。源出州境之密雲溝黃土梁，蜿蜒一線，貫穿石罅，合諸山澗水，始匯成川。西南流，又會諸水，逕古會州城之東，亦名察罕河屯河。又南逕寬城之東，亦名寬河。又西南流至冰窖之西南入遷安縣界，共行一百六十餘里，入灤河，古高石水也。水經注：「高石水東出安樂縣東山，西流歷三會城南，下注濡水。」

托津圖河。在平泉州東北。即豹河之上流。

錫爾哈河。在赤峯縣西。源出圍場內，會諸小水，北流出納林錫爾哈栅，入平泉州境，東北流逕赤峯縣屬翁牛特境，又東北入英金河。

奇布楚河。在赤峯縣西北。源出圍場北界海喇堪嶺之東，初名奇布楚色欽，東南流，沿圍場之西北界，至奇布楚溝栅，入英金河。

烏拉岱河。在赤峯縣西北。源出圍場內，會諸小水，東流出烏拉岱栅入縣境，會錫爾哈河。

錫伯河。在赤峯縣西北。源出平泉州察罕陀羅海之東，有哈爾吉河來入，東流入縣境，會錫爾哈河。又有卓索河，亦在縣境，東流會錫爾哈河。

伯爾克河。在赤峯縣西北，漢名落馬河。源出翁牛特右翼北境，東南流，逕布爾克爾圖山，又東入老河。金史地理志：三韓縣〔二八〕、松山縣有落馬河。元一統志：「落馬河，在松州北八十里。發源州界鍋鑼嶺，下流入高州境〔二九〕。」

英金河。在赤峯縣北。源出圍場内都呼岱山，會諸小水，東南流，出英格栅，亦名英格河。入赤峯縣西北翁牛特境，東南流百四十里，會錫爾哈河。又東流七十里，逕縣治北，又東流八十里，逕察罕陀羅海之東，入建昌縣境，與老河會，東流會潢河〔三〇〕，即古饒樂水也。後漢書鮮卑傳：「季春月大會於饒樂水上。」通典：「庫莫奚理饒樂水北。饒樂水，一名絡環水。」遼史地理志：「中京在饒樂河水之南。」又高州有灤河〔三一〕。

潢河。在赤峯縣北，蒙古名錫喇穆楞。自克什克騰境發源〔三二〕，流入縣北巴林旗界。又流入翁牛特左翼北境，又東南逕朝陽縣，與老河會。爲大遼水之西源。唐書地理志：「營州北四百里至潢水。」〔三三〕寰宇記：「營州北至契丹界湟水四白里。」遼史地理志：「饒州有潢河。」方輿紀要：「潢河源出平地松林，流經臨潢府南，至廢永州東木葉山，合於土河。」

蒐濟河。在建昌縣東南。源出柏樹山之毛頭泊，南流逕都呼喀喇山，至高臺堡門東十里，入錦州府寧遠州境，爲六州河。

摩該圖河。在建昌縣東南。源出摩該圖山，東南流經紗帽山，入蒐濟河。又有呼魯伯楚特河，源出呼魯伯楚特山；額里葉河，源出額里葉嶺，南流至寬邦門之西，名黑水河；布勒圖河，源出布勒圖喀喇山，漢名寬河。三河皆在縣東南境，南流入蒐濟河。

青龍河。在建昌縣南，亦名固沁河。源出平泉州境，南流至列山梁之南，入建昌縣，又逕縣治南〔三四〕，至桃林口入邊，下流入灤河。

僧機圖河。在建昌縣南。源出僧機圖山，東流逕平房兒，入大淩河。又有和爾圖河源出縣南托蘇圖喀喇山，賽音台河源出鴻吉爾岱山，亦東流入大淩河。

湯圖河。在建昌縣西南。東南流逕遷安縣邊外，會青龍河。又有什巴爾台河，漢名泥灤，亦名涼水泉，在縣境，西流會青龍河。

蘇巴爾噶河。在建昌縣西，漢名石塔河。出喀喇沁左翼西北境，東南流逕五官營，入大淩河。又有阿蘭善河，漢名神水河。在縣境北，東南流經濟爾噶朗營，入大淩河。

巴奚里河。在建昌縣北。源出敖漢之瑪尼罕，曲折流入奈曼境，下流入於沙地。

察罕河。在朝陽縣東。源出哈卜塔海華山，東南流入大淩河。

衮齊老河。在朝陽縣東。源出蘇巴爾噶朗山，東南流至九關臺門，西南入義州境，名柳河川，又東入大淩河。

哈柳圖河。在朝陽縣東，漢名水獺河。源出蘇巴爾噶岡，南流逕托羅克台山，入小淩河。又有鄂欽河，漢名女兒河，亦在縣東境，東南流入小淩河。

小淩河。在朝陽縣東南，蒙古名明安河。源出明安喀喇山，有三泉匯爲一河，初名穆壘河，東北流爲明安河，至松嶺子門西，入錦州府錦縣境，亦名小靈河，古參柳水也。遼史地理志：「興中府有小靈河。」元一統志：「小淩河，在興中州南一百五十里〔三五〕，源出玉泉井，溢而成川。」

大淩河。在朝陽縣南，蒙古名傲穆楞。有三源，皆出建昌縣境：一出縣東南之土心塔，北流逕威遜圖山，東北流逕錫喇哈達圖山，又北至三台小營；一出縣西南之水泉子，東流至縣治南；一出縣北之三官營，東南流至縣治南。二源合而東流，至三台小營，三源始會，東北流入朝陽縣境，至土默特右翼之木頭城子，又逕朝陽縣南，折而東南流，至九關臺門，入錦州府義州界。亦名靈河，即古白狼水也。遼史地理志：「建州在淩河之南。」〔三六〕金史地理志：「興中縣有淩河。永德縣北有淩河。」

圖爾根河。在朝陽縣南，漢名南土河。源出平泉州屬之錫默特山，東流逕建昌縣境，入朝陽縣屬土默特右翼西界，又東南入大淩河，即古榆河。縣北境又有圖爾根河，漢名北土河，逕綽諾圖山，入大淩河。遼史地理志：「利州龍山縣有榆河。」元一統志：「榆淩河，源出和衆縣西三十五里司家店，東南流入利州境，經霍司空莊，入淩河。」

蘇巴爾噶圖河。在朝陽縣南，漢名石塔河。南流入邊。

湯圖河。在朝陽縣南境。東南流入邊。

波羅台溝河。在朝陽縣西南。源出建昌縣北境牛膝河屯，東南流入朝陽縣境，逕波羅台溝，入大淩河。

布爾噶蘇台河。在朝陽縣西北，漢名柳河，亦名黑子城河。源出威遜圖喀喇山，東流逕喀喇城，入大淩河。

涼水河。在朝陽縣西北。自小八溝平地出泉，東南流漸成河，行四十里伏入地，又二十五里仍涌出，東南流十五里，入大淩河。

固都河。在朝陽縣北。自石罅中流出，行五里伏入地，又六十里涌出，南流六十里，會喀喇托歡泉，入大淩河。

卓索河。在朝陽縣北，漢名紅土河。源出輝果爾山，東南流會圖爾根河。又有什巴爾台河，漢名爛尼塘河，漢稱爲土河，源出多倫和爾和山；巴圖察罕河，漢名柞河，源出巴顏華山；烏里雅蘇台河，漢名陽河。皆在縣東北境，入圖爾根河。

翁格勒庫河。在朝陽縣東北，漢名麝香河。源出翁格勒庫山，東南流至清河邊門之西，入義州境，名清河。縣東北境又有伊瑪圖河，會錫喇塔拉水，南流來入，又東南流入大淩河。

黄花川。在府東南。源出遵化州邊外，東流至門子哨之西黄花川口，入灤河。

琵琶川。在建昌縣南。遼史地理志：「利州阜俗縣，唐末，契丹役使奚人，遷居琵琶川。統和四年置縣。」

山莊内温泉。在府東北熱河行宫内。自德匯門之東流出，東南會固都爾呼河爲熱河。

湯山内温泉。在府東北八十里之湯山。泉水涌自山半，温暖適宜。康熙間，每駕幸山莊，多臨御焉，有聖祖仁皇帝御製湯山龍尊王佛廟碑記。其水東南流會賽音河。按府境多温泉，兹録其最著者，餘俱附諸水内。

石洞溝泉。在豐寧縣西南一百里龍泉山靈通寺之西南，爲潭三，高下相注，仄徑崎嶇，俯瞰深碧。每潭入水三尺，各有石門，天霽水澄，了然可辨，蓋神虬之窟宅也。潭水流出東南十餘里，入潮河。

玉瀑。在建昌縣北境敖漢旗内，即老河之下流。石壁高聳，懸爲飛瀑，土人名爲響水。乾隆八年，高宗純皇帝東謁祖陵，鑾輿經此，賜名玉瀑，有御製敖漢瀑布水詩。十九年，有御製寄題敖漢瀑布水詩。

黑龍潭。在府北一百八十里唐三營山麓。有洞窈然，水出洞中，深不可測，嵐氣瀰漫，若潛神物，故名。

烏蘭池。在豐寧縣西境，漢名紅鹽池。縣境又有魁蘇池、錫爾哈池、呼倫穆索和池、錫圖池〔三七〕、哈齊穆克池、黑倫木圖池，諸池皆在察哈爾境内。

冷水塘。在平泉州東北八郎官東山下〔三八〕，土人云：「浴之可以已疾。」

翁衮泊。在豐寧縣北。

和爾博勒津泊。在赤峯縣屬翁牛特左翼西南，漢名七金泊。

石井。在平泉州北二道營山洞中。水極甘寒，旁有小浮圖一，莫詳年代。

古蹟

興州故城。在灤平縣西南。金承安五年置興州，治興化縣，屬北京路。元仍之，中統三年改屬上都路，稱大興州。明洪武二年，常遇春進攻大興州，自新開嶺進，下開平。三年，以興州屬北平府。四年，改置興州左右中前後五衛。永樂初移衛入内地，故城遂廢。今灤平縣西南里許，基址尚存，有高宗純皇帝御製興州攬古言懷詩。

宜興故城。在灤平縣西北七十五里。金泰和三年置宜興縣，屬興州。元致和元年升爲宜興州，俗稱小興州。明初置宜興守禦千户所，永樂初廢。今土人猶稱其地爲興州，迤南三里爲小城子，即宜興故城址也。

安州故城。在豐寧縣境内。北魏皇興二年置安州，與廣陽郡同治燕樂縣〔三九〕。水經注：「濡水又東南〔四〇〕，索頭水注之，水逕廣陽僑郡西，今安州治。又南流，注於濡水。」

會州故城。在平泉州南二十里。本遼澤州地，元改置惠州，後訛爲會州。明初築會州城，置衛，永樂初廢。方輿紀要：「會州城，在大寧衛西南二百四十里。又行二百四十里，即喜峯口。」謂此城也。今其故城高丈餘，周三里有奇，蒙古稱爲察罕城，城中居民數百家，比屋鱗次，煙火相望。

寛河故城。在平泉州南一百十里，喜峯口外。明初築，置衛，永樂初廢。今其故城周四里，四門無樓櫓，土人稱爲寛城。

富峪故城。在平泉州北。明初築，置衛，永樂初廢。明史地理志：「富峪城，距行都司一百二十里。」

富庶故城。在平泉州東北。遼置富庶縣，屬大定府。金因之。元屬大寧路。明初廢。今州屬喀喇沁右翼旗東南境，地名公營子，有廢城址，即其地。

松山故城。在赤峯縣境。遼置松山州，治松山縣，屬中京。金皇統三年廢州，以縣屬大定府。元中統時復置松州〔四一〕，改屬上都路，至元二年以松山縣省入。明初廢。今縣境地名小烏朱穆沁有廢城址，高四五尺，周四里，即故城遺址。

龍山故城。在建昌縣南。遼置龍山縣，屬潭州。金皇統三年廢州〔四二〕，以縣屬利州。元屬大寧路。明初廢。今縣屬喀喇沁左翼旗西南八里〔四三〕，大凌河之旁，有廢城址，周三里，即龍山故城也。

和衆故城。在建昌縣西北。遼置榆州，治和衆縣，屬中京道。金廢州，以縣屬大定府。元屬大寧路。明初廢。今縣治西北二十五里有土城址，東西一百六十餘丈，南北二百八十丈，周三里有奇〔四四〕，土人稱爲土城子，城西里許有小浮圖一，即其地。

惠和故城。在建昌縣北。遼置惠州，治惠和縣，屬中京道。金廢州，以縣屬大定府。元屬大寧路。明初廢。今縣北三百四十里敖漢旗境地名博羅科有廢城，周四里，城北山上有浮圖，高五丈，即其地也。

興中故城。即朝陽縣治。慕容燕之國都也。十六國春秋：「晉咸康七年〔四五〕，慕容皝以柳城之北，龍山之南福地也〔四六〕，使築龍城。八年，皝遷都龍城。」歷苻秦及後燕、北燕、元魏，並曰龍城。魏之營州昌黎郡，隋之營州遼西郡，唐之營州柳城郡，皆在其地。亦曰黄龍城，遼太祖平奚，置霸州彰武軍，重熙十年升興中府，治興中縣。金因之。元至元七年降爲興中州，屬大寧路。明初改置五衛〔四七〕，永樂初廢。今爲縣治。蒙古名固爾班蘇巴爾罕城。

安德故城。在朝陽縣東南柏山上〔四八〕。遼置安德州，治安德縣，屬興中府。金廢州，以縣屬興中府，大定間改名永德。元廢。今縣境柏山上有廢城址，考遼史地理志：「安德縣，析霸城東南境户置。」霸城，即興中府，爲今縣治，此城正居其東南，知即安德故城也。

建州故城。在朝陽縣西。遼太祖置建州，治永霸縣，州初在淩河之南，聖宗遷於河北。金因之。元以永霸縣省入。明初廢。今縣境之黄河灘有廢城址，周七里有奇〔四九〕，蒙古名喀喇城，城西有浮圖十七級，旁又有小浮圖七級，即其地。

宜民故城。在朝陽縣北。遼置縣。金、元因之〔五〇〕。明初廢。今縣治北一百六十八里有廢城址，周八里，土人稱爲黑子城，即其地。

白川州故城。在朝陽縣東北六十七里。遼置川州，會同中改爲白川州，天禄五年復省「白」字〔五一〕，治咸康縣。金大定六年廢州，屬懿州，承安二年復置川州，治宜民縣，泰和四年又廢州，以縣屬興中府。元復置川州，屬大寧路。明初廢。今縣境東北之四角坂有廢城，周三里餘〔五二〕，蒙古名卓索喀喇城，城内有遼開泰二年佛頂尊勝陀羅尼石幢記，爲白川州官吏所建，知即故白川州地。

大寧舊城。在平泉州東北一百八十里，即遼之中京大定府，金之北京大定府也。遼史地理志：「統和二十五年設城，實以漢户號曰中京，府曰大定。」金史：「大定三年，土河注溢，水入京城，轉運使高德基命開長樂門，疏分使入御溝，以殺其勢。」即此城也。元改爲大寧路。明初使北平行都司置大寧衛（五三），永樂初廢。景泰三年（五四），泰寧等三衛請居大寧舊城，不許。天順後遂入於三衛。今其城在老河之北，蒙古稱察罕蘇巴爾城，周二十里許，城内有浮圖二，城外西南隅有浮圖一。有高宗純皇帝御製大寧城攬古詩、題大寧塔詩。

大寧新城（五五）。在平泉州北一百里。明洪武二十四年，命馮勝等率師出松亭關，築大寧、寬河、會州、富峪四城，留兵居守。所築之大寧城即此，其曰「新城」者，以別於遼金之故城也，置新城衛。永樂初廢。明史地理志：「大寧新城距行都司六十里。」今其城在喀喇沁旗界，周十里，東西三里有奇，南北二里，蒙古稱喀喇城。本朝嘉慶十五年設州判駐此。

凡城。在平泉州境内。漢置。三國志烏丸傳：「太祖自征蹋頓，袁尚與蹋頓將衆逆戰於凡城（五六）。」十六國春秋：「慕容皝遣子恪擊敗趙兵，乘勝追之，築戍凡城而還。」又「虎使鎮遠將軍石成入寇凡城，不克。」又「趙撫軍將軍李農率衆三萬，攻燕凡城」。晉書地理志：「慕容熙以并州刺史鎮凡城。」水經注：「盧龍東越清陘至凡城二百里許。」

三會城。在平泉州西南境。水經注：「五渡水北出安樂縣丁原山，南流逕其縣故城西，本三會城也（五七）。又高石水東出安樂縣東山，西流歷三會城南。」按五渡水即今老牛河，高石水即今豹河，三會城當在二水之間。

烏丹城。在赤峯縣境内。高五尺，周六里，存東西二門。城中有廢塔，又有斷碑一，字已殘闕，惟「魯國大長公主」字可辨，蓋此地在元時，爲魯藩分地，城係其時所築也。

白狼城。在建昌縣南。魏書：「建德郡治白狼城。」十六國春秋：「慕容垂時，北平吴柱聚衆入白狼城。」又高雲以并州刺史鎮白狼。」方輿紀要：「白狼城，在營州西南。」

漢兒城。在朝陽縣境内。五代史晉家人傳：「李太后馳至霸州見永康王，求於漢兒城側賜地種牧以爲生。」今縣屬土默特境有地名五十家子，有廢城，周二里許，四門久圮，城中有浮圖一，在大凌河之南，即其地。

土城子西北廢城。在豐寧縣西北一百五十里。城基周三里有餘，地隣潮河，俗名西土城，於古無考。

巴顔托哈廢城。在平泉州北。城周二里，東西有門。

三道營廢城。在平泉州北。城基周十里，東西有門。又州境有達拉海溝廢城、巴顔烏拉溝廢城，皆在州北境。

烏蘭哈達廢城。在赤峯縣境内。有三：一在西北，周八里；一在西南，周四里；一在州北，周五里。

藍旗營廢城。在朝陽縣境内〔五八〕。城基周三里，四門。縣境又有苞骨洛營廢城，周三里。按土城子以下諸廢城，大抵皆遼、金、元以來州縣遺址，以别無證據，未能定爲何地，謹附録於此，以備參考。

遼宫殿。在平泉州故大定府城内。有延慶殿、永安殿。遼史：「聖宗統和二十七年四月，駐蹕中京，營建宫室。開泰七年十月，名中京新建二殿曰延慶，曰永安。」又有觀德殿、會安殿，爲奉安列祖御像之所。又中京武功殿，聖宗居之；文化殿，太后居之。今並無存。

遼祖廟。在平泉州故大定府城内。遼史地理志：「中京大定府皇城中有祖廟。」又聖宗開泰八年建景宗廟於中京〔五九〕，九年十二月詔中京建太祖廟，今無存。

遼國子監。在平泉州故大定府城内。遼史道宗紀：「清寧六年六月，中京置國子監，命以時祭先聖先師。」

遼秘書監。在平泉州故大定府城内。遼史興宗紀：「重熙二十三年十月〔六〇〕，駐蹕中京，幸新建秘書監。」

遼相府院。在平泉州故大定府城内。三朝北盟會編：「中京相府院，契丹時宰相所居。」今並無存。

慕容燕宫殿。在朝陽縣故龍城内。十六國春秋前燕録：「晉咸康七年正月，慕容皝使陽裕等築龍城，構門闕、宫殿、廟園。八年七月，皝營龍城龍殿。建元十年十月，復大起龍城宫闕。永和元年二月，有黑龍、白龍各一，見於龍山，皝親率羣寮觀之。還宫，號所居新宫曰和龍宫。」又有承乾殿〔六一〕，前燕録：「慕容皝十四年十月，饗羣臣於承乾殿。」又有新昌殿，後燕録：「慕容盛長樂二年十一月，讌羣臣於新昌殿。」又有承華殿，後燕録：「慕容熙爲苻宫起承華殿。」今並無存。

燕東庠。在朝陽縣故龍城内。前燕録：「慕容皝十三年二月，賜大臣子弟爲官學生者，號高門生，立東庠於舊宫，以行鄉飲之禮，每月臨觀，考試優劣。」

燕白雀園。在朝陽縣故龍城内。後燕録：「慕容盛長樂元年，有異雀素身緑首，棲翔東園，二旬而去，改東園爲白雀園。」

燕龍騰苑。在朝陽縣故龍城外。後燕録：「光始三年五月，熙大築龍騰苑，廣袤十餘里。起景雲山於苑内，基廣五百步，峯高十七丈。四年四月，於苑起逍遥宫、甘露殿，連房數百，觀閣相交，鑿天河渠，引水入宫。又鑿曲光海、清涼池。」其後至建始元年，「馮跋閉門距守，熙夜至龍城，攻北門，不克，退至龍騰苑。」今無存。

燕弘光門。在朝陽縣故龍城内。後燕録：「慕容熙光始五年〔六二〕，擬鄴之鳳陽門，作弘光門，累級三重〔六三〕。建始元年，馮跋等爲亂，帥衆攻弘光門。」北燕録：「太平元年，高雲爲幸臣所殺，馮跋登弘光門以觀變。」今並無存。

校勘記

〔一〕與行宫内四面雲山亭相對　「亭」，原脱，據乾隆志卷二七承德府二山川（以下同卷簡稱乾隆志）及光緒承德府志卷一五、同治畿輔通志卷六〇山川補。

〔二〕流入賽音河　「入」，原作「出」，據乾隆志及光緒承德府志卷一五山川改。同治畿輔通志卷六〇山川作「會」。

〔三〕流入灤河　乾隆志同，光緒承德府志卷一六、同治畿輔通志卷六〇山川皆作「流入小灤河」。二書皆載：灤河在豐寧縣西北，「東南流至郭家屯東北，小灤河自北來會之」。今河北隆化縣西北郭家屯北小灤河南入灤河（一九八二年河北省分縣地圖册），則小灤河非灤河也，此脫「小」字。

〔四〕山水互詳藩部卷中　乾隆志「藩部」下有「察哈爾」三字，較本志瞭然。

〔五〕有洞深三丈餘至上建龍神祠　「丈」原作「尺」，「龍」原作「紅」，並據乾隆志及光緒承德府志卷一六、同治畿輔通志卷六〇山川改。

〔六〕在建昌縣東北六十里土城子西　「土城子」，乾隆志同，光緒承德府志卷一七山川作「大城子」。同書卷七疆域：建昌縣，「大城子，在大鹿溝東四十里，西有長壽山。」同治畿輔通志卷四八疆域圖説三，建昌縣東有大城子。此「土」爲「大」字之訛。

〔七〕漢書地理志白狼縣有白狼山故以名縣　乾隆志同。按漢書卷二八地理志下「白狼縣」顔師古注曰：「有白狼山，故以名縣。」則非漢志原文。

〔八〕東南二里又有一洞　「東」，乾隆志同。光緒承德府志卷一七、同治畿輔通志卷六〇山川皆作「泉」，與上敘「洞南坡下有泉」相符，此「東」爲「泉」字之誤。

〔九〕元至正七年　「七年」，原作「初」，據乾隆志及光緒承德府志卷一七山川改。

〔一〇〕南北長二十里　「二」，乾隆志同，趙萬里元一統志校輯卷二及光緒承德府志卷一八、同治畿輔通志卷六〇山川引元一統志作「六」，是。

〔一一〕漢名野狐山　「野狐山」，乾隆志同。光緒承德府志卷一八、同治畿輔通志卷六〇山川皆作「青金山」，而下列烏納格圖山，本志云「漢名青金山」，乾隆志同，承德府志、畿輔通志二書皆云「漢名野狐山」，疑此互舛。下列烏納格圖山不再重校。

〔一二〕鷹鴿河發源於此　「鷹鴿河」，乾隆志同，光緒承德府志卷一八、同治畿輔通志卷六〇山川皆作「鴿鷹河」，未知孰是。

〔一三〕固爾班喇呼山　「呼」，原作「呼」，據乾隆志及光緒承德府志卷一八、同治畿輔通志卷六〇山川改。

〔一四〕在府南二十五里　「二」上原衍「百」字，據乾隆志及光緒承德府志卷一五、同治畿輔通志卷六〇山川删。

〔一五〕乾隆三十八年建碑亭一　「三」，原作「二」，據乾隆志及光緒承德府志卷一五山川改。

〔一六〕複嶂中開　「中」，原作「山」，據乾隆志及光緒承德府志卷一六、同治畿輔通志卷六〇山川改。

〔一七〕一出喀喇沁右翼西南境霍爾霍克嶺西之三道溝　「沁」，原作「河」，據乾隆志及光緒承德府志卷一五山川改。按本志卷五三八載喀喇沁右翼，即是。

〔一八〕又東南流逕武列谿　「武」，原脱，乾隆志及朱謀㙔水經注箋同，據王先謙合校水經注、楊守敬水經注疏濡水注補。

〔一九〕由南山下東歸熱河　「下」，原作「不」，據乾隆志及光緒承德府志卷一五、同治畿輔通志卷六〇山川改。

〔二〇〕索頭水南流逕廣陽僑郡西　「南流」，原作「北流南」，乾隆志及朱謀㙔水經注箋同，據王先謙合校水經注、楊守敬水經注疏濡水注改删。

〔二一〕七渡水出北山黄頒谷　「山」，原作「口」，據乾隆志及水經沽水注改。

〔二二〕東流至湯河口湯河自北來會　二「湯河」，原作「陽河」，乾隆志同，據光緒承德府志卷一六、同治畿輔通志卷六〇山川改。本卷下載：「湯河，在豐寧縣西」，「至湯河口入白河」，即是。

〔二三〕逕漁陽故城西　「西」，原脱，乾隆志同，據水經沽水注及光緒承德府志卷一六山川引水經注補。

〔二四〕在豐寧縣西　乾隆志同。按清豐寧縣治即今河北豐寧縣（大閣鎮）東鳳山鎮，流逕今圍場縣西南、隆化縣西北，東南會入伊遜河之伊馬吐河（一九六〇年河北省地圖集）即清伊瑪圖河，位於清豐寧縣東，見載於光緒承德府志卷一豐寧縣圖，此云「豐寧縣西」之「西」爲「東」字之訛。

〔二五〕澤州有撒河　「撒」，原作「澤」，據遼史卷三九地理志三改。乾隆志作「澈」。

〔二六〕南流會賽音河　「南」，乾隆志同，光緒承德府志卷一六、同治畿輔通志卷六〇山川皆作「西」。

〔二七〕烏台河　「台」，乾隆志同，光緒承德府志卷一六、同治畿輔通志卷六〇山川皆作「巴」，疑此「台」爲「巴」字之誤。

〔二八〕三韓縣　「縣」，原作「郡」，乾隆志同，據金史卷二四地理志上改。

〔二九〕下流入高州境　乾隆志同。趙萬里元一統志校輯卷一據蒙古游牧記引元一統志「高州境」下有「一百里入塗河」六字，又據熱河志引元一統志「一百里」下又有「東」字，此脱。

〔三〇〕東流會潢河　「潢」，原作「横」，據乾隆志及光緒承德府志卷一七山川改。

〔三一〕又高州有灤河　「灤」，原作「樂」，乾隆志同，據遼史卷三九地理志三「澤州」及王曾行程録改。

〔三二〕自克什克騰境發源　「什」，原作「西」，乾隆志同，據光緒承德府志卷一七、同治畿輔通志卷六〇山川改。本志卷五三九、清史稿卷七七地理志二四有克什克騰，即是。

〔三三〕唐書地理志營州北四百里至潢水　乾隆志同。讀史方輿紀要卷一八：潢河，「唐志：自營州度松陘，北行四百里乃至潢水」。即本志所據。考資治通鑑卷二一四唐紀三〇：開元二十七年，「幽州將趙堪、白真陁羅矯節度使張守珪之命，使平盧軍使烏知義擊叛奚餘黨於横水之北」。胡三省註：「『横水』當作『潢水』。新書作『湟水』，舊書張守珪傳作『潢水』，今從之。潢水在遼國，今臨潢府界。志云，自營州度松陘嶺北行四百里至潢水。」胡註新書作「湟水」，正合新唐書張守珪傳，舊書作「潢水」，亦合舊唐書張守珪傳，唯志云「自營州度松陘嶺北行四百里至潢水」，是否爲新唐書地理志之文，不明，而新唐書地理志「營州」并無此文，則讀史方輿紀要及本志謂引自新唐書地理志，誠可疑，此引文究屬於何書，待考。

〔三四〕又逕縣治南　乾隆志同。據同治畿輔通志卷四八疆域圖説三、卷四九疆域圖説四，青龍河在建昌縣（今遼寧凌源市）西南，南流於遷安縣（今屬河北）東北桃林口至盧龍縣（今屬河北）會入灤河，今仍爲青龍河，不「逕建昌縣治南」，蓋「逕縣西南」之誤。

〔三五〕在興中州南一百五十里　「州」，原作「府」，乾隆志同，趙萬里元一統志校輯卷二據熱河志、蒙古游牧記引元一統志皆作

「州」，從改。

〔三六〕建州在淩河之南　「淩」，乾隆志同，遼史卷三九地理志三作「靈」。

〔三七〕錫圖池　乾隆志同，光緒承德府志卷一六、同治畿輔通志卷六〇山川皆作「錫勒圖池」，此疑脱「勒」字。

〔三八〕在平泉州東北八郎官東山下　「八」，原作「入」，據乾隆志及光緒承德府志卷一六、同治畿輔通志卷六〇山川改。

〔三九〕與廣陽郡同治燕樂縣　乾隆志卷二八承德府三古蹟（以下同卷簡稱乾隆志）同。魏書卷一〇六地形志上：「安州，皇興二年置，治方城，天平中陷，元象中寄治幽州北界。」「廣陽郡方城縣，普泰元年置。」王仲犖北周地理志北魏延昌地形志北邊州鎮考證：「『安州，治方城。』按地形志安州下既云『治方城』，又安州廣陽郡燕樂縣下云：『州郡治。』蓋後魏之安州州治本在方城，及東魏元象中以安州廣陽郡寄治幽州北界，其州郡並治於當時僑置於幽州北界之燕樂縣也。」又云：「後魏安州及廣陽郡治所方城當在今河北隆化縣隆化鎮附近。」王氏之説是也。

〔四〇〕濡水又東南　「東」下原衍「而」字，乾隆志同，據水經濡水注删。

〔四一〕元中統時復置松州　乾隆志同。按元史卷五世祖紀：「中統四年五月，『升松山縣爲松州。』」此説不確。

〔四二〕金皇統三年廢州　「三」，原作「二」，乾隆志同，據金史卷二四地理志上改。

〔四三〕今縣屬喀喇沁左翼旗西南八里　「左」，原作「右」，乾隆志同，據光緒承德府志卷二一、同治畿輔通志卷一五五古蹟改。

〔四四〕周三里有奇　「三」，乾隆志同，光緒承德府志卷二一、同治畿輔通志卷一五五古蹟皆作「四」，此「三」蓋爲「四」字之誤。

〔四五〕晉咸康七年　「咸」，原作「威」，據乾隆志及湯球十六國春秋輯補卷二四前燕録二改。

〔四六〕龍山之南福地也　「南」，原作「西」，乾隆志同，據太平御覽卷一六二州郡部八、湯球十六國春秋輯補卷二四前燕録二改補。

〔四七〕明初改置五衛　乾隆志同。光緒承德府志卷二一、同治畿輔通志卷一五五古蹟皆作「明初改置營州左右中前後五衛」。按明史卷四〇地理志一：「洪武二十五年置營州後屯衛，二十年置營州左、右、中、前屯衛。」此缺載「營州左右中前後」七字。

〔四八〕在朝陽縣東南柏山上　乾隆志同。金殿士遼代安德州今地考（載社會科學輯刊一九八二年第二期）：經實地調查，在柏山之上，靈巖寺之側，并無古城遺址，只有柏山之下的五十家子有一座古城。按目前已發現的遼代城址來看，還没有一處是建置在據山守險的山巔之上，所謂「安德州郡城在柏山之巔」的推測，純屬不按實際的曲解。柏山之下之五十家子，根據考古調查證明，柏山（今叫柏木山）上靈巖寺遼乾統八年碑銘所指出的「安德州靈巖寺，北連龍岫」，正是今朝陽市東南的鳳凰山（古代叫龍山）的餘脈，特别是「前俯郡城」四字，明確地指出，站在柏山之巔，向南俯視山下的五十家子古城，就是遼代安德州的郡城。五十家子古城地面暴露遼金以來的文化遺跡，城内中部有佛頂尊勝陀羅尼石經幢一座，城外西北角突起的土阜上，具有遼代特色的古塔一座。根據調查材料，可以證明遼代安德州遺址，不在柏山上，而在柏山下的五十家子。

〔四九〕周七里有奇　「七里」，乾隆志同，光緒承德府志卷二一、同治畿輔通志卷一五五古蹟皆作「十里」。

〔五〇〕金元因之　乾隆志同。金史卷二四地理志上：國初川州治宜民縣，大定六年廢川州，惟存宜民縣，隸懿州，承安二年復於宜民縣置川州，泰和四年又廢川州，宜民縣改屬興中府。元史卷五九地理志二大寧路有川州，無宜民縣，則元代川州仍治宜民縣故城，已廢宜民縣。此説誤。

〔五一〕會同中改爲白川州天禄五年復省白字　乾隆志同。遼史卷三九地理志三：川州長寧軍，「太祖弟明王安端置。會同三年詔爲白川州。安端子察割以大逆誅，没入，省曰川州」。本志云「會同中改爲白川州」，據遼志所載，但遼志不云何年省曰川州。金史卷二四地理志三：遼川州長寧軍，「會同中嘗名白川州，天禄五年去『白』字，國初因之」。本志所云「天禄五年復省『白』字」，據此。楊復吉遼史拾遺補卷四引潛研堂金石文跋尾：興中故城東北六十七里有古城址，周不及三里，遼白川州地也，城中有遼石幢記，石幢之立，當在開泰以後矣，「後有長寧軍節度、管内觀察處置等使、金紫崇禄大夫、檢校太傅、使持節白川州諸軍事、白川州刺史、兼御史大夫、上柱國。……今此幢立於聖宗時，猶稱白川州，可見金史考之未審也」。向南遼史地理志補正：在出土石刻中，「川州」刻作「白川」，而并未省曰「川州」，「如開泰二年佛頂尊勝陀羅尼幢見『長寧軍節度管内觀察處置等使、使持節白川州諸軍事、白川州刺史耿延毅』，開泰六年朝陽東塔石經幢見『建、霸、宜、白川、錦等州制置使、彰武軍節度使韓紹基』，重熙六年韓橁墓志見『統和中授乾、顯、宜、錦、建、霸、白川七州都巡檢，太平初授長寧軍節度、白川州管内觀察處置』。可見遼金兩志所記有誤。」楊、向二氏之説，轉引於張修桂遼史地理志匯釋。

〔五二〕周三里餘　「三」，乾隆志作「二」。光緒承德府志卷二一、同治畿輔通志卷一五五古蹟皆作「周不及三里」，則此「三」爲「二」字之誤。

〔五三〕明初使北平行都司置大寧衛　乾隆志作「明初設北平行都司置大寧衛」。按明史卷四〇地理志一：洪武二十年九月置大寧都指揮使司，治大寧衛，二十一年七月更名北平行都指揮使司。洪武二十年八月置大寧衛。讀史方輿紀要卷一八：「洪武二十年建大寧衛，又置北平行都司。」則乾隆志是，此「使」爲「設」字之訛。

〔五四〕景泰三年　乾隆志同。光緒承德府志卷二一、同治畿輔通志卷一五五古蹟皆作「景泰四年」。按明史卷四〇地理志一：「景泰四年，泰寧等三衛乞居大寧廢城，不許。」此「三」爲「四」字之誤。

〔五五〕大寧新城　乾隆志同。據明史卷四〇地理志一載：洪武二十年八月置大寧衛，同年九月置大寧都指揮使司，治大寧衛，二十一年七月更名北平行都指揮使司，領大寧、新城、富峪、會州諸衛，新城衛置於洪武二十年九月，「距行都司六十里」，即本志下引明史地理志之文。讀史方輿紀要卷一八：「由會州而東曰東莊，曰富峪驛。又東北至新城、大寧亦各六十里。」新城東北至大寧里距，與明志記載相合，可見所謂新城乃行都司所屬之新城衛也。光緒承德府志卷二一、同治畿輔通志卷一五五皆列名新城，無「大寧」二字，並云：「曰新城者，以別於遼金元故城也，置新衛。」其説是也。

〔五六〕太祖自征蹋頓袁尚與蹋頓將衆逆戰於凡城　上「頓」字，原作「頃」，據乾隆志及三國志卷三〇魏書烏丸傳改。下「蹋頓」二字，原脱，「將」字原舛於「衆」下，乾隆志同，並據三國志烏丸傳補乙。

〔五七〕本三會城也　「城」上原衍「故」字，乾隆志同，據水經濡水注删。

〔五八〕在朝陽縣境内　「境」，原作「城」，據乾隆志、光緒承德府志卷二一、同治畿輔通志卷一五五古蹟改。

〔五九〕又聖宗開泰八年建景宗廟於中京　「景」，原脱，據乾隆志及遼史卷一六聖宗紀七補。

〔六〇〕重熙二十三年十月　「十」，原作「正」，乾隆志同，據遼史卷二〇興宗紀三及光緒承德府志卷二一古蹟改。

〔六一〕又有承乾殿　「有」，原作「曰」，乾隆志同，據光緒承德府志卷二一、同治畿輔通志卷一六一古蹟改。

〔六二〕慕容熙光始五年　「五」，原作「四」，乾隆志同，據太平御覽卷一二五偏霸部九、湯球十六國春秋輯補卷四七後燕録六改。

〔六三〕累級三重　「三」，原作「九」，乾隆志同，據太平御覽卷一二五偏霸部九、湯球十六國春秋輯補卷四七後燕録六改。

大清一統志卷四十四

承德府三

關隘

三臺山關。在府南。方輿紀要：「流河，近密雲牆子嶺邊外，自西南而東北，歷遵化諸關口外近三臺山關，北合於灤河〔一〕。」熱河志：「流河即柳河，逕府南，東至柳河口，入灤河。」

黑峪關。在灤平縣西南，與密雲縣接界。北曰榆樹林，東曰大鞍子嶺，又東爲黄土嶺，又東少北爲紅門川，其地皆在口外。

松亭關。在平泉州西南。東都事畧：「劉敞奉使契丹，自古北口走柳河，回曲千餘里。」即此。

張三營巡司。在府北一百八十里。本朝乾隆七年設。

鞍匠屯巡司。在灤平縣西。本朝乾隆元年，由西河司巡檢移此，屬承德州，七年改屬。

大閣兒巡司。在豐寧縣西一百二十里。本朝乾隆三年設。

黄姑屯巡司。在豐寧縣西一百二十里，即波羅河屯。本朝乾隆三年設。

郭家屯巡司。在豐寧縣北一百里。本朝乾隆三年設。

牸牛營巡司。在建昌縣東南一百六十里。本朝嘉慶十六年設。

鄂爾土板巡司。在朝陽縣北。本朝乾隆三十九年設。

白檀鎮。在灤平縣境。金史興州興化縣下有「白檀鎮，泰和三年升爲宜興縣」。按此與今密雲之古稱白檀異。

陽師鎮。在朝陽縣東北。唐貞觀時置羈縻崇州、師州於此，後廢。

河屯營。在府南四十里〔二〕，即故興州。本朝康熙中建行宮，五十三年設守備、千總駐防。雍正九年增設參將，轄東河、西河諸汛，屬古北口提督。乾隆二年改設副將。

唐三營。在府北一百九十里。有守備駐防，圍場總管駐此。

杜栗子溝。在赤峯縣境。本朝嘉慶十六年設守備駐此。

五指山寨。在府東南四十里五指山。元史史天祥傳〔三〕：「進攻北京傍近諸寨，五指山楊昭努獨固守不下。」蓋金末建寨於此，今無存。「楊昭努」舊作「楊趙奴」，今改正。

石家寨。在朝陽縣南，與建州故城相近。

黃崖堡。在灤平縣南。方輿紀要：「要水出古北口外〔四〕，自大小黃崖流入密雲縣境。」畿輔志：「牆子嶺關北爲大黃崖，又稍北爲小黃崖，皆有堡。」

鎮安堡。在平泉州北。方輿紀要：「明正德四年，泰寧長率部落二萬餘願附居塞下避北寇〔五〕。」即此。

花道戍。在平泉州東北。宋嘉定七年，蒙古將木花黎攻金北京，守將銀青帥衆禦之，即此。

五柳戍。在朝陽縣南。唐貞觀時置羈縻順州於此，後廢。

静蕃戍。在朝陽縣東北。唐貞觀時置羈縻昌州於此，後廢。

大廟。在赤峯縣西二百四十里。本朝嘉慶十七年設縣丞駐此。

四家子。在建昌縣北一百十里〔六〕。本朝嘉慶十六年設縣丞駐此。

神樹站。在豐寧縣境。明太宗實録：「永樂十九年置邏騎營於古北口之北。」〔七〕知與古北口南北相直。方輿紀要謂在臨潢府西南〔八〕，誤也。

青陘。在建昌縣，與平泉州接界。方輿紀要：「在龍城西南四百餘里，亦曰青嶺，即慕容熙游畋處。」

津梁

迎水石壩橋。在府東。有二壩，各徑十有五丈，廣四尺有奇。本朝乾隆三十六年增建。

大石橋。在府南，跨新河上。兩岸市廛廬舍，煙火萬家，夏秋渠盈，水流如駛。

平橋。在府西。舊架木爲梁，本朝乾隆三十六年易以石。今爲往來輻輳之通衢。

灤河橋。在灤平縣東。舊爲喀喇河屯橋，灤河經流，每歲十月，村民編荆爲囤，壘以山石，流垛相接，架巨木，積蘽布土其上，每遇巡鑾經臨，則聯艦爲浮橋，絡以鐵索，環之欄楯。

萬載橋。在豐寧縣東南，其北與土城子護隄相接。

雙橋。在平泉州北一里。兩橋毘連，一石一木，各闊丈餘，長有三尺。

潢水石橋。在赤峯縣，即烏蘭哈達廳北境巴林旗界内，距翁牛特北境不遠。

陵墓

燕慕容皝墓。在故龍城龍山上。

慕容熙墓。在故龍城西。

金

完顏鬲墓。在平泉州東北。明昌初，翰林待制黨懷英撰碑記。

元

張應瑞墓。在赤峯縣東北一百六十里。初贈中憲大夫〔九〕，加贈榮禄大夫，追封薊國公。

準台墓。在赤峯縣東北二百里。翰林待制揭傒斯撰碑記。

康泰真墓。在建昌縣東北六十里長壽山中。墓旁有石碑，末書「丙辰年癸巳月丁酉日建」。

本朝

克什圖墓。在豐寧縣郭家屯西南六十里。雍正十一年賜御製碑文。

祠廟

白鹿山祠。在建昌縣境北。魏建。魏書地理志：「建德郡石城縣有白鹿山祠。祀白鹿山。」今在喀喇沁左翼東境。

靈澤龍王廟。在山莊内湖北岸。東嚮，恭祀龍神，上懸聖祖仁皇帝御書額曰「靈澤」，高宗純皇帝御書額曰「潤沃濡源」。湖水從東北入宫牆，匯爲太液，澄流衍澤，潤被塞垓，蓋龍之爲靈昭昭云。

熱河城隍廟。在府東。本朝乾隆三十七年建，高宗純皇帝御書殿額曰「福蔭巖疆」。後殿五楹，左右配殿各一楹，廟碑恭勒高宗純皇帝御製詩并序。

關帝廟。在府西南街。本朝雍正十年建，高宗純皇帝御題額曰「忠義伏魔」。每歲春秋及五月十三日，官爲致祭。又府境關帝廟四：一在糧食街，康熙五十年建，一在獅子溝，一在二道河，一在河東，並於乾隆年間敕修。

火神廟。在府北大街。本朝康熙五十年建。

須彌福壽廟。在府北。本朝乾隆四十五年，恭逢高宗純皇帝七旬萬壽，西藏班禪額爾德尼祝釐遠至，敕建札什倫布廟以居之，唐古忒語「札什」謂「福壽」，「倫布」謂「須彌山」也。廟門南嚮，恭鐫御書額曰「須彌福壽之廟」，廟額皆具四體書，規制宏壯，與普陀宗乘廟相埒。有御製須彌福壽廟碑記、札什倫布之廟落成紀事詩、札什倫布廟詩。

龍尊王佛廟。在府東北之湯山。有温泉出焉。聖祖仁皇帝敕建，上有御製碑記。

藥王廟。在府東北獅子溝。本朝乾隆二十年敕修。

礮神廟。在府右哨汛内。

安遠廟。在府東北，熱河行宫東北山麓。本朝乾隆二十四年以準噶爾降人達什達瓦部遷居山下，二十九年敕建安遠廟。仿伊犂固爾扎廟式，西南嚮，繚垣正方，四面各有門，中爲普度殿三楹，週以迴廊六十有四楹，所謂「都綱」也。迴廊前立石，恭鐫高宗純皇帝御製詩，具清、漢、蒙古、唐古忒四體書。殿壁週繪佛國源流，各識佛號於其旁，亦四體書。殿最上層恭藏高宗純皇帝御用甲仗，昭鴻勳也。每歲藩部入覲，咸集廟下，歡喜膜拜，感頌聖德。有高宗純皇帝御製安遠廟瞻禮書事詩、安遠廟詩。

普陀宗乘廟。在府東北，熱河行宫北里許。本朝乾隆三十五年，新舊諸藩，溥慶臚歡，高宗純皇帝命仿西藏布達剌「都綱」法式創建，御書額曰「普陀宗乘之廟」。東西二門，前殿八楹，又十六楹，額曰「千佛之閣」，中殿二十楹，又十八楹，後殿二十五楹，後爲經樓，聯額皆御書。有御製普陀宗乘之廟碑文、普陀宗乘廟落成拈香得句詩及布達拉廟瞻禮有作詩。

河神廟。在豐寧縣土城子萬載橋。本朝乾隆十年建。

東嶽廟。在平泉州。元建。元一統志：「東嶽廟，在大定府世恩坊，丁酉年建。」

三靈侯廟。在平泉州。元建。元一統志：「三靈侯廟，在大定府南闕〔一〇〕。乙酉歲建。」

龍山廟。在建昌縣境。元一統志：「龍山廟，在利州南二百里，祀龍山神。」

寺觀

永佑寺。在山莊内萬樹園旁。本朝乾隆十六年建，南嚮，聯額皆高宗純皇帝御書。門外樹坊三，門三楹，額曰「永佑寺」。入門前殿五楹，供彌勒佛，丹墀列碑二，恭鐫高宗純皇帝御製碑文。左一通，前清文，後蒙古文；右一通，前漢文，後西番文。後爲寶輪殿，五楹，供三世佛、八大菩薩。後殿五楹，供無量壽佛。各有配殿，其東爲能仁殿。後殿之北爲舍利塔，凡九層，各有額，第一層東北壁恭刻高宗純皇帝御製詩。塔後豐碑屹立，面南，鐫高宗純皇帝御製永佑寺舍利塔記，面北，鐫高宗純皇帝御製避暑山莊百韻詩并序。面塔殿三楹，上有樓，敬奉聖祖仁皇帝、世宗憲皇帝、高宗純皇帝三朝神御。仁宗睿皇帝每至山莊，必躬親展拜，用申依戀。樓西偏精藍三楹，曰寫心精舍。寺基在甫田叢樾之東，左傍宫牆，後環雲水，樂成閣峙其東北，春好軒敞其東南，松牖雲扃，永垂福地。有高宗純皇帝御製永佑寺碑文、永佑寺舍利塔記。每年皆有御製永佑寺瞻禮神御詩、登永佑寺舍利塔作歌、寫心精舍諸詩。

碧峯寺。在山莊内碧峯門之左。東嚮。高宗純皇帝御書額曰「碧峯寺」。前爲天王殿，内爲正殿，更内爲經樓。寺後有精藍，曰味甘書屋，其右偏爲叢碧樓，前爲池，作亭臨之，曰迴溪亭。有高宗純皇帝御製碧峯寺、味甘書屋、叢碧樓、迴溪亭諸詩。

鷲雲寺。在山莊内西峪秀起堂之側。東嚮。高宗純皇帝御書額曰「鷲雲寺」。内爲正殿三楹，殿後堂樓三層〔一二〕，雕甍插漢，寶鐸韻風，俯視羣山，若蓮臺層涌，光景絶勝。

珠源寺。在山莊内水月精舍西南。東嚮。聯額皆高宗純皇帝御書。門外石橋跨坊二，門前有石坊，寺門額曰「珠源寺」。門内三楹，前爲天王殿，中爲佛閣，後殿爲大須彌山，供一切諸佛。最後飛樓十三楹〔一三〕，曰衆香樓。寺據瀑源來處，故曰珠源。

溥仁寺。在府東北，熱河行宫東三里許。本朝康熙五十二年，聖祖仁皇帝六旬萬壽，蒙古諸藩恭建祝釐。寺南嚮，門額曰「溥仁寺」，兼清、漢、蒙古文。門内天王殿三楹，恭懸聖祖仁皇帝御書寺額，又内殿七楹，供三世佛。殿廡立碑二，恭鐫聖祖仁皇帝御製碑文，左清文，右漢文，碑陰及左方恭鐫高宗純皇帝御製詩。又内後殿九楹，供無量壽佛，聯額皆高宗純皇帝御書。有聖祖仁皇帝御製溥仁寺碑文，高宗純皇帝御製詣溥仁寺、出山莊詣溥仁寺瞻禮諸詩。

溥善寺。在府東北溥仁寺後。本朝康熙五十二年，聖祖仁皇帝六旬萬壽，蒙古諸藩恭建祝釐。規製與溥仁寺同。

普寧寺。在府東北，熱河行宮東北五里獅子溝。本朝乾隆二十年平定準噶爾，高宗純皇帝幸避暑山莊，四衛拉特部落來覲，賜宴封賚，敕建普寧寺以昭武成，仿西藏三摩耶廟制，寺南嚮。聯額皆御書。門外樹坊三，門内正中碑亭植碑二，恭鐫高宗純皇帝御製碑文。左右爲鐘鼓樓，中天王殿，五楹。又内正殿七楹，殿後爲大乘閣，月臺左右，五色浮屠四，閣三層，各七楹，閣東精舍五楹，爲臨憩之所，曰妙嚴室。有高宗純皇帝御製普寧寺碑文、妙嚴室詩、普寧寺觀佛事詩。

普佑寺。在府東北，熱河行宮東北六里許。本朝乾隆二十五年敕建。寺南嚮，門三楹，内爲正殿，又内爲天王殿，後爲法輪殿，最後爲經樓。寺中諸佛皆仿西藏塑像。

普樂寺。在府東北，熱河行宮東北二里許。本朝乾隆三十一年敕建。寺東嚮，聯額皆高宗純皇帝御書。正殿供藥王佛，門内植碑一，恭鐫高宗純皇帝御製碑記，御製渡河詣普樂寺瞻禮詩。

殊像寺。在府東北，普陀宗乘廟之西。本朝乾隆三十九年敕建，仿五臺山殊像寺製。高宗純皇帝御書寺額，亦曰「殊像寺」。寺南嚮，門三楹，左右有鐘鼓樓，内爲天王殿，又内爲會乘殿，七楹，後爲寶香閣，内爲樓十八楹，曰清涼樓。寺旁築室三楹，曰香林室，又樓三楹，曰倚雲樓。有御製殊像寺落成瞻禮即事成什詩、殊像寺香林室倚雲樓詩。

廣安寺。在府北。寺南嚮。本朝乾隆三十九年敕建〔一三〕。聯額皆高宗純皇帝御書。每歲蒙古諸部鱗集瞻仰。有御製廣安寺詩。

開仁寺。在府北。本朝康熙五十四年建〔一四〕，乾隆二十八年奉敕重修。

竹林寺。在府東南白馬川之敞樓山。建自元時，曰天宮禪院。寺内有至元間重修敞樓山天宮禪院碑文記，後爲竹林寺。本朝康熙四十三年修。

穹覽寺。在灤平縣喀喇河屯行宮東〔一五〕。南嚮。本朝康熙四十三年，聖祖仁皇帝駐蹕喀喇河屯，隨侍人員恭建此寺以祝萬壽。門内鐘鼓樓二，中植碑一，恭鐫聖祖仁皇帝御製碑文。前殿恭懸御書寺額，内爲後殿，東西各有配殿。寺基爲陂陀小阜，門俯灤河，如練如帶，隔岸諸山，螺髻涌現，有俯視層穹之概云。有聖祖仁皇帝御製穹覽寺碑文、穹覽寺偶成詩，高宗純皇帝御製穹覽寺詩。

星龕巖寺。在灤平縣〔一六〕。本朝康熙年間敕建，就巖鐫三石佛，梵相奇古，大殿恭懸聖祖仁皇帝御書「星龕巖」額。

峭壁寺。在灤平縣東南。本朝康熙年間建，聖祖仁皇帝御書殿額。

静妙寺。在灤平縣西。本朝康熙年間建，有聖祖仁皇帝御書寺額。

安禪寺。在豐寧縣中關北什巴爾台地〔一七〕。本朝康熙四十二年建，有聖祖仁皇帝御書寺額。

金雲寺。在豐寧縣南。本朝乾隆元年建。又有觀音寺、千佛寺、興隆寺、靈通寺、洪湯寺、月珠寺，皆在縣境。

佑順寺。在建昌縣東北〔一八〕。本朝康熙三十七年建，聖祖仁皇帝賜額及檀香佛像。

承禧寺。在建昌縣西。本朝康熙五十年，聖祖仁皇帝駐蹕其地，發帑建，賜「承禧寺」額。

弘慈寺。在建昌縣北敖漢界内。本朝康熙四十六年，敖漢郡王札木蘇建，聖祖仁皇帝賜寺額。

佑安寺。在朝陽縣東北。本朝康熙四十四年建，聖祖仁皇帝賜寺額。

朝陽寺。在朝陽縣東。本朝康熙九年建。又縣境木頭城子東北亦有朝陽寺，康熙中建，有塔在山頂，蒙古稱納林塔。

卧佛寺。在朝陽縣西昂吉山。寺當山巔，遼應曆七年石幢記尚存，今爲蒙古改建。

天慶寺。在朝陽縣西卧佛寺下。遼時建。本朝康熙十七年修。寺有觀音石胎立像，高七尺。

三學寺。在朝陽縣北狼山。舊爲祥巒院，金大定五年修，改額碑文尚存。

林泉禪寺。在朝陽縣東南月華山。有元大德九年碑。本朝雍正十一年重修。

琳霄觀。在灤平縣喀喇河屯行宫東南。本朝康熙四十九年建。南嚮，門外樹坊二，門内爲鐘鼓樓，内爲靈官殿，又内爲聖母殿，又内爲火神殿，殿額皆聖祖仁皇帝御書。

水月菴。在山莊内西北隅。東嚮。聯額皆高宗純皇帝御書。門外石坊一，門額嵌石爲「水月菴」。内殿三楹，供水月大士相。菴當西嶺深處，山之半曰山心精舍，由精舍後達西嶺，山巔一亭如笠，登陟愈高，爲放鶴亭。有高宗純皇帝御製水月菴、山心精舍、放鶴亭諸詩。

栴檀林。在山莊内水月菴之後。殿三楹，南嚮。喬林彌望，巖葩澗卉，風過皆馨。聯額皆高宗純皇帝御書。其旁室曰天籟書屋。巖頂天池，亭涵湛澈，有軒曰滄軒，堂坳一池，有亭曰滄洲趣，一樓在松蟠雲蔚間，曰松雲樓。其東爲澄霽樓，更東爲超然宇。境路幽敻，上有樓曰雲潤樓。有高宗純皇帝御製題栴檀林詩、栴檀林八詠詩、過東嶺至栴檀林詩、天籟書屋、滄軒、滄洲趣、松雲樓、澄霽樓、超然宇、雲润楼諸詩。

斗姥閣。在山莊内青楓緑嶼之上。南嚮，殿三楹，殿額恭懸聖祖仁皇帝御筆，配殿恭懸高宗純皇帝御書題額。

廣元宫。在山莊内。本朝乾隆四十三年敕建。廟制仿自岱宗。門南嚮，東西山門各三楹，内爲仁育門，南爲香亭，曰馨德亭。東西配殿各三楹，東曰邀山室，西曰藴奇齋。正殿五楹，曰仁育殿。山門外有亭一，曰古俱亭。有高宗純皇帝御製廣元宫詩、藴奇齋詩、古俱亭詩。

羅漢堂。在府東北。本朝乾隆三十九年建。殿額皆高宗純皇帝御書。堂中應真像，皆仿浙江海寧州安國寺制，有御製題羅漢堂詩。

靈峯院。在赤峯縣翁牛特境遮蓋山中。有千佛洞，中有金皇統三年靈峯院千佛洞碑，又有明萬曆四十五年重修碑。

名宦

北魏

安豐王猛。魏宗室。太和五年加侍中〔一九〕，出爲和龍鎮大將軍、營州刺史。寬仁猛毅，甚有威名，部人畏愛之。

江文遥。濟陽考城人。少有大度，遷後將軍、安州刺史。善於綏納，甚得物情。時杜洛周、葛榮等相繼叛，幽燕以南悉陷，安州地介羣賊之間，文遥孤城獨守，且耕且戰，百姓皆樂爲用。卒於任。

北齊

高保寧。代人。武平末，爲營州刺史，鎮黄龍，諸部服其威信。周師將至鄴，保寧率驍鋭赴救。至北平，聞鄴都陷，還鎮據守。周帝遣使招慰，不受敕書。保寧於齊爲宗藩，保疆厲節，迄爲齊守，竟不臣周。隋初爲所滅，死之。

隋

韋冲。京兆杜陵人。拜營州總管。容貌都雅，寬厚能得衆心。懷撫靺鞨、契丹，皆能致其死力。奚、霫畏懼，朝貢相續。

唐

宋慶禮。洛州永年人。爲河北度支營田使。玄宗欲復營州於柳城，慶禮盛陳其利。詔慶禮等築城，興役三旬而畢功。

遷檢校營州都督，開屯田八十餘所，數年間，倉廩頗實，居人漸殷。慶禮爲政清嚴，勤於聽理，所歷之處，人吏不敢犯。

遼

耶律富勒敦。六院林牙圖魯僕四世孫。有治幹，重熙十六年〔二〇〕，知興中府，以獄空聞。「富勒敦」舊作「僕里篤」，「圖魯僕」舊作「突呂不也」，今改正。

馬人望。遼東人。咸雍中進士，爲松山縣令。歲運澤州官炭，獨役松山，人望請於中京留守，均役他邑。留守怒，下吏繫幾百日，復引詰之，不屈。留守喜曰：「君爲民如此，後必大用。」以事聞於朝，悉從所請。

金

完顏阿喜。宗室子。襲職北京路筈柏山明安，聽訟明決，人愛信之。「明安」，改見順天府名宦。

高德基。遼陽渤海人。大定三年遷同知北京路都轉運使事。是年秋，土河泛溢，水入京城，德基遽命開長樂門，疏分使入御溝，以殺其勢，水不能爲害。

盧克忠。貴德州奉集人〔二一〕。大定二年，除北京副留守，會民艱食，克忠下令凡有蓄積者計留一歲糧，悉平其價糶之，由是無捐瘠之患。

劉煥。中山人。累遷北京巡警使。涖政嚴明，捕二惡少杖於庭中，戒之曰：「孝弟敬慎，則爲君子。暴戾隱賊，則爲小人。自今以往，毋狃於故習，國有明罰，吾不得私也。」自是無敢犯者。尋遷同知北京留守事。

元

姚天福。絳州人。累遷山北道按察使。其民鮮知稼穡，天福教以樹藝，皆致蓄富，民爲建祠，刻石紀之。

伊蘇。蒙古人。倜儻有能名。拜中書平章政事。賊陷大寧〔二二〕，詔伊蘇往討，平之。既而賊雷特穆爾巴哈等陷永平，詔伊蘇出師，遂復灤州及遷安縣，又復昌黎、撫寧二縣，儲粟十萬，芻藁山積，居民殷富。乃分命官屬勞來安集其民，使什伍相保以事耕種，民爲立石頌勳德。「伊蘇」舊作「也速」，「雷特穆爾巴哈」舊作「挖帖木兒不花」，今並改正。

本朝

嵩阿禮。滿洲正藍旗人。知平泉州。嘗語人曰：「治民首在整躬，興利尤宜革弊。」性廉介，聽斷公明。州署舊規，凡柴炭草束之類，皆四鄉輦運以應，阿禮悉除之，至今民受免輸之惠。秩滿去，攀轅卧轍者直達鳳皇嶺外。以子長麟大學士贈光禄大夫〔二三〕。

夏熙。上虞人。任熱河巡檢。立義冢，建祠廟，有利於民者，百廢具舉。熙負幹濟才，會乾隆己卯、庚寅大水，溢蕩廬舍，奉旨重濬新河，民獲安居。計績予遷，未幾卒，民思其德，爲建祠祀之。

福克金布。滿洲正藍旗人。嘉慶二十一年，知豐寧縣。公明廉慎，折獄持平，不事刑苛，民安其教令。三年歲皆稔，有馬産雙駒之異。

熙昌。蒙古正藍旗人。嘉慶二十二年，權熱河都統。在任八閲月，惠政周洽，盜賊屏迹，庶獄無留牘。研以虚衷，他人刑求之弗得者，昌以片言折其心。既去，士民懷之不置。

陳琳。天長人。嘉慶二十二年，任豐寧縣巡檢，兼管典史事，清正明決，所理得當。屏餽遺，事有便於閭閻者，職或不得專，力爲請，雖譴訶弗避也。去之日，百姓泣送道左數十里。

人物

北魏

谷渾。昌黎人。父衮，勇冠一軍。渾少有父風，任俠好氣，晚乃折節受經，被服類儒者，以善隸書爲侍中左右〔二四〕。從征赫連昌，賜爵濮陽公。渾正直有操行，性不苟合，然不以富貴驕人，時議以此稱之。按前燕録：「咸康三年，徙昌黎郡，築好城〔二五〕，以逼乙連。」其地在龍城以西，爲今平泉州境，魏因之。故谷渾以下，稱昌黎人者，皆載入卷中。

韓秀。昌黎人。拜廣武將軍。聰敏清辨〔二六〕，才任喉舌，命掌樞密。

韓麒麟。昌黎人。幼而好學，美姿容，善騎射。除冠軍將軍、齊州刺史。在官寡於刑罰，以新附之人，未階臺宦，士人沈抑，宜擢用豪望。從之。麒麟立性恭慎，恒置律令坐旁。臨終之日，惟有素絹數十疋，其清貧如此。子興宗、顯宗皆有才學，顯宗除著作佐郎，兼中書侍郎，性剛直，能面折死争，常撰馮氏燕志、孝友傳各十卷，行於世。

唐

侯希逸。營州人。天寶末，爲州裨將，守保定城。安禄山反，使中人傳命，希逸斬以徇，又斬其僞將徐歸道，遣使上聞，授平盧節度使。數有功，以孤軍無援，乃拔其軍二萬，浮海入青州據之。肅宗因以爲平盧、淄青節度使。寶應初，與諸軍討平史朝義，加檢校工部尚書，圖形凌煙閣。

李惠登。柳城人。爲平盧軍裨將。安禄山反，自拔來歸，後拜隋州刺史。州數被亂，野如赭，人無處業。惠登雖樸素無學術，視人所謂利者行之，所謂害者去之，率心所安，暗與古合，政清静。居二十年，人歌舞之。詔加御史大夫。

遼

姚景行。興中人。重熙進士，累官翰林學士，樞密副使，參知政事。性敦厚廉直，人望歸之。道宗時，多被顧問，爲北府宰相。咸雍初，出爲武定軍節度使。明年，驛召拜南院樞密使。帝有意伐宋，以景行諫止。大康初，鎮遼興，爲上京留守。卒，謚文憲。

竇景融〔二七〕。中京人，中書令振之子。聰敏好學。清寧中進士，累官南樞密副使，監修國史，知樞密院事，賜「同德功臣」，封陳國公，加太子太保，授武定軍節度使。審決冤滯，以獄空聞。拜中京留守。卒，謚肅憲。子瑜，官三司副使。

大公鼎。大定人。先世籍遼陽，統和中，徙豪右以實中京，留家於大定。登咸雍進士，調瀋州觀察判官，改良鄉令，有惠政。天祚中，歷長寧軍節度使，改東京户部使。時盜殺留守蕭保先，公鼎單騎行郡，陳以禍福，安輯如故。拜中京留守，乘傳赴官。境内肅清。子昌齡，官左承制；昌嗣，洺州刺史；昌朝，鎮寧軍節度使。

馬保忠。營州人。謹重寡欲，好立節操。太平間，授洗馬，改著作郎、殿中丞。興宗朝爲樞密使、守太師兼政事令，封燕國公。

金

田顥〔二八〕。興中人。太祖時，知真定府事。招降齊博等賊衆五千餘人。累遷行臺左丞、彰德軍節度使。是時新定力役，顯躅籍之半而上之，故相之谿賦比他州獨輕。改同簽燕京留守，入爲刑部尚書，請老，卒於家。

鄧儼。宜民人。天德進士。累官左司郎中，掌機務者數年。世宗嘗謂宰臣曰：「鄧儼奏事，心識甚明，吏部掌銓選，當得通練之人。」於是改擢吏部侍郎。明昌初，遷户部尚書，尋知歸德府事，致仕，卒。

完顔博洽。北京路明安人。明昌進士，調中都左警巡判官，豪右屏跡。除監察御史，劾罷平章政事布色撰。貞祐間，以御史中丞，行尚書省、元帥府於河中，便宜行事。廷議欲棄河東，徙其民以實陝西，博洽上書極諫，忤宰執意，罷爲中丞。河南大水，充宣慰副使，奏免亳州糧三十餘萬石。博洽純直，不能與時低昂，嘗曰：「生爲男子，當益國澤民，其他不可學也。」元光中，以言事過切，左遷，尋仍行尚書省於河中。卒。「博洽」舊作「伯嘉」，「布色」舊作「僕散」，今並改正。

王維翰。龍山人。大定中進士。遷永霸令。縣豪設事陳訴，維翰窮究其詐，杖殺之，健訟衰息。累除同知保静軍節度使，檢括户籍，一郡稱平。遷侍御史，拜參知政事。貞祐初，罷爲定海軍節度使，鎮無兵備〔二九〕，遇敵，結營堡自守，力窮不屈，死之。

鄭子聃〔三〇〕。大定府人。有文名。天德中，擢進士第三。正隆二年，命與諸進士雜試，復擢第一，改侍御史。京畿旱，詔子聃決囚，遂澍雨，人以比顔真卿。顯宗深器重之，改吏部侍郎，兼修國史。子聃英俊有直氣，其爲文亦然。所著詩文二千餘篇。

孫德淵。興中州人〔三一〕。大定進士。遷沙河令，有惠政。累官大理丞。審官院奏德淵剛正幹能，可任繁劇，遂再任。貞祐中，拜工部尚書，攝御史中丞。致仕。卒。

冀禹錫。龍山人。崇慶進士。入仕以能稱，初任沈丘簿，爲令所誣，坐廢。朝士累薦，爲當途所阻，得扶風丞。末帝東遷，擢爲應奉翰林文字，充尚書省都事。富察官奴之變，家人都請羸服免禍，不從，赴水死。「富察」，改見順天府名宦。

元

劉亨安。川州人。太師穆呼哩經畧遼東，命亨安充行軍總管，從王師渡河入關，敗金人於三峯山。從征巴蜀，出奇制勝，戰功居多。進圍成都，亨安爲先鋒，大破之。有喬長官與亨安争功，未幾，攻城，喬爲砲所傷，亨安負之以出，喬感愧。從軍十年，累著勳伐，所獲金帛，悉推與將佐，士卒咸樂爲用。「穆呼哩」舊作「木華黎」，今改正。

姚樞。柳城人，後遷洛陽。少力學，楊惟中與之偕覲太宗。世祖在藩邸〔三二〕，待以客禮，詢治道，樞爲書數千言，陳治平大經及救時之弊。即位，立十道宣撫使，以樞使東平。拜中書左丞，昭文館大學士。卒，謚曰文獻。子燧，仕爲平章政事。從子燧，官至翰林學士承旨，以文章大家知名，卒，謚曰文。

趙炳。灤陽人。父弘，有勇畧，爲征行兵馬都元帥。炳幼失怙恃，鞠於從兄。歲饑，遇盜，欲殺之，兄解衣就縛。炳年十二，泣請代兄，盜驚異，舍去。甫冠，侍世祖於潛邸，恪勤不怠，遂蒙眷遇。中統元年，判北京宣撫司。有政績，入爲刑部侍郎，遷遼東提刑按察使，豪猾屏迹。帝以關中重地，思得剛鯁舊臣以臨之，授炳京兆路總管〔三三〕，兼府尹。遇事即制以法，關民以安。爲運使郭琮所害，帝立誅琮。子六，仁顯、仁表、仁榮等，俱登顯仕。

張庭珍。全州人。授同簽土番經畧使。以朝列大夫使安南，諭其世子來入朝，安南遂服。授襄陽行省郎中，以功遷中順大夫。宋平，拜大司農卿，南京路總管，兼開封府尹。卒於官。庭珍性清慎，丞相巴延嘗語人曰：「諸將渡江，鮮不荒貪，惟我與國寶始終自守。」時人以此重之。國寶，庭珍字也。「巴延」舊作「伯顔」，今改正。

張庭瑞。庭珍弟。幼以功業自許，兵法、地志、星曆、卜筮無不推究。以宿衛從憲宗伐蜀，屢立戰功，授成都總管，舟楫兵仗糧儲皆倚以辦。蜀平，擢諸部宣慰使，甚得戎夷心，改潭州總管。卒。

王克敬。大寧人。幼奇穎。大寧習尚少文，克敬獨孜孜爲儒者事。仕爲浙江行省照磨，監四明倭人互市，撫以恩意，帖然無敢譁。拜監察御史，尋遷左司都事，擢江西道廉訪司副使，轉兩浙鹽運司使，首減紹興民食鹽五千引。入爲吏部尚書。所著有詩文奏議傳於世〔三四〕。

崔敬。大寧人。通刑名法律之學。累遷監察御史，出僉山北廉訪司事，治獄多平反。至正初，遷河南，又遷江東。所至抑豪强，惠下窮，洗冤訟，百廢具舉。除刑部侍郎，尋拜中書參知政事。卒，贈資善大夫。

劉廷讓。大寧人。至順初，北方兵起，廷讓挈家避山中，有幼弟方乳，兵急，廷讓棄己子抱幼弟，扶母疾驅得免。事聞，旌之。居喪廬墓者，有北京張洪範、興中石抹昌齡。

明

吴澄。興州人。洪武末，以功累官指揮僉事。燕兵起，隨駕克懷來等城。卒，贈梁國公，謚莊勇。

本朝

馬瑢。承德人。幼穎敏，弱冠以文章名。乾隆庚子舉於鄉，及門數十人，各有所得。平生不尚浮譽，務以明體達用爲立教之本。承德之有科名，蓋自瑢始。

康文英。承德人。樂善不吝，嘗捐田立義冢，俾客死及無力瘞埋者無露骴。其他舉類是者，無不樂爲之。

趙可立。承德人。乾隆六年，百有二歲，恭值高宗純皇帝巡幸塞外，扶兒迎謁道左，尚能道前朝事，賜御製七言絶句詩一首。

楊珍。豐寧人。每歲歉，煮糜粥，施綿褌，老而不倦，鄉鄰義之。

王弘信。承德人。由行伍任河屯協守備。嘉慶三年，隨征川匪，以功進遊擊。一日探賊遇伏，困垓中，弘信往來衝突，賊復大至，馬蹶弗得起，力竭被害。事聞，蔭卹如例，入祀昭忠祠。

黄益慶。平泉人。任八溝營暖泉外委。嘉慶三年，隨征川匪，於大鵬寨擊賊陣亡。事聞，廕卹如例。同時死難者：旗伍劉士太、崔國祥、王玲、傅訓、劉文漢、張瑶、黄顯、何旺，民伍許琨、白文委、崔鳳儀、劉輔、劉福增、宋洪、陳守義、陳守志、張保、李成德、楊國亮、于强、吴傑、李國玉、于永勝、尹朝榮、周禮、佟福、張得旺、李進禄、張洪亮、馬俊、張起、馬成，均照例議卹。

朱予德。豐寧人。其先浙江人。嘉慶十五年，歲大饑，會有鬻女者，予德解囊贈之，撫其女成人。歲稔，令還家，全婚配。邑瀕東河，每盛漲多水患，予德出家貲，築捍壩以衛民廛，至今賴之。復創立義學，建文昌祠，孳孳爲善，洵足風焉。

流寓

北魏

奚兜。烏侯子。世祖時，親侍左右，隨從征討，常持御劍。後以罪徙龍城。尋徵爲知臣監。賜爵富城侯。

列女

遼

邢簡妻陳氏。營州人。甫笄，涉通經義及詩賦〔三五〕，一覽成誦，好吟咏。既于歸，孝舅姑，閨門和睦，親黨推重。有六子，親教以經，後二子抱樸、抱質，皆以賢位宰相。卒，贈魯國夫人。

金

王維翰妻姚氏。利州龍山人。維翰以遇敵死難，氏亦不屈死。贈芮國夫人，謚貞潔。

元

蕭趙氏。大寧人。年二十，夫病劇，氏爲巨棺，以死自誓。夫殁，自經死，家人同棺葬焉。又大寧趙騹兒妻安氏、陳恭妻張氏、武壽妻劉氏、宋敬先妻謝氏、薩里妻蕭氏、興州某妻魏氏、利州高托卜嘉妻白氏，俱夫亡殉節被旌。「薩里」舊作「撒里」，「高托卜嘉」舊作「塔必也」〔三六〕，今俱改正。

段氏。大寧人。浙江省左丞潘公有七姬，皆良家子，敵抵境，公力不支，召七姬謂曰：「我受國重恩，義不顧家，脱有不夙戒，若等毋爲人嗤也。」段氏年十八，跪請先死，趨入室，以帨自經，六人亦相繼縊死。

本朝

楊富妻叢氏。承德人。夫亡撫孤守節，以壽終。子永平妻于氏，年二十九而寡，遺孤遇奇，婚李氏，甫六年亦寡，三世同貞。又錢玉成妻張氏，姜成化妻宋氏、子富有妻馬氏，張桂林妻李氏，姜瑞妻張氏，李際泰妻吴氏，原大治妻張氏，裘大慧妻王氏，孟承綱繼妻張氏，張鈞妻錢氏，陳兆鳳妻姚氏，梁仁妻葛氏，遲中仁妻莫氏，吴廷柱妻王氏，吴裕珍妻勞氏，王彦之母孫氏〔三七〕，郭祥妻徐氏，李承勳妻孫氏，趙廷勳妻曹氏，柴如玉妻朱氏，姜文玉妻戚氏，姜異言妻王氏，趙志恒妻劉氏，王槐茂妻李氏，李某妻喬氏，舒成林妻趙氏，魏明和妻王氏，郭萬里妻姜氏，楊君貞妻王氏，李蘭妻姜氏，曲天瑞妻劉氏，左玉環妻姜氏，趙廷珍妻郭氏，高聖傑妻康氏，黄思平妻丁氏〔三八〕，董錦妻門氏，姜宗智妻鮑氏，勞得禄妻紀氏，孫慶元妻李氏，王之惠妻吕氏，楊全禮妻王氏，楊君起繼妻華氏，李夢鳳妻焉氏，李文發媳潘氏，宋士俊妻紀氏，劉起妻米氏，崔鉅妻曲氏，孟維屏妻劉氏，盛文軒妻李氏，任泮妻程氏，尹廷諤妻王氏，孟銓妻崔氏，李同媳焉氏，劉惠妻劉氏，閻昭妻王氏，王友母張氏，楊君璽妻王氏，李希周妻董氏，朱文成妻趙氏，衡廷璽妻胡氏、子智勇妻張氏，紀蘊躬妻宋氏，尹吉妻李氏，董其五妻王氏，姜智恒妻某氏，張富美妻高氏，李希孔妻冷氏，孫寶山妻王氏，孟信妻朱氏，劉量妻郭氏，劉某妻王氏，張煥妻宋氏，劉宗哲妻孫氏，王殿邦妻李氏，周雅妻丁氏，楊珍妻宋氏，姜淑妻馬氏，劉德寶妻周氏，陳明妻盧氏，薛銀貴妻馬氏，吴宗舜妻王氏、子永福妻某氏，朱文亮妻劉氏，孫碩德妻于氏，楊丕照妻姜氏，王學禮妻王氏，宋文治妻楊氏，于進和妻孫氏，李國興妻佟氏，丁文英妻林氏，黄學升妻丁氏，任先瑞妻羅氏，任國泰妻周氏，翟運旺妻劉氏，劉名山妻杜氏，閻德潤妻韓氏，邵曰頌妻王氏，吕元長妻陳氏，郭萬春妻王氏，李發仁妻潘氏，劉志元妻林氏，辛富妻孫氏，吕敬妻王氏，吕善妻郭氏，紀自珠妻王氏，郭起妻姜氏，宋有才妻黄氏，孫國盛妻楊氏，劉永泰妻邸氏，王容妻胡氏，孫雲久妻高氏，劉宗哲妻帥氏，任普之嫂王氏，馬儀龍妻李氏，俱夫亡守節。

紀維新聘妻馬氏。承德人。甫納采，維新病瘵，勢日劇，壻家通辭令改議。氏聞之，慟不欲生，泣求過門侍疾，父母舅姑不忍違其意，爲諏吉成禮，實俟期而婚也。夫殁，或勸之歸，氏正色曰：「婦人義不二，既許稱未亡，願爲死者事父母以終。」

李琳妻王氏。承德人。年二十適琳，紡紝佐讀，貧能助志。琳館於外，有窺者語犯之，氏忿詈，窺者逸，氏自經死。諸生某有詩十章表其烈。又李文妻冀氏、楊得貴妻劉氏、叢林學妻張氏，俱夫亡自盡以殉。

于起仁妻田氏。承德人。夫亡守節，乾隆年間旌。

盧氏女。灤平人。守正捐軀。同縣烈婦：傅某妻郭氏、劉三妻林氏，節婦陳廷端妻張氏、蕭起鳳妻鄭氏，均乾隆年間旌。

柏氏女。平泉柏世興女。字潘某，未婚而潘殁，女縞素自經。同州烈婦：王興妻朱氏，劉秉恒妻龍氏，孫貝妻叢氏。節婦：趙某妻童氏，陳明吉妻汪氏〔三九〕，白天潔妻劉氏，宿禮妻王氏，于之禮妻林氏，趙立妻賈氏，姚鋤妻張氏，胡漢公妻言氏，朱繼熊妻胡氏，全岡妻王氏，薛佑庭妻陳氏，張希文媳王氏，馮翽妻傅氏，宋光禮妻郭氏，楊學禮妻蔡氏，閻盡恭妻王氏，單珍妻趙氏，張文妻果氏，隋福隆妻盧氏。均乾隆年間旌。

白福旺妻劉氏。平泉人。守正捐軀。同州烈婦傅守榮妻張氏，節婦趙辛妻韓氏、蔡應中妻尹氏，均乾隆年間旌。

朱永梁妻王氏。豐寧人。年十九而寡，矢志守節。同縣節婦：高某妻丁氏，滕文錦妻張氏，於國禧繼妻姚氏，孫訓妻史氏，靳全亮妻郭氏，張盛道妻王氏，張紹弘妻馬氏，王士璇妻徐氏，高萬超妻任氏。均乾隆年間旌。

姜氏女。豐寧姜璽照女。年十六，遇暴不從，被害。同縣辛仲舉女、趙景全女、屈成富妻孫氏，俱守正捐軀，均乾隆年間旌。

初成章妻王氏。建昌人。夫亡撫孤守節，越十餘年，子亦殤，氏泣曰：「吾之所以不忍殉夫者，爲孤在也，今猶視息遺憾地下乎！」遂自經死。同縣節婦：郝成妻倪氏，潘起鳳妻趙氏，劉某妻張氏，陳聲遠妻劉氏。均乾隆年間旌。

孫韙子妻尹氏。建昌人。守正捐軀，乾隆五十七年旌。

滕彦臣妻董氏。赤峯人。夫亡，撫子珍成立，娶妻王氏。未幾珍亦卒，兩世煢煢，苦節相勵。同縣節婦：戰國禮妻李氏，李大寬妻張氏，趙洙源妻張氏，劉芳妻魏氏。均乾隆年間旌。

劉進才妻楊氏。赤峯人。守正捐軀，乾隆年間旌。

齊大妻王氏。朝陽人。守正捐軀，乾隆年間旌。

袁某妻劉氏。承德人。守正捐軀，嘉慶年間旌。

范氏女。平泉人。范學智女，守正捐軀。同州辛得義女，均嘉慶年間旌。

劉文魁妻秦氏。豐寧人。守正捐軀。同縣節婦：朱大鋕妻張氏，朱炤亭妻沈氏，高萼廷妻周氏，劉順聘妻賈氏。均嘉慶年間旌。

侯大妻曹氏。建昌人。守正捐軀。同縣烈婦于徐氏，均嘉慶年間旌。

王氏女。赤峯人。名順姐，守正捐軀。同縣王坡姐，均嘉慶年間旌。

杜希傳母韓氏。朝陽人。守正捐軀，嘉慶年間旌。

土産

棉綢。府境多有之，其細而白者不減吴中，土人名爲土綢。

鹿。塞山産鹿甚盛，其角自兩叉、四叉、六叉至八叉，年久則數至八叉以外。蒙古稱鹿謂「布古」，今圍場地及府屬多有稱「布古圖」者，皆以有鹿得名。

麅。形似麞，蒙古謂麅爲「朱爾」，諸地有稱「朱爾圖」者，皆以有麅處得名。

麞。

青羊。

飛鼠。

虎。

豹。唐書地理志：「營州土貢豹尾。」

山羊。

貂。

縠。

夜亮木。

金蓮花。

榆耳。口北志：「出獨石口外。」

人蓡。唐書地理志：「檀州營州俱土貢人蓡。」

校勘記

〔一〕歷遵化諸關口外近三臺山關北合於灤河　按讀史方輿紀要卷一八作「近三臺山關北境合於灤河」，同治畿輔通志卷六七關隘一引同，此「北」下蓋脱「境」字。

〔二〕在府南四十里　光緒承德府志卷七疆域：「灤平縣，本喀喇河屯廳，在府西南四十里。」又載：灤平縣，「喀喇河屯廳，爲縣治」。此「南」上脱「西」字。又本志下文云：「即故興州。」本志卷四三承德府二古蹟：興州故城，「今灤平縣西南里許」。則此釋曰「今灤平縣（今灤平縣東灤河鎮）」爲是。

〔三〕元史史天祥傳　「史」，原作「文」，據元史卷一四七史天祥傳改。

〔四〕要水出古北口外　「要」，原脱，據讀史方輿紀要卷一一及光緒承德府志卷八關隘補。

〔五〕泰寧長率部落二萬餘願附居塞下避北寇　「二」，原作「六」，據讀史方輿紀要卷一八改。「泰寧長」下，紀要有「滿蠻」名，此缺。

〔六〕在建昌縣北一百十里　光緒承德府志卷一〇公署：「建昌縣丞署，在縣治四家子，距城二百十里。」此「一」疑爲「二」字之誤。

〔七〕明太宗實録永樂十九年置邏騎營於古北口之北　「太宗」，原作「太祖」，按永樂爲明太宗年號，此「祖」爲「宗」字之誤，據改。「古北口之北」，讀史方輿紀要卷一八、光緒承德府志卷八關隘引明實録「北」下有「神樹之地」四字，此蓋脱。

〔八〕方輿紀要謂在臨潢府西南　讀史方輿紀要卷一八：「神樹站，在故全寧城西南。」據同書卷載：全寧城，「元時置全寧路，領全寧縣」。元全寧路治今内蒙古翁牛特旗（見中國歷史地圖集第七册），而遼、金臨潢府治今巴林左旗南波羅城（中國歷史地圖集第六册），二地相距遥遠，互不相涉，此引誤。

〔九〕初贈中憲大夫　「中憲大夫」，光緒承德府志卷二二冢墓、同治畿輔通志卷一七〇陵墓皆作「中奉大夫」，此「憲」疑爲「奉」字之誤。

〔一〇〕在大定府南關　「關」，原脱，乾隆志卷二八承德府三祠廟（以下同卷簡稱乾隆志）同，據趙萬里元一統志校輯卷二依熱河志、蒙古游牧記引元一統志補。

〔一一〕殿後堂樓三層　「堂」，乾隆志同，光緒承德府志卷一九寺觀作「崇」，此「堂」蓋爲「崇」字之訛。

〔一二〕最後飛樓十三楹　「飛」，原作「殿」，據乾隆志及光緒承德府志卷一九寺觀改。

〔一三〕本朝乾隆三十九年敕建　「九」，乾隆志同，光緒承德府志卷一九、同治畿輔通志卷一八〇寺觀皆作「七」，此「九」蓋爲「七」字之誤。

〔一四〕本朝康熙五十四年建　乾隆志同，光緒承德府志卷一九、同治畿輔通志卷一八〇寺觀皆作「本朝康熙五十年建」，此「四」

蓋爲衍字。

〔一五〕在灤平縣喀喇河屯行宮東　「東」，乾隆志作「東南」。光緒承德府志卷二〇、同治畿輔通志卷一八〇寺觀皆作「東南里許」，此「東」下蓋脱「南」字。

〔一六〕在灤平縣　乾隆志作「在灤平縣西北」，光緒承德府志卷二〇寺觀作「在灤平縣西北五十三里」，此蓋脱「西北」二字。

〔一七〕在豐寧縣中關北什巴爾台地　原無「關北什」，乾隆志同。光緒承德府志卷二〇寺觀：安禪寺，在豐寧縣「中關北三十七里什巴爾台」。此「中」下脱「關北什」三字，據補。

〔一八〕在建昌縣東北　乾隆志同。光緒承德府志卷二〇、同治畿輔通志卷一八〇寺觀皆不載建昌縣有佑順寺，而載：「朝陽縣佑順寺，在三座塔，康熙三十七年敕建。」按三座塔即朝陽縣，本志卷四二承德府一建置沿革：朝陽縣，乾隆三年設塔子溝廳，三十九年於廳東境析置三座塔廳，「四十三年改設朝陽縣」。此云「佑順寺，在建昌縣東北」，誤。

〔一九〕太和五年加侍中　乾隆志卷二八承德府三名宦（以下同卷簡稱乾隆志）同。魏書卷二〇文成五王列傳：安豐王猛，「太和五年封，加侍中」。光緒承德府志卷三四名宦同，此「五年」下脱「封」字。

〔二〇〕重熙十六年　「重熙」，原作「太平」，乾隆志同。按太平止十一年，以後爲重熙，中華書局一九七四年遼史卷九一耶律僕里篤傳改作「重熙」，是，從改。

〔二一〕貴德州奉集人　「奉」，原作「鳳」，乾隆志同。按金史卷二四地理志上：貴德州領有奉集縣，遼集州奉集縣，「本渤海舊縣」。據改。

〔二二〕賊陷大寧　「寧」，原作「定」，乾隆志及元史卷一四二也速傳並作「寧」。按遼、金名爲大定府，元史卷五九地理志二：大寧路，遼爲中京大定府，金因之，元初爲北京路總管府，至元七年改爲大寧路。據改。

〔二三〕以子長麟大學士贈光禄大夫　按光緒承德府志卷二四名宦云「以子長麟貴，封光禄大夫、文淵閣大學士」。

〔二四〕以善隸書爲侍中左右　「侍中」，乾隆志人物同。魏書卷三三、北史卷二七谷渾傳皆作「內侍」，此疑誤。

〔二五〕築好城　乾隆志人物同。按湯球十六國春秋輯補卷二四前燕録二：「築好城於乙連東。」又晉書卷一〇九慕容皝載記：「徙昌黎郡，築好城於乙連東，使將軍蘭勃戍之，以逼乙連。」此「好城」下蓋脱「於乙連東」四字。
〔二六〕聰敏清辨　乾隆志作「高宗稱秀聰敏清辨」，同魏書卷四二韓秀傳。
〔二七〕竇景融　「融」，乾隆志同。考遼史卷九七竇景庸傳，即是此人，此「融」與「庸」同音，字誤。
〔二八〕田顥　「顥」，原作「灝」，乾隆志同，據金史卷八一田顥傳改。下同。
〔二九〕鎮無兵備　「無」，原作「撫」，據乾隆志及金史卷一二一忠義傳一王維翰改。
〔三〇〕鄭子聃　「聃」，原作「眒」，乾隆志同，據金史卷一二五文藝傳上鄭子聃改。下同。
〔三一〕興中州人　乾隆志同。金史卷一二八循吏傳孫德淵：「興中府人。」同書卷二四地理志上：興中府，遼太祖曰霸州彰武軍，「重熙十一年升爲府」。此「州」爲「府」字之誤。
〔三二〕世祖在藩邸　「世祖」，原作「世宗」，乾隆志同，據元史卷四世祖紀及同書卷一五八姚樞傳改。
〔三三〕授炳京兆路總管　「兆」，原作「北」，乾隆志同，據元史卷一六三趙炳傳改。
〔三四〕所著有詩文奏議傳於世　「奏」，原作「湊」，據乾隆志及元史卷一八四王克敬傳改。
〔三五〕涉通經義及詩賦　「涉」，原脱，據乾隆志列女及遼史卷一〇七列女傳邢簡妻陳氏條補。
〔三六〕高托卜嘉舊作塔必也　「塔必也」，乾隆志同。按元史卷二〇〇列女傳一作「高塔必也」，此蓋脱「高」字。
〔三七〕王彦之母孫氏　「之」，原脱，據光緒承德府志卷三九、同治畿輔通志卷二五八列女補。
〔三八〕黄思平妻丁氏　「平」，原脱，據光緒承德府志卷三九、同治畿輔通志卷二五八列女補。
〔三九〕陳明吉妻汪氏　「陳」，光緒承德府志卷四〇、同治畿輔通志卷二五八列女皆作「程」，此「陳」蓋爲「程」字之誤。

遵化直隸州圖

半壁山巡司
喜峰關
鳳山
羅文峪關
遵化直隸州
松棚營
灤河
三屯營
鐵廠
還鄉河
永平府灤州界
豐潤縣
鴉鴻橋
車軸山
陡河
永平府樂亭縣界
順天府寧河縣界

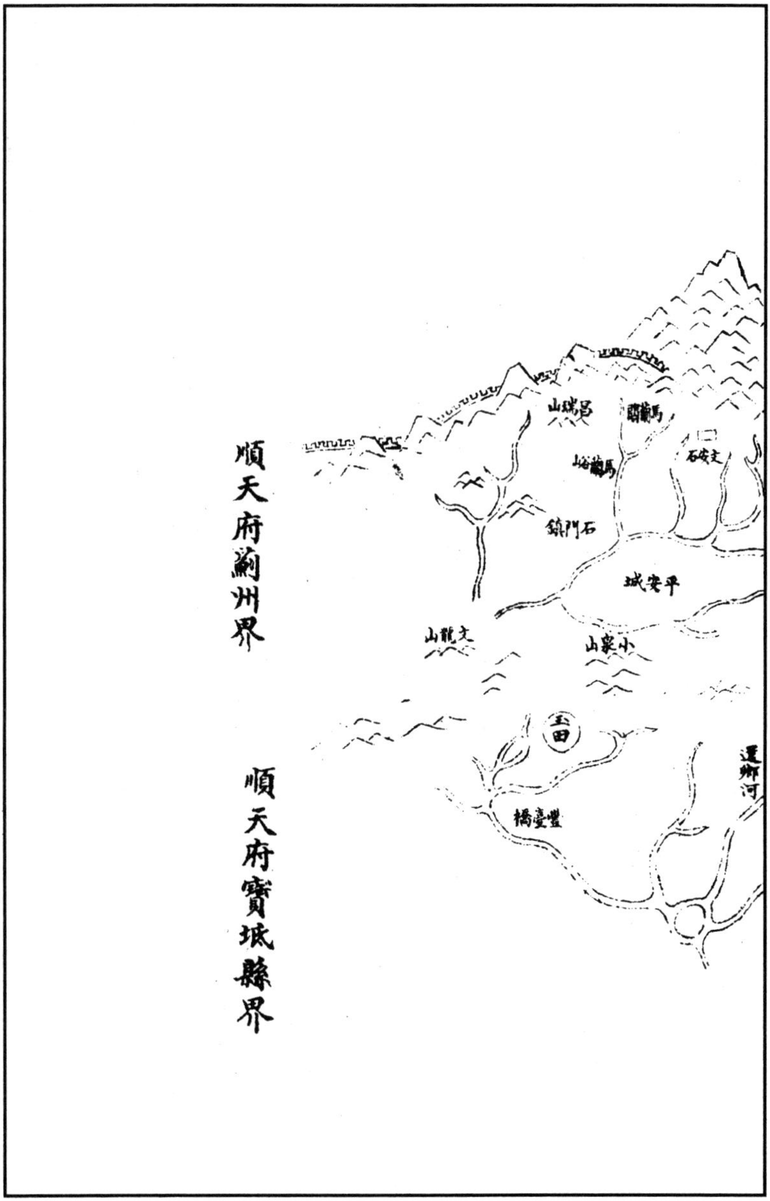
順天府薊州界
順天府寶坻縣界
呂瑞山
馬蘭關
馬蘭谷山
石門鎮
平安城
文龍山
小泉山
玉田
豐臺橋
還鄉河

遵化直隸州表

遵化直隸州			
秦			
兩漢		徐無縣屬右北平郡。	俊靡縣屬右北平郡。
三國		徐無縣	俊靡縣
晉	北平郡移置。	徐無縣郡治。	俊靡縣屬右北平郡。東晉省入徐無。
南北朝	後魏太平真君七年廢。	徐無縣後魏屬漁陽郡。周省入無終。	
隋			
唐	玉田縣地。		
五代遼附	遼重熙中置景州清安軍。		遵化縣後唐置，屬薊州。遼爲州治。
宋金附	景州宋宣和四年賜名灤川郡。金廢。		遵化縣金仍屬薊州。
元			遵化縣
明			遵化縣

續表

玉田縣	豐潤縣
	右北平郡
無終縣地。	右北平郡 前漢治平剛。後漢治土垠。 土垠縣 屬右北平郡。後漢爲郡治。
	右北平郡 土垠縣
	右北平郡 土垠縣 屬北平郡。
	後魏廢。 土垠縣 屬漁陽郡。齊省。
漁陽縣地。	
玉田縣 武德二年分置無終縣，貞觀元年省，乾封二年復置，屬幽州。萬歲通天元年改名，開元十八年改屬薊州。	玉田縣地。
玉田縣	
玉田縣 宋宣和六年置經州，尋入金，州廢，屬薊州。	豐閏縣 金大定二十七年置永清縣，屬薊州，泰安中改名。
玉田縣	豐閏縣 至元二年省，四年復置。
玉田縣	豐潤縣 洪武初改「閏」曰「潤」。

大清一統志卷四十五

遵化直隸州一

在直隸省治東六百三十里。東西距一百六十里，南北距二百二十八里〔一〕。東至永平府灤州界九十里，西至順天府薊州界七十里，南至順天府寧河縣界海口二百十里，北至羅文峪關十八里。東南至永平府樂亭縣治二百八十里，西南至順天府寶坻縣治一百八十里，東北至喜峯口關二十里，西北至馬蘭峪六十里。本州境東西距一百二十里，南北距七十里。東至永平府遷安縣界五十里，西至薊州界七十里，南至豐潤縣界五十里，北至羅文峪關二十里。東南至豐潤縣界七十里，東北至喜峯口一百二十里，西南至玉田縣界七十里，西北至馬蘭峪六十里。自州治至京師三百二十里。

分野

天文尾、箕分野，析木之次。宋史：「中台下星主冀。」遵化分野，永平志：「遵化分野，當尾七度。」清類天文分野書謂「在尾六度」。

建置沿革

禹貢冀州之域。有虞分爲幽州地。周屬幽州，爲燕地，封召公。見輿圖要略。

春秋爲無終子國。燕昭王置漁陽郡。秦始皇帝并燕爲右北平。漢置徐無、俊靡二縣，屬右北平郡。後漢因之。晉移北平郡治徐無，後省俊靡入之。後魏太平真君七年，郡廢，以縣屬漁陽郡。北周省徐無入無終。

唐爲玉田縣地。五代唐始置遵化縣，屬薊州。按州志謂「唐天寶元年改薊州爲漁陽，置遵化縣。」今考元和郡縣志無之，惟此爲平州置馬監，蓋誤以後唐爲唐也。遼重熙中於縣置景州清安軍。一曰清武軍。宋宣和四年賜名灤川郡。金廢州，以縣屬薊州。元、明因之。明並設三衛一所：遵化衛、東勝右衛、忠義中衛、寬河守禦千户所。國初並裁。

本朝康熙十五年以陵寢重地，升縣爲州，屬順天府。乾隆八年升爲直隸州，以永平府所屬之玉田、豐潤二縣來屬。領縣二。

玉田縣。在州西南九十里[二]。東西距七十五里，南北距一百二十里。東至豐潤縣界三十里，西至順天府薊州界四十五里，南至順天府寧河縣界九十里，北至州界三十里。東南至豐潤縣界五十三里，西南至順天府寶坻縣界四十二里，東北至州界四十四里，西北至薊州界五十二里。在春秋時爲大鹵之區[三]。漢爲右北平郡無終縣地。隋末改無終縣爲漁陽縣。唐武德二年分漁陽別置無終縣，貞觀元年省，乾封二年復置，屬幽州，萬歲通天元年改曰玉田，神龍元年改屬營州，開元四年還屬幽州，八年復屬營州，十一年又屬幽州，十八年改屬薊州。遼因之。宋宣和六年於縣置經州，七年入金，州廢，縣仍屬薊州。元、明因之。本朝初屬順天府，雍正三年改屬永平府，乾隆八年改屬遵化州。

豐潤縣。在州東南七十里。東西距七十三里，南北距二百五十里。東至永平府灤州界三十里，西至玉田縣界四十三里，南至海二百里，北至州界五十里。東南至灤州界一百二十里，西南至順天府寶坻縣界一百里，東北至永平府遷安縣界六十里，西北至州界五十里。漢置土垠縣，屬右北平郡。後漢移郡來治。晉移郡治徐無，以土垠屬之。後魏郡廢，二縣改屬漁陽郡。北齊廢土垠。後周又省徐無。唐爲玉田縣地。金泰和中始分置豐閏縣，屬薊州。元至元二年省入玉田，四年復置。明洪武初改「閏」曰「潤」。本朝康熙十五年改屬遵化州，雍正三年改屬永平府，乾隆八年仍屬遵化州。

形勢

羣川繞其東南，重山阻其西北，於京師有臂指之勢。遵化舊志。地雄脈遠，鞏皇朝億萬載之基。遵化新志。

風俗

性緩尚儒，仗氣任俠。九域志〔四〕。人多技藝，秀者讀書，次則騎射，耐勞苦。隋書地理志〔五〕。人性寬舒，沈摯多材，自古多豪傑之士，蹈禮義而服聲名。輿圖備考。土厚水甘，俗尚義勇，人多豪俠，習於戎馬。元志。風俗樸茂，敦尚節義。宋范鎮幽都賦。

城池

遵化州城。周六里有奇，門四，濠廣三丈。唐時土築，明洪武十一年甃甎，嘉靖、萬曆年間屢修。本朝順治九年修，康熙五十年、乾隆十六年、四十九年重修。

玉田縣城。周四里有奇，門三。本土築，明成化三年甃甎，崇禎八年修。本朝乾隆十五年修，二十九年、四十四年重修。

豐潤縣城。周四里有奇，門四，濠廣二丈。舊土築，明正統十四年甃甎，嘉靖、隆慶、崇禎年間俱修。本朝乾隆十七年修，二十九年、四十八年重修。

學校

遵化州學。在州治西南。金正隆初建，元大德七年修〔六〕，明代歷有修葺。本朝順治四年以來屢修。入學額數十八名。

玉田縣學。在縣治西。遼乾統中建，明嘉靖中改建西關外，萬曆六年移於此。本朝以來屢修。入學額數十五名。

豐潤縣學。在縣治東南。金大定中建，明洪武中修。本朝以來屢修。入學額數二十三名。按文廟中有古鼎，重五十斤，埤海及隨隱漫録以爲劉宋孝建元年八月二日作，以享太廟者。長安客話云「或以爲商時物也」。

燕山書院。在州城内。本朝乾隆三十九年，即義學改建。

溴陽書院。在豐潤縣城内南偏。本朝乾隆十九年即舊營田觀察使署改建。

户口

原額人丁一萬二千六百四十四，今滋生男婦大小共七十萬二千三百一十六名口，計一十萬九千七百一户。

田賦

田地一萬八千八百九十七頃八十七畝二分有奇，額徵地丁正、雜銀二萬五千六百四十三兩。

山川

昌瑞山。在州西北七十里。本名豐臺嶺。本朝初賜名鳳臺山，康熙二年封爲昌瑞山。山脈自太行來，重岡疊阜，鳳翥龍蟠，嵯峨數百仞，前有金星峯，後有分水嶺。諸山聳峙環抱，左有鮎魚關、馬蘭峪，右有寬佃峪、黄花山。千巖萬壑，朝宗迴拱，左右兩水分流夾繞，俱匯於龍虎峪，崇隆鞏固，洵國家億萬年鍾祥福地，謹詳載首卷。

勝水峪。在昌瑞山右麓〔七〕。砂抱水環，局尊脈貴，氣勢綿遠，篤厚延洪，黄圖萬年之慶，凝護於此，謹詳載首卷。

鐵山。在州東五里。高三十仞，横亘南北，中斷如峽，山石黝黑。

景忠山。在州東六十里。舊名陰山，高數十里，爲境内諸山冠。明總兵馬永建三忠祠於其上，易今名。本朝康熙十六年，聖祖仁皇帝御題「靈山秀色」四字。

葡萄山。在州東南三十里。上多葡萄，故名。

磨臺山。在州東南四十里。高百仞，頂圓如磨。

南龍山。在州南八里。其北有北龍山，兩山相望，蜿蜒如龍。

釣臺山。在州南十里。高百餘仞，下有谿潭可釣。

清風山。在州南十七里。山甚高秀，登其上則肅爽如秋，故名。

明月山。在州南二十里〔八〕。高三百仞，上有石穴，南北相連，望之如明月。

筆架山。在州南二十里。三峯如筆架，左與明月相連，中斷處爲小燕口峽，有石如卧牛，其上杵迹遍滿，名曰「試杵石」。

又桃花山，在州南二十五里。重山疊嶂，上多桃樹。

白冶山。在州南五十里。俗傳上有白冶子鑄劍處。

靈靈山〔九〕。在州南五十里。高九百仞，邱壑盤鬱，巖洞幽勝，上有靈靈寺。

夾山。在州西南四十里。兩山相夾，高數百仞，山東面懸崖爲水門口峽，州境諸水匯流出此。

蒼山。在州西南六十五里。梨河及諸水匯流於其前。

關山。在州西三十里。以近邊關，故名。

岈髻山。在州西北二十里。高千丈。

舍身臺山。在州東北二十五里。高千仞，昔有僧人捨身於山磵中，因名。

五峯山。在州東北二十五里。山勢磅礴，五峯突起，故名。

鳳山。在州東北二十五里。其形如鳳。相近有瑶峯山，白石璀璨，如列瓊瑶。

乳山。在州東北三十里。山形如乳，州治發脈於此。

三臺山。在州東北九十里。盤曲三層。又東北二十里爲大團亭山，其北又有小團亭山，皆州境之險要也。

松亭山。在州東北一百二十里。上多古松。

圍子山。在玉田縣東四十里。四周延迤如椅，故名。

蜂山。在玉田縣西三十里。又西十里有螺山，盤旋如螺，下有泉可資灌溉。

樂臺山。在玉田縣西北十八里。藍水源出此。

燕山。在玉田縣西北二十五里，接豐潤縣界。自西山一帶迤邐東來，延袤數百里，抵海岸，爲中外巨防。宋蘇轍詩所謂「首銜西山麓，尾掛東海岸」者也。晉書：「咸康四年，石虎攻段遼，遼北平相陽裕登燕山以自固。」即此。水經注：「庚水南逕燕山下〔一〇〕，懸巖之側有石鼓，去地百餘丈，望若數百石囷，有石梁貫之，鼓之東南，有石人援桴，狀同擊勢。」按縣志别載石鼓山在縣西北二十五里，相傳唐太宗東征，聚兵擊石，聲如鼓，故名。考其方向，即水經注所云石鼓也，方輿路程考辨兩見之悮，今附注於此。

龐山。在玉田縣西北二十五里。四崖壁立，亦名旁山。名勝志：「旁山南，即種玉山也，旁爲石鼓。」

聖水盤山。在玉田縣西北三十里。有水一區，最甘美，因名。

文龍山。在玉田縣西北三十里。山之陽有三泉，瀠洄如瀑。多茂林，緑陰覆翳，盛夏不暑。西峯環拱，出山之右，東望龐山諸峯，秀削駢列，爲縣境最勝處，蓋燕山之別隴也。

白山。在玉田縣西北四十里。

麻山。在玉田縣北十五里。一名古谿山，與龐山岡隴相接。

九峯山。在玉田縣北二十里。山有九峯並峙。相近有洞山，山有石洞。

徐無山。在玉田縣東北二十里。後漢建安中，田疇入徐無山，營深險平敞地而居之；十一年，曹操伐烏桓，令疇爲鄉導，上徐無山，出盧龍。水經注：庚水南流歷徐無山，「開山圖曰：山出不灰之木，生火之石。注：其木色黑似炭而無葉，有石赤色如丹，以二石相磨，則火發，以然無灰之木，可以終日〔一二〕。今無之。」

小泉山。在玉田縣東北二十里。有泉出石罅間。相近爲大泉山，舊亦有泉，今淤。

無終山。在玉田縣東北三十里。詳見薊州。按玉田以無終種玉得名，古爲無終縣，則取山以名縣可知。今志以山去薊州近而距玉田遠，故入無終於薊州，翁同，而於玉田亦附見無終，今仍舊志兩見焉。

中山。在玉田縣東北三十里。無終山之南，相近曰常山，其西有大橋峪。

朝月山。在豐潤縣東八十里。兩峯突起，有洞圓徹如新月，因名。其南爲古石城山，狀如石鼓。

唐山。在豐潤縣東南四十里。石可煅灰，以給陶冶。

車軸山。在豐潤縣南十里。孤圓而高，若卧轂然。

鴉鶻山。在豐潤縣西北二十里。高數百丈，中有二石穴，俗呼孟家洞、趙家洞。山西北有狼山、管山對峙，中有路通遵化，謂之狼山營，亦名兩山口。

靈應山。在豐潤縣西北四十里。懸崖壁立，石畔有泉噴沫而下，注於沙流河〔一二〕。上有石洞二。

黨峪山。在豐潤縣西北五十里。屹若高臺，旁方而頂平。

枇杷山。在豐潤縣北三里。勢甚平廣。

王化山。在豐潤縣北五里。

金窑山。在豐潤縣北二十六里。勢極險峻，腰有石洞，壁間宛如門扇，而不可開〔一三〕。相傳昔嘗産礦，因名。其頂有路通行旅。

陳宫山。在豐潤縣北七十里。東西綿亘數十里，東臨還鄉河，西接黄土嶺，山南有峯，曰華山。

念經峪山。在豐潤縣東北。其山危峻，澗谷逶迤，多産榛。

馬頭山。在豐潤縣東北四十五里。有數峯，最高一峯，狀若馬首。

偏崖山。在豐潤縣東北五十里。東峻西低，有崖壁立，高數百仞。相近又有水頭山。

崖兒口山。在豐潤縣東北八十里。衆峯連亘，東斷爲崖兒口，有水自崖出，是爲還鄉河。

腰帶山。在豐潤縣東北八十里，還鄉河東。山腰有白石一帶，望之若白雲横亘，故名。其南百餘步有白崖如屋，下一竇，深尺許，泉流其中，名曰靈泉。

蘆兒嶺。在州東五十里，與遷安縣接界。黎河出此。

龍門峽。在州南十里。其山上合下開，開處高六丈許。水自懸崖傾瀉而下，穿石城，奔盪之聲，轟然若雷。

龍虎峪。在州西南六十里。

馬蘭峪。在州西北六十里，昌瑞山東。

寬佃峪。在州西北六十里，昌瑞山東〔一四〕。

城子峪。在州北十二里。

片石峪。在州東北十二里。州北五里河出此口西南流。

楸子峪。在玉田縣石鼓山之後。林木叢茂，峯巒環繞，爲邑之勝。

鎮虎峪。在玉田縣北三十里。中有鯉魚洞。

烏龍洞。在玉田縣北十一里，麻山西南。洞中盤曲，深二三里。

灤河。在州東七十里。源出獨石口外，自潘家口流入州境，又百八十里至遷安縣。詳見永平府志。一名灤江。

黎河。在州南十里。源出遷安縣界蘆兒嶺，經州界西南流七十里，與諸水合，名曰合河，一名張子河，入薊州界，名沽河，即薊州運河之上流也。自是復由寶坻縣至小河口入玉田縣境，南流入寧河縣界。本朝乾隆二十八年，修濬築隄。

鹿角河。在州西南七十里。其地窪下，向苦水患，明縣令辛志登開渠洩之，遂成膏腴。

清水河。在州西六里。源出口外，自沙坡峪流入，經州西流會沙河。

湯河。在州西五十里。源出口外，自馬蘭關流入，南流至水門口，會沙河入黎河。水經注：「温泉水出北山温谿〔一五〕，即温源也。其水南流百步，便伏流於地下，水盛則通注灅水〔一六〕。」州志：「又有魏家河，在州西北五十里。源出鮎魚關外，南流合湯河。」

金泉河。在州西。源出馬蘭關外，西南流至薊州東馬伸橋，入棃河，亦曰淋河。按水經注：「藍水出北山，東流屈而南〔一七〕，經無終縣故城東，南入灅水。」疑即此。舊志謂淋河，即棃河之譌，非是。

興龍口河。在州西北六十三里〔一八〕，天台水所匯流也。南流亦入棃河。

冷觜頭河。在州西北二十五里。源出口外，自冷觜頭口流入，經州西會沙河。

沙河。源出州北馬蹄峪，南流至州城東折而西，經南關，又西會諸水，入水門口，歸棃河。按舊志謂沙河在州西，有十派，總名十河，一支自山寨峪〔一九〕，一支自千家峪，一支自白棗峪，一支自馬蹄峪，一支自羅文峪。十派既不能悉數，而出羅文峪者，俗别稱十河，各志亦有以十河、沙河分别者。且羅文在馬蹄之西，今十河出羅文峪，云在州西猶可，若沙河出馬蹄峪，繞州域東南流，云在州西亦不合。蓋緣州北邊牆，萬山重疊，境内諸水皆源於此，而下流貫注，往往彼此互名，遂難條分支析耳。至舊志又以沙河爲即古灅水，水經注：「灅水出俊靡縣，東南流，世謂之車軬水。又東南流與温泉水合，又東南逕石門峽。」考俊靡故城在今州治之西北，今沙河與温泉本匯流入棃河，石門峽亦疑即今之水門口，其説似皆可據。惟沙河大勢向西南行，與酈注東南流之説，不甚相合，存以備考。

十河。源出州北甘家峪、羅文峪，二源匯合西南流，與清水河合，下入水門口，歸棃河。

五里河。在州北。出片石峪口，經州西南流入水門口。

陡河。在豐潤縣東南三十里。源出遷安縣之館山，由牤牛河橋入縣東北境，西至灤州，復自灤州望馬臺南繞縣東南之石橋，水勢縈折。本朝雍正五年興修營田，築圍開渠，十二年增築隄工。

韓城鎮河。在豐潤縣南五十里韓城鎮。源出車軸山，流經鎮北，又西流十餘里，入漫泊會還鄉河。

黑龍潭河。源出豐潤縣西南三十里之黑馬甸，水由地中出，南流逕西淮沽，與泥河會，下流入薊運河。其尾流，舊以地勢稍高，致有淤阻。本朝乾隆二十年，於故道之東别濬一河，以資利導。嘉慶十二年，重加挑濬。按泥河源出縣南泥河莊，至東淮沽入黑龍潭河。

還鄉河。源出遷安縣西黃山，西南流經豐潤縣西五里，又西南經玉田縣東南四十里，下流至寶坻縣界，入薊運河。即古巨梁水也。水經注：「巨梁水出土垠縣北陳宫山，西南流逕觀雞山，謂之觀雞水。又南逕土垠縣故城西〔二〇〕，左會寒渡水。又南，潤于水注之。又東南，右合五里水，亂流入於鮑丘水。」通志：「還鄉河，亦名雲浭水。源出遷安縣黃山麓，一泉涌出，匯爲方塘，澄碧中噴珠纍纍，西流成河，水勢甚駛，至崖兒口入豐潤之東北界。又西流紆經豐潤城北，至張官屯，入玉田縣之東南界。又西南至鑾子營，沙流河自北來入之，逕雅鴻橋，復折而南，至趙官屯分爲二股：一西南至盛家莊入薊運河；一南流逕豐臺鎮至江漢口入薊運河。明嘉靖四十五年，詔濬豐潤還鄉河，轉運太平等寨軍餉，於北齊莊、張官屯、雅鴻橋設三閘以瀦水。蓋京東之巨浸也。然自雅鴻橋以下，河窄流紆，每夏秋雨集，水潦迸入，輒有決溢之患。」本朝雍正四年，怡賢親王於劉欽莊、王木匠莊河流灣曲處，各開直河隄岸，由是數十里沮洳之地，皆成膏壤。按新、舊志皆以還鄉河爲浭水，今考水經注：「庚水出徐無北塞中〔二一〕，至北平入鮑丘水。」蓋即今薊州之沽河也。還鄉河在其南，與水經注巨梁水合，諸志舍巨梁而目爲浭水，誤。

沙流河。在豐潤縣西四十里。源出縣西北五十里黨峪山下，南流經兩山口，又西南流入還鄉河。

雙城河。在玉田縣東二十五里。源出縣東北常山，旁無隄堰，每汎溢爲害。明萬曆中，嘗濬渠引入還鄉河。本朝嘉慶十六年，重加挑濬。

采亭橋河。在玉田縣西二十里。源出三樂臺山，西流會螺山寺泉，又西南入寶坻縣薊運河。其水清冽，而泥藍於靛，亦名藍水。水經注：「藍水出北山，東屈而南流，逕無終縣故城東，故城，無終子國也。」

紫輝河。在玉田縣東北。本名小泉河，源出小泉山，繞城東而南，合孟家泉、光沙泉，又西南至寶坻縣界入薊運河。本朝嘉慶二十三年，仁宗睿皇帝鑾輿經此，賜名紫輝河。

海子。在州西南四十里。縱廣十數里，爲湯、棃二河下流，遇旱則涸。

棲子湖。在州南十三里。縱廣七里，產蓮、芡〔二三〕。

觀雞水。在豐潤縣北。水經注：「觀雞水西南流，右合區落水，出縣北山，東南流入巨梁水。」

寒渡水。在豐潤縣東北。水經注：「巨梁水逕土垠縣故城西，左會寒渡水，水出縣東北，西南流至縣，右注梁河。」

澗于水。在豐潤縣東北。水經注：「梁河又南，澗于水注之，水出東北山，西南流逕土垠縣故城東，西南流入巨梁水。」

聖水庵泉。在州桃花山下。水味甘洌，其側有芳樹石室，相傳有老衲憫僧遠汲勞苦，咒而得泉。

涌珠泉。在州東南鐵廠北二里許，一名聖水泉。平陸積石，泉自石罅中出，涌流如珠，可引以灌田。

茂公泉。在州西北十八里。亦有灌溉之利，一名劒泉。

湯泉。在州西北四十里福泉寺山下。寬平約半畝，泉水沸出，隆冬如湯，旁引爲浴池。聖祖仁皇帝每經臨幸，有御製温泉行。

孟家泉。在玉田縣東五里。自小泉至孟家泉僅數里，凡一百二十餘折，兩泉合流注雅鴻橋。

光沙泉。在玉田縣南三里。泉涌沙出，净細光明，土人每取以攻玉。又冬月水中煖氣如霧，亦名煖泉。

螺山寺泉。在玉田縣西四十里。流入采亭橋河。

醴泉。在豐潤縣北。水甚甘。

神惠井。在豐潤縣南韓城鎮一里許。居民耕田得古甎井，汲其水有藥氣，病者禱飲之輒愈，千里外争趨汲焉，土人因築藥王廟於其地。

龍泉井。在豐潤縣北陳宫山南。一石鑿成，泉水涌出，每六月後即滿且溢，至冬乃止，又曰溢泉水。

靈泉井。在豐潤縣東北。名勝志：「靈泉井水出腰帶山南百餘步，上有石屋竇，深尺許，泉注其中。西爲大嶺山，行旅所經也。」

古蹟

徐無故城。在州西。漢置縣〔二三〕。水經注：「庚水逕徐無縣故城東。魏土地記〔二四〕：右北平城東北一百十里有徐無城。」後周省入無終。後唐始置遵化縣，遼史地理志：「遵化縣，本唐平州買馬監也。」

俊靡故城。在州西北。漢置縣。東晉後廢。後漢書注：「俊靡故城在漁陽縣北。」

無終故城。今玉田縣治。爲漢無終縣之東境。隋爲漁陽縣地，唐分置無終縣於此。舊唐書地理志：「武德二年分漁陽置無終縣，貞觀元年省。乾封二年於廢無終縣置無終，萬歲通天二年改爲玉田。」寰宇記：「縣在薊州東南八十里。」按漢置無終縣〔二五〕，在今薊州，此無終蓋唐置。

清州故城。在玉田縣境。蔡絛北征紀實：「本朝與遼人文移在兩界對境，謂之關報。金人滅遼，我師於玉田縣築一州，曰清州，以對平州，相與通使人之路。」

土垠故城。在豐潤縣東。漢置縣。北齊廢。後漢書耿弇傳注：「土垠故城，在今平州西南。」方輿紀要：「土垠廢縣，在豐潤縣西北六十里。」縣志：「南關城，在縣東十里，即土垠故城。」

永濟故縣。今豐潤縣治。金史地理志：「薊州有永濟縣，大定二十七年以永濟務置，未詳何年廢。」又領豐閏縣，「泰和間置」。按元縣尹孫慶瑜豐潤縣碑記曰〔二六〕：「古薊界曰永濟務，左控孤竹，右接無終，溟渤浮於前，醴泉鎮於後，金大定間，始改務爲縣，大安初更名曰豐潤〔二七〕。地方數百里，開創以來，庚辰之歲改縣爲閏州。至元初，併入玉田。未周歲，邑人以豐閏實東西要衝，去玉田遼遠，詣省部陳理，縣得仍舊。」據此，則豐閏即永濟縣所改，元代又嘗置閏州也。金元志俱不及此，蓋闕略多矣。

平安城。在州西南五十里。周圍五里。有平安城，鋪路出玉田縣。名勝志：「相傳唐太宗征遼遘疾，經此旋愈，故名。」

鹽城。在州北。方輿紀要：「唐守捉城也。唐志：出薊州雄武軍東北行百二十里至鹽城守捉，又東北渡灤河。」或以爲即漢滑鹽縣，恐誤。

徐太傅城。在州東北喜峯口。名勝志：「喜峯口關東北有小城，相傳明徐達所築，歲久彌堅，遠望如碧玉，懸崖陵聳，人迹希邈。」

北平城。在玉田縣界。水經注〔二八〕：「鮑丘水東逕右北平郡故城南，魏土地記：薊城東北三百里有右北平城。」括地志：「漁陽縣東南七十里有北平城。以燕山爲板築。」〔二九〕按此，秦所置北平郡治也〔三〇〕。

開平城。在豐潤縣東南四十里與灤州接界。設有把總駐守。

故遵化衛。在州治南。明洪武十年建〔三一〕。又東勝右衛在遵化衛西，忠義中衛在州治東南，皆於永樂元年建〔三二〕。今俱裁。

故興州左屯衛。在玉田縣東南一百四十里。又有故興州前屯衛，在豐潤縣西，皆明永樂中自大寧移於此。以上諸衛，本朝順治九年裁。

豐閏署。元史兵志：「至元二十二年，立豐閏署於大都路薊州之豐閏縣，爲户八百三十七，爲田三百四十九頃。」

御林。在玉田縣界。郭造卿碣石叢譚：「金世宗大定二十年正月，以玉田縣行宫地偏林爲御林，大定濼爲長春淀。有長春宫，其殿曰芳明。二十四年正月如長春宫春水，二十六年正月如長春宫春水，二十七年正月如長春宫春水。其後章宗如春水，改都南行宫爲建春，又改遂城行宫爲光春，而長春不書矣。」按縣志有偏林，無長春淀，偏林未詳距縣境里數。

種玉田。在玉田縣北三十里。相傳即陽雍伯種玉處。詳見薊州無終山。

鐵冶廠。在州東南六十里。城小而堅，元時置冶於沙坡峪，明宣德中移松棚峪，正統三年復置廠於此，萬曆中罷。

田疇宅。在玉田縣東北徐無山。

帛仲理丹竈。在玉田縣無終山。水經注：「無終山，帛仲理合神丹處，又於是山作金五千斤以救百姓。」縣志：「帛仲理，遼東海州人，隱無終山，有丹竈遺址。」

八角亭。在州治。砌石爲之。明總兵戚繼光所建。本朝聖祖仁皇帝有御製八角亭詩。

望馬臺。在豐潤縣西閻家鋪。縣志：「唐太宗征高麗，屯兵於此。南有神馬黑色，時飲於潭，尉遲敬德聞之，築臺以望，遂計得之。至今黑馬甸深潭猶在，有石碑墮於水，不可考。臺南有黑馬寺，去城三十五里。」

令公邨。在豐潤縣西十五里。相傳宋楊業屯兵拒遼於此。

謊糧坨。在豐潤縣西北十五里。相傳唐太宗征遼時所築。

校勘記

〔一〕南北距二百二十八里　「二百二十八」，乾隆志卷二九遵化州建置沿革（以下同卷簡稱乾隆志）作「三百二十」。同治畿輔通志卷五四疆域圖説：遵化州，「南北袤三百七十里」。此「二百」蓋爲「三百」之訛。

〔二〕在州西南九十里　「九」，原作「三」，光緒遵化通志卷一三疆域：「玉田縣，在州西南九十里。」同治畿輔通志卷五四疆域圖説：「玉田縣，遵化州西南九十五里。」清史稿卷五四地理志一同。此「三」爲「九」字之訛，據改。乾隆志：「玉田縣，在遵化州東北七十里。」「東北」爲「西南」之誤，「七」爲「九」字之誤。

〔三〕在春秋時爲大鹵之區　乾隆志同。春秋昭公九年：「晉荀吴帥師敗狄于大鹵。」杜預注：「大鹵，太原晉陽縣。」公羊傳謂大原，「此大鹵也」。穀梁傳：「中國曰大原，夷狄曰大鹵。」則春秋時大鹵即大原，在今山西太原市西南古城營，此説玉田縣（今屬河北）在「春秋時爲大鹵之區」，不知何據。

〔四〕九域志　乾隆志風俗作「王存九域志」，是記録北宋元豐時期大茂山、白溝以南疆域政區及户籍、土貢、鎮、山川、澤陂等，大茂山、白溝以北地區屬遼，清遵化州（治今河北遵化縣）屬遼南京道，遼重熙中于遵化縣置景州，不爲九域志所記，故引文亦不見載，此引書名誤。

〔五〕隋書地理志　乾隆志同。按本志引文「人多技藝」云云，不見載于隋書地理志，此引書名誤。

〔六〕元大德七年修　「七」，原作「元」，乾隆志學校同，據同治畿輔通志卷一一七學校、光緒遵化通志卷一六建置志改。

〔七〕在昌瑞山右麓　「右」，原作「石」，據乾隆志改。

〔八〕在州南二十里　乾隆志同。讀史方輿紀要卷一一：明月山，「在遵化縣西南十三里」。同治畿輔通志卷六六山川：明月山，「在遵化州西南二十里」。同書卷五四疆域圖説：明月山位于遵化州西南。此「南」上脱「西」字。

〔九〕靈靈山　乾隆志同。同治畿輔通志卷六六山川作「靈應山」，云：「謹案方輿紀要、雍正志皆作『靈靈山』，考州志引山寺碑文，山名靈應，蓋沿襲傳寫之訛，今依州志改正。」光緒遵化通志卷一三山川：「靈應山，一名靈靈山。」

〔一〇〕庚水南逕燕山下　「南」、「下」，原脱，乾隆志同，據王先謙合校水經注、楊守敬水經注疏鮑丘水注補。

〔一一〕可以終日　「日」，乾隆志同。水經鮑丘水注作「身」。楊守敬水經注疏：「終身不可解。上文云，其色似炭，則然之可以耐久。一統志引作終日，當是也。」

〔一二〕注於沙流河　「沙流」，原倒誤「流沙」，乾隆志同，據本卷下列沙流河及讀史方輿紀要卷一一、同治畿輔通志卷六六山川乙正。按今仍名沙流河，在豐潤縣西北，南流入還鄉河。

〔一三〕而不可開　「不」，原作「又」，據乾隆志及光緒遵化通志卷一三山川改。

〔一四〕昌瑞山東　「東」，原作「西」。按本志載：「昌瑞山，在州西北七十里。」此云「寬佃峪，在州西北六十里」。以此方向里距推考，寬佃峪在州西北昌瑞山之東。乾隆志作「東」，是也，據改。

〔一五〕温泉水出北山温谿　「温」，原脱，乾隆志及朱謀㙔水經注箋同，據王先謙合校水經注、楊守敬水經注疏鮑丘水注補。

〔一六〕水盛則通注灅水　乾隆志同。陳橋驛水經注校釋鮑丘水注：「温泉水「便伏流入於地下，水盛則通注」。斷句，而「灅水」乃指下文灅水水道逕流而言，注文云：「灅水又東南逕石門峽，又東南流，謂之北黄水。」即是。本志誤讀温泉「水盛則通注」與下屬之「灅水」二字爲錯句。

〔一七〕東流屈而南　原作「東屈而南流」，乾隆志及朱謀㙔水經注箋同，據王先謙合校水經注、楊守敬水經注疏鮑丘水注乙正。

〔一八〕在州西北六十三里　「六」，原脱，據乾隆志及同治畿輔通志卷六六、光緒遵化通志卷一三山川補。

〔一九〕一支自山寨峪　「山」，原作「小」，乾隆志同。同治畿輔通志卷六六山川引一統志作「山」。光緒遵化通志卷一三山川：「十河，由山砦峪以東羅文、馬蹏諸關入長城。」此「小」爲「山」字之誤，據改。

〔二〇〕又南逕土垠縣故城西　「南」，原作「西」，乾隆志及朱謀㙔水經注箋同，據王先謙合校水經注、楊守敬水經注疏鮑丘水注改。

〔二一〕庚水出徐無北塞中　「塞」，原作「寨」，據乾隆志及水經鮑丘水注改。

〔二二〕産蓮芡　「芡」，原作「茨」，據乾隆志及同治畿輔通志卷六六山川改。

〔二三〕漢置縣　乾隆志古蹟同。后曉榮秦代政區地理第六章山東北部諸郡置縣：「秦封泥有徐無丞印。」

〔二四〕魏土地記　「魏」，原脱，據水經鮑丘水注補。後北平城補同。乾隆志作「魏氏土地記」。

〔二五〕按漢置無終縣　乾隆志同。史記卷七項羽本紀：「徙燕王韓廣爲遼東王。」集解引徐廣曰：「都無終。」項羽本紀又載：「臧荼之國，因逐韓廣之遼東，廣弗聽，荼擊殺廣無終，并王其地。」水經鮑丘水注：無終，故燕地，「秦始皇二十二年滅燕，置右北平郡，治此」。譚其驤主編中國歷史地圖集第二册：秦右北平郡治無終縣。后曉榮秦代政區地理第六章山東北部諸郡置縣：右北平郡無終，「秦封泥有無終丞印」，「考古調查表明，秦無終縣今在天津市薊縣，無終縣故城爲馬蹄形，東西最寬一一〇〇米，南北最長一二五〇米，時代從秦右北平郡治，漢無終縣城，隋漁陽郡治」。

〔二六〕按元縣尹孫慶瑜豐潤縣碑記曰　「碑」，原脱，乾隆志同，據光緒豐潤縣志卷一〇文苑上孫慶瑜豐潤縣碑記補。

〔二七〕大安初更名曰豐潤　「大安」，原作「泰安」，據乾隆志及光緒豐潤縣志卷一〇文苑上孫慶瑜豐潤縣碑記改。

〔二八〕水經注　「注」，原脱，乾隆志同，據水經鮑丘水注補。

〔二九〕漁陽縣東南七十里有北平城以燕山爲板築　乾隆志同。史記卷一〇八韓長孺列傳正義：「幽州漁陽縣東南七十七里北平城，即漢右北平也。」並見録於賀次君括地志輯校卷二，相與比核，此「七十」下脱一「七」字，應無「以燕山爲板築」六字，而讀史方輿紀要卷一一引括地志同。

〔三〇〕秦所置北平郡治也　乾隆志同。按秦置郡無「北平」名者，所置爲右北平郡，此脱「右」字。右北平郡治無終縣（隋末改名漁陽縣，唐爲薊州治，清薊州，今天津市薊縣），舊唐書卷三九地理志二：薊州漁陽縣，「秦右北平郡治也」。此以括地志記載唐「漁陽縣東南七十里之北平城」爲秦（右）北平郡治，甚誤。參見本卷校勘記〔二五〕。

〔三一〕明洪武十年建　「十年」，乾隆志及大明一統志卷一、讀史方輿紀要卷一一同。明太祖實録卷一一九：洪武十一年九月，「置遵化衛指揮使司」。應以十一年爲準。

〔三二〕又東勝右衛至永樂元年建　乾隆志及大明一統志卷一同。明太祖實録卷二二五：洪武二十六年二月，「置東勝左右衛」。則此誤。

大清一統志卷四十六

遵化直隸州二

關隘

馬蘭關。在州西北七十里。有城，在關南十里。舊志：「關外六十七里有牽馬嶺，與此相爲犄角。」方輿紀要：「馬蘭峪東爲鮎魚石關，又東爲大安口。」明一統志：「馬蘭峪關在遵化縣北。自是而東凡三十一關口，至大喜峯口，其間差大者曰沙坡峪口，曰羅文峪口，曰松棚峪口〔一〕，曰龍井兒關，曰潘家口，曰團亭寨。」四鎮三關志：「馬蘭峪關呰二十五里，東自石崖嶺寨，西至峩嵋呰，延袤二百三十六里。」本朝初專設副將一員守此，雍正五年，以陵寢重地，特設總兵官駐防。

鮎魚關。在州西北五十里，鳳凰山東十里，馬蘭關東第二關口也。下有營，在關南五里，今設把總。聖祖仁皇帝有御製鮎魚關詩。

大安口關。在州西北三十里，鮎魚關東。有下營，在口南五里，設把總戍守。又東有冷嘴頭堡，在州北二十五里。沙坡峪堡、山寨峪堡，在州北二十里。

羅文峪關。在州北十八里，山寨堡東，馬蘭峪東第十四關口也。有堡，其南有下營，其北五十九里曰窟窿山，又北七里曰神山嶺，又北十三里曰馬白川，又北十一里曰石夾口。又有三道嶺寨，在羅文峪東。本朝康熙九年設防禦及把總駐防。

千家峪口關。在州北二十里，羅文峪西。又東有馬蹄口、天心呰堡、白棗峪，去州四十五里。

洪山口關。在州北少東五十里，白棗峪東。有城，其内即松棚營。又東爲西常峪口、東常峪口，接潘家口。

潘家口關。在州東北六十里，洪山口東，接遷安縣界。詳見「遷安」。

半壁山巡司。在州北五十里。本朝乾隆元年設巡司於此。

石門鎮。在州西五十里。水經注：「灅水東南過石門峽，山高嶄絶，壁立洞開，俗稱石門口。」方輿紀要：「石門鎮，在薊州東六十里。宋宣和五年，遼蕭幹敗宋兵於石門鎮，陷薊州，侵掠燕城，爲郭藥師所敗。今爲石門鎮驛。宣德三年征烏郎罕，自石門驛出喜峯口是也。」本朝乾隆二年設州同駐此。「烏郎罕」舊作「兀良哈」，今改正。

松棚營。在州東北三十五里。舊有都司駐守，今設千總。

澗河營。在豐潤縣南海濱。有把總駐守，屬玉田營。

韓城堡。在豐潤縣南五十里。金史：「玉田縣有韓城堡。」

崖兒口。在豐潤縣東北山下。又縣西有馬家窩。俱設巡司，明洪武中裁。

越支鹽場。在豐潤縣南一百里。東接濟民，西北至斗沽，接寶坻縣蘆臺場，廣袤二百四十里。

遵化驛。在州治西門外。明崇禎二年廢，本朝復移置州治東。又石門驛，在州東六十里。明洪武中置，本朝乾隆二年裁。按玉田縣西關舊有陽樊驛，明嘉靖中置。豐潤縣南門外舊有義豐驛，明洪武中置，嘉靖二年移置縣東三十里。今並廢。

津梁

梨河橋。在州南六十里。元中統中建。今河漸北徙，橋亦就圮。

五里橋。在州西三里。明景泰間建。

亮水橋。在玉田縣東三十里兩家店之東，當雙城河下流。兩岸陡削，中多淤泥，舊建木橋以渡。本朝順治年間改建石橋。

永濟橋。在玉田縣東南四十里草橋屯。邑人王詔修。

豐臺橋。在玉田縣西南一百里。橋東屬豐潤，橋西屬寶坻。有管河主簿駐此。

還鄉橋。在玉田縣西南一百里。舊志：「宋徽宗北狩時經此，見河水西流，忽動還鄉之思，因名。後因山水暴漲，石橋衝壞，故秋冬水涸，東草搆木爲橋，春夏設舟以渡。」

采亭橋。在玉田縣西二十里。金學士楊繪建，采亭其字也。

雅鴻橋。在豐潤縣西四十三里，與玉田縣接界。還鄉河至此與梨河合。舊設管河縣丞。本朝嘉慶十二年裁，改設主簿駐此。

陵墓

周

燕昭王墓。在玉田縣之無終山。九州記：「古漁陽北無終山上有燕昭王冢。」今無考。

唐

姜將軍墓。在豐潤縣唐山之麓。縣志：「將軍仕唐，清泰間，鎮榆關、石城〔二〕，有縣曰石城，即今開平衛。唐山麓有水曰唐溪，北接浭陽，南連滄海，時有蛟龍爲害，觸岸潰崖，波濤洶湧，居民苦之。將軍提劒斬蛟於溪上，民以爲神。及殁，葬於山嶺，民思其功，建廟溪側，以時祭焉。」

遼

太子墓。在州城東南十里。有斷碑，剥蝕不能辨。

韓昌墓。昌字延壽，遼大都督。墓在玉田縣之東南，旁有豐碑，高二丈許，字畫剥蝕，僅得其時代、姓名、官職。

元

莽喀岱墓。在州城西南十二里張七歌莊。「莽喀岱」舊作「忙古歹」，今改正。

蒙德厚墓。在玉田縣城東。有碑。

祠廟

鄒公祠。一名鄒來學祠，在州治西北。祀明巡撫鄒來學，有李東陽鄒公祠碑記畧。按州志載有戚繼光祠，郭造卿有總理戚公景忠山去思碑，稱移鎮後，父老相與肖像景忠山而祀之。繼光著績薊鎮，固宜爲州人所尸祝，第祠在景忠山，山去遷安最近，今已詳見永平志中，故祠廟亦從兩見之例，附著於此。

龍王廟。在州之烏龍泉。每歲春秋仲月上丁日致祭。

雹神廟。在州之西關。每歲端午日致祭。

寺觀

禪林寺。在州五峯山。州志：「禪林寺，古刹也。相傳有行脚僧誦經樹下，一虎繞而聽，土人異之，爲結茅，後乃建寺焉。有大小碑七，其一在殿角左，苔蘚斑剥，姚秦時重修寺碑也。近寺古松夾徑，蔭翳不見日，巖壑之美，甲於境内。寺前有龍潭，金時寺僧龍勝奴咒龍處。」縣志：「禪林寺，姚秦弘始中，僧至道建，稱瑞雲山雲昌寺，遼重熙中，僧志紀重修，更名禪林寺。」

龜鏡寺。在州南磨臺山。後秦姚萇建。初名寶塔寺，後因池中有龜負鏡出，改今名。

慈應寺。在州西南夾山。方輿路程考：「山有『大青』、『小青』，祈雨輒應。」按「大青」、「小青」，當是龍神之號。

普應寺。在州西輜重營，去城三里。寺内佛像，元劉鑾塑。本朝康熙五十二年，僧持雲修。

延壽寺。在州西北十八里。相傳唐太宗壽辰，幸蘭若，遣尉遲敬德建爲寺。明洪武間修。

福泉寺。在州西北四十里，即湯泉寺。唐貞觀二年建。明萬曆五年，戚繼光修。

興隆寺。在玉田縣東七十里。本朝嘉慶二十三年，仁宗睿皇帝巡幸盛京，於寺之西偏恭建行宫，迴鑾時，恭逢萬壽聖節，駐驊於此，賜名萬壽興隆寺。

觀音寺。在玉田縣東八里獨樹庄。相傳建自唐時。西南隅有酸棗一株，大數十圍，枯而復榮，歷久愈茂，至今結實離離然。

靈照寺。在豐潤縣東二十里。唐爲福興院，金承安中修。

壽峯寺。在豐潤縣南車軸山。有無量閣一，塔二。宋崇禧間建。

天宫寺。在豐潤縣城西南。遼建，名極樂院，有塔十三級。金天會中改今名。本朝康熙二十三年修。

弘法寺。在豐潤縣治西。唐顯慶元年建，金泰和五年、元至大四年，相繼重修。明初有古鐘甚大，自還鄉河流下，居民取之，建樓懸於寺。

沙巖寺。在豐潤縣西十五里。縣志：「寺唐時建。」燕山叢録：「中有十三級塔，洪武中有雲霧護塔三日，遂失所在。今遺址尚存。」

甘泉寺。在豐潤縣北三十里〔三〕。元至正中建。雙峯壁立，一水練横，松檜森然，卉叢幽芳，亦勝槩也。

觀雞寺。在豐潤縣北陳宫山。有金大安九年碑。水經注：「觀雞水東有觀雞寺，寺有大堂〔四〕，甚高廣，可容千僧。」名勝志：「觀雞寺在縣北四十里。俗傳峯頂有金雞之瑞，故名。」

翠峯寺。在豐潤縣北五十里水路村。金貞祐初建。岡巒環繞，草木森然，異禽之聲，笙簧雜奏。中有二石柱，雕八龍，天將雨，龍頭晶晶有水珠，居民遇歲旱，輒往占候。

梨花菴。在玉田縣西北文龍山上。本曰文龍菴，以其地多梨花，故亦名梨花菴。

大悲閣。在州城中。高十尋，榜曰「護國仁王佛壇」。相傳建自六朝，元至大元年修。

玉皇閣。在豐潤縣南關外。燕山叢録：「閣中石塔，建自元時。塔有六角，每角有石龍一，成化中，其東南角龍乘雨飛去，今缺焉。」

名宦

五代

竇遜。燕山人。爲玉田令，子愛百姓，若父母之慈子。

元

陽德潤。雍伯遺裔。建元四年，爲玉田令，又知豐潤。政成人理，所在皆有恩澤。

明

鄒來學。麻城人。英宗北狩，來學以僉都御史巡撫薊門，時人心皇皇，來學廣斥堠，謹烽燧，儲財用，舉將材，守要害，精兵械，畿輔賴以爲長城。

閻本。陝西人。爲僉都御史撫薊門，修豐潤、玉田諸城池，悉出己貲繕構。爲政嚴明，墨吏聞風解綬。以讒稱疾致仕，後起爲司農。

李信。臨汾人。永樂中，知遵化縣，至宣德中，閱二十七年，每奏最當遷，民輒遮道乞留，詔加秩還任。

耿如杞。館陶人。天啓中，爲遵化兵備道副使。巡撫劉詔懸魏忠賢畫像於行署，率文武將吏瞻拜，如杞半揖而出。忠賢令詔劾之，逮下詔獄。坐贓六千有奇〔五〕，論死。邑人李素詣闕請代，並罹杖。崇禎初復官。

何天球。廣東人。崇禎初，以永平推官理遵化軍餉。城破，與知縣徐澤俱死，贈光禄少卿，澤光禄丞。

武起潛。進賢人。崇禎時，爲遵化知縣，坐事被劾，解官候代，城破，死之。

本朝

羅景泐。泰和人。知豐潤縣，濱海竈户，例以布輸邊，地既入官，徵收如故。景泐請於上官，均入地糧，凡徵索無常者，景泐悉免之。

王夢麟。平越人。康熙中，知豐潤縣。廉明耿介，卒於官。家人啓其橐，不滿四金，聞者歎息。

陳恭錫。普安人〔六〕。康熙中，知豐潤縣。會民饑，賑貸有方，查革里胥浮冒之弊。邑河淤塞，捐資疏濬三十餘里，民賴其利。

賈聖檜。武安人。雍正七年，知遵化州。革除民間雜派積弊，百姓勒碑紀其政。

人物

漢

徐樂。無終人。嘗上書言時事，武帝召見曰：「公安在？何相見之晚也。」拜郎中。

田疇。無終人。時董卓遷帝長安，寇盜縱横，道里梗絶。疇爲幽州牧劉虞奉使，緣塞循問，徑至行在，詔拜騎都尉。疇固辭。歸報，而虞已爲公孫瓚所害。疇謁祭痛哭，爲瓚所拘，卒不屈。疇歸，入徐無山中，躬耕養父母，從之者五千餘家。遂申約束，制婚姻，舉學校，衆皆服從，威震北邊。常忿烏丸昔多殺其郡冠蓋，欲討之而未能。適魏太祖欲征烏丸，遣使聘疇。疇趣治嚴，請爲嚮導。太祖用其策，大敗烏丸。論功，封亭侯，邑五百户。堅讓再三不受，曰：「豈可賣盧龍之塞以易賞禄哉！」乃拜議郎。

晉

陽鶩。無終人。父耽，仕慕容氏，官至彝校尉。鶩器識沉遠，始爲平州别駕，屢獻安時强國之策。後以太尉致仕。

陽裕。無終人。少孤，宗族無能識者，惟叔耽奇之。刺史和演辟爲主簿。王浚領州，轉治中從事，忌而不能任。石勒既克薊城，問棗嵩以幽州人士，嵩曰：「北平陽裕，幹世之才。」勒方欲任之，裕微服潛遁。時鮮卑單于段眷爲晉驃騎大將軍、遼西公，雅好人物，虚心延裕。裕乃應之。拜郎中令、中軍將軍，處上卿位。歷事段氏五主，甚見尊重。至遼與鮮相攻，裕諫而不聽，出爲燕郡太守。

南北朝　魏

陽尼。無終人。博通典籍，仕魏爲幽州中正。孝文時，令諸州中正各舉所知，尼與齊州大中正房千秋各舉其子。帝曰：「昔有一祁，名垂往史；今有二奚，當聞來牒。」尼之從孫固，性倜儻有才，爲侍御史，多所劾奏。宣帝廣訪得失，固上讜言，又以外戚擅權，王畿人庶，勞敝益甚，乃作南北二都賦，稱恒代田漁聲樂侈靡之事，節以中州禮義，以爲諷諫。承慶亦尼之從孫，爲太學博士，撰字統二十卷。

齊

陽休之。固長子，儁爽有風概，好學能文，時人有「能賦能詩陽休之」之語。仕魏莊帝，遷太尉記室參軍，同修國史。武定二年，除中書侍郎。時魏收爲散騎常侍，兼領侍郎，與休之參掌詔命，時稱得人。入齊，歷官至尚書右僕射。文集四十卷，又撰幽州人物志，行於世。

隋

滎毗。無終人。自少剛鯁，有局量。仕隋爲殿内監。時華陰多盜，楊素薦毗爲華州刺史〔七〕。素田宅多在華陰，左右放縱，毗以法繩之，無所寬貸。後爲侍郎，正色立朝，百僚憚之。兄建緒，性亮直，有學識。仕周爲載師下大夫、儀同三司。及平齊，留鎮鄴城。與文帝有舊，留爲丞相，加位開府，拜息州刺史。後兼始、洪二州刺史，所至著能名。著齊紀三十卷。

遼

韓知古。玉田人。善謀，有識量。太祖召見與語，賢之，命參謀議，信任甚篤。時儀法疏闊，知古援據故典，參酌國俗，使國人易知而易行。累遷中書令，爲佐命功臣之一。

耶律隆運。韓知古孫。本名德讓，統和中賜姓名。重厚有智畧，明治體，侍景宗以謹飭聞。代父匡嗣爲上京留守，甚有聲。尋復代父守南京，擊敗宋兵於高粱河。累遷南院樞密使。與耶律斜軫同受顧命，立梁王爲帝，總宿衛事，封楚國公。累拜大丞相，封晉王。卒，謚文忠。弟德威，性剛介，善馳射。累遷權西南招討使。統和初，党項寇邊，一戰却之。後與耶律善補敗宋將楊繼業，加開府儀同三司、政事門下平章事。從子制心，開泰中拜上京留守，封漆水郡王。以皇后外弟，恩遇日隆。每内晏歡洽，輒避之。皇后不悦曰：「汝不樂耶？」制心對曰：「寵貴鮮能長保，以是爲憂耳。」一日，沐浴更衣而逝。追封陳王。

金

傅霖。玉田人。第進士，累官至崇義軍節度副使〔八〕。行部臨潢，遇敵戰死。子輔之，善承先志，以忠厚節義世其家，文史藝業，尤極精微。居常痛父没於國事，力學，登進士，授職滎陽令。時蒙古兵自關、陝集河、洛，期取汴京，兵既壓境，輔之以一邑令，力不能支，遂抗節不屈死。

元

莽喀岱。蒙古人。始家於遵化。元世祖時，官至右丞相，守正不阿。今郡中張氏即其子姓。

張拾。遵化人。幼孤，力作養母。元末，名隸戍籍，每晨起拜母而後赴伍，暮歸亦如之。母病目，旦夕籲天，卧冰上幾一月，母目復明。明洪武中，有詔旌之，蠲其役。

王寂。玉田人。父礎，官至河南歸德府判官。寂第進士，官中都路都運使。文學政事，爲時所稱。卒，謚文肅。所著有北遷録、拙軒集。

明

劉本。玉田人。洪武中進士。由行人歷任陝西左布政使，所在俱有惠政。爲人廉明剛介，以直獲罪，降交阯參政。莅事十餘年，與討黎季犛、陳季擴簡定之功，陞山東按察使。尤擅詩詞，有雲泉集行世。子子忠，登進士，官至陝西參政。

石大用。豐潤人。正統八年，貢入成均。時祭酒李時勉觸太監王振，誣以他事，俾荷重校太學門，將斃。大用昌言約六館諸生救之，無一應者，乃獨抗疏論之。帝并釋焉。時人競高其義，無不知有石生者。是秋，膺鄉薦，仕至户部主事，祀鄉賢。

賈應元。遵化人。嘉靖進士。授工部主事，歷升山西副使，備兵陽和，凡詰戎、理餉、開市、收貢，悉心綜核，邊境畏服。遷僉都御史，巡撫大同、雲中，條陳八事，俱報可。時鎮屬官商，運餉受累，多斃獄中，應元悉請蠲除之，全活甚衆。入爲兵部侍郎，協理戎政。雲中士民，立祠祀焉。卒，贈兵部尚書，祀鄉賢。

王楫。遵化人。嘉靖進士。歷任鳳翔知府。簡静端方，慎取予。將考滿，以病卒於官。及櫬還，别無長物，惟圖書數卷而已。祀鄉賢。

汪逢淵。遵化人。天啓舉人。少孤，事母至孝。後爲國子助教，遷工部主事。忤當事，左遷河東運判。崇禎十五年，升寧海知州。未幾寇至，逢淵會紳士力守，卒以身殉。祀名宦。同縣時方昱〔九〕，天啓舉人。歷官邠州道副使〔一〇〕，方入覲，適流寇陷京，不屈而死。張一經，尚書守直孫，廕授户部員外郎。流寇陷城，死之。張人龍，知河南寶豐縣，流寇破城，不屈而死。張光祖，任薊州營守備。崇禎末，以身殉城。本朝乾隆四十一年，均賜謚節愍。

曹廷元。遵化諸生。早失母，事父至孝。父病，晝夜侍湯藥，禱天，願以身代。比卒，勺水不入口者五日，哀毁骨立，結廬墓側，朝夕哭奠，三年如一日。墳前草木，未春而青，人咸以爲孝感之徵云。

本朝

谷應泰。豐潤人。順治進士。任浙江提學僉事，虚公校士，所拔多一時名俊，陸隴其其尤粹者也。應泰嗜博覽，思采集有明一代典章事實，購得山陰張岱石匱藏書，用袁樞通鑑紀事本末例，爲明紀事本末八十卷。每篇論斷仿晉書體，以駢偶行文，遣詞隸事，曲折詳盡。又著築益堂集傳於世。

張聯標。玉田人。知浙江泰順縣。順治四年，明魯王將程煌聚衆二千餘陷泰順，聯標死之。

李興元。遵化人。官雲南按察使。吳三桂之變，脅授僞職，不從，拘之蒙化府六年〔一一〕，不屈遇害。子蔭秀、奇秀皆從死。贈太常卿，蔭子萃秀入監。

李昌汴。豐潤人。順治初，知山西興縣。姜瓖叛，昌汴抗節不屈罵賊死。贈按察司僉事。

曹雲望。豐潤貢生。父官代州，值姜瓖亂，雲望率壯勇冒矢石，佐父拒守。父母卒，皆廬墓三年。不樂仕進，嘗出資代人完逋賦，其人感激，願納女爲妾，却弗受。建書舍十數楹，以教生徒，從學者雲集。

賈光前。遵化人。兵部尚書應元孫，巡撫維鑰子，孝義著聞。順治初，詔求維鑰後，遂以布衣引見，賜四品服俸，復其田宅。

聶時秀。豐潤人。偕兄時彥，隨父慎任雞澤訓導。父卒於官，扶櫬歸，舟次漳河，遇寇，執時秀兄弟，索財不得，欲剖其棺。時秀哀求不獲，乃奮臂大呼曰：「苟暴父尸，何以生爲！」遂罵賊赴水死。賊怒，復欲殺時彥，子捷元方十歲，延頸迎刃曰：「我可殺。」乞留父命，賊義而釋之。乃得歸而完葬焉。

李維鈺。遵化人。以祖君賢任南昌總兵，蔭授刑部主事，出爲漳州知府。時海澄令以事失宜，民大譁，至毀官廨，人情洶洶，上下相疑，畏不敢發。維鈺單騎臨其邑，擒渠魁治之，餘不問，民賴以安。

李國梁。豐潤人。乾隆丁丑，一甲一名武進士，授侍衛，洊升湖廣提督。四十六年，命剿四川嘓匪，擒賊有功，旋調直隸提督，卒，詔贈太子少保，謚恪慎。

王宗武。遵化人。官臺灣都司。乾隆五十一年，勦捕逆匪林爽文，陣亡。事聞議卹。

列女

明

徐來儀妻盧氏。遵化人。來儀爲諸生，嘉靖三十六年有寇警，來儀手殺數賊，後被執，盧罵不輟，遂俱遇害。

李氏女。玉田李淮女。正德七年，流賊入境，女年十七，被執，至山中，欲污之，不從，支解而死。

胡海妻王氏。豐潤人。海爲興州前屯衛千户，病殁。王少無子，父母欲奪其志，泣曰：「苟事二姓，不如從夫於地下。」遂自縊死。

本朝

李奇秀妻田氏。遵化人。奇秀，按察使李興元子。康熙十二年，興元殉節於滇，奇秀並遇害，氏聞兇問，慟哭不食死。

同州節婦：李懸妻劉氏，汪基妻蔣氏，王之璽妻戴氏，王敬止妻李氏，金守禮妻張氏，張斗耀妻王氏，蕭漢相妻張氏，梅元璋妻李氏，裴自榮妻詹氏，謝陞妻竇氏，王易相妻李氏，高應宿妻劉氏，戴爾漢妻王氏，白尚淳妻翟氏，劉瑞妻黄氏，劉淳妻趙氏，孔文琦妻張氏，李之彦妻李氏〔一二〕，歐陽沁妻邢氏〔一三〕，陸成先妻張氏，劉萬銀妻范氏〔一四〕，趙明玉妻楊氏，梁志仁妻寇氏，李德華妻韓氏，丁三樂妻劉氏，梁之柱妻李氏，許勳妻李氏，鄧起妻張氏，楊文焕妻趙氏，王進儒妻袁氏，張奇珍妻屈氏，王文妻程氏，陸泓妻侯氏〔一五〕，徐士俊妻楊氏，魯宗禮妻吳氏，李弘勳妻李氏，王朝士妻馬氏，李熹妻張氏，侯耀宗妻邊氏，李維斌妻劉氏，陳雅言妻張氏，李汝連妻王氏，皇甫鐸妻谷氏，柳文富妻張氏，李姚妻温氏。均乾隆年間旌。

費揚武妻汪氏。羅文峪駐防馬甲，滿洲人。夫亡守節。乾隆年間旌。

静維精妻陳氏。玉田人。夫亡守節。同縣節婦：任顯達妻陳氏，鄧文妻張氏，王大用妻范氏，袁志達妻張氏，袁樂天妻段氏，時天保妻高氏，李成玉妻吉氏，王國柱妻李氏，吳純一妻王氏，張信臣妻賈氏，田可達妻朱氏，田君寵妻黄氏，桑汝霖妻張氏，安爾評妻何氏〔一六〕，韓秀安妻王氏，王有富妻張氏，荆自立妻張氏，江嵐妻陳氏，傅秀生妻王氏，張昉妻王氏，王來妻張氏，劉成謨妻桑氏，胡九思妻王氏，高廣義妻孫氏，高之焕妻張氏，李得公妻曹氏，黄敬友妻孫氏，朱春光妻范氏，張芳妻蔣氏，朱瑄妻楊氏〔一七〕，侯運隆妻劉氏，賞齊斌妻章氏，王有志妻劉氏，吳朝士妻吳氏，吉有成妻張氏，王文焕妻范氏，朱可成妻朱氏，周鳴岐妻王氏，陳子文妻劉氏，韓通妻王氏，胡大化妻黄氏，張自富妻馬氏，李爾灝妻張氏，劉慎德妻曹氏，汪一龍妻鄭氏，吉有功妻高氏，趙九思妻張氏，李奞妻吳氏，周奎妻丁氏，崔德潤妻竇氏，李林桂妻畢氏，楊彦初妻高氏，馬越妻李氏，王永年妻孫氏，張應杞妻趙氏，詹德溶妻袁氏，張希齡妻劉氏，畢温妻孟氏，吳國璽妻賈氏，孟霄妻宋氏，楊偦妻單氏，吳元炳妻高氏，張萬金妻宋氏，孫自儒妻郭氏，許樞妻王氏，孟思忠妻畢氏。均乾隆年間旌。

雙德妻趙氏。玉田駐防披甲，滿洲人。夫亡守節。乾隆年間旌。

谷砢聘妻金氏。豐潤人。年十五，許字未嫁，聞夫殁，哭誓往弔，遂留守喪，旋自縊柩前。同縣節婦：董陛陞妻佟氏〔一八〕，韓釗妻孫氏，曹廣妻談氏〔一九〕，王治泰妻谷氏，董沅妻張氏，張毓文妻梁氏，王家瑄妻趙氏，梁樹妻竇氏，梁統妻王氏，吳繼賢妻魏氏，謝崑妻蔣氏，董岱妻馮氏，趙廷燦妻李氏，董蕙妻張氏，王振綱妻石氏，林繼祖妻鄭氏，鄭錡妻谷氏，周德昌妻郝氏，俞大智妻張氏，韓蘇妻谷氏，張汝璠妻岳氏，曹鎮繼妻談氏，陳時紀繼妻楊氏〔二〇〕，曹鍠繼妻谷氏，曹志彬妻陳氏，唐壽愷妻李氏，陳玉廷妻邊氏〔二一〕，谷彭春妻劉氏，陳寶妻谷氏，周郁文妻王氏，李注妻馮氏，鄭之相妻何氏，魯喆生妻顧氏〔二二〕，魯克順妻羅氏，董輅妻王氏，錢遇祥妻何氏，谷均妻錢氏，鄭保安妻李氏，卞漢源妻李氏，阮士秀妻吴氏，谷碏妻陳氏，李葳妻朱氏，吴啓蒙妾時氏，吴克昭妻王氏，常大勳妻韓氏，曹鑛妾薛氏，蕭鵬妻孫氏，邵明善妻張氏，董尚賓妻孫氏，王養基妻高氏，孫賢鉉妻錢氏，王朝佑妻汪氏，鄭鶴年妻董氏，于自發妻霍氏，董國瑋妻陳氏。均乾隆年間旌。

董時若妻杜氏。遵化人。夫亡守節。嘉慶年間旌。

登保妻侯氏。羅文峪駐防馬甲，滿洲人。夫亡守節。嘉慶年間旌。

常綸妻阮氏。玉田人。夫亡守節。同縣節婦：張振鏞妻俞氏，孫長春妻尹氏。均嘉慶年間旌。

富蘇哩妻徐氏。玉田駐防披甲，滿洲人。夫亡守節。嘉慶年間旌。

解繼銀妻張氏。豐潤人。守正捐軀。同縣節婦：王君佑妻張氏，馮穆妻孫氏，褚希周妻鄭氏。均嘉慶年間旌。

仙釋

晉

龍勝奴。姚秦時，居禪林寺。寺前潭水中時有毒龍出没，人相戒莫敢往來。時龍勝奴年十四，爲寺沙彌，輒有慧行，於潭前黿石上趺坐經宿，龍旋繞久之乃去。緇素皈依者殆六百人。

元

暉公上人。清安人。年十二爲僧，八十六歲而化。澂明湛定，視儒、釋爲一家。元世祖時，號圓明通悟大師，居禪林寺。寂後，大保劉秉忠爲立石。

明

李素元。遵化人。爲州之道會司，有法術。成化中冬旱，祈雪於昭應宫，立應，賜法衣帑金。卒後，人猶謂時時見之。

酒道人。不言姓名，酷嗜酒。嘉靖時，寓玉田之城隍廟，聞蛙聲聒人，道人取瓦畫符，置池内，聲遂息，至今無聞焉。有母病者來求符，值道人方啖犬肉，即以其汁畫符。其人疑之，棄河側，羣蛙皆仰死，既而復取歸，羣蛙復生。廟中夜無燭，道人取綿蘸微油，置壁上燃之，數日不滅。去之日，化錫壺爲銀，易酒食餉廟衆，遂失所在，後於席下得餘銀，蓋所留以酬之者。

土産

胡桃。州志有玲瓏一種。

沙米。舊志：出豐潤，蓬蒿結實，沙灘所生。

葱。縣志：出豐潤，有一本重至觔許者最佳。

鹽。舊志：出豐潤，有晒鹽、火鹽二種。

黄國魚。豐潤志：春冰始泮，還鄉河有小魚，大不及半寸，名黄國魚，骨軟肉細，其味絶佳，至夏則差減矣。

鯔魚。出豐潤，見豐潤新志。

校勘記

〔一〕曰松棚峪口　「棚」，乾隆志卷二九遵化州關隘（以下同卷簡稱乾隆志）及大明一統志卷一順天府關隘皆作「栴」，待考。

〔二〕鎮榆關石城　「石城」，原作「碭石」，乾隆志陵墓同，據康熙豐潤縣志卷一陵墓及光緒豐潤縣志卷一古蹟改。按太平寰宇記卷七〇：「石城縣，『漢舊縣，取碣石立如城以名之，屬右北平郡。唐貞觀十五年于故臨渝縣城置臨渝縣。萬歲通天二年改爲石城，復漢舊名』。」即此。

〔三〕在豐潤縣北三十里　「三」，原作「二」，乾隆志寺觀同，據康熙豐潤縣志卷五寺觀、光緒豐潤縣志卷一壇廟改。

〔四〕寺有大堂　乾隆志同，水經鮑丘水注作「寺内有大堂」。王先謙合校水經注、楊守敬水經注疏以「有」當作「起」。

〔五〕坐贓六千有奇　「千」，原作「于」，據乾隆志名宦及明史卷二四八耿如杞傳改。

〔六〕普安人　「普」，原作「晉」，乾隆志同，據同治畿輔通志卷一九二宦績改。按清無「晉安縣」，本志卷五一〇貴州興義府領有普安縣，即此。

〔七〕楊素薦毗爲華州刺史　「刺史」，乾隆志同，隋書卷六六、北史卷七七榮毗傳皆作「長史」，此「刺」爲「長」字之誤。

〔八〕累官至崇義軍節度副使　「崇」，原脱，乾隆志同，據大明一統志卷一順天府人物補。金史卷二四地理志上：「義州，崇義軍節度使。」可資佐證。
〔九〕同縣時方昱　「昱」，原作「罡」，乾隆志同，據光緒遵化通志卷五〇、同治畿輔通志卷二三四列傳改。
〔一〇〕歷官邠州道副使　「邠」，乾隆志及同治畿輔通志卷二三四列傳同，光緒遵化通志卷五〇列傳作「汾」。
〔一一〕拘之蒙化府六年　「府」，原脱，據乾隆志及同治畿輔通志卷二四一列傳補。
〔一二〕李之彦妻李氏　「彦」，乾隆志列女同，同治畿輔通志卷二八一列女作「奇」。
〔一三〕歐陽沁妻邢氏　「沁」，乾隆志同，同治畿輔通志卷二八一列女作「泌」。
〔一四〕劉萬銀妻范氏　「范」，原作「萬」，據乾隆志及同治畿輔通志卷二八一列女改。
〔一五〕陸泓妻侯氏　「泓」，原作「洪」，據乾隆志及同治畿輔通志卷二八一列女改。
〔一六〕安爾評妻何氏　「評」，原作「玶」，乾隆志同，據同治畿輔通志卷二八一、光緒玉田縣志卷二八列女改。
〔一七〕朱瑄妻楊氏　「瑄」，原作「暄」，乾隆志同，據同治畿輔通志卷二八一、光緒玉田縣志卷二八列女改。
〔一八〕董陛陞妻佟氏　「陛」，原脱，據乾隆志及同治畿輔通志卷二八一列女、光緒豐潤縣志卷八貞節補。
〔一九〕曹廣妻談氏　「廣」，乾隆志作「鑛」，同治畿輔通志卷二八一列女作「鍠」，光緒豐潤縣志卷八貞節作「錤」。
〔二〇〕陳時紀繼妻楊氏　「紀」，原脱，乾隆志同，據同治畿輔通志卷二八一列女、光緒豐潤縣志卷八貞節補。
〔二一〕陳玉廷妻邊氏　「玉」，原作「王」，乾隆志同，據同治畿輔通志卷二八一列女、光緒豐潤縣志卷八貞節改。
〔二二〕魯喆生妻顧氏　「喆」，原作「詰」，據乾隆志及同治畿輔通志卷二八一列女、光緒豐潤縣志卷八貞節改。

易州直隸州圖

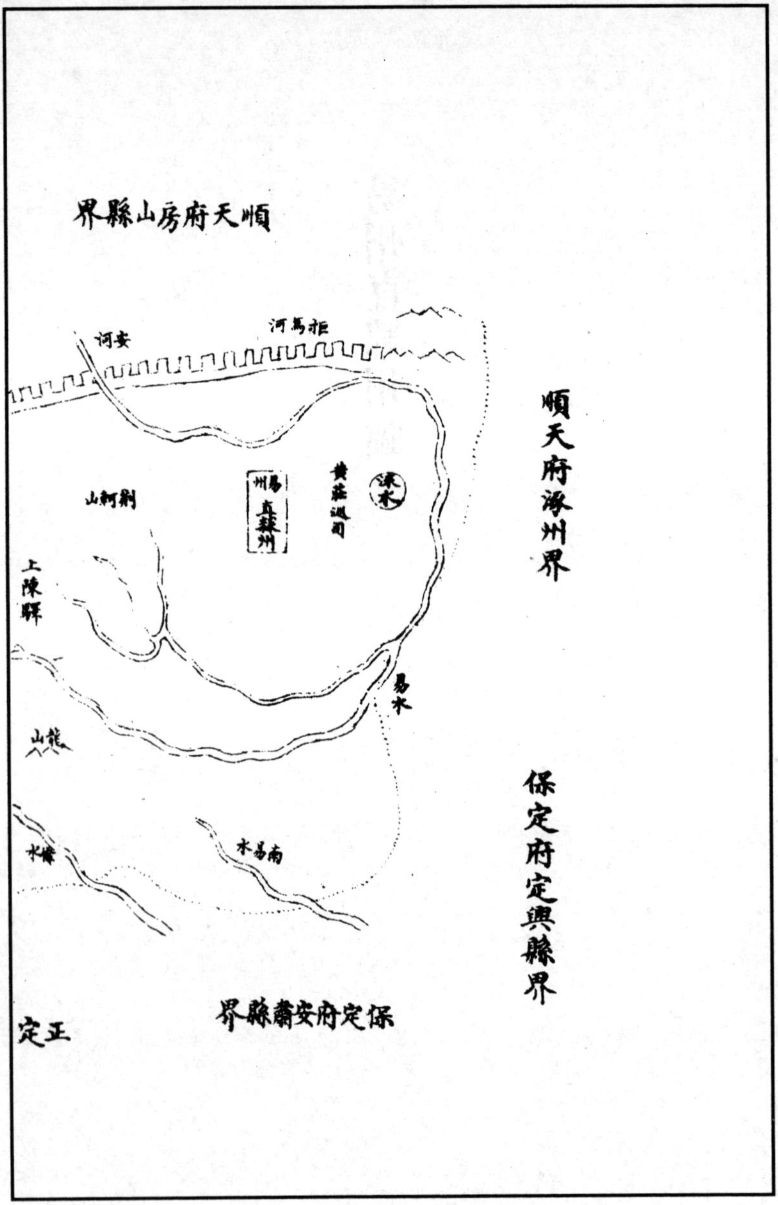
順天府房山縣界
拒馬河
安河
順天府涿州界
易州
直隸州
黃莊巡司
淶水
荆軻山
上陳驛
易水
龍山
保定府定興縣界
濡水
南易水
保定府安肅縣界
正定

宣化府蔚州界
山西大同府靈邱縣界
營
插箭嶺
紫荊嶺
紫荊關
保定府唐縣界
府阜平縣界

易州直隸州表

	易州直隸州	
秦	上谷郡地。	
兩漢		故安縣 屬涿郡。
三國		故安縣
晉		固安縣 改名，屬范陽國。
南北朝		固安縣 後魏屬范陽郡。齊省。
隋	上谷郡 開皇初移南營州於此，改曰易州，大業初改郡。	易縣 開皇十六年置，爲州治，後爲郡治。
唐	易州 武德四年復置州，屬河北道。	易縣 州治。開元二十四年分置樓亭縣，天寶後省。 五迴縣 開元二十三年置，屬易州，末省。
五代遼附	易州 晉開運二年入遼。周顯德六年收復。	易縣
宋金附	易州 宋端拱二年復入遼，宣和四年復歸宋。金屬中都路。	易縣
元	易州 太宗十一年改屬順天府，至元十年屬大都路，二十三年屬保定路。	易縣 初省入州，至元三年復置。
明	易州 屬保定府。	洪武初省入州。

續表

淶水縣	廣昌縣
遒縣屬涿郡。	廣昌縣屬代郡。後漢屬中山國。
遒縣	廣昌縣
遒縣屬范陽國。	廣昌縣後省。
遒縣後魏屬范陽郡。周大象二年省入涿縣。	廣昌縣周復置。
淶水縣開皇初改置范陽縣，六年改曰固安，八年廢，十年又置永陽縣，十八年改名，屬上谷郡。	飛狐縣仁壽初改名，屬上谷郡。末省。
淶水縣屬易州。 樓亭縣 板城縣開元二十四年分置，天寶後省。	飛狐縣武德六年復置，屬蔚州。
淶水縣	飛狐縣
淶水縣宋太平興國六年省入易縣。遼復置。	飛狐縣
淶水縣	飛狐縣
淶水縣	廣昌縣洪武初復改名。

大清一統志卷四十七

易州直隸州一

在直隸省治北一百四十里。東西距二百八十里，南北距一百八十里。東至順天府涿州界七十里，西至山西大同府靈丘縣界二百十里，南至保定府安肅縣界五十里，北至順天府房山縣界一百三十里。東南至保定府定興縣界三十五里，西南至正定府阜平縣治三百八十里，東北至房山縣界一百四十里，西北至宣化府蔚州治三百里。本州境東西距一百四十里，南北距一百一十五里〔一〕。東至淶水縣界二十里，西至廣昌縣界一百二十里，南至安肅縣界五十里，北至淶水縣界六十里。東南至定興縣界三十五里，西南至保定府滿城縣界九十里，東北至淶水縣界二十里，西北至蔚州界一百里。自州治至京師二百二十里。

分野

天文尾分野，析木之次。寰宇記：易州星分野，尾宿一度。

建置沿革

禹貢冀州之域。周爲幽、并二州之界。戰國屬燕。秦爲上谷郡地〔二〕。漢置故安縣，屬涿郡。

後漢因之。魏改涿郡爲范陽郡，縣屬焉。晉屬范陽國，後改曰固安。後魏仍屬范陽郡。北齊天保七年廢。

隋開皇元年自遂城移南營州及昌黎郡於此，改曰易州，十六年始置易縣爲州治。大業初改上谷郡。唐武德四年復曰易州，天寶元年復曰上谷郡。乾元元年復曰易州，屬河北道。五代晉開運二年入遼〔三〕。周顯德六年收復〔四〕。宋端拱二年復入遼，置高陽軍。宣和四年歸宋，賜名武遂郡，金屬中都路。

元初省易縣入州，太宗十一年割屬順天府。至元三年復置易縣仍爲州治，十年屬大都路，二十三年屬保定路。明初省縣入州，屬保定府。

本朝雍正十一年升爲直隸州，以保定府之淶水縣及山西之廣昌縣來屬。領縣二。

淶水縣。在州東北四十里。東西距三十八里，南北距六十八里。東至順天府涿州界十八里，西至本州界二十里，南至保定府定興縣界十八里，北至順天府房山縣界五十里。東南至保定府新城縣界二十里，西南至本州治四十里，東北至房山縣界二十里，西北至宣化府蔚州界三百里。漢置遒縣，屬涿郡。後漢因之。晉屬范陽國。後魏屬范陽郡。周大象二年省入涿縣。隋開皇初改置范陽縣於此，六年改曰固安，八年廢，十年又於此置永陽縣，十八年始改曰淶水，屬上谷郡。唐屬易州。五代因之。宋太平興國六年省入易縣。遼復置。金、元、明因之。本朝初，與州俱屬保定府，雍正十一年專屬易州。

廣昌縣。在州西一百八十里。東西距一百十里，南北距一百二十里。東至州界六十里，西至山西大同府靈丘縣界五十里，南至保定府唐縣界六十里，北至宣化府蔚州界六十里。東南至唐縣治一百四十里，西南至正定府阜平縣治二百里，東北至宣化府保安州治二百八十里，西北至蔚州治一百三十里。漢置廣昌縣，屬代郡。後漢改屬中山國。晉仍屬代郡。後廢。後魏時爲靈丘縣地。後周復置廣昌縣。隋仁壽初改曰飛狐，屬上谷郡，隋末廢。唐武德六年復置，屬蔚州。遼、金、元皆因之。明洪武初復改曰廣昌，仍屬蔚州。本朝初屬山西大同府，雍正十一年改屬易州。

形勢

東環拒馬，西跨紫荊，南襟易水，北抵洪崖。萬山拱衛，千里盤旋，寔乾坤聚秀之區，陰陽和會之所。州志。

風俗

士敦簡畧，不事浮華。民風質樸，專力農桑。通志。

城池

易州城。周九里有奇，東西二門。舊土築，明隆慶、萬曆間相繼甃甎。本朝順治中修，乾隆二十二年重修。

淶水縣城。周三里有奇，門三。明永樂中建。本朝乾隆四年修，二十六年重修。

廣昌縣城。周三里有奇，門二，濠廣一丈。明洪武三年建。本朝康熙二十四年修。

學校

易州學。在州治東南。元至正中建。入學額數十八名。

淶水縣學。在縣治西。元至元初建。入學額數八名。

廣昌縣學。在縣治東。元建。入學額數十名。

棠蔭書院。在州學西。本朝雍正五年建。

五華書院。在州治。又舊有源泉書院、淩雲書院。本朝乾隆年間，知州周元理、黄可潤相繼重修。

淶水書院。在淶水縣治。

飛狐書院。在廣昌縣治。

户口

原額人丁五萬八百七十六，今滋生男婦大小共二十二萬九百五十二名口，計四萬一千二百七户。

田賦

田地四千三百四十三頃三畝一分有奇，額徵地丁正、雜銀二萬二千五百二十七兩九錢六分九釐，米九百十二石五斗二升二合，豆九百十二石五斗二升二合，穀折米五石二斗二升四合五勺。

山川

永寧山。即泰寧山，在州西五十里。本朝乾隆元年以世宗憲皇帝陵寢所在，敕封爲永寧山。山勢自太行來，巍峩聳拔，脉秀力豐，峻嶺崇山，遠拱於外，靈巖翠岫，環衛其間。前則白澗河旋繞，而清、滱、沙、滋諸水會之，後則拒馬河瀠流，而胡良、琉璃、大峪諸水會之。信天造吉壤，億萬世靈長之兆也。

柳山。在州東十里。又東五里有翠屏山，山半石窟有日照泉，雖旱不涸。

樊館山。在州西南七里。俗傳爲樊於期授首處。又名血山，今有村。

龍山。在州西南。史記正義：「邢子勵趙記曰：龍山四麓，各有一穴。」

孔山。在州西南。水經注：「易水東逕孔山北，山下有鍾乳穴，穴出佳乳。採者篝火尋沙，入穴里許，渡一水，於中衆穴奇分，令出入者疑迷不知所趣，每於疑路，必有歴記，返者乃尋孔以自達。上又有大孔，豁達洞開，故以孔山爲名。」元和志：「在易縣西南四十五里。」畿輔通志：「山有黄伯陽洞，深里許，中有二水，東西相隔丈許。其南曰月明洞，北爲屯軍山〔五〕，明成祖嘗屯軍於山上。」

郎山。在州西南九十里。水經注：「代之易水，出代郡廣昌縣東南郎山東北燕王仙臺東。臺有三峯，甚爲崇峻，騰雲冠峯，高霞翼嶺，岫壑沖深，含烟罩霧，耆舊言燕昭王求仙處。其東謂之石虎岡，中山簡王焉之窆也。採涿郡山石，以樹墳塋，陵隧碑獸，並出此山。山有所遺二石虎，後人因以名岡〔六〕。」又「徐水東北逕郎山南，衆岑競舉〔七〕，若豎鳥翅，立石嶄巖，亦如劍杪，極地險之崇峭。漢武之世，戾太子以巫蠱出奔，其子遠遁斯山，故世有郎山之名」。隋書地理志：「永樂縣有郎山。」寰宇記：「在易縣西南四十里。」

峨眉山。在州西南一百里，一云齊眉山。

五迴山。在州西南，與滿城縣接界。水經注：「徐水出廣昌縣東南大嶺下，世謂之廣昌嶺，嶺高四十餘里，二十里中委折五迴，方得達其上嶺，故嶺有五迴之名，下望層山，咸若蟻蛭，實兼孤山之稱，亦峻竦也。」寰宇記：「在易縣西九十里。」舊志：「五迴山在州西南一百二十里，亦曰五迴嶺，俗又訛爲五虎嶺，其相接者曰狼牙峪。」

荆軻山。在州西五里。相傳爲荆軻葬衣冠處。明萬曆間，御史熊文熙題曰「燕義士荆軻之故里」。本朝乾隆十一年，高宗純皇帝鑾輿經臨，御製有荆軻山詩。

萬仞山。在州西九十里，紫荆關南五里許。高峻壁立。又屏山在關城北。夾河環翠，如屏障然。又對敵山，在關東北石港口。兩山對峙，峯巒相匹。又九泉山，在關東白馬灣口，其上有八寶寨〔八〕。

茶山。在州西九十里，紫荆關西城石門外。

芙蓉山。在州西九十里，紫荆關西北一里。

鐵貫山。在州西九十里，紫荆關西門口。相近又有水積山。

五峯山。在州西，紫荆關西五里許。相近又有天盆山。

峩山。在州西百里。諸峯森列，故名。

駮牛山。在州西一百里。隋書地理志：「易縣有駮牛山。」司馬彪郡國志云：「山色黑白班駮，其形似牛，故名。易水出其東。」

馬頭山。在州西北三十里。其巔有砦，即古窮獨山。又峩磨山，在州西北五十里。有崖南俯，俗名白臉山。

聖女山。在州北五里許。俗名覺山，下有聖女泉。

白馬山。在州北。水經注：「渾塘溝水出迺縣西白馬山。」寰宇記：「在易縣北八十里〔九〕。郡國志云：周時人多學道於白馬山。天寶六年敕改爲燕丹山。」

大嵬山。在州北三十里。綿亘千里，高插雲霄，乃州鎮也。相近有洪崖山，高萬仞，山巔恒有積雪，有水東流。又北二里有丹霞洞，相傳張果煉丹於此，牀竈尚存。

長隄山。在淶水縣西十里。高聳突峙，可以眺遠。又石龜山，在縣西二十里。山巔有石，其狀如龜，内有巖，可容千人，下有龍湫。山左一洞，深不可測，相傳外狹内寬，有路可通廣昌。

武山。在淶水縣西北九里。山下平坦，可以用武。或曰四山周圍，如列劍戟，故名。

檀山。在淶水縣西北。水經注：「檀山水出迺縣西北檀山。」舊志：「檀山，在縣西北三十里，與白楊嶺相連，濡水逕其下，峯巒秀麗，中多檀木。又樂平山，在縣西北十七里，即檀山之支峯也。」

紫涼山。在淶水縣西北三十里。高百餘丈，山深谷空，樹木蔭翳，涼風逼人。山之西有馬龍山〔一〇〕。

釜山。在淶水縣西北三十里。形如覆釜，山腰有龍潭，深不可測，遇旱禱雨即應。相近曰龍宫山，中有石洞出泉，匯而不流。

水峪山。在淶水縣西北三十五里。半崖有氿泉。

龍安山。在淶水縣西北四十五里。山高溪深，人跡罕至，世以爲神龍所居之地。

偏竹山。在淶水縣西北水峪山之西。

雲溪山。在淶水縣北三里許。山形奇秀，白雲常棲其上。又有亭山，在縣北三十里。以山形亭亭特立而名。

牆山。在淶水縣北三十里。形如峭壁，故名。

金山。在淶水縣北四十里。山勢聳峻，矗起羣峯。有一嶺名朝陽，其色如金，一名金絲山，昔人常結砦於此，俗呼人安砦。

傳房水山。在淶水縣北四十里。又西爲竹子纏山，地多叢竹，因名。

龍灣山。在淶水縣北五十里。高峯卓立，俗名鐵裹砦。山下有鐵鎖崖，崖下有龍潭，水分爲二流：一入淶水，一入涿州界。又天堂山，在縣北六十里，山勢峻爽，俗呼天堂砦。

孤山。在廣昌縣東二十五里。平地突起。

牛心山。在廣昌縣東南五里。

白石山。在廣昌縣南二十五里。山峯嶙峋，秀如翠屏，上有雲臺、朝陽洞，雲出必雨。

神仙山。在廣昌縣南一百十里。高四十里，亦名尖山。

旗山。在廣昌縣西南三里。有七峯，亦名七山，高五里，拒馬水出焉。

登梯山。在廣昌縣西南三十里。内有古刹，石磴木棧〔一一〕，登陟如梯。上有幽林瀑布，爲縣之勝。

香山。在廣昌縣西少南十里。上有古寺，松柏葱鬱。

聚雲山。在廣昌縣北十三里。雲聚即雨。

野狐山。在廣昌縣東北十里。山多狐，常夜鳴。

黄土嶺。在州西南九十里。路達廣昌縣，有城，舊設兵防禦。

紫荆嶺。在州西八十里。峯巒環列，嶺上即紫荆關，路達山西大同。舊志：「關東有柏梯、連泉、大寒、八砦、唐胡、退魚、佛兒諸嶺，關北又有耽遲、鞍頭、箔兒〔一二〕、駱駝諸嶺，關南又有接天嶺，嶺西又有薄兒嶺，參差連接，真天設之險也。」

白楊嶺。在州西北。水經注：「白楊水出迺縣西山白楊嶺下。」舊志：「嶺在州西北四十里，路通蔚州，嶺多白楊樹，故名，俗訛爲『白羊』。」

奇峯嶺。在州西北四十里。有奇峯口，口外烏龍、金水諸溝，衝要處也。

官座嶺。在州西北五十里。四山環拱，一徑而入，儼若官座，舊有官座巡司。又西五里爲官座口，皆戍守處也。

大礬嶺。在淶水縣西北。水經注：「淶水北逕小礬東，又東逕大礬南，蓋霍原教授之處也。」寰宇記：「大礬嶺，在易州北一百九十里。」

鐵嶺。在廣昌縣東三十里。石狀如鐵，其下爲浮圖峪。詳見關隘。

插箭嶺。在廣昌縣東南三十里。相傳宋將楊延朗插箭其上，亦曰插箭峪。明嘉靖三十年，俺答犯大同，趨紫荆，攻插箭、浮圖等峪，即此。本朝設有守備駐守。

驛馬嶺。在廣昌縣西四十里。

黑石嶺。在廣昌縣北六十里，與蔚州接界。石多黑色〔一三〕。

星月巖。在州西六十里。頂有二穴，彎者如月，圓者如星。

獅子巖。在廣昌縣東北二十里。嶺上有天生石獅，亦名獅子峪。

雕窠崖。在廣昌縣西六十里。有洞産鐵，舊設「銀山冶」。

送荆陘。在州西南。水經注：雹水又東歷送荆陘北，耆舊云〔一四〕：「燕丹餞荆軻於此，故名。」寰宇記：「在州西南三十里。」

乳水洞。在州西七十里。寬四丈許，有石槽十二。畿輔通志：「每歲正月十六日，自西至東，鄉民循次而占，某月旱，則某槽無水，某月雨，則某槽有水。多奇中。」

五里河。在州東五里。源出州北梁村，南流至定興縣界，合源泉水入易水。

安河。在州西北，即源泉水。水經注：「濡水東流與源泉水合，水發北溪，東南流注濡水〔一五〕。」舊志：「出白楊嶺下，由西轉東而南入易水。」本朝乾隆二十六年，奉旨疏濬，建石壩、石閘各三，自源泉起處，開渠道千餘丈，導流東注，由山廠城以達護城河，西南流出水閘，歸北易水，溉田甚廣。工竣，賜名安河，有御製詩紀事，其旁建亭館數楹。二十八年以後，高宗純皇帝經臨，屢有題詠。

逎欄河。在淶水縣西十五里。源出樂平山麓，南流至定興入沙河。按水經注：「檀山水出逎縣西北檀山西南，南流與石泉水會。又東南流歷故安縣北，南注濡水。」疑即此。距河二里爲秋瀾村，其地建行宮，高宗純皇帝恭謁泰陵，往來經臨，屢有御製詩。

唐河。在廣昌縣南，即滱水。自山西靈丘縣流入，又東南入保定府唐山縣。水經注：「滱水經御射臺南〔一六〕，東南過廣昌縣南，又東逕倒馬關。」廣昌縣志：「唐河，亦名湯河，在縣南六十里。水勢淜湃，舊可行筏。」

易水。在州南。源出州西，東流入保定府定興縣界，亦名中易水。周禮職方氏：「并州，其浸淶、易。」戰國策：「蘇秦曰：燕南有滹沱、易水。」漢書地理志：「故安縣閻鄉，易水所出，東至范陽入濡。」水經注：「易水出故安西山寬中谷，東逕五大夫城南。又東左與子莊溪水合，又東右會女思谷水〔一七〕，又東屈關門城西南，與樊石山水合。東歷燕之長城，又東逕漸離城南。又東逕武陽南，兼武水之稱。左得濡水枝津故瀆〔一八〕，世又謂爲故安河。又東出范陽與濡水合。」元和志：「易州因州南十三里易水爲名〔一九〕。」按寰宇記易水有三：濡水爲北易，雹水爲南易，此爲中易，以在濡、雹之中也。

南易水。在州南六十里。源出州西南，東流入保定府安肅縣。後漢書郡國志：「故安，雹水出。」水經注：「代之易水，出代郡廣昌縣東南郎山東北，石虎岡東麓。其水東流，有毖水南會，渾波同注，俗謂之爲雹河。後漢世祖令耿況擊故安西山賊吴耐蠡符雹上十餘營，皆破之。即是水也。又東逕孔山北，又東逕西故安城南，即閻鄉城也。歷送荆陘北，又東屈逕長城西，又東流過武遂縣南。」班固、闞駰之徒，咸以斯水謂之南易。

徐水。在州西南八十里。東流入保定府滿城縣界。水經注：「徐水出廣昌縣東南大嶺下，三源奇發，齊瀉一澗，東流北轉逕東山下，北流西屈逕南巖下，又隨山南轉逕東崖下。又東北屈逕郎山〔二〇〕，又屈逕其山南。又逕北平縣界，歷石門中，又東南出山逕其城中。」明統志：「雷溪在易州西南，發源五迴嶺，即徐河上流也。灘石湍急，聲聞數里，若雷鳴然。金泰和中賜名。」

子莊溪水。在州西南。水經注：「子莊溪水北出子莊關，南流逕五公城西，屈逕其城南，東南入於易水。」舊志：「在州西南六十里，有水自紫荆關南流入白澗。」即此。

女思谷水。在州西南。水經注：「女思谷水出西南女思澗，東北流注於易，謂之三會口。」又「樊石山水源出廣昌縣之樊石山，東流逕覆釜山下，東注易水。」舊志：「在州西南五十里，其東謂樊石水。」

濡水。在州北，即北易水也。東南入定興縣界。漢書地理志：故安縣「濡水亦至范陽入淶」。水經注：「濡水出故安縣西北窮獨山南谷，東流與源泉水合。又東南逕樊於期館西，又東南逕荊軻館北，又東逕武陽城西北，舊堨濡水〔二一〕，枝流南入城逕柏冢西，故瀆南出，屈而東轉，又分爲二瀆：一水東注金臺陂，一水逕故安城西〔二二〕，側城南注易水。濡水自堰又東逕紫池堡西，屈而北流，有渾塘溝水注之。又東至塞口，古壘石堰水處也。濡水舊枝分南入城東大陂，今無水。濡水又東得白楊水口，東合檀山水。又東南流於容城縣西北大利亭，東南合易水而注巨馬水〔二三〕。」寰宇記：「北易水，一名安國河。」舊志：「在州北三十里。源出州西北，會數水入定興縣界爲沙河，即古濡水也。」今按廣輿記謂濡水出州北窮獨山，一名聖女水，後又名之曰安國河，實爲三易上源之一。「濡」應讀「如」字，與永平之「濡」音乃官反者無涉，舊志誤加牽合，不知北方稱濡水者非一，如涿郡之濡，則説文所謂出安東入漆、涑者是也；河間之濡，則左傳所謂出高陽者是也。并易州之濡數之，是在直隸境内者已有三源，蓋取濡潤爲義，故多蒙以此名耳。

渾塘溝水。在州北。水經注：「渾塘溝水出遒縣西白馬山南溪中，東南流入濡水。」

淶水。一名拒馬河。源出廣昌縣南，東流轉南逕淶水縣東，又南入保定府定興縣界。漢書地理志：「廣昌縣，淶水東南至容城入河，過郡三，行五百里，并州浸。」水經注：「巨馬河出代郡廣昌縣淶山，東過遒縣北〔二四〕，即淶水也。有二源，俱發淶山，東逕廣昌縣故城南，又東北逕西射魚城東南，又逕東射魚城南，又屈逕其城東。左屬白澗溪。又東北，桑谷水注之。又北逕小矍東，又東逕大矍南。又東北歷紫石溪口與紫水合。又東南逕榆城南，又屈逕其城東。又南逕藏刀山下，又東逕徐城北，故瀆出焉。又東，督亢溝出焉。一水東南流，即督亢溝；一水西南出，即淶水之故瀆〔二五〕。於遒縣北垂，重源再發，結爲長潭，潭廣百許步，長數百步，左右翼帶涓流，控引衆水，自成淵渚。長川漫下十許里，又東南流逕酒縣故城東，謂之巨馬河，亦曰渠水。又東南逕范陽縣故城北。」元和志：「淶水，在淶水縣東北二里。」廣昌縣志：「拒馬河，在縣南半里。源出七山下，少東與淶水合流。淶水，在縣東一里。源出北崖古塔下，通拒馬河，經紫荆關流入淶水縣界。一源發於關内東南，亦名淶水。泉從牆下水口流於淶水。」畿輔通志：「拒馬河，即淶水也，在淶水縣東三里。自順天府房山縣分流，南入縣界，至定興入白溝河。」按淶水現有二源，以諸志考之，其出縣東泰山廟前古塔下者爲淶水，出縣南七山坡下者爲拒馬河，二水合流於城東稍南之前泉坊村〔二六〕，由是拒馬、淶水互受通稱矣。至拒馬，一作巨馬，然州志謂以晉劉琨守此拒石勒得名，則作「拒」爲長。又按州境諸水，拒馬最爲寬深，春冬不涸。本朝乾隆年間，每遇高宗純皇帝恭謁泰陵經此，屢有御製詩。

白澗水。在淶水縣西北。水經注：「淶水逕樓亭北，左屬白澗溪，水有二源，合注一川，川石皓然，望同積雪，故名。其水又東北流，謂之石槽水，伏流地下，溢則通津委注，謂之白澗口。」

紫石溪水。在淶水縣西北。水經注：「紫石溪水出聖人城北大亘下，東南流，左會磊砢溪水，水出東北，西南流注紫石溪水。紫石溪水又逕聖人城東，又東南，右會檜車水，水出檜車硎，東南流逕聖人城南，南流注紫石水〔二七〕，又南注於淶水。」

督亢溝水。在淶水縣北。水經注：「督亢溝水上承淶水於淶谷，引之則長津委注，遏之則微川輟流。東南流逕逎縣北，又東逕涿縣。」舊志：「今有稻子溝，在縣東十五里，即拒馬河分流，入新城縣界，曰馬村河。又有清水，在縣西北三十里，東南流至縣北，入拒馬河。」

桃水。在淶水縣北，東流入涿州界。水經注：「桃水首受淶水於徐城東南良鄉，西分垣水〔二八〕，世謂南沙溝，東逕逎縣北，又東逕涿縣故城下。」

金臺陂。在州東。水經注：「濡水枝津東出注金臺陂，陂東西六七里，南北五里〔二九〕，側陂西北有釣臺，高丈餘。」

木瓜澗。在廣昌縣東南四十里。相傳唐乾寧中，晉王李克用討劉仁恭於此。又縣南五十里，有搏虎岡，相傳晉李存孝嘗搏虎於此。

馬跑泉。在州東北二十里許。相傳唐太宗征高麗駐驛於此，馬跑得泉，故名。又有馬跑泉，在廣昌縣南七十里。俗傳宋楊延昭屯兵於此，馬跑得泉。今此山大石上有延昭題「福勝地」三字，距湯河七里。

校勘記

〔一〕南北距一百一十五里　「一十五」，乾隆志易州作「五十五」，乾隆直隸易州志卷二疆域作「八十」，此誤。

〔二〕秦爲上谷郡地　乾隆志卷三〇易州建置沿革（以下同卷簡稱乾隆志）同。水經濕水注：薊縣，「秦始皇二十三（二十一之誤）年滅燕，以爲廣陽郡」。按秦薊縣（治今北京城西南隅）以南地區皆屬廣陽郡，其北爲秦上谷郡地。譚其驤秦郡界址考（載長水集上）：上谷郡，「南界循漢制，舊不知秦有廣陽郡，故舉薊南之地亦以屬上谷地」。漢上谷郡南界沿襲秦制，約因循今北京市門頭溝區西北太行山長城及河北易縣、淶水二縣西北拒馬河沿岸一綫，其南爲廣陽郡，北爲上谷郡（參見中國歷史地圖集第二册），清易州、淶水于秦屬廣陽郡地，此説誤。

〔三〕五代晉開運二年入遼　乾隆志同。資治通鑑卷二八五後晉紀六：開運三年十二月，先是契丹屢攻易州，刺史郭璘固守拒，及杜威降，「契丹主遣通事耿崇美至易州，誘諭其衆，衆皆降，璘不能制，遂爲崇義所殺」。遼史卷四六太宗紀下：會同九年五月，「晉易州戍將孫方簡請内附」。按遼會同九年即五代晉開運三年，此「二」爲「三」字之訛。

〔四〕周顯德六年收復　「六」，原作「二」。資治通鑑卷二九四後周紀五：顯德六年五月，「孫行友奏拔易州，擒契丹刺史李在欽」。舊五代史卷一一五周書世宗紀六：顯德六年五月，「定州刺史孫行友奏，攻下易州，擒僞命刺史李在欽來獻」。乾隆志及讀史方輿紀要卷一二皆作「顯德六年」，是，此「二」爲「六」字之誤，據改。

〔五〕北爲屯軍山　「屯」，乾隆志同，讀史方輿紀要卷一二、乾隆直隸易州志、同治畿輔通志卷六六山川作「衆」。

〔六〕中山簡王焉之窆也至後人因以名岡　「焉」，原脱，乾隆志山川及朱謀㙔水經注箋同，據王先謙合校水經注、楊守敬水經注疏易水注補。「岡」，原脱，乾隆志同，據水經易水注補。

〔七〕衆岑競舉　「衆」，原作「山」，乾隆志及朱謀㙔水經注箋同，據王先謙合校水經注、楊守敬水經注疏滱水注改。

〔八〕其上有八寶寨　「寨」，原作「巖」，乾隆志空缺，據讀史方輿紀要卷一二及同治畿輔通志卷六六山川引大清一統志改。

〔九〕寰宇記在易縣北八十里　乾隆志同。太平寰宇記卷六七：「白馬山，在易縣北一十八里。」此「八十」爲「十八」之倒誤。

〔一〇〕山之西有馬龍山　「馬龍」，原倒誤爲「龍馬」，據乾隆志及乾隆直隸易州志卷二、同治畿輔通志卷六六山川乙正。

〔一一〕石磴木棧　「木」，原作「水」，據乾隆志及乾隆直隸易州志卷二、同治畿輔通志卷六六山川、光緒廣昌縣志卷一諸山改。

〔一二〕箔兒　「箔」，原作「笛」，乾隆志同，據讀史方輿紀要卷一二、同治畿輔通志卷六六山川改。

〔一三〕石多黑色　「色」，原作「水」，據乾隆志及同治畿輔通志卷六六山川，光緒廣昌縣志卷一諸山改。

〔一四〕耆舊云　「耆舊」，原作「舊耆」，乾隆志同，據水經易水注乙正。

〔一五〕水發北溪東南流注濡水　「北」，原作「此」，乾隆志同，據水經易水注改。「東南」原作「西北」，「流」原脱，乾隆志及朱謀㙔水經注箋同，據王先謙合校水經注、楊守敬水經注疏改補。

〔一六〕滱水經御射臺南　「南」，原脱，乾隆志同，據水經滱水注補。

〔一七〕東逕五大夫城南至又東右會女思谷水　「南」，原脱，據乾隆志及水經易水注補。「東」，原脱，乾隆志及朱謀㙔水經注箋同，據王先謙合校水經注、陳橋驛水經注校釋補。

〔一八〕左得濡水枝津故瀆　「故瀆」，原脱，乾隆志同，據水經易水注補。
〔一九〕易州因州南十三里易水爲名　「十三」，原倒誤爲「三十」，乾隆志同，據元和郡縣圖志卷一八乙正。
〔二〇〕又東北屈逕郎山　「東北屈」，原倒誤爲「屈東北」，乾隆志及朱謀㙔水經注箋同，據王先謙合校水經注、陳橋驛水經注校釋滱水注乙正。
〔二一〕舊堨濡水　「濡水」，原脱，乾隆志同，據水經易水注補。
〔二二〕一水東注金臺陂一水逕故安城西　乾隆志同。按水經易水注：故瀆南出，屈而東轉，又分爲二瀆：一水逕故安城西，一水東出注金臺陂。則此二句文互倒。
〔二三〕東南合易水而注巨馬水　「巨」，原作「拒」，乾隆志同，據水經易水注、巨馬水注改。
〔二四〕水經注巨馬河出代郡廣昌縣淶山東過迺縣北　乾隆志同。按「巨馬河出代郡廣昌縣淶山，東過迺縣北」，乃水經文，非注文。
〔二五〕即淶水之故瀆　「水」，原脱，乾隆志及朱謀㙔水經注箋同，據王先謙合校水經注、楊守敬水經注疏補。
〔二六〕二水合流於城東稍南之前泉坊村　「前泉坊村」，原作「前坊村」，乾隆志及同治畿輔通志卷六六山川皆作「泉坊村」。光緒廣昌縣志卷一疆域：東鄉村莊有前泉坊村，五里。按今淶源縣（即清廣昌縣）東前泉坊（一九六〇年河北省地圖集），即是。則本志脱「泉」字，據補。
〔二七〕東南流逕聖人城南南流注紫石水　「城」下「南」，原作「東」，乾隆志及朱謀㙔水經注箋同，據王先謙合校水經注、楊守敬水經注疏巨馬水注改。
〔二八〕西分垣水　「垣」，原作「洹」，乾隆志及朱謀㙔水經注箋同，據王先謙合校水經注、楊守敬水經注疏聖水注改。「流」，原脱，乾隆志同，據水經巨馬水注補。
〔二九〕濡水枝津東出注金臺陂陂東西六七里南北五里　「注」原脱，「七里」原作「六七十步」，「五里」原作「五十步」，乾隆志及朱謀㙔水經注箋同，並據王先謙合校水經注、陳橋驛水經注校釋易水注補改。

大清一統志卷四十八

易州直隸州二

古蹟

故安故城。在州東南。戰國燕武陽邑。史記：「趙孝成王十九年，趙與燕易土，燕以武陽與趙。」即此。漢置故安縣，屬涿郡，文帝後三年封申屠嘉爲侯國。晉曰固安〔一〕。建武初，段匹磾討石勒，進屯故安是也。水經注：「易水東逕武陽城南〔二〕，蓋易自寬中歷武夫關東出，是兼武水之稱，故燕之下都，擅武陽之名。武陽大城東南小城，即故安縣之故城也。城東西二里，南北一里半。今水被城東南隅。武陽，蓋燕昭王之所城也，東西二十里，南北十七里。」北齊縣廢。隋移故安之名於幽州方城，而改置易縣於此，爲易州治。元和志：「易縣，隋於故安故城西北隅置易縣〔三〕，即燕之南鄙，周圍約三十里。武陽故城，在縣東南七里。」寰宇記：「隋開皇元年，自英雄城移南營州居燕之侯臺，仍改名易州。故安故城，在易縣東南七百步武陽故城東南隅。高齊天保七年省。」舊志：「廢易縣在州東二里。」

營丘故城。在州南。魏天平四年置營丘郡，屬南營州。北齊廢。舊志：「營丘城，在州南三十里。」又寰宇記有平塞軍，「太平興國六年以易州南三十五里太保村塞置，七年又置平塞縣爲理」。宋志不載，蓋尋廢也。

遒縣故城。在淶水縣北。漢置縣，屬涿郡。景帝中三年封匈奴降王陸彊爲侯國。後漢亦爲侯國。魏書地形志：「遒縣有南北二迺城。」後周省。隋改置淶水縣於此。括地志：「迺縣故城，在淶水縣北一里。」元和志：「淶水縣，西南至易州四十二里。本漢迺縣。」舊志：「漢時故城在拒馬河西北二里，俗名周城灣，後徙縣治北一里之北莊，俱爲易水所圮，乃移今治。」

廣昌故城。在今廣昌縣北。漢置縣，屬代郡。高帝末，樊噲破綦毋卬、尹潘於無終、廣昌。魏封樂進爲侯邑。晉後廢。水經注：「魏土地記曰〔四〕：代城南二百里有廣昌城。」後周復置廣昌縣。隋改曰飛狐。括地志：「廣昌故城，在飛狐縣北七里。」元和志：「飛狐縣西北至蔚州一百五十里〔五〕。隋末陷賊。武德六年重置，寄理遂城縣界。貞觀五年移還今所。」寰宇記：「周大象二年於五龍城復置廣昌縣，即今邑也。」

五迴廢縣。在州西一百里。唐置縣。元和志：「縣東至易州七十里。本漢北平縣地，開元二十三年，刺史盧暉奏置，在五迴山東麓，因名之。二十四年，刺史田琬以其險隘，東遷於五公城，在今易縣西五十里。」唐末廢。

樓亭廢縣。在州西北。水經注：「淶水逕樓亭北，左屬白㵎溪。」唐書地理志：「開元二十四年析易縣置樓亭、板城二縣。天寶後省。」舊志：「樓亭廢縣，在州西北四十里奇峯口，今爲樓亭社。」

板城廢縣。在淶水縣北。畿輔通志：「唐開元二十四年置，天寶後廢。」

野狐城。在州東三十二里。寰宇記：「在易縣東三十里。耆老云：昔有狐於紫荆嶺食五粒松子得仙〔六〕，謂之飛狐。其狐常來至此，時人呼爲野狐城。」按遼史地理志「隋改廣昌縣曰飛狐」，以此。

古燕城。在州南五里。廣袤六十里，相傳昭王後都於此。東西内外，皆有土臺。本朝乾隆十五年，高宗純皇帝經臨，有御製燕昭王故城詩。

漸離城。在州西南。水經注：「易水歷長城，又東逕漸離城南，蓋太子丹館高漸離處也。」寰宇記：「在易州西南十六里〔七〕。即漸離所居。」舊志：「又有高離店，在州東南二十五里。」

長城。在州西南十里。水經注：「易水東屆關門城西南，即燕之長城門也。又東歷燕之長城。」

荆軻城。在州西。水經注：「濡水東南逕樊於期館西，是其授首于荆軻處也。又東南流逕荆軻館北，昔燕丹尊軻上卿，館之于此。二館之城，澗曲泉清，山高林茂，風烟披薄，觸目怡情，方外之士，尚憑依舊居，取暢林木。」元和志：「樊於期城，在易縣西十三里。」寰宇記：「荆軻城，在縣西九里，周迴二里。」

五公城。在州西。水經注：「易水東逕五大夫城南，昔北平侯王譚，不同王莽之政〔八〕，子興生五子，並隱居此山，故其舊居世名以爲五大夫城。」又「子莊溪南流逕五公城西，屈逕其城南。五公，即王興之五子也。光武即帝位，封爲五侯：元才北平侯，益才安憙侯，顯才蒲陰侯，仲才新市侯，季才唐侯，所謂中山之五王也。俗又以『五公』名居矣」。寰宇記：「五公城，在州西三十里。又西三十里有五大夫城。」

山廠城。在州西北三里。明宣德五年立山廠於平山，後遷州西沙峪口。景泰間移置滿城縣，天順元年又移於此。歲採薪炭楊木荆條，入惜薪局。後廢。

射魚城。在淶水縣西。水經注：「淶水東北逕西射魚城東南〔九〕，又逕東射魚城南，又屈逕其城東。竹書紀年曰：荀瑶伐中山取窮魚之丘。窮、射字相類，疑即此城也。」

聖人城。在淶水縣西北。水經注：「紫水北出聖人城北大亘下。」其東又有榆城、徐城。

石泉城。在淶水縣西北。水經注：「石泉水出石泉固〔一〇〕，固在衆山之内，平川之中，四周絶澗阻水，八丈有餘。石高五丈，石上赤土，又高一匹，壁立直上，廣四十五步，水之不周者，路不容軌，僅通人馬，謂之石泉固。」元和志：「石泉故城〔一一〕，在縣西北三十里。」

紂王城。在廣昌縣東十五里。相傳紂使比干築此，中有比干廟。

茂山故衛。在州治南。明初建於保定府城内〔一二〕，景泰元年移置於此。本朝順治十一年裁〔一三〕。

黄金臺。在州東南。晉書：「段匹磾討石勒，屯故燕太子丹黄金臺。」上谷郡國經：「黄金臺，在易水東南。燕昭王置千金臺上，以延天下士。」水經注：「金臺陂北十餘步有金臺，臺上東西八十許步，南北加減。北有小金臺，臺北有蘭馬臺，悉高數丈，秀峙相對，翼臺左右，水流逕通，長廊廣宇，柱礎尚存，是其基構可得而尋。訪諸耆舊，咸言昭王禮賓，廣延方士，勿令諸侯之客伺隙燕邦，故修建下都，館之南垂，燕昭創之於前，子丹踵之於後，雕牆敗館，尚傳鐫刻之石。」寰宇記：「金臺，在易縣東南三十里。俗呼爲東金臺。又有西金臺，在縣東南二十里。小金臺及蘭馬臺，俱在縣東十五里〔一四〕。」按都城、定興、安肅、滿城及易州皆載有黄金臺。本朝乾隆十一年，高宗純皇帝鑾輿經此，有御製用沈德潛韻詩并序，謂「在易州者，似爲有據，或當時昭王延訪心切，置臺原不一其處，於是志乘家之彼此引重者，可以息其紛紜矣」。

三公臺。寰宇記：「在易州東南十八里。其臺相去三十六步，並高大。燕昭王所立，樂毅、鄒衍、劇辛三人所遊之處，故曰三公臺。」

候臺。寰宇記：「在易州子城西南隅。燕照王所築，以候雲物。」舊志：「一名五華臺，在州西五十步。」

三河冶。在廣昌縣南。元和志：「三河冶，舊置鑪鑄錢，至德以後廢。元和七年，中書侍郎李吉甫奏：飛狐縣三河冶銅山約數十里，銅鑛至多，去飛狐錢坊二十五里，兩處同用拒馬河水，以水斛銷銅，北方諸處，鑄錢人工絶省，所以平日三河冶置四十鑪鑄錢，舊跡並存，事堪覆實。詔從之，置五鑪鑄錢。時易、定，河東久用鐵錢，人不堪弊，至是俱受利焉。」

御射碑。在州西南。水經注：「徐水流逕東山下，水西有御射碑。又北流西屈，水陰又有一碑。又隨山南轉逕東崖下，水際又有一碑。凡此三銘，皆翼對層巒。石文云：太延元年十二月，車駕東巡，逕五迴之險邃，覽崇峯之竦峙〔一五〕，乃停駕路側，援弓而射之，飛矢踰於巖山，刊石用讚元功。夾碑並有層臺二所，即御射處也。」

鐵像頌碑。在州治。唐開元二十七年，王端撰，蘇靈芝八分書。

石柱。在州東南三十里，臨易水。北齊葬戰骨處，立柱志之。

關隘

紫荆關。在州西，即太行蒲陰陘也。地記：「太行八陘，第七陘爲蒲陰。」亦曰子莊關，水經注「子莊溪水北出子莊關」是也。宋時謂之金陂關，金元以來皆名紫荆。舊志：「關在州西八十里，西南去浮圖峪七十里，去廣昌縣一百里，路通宣、大各四百七十里，共有大小隘口一百五十處。山谷崎嶇，易於控扼，爲京師西偏重地。」明初設千户所守禦，正統十四年增設守備，正德三年改守備爲參將，九年又改副總兵。嘉靖三十六年重築新城。本朝康熙三十二年移副將於正定，改設參將駐此，轄白石口、廣昌營、浮圖峪、烏龍溝、寧靜庵五營。乾隆三十六年重修關城。

乾河口關。在淶水縣北五十五里。明初置巡司，久裁。又六都關在縣北七十里，白馬關在縣北八十里，龍門關在縣北一百里。

倒馬關。在廣昌縣南七十里。東南至定州二百五十里，其西十里爲岳嶺口，詳見保定府。

黄莊巡司。在淶水縣西北一百二十里黄兒莊。明置巡司。後廢。本朝復設。

盤石口。在州西九十里。内連紫荆關十里，外通烏龍溝口六十里，其西二十里爲塔崖口。舊置巡司及驛，後廢。又周二溝口、瓦窑安口、蔡家峪口，俱在盤石口東西，小龍門口、黄沙口，皆在盤石口西南，又西即烏龍溝口也。

奇峯口。在州西北四十里。内連紫荆關四十里，外通金水口六十里。其西二十里曰官座嶺口，其東北三十里曰東峪口，又十里曰沙峪口，外通馬水口一百四十里。

烏龍溝口。在州西紫荆關西北六十里，接廣昌縣界，外口要衝也。今有把總駐防。其東北曰金水口，在紫荆關北八十里，今有官兵戍守。又東即馬水口也。

馬水口。在淶水縣西北二百里。其地山勢雄壯，巖岫相連，舊稱京師右輔。明永樂八年始設守軍，景泰二年建北門正城，又建圈城於北嶺上。嘉靖二十三年設守備、把總，三十三年改守備爲參將。本朝順治十年改設都司，兼轄大龍門、金水口。又柏連澗口在縣西北二百五十里，又東北二十里曰道水口，又十五里曰定樂安口，又五里曰大龍門口，今有把總駐防。又北即宛平縣界。

浮圖峪口。在廣昌縣東三十里。路出紫荆關。明景泰二年建城，設守備，尋罷。本朝設把總駐守。其南二十餘里，即插箭嶺〔一六〕，當紫荆、倒馬二關之衝。今設守備、把總駐防。

寧静庵口。在廣昌縣東南三十里。北接浮圖峪，路通州界五迴嶺。明景泰三年築，僅置戍，今設官兵汛守。

白石口。在廣昌縣南二十里白石山。路通正定、保定。明嘉靖三十年築城，設守備駐此，尋罷。本朝初設守備，雍正十年改設都司。

狼牙口。在廣昌縣西南八十里〔一七〕。又有九宫口、松子口，皆在縣東北，接蔚州界。

飛狐口。在廣昌縣北。其地兩崖峭立，一線微通，迤邐蜿蜒，百有餘里。漢初酈食其説高祖「距飛狐之口」。文帝後六年，匈奴入上郡、雲中，「以令免爲車騎將軍屯飛狐」。後漢建武十三年〔一八〕，盧芳與匈奴連兵盜邊，「詔王霸與杜茂治飛狐道，築起亭障，自代至平城三百餘里」。晉地道記：「自上曲陽縣北行四百二十五里，恒多山坂，故名飛狐口〔一九〕。」後魏太和六年，發州郡五萬人治靈丘道，自代郡靈丘南越太行至中山〔二〇〕，靈丘道即飛狐道也。元和志：「飛狐道，自廣昌縣北入嬀州懷戎縣界〔二一〕，即古飛狐口也。」舊志：「飛狐口在廣昌縣北二十里，山北諸州之襟喉也。今其地東走宣化，西趨大同，商賈畢集於此。紫荆、倒馬兩關，恃飛狐爲外險。」

金陂鎮。在州西五十里。明洪武七年置巡司，嘉靖中廢。又五迴嶺、奇峯口、官座嶺，明初俱置巡司，皆久裁。

西水寨。在州西南八十里郎山上。四面險絶，惟一徑攀援可上。相近又有姑姑窩寨。又白虹寨、種金寨、冶里寨、燕窩寨、白保寨、人安寨，俱在州西南，一堵墻寨〔二二〕、馬頭寨、白壁寨、龍門寨，俱在州西北，朝天寨、東流窩寨，俱在州北。

人安寨。在淶水縣北金山上。又鐵葉寨在縣北龍灣山，天堂寨在縣北天堂山。

孟良寨。在廣昌縣東三十里。又對節寨，在縣南三十里，以山木枝節而名。栲栳寨，在縣西南三十五里。漫尖寨〔二三〕，今名蔓菁寨，在縣東北三十里。

良各莊。在州城西十五里。爲展謁泰陵往來孔道，建有行宫。高宗純皇帝清蹕經臨，屢有題詠。

龍華店。在州西四十五里。

清苑驛。在州治東北。明洪武七年置。

上陳驛。在州西紫荆關城内。明洪武七年置於關東十五里，後移於此。本朝設驛丞，兼巡司事。

香山驛。在廣昌縣治東。又倒馬驛在縣西南五十里。俱明置。

津梁

鎮遠橋。在州西關外。

明秀橋。在州西廠東關。又廠西關有全惠橋。

迺欄橋。在淶水縣西，跨迺欄河。

泰安橋。在淶水縣西十五里，永遠大道。

昇平橋。在淶水縣東北十五里，永遠大道。

淶源橋。在廣昌縣東一里淶水上。其地水流環繞，林木清幽。

隄堰

廠西石隄。在州西廠西石橋北。又有東西石閘，在廠西關外，俱明成化四年建。

長隄。在淶水縣西。自迺欄鋪直抵北山，以防迺欄之水。

安河壩。在州西。自源泉村起至易水，長二十三里。本朝乾隆二十六年建石壩及閘，以洩水勢。

三官廟石壩。在州西北五里。

陵墓

周

燕昭王墓。在州東十里，地名陵山。

郭隗墓。在淶水縣東十里。

晉

祖逖墓。在淶水縣東北二十里祖各莊。本朝乾隆十五年，高宗純皇帝清蹕所經，御製有詩。

宋

楊延昭墓。在廣昌縣南八十里范家莊。

元

何瑋墓。在州北二十里。

明

張鵬墓。在淶水縣西二里。

霍恩墓。在州西荆軻山東南。

劉斯潔墓。在州西十五里。

祠廟

雙節祠。在州署東南。祀明上蔡令霍恩。正德間恩死流寇齊彥名之難，妻劉氏先一日自縊，因並祀焉。

召公祠。在州署東北。

四賢祠。在州南易水旁。祀郭隗、樂毅、劇辛、鄒衍，像皆元時劉鑾所爲，極其精巧。本朝乾隆十一年，高宗純皇帝鑾輿經臨，御製有詩。

三忠祠。在州西北紫荆關。明正統間額森率兵臨城，都御史孫祥、太監阮堯民、都指揮韓清死之，奉敕建祠。

樊將軍廟。在州西十里。祀樊於期。

北嶽廟。在州西北八里。元至正間建，明弘治間修。按州志載孔天胤北嶽祠記，言宋大中祥符間封，元至正間始構祠，舊志以爲宋祥符建者悮。至北嶽祠，在上曲陽，不應在此，孔記亦謂建祠之由，舊説不經，不足據，今姑仍舊載之。

漢昭烈廟。在淶水縣東。明嘉靖中建。

衛公廟。在淶水縣南。明正統間建，祀李靖。

比干廟。在廣昌縣東南十里牛心山上。

李存孝廟。在廣昌縣東北十五里。

寺觀

開元寺。在州治東。唐時建。

華嚴寺。在州西南二十五里。隋開皇中建。

興國寺。在州東北一里。宋太平興國中建。

上雲集寺。在州東北三十里。遼壽昌五年建。

東寺。在淶水縣治東南隅。金大定中建。

白楊寺。在淶水縣西北石泉城。水經注：「寺側林木交蔭，叢柯隱景，沙門釋法澄建刹於其上。」

閣院禪林。在廣昌縣治北街。俗名大寺，東漢時創建，唐尉遲恭重修，有碑記。

名宦

唐

慕容孝幹。武德五年爲易州刺史，蔚州總管高開道反，寇易州，孝幹死之。

姜師度。魏人。神龍初爲易州刺史，嘗鑿渠以通餉路，罷海運。尋遷司農卿。

張孝忠。本奚種。肅宗時總制易州諸屯十餘年，威惠流聞，授易州刺史，詔置軍名義武，以孝忠爲節度。朱滔叛，招孝忠啗以金帛，皆不受。乃浚溝壘，修器械，感勵將士，乘城固守，遂全其軍。卒後，子茂昭代爲節度，入朝，順宗遣之鎮。元和中請舉宗還朝，代者至，奉兩州符節、管鑰、圖籍歸之。先敕妻子上道，戒曰：「我使汝曹出易，庶後世不爲汙俗所染。」

任迪簡。萬年人。德宗時爲易定節度使，因前節度張茂昭奢縱，公私屈乏，欲饗士，無所給，至與下同糲食，身居戟户。踰月，軍中感其公，請安卧内，迪簡乃許。三年，上下完充。

宋

賀惟忠。定襄人。開寶二年爲易州刺史。性剛果，知書，曉兵法。在易繕完亭障，撫士卒，得其死力，每乘塞用兵，所向必克。

裴濟。河中人。太宗時監軍易州，遼攻城不能下。以勞，遷西頭供奉官。

遼

楊佶。南京人。開泰中，知易州，治尚清簡，徵發期會必信。發倉廪，賑乏絶，民鬻子者計傭而出之。

蕭文。遼外戚。壽隆末，知易州，兼西南面安撫使。高陽土沃民富，吏每黷於貨，文至，悉除舊弊，務農桑，崇禮教，民皆化之。時大旱，百姓憂甚，文禱之輒雨。屬縣又蝗，文反躬自責，蝗盡飛去。會霪雨，復隨禱而霽，歲遂大熟。

蕭陽阿。乾統元年，易州刺史。幸臣劉彦良嘗以事至州，怙寵恣横，爲陽阿所阻。彦良歸，妄加毁訾，尋遣人代，州民千餘詣闕請留，即日授武安州觀察使。

金

靖安民。永興縣人。興定四年，封易水公。十月，安民出兵至礬山，元兵圍安民所居山寨，守寨提控馬豹等以安民妻子及老弱出降，安民軍中聞之，駭亂，衆議欲降以保室家，安民及經歷官郗端不從，遂遇害。

明

李某。失名。太康人。建文時，任廣昌令。燕王兵至，守義不屈，墜城死，妻亦自經。子秉道方幼，上屯里老張真匿爲己子〔二四〕，宣德間復姓，今爲廣昌望族。

張友聞。洪熙時，爲易州判官。以冗員當汰，部民言其律己嚴，處事公，勤於撫字，乞改督本州馬政。詔許之。

孫大祈〔二五〕。黄岡人。萬曆時，知易州。屢值荒饉，親賑飢民，存活數十萬。礦使横虐，力抗被謫。

本朝

韓瑛。沁水人。順治十六年，爲易州兵備道，下車徧詢民間利病而罷行之。丁憂去，民送至固關，尚不忍還。

沈志禮。山陰人。授易州知州。康熙六年，水潦溢入城中，志禮晝夜疏導，水退，民賴全活。

甘汝來。奉新人。康熙五十七年〔二六〕，知淶水縣。邑有鴉鶻人畢哩克者，恃勢强占民屋，且毆民至死。汝來鎖其黨，畢哩克至公庭大譟，汝來並鎖而痛鞭之，夜逸去，乃誣奏汝來，奉旨發部質審。淶人匍匐申訴者，不可勝數。吏議以擅鎖職官，請削籍。特旨復職，自此强悍斂迹。

人物

晋

祖納。遒人。性至孝，少孤貧，常自炊爨以養母。元帝作相，引爲軍諮祭酒。温嶠以納州里父黨，敬而拜之。嶠既爲時用，盛言納有名理，除光禄大夫。

祖逖。納弟。慷慨有節尚，博覽書記，該涉古今，見者謂有贊世才具。與劉琨俱爲司州主簿，共被同寢。中夜聞荒雞鳴，蹴琨覺曰：「此非惡聲也。」因起舞。京師大亂，逖率親黨避地淮泗。元帝徵爲軍諮祭酒。以社稷傾覆，常懷振復之志。尋爲豫州刺史，渡江擊楫誓曰：「不清中原而復濟者，有如大江。」遂部兵與石勒相持。由是黄河以南盡爲晉土。卒之日，豫州士女如失父母。

南北朝　宋

祖沖之。遒人〔二七〕。稽古有巧思。初元嘉中，用何承天所製曆，比古十一家爲密。沖之以爲尚疏，乃更造新法，上表言之。孝武令善曆者難之，不能屈。著易老莊義，釋論語、孝經，注九章，造綴術數十篇。官至長水校尉。子暅之，巧思入神，以父所造曆時尚未行，更修之。官至太舟卿〔二八〕。

梁

祖皓。暅之子。志節慷慨，有文武才畧。少傳家業，善算曆。大同中，拜廣陵太守。侯景亂，皓起兵襲殺其將軍紹先，馳檄討景。景引兵圍之，城破被執，車裂以殉。

北魏

祖瑩。逎人。年八歲，能誦詩書，十二爲中書學生。耽書，聲譽甚盛，内外親屬呼爲「聖小兒」。及長，好屬文，與陳郡袁翻齊名。累官車騎大將軍。瑩以文章見重，嘗語人曰：「文章須自出機杼，成一家風骨，何能共人同生活也。」性爽俠，有節氣，士有窮厄，以命歸之，必見存拯，士亦以此多之。

朱長生。廣昌人〔二九〕。孝文時爲散騎常侍，使高車，于提爲副。高車王欲降之，長生與提厲聲曰：「烈士豈畏死耶！」舍之。拘三年還，孝文嘉其節，拜河内太守，與提並賜男爵。

宋

田敏。本易州牙吏。雍熙中，曹彬爲敵阻兵涿州。敏應王繼恩募，由岐溝關持書抵彬。彬上其事，太祖召見〔三〇〕，補易州静砦指揮使。遼攻唐河北〔三一〕，大將李繼隆爲敵所乘，敏以百騎擊走之。咸平中，敗遼於遂城西羊山，斬獲無算。遷北平砦總管。諜知遼主去北平十里，夜襲其營，敵大驚，遂引衆去。歷官至儀州防禦使。在邊二十餘年，功伐最盛。

金

張通古。易縣人。讀書過目不忘，該綜經史，善屬文。遼天慶二年進士第，補樞密院令史。遜去，屏居太寧山下。金侍中劉彦宗與通古素善，薦之，因仕金。天德初，拜司徒，封瀋王。海陵御下嚴厲〔三二〕，親王大臣未嘗少假以顏色，惟見通古，必以禮貌。正隆初致仕，進封曹王。通古天資樂易，不爲表襮，雖居宰相，自奉如寒素焉。

任詢。易州軍市人。慷慨多大節。書爲當時第一，畫亦入妙品。登正隆二年進士，歷益都判官，北京鹽使。致仕。

張元素。易州人。八歲試童子科。二十七試經義進士，犯廟諱下第。乃去學醫，無所知名，夜夢有人用大斧鑿開心竅〔三三〕，納書數卷於其中，自是洞徹醫術。治病多不用古方，自爲家法云。

麻九疇。易州人。三歲識字，七歲能草書，作大字，一時目爲神童。章宗召見，問：「汝入宫殿中亦懼怯否？」對曰：「君臣，父子也。子豈懼父耶？」帝大奇之。既長，博通五經，於易、春秋尤長。興定末，試開封府，詞賦第二，經義第一。再試南省，復然。聲譽大振，雖婦孺皆知其名。正大初，特賜進士，官至應奉翰林文字。謝病去。

元

趙柔。淶水人。有膽畧，善騎射，好施予。金末避兵西山，柵險以保鄉井。時劉伯元等亦各聚衆數千，聞柔信義，共推爲長。柔明號令，嚴約束，爲衆所服。太祖破紫荆關，柔以衆歸，授涿、易二州長官。後羣盜並起，柔單騎説降其衆，以功累遷真定涿等路兵馬都元帥〔三四〕。卒，封天水郡公，賜謚莊静〔三五〕。

何伯祥。易縣人。從張柔來歸。太祖平河朔，伯祥擒其驍將王子昌，悉平西山諸寨。拔洛陽，破蔡州，論功居多，授易州等處軍民總管，以功賜錦衣、金甲。世祖南伐，伯祥參預軍事，多所獻納。卒，追封易國公，謚武昌。

鞏彦暉。易州人。以武勇稱。代兄彦榮爲百户隸千户何伯祥麾下〔三六〕。從伐宋，破棗陽。泗州之役，諸將無敢渡塹水者，彦暉徑渡，殺其將，登月城。將下，顧伯祥失所在〔三七〕，乃反求之，力戰，翼伯祥以出，由是伯祥與彦暉如親兄弟。事聞，授銀符牌。兵渡江，次武昌。宋援兵四集，彦暉逐之，伏出被圍，彦暉矢盡，遂投水中。敵援之而出，載歸江州，不屈死。

何瑋。伯祥次子。始襲父職，知易州。以平宋功，歷遷御史中丞，陳當時要務十條。成宗崩，丞相阿瑚泰奉皇后旨，集廷臣議祔廟及攝政事，瑋難之，阿瑚泰變色曰：「中丞謂不可行，獨不畏死耶？」衆皆危懼，瑋從容曰：「死畏不義耳，苟死於義，夫復何畏！」武宗即位，歷官河南行中書省平章政事。卒，追封梁國公，謚文正。「阿瑚泰」舊作「阿忽台」，今改正。

敬儼。易州人。父元長，有學行，官至太常博士。儼嗜學，善屬文，初選中書省掾。朱清、張瑄爲海運萬户，豪從不法，適儼典其文牘，嘗致厚賂，儼怒拒之，二人伏誅，權貴皆以賄敗連坐，惟儼不與。大德中，爲監察御史，累官平章政事。卒，謚文忠。

明

李德成。淶水人。少孤。元末，隨母避寇，騎且逼，母投河死。德成思母不置。既長，娶王氏，亦有孝思。一夕夢母謂己曰：「我處水下，寒不得出。」覺而大慟，且即與妻徒跣行三百里，抵死所，卧冰七日，冰融數十丈，恍惚若見母，而他處冰堅如故。洪武初，舉孝廉。永樂初，官至陝西布政使。

謝定住。廣昌人。年十二，隨母出，遇虎將噬其母，定住奮前擊之，虎逸去，如是者三，母獲全。永樂中召見，賜米鈔，旌其門。

張鵬。淶水人。景泰進士。授御史。剛直尚氣節。按大同、宣府，奉使江南，皆有聲。天順元年，偕同官劾石亨、曹吉祥不法，謫戍遼東，尋改廣西。亨敗，赦還。累官兵部尚書、太子少保。卒，謚懿簡。

霍恩。易州人。弘治進士。除上蔡知縣。正德六年，流寇竊發，恩預爲守備，賊齊彦名遣人勒降，恩戮之，以徇於軍。賊大怒，悉衆攻城。恩力禦之，城陷被執，令易服見，恩叱之，迫使跪，恩趺坐地上，罵不絶口，賊以刃插其口中，罵益厲，遂遇害，項斷無血，惟白氣一縷。數日後，顔色如生，目猶瞋視。事聞，贈光禄少卿，謚忠烈，命建「忠節坊」，立祠以祀。

劉斯潔。易州人。嘉靖進士。歷祠祭郎中。時嚴嵩秉政，卹典多請寄，斯潔屢争之。有藩府奏請優伶，抗義不允，夜遺千金，叱却之。萬曆時巡撫江西，清釐雜賦，歲省民錢數十萬。張居正憾尚書朱衡，屬斯潔伺其事，斯潔笑曰：「吾豈能殺人以媚人耶！」後終南京禮部尚書。

本朝

趙居甲。廣昌人。順治舉人。未仕。值大同總兵姜瓖叛，抗節不屈死。

徐喆。廣昌人。拔貢，授蘭谿縣丞。有能聲，署武義縣事。耿精忠叛，同城把總張奇章，潛送款降賊。喆方乘陴拒守，爲賊所執，逼之降，喆大駡不屈，自經死。贈按察使僉事。

列女

唐

古元應妻高氏。默啜攻飛狐，應時爲令，高能固守，虜引去。

金

崔氏。易州人。金末，氏年二十餘，夫從軍死，氏出入兵刃，往復數百里，晝伏夜行，以其尸歸，負土葬之。自以無子，遭時亂，乃經於墓側，以救復蘇。守節至八十餘卒。

明

霍恩妻劉氏。易州人。真定副使劉俊女。隨恩之官上蔡，賊攻城，恩謂劉曰：「脱有急，汝若何？」劉願同死，乃築臺廨後，約曰：「見我下城，即賊入矣。」及城陷，恩拔刀下城，劉臺上見之，即自縊，未絶，復以簪刺心死。

隗好詩妻冀氏。淶水人。夫亡，值寇亂，攜前妻二子及己子避難，遇賊，欲殺前子。氏哀泣欲以己子代，賊詢其故，義而釋之。守節至九十餘歲。

吳喬妻鞠氏。廣昌人。姑患臂痛不治，氏籲天願捨臂代姑。姑愈，乃斷一臂以完前志。同縣吳安妻郭氏、仲孺妻劉氏，俱自縊殉夫。

本朝

趙㦤妻萬氏。易州人。夫亡孝事衰翁，撫孤成立。復早卒，與婦李氏共守，訓四孫皆爲諸生。康熙年間旌。

田虎妻王氏。易州人。夫殁，有諷以改適者，氏閉户絶食，姑諭之，遂奉姑守志以終。同州節婦：丘璜妻侯氏，丘士愉妻馬氏〔三八〕，張履素妻郭氏，張藴華妻孫氏，田之棟妻崔氏，鄭守花妻孫氏，連士功妻李氏，姚士奇妻郭氏，劉興諤妻繆氏，張得玉妻章氏，張璠妻李氏，史珻妻高氏，錢高選妻雷氏，劉璋妻張氏，董鐸妻郭氏，劉永修妻繆氏。均乾隆年間旌。

楊振文妻劉氏。淶水人。年十七而寡，遺孤未彌月，氏撫孤成立，守志三十餘年。同縣節婦：傅永正妻張氏，汪憲準妻錢氏，盧繼忠妻翟氏，張瑗妻孫氏。均乾隆年間旌。

趙安妻陳氏。廣昌人。夫故，事姑至孝，遺孤甫周歲，撫之成立。同縣節婦：張彩妻李氏，王居妻楊氏，胡樹德妻李氏，胡維新妻李氏，郭人龍妻張氏。均乾隆年間旌。

孫雨田妻王氏。易州人。夫亡守節。同州烈婦：趙名山妻韓氏，王汝達妻王氏，楊治家妻劉氏，邢李氏，李韓氏。均嘉慶年間旌。

董三德妻郭氏。淶水人。夫亡守節。同縣烈婦王某妻王氏，烈女張繼周女。均嘉慶年間旌。

侯詔妻董氏。廣昌人。夫亡守節。同縣馬中正妻張氏，李奇照妻康氏。均嘉慶年間旌。

土產

棉。淶水縣出。

不灰木。州境出，亦出廣昌縣白石山。可作火爐等器。

栗。明志：易州出。

鏡。易州出。

酒。淶水縣出。按舊志載生絹，易州最著。唐書地理志：「易州土貢紬。」今皆無之。又杜佑通典：「上谷郡貢墨二百梃。」唐書地理志：「易州土貢墨。」今歙人造墨，尚云按「易水法」製，謹附記。

校勘記

〔一〕晉曰固安　「固安」，乾隆志卷三〇易州古蹟（以下同卷簡稱乾隆志）作「故安」。按漢書卷二八地理志上、續漢書郡國志五、晉書卷一四地理志上皆作「故安」，魏書卷一〇六地形志上作「固安」，云「二漢屬涿，晉屬范陽」。則「故安」即「固安」。

〔二〕易水東逕武陽城南　「城」，原脱，乾隆志及朱謀㙔水經注箋同，據王先謙合校水經注、楊守敬水經注疏易水注補。

〔三〕隋於故安故城西北隅置易縣　「易縣」，原作「故城」，乾隆志同。隋書卷三〇地理志中：易縣，「開皇十六年置」。元和郡縣圖志卷一八：易州易縣，「隋開皇十六年於漢故安故城西北隅置易縣」。太平寰宇記卷六七載同。此「故城」爲「易縣」之誤，據改。

〔四〕魏土地記曰　「魏」，原脱，據水經㶟水注補。

〔五〕飛狐縣西北至蔚州一百五十里　「西北」，乾隆志同。按元和郡縣圖志卷一四作「西」。唐蔚州治興唐縣，即今河北蔚縣，飛狐縣即今淶源縣，位於蔚州東偏南，方向即與本志所載相合。

〔六〕昔有狐於紫荆嶺食五粒松子得仙　「紫」，乾隆志同，太平寰宇記卷六七作「九」。又「五粒松子」，乾隆志同，寰宇記「子」下有

「後」字。

〔七〕在易州西南十六里　「十六」，原倒爲「六十」，乾隆志同，據太平寰宇記卷六七乙正。

〔八〕不同王莽之政　「同」，乾隆志及朱謀㙔水經注箋同，王先謙合校水經注、陳橋驛水經注校釋易水注作「從」。

〔九〕淶水東北逕西射魚城東南　乾隆志同。按水經巨馬水注：「淶水又東北逕西射魚城東南而東北流。」此脱「而東北流」四字。

〔一〇〕石泉水出石泉固　乾隆志同。按水經易水注：「石泉水出石泉固東南隅。」此蓋脱「東南隅」三字。

〔一一〕石泉故城　乾隆志及元和郡縣圖志卷一八同。按水經易水注作「石泉固」，固非城，疑「固」誤爲「故」，又誤加「城」字。

〔一二〕明初建於保定府城内　「明初」，乾隆志同。明太宗實録卷九一：永樂七年閏四月，「設茂山衛，隸大寧都司」。此誤。

〔一三〕本朝順治十一年裁　「十一年」，乾隆志同。清世祖實録卷九一：順治十二年五月，「裁茂山衛，歸併保定左衛」。此「十一」爲「十二」之誤。

〔一四〕又有西金臺在縣東南二十里小金臺及蘭馬臺俱在縣東十五里　「二十里」，乾隆志同，太平寰宇記卷六七作「六十里」。「東十五里」，乾隆志同，寰宇記作「東南十五里」。

〔一五〕覽崇峯之竦峙　「峯」，乾隆志同，水經滱水注作「岸」。

〔一六〕其南二十餘里即插箭嶺　乾隆志同。按此云「其南二十餘里」，乃指浮圖峪口之南而言。光緒廣昌縣志卷一形隘：「浮圖峪口，在縣東三十里。」「插箭嶺口，在縣南三十里。」今浮圖峪在淶源縣（即清廣昌縣）東，插箭嶺在淶源縣南（一九六〇年河北省地圖集），浮圖峪西南至插箭嶺里距約三四十餘里之遥，此「南」上脱「西」字，「二」字誤。

〔一七〕在廣昌縣西南八十里　「八十」，乾隆志同。同治畿輔通志卷七〇關隘、光緒廣昌縣志卷一形隘皆作「一百十五里」，此誤。

〔一八〕後漢建武十三年　「十三」，原作「十二」，乾隆志同，據後漢書卷二〇王霸傳改。

〔一九〕故名飛狐口　「故」，乾隆志同，續漢書郡國志劉昭注引晉地道記無。

〔二〇〕自代郡靈丘南越太行至中山　「太行」，乾隆志同，資治通鑑卷一三五齊紀一胡三省注作「大山」。

〔二一〕自廣昌縣北入嬀州懷戎縣界　「廣昌縣」，乾隆志同。按元和郡縣圖志卷一四作「飛狐縣」，志云：漢廣昌縣，「隋仁壽元年改爲飛狐縣」。隋書卷三〇地理志中：飛狐縣，後周曰廣昌，「仁壽初改焉」。此「廣昌」爲「飛狐」之誤。

〔二二〕一堵墻寨　乾隆志同。同治畿輔通志卷七〇關隘作「堵墻寨」，無「一」字。

〔二三〕漫尖寨　「漫」，乾隆志同。同治畿輔通志卷七〇關隘作「饅」。

〔二四〕上屯里老張真匿爲已子　「上」，原作「土」，乾隆志同，據乾隆直隸易州志卷一三、同治畿輔通志卷一八六宦績改。按同治畿輔通志卷五四疆域圖説廣昌縣西稍北有南上屯、北上屯，今淶源縣（即清廣昌縣）西稍北南上屯（一九六〇年河北省地圖集），即其地。

〔二五〕孫大祈　「祈」，乾隆志同，乾隆直隸易州志卷一三宦績作「祚」。

〔二六〕康熙五十七年　乾隆志及乾隆直隸易州志卷一三宦績同，同治畿輔通志卷一九二宦績據採訪册記于康熙五十二年。

〔二七〕遒人　「遒」，乾隆志及南史卷七二文學傳祖沖之同，南齊書卷五二文學傳祖沖之作「薊」。

〔二八〕官至太舟卿　「舟」，原作「府」，乾隆志同，據南史卷七二文學傳祖暅之改。隋書卷二六百官志上：太舟卿，「列卿之最末者也。主舟航堤渠」。

〔二九〕廣昌人　乾隆志同。魏書卷八七、北史卷八五節義傳朱長生並作「代人」，此誤。

〔三〇〕太祖召見　乾隆志同。宋史卷三二六田敏傳：「彬上其事，太宗召見，復令齎詔諭彬。師還，補敏易州静砦指揮使。」此「太祖」爲「太宗」之誤。

〔三一〕遼攻唐河北　「北」原倒置于「唐河」上，乾隆志同，據續資治通鑑長編卷二九、宋史卷三二六田敏傳（一九七七年中華書局點校本）乙正。

〔三二〕海陵御下嚴厲　「厲」，原脱，據乾隆志及金史卷八三張通古傳補。

〔三三〕夜夢有人用大斧鑿開心竅　乾隆志及金史卷一三一張元素傳「大斧」下有「長鑿」二字。「鑿開心竅」，乾隆志同，金史張元素傳作「鑿心開竅」。

〔三四〕以功累遷真定涿等路兵馬都元帥　「真」，原作「正」，乾隆志同，據元史卷一五二趙柔傳改。本志卷二七正定府建置沿革載：宋元明及清初皆名真定府，清雍正元年改名正定府。後列女明霍恩妻劉氏所記「正定」改同。

〔三五〕賜謚莊静　「静」，乾隆志同。中華書局一九七六年元史卷一五二趙柔傳校勘記據滋溪文稿卷一一趙晟神道碑銘、石田集卷一三趙公先德碑銘改作「靖」。

〔三六〕代兄彦榮爲百户隸千户何伯祥麾下　「百户」，乾隆志同，元史卷一六六鞏彦暉傳作「百夫長」。

〔三七〕顧伯祥失所在　「伯」，原作「百」，據乾隆志及元史鞏彦暉傳、何伯祥傳改。下同。

〔三八〕丘士愉妻馬氏　「士」，乾隆志列女同，乾隆直隸易州志卷一五、同治畿輔通志卷二八一列女作「民」。

冀州直隸州圖

滹沱河
滹沱河
胡盧河
武邑
衡水
紫微山
棗強
河間府阜城縣界
河間府故城縣界
山東武城縣界
廣平府清河縣界

保定府束鹿縣界
深州安平縣界
滹沱河
漳水
漳水
滏水
冀州直隸州
襄山
新河
南宮
趙州寧晉縣界
順德府鉅鹿縣界
廣平府威縣界

冀州直隸州表

	冀州直隸州	
秦	屬鉅鹿郡。	
兩漢	安平國高帝置信都國，景帝二年改廣川國，五年國除爲信都郡，中二年復爲廣川國，甘露四年復曰信都。後漢永平十五年改曰樂成，延光元年又改。	信都縣高帝置，國治。
三國	冀州魏黄初中移來治。	信都縣州治。
晉	長樂國太康五年改國。	信都縣國治。
南北朝	冀州長樂郡後魏改郡。	信都縣州郡治。
隋	信都郡開皇初廢郡，大業初改州爲郡。	長樂縣開皇初析信都置，大業初併信都入之。
唐	冀州信都郡武德四年復置州，龍朔二年改曰魏州，咸亨三年復故名。天寶初復郡，乾元初仍爲州，屬河北道。	信都縣武德初復故名，州治。天祐二年改名堯都。
五代	冀州	信都縣州治。
宋金附	冀州慶曆八年升安武軍，屬河北東路。	信都縣
元	冀州屬真定路。	信都縣
明	冀州屬真定府。	洪武初省入州。

續表

扶柳縣屬信都國。後漢屬安平國。	昌成侯國屬信都國。後漢永平初改阜城縣，屬安平國。	辟陽縣屬信都國。後漢省。	桃縣屬信都國。後漢省。
扶柳縣	阜城縣		
扶柳縣屬安平國。	省。		
扶柳縣後魏太平真君三年併入堂陽，景明元年復置，屬長樂郡。北齊省。			
澤城縣開皇十六年分置，大業初省。			

續表

南宮縣	新河縣	棗强縣
	堂陽縣屬鉅鹿郡。後漢屬安平國。	棗强縣屬清河郡。後漢省。
南宮縣屬信都國，後漢屬安平國。繚縣屬清河郡，後漢省。	堂陽縣	棗强縣
南宮縣	堂陽縣	棗强縣復置，屬長樂國。
南宮縣	堂陽縣後魏屬長樂郡。齊省。	棗强縣後魏神瑞二年併入廣川，太和中復置，屬長樂郡。齊省廣川，天保七年移來治。
南宮縣後魏屬長樂郡。齊省。	堂陽縣開皇十六年復置，屬信都郡。	棗强縣屬信都郡，開皇二年移治。
南宮縣開皇六年復置，屬信都郡。	堂陽縣屬冀州。	棗强縣屬冀州。
南宮縣武德四年屬宗州，貞觀元年屬冀州。	堂陽縣晉改曰蒲澤，割屬真定府。漢復故名。周屬冀州。	棗强縣
南宮縣	新河縣宋皇祐四年省，併南宮之新河鎮爲縣，熙寧六年仍省入南宮。	棗强縣宋熙寧元年省入信都，十年復置，仍屬冀州。金天會十年移今治。
南宮縣宋皇祐四年省入新河，六年復置。	新河縣太宗四年復置，屬冀州，至元二十七年移今治。	棗强縣
南宮縣	新河縣	棗强縣
南宮縣成化十四年移今治。		

	武邑縣
高隄縣 屬信都國。後漢省。 平隄侯國 屬信都國。後漢廢。 廣川縣 屬信都國。後漢永初元年分置廣川王國,建光元年國除,屬清河國。	武邑縣 屬信都國。後漢屬安平國。
廣川縣	武邑縣
廣川縣 屬勃海郡。	武邑郡 太康十年置,治武邑。 武邑縣 郡治。
灌川縣 後魏屬長樂郡。齊省。 索盧縣 後魏太和中分置,屬長樂郡。齊省。	後魏徙廢。 武邑縣 後魏屬武邑郡。齊天保七年省。
	武邑縣 開皇六年復置,屬信都郡。
	武邑縣 屬冀州。
	武邑縣
	武邑縣
	武邑縣 初屬東武州,太宗六年還屬冀州。
	武邑縣

續表

	衡水縣
觀津縣 屬信都國。後漢屬安平國。 東昌侯國 屬信都國。後漢省。	桃縣地。
觀津縣	
觀津縣	
灌津縣 後魏改「觀」爲「灌」，屬武邑郡。齊省。	
開皇十六年復置，大業初省入蓚縣。 開皇十六年分武强置昌亭縣，屬冀州，大業初省入武邑。	衡水縣 開皇十六年分信都、下博、武邑三縣地置，屬信都郡。
武德四年復置，貞觀元年省。	衡水縣 屬冀州。
	衡水縣
	衡水縣
	衡水縣 屬深州。
	衡水縣 永樂十三年移今治。

大清一統志卷四十九

冀州直隸州一

在直隸省治南三百三里。東西距一百十里，南北距一百五十里。東至河間府故城縣界四十五里，西至趙州寧晉縣界六十五里，南至廣平府威縣界七十里，北至深州安平縣界八十里。東南至廣平府清河縣治一百四十里，西南至順德府鉅鹿縣治八十里，東北至河間府阜城縣治一百八里，西北至保定府束鹿縣治七十五里。本州境東西距六十里，南北距七十里。東至棗强縣界十五里，西至新河縣界四十五里，南至南宫縣界五十里，北至衡水縣界二十里。東南至清河縣治一百四十里，西南至新河縣治六十里，東北至衡水縣治四十里，西北至東鹿縣治七十五里。自州治至京師六百三十三里。

分野

天文昴、畢分野，大梁之次。

建置沿革

禹貢冀、兖二州之域。通典：「郡理東入兖州之域，西入冀州之域。」

春秋晉東陽地。戰國屬趙。秦屬鉅鹿郡。漢高帝置信都國，治信都縣〔一〕，景帝二年改爲廣川國，五年國除爲信都郡，中二年復爲廣川國。宣帝甘露四年復曰信都國〔二〕。屬冀州。後漢永平十五年改曰樂成國，延光元年又改曰安平國〔三〕。三國魏移冀州治此。按冀州，後漢治高邑，漢末治鄴。元和志云：「魏黄初中始自鄴移理信都〔四〕。」晉太康五年改曰長樂國。後魏曰長樂郡，仍爲冀州治。魏書地形志：「冀州，晉世郡續治厭次，慕容垂治信都。皇始二年平信都，仍置。」齊、周因之。隋開皇初廢郡存州，大業初州廢，仍爲信都郡。隋書地理志：「開皇初分帶郡信都置長樂縣，大業初廢信都入焉。」寰宇記：「十二年又改長樂爲信都。」唐武德四年復曰冀州，六年置總管府，是年移州治下博。貞觀元年復治信都，府廢。龍朔二年改曰魏州。咸亨三年復故，天寶初復曰信都郡，乾元初仍曰冀州。屬河北道。五代因之。宋慶曆八年置安武軍節度使。屬河北東路。金因之。元亦曰冀州，屬真定路。明洪武六年以州治信都縣省入〔五〕，屬真定府。

本朝因之，雍正二年升爲直隸州，領縣五。

南宫縣。在州西南六十里。東西距一百十五里，南北距三十五里。東至山東東昌府武城縣界八十里，西至趙州寧晉縣界三十五里〔六〕，南至廣平府威縣界二十里，北至本州界十五里。東南至廣平府清河縣界八十五里，西南至順德府鉅鹿縣界四十里，東北至棗强縣界二十五里，西北至新河縣界二十五里。漢置南宫縣，屬信都國。後漢屬安平國。晉因之。後魏屬長樂郡。北齊廢。隋開皇六年復置，屬信都郡。唐武德四年屬宗州，九年屬冀州〔七〕。五代因之。宋皇祐四年省入新河縣，六年復置〔八〕。

金、元、明皆因之。本朝初屬真定府〔九〕，雍正二年還屬冀州。

新河縣。在州西少南六十里。東西距三十五里，南北距六十里。東至本州界十五里，西至趙州寧晉縣界二十里，南至順德府鉅鹿縣界三十里，北至保定府束鹿縣界三十里。東南至南宫縣界二十里，西南至鉅鹿縣治八十里，東北至衡水縣治一百里，西北至正定府晉州治一百二十里。漢置堂陽縣，屬鉅鹿郡。後漢改屬安平國。晉因之。後魏屬長樂郡。北齊廢。隋開皇十六年復置，屬信都郡。唐屬冀州。五代晉改曰蒲澤，割屬鎮州。漢復故名〔一〇〕。周還屬冀州。宋皇祐四年省堂陽，升新河鎮爲新河縣。熙寧六年復省爲鎮入南宫。元太宗四年復置新河縣〔一一〕，屬冀州。明因之。本朝初屬真定府，雍正二年還屬冀州。

棗强縣。在州東少南二十五里。東西距四十五里，南北距八十五里。東至河間府故城縣界三十里，西至本州界十五里，南至南宫縣界六十里，北至衡水縣界二十五里。東南至山東東昌府武城縣界三十里，西南至本州界三十里，東北至河間府景州界五十里，西北至衡水縣界二十五里。漢置棗强縣，屬清河郡。後漢廢。晉復置，屬長樂國。後魏神瑞二年併入廣川，太和二十二年復置，屬長樂郡。隋屬信都郡。唐屬冀州。五代因之。宋熙寧元年省入信都，十年復置。金、元、明俱屬冀州。本朝初屬真定府，雍正二年還屬冀州。

武邑縣。在州東北九十里。東西距四十五里，南北距六十里。東至河間府景州界二十五里，西至衡水縣界二十里，南至棗强縣界三十里，北至深州武强縣界三十里。東南至景州治八十里，西南至棗强縣治七十里，東北至河間府阜城縣界三十里，西北至深州治六十里〔一二〕。漢置武邑縣，屬信都國。後漢屬安平國。晉太康十年置武邑郡。後魏皇始三年移郡治武强，以武邑屬之。北齊天保七年縣廢。隋開皇六年復置，屬信都郡。唐屬冀州。五代、宋、金因之。元初屬東武州，太宗六年還屬冀州。明因之。本朝初屬真定府，雍正二年還屬冀州。

衡水縣。在州東北四十里。東西距五十八里，南北距四十五里。東至武邑縣界十八里，西至深州界四十里，南至棗强縣界二十五里，北至深州界二十里。東南至棗强縣界二十五里，西南至本州界三十五里，東北至武邑縣界十八里，西北至深州界十八里。漢信都國桃縣地。隋初爲信都、下博、武邑三縣地，開皇十六年始置衡水縣，屬信都郡。唐屬冀州。宋、金因之。元改屬深州。明因之。本朝初屬真定府，雍正二年改屬冀州。

形勢

州據河北之中，川原饒衍，控帶燕、齊，稱爲都會。東近瀛海，則資儲可充，南臨河、濟，則折衝易達。州志。

風俗

質厚少文，氣勇尚義，號爲彊忮。州志。

城池

冀州城。舊城周二十四里。明弘治元年改建内城。方十四里，南、北、西爲三大門，東面西南隅爲二水門。本朝順治、康熙年間屢修，乾隆十一年、四十四年重修。

南宫縣城。周八里，門四。城外爲隍，隍外爲隄，隄外爲重隄。明成化十四年土築。本朝康熙十一年修。

甃甎。

新河縣城。周三里有奇，門三。濠外有隄。明景泰中建。本朝康熙十四年修。

棗强縣城。周四里，門三，池繞之。有護城隄。金天會十年土築。本朝順治、康熙年間屢修。

武邑縣城。周四里，門四。明正統十四年建。城外有濠，城南有護城隄。

衡水縣城。周四里有奇，高二丈，東北隅少缺，象形曰「幞頭城」，門四。明景泰初土築。本朝順治初年修，乾隆三十一年

學校

冀州學。在州治東。明永樂十九年建。入學額數二十三名。

南宫縣學。在縣治東南。明洪武初建。入學額數二十三名。

新河縣學。在縣治東。元至正中建。入學額數十五名。

棗强縣學。在縣治東。舊在縣治東北，明正統中移建。本朝康熙三十六年修。入學額數二十三名。

武邑縣學。在縣治東北。元延祐七年建。入學額數十五名。

衡水縣學。在縣治東。明永樂十二年建。入學額數十五名。

信都書院。在州治内。本朝雍正三年建，乾隆三年修，十六年重修。

東陽書院。在南宫縣東。本朝乾隆十六年建，嘉慶二十一年修。

嘉會書院。在棗强縣大金村。

桃城書院。在衡水縣。

户口

原額人丁三十一萬三千六百五，今滋生男婦大小共一百二十八萬九千二百十八名口，計二十三萬三千七十一户。

田賦

田地四萬三百六十九頃九十七畝二分有奇，額徵地丁正、雜銀一十五萬五千九百三十四兩五錢六分五釐。

山川

棗山。在州西南五十里。山多棗，因名。又武邑縣西南五十里亦有棗山。

紫微山。在州東北二十五里。又南宮縣北五里亦有紫微山。

滹沱河。在州北。自保定府束鹿縣流入，合漳、滏二水，又東北逕衡水、武邑入武强縣界。漢書地理志：「信都縣，故滹沱河在縣北，東入海。」舊志：「本朝順治二年，滹沱河入冀州境者二口，一由束鹿縣韓村莊至州界趙家莊入漳，一由智丘村四七營、温浪口等村過隄北入漳。自合漳後，即入衡水及武邑縣北，又達河間府境。舊道自束鹿縣南，過安平南、深州北，復東出饒陽縣北，歷河間府獻縣、交河而合漳水，今自冀州合漳，於是深州安平、饒陽諸境，皆無滹沱故迹矣。」

胡盧河。漳、滏二水自趙州寧晉縣合流，東北逕新河縣北，又東北至州西北合滹沱河，又東北逕衡水、武邑二縣，北入深州武强縣界，即古衡漳及長蘆水故道也。漢書地理志：「信都縣，故漳河在北，東入海。」水經注：衡漳水自鉅鹿縣，又「北逕南宮縣故城西，又北洚瀆出焉。又北逕堂陽縣西，分爲二水，其一水北出，逕縣故城西，其右水東北注，出石門，謂之長蘆水，東逕堂陽縣故城南，應劭曰在堂水也。又東逕九門坡，又東逕扶柳縣故城南，又東屈北逕信都縣故城西。其水側城北注，又北逕安陽城東，又北逕武陽城東，又北爲博廣池，又北逕下博縣故城東，北注衡水。衡水又東北逕扶柳縣北，逕昌成縣故城西，又逕西梁縣故城東，又東北逕桃縣故城北，合斯洨故瀆。又北爲袁譚渡。又北逕鄡縣東、下博縣西，又西逕樂鄉縣，列葭水注之。又東逕武强縣北，又東逕武隧縣南〔一三〕，白馬河注之。又東逕武邑縣故城北，又東北，右合張平口故溝〔一四〕。又逕東昌縣故城北，又東北，左會滹沱故瀆，謂之合口」。元和志：「長蘆水，在堂陽南二百步。信都縣西北六十二里，衡水縣南二百步，武邑縣北三十二里。」宋史河渠志：「漳河由磁州、洺州南入冀州新河鎮，與胡盧河合流，其後變徙，入於大河。熙寧三年，詔程昉相視，四年開修，袤一百六十里。」金史地理志：「信都縣有胡盧河，衡水縣有長蘆河，武邑縣有漳河、長蘆河。」舊志：「漳河，一名清水河，新河縣界西北二面，去河各三十里。又在州西北二十五里，衡水縣西一里，武邑縣西北二十里。」通志：「漳、滏合流至冀州之王家莊，與滹沱合。又二十里至冀州隄北，又二十里至衡水縣之浪子橋，又七十里至衡水之石橋，又四十里至武邑之圈頭，又三十里至武邑之趙橋，又二十里至武强之小范。」按衡漳故道遷流無定，唐、宋以來，雖有長蘆、胡盧之異名，實皆漳水之下流也。今漳水上流東徙，經魏縣、元城抵館陶入衛，僅分一小支，由廣宗至新河與滏合，滏水會衆流由寧晉泊而出，至州界合滹沱河東注，謂之胡盧河，并不得以漳水目之矣。

古黄河。在州東南及南宮縣東南、棗强縣南。桑欽水經〔一五〕：「張甲河左瀆又北逕經城東、繚城西，又逕南宮縣西，北注絳瀆。右瀆又東北逕廣宗縣故城南，又東北逕界城亭北，又東北逕棗强縣故城東，又東北逕廣川縣，與洚水故道合，又東北逕廣川縣故城西，又東逕棘津亭南。」宋史河渠志：「熙寧元年，河決冀州棗强埽，北注瀛州。元豐四年，劉定言：王莽河一徑水，自大名界下合大流注冀州，又臨清徐曲御河決口、恩州趙村壩子決口兩徑水，亦注冀州城東。元祐二年，河決南宮下埽。三年，決上埽。四年決宗城中埽。大觀二年，冀州河溢，壞信都、南宮兩縣。」舊志：「黄路河，一名黄瀘河，自廣平府清河縣流入，逕南宮縣東南八十里，又北逕棗强縣東三十里，又東北出至河間府阜城縣合劉麟河。今已堙廢，其地斥鹵，潦水數集，蓋即古之黄河也。」

古清河。在棗强縣南。自廣平府清河縣流入，又東北入故城縣界。水經注：清河自東武城「又東北逕復陽縣故城西，又東北流逕棗强縣故城西，又北逕廣川縣故城南，又東北逕歷縣故城南」。

漳河。在棗强縣東北。漳水自山東丘縣東行之一支也。自廣平府清河縣流入，與河間府故城縣接界，又北逕武邑縣南，入阜城縣界，俗亦謂之老漳河。

索盧河。在棗强縣西北十里。古衛河分流也。自河間府故城縣界流逕縣西南，折而東北，至阜城縣合劉麟河。

夾河。在武邑縣北三十里。亦漳水分流也。自衡水縣界流入，又東入滹沱河。

鹽河。在衡水縣西南二里。自冀州流入，北通漳河。冬春涸，秋夏則溢，其地生鹽，故名。

洚水。故道自順德府廣宗縣流入，逕南宮縣北，又東北逕州城北，又東逕衡水縣南，至武邑縣界合於漳水，亦名枯洚。漢書地理志：「信都縣，禹貢絳水亦入海〔一六〕。」水經注：「絳瀆東南流逕九門城南，又東南逕南宮城北，又東南逕繚城縣故城北。又左逕安城南，又東北逕辟陽亭，又北逕信都城東，散入澤渚，西至於信都城，東連於廣川縣之張甲故瀆，同歸於海。」元和志：「絳水故瀆，在南宮縣東南六里。」寰宇記：「絳水枯瀆西南自南宮縣界流經州東南二十里。又自衡水縣界經武邑縣城西。」舊志：「今南宮縣東南有虹江，一名牛口峪，又有破塘在縣東北二十里，疑即古絳河所經，今皆堙塞。」按禹貢之絳水即濁漳，信都之絳水乃漳水一時之徙流。漢志即謂禹貢之絳水，誤。

小河渠。在南宮縣東。有二處，皆濁漳之分流。河旁地極膏腴，舊時民引渠灌田。

通利渠。在南宮縣西五十九里。唐延載元年開，引漳水以溉田。

堂陽渠。在新河縣西南。唐書地理志：「堂陽縣西南三十里有渠，自鉅鹿入縣境，下入南宮，景龍元年開。」

羊令渠。唐書地理志：「衡水縣南一里有羊令渠，載初中，令羊元珪引漳水北流，貫城注隍。」

杜村溝。在衡水縣西南十里。旁有窪池二十餘頃。明弘治中開此溝以洩水患，尋塞，正德間復疏通之，民獲種植之利。又有北沼，在縣西南二十里。遇漲，通於漳水。

武强湖。武邑縣西北。水經注：張平口〔一七〕：「故溝上承武强淵，淵之西南側水有武强縣故治，故淵得其名焉。又東南結而爲湖，謂之郎君淵。淵水北通，謂之石虎口，又東北爲張平澤。澤水所泛，北決隄口，謂之張刀溝，北注衡漳〔一八〕，謂之張平口。」元和志：「武强湖，在武邑縣北三十二里。」

葛榮陂。在州西南二十里。唐書地理志：「信都縣東二里有葛榮陂，貞觀十一年，刺史李興公開，引趙照渠水注之。」

古蹟

信都故城。今州治。漢置縣，爲信都國治。後漢更始二年，世祖自下博馳赴信都，太守任光開門出迎。三國魏爲冀州治。晉太康五年立南宫王子玷爲長樂王，因改爲長樂國。其後石趙、慕容燕、苻秦皆置冀州於此。後魏皇始元年遣王建、李栗等攻信都，二年平之，仍置冀州。隋初析置長樂縣，大業初省信都入長樂，仍爲信都郡治。唐初復曰信都，爲冀州治，天祐二年改爲堯都，尋復故。明洪武六年始省入州。舊志：「故城在州治東北。」

辟陽故城。在州東南三十里。漢高帝六年封審食其爲侯國，後置縣，屬信都國。後漢省。水經注：「應劭地理風俗記〔一九〕：廣川縣西南六十里有辟陽亭，故縣也。」元和志：「辟陽故城，在信都縣東南三十五里。」縣志謂在州西，誤。

扶柳故城。在州西南。戰國時中山屬邑，後屬趙。國策：「趙攻中山，取扶柳。」即此。漢置縣，屬信都國，吕后封吕平爲侯邑。後漢屬安平國。晉因之。後魏太平真君三年併入堂陽，景明元年復置，屬長樂郡。高齊省入信都。水經注：「縣有扶澤，澤中多柳，故曰扶柳。」括地志：「故城在信都縣西三十里。」州志：「在州西南六十里，俗訛爲蒲笠城。」

昌成故城。在州西北。故趙邑。史記：「趙孝成王十年，燕攻昌成〔二〇〕，拔之。」即此。漢神爵三年封廣川繆王子元爲侯國，屬信都國。後漢初，昌成人劉植據城以迎光武。永平初改爲阜城縣〔二一〕，屬安平國。晉省入信都。地理風俗記：「堂陽縣北三十里有昌成，故縣也。」括地志：「故城在信都縣西北五十里。」〔二二〕

桃縣故城。在州西北。漢高帝十二年封劉襄爲桃侯。初元元年又封廣川繆王子良爲侯國。後爲縣，屬信都國。後漢省。寰宇記：「故桃城，在信都縣西北四十五里。」

繚縣故城。在南宫縣東南。漢置縣，屬清河郡。後漢省。水經注：「洚水逕繚城縣故城北，十三州志曰：經縣東五十里有繚城，故縣也。」寰宇記：「在南宫縣東南二十六里，故城猶存。」

南宫故城。在今南宫縣西北。漢初置縣，吕后元年封張敖子偃爲南宫侯〔二三〕。後漢更始中，光武因王郎起，自薊南馳至南宫，遇大風雨，引車入道旁空舍，馮異抱薪，鄧禹燃火，光武對竈燎衣，即此地也。齊廢。隋復置。唐屬冀州。元和志：「縣東北至州六十二里。」明成化十四年，縣城爲漳水所圮，十六年遷於舊城東三里之飛鳳岡，即今縣。

堂陽故城。在新河縣西。漢高帝十一年封功臣孫赤爲侯邑，後爲縣，屬鉅鹿郡。地理風俗記曰：「在堂水之陽。」因名。歷代皆爲縣。宋皇祐中始省爲鎮。按水經注：「漳水自南宫北流，始至堂陽。」元和志：「堂陽縣，東至冀州六十五里。」以道里考之，疑即今新河縣治〔二四〕，舊志作在南宫縣西南二十里，誤。

新河故城。在今新河縣西二十五里。宋初爲新河鎮，皇祐四年置新河縣於此，熙寧六年省。元初復置，至元二十七年，河溢城圮，因移今治〔二五〕。

廣川故城。在棗强縣東三十里。漢置縣，屬信都國。十三州志曰：「城中有長河爲流，故名。」元朔四年封中山靖王子頗爲侯邑。後漢初屬清河國，永初元年，鄧太后分置廣川王國。建光元年國除，仍屬清河國。晉屬勃海郡〔二六〕。後燕慕容垂嘗於此置廣川郡，尋廢。後魏改屬長樂郡。北齊廢。寰宇記：「棗强縣東北十八里有廣川故城。齊天保七年省，因移棗强縣理此。隋開皇二年，棗强移治今理。」六年復置廣川縣，在今德州界。金志「棗强縣有廣川鎮」，即故縣也。舊志：「故城在今縣東三十里舊縣村，西枕大河，其南十里爲董學村，董仲舒故里，割屬故城。其東三里爲董家莊，東北八里爲廣川集，割屬景州。」

棗强故城。在今棗强縣東南。漢武帝元朔二年封廣川惠王子晏爲侯邑。後漢省。地理風俗記曰：「東武城西北五十里有棗强城。」元和志：「縣西北至冀州六十八里。本漢舊縣，高帝以留肹爲棗强侯。其地棗木强盛，故名。」寰宇記：「棗强故城，在今縣西南十五里。齊天保七年自故城移於今縣東北十八里廣川城。隋開皇三年又移於今理。」舊志：「金天會四年，河溢城圮，十年遷於縣西北三十里劉馬村，即今治。」

武邑故城。今武邑縣治。寰宇記：「縣在冀州東北九十里。本漢舊縣，屬信都國。後漢屬安平國。晉太康十年於此置武邑郡。後魏皇始三年移郡治武强。高齊天保中省武邑。隋開皇六年復置。」

觀津故城。在武邑縣東南。本戰國時趙邑，史記：「趙封樂毅於觀津，號望諸君。」漢置縣，屬信都國。後漢屬安平國。晉因之。後魏曰灌津，屬武邑郡。北齊省。隋開皇十六年復置，大業初廢入蓨縣。唐武德四年分蓨縣復置，貞觀元年省〔二七〕。括地志：「觀津故城，在武邑縣東南二十五里。棗强縣東北二十五里〔二八〕。」九域志「武邑縣有觀津鎮」，即故縣也。今廢。

東昌故城。在武邑縣東北二十八里。漢置縣，屬信都國。本始四年封清河綱王子成爲侯國〔二九〕。王莽改曰田昌。後漢省。亦名爲昌亭，水經注：「衡漳逕東昌縣故城北，經所謂昌亭也，俗名曰東相，蓋相、昌聲韻合，故誤。西有昌城，故目是城爲東昌。」隋書地理志：「開皇十六年分武强置昌亭縣，大業初廢入武邑。」唐書地理志：「武德四年析武邑置昌亭縣，貞觀元年省。」

衡水故城。在今衡水縣西南。舊唐書地理志：「衡水，古無此名，隋開皇十七年〔三〇〕，河北大使郎蔚之分信都北界、武邑西界、下博南界置衡水縣，特築此城。」元和志：「縣南至冀州四十里。本漢桃縣之地，隋置衡水縣，縣在長蘆河西，長蘆河則衡漳故瀆也，因以爲名。」縣志：「明永樂五年，漳水溢，城壞，十三年遷於河東范家疃，即今治。故城在縣西南十五里。又有空城在縣西二十里，周里餘，遺址尚存。」

澤城廢縣。在州西。隋開皇十六年分長樂縣置，大業初廢入信都。寰宇記：「故澤城，西晉末築於扶柳澤畔。」

高隄廢縣。在棗强縣東。漢置縣，屬信都國。後漢省。寰宇記：「棗强縣東北三十六里有高隄故城，一曰雍氏城。」

平隄廢城。在棗强縣東。漢地節二年封河間獻王子招爲侯國，屬信都國。後漢省。寰宇記：「蓋在今縣東北高隄城側近，以界内多古隄，因以爲名。」

索盧廢縣。在棗强縣東十五里。後魏太和中分廣川縣置，屬長樂郡。高齊省入棗强。

煑棗城。在棗强縣西北十五里。魏書地形志：「棗强有煑棗城。」元和志：「故城在信都縣東北五十里。漢煑棗侯國，六國時於此煑棗油，後魏及齊以爲故事，每煑棗油，即於此城。」

藺相如臺。在衡水縣北。元和志：「在縣東北十二里〔三二〕。」

麥飯亭。在南宫縣境。漢光武避王郎之難，馳至南宫，入道旁空舍，馮異進麥飯，後人因築亭。

姚弋仲故壘。在棗强縣東北。晉咸和八年，石虎使姚弋仲帥其衆徙居清河之灄頭。水經注：「清河逕廣川縣故城南，水側有羌壘，姚氏之故居也。」元和志：「棗强縣外城，即姚弋仲故壘。」

孔賢莊。在衡水縣西五里。唐孔穎達故居。

養正堂。在州治内。宋元豐初，魯有開建，黄庭堅爲記。又避暑堂，在州治西，亦有開建。

百花樓。在州治南。宋建。今廢。

校勘記

〔一〕漢高帝置信都國治信都縣　乾隆志卷三一冀州建置沿革（以下同卷簡稱乾隆志）同。周振鶴西漢政區地理第八章趙國沿革：高帝九年析鉅鹿郡置河間郡，領有信都縣。文帝二年以河間郡置國，十五年河間國除分爲河間、廣川、勃海三郡。景帝二年以廣川郡置廣川國，五年國除爲信都郡，中元二年復爲廣川國，治信都縣。此云「漢高帝置信都國治信都縣」，誤。

〔二〕宣帝甘露四年復曰信都國　乾隆志同。周振鶴西漢政區地理：宣帝本始四年，廣川國除爲郡，地節四年復置廣川國，甘露四年，廣川國除爲郡。元帝建昭二年以廣川郡置信都國。成帝陽朔二年，國除爲郡。此説誤脱。

〔三〕延光元年又改曰安平國　乾隆志同。後漢書卷八孝靈帝紀：中平元年，「安平王續有罪誅，國除」。同書卷五〇樂成靖王黨傳：「中平元年，黄巾賊起，（安平王續）爲所劫質，囚于廣宗。賊平，復國。其年秋，坐不道被除。立三十四年，國除。」則延光改後，至中平元年又國除爲郡，此缺載。

〔四〕魏黄初中始自鄴移理信都　乾隆志及太平寰宇記卷六三冀州同。按魏書卷一〇六地形志上：「冀州，後漢治高邑，袁紹、曹操爲冀州，治鄴，魏、晉治信都。」孔祥軍三國政區地理研究上第一章魏政區沿革冀州：「三國志魏志卷二四崔林傳：『文帝踐阼，拜尚書，出爲幽州刺史。』元和志卷一三太原府：『後漢末省并州入冀州。魏文帝黄初元年，復置并州。』則并州、幽州於黄初元年由冀州分出。據魏書地形志謂鄴縣屬魏郡，魏郡黄初時屬司隸，則冀州建安時初治鄴，黄初時已移治信都，寰宇記『魏黄初中，冀州刺史自鄴徙理信都』，所謂『黄初中』微誤，當作『黄初元年』。」孔氏之説是也。

〔五〕明洪武六年以州治信都縣省入　「六年」，乾隆志同。明史卷四〇地理志一作「二年」，當是。本卷古蹟「信都故城」同。

〔六〕西至趙州寧晉縣界三十五里　乾隆志同。同治畿輔通志卷五四疆域圖説：南宫縣，「西北至趙州寧晉縣界五十五里」。此「三」蓋爲「五」字之訛。

〔七〕九年屬冀州　乾隆志同。舊唐書卷三九地理志二：南宫縣，「武德四年屬宗州。貞觀元年屬冀州」。此脱「貞觀」二字，「九」爲「元」字之訛。

〔八〕宋皇祐四年省入新河縣六年復置　乾隆志同。元豐九域志卷二：冀州，「皇祐四年省堂陽縣爲鎮入南宫，升新河鎮爲縣」。輿地廣記卷一〇同，則皇祐四年南宫縣仍存，此云「省入新河」，誤。南宫縣既未廢，何以復置？宋會要方域五之二八：「熙寧六年廢新河縣爲鎮隸南宮縣。」元豐九域志卷二及宋史卷八六地理志二同，則廢者乃新河縣，時在熙寧六年，此云「六年復置」爲「熙寧六年省新河縣爲鎮入縣」之舛誤。

〔九〕本朝初屬真定府　「真」，原作「正」，乾隆志同。本志卷二七正定府建置沿革：「明曰真定府，「雍正元年改名正定府」。據改。後新河、棗强、武邑、衡水四縣改同。

〔一〇〕漢復故名　乾隆志同。太平寰宇記卷六三：「堂陽縣，「晉改爲蒲澤，唐復舊名」。此「漢」疑爲「唐」字之誤。

〔一一〕元太宗四年復置新河縣　乾隆志同。元史卷五八地理志一：「新河，太宗四年置。」即本志所據。温海清畫境中州下篇元史卷五八地理志考釋：「據龍虎衛上將軍安武軍節度使兼行深冀二州元帥府事王公行狀，内有『新河王主簿』一語，時間是在金末辛巳歲（一二二一），可知金末已設有新河縣矣（紫山大全集卷一八）。元史地理志謂新河縣于『太宗四年置』，不知何指。或者新河縣于金末陷蒙古後復廢歟？然據新河縣志經政考營繕門載：『舊城在縣西三十里，元太宗四年改建，至元間廢于水，至元二年，邑尹劉大雷始遷縣城于今城。』由此看來，元史所謂『太宗四年置』，實非廢後復置，元史記載疑誤。」

〔一二〕西北至深州治六十里　「六十」，乾隆志同，同治武邑縣志卷一疆域：「西北至深州九十里。」同治畿輔通志卷五四疆域圖説作「八十」，此記里距疑誤。

〔一三〕應劭曰在堂水也至又東逕武隧縣南　「堂水也」，乾隆志山川同，水經濁漳水注引應劭曰作「縣在堂水之陽」。「又東逕九門坡」，乾隆志同，水經濁漳水注作「又東逕九門城北」。「鄡縣東」、「樂鄉縣」、「武隧縣」，乾隆志皆同，水經濁漳水注皆有「故城」二字。

〔一四〕右合張平口故溝　乾隆志同。陳橋驛水經注校釋濁漳水注：「右合張平口，故瀆上承武强淵。」如是，此「故溝」下蓋脱「上承武强淵」五字。

〔一五〕桑欽水經　乾隆志及朱謀㙔水經注箋同，據王先謙合校水經注、楊守敬水經注疏河水注下文乃水經注文，非水經文，此「桑欽水經」爲「酈道元水經注」之誤。

〔一六〕禹貢洚水亦入海　「洚」，乾隆志、通典卷一七八州郡八同，漢書卷二八地理志下、水經濁漳水注、元和郡縣圖志卷一七皆作「絳」，太平寰宇記卷六三、元豐九域志卷二又作「降」。

〔一七〕張平口　「張」，原作「强」，據乾隆志及水經濁漳水注改。

〔一八〕北注衡漳　「漳」，原作「河」，乾隆志及朱謀㙔水經注箋同，據王先謙合校水經注、楊守敬水經注疏濁漳水注改。

〔一九〕應劭地理風俗記　「地理」下原衍「志」字，據乾隆志及水經濁漳水注引地理風俗記删。

〔二〇〕燕攻昌成　「成」，乾隆志同。史記卷四三趙世家：孝成王十年，「燕攻昌壯」。正義：「壯」字誤，當作「城」。括地志云：「昌城故城，在冀州信都縣西北五里。」（此「五」下脱「十」字，詳見本卷校勘記〔二二〕）。史志「城」、「成」二字通作，漢書卷一五王子侯表：神爵三年封廣川繆王子元爲昌城侯。同書卷二八地理志下：信都國，「昌成，侯國」。無「土」旁，即是。

〔二一〕永平初改爲阜城縣　乾隆志同。西漢信都國之昌成，後漢改名阜城，續漢書郡國志二：「阜城，故昌城。」但不載何時改，云「永平初」改，不知何據。

〔二二〕括地志故城在信都縣西北五十里　乾隆志同。史記卷四三趙世家正義引括地志：「昌城故城，在冀州信都縣西北五里。」作「五里」，不作「五十里」。考太平寰宇記卷六三「冀州信都縣」：「昌成故城，漢爲縣，在今郡西北五十里，屬信都。」按漢信都縣爲信都國治，唐信都縣爲冀州治，即清冀州治（今河北冀州市），則作「五十里」者乃寰宇記文，記載正確，括地志作「五里」，脱「十」字。

〔二三〕呂后元年封張敖子偃爲南宮侯　「呂后」，乾隆志作「高帝」。按史記卷一九惠景間侯者年表：高后元年封張買爲南宮侯，八年，買坐呂后事誅，國除。漢書卷三二張耳陳餘傳：呂后六年，「宣平侯敖復薨，呂太后立敖子偃爲魯王，以母爲太后故也。……高后崩，大臣誅諸呂，廢魯王及二侯。孝文即位，復封故魯王偃爲南宮侯」。則高后元年封南宮侯爲張買，封張敖子偃爲南宮侯在孝文帝，本志及乾隆志皆誤。

〔二四〕以道里考之疑即今新河縣治　乾隆志同。漢置堂陽縣，歷魏、晉、唐因之。考水經濁漳水注引應劭曰：「堂陽縣北三十里有昌城，（漢）故縣也。」據太平寰宇記卷六三載：漢昌城縣，「在今郡（即冀州）西北五十里」。即在清冀州西北五十里，而漢堂陽縣在漢昌城縣西南三十里，其一。元和郡縣圖志卷一七、太平寰宇記卷六三皆載：堂陽縣，「在冀州西六十五里」，即在清冀州西六十五里。本卷建置沿革：「新河縣，在冀州西少南六十里。」方位和里距皆稍差，其二。據此二者推考，漢唐堂陽縣應在漢昌城縣西南三十里，清冀州（今冀州市）西六十五里，則在清新河縣（即今縣）北稍西，中國歷史地圖集第二册漢圖及第五册唐圖所示縣址是也，非清新河縣治。

〔二五〕在今新河縣西二十五里至因移今治　乾隆志同。民國新河縣志經政考：「舊城在縣西三十里，元太宗四年建，至元間廢于水。至元二年，邑尹劉大雷始遷縣城于今治。至元二十七年，縣尹閻思齊繼修之，規模粗定。」同書故實考又載：「新河故城在今治西十五里。……至元二十七年河溢，城圮，乃自清水河濱東移今治，舊志謂舊城在今縣治西二十五里寧晉縣界，恐誤。」同書記載新河舊城址不一，一在新河縣西三十里，一在縣十五里。又載縣址遷移年代不一，一在至元二年，一在至元二十七年。經政考謂至元二年遷，二十七年繼修，可信。

〔二六〕晉屬勃海郡　乾隆志同。宋書卷三六州郡志二：「廣川縣，前漢屬信都，後漢屬清河，魏屬勃海。」則三國魏已改屬勃海郡，晉因襲。

〔二七〕唐武德四年分蓨縣復置貞觀元年省　乾隆志同。舊唐書卷三九地理志二：「貞觀元年分蓨縣置觀津縣，尋省。」此紀年蓋誤。

〔二八〕棗强縣東北二十五里　乾隆志同。按此文見載於史記卷四八外戚世家「竇太后，趙之清河觀津人也」正義云。正義，唐張守節作，唐棗强縣在清棗强縣（即今縣）東舊縣，而漢魏觀津縣在清武邑縣東少南二十五里，自唐棗强縣址東北至漢魏觀津縣不止「二十五里」，約計五六十里，則正義誤。

〔二九〕本始四年封清河綱王子成爲侯國　「綱」，原作「剛」，乾隆志同，據漢書卷一五王子侯表下改。

〔三〇〕隋開皇十七年　「七」，原作「六」，據乾隆志及舊唐書卷三九地理志二改。

〔三一〕在縣東北十二里　「縣」，原作「州」，乾隆志同，據元和郡縣圖志卷一七、太平寰宇記卷六三改。

大清一統志卷五十

冀州直隸州二

關隘

來遠鎮。在州境。九域志：「信都有劉固、宗齊、來遠三鎮。」金史地理志惟有來遠一鎮，後亦廢。

寧化鎮。在南宫縣東二十五里。金史地理志：「唐陽、寧化、七公。」元設守禦所。今廢，有集。

長蘆鎮。在南宫縣北。九域志：「南宫有長蘆、新河、堂陽三鎮。」

田村堡。在州南四十里。明嘉靖間築。有集，爲諸集冠。

韓村堡。在州西南二十里。又李家莊堡在州西四十里，謝家莊堡在州西北二十里。

董家廟堡。在南宫縣東南七十里。明置巡司，久廢。

圈子堡。在棗强縣西南二十五里，達南宫縣界。又古罾堡在縣南四十五里，達清河縣界。流常堡在縣東北二十五里，達阜城縣界。蕭張堡在縣北二十五里，達衡水縣界。四堡俱有城。

劉中堡。在武邑縣西南二十里。有集。又孫莊寨堡在縣東南二十五里〔一〕，審淒堡在縣東十五里，趙橋堡在縣北三十里。四堡皆明嘉靖間立。

留中堡。在衡水縣東二十里。有集。又張六堡在縣西二十里，周二里。明嘉靖中築。

干馬村。在衡水縣西南三里。又侯店村在縣西南二十里。舊志：「縣境多鹽池。明初，有海盈鹽場，在深州故城東，後爲河水所衝，移於縣之干馬、侯店二社。洪武九年移鹽山縣蘇棘場，而二社永充竈户。」

西流集。在新河縣東南二十里。居民數百家，縣境諸集，以此爲最。

津梁

石橋。在州南四十里田村堡。

草橋。在州城西南。魏書：「永平元年，李平破元愉於草橋。」通鑑注：「橋在泽水上。」

滏陽橋。在新河縣北三十里，接東鹿縣界。

郎子橋。在衡水縣西南四十里。

安濟橋。在衡水縣城西，爲滹沱、漳、滏三河合流所經。自天津至順德、廣平、大名各府，米鹽運道悉由此達，舊有六孔大橋，稱衡水橋，歲久傾圮。本朝乾隆三十一年，總督方觀承奏請改建，工竣，賜今名。

隄堰

長隄。在州西北，抵寧晉、新河縣境。長百三十里，以防滹沱、漳河之漲溢。明成化間，知州李德美所築。又有埝口大隄，在州西五十里，與新河縣月隄相接。本朝順治十五年因舊隄修築，乾隆二十五年重修。

濁漳隄。唐書地理志：「南宫縣西五十九里有濁漳隄，顯慶元年築。」舊志：「有大隄在舊城南三里，即古濁漳隄。又有長隄在縣北直抵本州。」

漳水隄。在新河縣西。唐書地理志：「堂陽縣西十里有漳水隄，開元六年築。」舊志：「縣西北去滏陽河各三十里，明嘉靖中水溢，舊址衝没，復爲隄防，自仙汪莊至侯家口，與舊隄相接。萬曆中重修，長三十餘里。」

衡漳石隄。唐書地理志：「武邑縣北三十里有衡漳石隄，顯慶元年築。」

護城隄。環衡水縣城外。高五丈，基廣七丈，上有垣。又舊城隄，環舊城而西，南抵冀州，綿亘三十餘里。

沿河隄。在衡水縣西南。明弘治十七年築。又有劉公隄，在漳河南岸百步。明萬曆中築。

新隄。在衡水縣漳河西岸，東北抵深、武，西南抵東冀，亘百餘里，高三丈，廣一丈。本朝康熙初築。

老龍亭閘。在衡水縣。本朝乾隆二十八年疏濬滏陽河建閘。

陵墓

漢

張耳墓。在州舊城南門外左城下。有祠。

竇父冢。在武邑縣東南。史記：「竇皇后親蚤卒，葬觀津。」摯虞決録注：「竇太后父少遭秦亂，隱身漁釣，墜淵而死。景帝立，太后遣使者填父所墜淵，起大墳於觀津城南，民間號爲竇氏青山。」寰宇記：「觀津丘，在縣東南二十七里。」舊志：「冢在觀津城東南三里。」

南北朝 周

德帝墓。在州城外。帝名肱，周武帝祖，平齊之後，改葬於此。

唐

張昌齡墓。在南宫縣西北七里。有古碑，在石佛寺後。

蓋文達墓。在衡水縣東南二十里蓋村。

金

路鐸墓。在州西北十八里。

明

白圭墓。在南宫縣東七十里白塔村。子鉞附葬。

祠廟

蕭晏二公祠。在州西一里高原上。祀宋蕭伯軒、元晏成子，明封蕭英佑侯，晏平浪侯，成化七年建祠，本朝順治年間修。

段公祠。在棗强縣治内〔二〕。祀明正德間殉難知縣段世高。

董子祠。在棗强縣察院西。祀漢董仲舒。

寺觀

開元寺。在州治西北。隋名覺觀寺，唐易今名。

泰寧寺。在州治東北。初爲草菴，在城北，宋太祖微時所嘗遊，建隆中遷建，改今名。元大德八年修，至正末兵廢。明洪武二十三年重建。本朝順治年間修。

清涼寺。在州西南韓村。明成化間重建。

洪濟寺。在南宫縣西二里。有皇祐四年石刻千佛款式，今廢，訓導袁澤碑記尚存。

普明寺。在南宫縣西南三十里。金大定間賜名。

石佛寺。在南宫縣西北七里。有石佛一，相傳唐垂拱時舊製。

普同寺。在南宫縣舊城。漢明帝永平十年建，唐貞觀中修。大耳禪師建塔，高十餘丈。又定覺寺亦在舊城，唐貞元時建。

紫雲觀。在州治東北。一名邊仙姑觀，唐初建。

岱嶽觀。在州治東北。元建。

名宦

漢

任光。南陽宛人。更始以光爲信都太守。王郎兵起，郡國皆降，光獨不肯，與都尉李忠、令萬修、功曹阮況、五官掾郭唐等同心固守，廷掾持王郎檄白光，光斬之於市，以徇百姓，發精兵四千人城守。光武自薊還，狼狽不知所向，聞信都獨爲漢拒邯鄲，即馳赴之。光開門迎謁，拜左大將軍，使將兵從。旬日之間，兵衆大盛。

三國 魏

司馬朗。河内温人。爲堂陽長，治務寬惠，不行鞭杖而民不犯禁。先時民有徒充都内者，後縣調當作船，徒民恐其不辦，乃相率私還助之，其見愛如此。

南北朝

魏

陸俟。代人。世祖時爲冀州刺史。時考州郡，惟俟與河内太守丘陳爲天下第一。

源賀。樂都人。高宗時爲冀州刺史，鞫獄以情，徭役減省，清約寬裕，甚得人心。時考殿最，賀政爲上，賜衣馬器物，班宣天下。

元雲。文成皇帝弟。延興中爲冀州刺史，留心政事，甚得下情，於是合州請户輸絹五尺、粟五升，以報雲恩。高祖嘉之。

李韶。狄道人。肅宗時爲冀州刺史。清簡愛民，政績之美，聲冠當時。轉定州，父老送出西境，相聚而泣。

元孚。魏宗室。肅宗時爲冀州刺史。勸課農桑，境内稱爲慈父，隣州號曰神君。先是，州人張孟都等八家屯保林野，不臣王命。孚至，皆請入城，願致死效力。

封隆之。蓨人。孝静時，凡四爲冀州刺史，每臨冀部，州中舊齒咸曰：「我封公復來。」其得物情如此。

隋

和洪。汝南人。高祖時，東夏初平，物情尚梗，以洪有威名，令領冀州事，甚得人和。

高構。北海人。高祖受禪，轉冀州司馬，甚有能名。

趙煚。天水西人。高祖時爲冀州刺史，甚有威德。煚嘗有病，百姓争爲祈禱。冀州俗薄，市井多姦詐，煚爲銅斗鐵尺，置之於肆，百姓便之。上聞而嘉焉，頒告天下，以爲常法。

柳機。河東解人。高祖時兩爲冀州刺史，俱稱寬惠。

張昳。鄭人。高祖時再爲冀州刺史，吏民悦服，稱良二千石。

唐

劉胤之。武德中爲信都令，有惠政。

裴子餘。稷山人。開元初，爲冀州刺史，爲政惠裕，人稱有恩。

五代　漢

張廷翰。冀州信都人。漢初，拜本州刺史。爲政寬厚簡易，民甚愛之。在郡八年，遼數擾邊，廷翰擊走之。

周

張暉。大城人。世宗時爲冀州刺史。會詔築李晏口、束鹿、安平〔三〕、博野、百八橋、武强等城，命暉護其役，踰月而就。

宋

蔚昭敏。祥符人。真宗時，爲冀州行營都監〔四〕。遼以五千騎突至冀州城南，昭敏率部兵以戰，敗之。

李端懿。上黨人。知冀州。爲政循法度，民愛其不擾。

張田。澶淵人。仁宗時，通判冀州。内侍張宗禮使經郡，酣酒自恣，守貳無有敢白者，田發其事，詔配西陵洒掃。

李維賢。上黨人。仁宗時，知冀州。會遷補禁軍，自隸籍後犯贓污者，皆絀爲下軍。維賢曰：「武士何可責以廉節？且抵罪在昔，今不可以新令繩之。」帝爲更其制。

劉摯。東光人。嘉祐中，授南宫令。縣賦甚重，民多破産。摯援例旁郡，條請裁省。轉運使怒，將劾之。摯固請，遂告於朝。三司使包拯奏從其議，民懽呼至泣下，曰：「劉長官活我！」

李沖。嘉祐中，爲信都令。與南宫令劉摯、清河令黄莘，皆以治行聞，人稱爲河朔三令。

魯有開。亳州人。熙寧中，知冀州。增隄，或謂：「郡無水患，何以役爲？」有開曰：「備豫不虞，古之善計也。」卒成之。明年河決，水果至，不能冒隄而止。朝廷遣使河北，民遮誦有開功狀。

劉閔。北海人。爲冀州駐泊總管。河水漲，隄防墊急，閔請郡守開青陽道口以殺水怒，莫敢任其責。閔躬往濬決，水退，冀人賴之。

李彌遜。吴縣人。宣和末，知冀州。金兵侵河朔，彌遜捐金帛，致勇士，修城堞，決河護塹，邀擊其遊騎，斬首甚衆。烏珠北還，戒師無犯其城。「烏珠」舊作「兀朮」，今改正。

李政。靖康中，授河北將官，駐守冀州。時知州權邦彦以兵赴元帥府勤王，金兵屢攻城，政皆卻之。夜擣其砦，所得財物盡散士卒，由是人皆用命。俄攻城急，有登城者，政大呼力戰，遂敗走。未幾政死，城遂陷。權知州事單某不降，自經死。

金

裴莫亨。臨潢人。泰和五年，爲安武軍節度使。歲大雪，民多凍餒，莫亨輸己俸爲之賙贍，及勸率僚屬大姓同出物以濟。

「裴莫亭」，改見統部名宦。

明

楊繩。洪武初，知南宮縣。兵燹之餘，榛莽彌望，繩課民墾治荒地，二三年後盡爲沃壤，畝收數鍾。時北平守巡官行縣，履畝徵税，檄守令以田賦之多寡爲殿最，繩諭民曰：「墾田雖多，慎無具報。北鄙爲朝廷重地，奈何盡民之力，吾以此得罪無憾也。」故今南宮之賦，視他邑爲輕。

隆英〔五〕。利津人。宣德中，知南宮縣。春夏常巡省郊野，課農事，止大樹下，集士女，教以孝弟勤儉。時神武衛二指揮持牒至縣，占地爲屯。英曰：「惟吾廳事前乃隙地耳，此外皆吾民常業，不敢聞命。」兩人知其廉介不可奪，乃舍之而去。

段豸。澤州人。占籍錦衣衛。正德中，以給事中謫棗强知縣。流賊來攻，豸誓衆固守，矢石俱發，殺賊二百餘人。賊攻益急，城陷，死之。贈太僕寺少卿。

彭士弘。遼東錦州人。崇禎中，知南宮縣。十七年，流寇陷城，脅之降，不屈，賊殺之。既死，有白氣上升，士民塑像祀之。

崔賢。代州人。崇禎末，知新河縣。莅事月餘，兵逼城。賢嬰城固守，城破，自殺。

本朝

張恒。臨晉人。順治三年，知衡水縣。兵燹後，土寇時發。恒一意息民，罷革諸弊，民建祠祀之。

袁炳修。崇安人。乾隆進士，知南宮縣。甫下車，以學校爲急，即察院遺基建東陽書院，至今士林賴之。

人物

漢

竇嬰。孝文皇后從兄子。觀津人。孝景即位，爲詹事。竇太后愛帝弟梁孝王。孝王朝，因燕，上從容曰：「千秋萬歲後傳王。」嬰進曰：「天下者，高祖天下，父子相傳，漢之約也，上何得傳梁王！」吴楚反，拜嬰爲大將軍，賜金千斤。嬰言袁盎、欒布諸名將賢士進之。所賜金，令軍士取用，無入家者。七國破，封魏其侯。武帝初，爲丞相。時太后好黄老，而嬰好儒術，以是不合，遂免去。

孟但。廣川人。受易東武王同子中。元光中，爲大中大夫〔六〕。

秦恭。信都人。從平陵張山拊受尚書，增師法至百萬言，爲城陽内史。

邳彤。信都人。光武徇河北，以彤爲和成太守。王郎兵起，光武自薊還，失軍，欲至信都。彤選精騎緣路迎軍，會於信都。時衆議欲西還長安，彤諫乃止。即日拜爲後大將軍，使將兵居前，常從戰攻。信都復反，爲王郎捕擊彤父弟及妻子，使爲手書招彤。彤泣報曰：「事君者不得顧家。」會别將拔信都，家屬得免。建武元年，封靈壽侯。永平中圖畫雲臺。

劉植。昌城人。王郎起，植率宗族據昌城，開門迎世祖，以爲驍騎將軍。又説劉揚降〔七〕，光武因得進兵拔邯鄲，從平河北。封昌城侯。

三國　魏

牽招。觀津人。年十餘歲，詣同縣樂隱受學。後隱爲車騎將軍何苗長史，招隨卒業。京都亂，隱見害，招觸蹈鋒刃，殯葬其屍，送喪歸。道遇賊，欲斫棺，招垂涙請赦。賊義之，乃釋而去。由此顯名。袁紹辟爲督軍從事，後歸太祖。從討烏桓，還鄴，睹袁尚首懸馬市，悲感設祭頭下。太祖義之，拜平盧校尉。文帝踐阼，拜使持節護鮮卑校尉，屯昌平。復爲雁門太守。明帝賜爵關内侯。在郡十二年，威風遠振。

晉

馮恢。長樂人。恢父爲弘農太守，愛少子淑，欲以爵傳之。父終服闋，乃還鄉里，結草爲廬，陽瘖不能言。淑得襲爵，始仕爲博士祭酒。

隋

劉焯。昌亭人。以儒學知名，舉秀才，射策甲科。與王邵同修國史，兼參議律曆，仍直門下省，以待顧問。後與諸儒於秘書省考定羣言，與楊素、牛弘、蘇威等共論古今滯義，素等莫不服其精博。後免官歸，以教授著述爲務。劉炫名亞於焯，故時稱二劉。論者以爲數百年來，博學通儒，無能出其右者。

馮慈明。長樂人。大業間，拜尚書兵曹郎，攝江都郡丞事。李密逼東都，詔慈明安集瀍、洛，爲密黨所執。潛使人奉表江都，及致書東都留守，論賊形勢。密知其狀，義而釋之。出至營門，賊帥翟讓責之。慈明勃然曰：「吾豈從汝求活耶？須殺但殺，何須駡詈！」讓怒，亂刀斬之。贈銀青光禄大夫。

唐

孔穎達。衡水人。八歲就學，誦記日千餘言。及長，明服氏春秋傳〔八〕、鄭氏尚書詩禮記、王氏易，善屬文，通步曆。隋大業初，舉明經高第。太宗授文學館學士。貞觀初，轉給事中。數以忠言進。除國子司業，進太子右庶子〔九〕。與諸儒議曆及明堂事，多從其說。拜祭酒，侍講東宫。太子稍不法，穎達争不已。後致仕，卒，陪葬昭陵，謚曰憲。初，穎達與顔師古等受詔撰五經義訓凡百餘篇，號「義贊」，詔改爲「正義」云。

蓋文達。信都人。博涉前載，尤明春秋三家。刺史竇抗集耆儒劉焯、劉軌思、孔穎達等講論，文達依經辨舉，皆諸儒意所未叩，一坐嘆服。貞觀初，擢諫議大夫，後拜崇賢館學士。宗人文懿，亦以儒學稱，時號「二蓋」。爲國子助教。既升席，公卿更相質問，文懿譬曉密微，遠近宗仰。終國子博士。

蘇定方。名烈，以字行，武邑人。驍悍有氣決。貞觀初，從李靖襲突厥頡利於磧口，爲前鋒，馳殺數百人，餘黨悉降。與程明振討高麗，破之。從程知節征賀魯，率精騎搗其營，賊衆大潰。復爲大總管，縛賀魯以還。由是唐之州縣極西海。策功拜左驍衛大將軍，封邢國公。又降思結闕俟斤都曼，平百濟，凡滅三國，皆生執其王。累拜凉州安集大使。卒，贈幽州都督，謚曰莊。

張昌齡。南宫人。與兄昌宗皆以文名。貞觀末，翠微宫成，獻頌闕下，召見，試息兵詔，少選成文。帝大悦。俄爲崑山道記室，平龜兹露布爲世所稱。賀蘭敏之奏預北門修撰。昌宗官至修文館學士。撰古文紀年新傳數十篇。

杜景佺。武邑人。性嚴正。舉明經。累遷司刑丞，與徐有功、來俊臣、侯思止專治詔獄，時稱「遇徐、杜者生，來、侯者死」。延載元年，同鳳閣鸞臺平章事。武后嘗季秋出梨花示宰相以爲祥，衆賀，景佺獨曰：「陰陽不相奪倫，瀆則爲災。今草木黄落而木復華，瀆陰陽也。臣位宰相，助天治物而不和，是臣之咎。」后曰：「真宰相！」後出爲并州長史。

蘇安恒。武邑人。明周官、春秋左氏學。武后末年，太子雖還東宮，政事一不與，大臣畏禍無敢言。安恒投匭上書，勸后傳位。后召見，厚慰遣之。明年，復諫曰：「今太子年德已盛，尚貪有大寶，忘母子之恩，何顏面見唐家宗廟、大帝陵寢。」書聞，不報。魏元忠爲張易之兄弟所構，安恒獨申救。易之等大怒，遣刺客邀殺之，賴桓彥範營解乃免。神龍初，爲人所讒，死獄中。睿宗立，贈諫議大夫。

宋

荆罕儒。信都人。建隆初，爲晉州兵馬鈐轄。與劉鈞戰死〔一〇〕。罕儒輕財好施。在泰州時，有供奉官張奉珪自言後唐張承業之子。罕儒厚加禮待，遺錢五十萬，米千斛。雖不知書，好禮接儒士。常欲削平太原，志未果而及於敗，人皆惜之。

荆嗣。罕儒從孫。初應募，從李繼勳討河東，進薄汾河，敗賊將楊業。太宗時，從征太原及幽州，皆率先陷陣，斬獲甚衆。累遷都指揮使。真宗時，爲虢州防禦使、邠寧環慶副部署，卒。嗣起行間，以勞居方面，經百五十餘戰。

耿全斌。信都人。少豐偉，父顥攜謁陳摶，摶謂有藩侯相。太宗在藩邸，召試武藝，隸帳下。稍遷副兵馬使。從征太原，還，遇遼兵於蒲陰，追擊敗之，屯瀛州。與遼戰，馬中流矢，凡三易乘，戰不却。在軍中有能名。真宗召問邊事，口陳利害，稱旨。歷知邊郡，終濮州鈐轄。

李超。信都人。常從潘美軍中，主刑刀。美好乘怒殺人，超每潛緩之。美怒解，輒得釋，以是全者甚衆，人謂其有陰德。子濬，中進士。景德初，爲侍御史，從幸澶淵，上疏言便宜。擢樞密直學士。

范廷召。棗强人。父鐸，爲里中惡少年所害。廷召年十八，手刃父讎。雍熙三年，北征，爲幽州道前軍先鋒都指揮使，克固安、新城二縣，乘勝下涿州。復與賊戰，中流矢，神色自若，督戰益急。詔褒之。至道中，討李繼遷，廷召出延州路，獲軍主吃羅等兵器、鎧甲數萬。咸平二年，與遼戰有功，加檢校太傅。廷召在軍四十餘年，凡親征，未嘗不從。

王翰。南宫人。母喪明，翰自抉右目睛補之，母目明如故。淳化中，詔賜粟帛。

張存。冀州人。天禧中，詔銓司以身言書判取士，才得二人，存與其選。歷殿中侍御史。仁宗初親政，罷百官轉對，存復請之。積遷禮部尚書。存性孝友，收恤宗族，嫁聘窮嫠，不使一人失所。家居矜莊，子孫非正衣冠不見。

田況。信都人。少卓犖有大志。舉進士甲科，又舉賢良方正。趙元昊反，夏竦經畧陝西，辟爲判官。時竦與韓琦、尹洙等畫上攻守二策，朝廷將用攻策。況上疏陳七不可，於是罷出師議。又言治邊十四事，遷右正言。尋爲陝西宣撫使〔一二〕。況有文武材，言事精暢，有奏議二十卷。

金

路伯達。冀州人。性沈厚，有遠識，博學能詩，登正隆進士。章宗時，累遷刑部郎中。上問羣臣：「何道使民務本業、廣儲蓄？」對曰：「布德流化，必自近始。請罷畿内採獵之禁，廣農郊以示敦本。」時採捕禁嚴，畿外數百里皆厲禁，故伯達及之。累拜安武軍節度使。卒，贈大中大夫。

吕中孚。南宫人。能詩，有清漳集。

路鐸。伯達子。性剛正。章宗時歷官臺諫，有直臣風。泰和六年，爲翰林待制，累除孟州防禦使。貞祐初，城陷，投沁水死。所著詩文號虚舟居士集。

元

張晉亨。南宮人。從嚴實歸元。涉獵書史，小心畏懼，臨事周密，實器之，以女妻焉。屢從攻戰有功。實卒，其子忠濟奏晉亨權知東平府事。歷七年，吏畏民安。至元初，累官淄萊路總管。戍鎮江，卒於官。

明

白圭。南宮人。正統進士。除御史，監朱勇軍，討烏梁海有功。出按山西，辨疑獄百餘事。天順初，以副都御史，與方瑛討平貴州東苗干把豬等。湖廣災，就命圭巡撫。召爲兵部右侍郎〔一二〕。巡邊，敗波賚於固原州。進工部尚書。成化元年，流賊聚嘯荆、襄，敕朱永往勦，以圭督軍務，擒賊渠劉通、石龍，餘寇悉平。加太子少保。改兵部尚書，兼督十二團營。卒，贈少傅，謚恭敏。圭性簡重，公退即閉閣卧，請謁皆不得通。次子鉞，進士及第，授編修，累官太子少保，禮部尚書。習典故，以詞翰稱。卒，贈太子太保，謚文裕。「烏梁海」舊作「兀良哈」，「波賚」舊作「孛來」，今並改正。

孔環。南宮人。正德中，以歲貢授來安知縣，忤劉瑾黨，左遷西華教諭。六年，盜起霸州，奄至西華，城陷，被執，賊持刃脅之降，環厲聲罵曰：「我爲國家臣，肯從逆賊以求活耶！」遂被害。詔賜一子冠帶。

劉濂。南宮人。正德進士。擢御史。時郭勛驕恣不法，於武舉宴上，與尚書争坐，濂劾之，勛遂奪職。嘉靖初，罷各省鎮守中官，諸近侍欲留承天鎮守，濂曰：「留一人，是復鎮之根也。」因發其窩盜事。帝大怒，覈實，逮鎮守中官潘某與嘗言不當罷者，杖殺之。嚴嵩爲禮部尚書，將有入閣之命，濂上疏極言嵩貪詐不可用。疏入，報聞，嵩竟相。濂遂謝病歸，旋卒。

劉文蔚。新河人。崇禎末，由歲貢爲淮安府通判。大兵攻城，文蔚竭力率家衆守禦，城破，猶巷戰，被執，不屈死。本朝乾隆四十一年，賜謚節愍。

本朝

趙懋賢。新河人。以恩貢授韓城縣丞。崇禎末，分守西門，城破，死之。本朝乾隆四十一年，予祀忠義祠。

崔燦。棗强人。順治五年，知湖廣耒陽縣。值土寇亂，率僕役出戰，被執，憤駡不屈，遇害。

宋文運。南宫人。順治進士。知山東滋陽縣。值軍務旁午，以勤幹稱，擢吏部文選主事。銓政澄清，悉協才望，累遷順天府尹。不數月，釐革宿弊殆盡，豪猾斂迹。進刑部侍郎。以刑獄至重，戒諸司毋得瞻徇紛更。加太子少保。卒，謚端慤。

吴仲廣。棗强人。父爲族子毆死，仲廣與弟仲大、祥瑞俱幼〔一三〕，未能報。及長，乃共持梃擊死殺父者，詣縣争首繫獄。時家窶甚，二人妻竭織紡以供橐饘，五年不懈，一門孝義，遠近稱之。

鄭端。棗强人。由庶吉士散館，改工部主事，升户部郎中。康熙九年，除貴州提學道。旋丁外艱，服闋，赴陝西軍營效用。尋補神木道，洊升江蘇巡撫。端素履醇謹，歷任有聲。卒，賜祭葬。

項士鋐。南宫人。由國學生議敘州同，借補廣西奉議州判。倡建義學，捐俸置田地，延師訓迪。旋升四川成都通判，署雅州府篆。時西南夷自相搆釁，士鋐進安撫之策，爲上憲所嘉納，故兵不發而卒宴然無事，其有功於蜀人大矣。

李顯祖。南宫人。以父都統漣勳廕千總，洊升貴州遊擊。乾隆三十一年隨征金川陣亡，事聞議卹，加參將銜，配享昭忠祠。

李永慶。南宫人。乾隆三十八年，由外委隨征金川擊賊於昔嶺陣亡。事聞議卹，廕把總。

步登廷。棗强人。由光禄寺署正，補富新倉監督。時有「新倉太平」之語，升大理寺寺丞。平反情罪，輕重必當，洊升工部郎中。居官二十年，自奉儉約，賙卹不吝。致仕歸里，於大金村建嘉會書院，培養後進，人多稱之。

步毓巖。登廷孫。幼失恃，孝事繼母。乾隆間進士。任河南泌陽縣，時值兵燹之餘，邑無鹽商，崔元珏等聚黨私販行劫，首捕誅之，因請立商以便民。每讞獄，能以色聽，至有越境來訴者。去任後，邑人立碑誌感焉。

列女

金

路伯達妻傅氏。冀州人。伯達使宋還，獻所得金銀以助邊，未及上而卒。傅氏言之朝，章宗以金還之，傅泣請，弗許。傅以伯達嘗修冀州學，乃市信都、棗强田以贍學，有司以聞，上賢之，賜號「成德夫人」。

元

曹泰財妻劉氏。衡水人。通孝經及小學。至正間，紅巾賊奄至，見氏露刃逼之，氏不從，賊强擁上馬，投地數四。賊怒，繫其頸於馬上曳之，氏以頭觸石，流血被面，駡不絶口，遂被殺。

明

陳和妻高氏。武邑人。和爲諸生，早卒，高獨持門户，奉翁姑甚孝。及歿，氏以禮殯葬，時年五十矣。泣謂子剛曰：「我父，洪武間舉家客河南虞城。父死，旅葬城北，母以棗木小車輞識之。比還家，母亦死，弟懦不能自振。吾三十年不敢言者，以翁姑在堂，當朝夕侍養也。今大事已畢，欲往舁父遺骸歸而合葬。」剛即隨母往虞城，抵葬所，冢纍纍不能辨。氏以髮繫馬鞍逆行，自朝及夕，至一小冢，鞍重不能前，即開其冢，所識車輞宛然。遠近觀者咸驚異，贈遺以歸，啓母穴同葬。

孟著妻孫氏。南宫人。著爲御史，卒。氏年二十，食貧訓子，苦節終身。宣德中旌。

蔡甫原妻范氏。棗强人。年二十四，夫死，父母欲嫁之，氏不從，奉姑盡孝，教育諸子俱成立。宣德中旌。同縣宋亮妻高氏，年二十六，亮嬰病，氏日夜籲天，求以身代。及亮卒，守節五十餘年。成化中旌。

張繼祖妻杜氏。冀州人。繼祖爲給事中，氏相夫教子，皆合禮度。正德七年，盜起，杜倉卒隨諸姬匿草澤中，賊搜得之，迫上馬，杜伏地大罵，遂遇害。同時南宫闞景妻陀氏，棗强張氏、和氏二女，皆爲賊所逼，厲罵不從，遇害。

韓天德妻王氏。冀州人。崇禎辛未，城破，氏年二十一，抱幼子避難，被執不從，母子俱遇害。

賈還素妻尹氏。南宫人。年十七歸賈。戊寅，城陷，有子尚在襁褓，擇老婢付之曰：「罹此禍亂，幸而得生，辱吾家門户多矣。」遂投井死。

劉仁妻傅氏。新河人。流賊入城，被執，驅之行，不從。賊以繩繫氏頸於馬項，氏厲聲罵不絶口，賊怒殺之。

王祚昌妻陳氏。冀州人。崇禎末，城陷，賊執之以行，氏拒之，脅以刃，終不可屈，遂支解之。

本朝

張庚次女。南宫人。幼嫻内則、女誡、列女傳諸書。字楊之玉，未嫁，夫死。女聞訃自經，救免。請奔喪，旦夕哀毀，及大祥，遂不食死。

邢鑣妻李氏。南宫人。年十三歸鑣，鑣卒，氏年僅十五，一慟而絶，救之復甦，尋以哀悼卒。

李有謙妻蘇氏。衡水人。夫亡，自縊以殉。

王修真女五姐〔一四〕。南宫人。字楊貞先，未婚，貞先欲犯之，女守禮不從，遇害。康熙年間旌。

宋進城妻張氏。棗强人。與同縣馮之秋女根姐皆拒暴不辱死。均康熙年間旌。

滕國風女。武邑人。與同縣王五妻楊氏，皆爲强暴所逼，不從死。均康熙年間旌。

李旺山妻屈氏。衡水人。守正捐軀。康熙年間旌。

邢端立妻劉氏。冀州人。遇暴不屈死。乾隆年間旌。

謝明善妻劉氏。冀州人。家貧，夫故，翁老且病，氏拮据以供藥餌，翁殁，鬻釵鈿營喪葬。苦節六十年。同州節婦：陳以常妻韓氏，曹欽曾妻李氏，金弘基妻沈氏。均乾隆年間旌。

劉才起妻郝氏。南宫人。守正捐軀。同縣烈婦：孟五妻劉氏，趙大妻張氏，譚宗孟妻郭氏，任小二妻宋氏，丘大妻張氏，烈女孔歡姐。節婦：安錫妻周氏，杜潤妻孫氏，齊維新妻路氏，李振宗妻房氏，宋弘緒妻魏氏，喬爾信妻謝氏，尚皆吉妻鮑氏，馬大成妻李氏，李法妻孔氏，馬洵妻李氏，馬廷祥妻畢氏，范通妻宋氏，范宗聖妻安氏，鮑橘妻曲氏，尚恒吉妻高氏，李洛妻王氏，陳子鋑妻孟氏，王祥昇妻張氏，李訥妻王氏。均乾隆年間旌。

程夢熊妻趙氏。新河人。夫亡守節。同縣節婦陳鍾義妻梁氏。均乾隆年間旌。

李色明妾霍氏。棗强人。早寡，撫遺腹子義成立，娶江氏，未週而江氏又寡。兩世清操，人稱雙節。同縣烈婦：馬興妻王氏，劉希聖妻武氏，李盛隆妻袁氏。節婦：趙士端妻錢氏，鄭元昇妻王氏，錢晟妻王氏，曹應麟妻顧氏，李仙源妻丁氏，步丹桂妻渠氏，步成光妻張氏，王菁妻高氏，龍起淵妻吴氏，左士修妻商氏，賈士桂妻劉氏，郭文明妻賀氏，王正志妻李氏，李仙鍾妻王氏，朱洪恩妻石氏，鄭振孫妻陳氏，辛調品妻劉氏。均乾隆年間旌。

袁銓妾劉氏。武邑人。銓夫婦相繼歿，遺孤甫離襁褓，氏撫育成立。守節四十餘年。同縣節婦：李踪妻翟氏，徐端妻劉氏，翟兆鳳妻李氏，吕倫妻李氏，李采芹妻滕氏，姚永才妻喬氏，趙秉方妻陳氏。均乾隆年間旌。

王汝書妻耿氏。衡水人。汝書歿，耿絶粒而死。汝書之弟汝詩妻杜氏，夫歿，葬畢，亦不食死。人稱一門雙烈。同縣節婦：張景星妻劉氏，劉仁妻王氏，王秉衡妻李氏。均乾隆年間旌。

蘇韓氏。冀州人。遇暴不汚，捐軀明志。同州烈婦：魏良善妻張氏，時智與妻張氏，王文羣妻張氏、成賈氏。均嘉慶年間旌。

范丑妻張氏。南宫人。因伊姑范胡氏逼勒賣姦不從，致被毆傷身死。同縣烈婦張孫氏、陳趙氏。節婦：李訥妻王氏，陳仁龍妻王氏，周廙妻梁氏，孔繼澧妻李氏，白正學妻王氏，齊廷耀妻曹氏，薛元龍妻任氏，范溶妻李氏，李際清妻陳氏，程玉露妻孔氏，宋永清妻張氏，烈女張仲升女。均嘉慶年間旌。

王瓚繼妻彭氏。棗强人。夫亡守節。同縣烈婦：王璐妻焦氏，劉存良妻王氏〔一五〕，李成德妻殷氏，烈女李大女、馮氏女。均嘉慶年間旌。

馬天才妻楊氏。武邑人。夫亡守節。同縣烈婦：解張氏，趙重畛妻蘇氏，史德敬妻楊氏，節婦陳儒妻周氏。均嘉慶年間旌。

張氏女二榮姐。衡水人。守正捐軀。同縣節婦：杜黑妻王氏，李篤奇妻王氏。均嘉慶年間旌。

仙釋

唐

邊洞元。棗强人。自幼居紫雲觀，後得道，白日上昇。唐玄宗御製文褒之，碑刻尚存於觀。

土産

絹、綿。唐書地理志：冀州貢。

草履子。寰宇記：冀州土産。

木棉。州志：「近有紫花。」按舊志載唐六典：「冀州貢鹿角膠。」〔一六〕久罷。又州志：「舊有火鹽，今無。」謹附記。

校勘記

〔一〕又孫莊寨堡在縣東南二十五里　「寨」，原作「塞」，乾隆志卷三一冀州關隘（以下同卷簡稱乾隆志）同。按同治畿輔通志卷七

○闞隘作「孫莊寨」，同書卷五四疆域圖説作「孫砦集」，「砦」、「寨」字同，即今武邑縣（清縣）東南孫寨（一九八二年河北省分縣地圖册），此「塞」爲「寨」字之訛，據改。

〔二〕在棗强縣治内　乾隆志同。嘉慶棗强縣志卷八壇廟作「在西郭外」，同治畿輔通志卷一七七祠宇同，此疑誤。

〔三〕安平　原作「平安」，乾隆志同。宋史卷二七二張暉傳作「安平」，同書卷八六地理志二深州領有安平縣，即是，此倒誤，據以乙正。

〔四〕爲冀州行營都監　「冀州」，乾隆志同，宋史卷三二三蔚昭敏傳作「冀貝」，此「州」蓋爲「貝」字之誤。

〔五〕隆英　「隆」，原作「陸」，據乾隆志及同治畿輔通志卷一八六宦績、民國南宫縣志卷一二職官編和卷一三宦績外傳改。

〔六〕爲大中大夫　乾隆志同。按漢書卷八八儒林傳：「廣川孟但，爲太子門大夫。」同書卷一九百官公卿表上：郎中令，「有太中大夫、中大夫、諫大夫」。又太子太傅、少傅，「屬官有太子門大夫」。則此爲「太子門大夫」之誤。

〔七〕又説劉揚降　「揚」，原作「楊」，乾隆志同，據後漢書卷二一劉植傳改。

〔八〕明服氏春秋傳　「傳」，原脱，乾隆志同，據新唐書卷一九八孔穎達傳補。

〔九〕進太子右庶子　「右」，原脱，據乾隆志及舊唐書孔穎達傳、新唐書孔穎達傳補。

〔一〇〕與劉鈞戰死　「劉」，原作「楊」，乾隆志同。宋史卷二七二荆罕儒傳：領千餘騎抵汾州，「夕次京土原，劉鈞遣大將郝貴超領萬餘衆襲罕儒，黎明及之。罕儒遣都監、氈毯副使閻彦進分兵以禦貴超。罕儒……聞彦進小却，即上馬麾兵徑犯賊鋒。并人攢戈舂之，罕儒猶格鬥，手殺十數人，遂遇害」。隆平集卷一七武臣荆罕儒亦載：一夕至京土原，劉鈞遣兵追躡之，「爲并人所殺」。則「荆罕儒與劉鈞戰死」，此「楊」爲「劉」字之誤，據改。

〔一一〕尋爲陝西宣撫使　乾隆志同。宋史卷二九二田況傳作「陝西宣撫副使」，此脱「副」字。

〔一二〕召爲兵部右侍郎　「右」，原脱，據乾隆志及明史卷一七二白圭傳補。

〔一三〕仲廣與弟仲大祥瑞俱幼　原作「仲祥」，乾隆志作「仲大祥」。嘉慶棗强縣志卷一四列傳作「仲大祥瑞」，同書卷一九藝文録下：劉元熚三孝子傳：三孝子者，「吴廷博子也，長仲廣，次仲大，季祥瑞。」同治畿輔通志卷二四二列傳引同，此「仲祥」爲「仲大祥瑞」之脱誤，據補正。

〔一四〕王修真女五姐　「修」，原作「信」，據乾隆志及同治畿輔通志卷二八二列女改。

〔一五〕劉存良妻王氏　同治畿輔通志卷二八二列女作「李氏」。

〔一六〕按舊志載唐六典冀州貢鹿角膠　乾隆志同。按唐六典卷三尚書户部：衛、趙、莫、冀等州綿，「薊州鹿角膠」。此誤以「薊州」爲「冀州」。

趙州直隸州圖

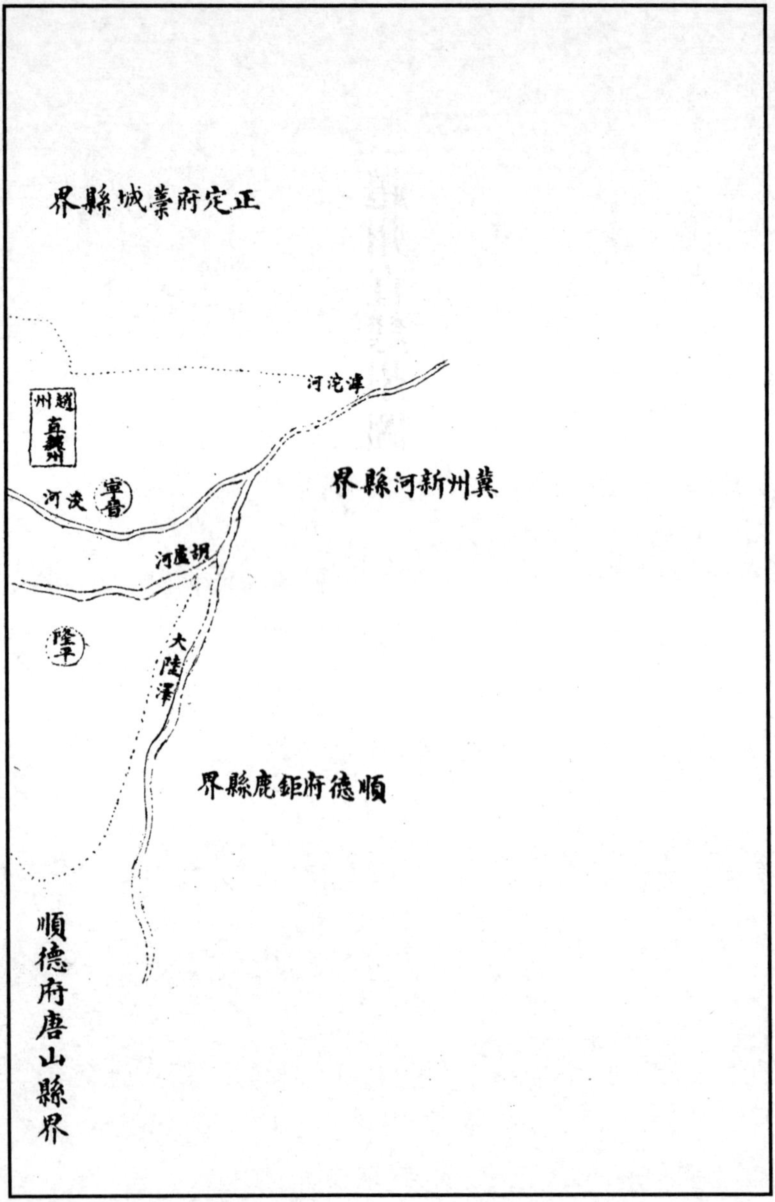
正定府藁城縣界
滹沱河
趙州直隸州
冀州新河縣界
洨河
寧晉
胡盧河
隆平
大陸澤
順德府鉅鹿縣界
順德府唐山縣界

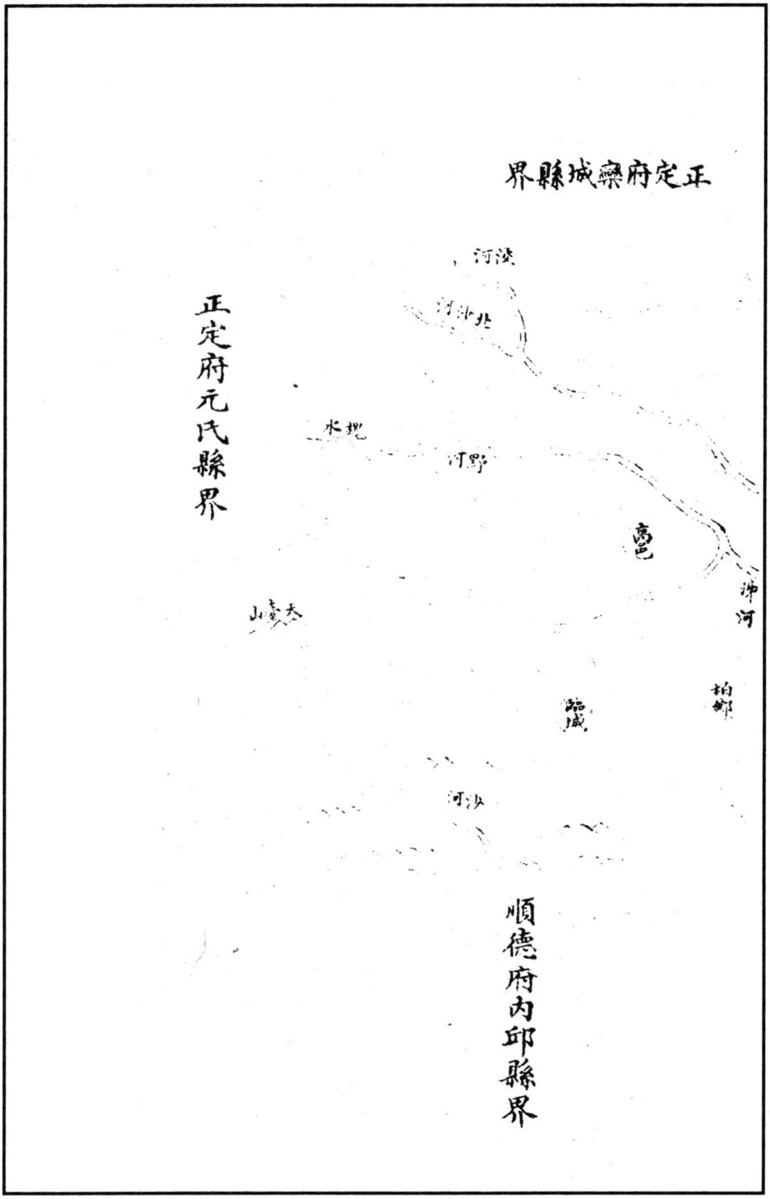
正定府欒城縣界
正定府元氏縣界
北沙河
野河
高邑
柏鄉
臨城
順德府內邱縣界

趙州直隸州表

朝代	趙州直隸州			
秦	鉅鹿郡地。			
兩漢	常山、鉅鹿二郡地。後漢常山國地。	平棘縣 屬常山郡。	封斯縣 屬常山郡。後漢省。	敬武縣 屬鉅鹿郡。後漢省。
三國		平棘縣		
晉	趙國地。	平棘縣 屬趙國。		
南北朝	趙郡 後魏置。	平棘縣 郡治。		
隋	趙郡 開皇初郡廢，改置欒州，大業初復郡。	平棘縣		
唐	趙州 趙郡 武德初改州，天寶初復郡，乾元初仍爲州，屬河北道。	平棘縣 州治。		
五代	趙州	平棘縣		
宋金附	慶源府 宋宣和元年升府，屬河北西路。金天德三年改沃州。	平棘縣 宋府治。金州治。		
元	趙州 復故名。屬真定路。	平棘縣		
明	趙州 屬真定府。	洪武初省入州。		

續表

	柏鄉縣	隆平縣
		鉅鹿郡地。
宋子縣 屬鉅鹿郡。後漢省。	柏鄉侯國 屬鉅鹿郡。後漢省。 鄗縣 屬常山郡。後漢更名曰高邑，爲冀州治。	
	高邑縣	
	高邑縣 屬趙國。	
宋子縣 後魏永安二年復置，仍屬鉅鹿郡。齊省。	高邑縣 後魏屬趙郡。齊徙廢。	南趙郡 後魏太和中置南鉅鹿郡，尋改名，孝昌二年兼置殷州。齊天保二年改趙州，七年州廢。
開皇初復置，屬欒州，大業初省入平棘。	柏鄉縣 開皇十六年復置，屬趙郡。	開皇初郡廢，十六年置欒州，大業初廢。
	柏鄉縣 屬趙州。	
	柏鄉縣	
	柏鄉縣 宋熙寧五年省，元祐初復置，屬慶源府。金屬沃州。	
	柏鄉縣 屬趙州。	
	柏鄉縣	

續表

	高邑縣	臨城縣
	故房子邑。	
廣阿縣 屬鉅鹿郡。後漢省。 象氏縣 屬鉅鹿郡。後漢省。	房子縣 屬常山郡。	房子縣地。
	房子縣	
廣阿縣	趙國 置，治房子。 房子縣 國治。	
廣阿縣 後魏太和中復置。	後魏徙廢。 高邑縣 後魏屬趙郡。齊天保七年廢房子改置，仍屬趙郡。	
大陸縣 仁壽元年改曰象城，大業初又改，屬趙郡。	高邑縣 初屬欒州，大業初屬趙郡。	房子縣 開皇六年移置，屬趙郡。
昭慶縣 武德四年復曰象城，屬趙州。天寶元年又改。	高邑縣 屬趙州。	臨城縣 屬趙州，天寶元年改名，天祐二年復改曰房子。
昭慶縣	高邑縣	臨城縣 後唐復故名。
隆平縣 宋開寶二年改名，熙寧六年省，元祐初復置，屬慶源府。金屬沃州。	高邑縣 宋屬慶源府。金屬沃州。	臨城縣 宋屬慶源府。金屬沃州。
隆平縣 屬趙州。	高邑縣 屬趙州。	臨城縣 屬趙州。
隆平縣 洪武初省入柏鄉，十三年復置。	高邑縣	臨城縣

續表

寧晉縣		
邯鄲、鉅鹿二郡地。	故楊氏邑。	
鉅鹿郡 後漢治癭陶。	楊氏縣 屬鉅鹿郡。	癭陶縣 屬鉅鹿郡。後漢爲郡治。
鉅鹿郡	楊氏縣	癭陶縣
鉅鹿國	省入癭陶。	癭陶縣 國治。
鉅鹿郡 齊廢。	癭遥縣 後魏永安二年分置。郡治。	癭陶縣 齊省入癭遥。
癭陶縣 開皇六年改名，屬趙郡。		
寧晉縣 屬趙州，天寶元年改名。		
寧晉縣		
寧晉縣 宋屬慶源府。金屬沃州。		
寧晉縣 屬趙州。		
寧晉縣		

大清一統志卷五十一

趙州直隸州一

在直隸省治西南三百九十里。東西距一百五里，南北距一百二里。東至冀州新河縣界八十里，西至正定府元氏縣界二十五里，南至順德府唐山縣界八十二里，北至正定府欒城縣界二十里。東南至順德府鉅鹿縣治一百八十五里，西南至順德府内丘縣治一百七十五里，東北至正定府藁城縣界三十五里，西北至元氏縣界二十五里。本州境東西距四十里，南北距五十五里。東至寧晉縣界十五里，西至元氏縣界二十五里，南至柏鄉縣界三十五里，北至欒城縣界二十里。東南至寧晉縣界二十里，西南至高邑縣界二十五里，東北至藁城縣界三十五里，西北至元氏縣界二十五里。自州治至京師七百四十里。

分野

天文昴、畢分野，大梁之次。

建置沿革

春秋時晉地。戰國屬趙。秦爲鉅鹿郡地〔一〕。漢爲常山及鉅鹿郡地。平棘、封斯二縣屬常山郡，宋子、敬武二縣屬鉅鹿郡。後漢爲常山國地〔二〕。封斯、宋子、敬武三縣皆省。

晉爲趙國地。後魏始於平棘縣置趙郡，屬殷州。時州治廣阿。北齊改趙州，在今隆平。

隋開皇初郡廢，十六年改置欒州，大業初復爲趙郡。唐武德初改曰趙州。唐書地理志：「趙州，武德初治柏鄉，四年徙治平棘。」五年改曰欒州。時以大陸縣之欒州省入〔三〕，因改名焉。貞觀初復曰趙州，天寶初又曰趙郡，乾元初復曰趙州，屬河北道。五代因之。

宋崇寧四年號慶源軍節度，宣和元年升慶源府，屬河北西路。金復曰趙州，天德三年改曰沃州，亦曰趙郡軍。元復曰趙州，屬真定路。明洪武初以州治平棘縣省入，屬真定府。

本朝初因之，雍正二年升爲直隸州，領縣五。

柏鄉縣。在州南六十里。東西距二十八里，南北距五十二里。東至隆平縣界十五里，西至高邑縣界十三里，南至順德府唐山縣界二十二里，北至本州界三十里。東南至隆平縣治三十五里，西南至臨城縣界十六里，東北至寧晉縣治五十里，西北至高邑縣治二十五里。本春秋晉鄗邑地。漢置鄗縣，屬常山郡〔四〕，又分置柏鄉侯國，屬鉅鹿郡。後漢建武初改鄗曰高邑，省柏鄉侯入之〔五〕，屬常山國，爲冀州刺史治。晉初改屬趙國〔六〕。後魏屬趙郡。北齊徙治房子縣界。隋開皇十六年復於故高邑界置柏鄉縣，屬欒州，大業初屬趙郡。唐屬趙州。宋熙寧五年省爲鎮，入高邑，元祐初復置，屬慶源府。金屬沃州。元、明俱屬趙州。本朝初屬正定府〔七〕，雍正二年改屬趙州。

隆平縣。在州南九十里。東西距五十里，南北距五十五里。東至順德府鉅鹿縣界三十里，西至柏鄉縣界二十里，南至順德府任縣治五十里〔八〕，北至寧晉縣界四十里。東南至鉅鹿縣治六十里，西南至順德府唐山縣治二十里，東北至冀州新河縣治九十里，西北至柏鄉縣治三十五里。春秋隸晉，韓、魏、趙三分晉地，入於趙。秦列郡縣地，隸鉅鹿郡。漢置廣阿縣，屬鉅鹿郡。後漢省。後魏太和中復置廣阿縣，於縣置南鉅鹿郡，後改爲南趙郡。孝昌二年又置殷州。齊天保二年避諱改爲趙州，七年州廢〔九〕。隋初郡廢，開皇十六年於縣置欒州，仁壽元年改縣曰象城。大業初州廢，又改縣曰大陸，屬趙郡。唐武德四年復曰象城，天寶元年又改曰昭慶，屬趙州。五代因之。宋開寶二年又改曰隆平〔一〇〕，熙寧六年省爲鎮，入臨城。元祐元年復置，屬慶源府。金屬沃州。元仍屬趙州。明洪武初省入柏鄉〔一一〕，十三年復置，仍屬趙州。本朝初屬正定府，雍正二年改屬趙州。

高邑縣。在州西南五十里。東西距三十二里，南北距三十里。東至柏鄉縣界十二里，西至正定府贊皇縣界二十里，南至臨城縣界十五里，北至正定府元氏縣界十五里。東南至順德府唐山縣治六十里，西南至臨城縣治五十里，東北至本州治五十里，西北至元氏縣治三十五里。本戰國趙房子邑。漢置房子縣，屬常山郡。後漢因之。晉於縣置趙國，兼爲冀州刺史治〔一二〕。後魏屬趙郡。北齊天保七年廢房子，改置高邑縣，仍屬趙郡。隋初屬欒州，大業初屬趙郡。唐屬趙州。宋屬慶源府。金屬沃州。元、明俱屬趙州。本朝初屬正定府，雍正二年改屬趙州。

臨城縣。在州西南九十里。東西距一百十里，南北距四十五里。東至隆平縣界二十里，西至山西平定州界九十里，南至順德府内丘縣界十五里，北至高邑縣界三十里。東南至順德府唐山縣界十五里，西南至順德府邢臺縣界六十里，東北至柏鄉縣界二十五里，西北至正定府贊皇縣治四十五里。本春秋晉臨邑。漢爲房子縣地。北齊省房子。隋開皇六年復置房子縣於此，屬趙郡。唐屬趙州，天寶元年改曰臨城〔一三〕，天祐二年復曰房子。五代後唐初復曰臨城。宋屬慶源府。金屬沃州。元、明俱屬趙州。本朝初屬正定府，雍正二年改屬趙州。

寧晉縣。在州東南四十里。東西距六十里，南北距六十里。東至冀州新河縣界四十里，西至本州界二十里，南至隆平縣界三十五里，北至本州界二十五里。東南至新河、隆平二縣界四十五里，西南至柏鄉縣界三十里，東北至保定府束鹿縣治七十里，西北至本州界二十里。春秋晉楊氏邑〔一四〕。戰國趙地。秦爲邯鄲、鉅鹿二郡地。漢置楊氏、廮陶二縣，屬鉅鹿郡。後漢移郡治廮陶，以楊氏屬焉。晉省楊氏入廮陶，仍爲鉅鹿國治。後魏永安二年分廮陶置廮遥縣，爲鉅鹿郡治。北齊廢郡，又省廮陶入廮遥縣。隋初屬欒州，開皇六年又改廮遥曰廮陶，大業初屬趙郡。唐仍屬趙州，天寶元年改曰寧晉，屬趙州。五代因之。宋屬慶源府。金屬沃州。元、明俱屬趙州。本朝初屬正定府，雍正二年改屬趙州。

形勢

九省往來，股肱上郡，中原鎖鑰也。舊州志。大陸縈迴於左，鐵山聳峙於右，平棘洨水列其前，欒臺宋城屏於後。州志。

風俗

好儒雅，勤耕稼。州志。

城池

趙州城。周十三里，門四，濠廣十丈。明弘治七年因舊址修築。本朝康熙七年修，乾隆十九年重修。

柏鄉縣城。周六里，門四，濠廣三丈。隋時舊址，明嘉靖、隆慶間土築。本朝乾隆三十一年甃甎〔一五〕。

隆平縣城。周六里有奇，門四，濠廣三丈。有護城隄。明洪武初建。本朝康熙七年修，乾隆二十四年重修。

高邑縣城。周四里有奇，門四，濠廣三丈。明洪武初因舊址修築。

臨城縣城。周二里有奇，門三。明正統中土築。本朝康熙七年修，乾隆四十二年重修。

寧晉縣城。周六里，東、南、北三門，濠廣二丈。明成化九年築，嘉靖三年增築三子城以衛三門，二十六年復於東門外增築月城。本朝乾隆四十二年修。

學校

趙州學。在州治東南。明洪武十三年因舊址重建。本朝順治、康熙年間屢修。入學額數二十名。

柏鄉縣學。在縣治東。舊在縣治東南，明洪武中遷建今所。入學額數十二名。

隆平縣學。在縣治東南。舊在縣治東，明洪武十四年遷建今所。入學額數十八名。

高邑縣學。在縣治西南。宋慶曆中建。本朝康熙二十一年修，乾隆四十二年重修。入學額數十五名。

臨城縣學。在縣治南。明正統九年因舊址重築。本朝順治、康熙年間屢修。入學額數八名。

寧晉縣學。在縣治南。宋崇寧中建。本朝順治五年修。入學額數八名。

慶陽書院。在州城南。本朝乾隆二十年建。

槐川書院。在柏鄉縣東北隅。

槐陽書院。在柏鄉縣。本朝乾隆三十年建。

千秋書院。在高邑縣治西南。本朝乾隆十八年建。

樂天書院。在臨城縣。

正學書院。在寧晉縣學西。又洨濱書院、蒙泉書院皆在縣治。

户口

原額人丁一十五萬二千三百四十七，今滋生男婦大小共七十六萬六千九百九十九名口，計一十六萬八千九百五十四户。

田賦

田地二萬七千八百十七頃七十八畝三分有奇，額徵地丁正、雜銀一十一萬四百六十兩八錢九分八釐。

山川

平棘山。有二，在州北者曰大平棘，在州南者曰小平棘，皆去城百步許。山頂平而多棘，故名。漢又以山名縣。

龍平山。在州北三十里，故宋子城之西。畿輔舊志：「相傳山本高聳，一日風雨驟至，龍過而平其半，故名。」又名龍光山。又鞍子山，在州北十五里。

鉤盤山。在臨城縣南五里。

敦輿山。在臨城縣西南。元和志：「在臨城縣西南七十里。泜水所出。」舊志：「一名幽淮山，南接太行，北連常山，州境之大山。」

彭山。在臨城縣西四里。金史地理志：「臨城有彭山。」

鐵山。在臨城縣西九十里。石色如鐵。

天臺山。在臨城縣西北三十里。名勝志：「以其高聳而上平也。」又西四十里曰杏山，山多杏。又西二十里即太行矣。

堯山。在臨城縣東二里。近唐山堯都，故名。

三臺岡。在州南二十里。三岡排列如臺。

鳳皇岡。在柏鄉縣東。名勝志：「相傳有鳳皇棲集其上，故名。」

長岡。在高邑縣西二十五里。岡巒聳秀，環抱村疃間，周十餘里，中有兔兒坡甚寬廣。按寰宇記：「高邑縣房子城出白土，細滑膏潤，可以塗飾，用之濯錦，可致鮮潔，一名赤石岡。」疑即此。

董岡。在臨城縣北四里。東接堯峯，西臨泜水。

聖井岡。在臨城縣東北三十里。岡上有井，冬夏不竭，故名。

龍尾岡。在臨城縣西北。唐大順二年，李克用攻鎮州，大破王鎔於龍尾岡，即此。

牛口峪。在臨城縣西二十里。

聖母洞。在臨城縣西北三十里。洞口有聖母祠，每禱輒應。

洨河。在州南。自正定府欒城縣流入，又東逕寧晉縣南，合胡盧河。漢書地理志：「石邑縣洨水，東南至廮陶入泜。」唐書地理志：「寧晉地旱鹵，西南有新渠，上元中，令程處默引洨水入城以溉田，經十餘里，地用豐潤，民食乃甘。」宋史河渠志：「咸平五年，河北轉運使耿望開鎮州常山鎮南河水入洨河至趙州，有詔褒之。」舊志：「州南五里有安濟橋，跨洨河上。自州以西，水皆平漫，經橋下東流，始成渠，東流逕寧晉縣城南，入滏河。近河田畝，咸資灌溉。」

清水河。在州西一里。上流即元氏縣北沙河，自元氏逕欒城流入州境，至州東南五里，與洨河合。

槐河。自元氏縣東流逕高邑縣北，又東逕州西南、柏鄉縣北，又東逕隆平縣北、寧晉縣南，合胡盧河。元和志：「槐水，一名白溝河，南去平棘縣二十五里。」舊志：「槐河，俗訛爲淮河，亦名黑水。自元氏縣流逕高邑縣北十里，又東入柏鄉縣界，亦曰野河。又東合沙河，逕隆平北界，亦曰槐午河。又東入寧晉縣界，舊在縣南二十五里，南入七里河，以歸滏陽。後七里河口淤塞，改逕縣南十里。」

泲河。一名沙河。自贊皇縣流逕高邑縣南二里，又東逕柏鄉縣北，合槐河。漢志：「房子縣有石濟水〔一六〕，東至廮陶入泜。」即此。

新溝河。在柏鄉縣北二十五里故城鎮南〔一七〕。昔時槐河諸水每逢霖潦，往往泛溢。元元貞間，柏鄉尹曹貞自高邑縣北榆柳村開此溝〔一八〕，逕柏鄉以洩水。

新灃河。在隆平縣東。自順德府任縣之大陸澤流入縣境，北流至張家口入寧晉泊，至東汪村爲新挑河。又東流至侯皋村合於滏陽河。唐書地理志：「昭慶縣城下有灃水渠，儀鳳三年，縣令李玄開，以溉田通漕。」按灃河自任縣以上，其與百泉河、沙河彼此互名之故〔一九〕，已詳見順德府志。至大陸澤以下，至寧晉泊四十里許，俗謂之北灃河，本在隆平縣東十里，唐儀鳳所開，明嘉靖間以故流壅塞，別疏一道，在縣東二十里，謂之新灃河。本朝雍正四年重加濬治，至今猶仍其名。舊志於隆平縣不載灃河，而於滏陽河下引唐書之灃河，以實滏陽，並謂在隆平東者，皆滏陽之流，不得以灃水名之。於今昔形勢，皆未合也。

滏陽河。在隆平縣東。自順德府鉅鹿縣之張家莊流入縣境，北流至棗陀村入寧晉縣境，又北至侯皋村，與北泊下流之新挑河會，又東北流至營上村，與新徙之滹沱河會，又東入冀州境。按磁州志謂「滏陽入寧晉與漳水合」，今漳不入滏，詳見順德府志。

鹻河。在寧晉縣東十里，即寢水也。金史地理志：「寧晉有寢水。」舊志：「寢水自藁城迤南，欒城、趙州迤東，由寧晉入滏陽河，是河恒被滹沱水淤，今下流壅塞，上流亦涸，僅有渠形。」

胡盧河。在寧晉縣東南。名寧晉泊，亦曰北泊。周百餘里，漳、滏諸流皆會於此，又東北入冀州界。宋史河渠志：「熙寧八年，發夫增治胡盧河。」舊志：「在縣東南二十里，東西徑三十里。其上流即漳水與滏水合流，會大小羣川注此，而趙州西境及滹沱河以南諸水，亦悉東南流至縣境，而匯爲大澤，土人稱爲寧晉泊。」通志：「寧晉泊即北泊也，洨、沙、槐、泲、七里、滏陽諸水咸入焉。自滹沱河南徙，由賈口而入，淤塞滏河故道三十餘里，水無所洩，遂衝決洨口、營上等村而東注，水口亦多淺隘。」本朝雍正三年，滹沱東徙，不復入泊。四年，命怡賢親王興修水利，於洨口、營上等村疏濬水口寬深〔二〇〕，復築隄以障水之外入，設斗門以節水之內出，積潦始消，汙萊皆爲沃壤。按漢志洨水、石泲水俱至廮陶入泜，水經注泜、洨、泲三水俱缺，惟有百尺溝南入泜湖注衡水，參考道里，蓋寧晉泊即古泜湖也。

七里河。在寧晉縣南二十五里。槐、午諸水自柏鄉縣東流注此，東入滏陽河。

滹沱河。在寧晉縣東北。明成化八年，由晉州紫城口南入寧晉泊。正德中，改由束鹿，遂不入縣境。本朝乾隆二十四年，河復南徙，自晉州魯家莊流入縣屬之浩固村，折入束鹿之趙馬村，復入縣境，東南流至朱家村，分而爲二，正流由營上村東入滏陽河，支流合鹻河南入滏陽河。按舊志載滹沱河故道，今河徙入縣界，復爲經流，因加增改。

泜河。自臨城縣西南發源，東南逕順德府內丘、唐山二縣界，又東南逕隆平縣南，至任縣入滏陽河。元和志：「泜水在臨城縣南二里。出白土，細滑如膏，以之濯綿，色若霜雪。」舊志：泜源有二，此爲南泜，在臨城縣西南二十五里。流逕柏暢亭，至縣西五里許，斷伏不流，下二百餘步復出。東逕釣盤山下合沙河〔二二〕，又東南逕內丘、唐山、隆平，抵任縣，入大陸澤。俗名三斷綠楊河。

沙河。在臨城縣西南十五里。源出縣西崇禮村，流逕城南合泜水。非贊皇之沙河也。

泥河。源出臨城縣泥河村北岡，東流逕縣北五里，入柏鄉縣界爲午河，又東逕縣南至縣東關入洨河。

古斯洨水。在州北。自正定府欒城縣流入，又東入晉州界，即白渠水也。水經注：「白渠水逕耿鄉南，又東逕宋子縣故城北，謂之宋子河。又東逕敬武縣故城北，又東，謂之斯洨水。」元和志：「斯洨水，在平棘縣北三十五里。」唐書地理志：「平棘東二里有廣潤陂，引太白渠水注之，東南二十里有畢泓，皆永徽五年令弓志元所開，以蓄洩水利。」

百尺溝。在寧晉縣東北。水經注：「斯洨水枝津右出，東南流，謂之百尺溝，又東南逕和城北，又東南逕貰城西，又東南散流，逕歷鄉東而南入泜湖，東注衡水。」舊志：「縣東北六十里有百尺口村，蓋其故瀆也。」

廣阿澤。在隆平縣東北。魏書韓均傳：「廣阿澤在定、冀、相三州界，土廣民稀，乃置鎮以靜之。除均爲廣阿鎮大將。」元和志：「廣阿澤，在昭慶縣東二十五里。爾雅曰『晉有大陸』，廣阿即大陸別名，淮南子曰鉅鹿。大陸、廣阿，咸一澤也。」舊志：「廣阿澤，即大陸澤，在隆平縣東北三十里。上承漳、滏、泜、澧諸水，與鉅鹿、任兩縣接界，又北入寧晉縣界，爲胡盧河。」

水聞渠。在州西南二里。舊引清水河入城濠，壅而無洩，爲東南田疇患。明天順間。鑿此渠，西南出會於洨河。

千金渠。在柏鄉縣西。唐開元中，縣令王佐所浚，旁有萬金堰，亦佐築。今廢，俗呼李家溝。

野姑泉。在臨城縣南蓋山下。一名舒姑泉。又狗跑泉，在縣北。

古蹟

棘蒲故城。今州治。春秋時晉地。左傳哀公元年：「師及齊師、衛孔圉、鮮虞人伐晉，取棘蒲。」史記：「趙敬侯六年伐衛，取棘蒲。」漢書功臣表：「棘蒲侯陳武，高帝六年封。」又文帝紀：「三年，濟北王興居反，以棘蒲侯柴武爲大將軍擊之。」又地理志「平棘縣」註：「應劭曰：伐晉取棘蒲也。」顔師古曰：「功臣表棘蒲侯陳武、平棘侯林摯，是則平棘、棘蒲，非一地也。」十三州志：「平棘本晉之棘蒲，戰國時改爲平棘。」舊志：「或謂平棘，在棘蒲之南，後移治於棘蒲，故以故平棘爲南平棘也。」

平棘故城。在州南三里。漢高帝七年封功臣林摯爲侯邑，後爲縣。屬常山郡。後漢時亦謂之南平棘，後漢書：「建武元年，光武從薊至中山，行到南平棘，諸將固請正號位。」即此。晉亦曰平棘，屬趙國。後移今治。魏書地形志：「平棘縣有平棘城。」章懷太子曰：「平棘故城，在今平棘縣南。」

宋子故城。在州北二十五里。本戰國時趙邑。史記：「燕王喜四年，栗腹伐趙，王自將偏軍，隨軍至宋子。」又「秦滅燕，高漸離匿作於宋子」。皆即此。漢高祖八年，封功臣許瘛爲侯邑，後爲縣，屬鉅鹿郡。後漢省。後魏永安二年復置，仍屬鉅鹿郡。

高齊廢。隋初復置，屬欒州，大業初省入平棘。史記正義：「宋子故城，在州北三十里。」

敬武故城。在州東北。水經注：「鉅鹿之屬縣也。漢元帝封敬武公主爲湯沐邑。十三州志曰：楊氏縣北四十里有敬武亭〔二二〕，故縣也。今其城實中，小邑耳，故俗名曰敬武壘。」

柏鄉故城。在今柏鄉縣西南。漢置縣，元帝竟寧元年封趙哀王子買爲侯邑。後漢縣廢，而城存。晉太元九年，趙郡人趙粟起兵柏鄉〔二三〕，以應符丕將邵興〔二四〕，即故縣也。隋復置，元和志：「縣北至趙州六十一里。隋於漢鄗城南十八里改置〔二五〕，遥取古柏鄉爲名。」舊唐書地理志：「漢柏鄉城在今縣西南十七里。後廢。隋於今治彭水之陽復置。」

鄗縣故城。在柏鄉縣北。春秋時晉邑。左傳哀公四年：「齊國夏伐晉，取鄗。」史記：「趙武靈王三年，城鄗。」漢書王子侯表：「鄗侯舟〔二六〕，武帝時封。」後漢書：「建武元年。光武從薊還至鄗，設壇場於鄗南千秋亭五成陌〔二七〕，即帝位，改鄗爲高邑。」元和志：「北齊天保七年移高邑縣於漢房子縣東北界〔二八〕，今高邑縣是也。高邑故城，在柏鄉縣北二十一里。」新志：「俗名王莽城，今有故城市。」

廣阿故城。在隆平縣東。漢高祖嘗封功臣任敖爲侯邑。後漢更始二年光武拔廣阿，舍城樓，與鄧禹披閱天下輿圖，即此。縣尋廢。晉太元九年，慕容垂以陳留王紹行冀州刺史，屯廣阿。後魏太常三年詔叔孫建鎮廣阿。尋復置縣。隋改象城〔二九〕，又改大陸。唐改昭慶。宋又改隆平。元和志：「昭慶縣東北至趙州九十里。本漢廣阿縣也。」宋史河渠志：大觀二年，「以隆平下濕，遷於高地。」縣志：「故城在今縣東十二里，俗呼舊城村。」

房子故城。在高邑縣西南。戰國時趙邑。史記趙世家：「敬侯十年，與中山戰於房子。」又「武靈王十九年，北略中山之地，至於房子。惠文王二十四年，廉頗將，攻魏房子，拔之，因城而還」。後漢書光武紀：「更始二年，光武擊真定〔三〇〕、元氏、防子，皆下之。」注：「防與房同，古字通用。」元和志：「高邑縣東北至趙州五十五里〔三一〕。北齊天保七年〔三二〕，移高邑縣於房子縣城東北十五里，即今縣也。」縣志：「俗呼其地曰倉房村。」

臨城故城。在今臨城縣西南。春秋晉臨邑。左傳哀公四年：「趙稷奔臨。」即此。漢爲房子縣地。隋開皇六年移置房子縣於此。唐改名臨城。元和志：「縣東北至趙州一百里。以縣西南十里有故臨城，因名。」

楊氏故城。今寧晉縣治。漢置縣。晉省。後燕録：「慕容寶永康元年，趙王麟攻楊城。」後魏紀：「皇始二年，詔元儀徙屯鉅鹿，積租楊城。」永安二年改置廮陶縣及鉅鹿郡於此〔三三〕，地形志鉅鹿郡及廮遥縣俱治舊楊城，是也。隋改廮陶。唐又改寧晉。元和志：「縣西北至趙州四十三里。本漢楊氏邑也。」

歷鄉故城。在寧晉縣東二十五里。漢置縣，屬鉅鹿郡。後漢省。魏書地形志：「廮遥縣有歷城。」明統志：「歷城乃小堡〔三四〕。城下藪澤，周迴百餘里，中有魚、藕、菱、芡之利，每歲饑，土人賴以全活者甚衆。金末，王義率衆保此。」

廮陶故城。在寧晉縣西南。漢置縣，屬鉅鹿郡。後漢爲郡治〔三五〕，延熹八年除勃海王悝爲廮陶王。晉鉅鹿國亦治此。後魏屬鉅鹿郡。高齊省。寰宇記：「在寧晉縣南二十九里。」

封斯廢縣。在州界。漢元朔二年封趙敬肅王子胡傷爲侯國，屬常山郡。後漢省。元和志：「平棘縣有封斯村。」舊志：「有何屯營城，在州西北二十里。」疑是。

象氏廢縣。在隆平縣東北二十五里。漢元朔三年封趙敬肅王子賀爲侯國，屬鉅鹿郡。後漢省。寰宇記：「古象城，在昭慶縣西北三十里。隋因以名縣。」明統志：「在縣東北三十五里。」趙記：「舜弟象嘗居此。」

大陸故縣。在寧晉縣東南十里。隋開皇十六年析廣阿置大陸縣，屬趙州。大業初改象城縣爲大陸，而以故大陸廢入焉。今名魚臺村。

故欒城。在州西北。左傳哀公四年：「齊國夏伐晉取欒。」元和志：「故欒城，在平棘縣西北十六里。春秋時晉邑。」按元和志與後漢書不同，別見「欒城縣」。

和城。在寧晉縣東北。水經注：「百尺溝東南逕和城北，世謂之初丘城，非也。漢高帝十一年封公孫耳爲侯國。〔三六〕」按漢書表作「禾城」。

十里壘。在州南。元和志：「在平棘縣南一里。後漢永初元年，羌侵河内，趙、魏間百姓相驚。詔魏郡、趙國、常山等繕作塢壘六百一十處，此即其一也。」

望臺。在州治東南。一名望漢臺，高七尋，延袤二百八十尺。相傳後漢初耿純所築，以望光武。臺西有古井，即築臺時所鑿。其東南一里，本朝建有行宫，乾隆十五年，高宗純皇帝巡幸河南，經臨駐蹕。

千秋臺。在高邑縣南二里。稍西北有觀星臺，東南有將臺，三臺岡阜相連。

李氏舊宅。元和志：「在州西南二十里。亦謂之『三巷李家』，亦曰『三祖宅巷』。」

思賢堂。在隆平縣治西。唐昭慶令王璠慕宓子賤、魯恭、卓茂等治績，建祠祀之，名三賢祠。璠去，邑人思之，並祀於中，更名思賢堂。

千秋亭。在柏鄉縣北十四里。後漢書郡國志：「高邑縣有千秋亭、五成陌，光武即位於此。」去舊鄗縣七里。

嘉禾亭。在臨城縣治後。名勝志：「元時嘉禾出連穎，因建此亭。」

柏暢亭。在臨城縣西十五里。漢元朔五年封趙敬肅王子終古爲柏暢侯。寰宇記：「注水經云：泜水東逕柏暢亭。在臨城縣西。」俗訛爲柏楊亭。

爽亭。在臨城縣東北。名勝志：「在縣東北普利寺。宋徽宗下晉陽時，駐蹕於此，命蔡京書『爽亭』二字，立有石碣。」

薄洛亭。在寧晉縣東南。後漢書郡國志：「癭陶縣有薄洛亭〔三七〕。」蓋以漳水一名薄洛河而名。

關隘

騾駒嶺口。在臨城縣西九十里。

賈家口。在寧晉縣東二十五里。

百尺口。在寧晉縣東北六十里百尺溝口。舊有巡司，本朝乾隆十年裁。

奉城鎮。金史地理志：「寧晉縣有奉城鎮。」

天臺寨。在臨城縣西北天臺山北，接正定府贊皇縣界。其西又有青龍寨。又乞了寨在縣西南乞了山，鐵山寨在縣西鐵山。

東驛頭堡。在高邑縣東南十里。又武城堡在縣西十里，韓家莊堡在縣北十里。今皆廢。

鄗城驛。在州治西。明置。

槐水驛。在柏鄉縣西北。明置。

大陸村。在寧晉縣東北。又東陳村在縣南三十五里。皆有集。

津梁

安濟橋。在州南五里洨河上。俗名大石橋，隋建。廣四十步，長五十餘步。唐張嘉貞、李翶皆有銘。

永通橋。在州西門外清水河上。俗名小石橋。

槐水橋。在柏鄉縣北二里。

濟涉橋。在柏鄉縣南關外。今名恒南第一橋。

通濟橋。在隆平縣北五里。

安定橋。在高邑縣丘村西南。

丁石橋。在寧晉縣南里許洨河上。舊名丁橋。

餔頭村橋。在寧晉縣東三十里滏陽河上。又東五里爲白木村橋，亦跨滏陽河。正定府諸縣之鹽俱於此起載。

隄堰

洨河隄。在州南。洨河四源濬發，合流至城南，渠流始壯。本朝乾隆二十七年建長隄五十餘里，以防泛溢。

灃河隄。在隆平縣東。長六里。本朝乾隆二十五年增築。

新挑河隄。在寧晉縣東北。河爲胡盧河，通滏陽河之引河。本朝乾隆二十五年、二十七年，先後築隄以防泛溢。

陵墓

唐

祖陵。在隆平縣南。元和志：「宣皇帝建初陵，光皇帝啓運陵〔三八〕，二陵共塋，在昭慶縣西南二十里。」舊志：「在今縣南五尹村。」

戰國

廉頗墓。在州東二十里。

漢

李左車墓。元和志：「在平棘縣西南七里。」又曰：「李氏舊塋，多在封斯村。」州志：「今墓在州西八里。」

耿純墓。在州東二十五里。前有祠。

任敖墓。元和志：「一名七里丘，在昭慶縣西四里。」舊志：「在隆平縣東丘底村西南。」

馮唐墓。元和志：「在高邑縣東北二十八里。」舊志：「在州南二十里。」

晉

楊駿墓。寰宇記：「在寧晉縣北十里，高一丈。」

金

焦旭墓。在柏鄉縣南二十里南魯村。

元

陳祐墓。在寧晉縣西南二十里。弟天祥同葬此。

明

曹鼐墓。在寧晉縣東四里。前有祠。

祠廟

昭忠祠。在州城内。本朝嘉慶八年建。

二君祠。在高邑縣治西。中祀平原君信陵君。明萬曆間建。本朝乾隆三十二年修。

龍井廟。在州北門外里許。金大定間建，禱雨輒應。

光武廟。有二：一在州境，北轅録：「趙州南光武廟二石人尚横於路。」一在柏鄉縣，元和志：「漢世祖廟，一名壇亭，在柏鄉縣北十四里，即世祖即位處之千秋亭。章帝元和二年詔高邑令祀光武於即位壇是也。」本朝乾隆十五年，高宗純皇帝清蹕所經，御製有詩。

漢高祖廟。在臨城縣西北二十里。

劉猛將軍廟。在高邑縣八腊廟西。本朝乾隆六十年修〔三九〕。

寺觀

柏林寺。在州治東南。唐時名觀音院，爲從諗禪師道場。金大定中改名柏林寺。本朝雍正十一年奉敕修，賜今額。寺有石甚古，刻虞世南「攀龍鱗附鳳翼」六字。殿壁有吴道子畫文武水各一。乾隆十五年，高宗純皇帝聖駕經臨，有御製趙州柏林寺小憩詩及再題吴道子文武水詩，並與扈從諸臣聯句。

開元寺。在州治西南。宋景祐間於寺中建石塔。

玉臺寺。在柏鄉縣東。相傳隋時建。所存石障甚古〔四〇〕。

萬善寺。在隆平縣舍落口村。東魏武定間建。

明院寺。在隆平縣東任村。隋開皇四年建。

光業寺。在隆平縣南趙孟村。唐開元中建，有象城尉楊晉碑記。

乾明寺。在高邑縣治西南。唐時建。寺右有乾明塔。

草堂寺。在臨城縣西五十里。石壁有字，永平二年重修。

校勘記

〔一〕秦爲鉅鹿郡地　乾隆志卷三二趙州建置沿革（以下同卷簡稱乾隆志）同。據譚其驤主編中國歷史地圖集第二册秦山東北部諸郡，鉅鹿郡西境有清寧晉縣（今縣）、隆平縣（今隆堯），而清趙本州（今趙縣）爲秦恒山郡地，故清趙州全境實爲秦鉅鹿郡及恒山郡地。

〔二〕後漢爲常山國地　乾隆志同。續漢書郡國志二：鉅鹿郡屬縣楊氏，沿襲前漢之舊，載於漢書卷二八地理志上，治清寧晉縣（今縣），爲清趙州屬縣。通典卷一七八州郡八：趙州，「後漢屬常山國、鉅鹿郡地」。所言是也。

〔三〕時以大陸縣之欒州省入　「陸」，原作「鹿」，據乾隆志及舊唐書卷三九地理志二、新唐書卷三九地理志三改。又新唐志：武德四年，趙州由柏鄉徙治平棘，「五年更名欒州」。則武德五年欒州治平棘縣，不治大陸縣，且二唐志皆不載「於大陸縣置欒州」，本志誤。

〔四〕漢置鄗縣屬常山郡　乾隆志同。中國歷史地圖集第二册秦山東北部諸郡，鄗縣屬邯鄲郡。后曉榮秦代政區地理第六章山東北部諸郡置縣：邯鄲郡鄗縣，「相家巷出土秦封泥有『鄗丞之印』」。可補本志之闕。

〔五〕省柏鄉侯入之　「侯」，乾隆志作「縣」。漢書卷一五王子侯表下：「柏鄉戴侯買，趙哀王子，竟寧元年四月丁卯封。」同書卷二八地理志上：鉅鹿郡，「柏鄉，侯國」。漢代縣級政區包括縣、邑、道、侯國，漢書卷一九百官公卿表上：縣令、長，掌治其縣，「列侯所食縣曰國，皇太后、公主所食曰邑，有蠻夷曰道」。侯、列侯、侯國爲縣級政區，此應作「柏鄉侯國」，脱「國」字。乾隆志作「柏鄉縣」，亦是。

〔六〕晉初改屬趙國　魏書卷一〇六地形志上：趙郡高邑縣，「二漢屬常山郡，「晉屬」。吴增僅三國郡縣表附考證：高邑，「故屬常山，贊皇志：魏屬趙國」。

〔七〕本朝初屬正定府　「正」，乾隆志同。按本書卷二七正定府一建置沿革：明爲真定府，「本朝初因之，雍正元年改名正定府」。府治真定縣並改。則此「正」應作「真」字爲準。下文隆平、高邑、臨城、寧晉諸縣同。

〔八〕南至順德府任縣治五十里　「五十」，原作「十五」，乾隆志同。據乾隆隆平縣志卷一地里乙正。同治畿輔通志卷五五疆域圖説作「六十」。

〔九〕七年州廢　乾隆志同。施和金北齊地理志卷一：趙州，治廣阿縣。「北齊書文宣帝紀云：『天保九年秋七月戊申，詔趙、燕、瀛、定、南營五州……免今年租賦。』是九年仍有趙州，未廢。又北齊書廢帝紀云：『乾明元年夏四月癸亥，詔河南、定、冀、趙、瀛、滄、南膠、光、青九州，往因螽水，頗傷時稼，遣使分塗贍恤。』則廢帝時仍有趙州。又北齊書後主紀云：『武平六年八月丁酉，冀、定、趙、幽、滄、瀛六州大水。』則後主時趙州亦未廢。終北齊之時，皆無廢趙州之事」。本志誤也。

〔一〇〕宋開寶二年又改曰隆平　「二年」，乾隆志同，元豐九域志卷二作「五年」，此「二」爲「五」字之誤。

〔一一〕明洪武初省入柏鄉　「初」，乾隆志同。明太祖實録卷八五：洪武六年九月，「併真定府趙州隆平縣於柏鄉縣」。明史卷四〇地理志一同。此云「初」，誤。

〔一二〕兼爲冀州刺史治　乾隆志同。晉書卷一四地理志上冀州首列趙國，治房子縣。通典卷一七八州郡八：趙州，「晉爲趙國，亦置冀州，領郡國十三，理房子」。或據此以晉時冀州治趙國房子縣，然考之史籍，不可信據。魏書卷一〇六地形志上：

冀州」「魏、晉治信都」。元和郡縣圖志卷一七：「冀州（治信都縣）」「魏文帝黄初中，以鄴爲五都之一，始移冀州理信都。自石趙至慕容垂，或理鄴，或理信都」。太平寰宇記卷六三：「冀州（治信都縣）」「魏黄初中，冀州刺史自鄴徙理信都。……西晉末，石趙自信都徙理襄國，至季龍，州徙于鄴」。皆可證魏、晉冀州治信都（清冀州，今冀州市），不治房子（今高邑縣西南）。通典云：「晉冀州治房子，而信都郡冀州又云：『漢末兼置冀州，領郡國九，理於此。晉亦然。』」前者誤，後者是，明白無疑。

〔一三〕天寶元年改曰臨城　「元年」，原作「九年」，乾隆志同，據舊唐書卷三九地理志二、新唐書卷三九地理志三及元和郡縣圖志卷一七改。

〔一四〕春秋晉楊氏邑　乾隆志同。左傳襄公二十九年：「叔侯曰：『虞、虢、焦、滑、霍、楊、韓、魏，皆姬姓也。』」杜預注：「楊屬平陽郡。」按即西晉平陽郡屬之楊縣。左傳昭公二十八年：「魏獻子爲政，分祁氏之田以爲七縣」，「僚安爲楊氏大夫」。楊伯峻春秋左傳注：「楊氏在今山西洪洞縣東南十八里。」正合杜預注。通典卷一七九州郡九：洪洞縣，「春秋楊國，晉滅之爲楊邑」。元和郡縣圖志卷一二、太平寰宇記卷四三載同，本志卷一三八平陽府一古蹟亦同。又太平寰宇記卷六〇：寧晉縣，「漢楊氏縣，屬鉅鹿郡。春秋時晉楊氏邑」。顧祖禹讀史方輿紀要予以辨正，其書卷一四：寧晉縣，「括地志云：『春秋時晉邑，魏獻子使僚安爲楊氏大夫。』寰宇記云：『伯僑自晉歸周，封於楊，即此。』皆悮也。此楊城見山西洪洞縣」。同書卷四一：洪洞縣，「春秋時楊國，晉滅之爲楊邑」。又云：「楊城在縣東南十八里。春秋時故國治此。伯僑自晉歸周，封于楊。晉滅楊以賜羊舌肸。昭二十八年羊舌肸滅，魏獻子使僚安爲楊氏大夫是也。」顧氏否决春秋晉楊氏邑在寧晉縣，而應在山西洪洞縣，言之確鑿。譚其驤主編中國歷史地圖集第一册春秋圖定晉楊氏位於今洪洞縣東南，亦可證。

〔一五〕本朝乾隆三十一年甃甎　「一」，原脱，據乾隆志城池及同治畿輔通志卷一一九城池補。

〔一六〕房子縣有石濟水　乾隆志同。王先謙漢書補注卷二八地理志上：「王念孫曰：『濟』上衍『石』字。説文：『濟水出常山房子贊皇山。』風俗通義同。續志：『常山國房子有贊皇山，濟水出。』『濟』上皆無『石』字。先謙曰：地説家多謂宜有『石』

字，王説據説文、風俗通、續志爲證，不可易也。」則應爲濟水，「石」字衍。後胡盧河記「石泲水」之「石」字亦衍。

〔一七〕在柏鄉縣北二十五里故城鎮南　乾隆志及讀史方輿紀要卷一四同。按同治畿輔通志卷五五疆域圖説，新溝河自高邑縣流逕柏鄉縣北固城店（當即故城鎮）北，東南流入泲河，與此説異。

〔一八〕柏鄉尹曹貞自高邑縣北榆柳村開此溝　「貞」，乾隆志及同治畿輔通志卷六六山川同，讀史方輿紀要卷一四作「楨」。

〔一九〕其與百泉河沙河彼此互名之故　「泉」，原作「樂」，乾隆志作「泉」。本志卷三〇順德府山川：「沙河，「按百泉河舊與沙河合流，故濄水之名，彼此互稱」。此「樂」爲「泉」字之訛，據改。

〔二〇〕於洨口營上等村疏濬水口寬深　乾隆志「水口」下「寬深」上有「盡成」二字，同治畿輔通志卷六六山川同。

〔二一〕東逕鈞盤山下合沙河　「鈞」，原作「鉤」，據乾隆志及讀史方輿紀要卷一四、同治畿輔通志卷六六山川改。

〔二二〕楊氏縣北四十里有敬武亭　「敬」，原脱，乾隆志古蹟同，據王先謙合校水經注、陳橋驛水經注濁漳水注補。

〔二三〕趙郡人趙粟起兵柏鄉　「粟」，原作「栗」，乾隆志同，據資治通鑑卷一〇五晉紀二七「太元九年」條改。

〔二四〕以應符丕將邵興　「邵」，原作「郤」，乾隆志同，據晉書卷一一四符堅載記下、資治通鑑卷一〇五晉紀二七改。

〔二五〕隋於漢鄗城南十八里改置　乾隆志及元和郡縣圖志卷一七同。又元和郡縣圖志云：「高邑故城，在柏鄉縣北二十一里。本漢鄗縣也。」太平寰宇記卷六〇同，則漢鄗縣在柏鄉縣北二十一里，所記里距有差異。

〔二六〕鄗侯舟　「舟」，原作「丹」，乾隆志同，據漢書卷一五王子侯表上改。

〔二七〕設壇場於鄗南千秋亭五成陌　「成」，原作「城」，據乾隆志及後漢書卷一光武帝紀上、續漢書郡國志二改。後千秋亭引後漢書郡國志之「五城陌」，「城」字改同。

〔二八〕北齊天保七年移高邑縣於漢房子縣東北界　「東北界」，乾隆志同，元和郡縣圖志卷一七作「東北十五里」，此引誤。

〔二九〕隋改象城　「象」，原作「東」，據乾隆志及隋書卷三〇地理志中、元和郡縣圖志卷一七改。

〔三〇〕光武擊真定　「真」，原作「正」，乾隆志同，據後漢書卷一光武帝紀上改。按漢爲真定縣，至清雍正元年與真定府同改爲正定。參見本卷校勘記〔八〕。

〔三一〕高邑縣東北至趙州五十五里　「趙」、「十」下「五」二字，原脱，乾隆志同，並據元和郡縣圖志卷一七補。下臨城故城引元和志同補。

〔三二〕北齊天保七年　「保」，原作「寶」，據乾隆志及元和郡縣圖志卷一七改。按北齊書卷四文宣帝紀，天保爲文宣帝之年號。

〔三三〕永安二年改置廮陶縣及鉅鹿郡於此　乾隆志同。魏書卷一〇六地形志上：「鉅鹿郡，永安二年分定州鉅鹿置，治舊楊城。」又「廮遥縣，永安二年分廮陶置，治楊城」。則北魏永安二年置鉅鹿郡及廮遥縣，治楊城，即楊氏城。讀史方輿紀要卷一四：「後魏永安二年分廮陶置廮遥縣，治故楊城，又析置鉅鹿郡治此。隋初郡廢，開皇六年改『遥』爲『陶』，唐天寶初又爲寧晉縣治。」所説是也。北魏鉅鹿郡及廮遥縣即清寧晉縣（今縣），而北魏屬於鉅鹿郡之廮陶縣仍漢晉舊治，魏書地形志：鉅鹿郡廮陶，「二漢、晉屬，治廮陶城」。治清寧晉縣西南。據此可證，「廮陶縣」乃「廮遥縣」之誤。

〔三四〕歷城乃小堡　「歷」，乾隆志同。明統志卷三真定府古蹟作「瀝」，讀史方輿紀要卷一四寧晉縣：歷城，「亦作『瀝城』」。

〔三五〕後漢爲郡治　「漢」，原作「魏」。按下文「延熹八年」爲東漢桓帝年號，此「後魏」顯誤。又考後漢書郡國志鉅鹿郡首縣爲廮陶，正合此「爲郡治」之語，可見「後魏」爲「後漢」之誤，因據改。

〔三六〕漢高帝十一年封公孫耳爲侯國　「耳」，乾隆志同。楊守敬水經注疏濁漳水注作「耳」，王先謙合校水經注及陳橋驛水經注皆作「昔」，謂「耳」爲「昔」字之訛。按史記卷一八高祖功臣侯者年表：禾成，高祖十一年封，「孝侯公孫耳元年」。漢書卷一六高祖高后文功臣表：「禾成孝侯公孫昔。」王先謙漢書補注：「據濁漳水注，『禾成』作『和城』，史表『昔』作『耳』。」則「和」、「禾」二字通，「成」、「城」二字通寫，「耳」、「昔」二字皆是。

〔三七〕廮陶縣有薄洛亭　「洛」，乾隆志同。按續漢書郡國志二作「落」。

〔三八〕光皇帝啓運陵　「啓」，原作「建」，乾隆志同。按元和郡縣圖志卷一七作「啓」。唐會要卷二〇公卿巡陵：「開元二十八年七月十八日制：伏以八代祖宣皇帝、七代祖光皇帝、六代祖景皇帝、五代元皇帝，自昔追尊號謚，稽古有則，而陵寢所奉，須廣彝章。其建初、啓運二陵，仍準興寧陵制，置署官及陵户……其建初、啓運、興寧、永康等四陵，年别四時及八節，委所由州縣，數與陵署相知，造食進獻。」可證光皇帝陵爲啓運，此「建」爲「啓」字之訛，據改。

〔三九〕在高邑縣八腊廟西本朝乾隆六十年修　光緒趙州志卷三：「劉猛將軍廟，在柏林寺内。雍正二年奉敕建。」與此異，豈一廟二建？

〔四〇〕所存石障甚古　「障」，乾隆志寺觀同。同治畿輔通志卷一八二寺觀作「幢」，蓋是，此疑誤。

大清一統志卷五十二

趙州直隸州二

名宦

漢

謝夷吾。山陰人。章帝時遷鉅鹿太守。愛育人物，有善績。第五倫作司徒，令班固爲文薦夷吾，有「政合時雍」之譽。

魏霸。濟陰句陽人。和帝時爲鉅鹿太守。以簡朴寬恕爲政。掾吏有過，先誨其失，不改者乃罷之。吏或相毁訴，霸輒稱他吏之長，終不及人短，言者懷慚，譖訟遂息。

樊準。湖陽人。永初中拜鉅鹿太守。時饑荒之餘，人庶流迸，準課督農桑，廣施方畧，期年間，豐賤數十倍。趙、魏之郊，數爲羌所鈔暴，準外禦羌寇，内撫百姓，郡境以安。

南北朝　魏

呂顯。壽張人。皇始初拜鉅鹿太守。清身奉公，務存贍恤，妻子不免飢寒，民頌之曰：「時維呂君，克己清明。緝我荒土，民胥樂生。願壽無疆，以享長齡。」

李曾。趙郡平棘人。道武時爲本郡太守。令行禁止，并州丁零，數爲山東害，知曾能得百姓死力，憚不入境。賊於常山界得一死鹿，賊長謂趙郡地也，責之還，令送鹿故處。郡謡曰：「詐作趙郡鹿，猶勝常山粟。」其見憚如此。

裴佗。聞喜人。世宗時爲趙郡太守。爲政有方，威惠甚著，狡吏姦民，莫不改肅。所得俸禄，分恤貧窮。

崔楷。安平人。孝昌初置殷州，以楷爲刺史。葛榮來攻，楷率力拒抗。初遣幼子弱女夜出，既而追還，衆皆曰：「崔公尚不惜百口，吾等何愛一身！」力竭城陷，執節不屈，賊遂害之。兄弟父子並死王事，朝野傷嘆焉。

崔孝偉。安平人。趙郡太守。郡經葛榮離亂後，人皆賣鬻兒女。夏椹大熟，孝偉勸户人多收之，郡内乃安。教其人種植，招撫遺散，先恩後威，一周之後，流户大至。興立學校，親加勸勵，百姓賴之。

齊

崔伯謙。安平人。除南鉅鹿太守。下車導以禮讓，豪族皆改心整肅。事無鉅細，必自親覽。民有貧弱未理者，皆曰：「我自告白鬚公，不慮不決。」在郡七年，獄無停囚。每大使巡察，恒處上第。

隋

楊達。高祖族子。爲趙州刺史，有能名。平陳之後，差品天下牧宰，達爲第一。

唐

弓志元。永徽中爲平棘令。開廣潤陂以蓄洩水利。

楊元琰〔二〕。閺鄉人。高宗時爲平棘令，課第一，御史府表其政，璽書褒厲。

程處默。上元中爲寧晉令。時地旱鹵，西南有新渠，處默引洨水入城以溉田，經十餘里，地用豐潤，民食乃甘。

李玄。儀鳳三年爲昭慶令，開澧水渠以溉田通漕。

高叡。萬年人。爲趙州刺史。聖曆初，突厥默啜入寇，叡嬰城拒，虜攻益急。或勸且下之，叡曰：「吾爲刺史，不戰而降，罪莫大焉。」及州陷，叡自經不得死，爲所執，使諭降諸縣，不肯應，見殺。

王佐。開元中爲柏鄉令。時縣有積潦，佐浚千金渠，築萬金堰以疏之。

康日知。靈州人。爲趙州刺史。日知少事李惟岳，惟岳叛，日知以州自歸，惟岳遣王武俊攻之，日知使客説武俊：「中丞奈何從小兒跳梁？」武俊還，斬惟岳。德宗擢日知爲深趙觀察使。後武俊復遣將攻趙州，日知破之，獻俘京師。

五代　唐

符令謙。昭慶人。爲趙州刺史。有善政，卒於州。州人號泣送葬者數千人。

周

楊澈。北海人。世宗時年十六，昭慶令缺，使府命澈假其任。時河決鄰郡，府督役甚急。澈部徒數千，經大澤中，多蘆葦，令采刈爲筏，順流而下。既至，執事者訝以後期，俄葦筏繼至，駭而問之，澈以狀對，乃更嗟賞。

宋

康德輿。洛陽人。仁宗時知趙州。有告雲翼卒〔二〕，謀以上元夜劫庫兵爲亂，德輿會賓屬燕飲自若，陰遣人捕其首謀誅之。

侯蒙。高密人。徽宗時知柏鄉縣。民訟皆決於庭，受罰者不怨。轉運使黄湜聞其名，將推轂之，召詣行臺白事，蒙以越境不肯往。湜怒，他日行縣，閱理文書，欲致其罪，無一疵可指，始以賓禮見，曰：「君真能吏也。」率諸使者合薦之。

金

吴微。平郭人。承安二年知寧晉縣。莅政明果，有以牛訟者，訊得其情，牛亦伏膝，由是百姓敬若神明。

元

圖郎哈雅。威烏氏。世祖時爲隆平縣達魯噶齊，均賦興學，勸農平訟，橋梁、水防、備荒之政，無一不舉。及滿去，民勒石紀其政。「圖郎哈雅」，改見統部名宦；「威烏」，改見順天府名宦；「達魯噶齊」，改見保定府名宦。

布爾罕瑚喇。威烏氏。至元末任寧晉縣達魯噶齊。旱蝗，躬親祈捕，歲不爲災。經過軍旅，恣爲不道，執之，繩以國法，士民感戴。「布爾罕瑚喇」舊作「孛而罕忽里」，今改正。

宋明善。内丘人。至正初知高邑縣。遠則乘馬，近則策杖，偏歷耕桑之地，勸課不懈，聽訟公慎。嘗曰：「吾既不能使民無訟，忍枉其是非耶！」囹圄屢空，門無干謁，尤爲邑人所稱。

明

何濬。靈寶人。天順間知趙州。值歲饑，賑濟有法，民無流移。多鑿井泉，以資灌溉。後歸老於家，州人歲遣子弟問慰不絕。及卒，聞之皆巷哭，家立木主祀之。

章忱。會稽人。成化中知臨城縣。城北有泥河，忱築隄引水灌田，又教民爲桔槔以溉高阜。鄉鄙舊無醫藥，忱檢方書，使習其業。歲春令民及時婚娶而節其費。

陸愉。嘉定人。成化中知寧晉縣。巡行田野，課農桑，招流移，疏瀹河流，以資灌溉，民甚德之。

鄒珩。餘姚人。嘉靖中知高邑縣。重濬新溝，以除水患，民得耕種。

王端冕。江陵人。崇禎中知趙州。以廉惠得民。大兵至，被執不屈死。

陳廣心。元城人。崇禎時爲趙州教諭。大兵攻城，諸生請避去，廣心厲聲曰：「吾生平所學何事，豈爲兒女戀戀耶？」遂死之。

張純儒。新安人。爲臨城訓導。崇禎十一年，大兵至，率諸生共守，城破，與二子同坐明倫堂曰：「此我盡節處也。」遂死之。

本朝

陶鼎鉉。奉天人。順治九年知趙州。廉潔自持，明於聽斷，治聲甚著。

牟廷選。錦州人。知柏鄉縣。地當孔道，雜派紛繁，廷選至，爲悉除其累。簿書錢穀，皆不假手幕胥，而綜理裕如。民立祠祀之，勒石以紀其政。

宋廣業。長洲人。知臨城縣。俗健訟，有大猾，捕置之法，民得以安。值歲旱，捐資設粥，以活飢民。又設義學，育人才，文風日起。

薛所本。孟縣人。康熙十三年知高邑縣。清丈地畝，振興文教，士民樂業。

邵嗣堯。猗氏人。康熙十九年知柏鄉縣。興水利，減火耗，禁差擾，民甚安之。時有言開滏陽河通舟者，巡撫于成龍使之相度，嗣堯力持不可，具言：「滏陽河旱潦不常，未可以通舟楫，即通，而舟楫之利歸商賈，挑濬之害歸窮民。」事得寢。

人物

漢

耿純。宋子人。更始時爲騎都尉。王郎反，純率宗族賓客迎世祖於育，拜前將軍。從平邯鄲，又破銅馬。時赤眉十餘萬衆在射犬，世祖引兵將擊之。純軍在前，賊忽夜攻，雨射營中，純堅守不動，選敢死士，繞出賊後，强弩並發，賊衆驚潰，追擊破之。世祖即位，封高陽侯。純以天下略定，願試治一郡，盡力自效，帝笑曰：「卿既治武，復欲修文耶？」乃拜東郡太守。視事數月，盗賊斂迹。居四歲，坐事免。定封東光侯。後復爲東郡太守，吏民悦服。卒，謚曰成。

孟敏。楊氏人。客居太原。荷甑墮地，不顧而去。郭林宗見而問其意，對曰：「甑已破矣，視之何益？」林宗因勸令遊學。

十年知名，三公徵辟，並不屈。

南北朝　魏

眭夸。一名旭。高邑人。少耽書傳，浩然物表。年三十，遭父喪，鬚髮致白。高尚不仕。少與崔浩爲莫逆交。浩爲司徒，奏徵爲中郎，辭疾不赴。州郡逼遣，不得已，入京師，與浩相見。延留數日，惟談敘平生，不及世利。浩每欲論屈之，竟不能發言，其見敬憚如此。

李靈。平棘人。神䴥中，太武徵天下才儁，靈至，拜中書博士。再遷淮揚太守。以學優，選授文成皇帝經，加中散、内博士，賜爵高邑子。文成踐祚，卒於洛州刺史，謚曰簡。子恢，進爵爲侯。東平王道符反，遇害。恢子悦祖，悦祖子瑾，淳謹好學，老而不倦。終大司農卿。

李順。靈從父弟。博涉經史，有計策。神瑞中拜中書侍郎。從征蠕蠕，以籌畧，賜爵平棘子。世祖討赫連昌，至統萬，大破昌軍，順謀居多。及克統萬，帝賜諸將珍寶雜物，順惟取書數千卷。又從擊赫連定於平涼。三秦平，進爵爲侯，遷四部尚書。沮渠蒙遜内附，順使涼州凡十二回，世祖稱其能。

李孝伯。順從父弟。父曾，少以鄭氏禮、左氏春秋教授爲業。郡三辟功曹，並不就。州辟主簿，到官月餘，遂還家。道武時爲趙郡太守〔三〕。孝伯少傳父業，博綜羣言，動有法度。從兄順言之太武，徵爲中散，累遷光禄大夫，賜爵南昌子〔四〕。太平真君末，車駕南伐，至彭城，遣孝伯宣詔勞問，與宋張暢往復辨論，應答如流，進爵宣城公，爲秦州刺史。卒，謚文昭。孝伯性方慎忠厚，每朝廷事有所不足，必手自書表，切言陳諫，或不從者，至於再三，削滅藁草，家人不見。公庭議論，常引綱紀。或有言事者，恣其所陳，假有是非，終不抑折。及見帝，言其所長，初不隱人姓名，以爲己善。故衣冠之士，服其雅正。自崔浩誅後，軍國謀謨，咸出孝伯，美名聞於遐邇。兄祥，學傳家業，鄉黨宗之，歷淮陽、河間二郡太守。有治聲，終中書侍郎。

李安世。祥子。幼聰悟。天安初拜中散，累還主客給事中。時人饑流散，豪右多有占奪。安世乃上疏陳均量之制，孝文深納之。後均田之制起於此。出爲相州刺史，假節、趙郡公〔五〕。敦農桑，斷淫祀，表薦善士。討斬李波，州内肅然。卒於家。

李瑒。安世子。涉獵史傳，有文才，氣尚豪爽。高陽王雍表薦瑒爲友。轉尚書郎，隨蕭寶夤西征，以瑒爲統軍。瑒德洽鄉閭，招募雄勇，其樂從者數百騎。傾家賑恤，率之西討。故其下每有戰功，軍中號曰「李公騎」。還朝，除岐州刺史，坐辭不赴任，免官。瑒與弟謐特相友善，謐在鄉物故，瑒不食數日，期年形骸毁瘠，人俱哀歎之〔六〕。

李謐。瑒弟。少好學，周覽百氏。初師事博士孔璠，數年後，璠還就謐請業。同門生爲之語曰：「青成藍，藍謝青。師何常，在明經。」徵拜著作佐郎，以授弟郁。州再舉秀才，公府二辟，並不就，惟以琴書爲業。卒年三十二，遐邇悼惜之。博士孔璠等上書言謐學行，詔謐貞静處士，并表其門曰文德，里曰孝義。弟郁，好學沈静，通經史。官至散騎常侍。嘗於顯陽殿講禮記，解説不窮。孝武及預聽者，莫不嗟善。

李公緒。平棘人。性聰敏，博通經傳。魏末爲冀州司馬，屬疾去官。齊天保初以侍御史徵，不就。沈冥學道，誓心不仕。尤明天文，善圖緯之學，雅好著書，所撰有典言、禮質疑〔七〕、喪服章句、古今略記、玄子、趙記、趙語等書。

北齊

李密。平棘人。少有節操，母患積年，明醫療之不愈，乃精習經方，洞嫻針藥，母病得除。由是以醫知名。屬尒朱兆弑逆，與勃海高昂爲報復計。後從神武，封容城縣侯，仕襄州刺史。

李幼廉。高邑人。少寡欲，爲兒童時，人故以金寶授之，終不取。以其蒙幼而廉，故以名焉。仕齊，歷瀛州、并州長史，累遷太僕、大司農二卿、趙州大中正、大理卿。所在稱職。後主時，和士開權重，百僚盡傾，幼廉高揖而已，出爲南青州刺史。卒，贈吏部尚書。

隋

李士謙。謚子。少孤，事母以孝聞。年十二，魏廣平王贊辟開府參軍事。後脱身詣學，研精不倦，遂博覽羣籍，兼善天文術數。齊世辟召皆不就。及隋有天下，畢志不仕。家富於財，躬處節儉，每以賑施爲務。有兄弟分財不均，致相鬭訟，士謙出財補其少者，令與多者埒，兄弟更相推讓，卒爲善士。嘗出粟數千石，以貸鄉人，值年穀不登，悉召債家，對之燔契。歲大饑，罄家資爲之糜粥，全活萬計。收埋骸骨，所見無遺。趙郡民德之，撫其子孫曰：「此李參軍遺惠也。」及卒，會葬者萬餘人，相與樹碑於墓。

李諤。趙郡人。性公方，明達世務。高祖受禪，歷遷治書侍御史。見禮教凋敝，文體輕薄，當官者好自矜伐，俱上書論之。上以前後所奏頒示天下，四海靡然向風。諤在職數年，務存大體，不尚嚴猛。以年老，出拜通州刺史。卒於官。

李雄。高邑人。少慷慨有大志，家世並以學業自通，雄獨習騎射。周太祖時從達奚武平漢中，定興州。又從韋孝寬略定淮南，説下十餘城。高祖受禪，拜鴻臚卿。晉王廣出鎮并州，以雄爲河北行臺，謂雄曰：「卿兼文武才，今推誠相委，吾無北顧之憂矣。」雄當官正直，侃然有不可犯之色，王甚敬憚，吏民稱之。

李德饒。平棘人。少聰敏好學。弱冠爲校書郎，轉監察御史，糾正不避權貴。遷司隸從事，每巡四方，理雪冤枉，褒顯孝悌。性至孝，父母寢疾，輒終日不食，十旬不解衣。丁憂，哀慟嘔血。及葬，單縗徒跣，行積雪中四十餘里。後甘露降庭樹，鳩巢其廬。納言楊達巡省河北，詣其廬弔慰之，因改所居村爲孝敬，里爲和順。弟德佋，性重然諾。大業末爲離石郡司法書佐，太守楊子崇特禮之。唐兵起，子崇遇害，德佋赴哭盡哀，收瘞之。

唐

李素立。高邑人。武德初擢監察御史。民犯法不及死，高祖欲殺之，素立諫曰：「三尺法，天下所共，一動揺，則人無所措手足。」帝嘉納。以親喪解官，起授七品清要，有司擬雍州司户參軍，帝曰：「要而不清。」擬秘書郎，帝曰：「清而不要。」乃授侍御史。貞觀中轉揚州大都督府司馬。初突厥鐵勒部内附，即其地爲瀚海都護府，詔素立領之。乃開屯田，立署次，邊民畏威。歷太僕、鴻臚卿，累封高邑縣侯。卒，謚曰平。

李守素。趙州人。秦王署爲天策府曹參軍。通姓氏學，世號「肉譜」。虞世南與論人物，始言江左、山東〔八〕，尚相酬對；至北地，則笑而不答，曰：「肉譜定可畏。」

李乂。房子人。工屬文，第進士、茂才異等，擢監察御史。劾奏無避。累遷吏部侍郎。與宋璟等同典選事，請謁不行，時人語曰：「李下無蹊徑。」改黄門侍郎。制敕不便，輒駁正。貴幸有求官者，睿宗曰：「朕非有靳，顧李乂不可過耳！」太平公主干政，欲引乂自附，乂深自拒絶。除刑部尚書。卒，謚曰貞。乂沈正方雅，識治體，時稱有宰相器。乂事兄尚一、尚貞孝謹甚，又俱以文章自名，弟兄同爲一集，號李氏花萼集。

李至遠。素立孫。治尚書、左氏春秋。撰周書，起后稷至赧王爲傳紀，令狐德棻許爲良史。高宗時，歷天官侍郎，知選事，疾吏受賄，多所絀易，吏肅然斂手。弟從遠，清密有學，神龍初，歷中書令、太府卿。兄弟德望相埒。至遠子畬，事母謹，累世同居，長幼有禮。官至國子司業。

啖助。趙州人。淹該經術。天寶末調臨海尉、丹陽主簿。秩滿，屏居，甘嗜疏糗。善爲春秋，考三家短長，縫綻補闕，號集傳，凡十年乃成。

李承。高邑人。擢明經，爲河南採訪使判官。尹子奇陷汴州，拘承送洛陽，覘得賊謀，皆密啓諸朝。賊平，累遷淮南西道黜陟使。奏置常豐堰於楚州，以溉屯田。李希烈請討梁崇義，德宗數稱其忠。承言希烈恐不可制，帝初謂不然，及希烈叛，始思其言。累擢改山南東道節度使。時希烈猶據襄州，承以單騎入。希烈舍承外館，迫脅萬端，承晏然誓以死守。希烈不能屈，遂大掠去，襄、漢蕩然。承輯綏撫安之，居一年，閫境完復。尋檢校工部尚書、湖南觀察使。卒，贈吏部尚書。

李芃。趙州人。解褐上邽主簿，補長安尉。李勉觀察江西，表署判官。永泰初，宣饒賊爲亂，芃請以秋浦置州，扼襟要，使不得合從。勉是其計，奏置池州。即詔芃行州事。德宗立，授河陽三城鎮遏使。糧資善者，必先給士，士悦之。達練事宜，嚴備常若有敵。未幾，拜節度使，與馬燧等破田悦洹水上。興元初以疾請老。卒，贈太子太保。

李藩。趙州人。少沈静，敏於學。家本饒財，居父喪，姻屬來弔，有持去者，未嘗問，益務施與。杜亞居守東都，表致府中。徐州張建封辟節度府〔九〕。建封卒，濠州刺史杜兼疾驅至，陰有覬望，藩謂：「宜速還，否則以法劾君！」兼因誣奏「藩有非望」。德宗怒，密詔杜佑殺之。佑以闔門保藩，釋之。拜秘書郎，累遷給事中。制有不便，就敕尾批卻之。裴垍白憲宗，謂藩有宰相器，因拜門下侍郎、同中書門下平章事。藩忠謹，好醜必言。帝問神仙事，知帝有所惑，極陳其妄誕不可信。河東節度使王鍔賂權近求兼宰相〔一〇〕，密詔中書門下曰：「鍔可兼宰相。」藩遽取筆署其左曰：「不可。」既而事得寢。卒，謚貞簡。

李遜。趙州人。始署山南東道掌書記，歷衢州刺史。以課最，擢浙東觀察使。入爲給事中。故事，天子以畸日聽政，對羣臣。遜奏：「陛下求治而下有所陳，當不時上，豈宜限以日？」憲宗悦，從之。歷山南東道及忠武軍節度使。遜爲政，抑强植弱，貧富均一，所至有績可紀。卒，官刑部尚書，謚曰貞。

李建。遜弟。與兄俱客荆州。鄉人争鬬，不詣府而詣建，平決無頗。母憐其孝，每字之曰：「猗子勸吾食，吾輒飽；進藥，吾意其瘳。」貞元中補校書郎。德宗思得文學者，或以建聞，擢左拾遺、翰林學士。順宗立，與王叔文不合，左遷，後召拜刑部侍郎。初，建爲學時，家苦貧。後雖通顯，未置垣屋，以清儉稱。

李虞仲。趙州人。父端能詩，爲大曆十才子之一。虞仲歷官吏部侍郎。簡儉寡欲，時望歸重。

李翺。趙州人。元和初爲國子博士，條上興復太平大畧。累遷禮部郎中。翺性峭直，論議無所屈，見宰相李逢吉，面斥其過失，逢吉詭不校，更表爲廬州刺史。入爲諫議大夫，知制誥，後歷山南東道節度使。卒，翺始從韓愈爲文章，辭致渾厚，見推當時，故有司亦謚曰文。

李玨。趙州人。事母以孝聞。舉進士高第。擢右拾遺。穆宗即位，期於九月九日大宴羣臣，玨言：「陵土未乾，不可爲天下法。」不聽。以數直諫，出爲下邽令。累遷翰林學士。文宗以鄭注問玨，玨曰：「奸回人也。」注由是怨玨。開成中，同中書門下平章事。武宗新聽政，玨數稱道無逸篇以勸。以嘗議立陳王，貶外。宣宗立，歷檢校尚書右僕射、淮南節度使。卒，謚貞穆。

五代

唐

符習。昭慶人。少事趙王鎔，鎔遣習將兵從晉。及鎔爲張文禮所害，文禮上書於莊宗，求習歸。莊宗遣之，習號泣曰：「臣世受趙恩，欲破賊報主。」莊宗壯之，遣他將助習破文禮，乃以相、衛二州爲義武軍，以習爲節度使，習辭曰：「魏博六州，霸王之府也，不宜分割示弱，願授臣河南一鎮，得自攻取之。」遂拜習天平節度使。後爲安重誨所搆，致仕。明宗以其子令謙爲趙州刺史。

宋

曹遵。趙州人。六世同居。真宗時旌表。

張旦。趙州人。勇敢善射，以經學中第。淳化中，知陵州。李順黨數萬攻州，州兵不滿三百，旦驅市人進戰，大敗之，由是知名。後知德清軍。景德中，遼兵入寇，旦與其子利涉率衆奮擊，並戰歿。帝聞之驚悼，特贈左衛大將軍、深州團練使，利涉崇儀副使。

宋綬。平棘人。幼聰警。年十五，召試中書，真宗愛其文，後復試學士院，爲集賢校理，歷判三司憑由司。建言蠲積負數百萬。累遷工部侍郎。時太后猶垂簾決事，綬奏「宜約先天制度，令羣臣對前殿」。忤太后旨，出外。久之，拜參知政事。請仁宗「飭厲羣司，不以承平自怠」。卒，贈司徒兼侍中，謚宣獻。綬性孝謹清介，言動有常。家藏書萬餘卷，親自校讐，博通經史，其筆札尤精妙。朝廷大議論，多綬所裁定。

孫沖。平棘人。真宗時以侍御史爲京西轉運〔一二〕，塞滑州決河。後知河中府，徙潞州。所至以强幹稱。

王德用。趙州人。父超，累官崇信軍節度使。爲將善部分，御下有恩。至道中，擊李繼遷，德用年十七，爲先鋒，將萬人戰鐵門關，俘掠以數萬計。累遷福州觀察使。章獻太后臨朝，有求内降補軍吏者，德用曰：「補吏，軍政也。」卒不奉詔，乃止。後仁宗閲太后閤中，得德用前奏，奇之，拜簽書樞密院事。徙定州路都總管。皇祐三年致仕。德用善撫士，屢臨邊境，名聞四夷，狀貌雄毅，面黑，頸以下白皙，閭閻婦女小兒，皆呼曰「黑王相公」。至和初，復爲樞密使。時富弼爲相，遼使至，謂德用曰：「天子以公典樞密，用富公爲相，將相皆得其人矣。」卒，贈太尉、中書令，謚武恭。

曹利用。寧晉人。慷慨有志操。真宗幸澶州，遼遣使議和，帝使利用詣遼軍，和議遂定。累拜樞密使、同平章事，加左僕射兼侍中。初，章獻后臨朝，中人與貴戚軒輊爲禍福，利用以勳舊自居，凡内降恩，力持不與。左右多怨，爲内侍所搆，貶房州安置，投繯死。利用忠藎有守，死非其罪，天下冤之。明道二年，贈太傅，謚襄悼。

王鬷。臨城人。性至孝，狀貌奇偉。舉進士爲侍御史知雜事。上言：「方塞決河，近郡災歉，民力凋敝，請罷土木之不急者。」累官三司鹽鐵副使。馬季良方用事，請置務，收市茶鹽，衆莫敢忤。鬷獨不可，曰：「與民競利，豈國體耶？」出知益州。爲政有大體，不尚苛察，蜀人愛之。景祐五年，參知政事。後出知河南府。卒，謚忠穆。

郭諮。平棘人。聰敏過人。舉進士，由通利軍司理參軍，歷殿中丞、知館陶縣。康定西征，諮上戰畧，獻拒馬槍陣法〔一二〕，擢通判鎮戎軍。歷知路州。三司議均田租，召還，諮陳均括之法四十條。復上平燕議，帝壯其言。又請自鞏西山七里店孤柏嶺下鑿七十里〔一三〕，導洛入汴，可以四時行運。詔往計度。未及論功而卒。

李京。趙州人。以王拱辰薦爲監察御史。時太史言日當食不食，羣臣皆賀。京獨疏「宜飭邊臣，愼出命，割帷薄之愛，重名器之分」。仁宗嘉納，授右正言。數上書論事，宰相賈昌朝不悦，謫監鄂州税。

宋敏求。綬子。賜進士及第，爲館閣校勘。王堯臣修唐書，以敏求習唐事，奏爲編修官。治平中，知制誥。神宗時，吕公著爲王安石所詆，出知潁州。敏求當草制，安石諭旨使明著罪狀，敏求但言敷陳失實。安石怒，命陳升之改其語，敏求請解職，未聽。會李定除御史，敏求封還詞頭，遂以右諫議大夫奉朝請。敏求家藏書三萬卷，皆畧誦習，熟於朝廷典故，士大夫疑議，必就正焉。所著書甚多。族弟昌言擢都水監丞。熙寧初，河決棗强而北。昌言建議以除水患。詔司馬光往視，如昌言策。不兩月，決口塞。官至少府監。

金

賈益謙。沃州人。大定進士，歷任州郡，以能稱。明昌五年爲右諫議大夫。章宗將幸景明宫清暑，益謙連上疏極諫。鎬王以疑忌下獄，上怒甚，無敢言者，益謙論其不可。累官尚書右丞。致仕，居鄭州。纂集衛王事迹，時多以衛王天命所絶，史官就鄭訪之。益謙曰：「衛王行事，中才不及者多矣，設欲飾吾言以實其罪，吾亦何惜餘生。」朝議偉之。

焦旭。柏鄉人。世宗時，官良鄉令。平章石琚薦旭幹能可甄用，召爲右警巡使。擢監察御史。章宗初即位，太傅克寧等請上出獵，旭奏劾其非，上慰諭之，爲罷獵。明昌中遷都水監，以治河防勞，授西京路轉運使。旭性警敏，練達時政，與王翛、劉仲洙輩世稱能吏云。

元

王義。寧晉人。有膽智，沈默寡言，讀書知大義。穆瑚黎兵至，義率衆來歸，入覲太祖，授寧晉令，兼趙州以南招撫使。時兵亂廢耕，所在人相食，寧晉東有藪澤，周百餘里，中有小堡曰瀝城，義曰：「瀝城雖小而完，且有魚藕菱芡之利，不可失也。」留偏將守寧晉，身率衆保瀝城，由是全活者衆。累擢深、冀、趙三州招撫使。擊敗金將武仙，拔冀州。平邢州盜趙大王，乃布教令，招集流亡，勸率種藝，深、冀之間，遂爲樂土。「穆瑚黎」，改見順天府人物。

王玉。寧晉人。長身駢脅多力，穆瑚黎引兵南下，玉率衆來附，從攻拔邢、洺、磁、澤、潞諸州，攻平陽，下太原、汾、代。師還，署元帥府監軍。後從史天澤攻敗武仙，仙遣人齎誥命，誘玉妻，妻拒曰：「妾豈可使夫懷二心於國家！」仙殺其子。玉聞，領數騎突其圍，斬數百人而還。仙遣人追之，不敢進，皆曰：「王將軍驍勇，我輩非敵也。」真定平，加慶源軍節度副使。子忱，幼讀書，明敏有才識。歷官雲南行省參知政事。

陳祐。寧晉人。祖忠，博究經史，鄉黨尊師之，既歿，門人謚曰茂行先生。祐少好學，家貧，母張氏嘗翦髮易書使讀之。世祖時，歷河南、衛輝總管，累遷浙東道宣慰使。所至有惠政，遇盜死，追封河南郡公，謚忠定。嘗上書世祖，言太平之本有三：一太子國本，建立宜早；二中書政本，責成宜專；三人才治本，選舉宜審。事雖未能盡行，時論稱之。

陳天祥。祐弟。少善騎射。中統三年，李璮叛河南〔一四〕，宣慰司以天祥爲千户，防遏宋兵。事平罷歸，居偃師南山，躬耕讀書，從遊甚衆。至元中，從軍渡江，連平興國、壽昌之亂；二十一年，拜監察御史。右丞盧世榮以掊克聚斂驟升執政，權傾一時，無敢言者。天祥上疏，極言其奸惡，世榮遂伏誅。大德中爲河南行臺御史中丞〔一五〕，上章論征西南夷事，累數千言，不報，遂謝病去。後拜中書右丞，議樞密院事。辭不起。卒，追封趙國公，謚文忠。

陳思謙。祐孫。警敏好學。至順初，拜西行臺監察御史，建明八事，曰正君道、結人心、崇禮讓、正綱紀、審銓衡、勵孝行、紓民力、修軍政。後拜監察御史，首陳四事，皆可其奏。詔建報嚴寺，思謙謂當罷土木以紓民力，乃止。出爲淮西廉訪使，累官御史中丞。卒，謚通敏。

劉安世。柏鄉人。父才，有篤疾，百藥不效。安世中夜潛卧墅南石橋冰上，冰融三寸許，即以瓶取水飲才，才曰：「此水與井水殊不同，味頗與藥類。」數日病痊，遠近嘆異，以爲誠孝所感。

明

曹鼐。寧晉人。少伉爽有大志，事繼母以孝聞。宣德初，由鄉舉授代州訓導，乞劇職自效，改泰和典史。七年，督工匠至京師，疏乞入試，復中順天鄉試。明年，舉進士第一，授翰林修撰。正統五年，以侍讀入直文淵閣，參豫機務。鼐内剛外和，通達政體。大學士楊士奇常病不視事，閣務多決於鼐。累遷翰林學士、吏部侍郎。額森入寇，扈從至土木，及於難。景帝立，贈吏部尚書、文淵閣大學士，謚文襄。英宗復位，加贈太傅，改謚文忠。「額森」，改見順天府人物。

王詔。趙州人。天順末進士，擢工科給事中。成化中，隆善寺成，命授工匠三十人爲文思院副使，詔切諫，已與同官奏請起致仕尚書王竑、李秉，而斥都御史王越，并及宫闈事。帝大怒，召至面詰，杖之。弘治初以副都御史巡撫雲南。諸夷歸命，邊徼寧戢。召拜南京兵部右侍郎〔一六〕。未上，卒。

王誥。臨城人。嘉靖進士，歷官户部郎中。大同兵變，擢誥爲知府。比至，擒首惡數十人，悉抵之法，餘無所問，重鎮以安。歷遷僉都御史，巡撫甘肅，防禦經畫，悉中機宜。進右都御史〔一七〕，總督漕運。時倭人猖獗，直犯淮泗，誥督率將士分兵夾擊，大破之，即休客兵，寬租稅，停買馬，威惠並著。

趙南星。高邑人。萬曆進士。由汝寧推官歷文選員外郎。方嚴嫉惡，上疏陳四大害，觸時忌，乞歸。再起考功郎中。主京察，要路私人，貶斥殆盡，被嚴旨落職。名益高，與鄒元標、顧憲成，海内擬之「三君」。光宗立，累拜左都御史〔一八〕，慨然以整齊天下爲任。主大計，一如考功時。彈劾無所避，人多震慄。進吏部尚書。鋭意澄清，起用廢錮，君子滿朝，中外方忻忻望治，而小人側目。魏忠賢矯旨削籍，戍代州。卒。崇禎初，贈太子太保，謚忠毅。

李標。高邑人。萬曆進士。歷官禮部右侍郎〔一九〕。標師同邑趙南星，魏忠賢黨因列之東林同志録中。標懼禍，引病去。崇禎初，即家拜禮部尚書、文淵閣大學士。標持大體，中立無黨。時方綜核名實，過於嚴急，標每劑以和平。後復五疏乞休，得請家居。卒，謚文節。

喬若雯。臨城人。萬曆進士。官禮部主事。崇禎九年，劾魏廣微、陳九疇等，有直聲。歷吏部考功員外郎。出爲兖州知府，聽斷明決，豪猾斂迹。久之，以疾歸，士民遮道泣送。十一年，臨城失守，若雯端坐按劒以待，兵入，遂遇害。贈太常少卿。

李讓。趙州人。崇禎舉人。流賊掠西山，鄉民欲逃，讓以忠義勸衆聚保。賊至，與從兄武舉調悉力拒守，手刃數賊，中流矢死，調亦被殺。事聞，詔贈讓宛平知縣，調都司同知，建坊旌表。本朝乾隆四十一年並予入忠義祠。

郝奇遇。柏鄉人。生有至性。崇禎末，聞都城陷，語其妻曰：「我欲死難，汝能之乎？」妻曰：「能。」遂先死，奇遇瘗畢，飲藥死。

本朝

孫昌齡。寧晉人。順治初，授吏部考功郎中。條議時事，累千百言。累遷副都御史，奏免真定屬邑荒地逋賦。卒，詔贈右都御史，謚恭憲。

魏裔介。柏鄉人。順治進士。選庶吉士，授給事中。上疏言六事：曰糾邪黨，去冗員，舉經筵，防叢脞，杜侵欺，開言路。請恤明季殉節諸臣范景文等三十人。又因星變上十餘疏，皆切時政。十一年，畿内大水，民多流亡，疏請救賑。時黔省未靖，海寇時擾内地，裔介密陳用兵機宜，多見採納。累遷左都御史。條陳時事，疏無虚日。康熙初，加太子太保，進吏部尚書、保和殿大學士。以病歸，卒於家。雍正十一年，入祀賢良祠。乾隆三年，追謚文毅。裔介博綜經史，著述甚多，嘗輯諸史中事論斷之曰經世編，又有聖賢學、知統録等書。弟裔慤，官平涼知府。有孝行，著書亦多。

魏槐祥。柏鄉人。由拔貢生授廣西通判。累遷潮州知府。康熙十三年，總兵劉某與續順公沈志祥有隙，乘機激變，以刃脅槐祥從逆，槐祥曰：「任爾所爲，我惟一死耳。」遂幽之一室。槐祥每日拍案大罵，十指盡血出，不食而死。

張大高。臨城人。有至性。年十五，隨父入山，父爲豹搏，大高奮救得免。事繼母以孝聞。乾隆八年旌。

流寓

宋

魏廷式。宗城人。常客遊趙州〔二〇〕，舍於監軍魏咸美之廨，廨西素凶，咸美知廷式有膽力，命居之，卒無恙。

列女

南北朝　魏

任城王太妃孟氏。鉅鹿人。尚書令、任城王澄之母。澄爲揚州時，率兵出討。賊帥姜慶真陰結逆黨〔二二〕，襲陷羅城，長史韋纘倉卒無計。孟乃勒兵登陴，激勵文武，諭之逆順，于是咸有奮志。親自巡守，不避矢石，賊不能克，卒以全城。事聞，敕有司樹碑旌表。

北齊

李搔妹法行。趙郡人。幼好道，截指自誓不嫁，遂爲尼。所居去鄴三百里，往來恒步，在路或不得食，飲水而已。雉兔馴狎，入其山居房室。齊亡後，遭時大儉，施糜粥於路。異母弟宗侃與族人孝衡争地相毁，法行曰：「我有地，二家欲得者，任取之，何爲輕致忿訟？」宗侃等慚，遂讓爲閒田。

隋

李士謙姊。平棘人。適宋氏，母亡，哀毁而死。

盧氏。李士謙妻。士謙終開府參軍，有所贈賻，氏一無所受，謂州之父老曰：「參軍生平好施，今雖殁，安可違其志哉！」

於是散粟五日以賑窮乏。世多賢之。

孝女王舜。趙郡王子春之女。子春爲從兄長忻謀殺。舜時年七歲，妹粲五歲，璠二歲，並寄食親戚。舜陰有復仇之心。及長，親戚欲嫁之，輒拒不從。謂二妹曰：「父仇不復，吾輩雖女子，何用生爲？」二妹垂泣惟命，各持刀踰牆而入，手殺長忻夫妻以告父墓。因詣縣請罪，姊妹争爲謀首。高祖聞而嘉之，特原其罪。

宋

宋綬母楊氏。綬幼爲外祖楊徽之所器重，徽之無子，家藏書萬卷悉與綬。綬母亦知書，躬自教訓，以故博通經史百家，文章爲一時所尚。及綬官參知政事，母尚在。

明

杜氏女。趙州人。年及笄，值寇掠大石橋，突入逼之，詈罵不從。賊怒，刳其腹而死。

白璋妻楊氏。柏鄉人。璋病亡，氏撫尸慟哭，即自縊。

白勤妻李氏。柏鄉人。年十六。邑胥趙權謀欲污之，伺勤遠行，遂入卧内，李疾呼詈罵，權逸去。勤歸，訟於官，邑令庇胥而笞勤。李濊恚自縊死。

蔣氏。名安間，臨城訓導蔣鉞女。夫殁守節，隨父之任。正德六年，流賊陷臨城，入學舍，捽鉞及妻李欲殺之。女伏暗室，聞之遽出，泣言願代親死，賊釋鉞及李，欲犯之，堅拒不從，賊怒殺之。

趙學書妻劉氏。臨城人。嘉靖癸丑，流寇至，執其姑。氏往救，紿賊舍其姑，即赴火死。

孫昌穀妻張氏。寧晉人。昌穀卒，張含殮如禮，幾死者數矣，親戚屢勸慰之，終不可奪，距户自縊。

李氏女。隆平人。年及笄未嫁。崇禎戊寅，爲兵所執，女堅拒不從，兵脅以刃，女即以刃自毁其面，遂被殺。

楊晉妻曹氏。隆平人。崇禎戊寅，兵圍城急，衆議逃避。曹笑曰：「避將安之，庭前井足完吾事矣。」城陷，遂攜二女入井死。同時張爾翮妻馮氏亦偕其女及婦王氏，同赴井死。

馮青選妻曹氏。寧晉人。青選殁，一子方二歲，號泣欲死，姒王氏勸止之，乃强食飲，以撫其子。崇禎甲申，流賊至縣境，曹語其姒曰：「我少婦不宜于亂世，幸姒可托，得撫育吾子足矣，吾將從夫於地下。」遂自縊死。

本朝

李淮妻傅氏。高邑人。姑病疽，醫藥不治，氏吮其毒，復籲天祈以身代，姑竟愈。後淮官翰林，卒於京邸，聞訃即哀毁泣血投繯死。

王澐女。新城人。字隆平張肯構，未嫁夫殁，女聞即閉門自縊，家人奔救得不死，送歸夫家守節。舅姑爲立嗣，女奉養尊嫜，訓誨嗣子，孝慈兼著。雍正年間旌。

王公弼妻宋氏。隆平人。爲强暴所逼，不從被殺。同縣王孝兒妻王氏，胡六兒妻張氏，皆以拒强不辱死。

孟晰妻周氏。趙州人。夫殁家貧，姑老且病，氏事奉惟謹。同州節婦：劉成章妻孫氏，周欲可妻孫氏，曹成性妻侯氏，劉長久妻王氏，孫文玉妻王氏，霍夢麟妻張氏，侯綸妻賈氏，李守讓妻季氏，賈多福妻宋氏，屈恭妻張氏，王九信妻趙氏，宋桂蘭妻張氏，張維濬妻宋氏，孫振宗妻王氏，郭勤學妻尹氏，王鈍德妻李氏，季自聞妻陳氏，馬照妻李氏，白儀恭妻石氏，馬智妻李氏，劉玉先妻姚氏，孫廉儒妻田氏，張大振妻白氏，劉廷舉妻王氏，屈存平妻宋氏。均乾隆年間旌。

魏裔訥妾李氏。柏鄉人。裔訥官桃源令，署夜火，有嫡孫方卧，乳媪因火驚走，氏入火中抱之出。及裔訥殁時，命衆妾改適，氏獨涕泣不忍去，守志以終。同縣節婦：魏鼐妻邢氏，楊道楫妻劉氏，白琛妻呂氏，劉二京妻呂氏，魏裔京妻王氏，魏世恒妻趙氏，魏勱妻趙氏〔二二〕，馬騰妻韓氏，張志仁妻趙氏，張文燦妻呂氏，白勴妻賈氏，郭進寬妻魏氏，魏泰妻王氏，王澤永妻趙氏，趙奎璧妻康氏，江鳳時妻張氏，江天争妻李氏，魏之彬妻李氏，魏文魁妻李氏。均乾隆年間旌。

楊溥印妻郭氏〔二三〕。隆平人。夫殁，姑老，氏黽勉以奉甘旨。姑病，親侍湯藥，衣不解帶者數月，撫孤成立，守節終身。同縣節婦：武子俊妻李氏，武寧邦妻王氏，張世修妻司氏，張珙妻李氏〔二四〕，劉文輝妻楊氏〔二五〕，劉蕙妻趙氏〔二六〕，馬德弘妻張氏，蕭致祥妻蘇氏，楊錞妻董氏，翟金礪妻王氏，趙配命妻李氏，朱霞妻楊氏，曹秉銅妻王氏，武振妻魏氏，趙錦祚妻張氏〔二七〕，趙昇妻蕭氏，董宗著妻楊氏，董鄰妻喬氏，李茂林妻史氏，李念祖妻張氏，張加祥妻趙氏〔二八〕，趙淑曾妻馬氏，李好仁妻戎氏，楊勝任妻張氏，楊俊妻賈氏，楊偉妻王氏，楊威妻王氏，武自修妻張氏，楊清妻許氏〔二九〕，趙文憲妻徐氏，楊貴臣妻岳氏，戎西山妻王氏，喬文星妻張氏，宋振妻李氏，宋吉妻籍氏，董雍樂妻岳氏，岳家旺妻董氏〔三〇〕，高秉元妻劉氏，趙巖妻董氏，戎華國妻曹氏〔三一〕，王化妻王氏，趙鏵妻李氏，董莘樂妻王氏，張翔妻尹氏，張元生妻王氏，張泓妻馬氏，汪炳妻王氏，劉世傑妻謝氏，張升鰲妻檀氏，成允執妻郭氏，趙謙妻國氏，李璠妻趙氏，國祺妻祝氏，楊協遠妻張氏，謝剛妻趙氏，高進美妻馬氏，薛成名妻張氏，武名捷妻張氏，劉獻珍妻馬氏，趙晉蘭妻程氏，張錫妻王氏。均乾隆年間旌。

楊來喜妻牛氏。高邑人。拒强不辱，守正捐軀。同縣烈婦：王天賜妻董氏。節婦：趙成龍妻董氏，胡熙祚妻呂氏，梁文振妻張氏，王見禮妻申氏，牛如奎妻張氏，馬祥妻郭氏，馮天明妻趙氏，劉之德妻程氏，席北院妻王氏，平撰妻牛氏，張弘温妻李氏，郭天長妻張氏，劉之微妻褚氏，李性善妻焦氏，李思方妻魏氏，王階雲妻呂氏，李際泰妻崔氏，孫文妻王氏，李湛妾宫氏，李讓妻李氏，平如均妻張氏。均乾隆年間旌。

曹時忠妻劉氏。臨城人。夫殁，姑病，以乳哺姑。有諷以他適者，因斷髮自矢。值歲饑，自食糠而舅姑甘旨不缺。同縣節婦：李之碩妻王氏，和聚業妻楊氏，李之奇妻張氏，趙芙妻潘氏，郝自得妻陳氏，李從孝妻王氏。烈女：劉行科女東姐。烈婦：楊曰旦妻李氏，米可達妻陳氏。均乾隆年間旌。

孫壆妻劉氏。寧晉人。夫歿，絶食三日，親族以姑老且病勸之，因奉姑守志。姑歿既葬，氏仰天嘆曰：「可以行吾志矣！」縊而救甦者數次，乃以齒斷舌，明必死。家人將進藥餌，氏乘間取刀剖腹死。同縣節婦：孟潤妻李氏、媳王氏，李貴中妻趙氏，王明嗣妻張氏，趙國相妻李氏，李佩妻李氏，李嘉珍妻趙氏，李之密妻孫氏，趙元福妻孟氏，張希賢妻趙氏，羅可才妻高氏，張瑄妻陳氏〔三二〕，趙紹元妻田氏，張英妻孟氏，閻廣嗣妻賈氏，馮泌妻高氏，鄭天祥妻梁氏，張裕如妻王氏，張觀光妻高氏，閻如瑚妻睦氏、妾王氏，孫樛妻李氏，張士治妻章氏，趙三聘妻李氏，張經妻劉氏，王推晉妻孫氏，王三極妻張氏，宋文學妻耿氏，王燨妻李氏，孫喜妻李氏，王宸妻鄭氏，胡珍妻薛氏，段智妻董氏，張之彥妻劉氏，李鐸妻劉氏，宋琢妻姚氏，馮如璣妻張氏，馮道中妻劉氏，劉進仁妻魯氏，曹維屏妻李氏，韓肅妻常氏，鄭祚昌妻王氏，柳盛鈷妻陳氏，張振祖妻畢氏，賈如顏妻孫氏，韓鏞妻屈氏，趙天祥妻武氏，趙學曾妻杜氏，趙天瑞妻耿氏，張振妻郝氏，馮任妻劉氏，賈文瑞妻張氏，袁知璧妻武氏，張宗舜妻曹氏，王允塤妻孫氏，孫崗妻樊氏，王宥妻閻氏，楊于朝妻趙氏，陳榮妻徐氏，施玉妻馮氏，孫炌妻岳氏，白楷妻張氏，張斌照妻喬氏，張騰龍妻韓氏，孫核妻劉氏，耿蘭妻曹氏，王國卿妻杜氏，馮慶餘妻周氏，馮如愚妻劉氏，孫塽妻劉氏，朱九成妻王氏，柳伸妻李氏，高暽妻薛氏，蔡良選妻魏氏，蔡良忠妻周氏，蔡良敬妻梁氏，鄭祚曾妻董氏，鄭國輝妻李氏，李光服妻王氏，董建庸妻曹氏，羅宗奇妻鄭氏，曹爾奇妻王氏，靳禄妻趙氏，李弘章妻鄭氏，李兆鳳妻李氏，范達妻楊氏，張銘妻章氏，張觀陞妻陸氏，孫維翰妻張氏，孟啓祥妻王氏，王令名妻耿氏，張鳳鳴妻劉氏，董起鳳妻樊氏，馮霈妻梁氏，樊鑑遠妻劉氏，陳楷妻江氏，高自估妻郝氏，曹德華妻尚氏，展大奎妻杜氏，王鳳淳妻師氏，張鳳翼妻王氏，張元勳妻姜氏，王心泰妻張氏，雷天縱妻張氏，江可法妻屈氏，史浩妻高氏，耿照妻潘氏。烈婦：史盈倉妻李氏。均乾隆年間旌。

顏名魯妻王氏。寧晉人。年十九適顏，事舅姑以孝聞，至一百八歲而終。孫曾五世相聚。乾隆年間旌。

高知近聘妻閻氏〔三三〕。趙州人。未婚而知近歿，氏矢志守貞。同州節婦：高焕然妻閻氏，賈常治妻劉氏，王人龍妻蘇氏，睦法孟妻李氏，王瑶芳妻宋氏。均嘉慶年間旌。

魏翕妻王氏。柏鄉人。夫亡守節。嘉慶年間旌。

趙文畫妻檀氏。隆平人。夫亡守節。同縣烈婦：李高氏。均嘉慶年間旌。

孫光輝妻彭氏。寧晉人。守正捐軀。同縣烈婦：王駱妻賈氏，趙蘭妻李氏。節婦：王志義妻畢氏。均嘉慶年間旌。

仙釋

唐

從諗。居趙州觀音院。精心元悟，受法南泉印可。昭宗時寂，謚真際禪師，世號「趙州古佛」。本朝雍正中，加封圓證直指真際禪師。

宋

張惠明。趙州人。結廬中條山，有道術，太宗詔入内殿，封妙濟大師。尋至西嶽尸解。

土産

絲布，絁。寰宇記：趙州産。

石榴。寰宇記：趙州産。

黛。寰宇記：「趙州産。」〔三四〕按舊志載通典：「趙郡貢錦五十疋。」又唐書地理志趙州土貢：「絹。」今皆不概見，謹附記。

校勘記

〔一〕楊元琰　「琰」，原作「炎」，據乾隆志卷三三趙州名宦（以下同卷簡稱乾隆志）及舊唐書卷一八五良吏傳下、新唐書卷一二〇楊元琰傳改。

〔二〕有告雲翼卒　「翼」，原作「冀」，乾隆志同。宋史卷一八七兵志一：河北禁軍有雲翼指揮，「真定、雄、瀛、深、趙、永寧各三」。宋史卷三二六康德輿傳一九七七年中華書局點校本校勘記謂「冀字係翼字之訛，據改」，是也，從改。

〔三〕道武時爲趙郡太守　「道」，原作「太」。北史卷三三李孝伯傳：「道武時爲趙郡太守。」魏書卷五三李孝伯傳作太祖時。據魏書卷二太祖紀，拓拔珪的廟號是太祖，謚曰道武，故爲太祖道武皇帝，則作「道武」或「太祖」皆是，而此作「太武」，乃爲「世祖太武帝」，誤也。乾隆志作「道武」，是，據改。

〔四〕賜爵南昌子　魏書卷五三李孝伯傳同，北史卷三三李孝伯傳作「賜爵魏昌子」，乾隆志同。

〔五〕趙郡公　「公」，原脱，據乾隆志及魏書卷五三、北史卷三三李孝伯傳補。

〔六〕人俱哀歎之　「俱」，乾隆志同，魏書卷五三、北史卷三三李孝伯傳皆作「倫」。

〔七〕禮質疑　「疑」，原作「儀」，據北齊書卷二九李公緒傳改。

〔八〕始言江左山東　「左」，原作「右」，乾隆志同，據舊唐書卷七二、新唐書卷一〇二李守素傳改。

〔九〕徐州張建封辟節度府　「府」，原作「使」，據乾隆志及新唐書卷一六九李藩傳改。

〔一〇〕河東節度使王鍔賂權近求兼宰相　「鍔」，原作「諤」，乾隆志同，據舊唐書卷一四八、新唐書卷一六九李藩傳及舊唐書卷一五一、新唐書卷一七〇王鍔傳改。下同。

〔一一〕真宗時以侍御史爲京西轉運　「京西」，原作「西京」，乾隆志同，據宋史卷二九九孫沖傳乙正。

〔一二〕獻拒馬槍陳法　「槍」，原作「搶」，乾隆志同。中華書局一九七七年點校本宋史卷三二六郭諮傳校勘記「武經總要前集卷一三説：『拒馬槍，其制以竹若木三枝六首，交竿相貫，植地輒立。貫處以鐵爲索，更相勾聯。或布陣立營，拒險塞空，皆宜設之。』『搶』當爲『槍』字之譌，據改。」此説是也，從改。

〔一三〕又請自鞏西山七里店孤柏嶺下鑿七十里　「七里店」，原作「七里」，乾隆志同。按宋史卷三二六郭諮傳作「七里店」。宋史卷九四河渠志四：紹聖元年，吴安持言：「自鞏縣東七里店至今洛口不滿十里，可以別開新河。」則此脱「店」字，據補。

〔一四〕李璮叛河南　「河南」，乾隆志同。元史卷一六八陳天祥傳：「中統三年，李璮叛據濟南。」同書卷二〇六叛臣傳：中統三年，「李璮盜據濟南，命史樞、阿术帥師赴濟南」。此「河」爲「濟」字之誤。

〔一五〕大德中爲河南行臺御史中丞　乾隆志同。元史陳天祥傳：大德六年，「陞江南行臺御史中丞」。此「河」爲「江」字之誤。

〔一六〕召拜南京兵部右侍郎　「右」，原脱，據乾隆志及明史卷一八五王詔傳補。

〔一七〕進右都御史　「右」，原脱，據乾隆志補。

〔一八〕累拜左都御史　「左」，原脱，據乾隆志及明史卷二四三趙南星傳補。

〔一九〕歷官禮部右侍郎　「右」，原脱，據乾隆志及明史卷二五一李標傳補。

〔二〇〕常客遊趙州　「常」，乾隆志同，宋史卷三〇七魏廷式傳作「嘗」，「常」通「嘗」。

〔二一〕賊帥姜慶真陰結逆黨　「姜」，原作「張」，乾隆志同，據魏書卷九二、北史卷九一列女「任城國太妃孟氏」條改。

〔二二〕魏勳妻趙氏　「勳」，原作「勸」，據乾隆志及同治畿輔通志卷二八三、民國柏鄉縣志卷五列女改。

〔二三〕楊溥印妻郭氏　「印」，乾隆志同，乾隆隆平縣志卷八、同治畿輔通志卷二八三列女皆作「允」，未知孰是。

〔二四〕張珙妻李氏　「珙」，原作「拱」，乾隆志同，據乾隆隆平縣志卷八、同治畿輔通志卷二八三列女改。

〔二五〕劉文輝妻楊氏　「輝」，原作「耀」，乾隆志同，據乾隆隆平縣志卷八、同治畿輔通志卷二八三列女改。

〔二六〕劉蕙妻趙氏　「蕙」，原作「惠」，乾隆志同，據乾隆隆平縣志卷八、同治畿輔通志卷二八三列女改。

〔二七〕趙錦祚妻張氏　「錦」，乾隆志同。乾隆隆平縣志卷八、同治畿輔通志卷二八三列女皆作「綿」。

〔二八〕張加祥妻趙氏　「加」，原作「如」，據乾隆志及乾隆隆平縣志卷八、同治畿輔通志卷二八三列女改。

〔二九〕楊清妻許氏　「清」，乾隆志同，乾隆隆平縣志卷八、同治畿輔通志卷二八三列女皆作「珍」。

〔三〇〕岳家旺妻董氏　「家」，乾隆志同，乾隆隆平縣志卷八、同治畿輔通志卷二八三列女皆作「加」。

〔三一〕戎華國妻曹氏　「戎」，原作「成」，據乾隆志及乾隆隆平縣志卷八、同治畿輔通志卷二八三列女改。

〔三二〕張瑄妻陳氏　「張」，原作「趙」，據乾隆志及同治畿輔通志卷二八三列女、民國寧晉縣志卷八節婦改。

〔三三〕高知近聘妻閻氏　「知近」，同治畿輔通志卷二八三列女作「近知」，未知孰是。

〔三四〕黛寰宇記趙州産　乾隆志土産同。按太平寰宇記卷六〇趙州土産不載有「黛」，此引誤。

深州直隸州圖

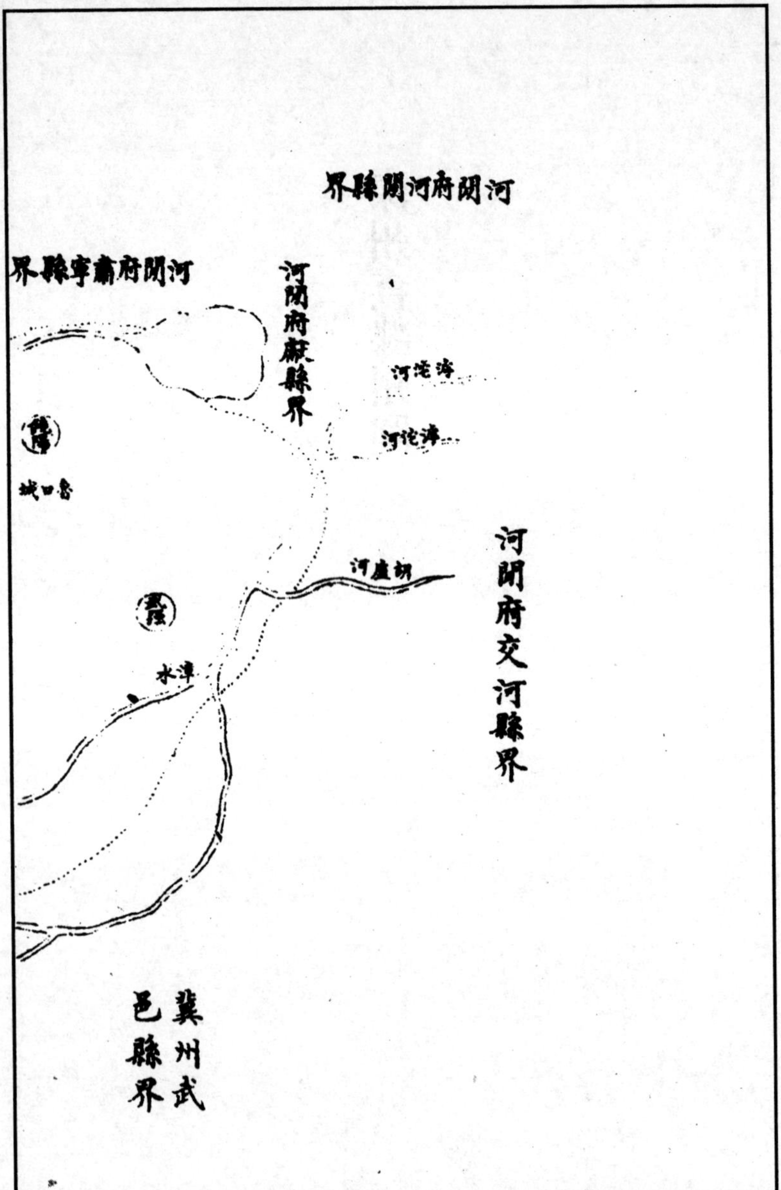
河間府河間縣界
河間府肅寧縣界
河間府獻縣界
滹沱河
滹沱河
魯口城
胡盧河
河間府交河縣界
冀州武邑縣界

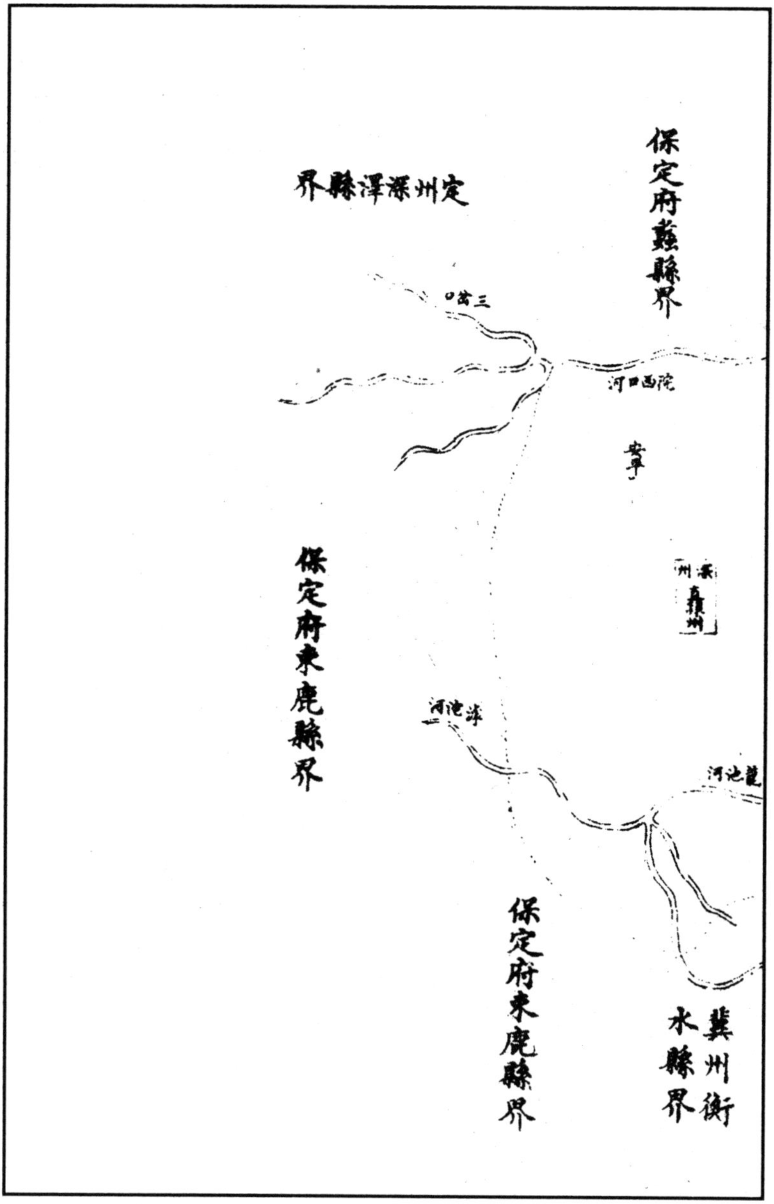
保定府蠡縣界
定州深澤縣界
三岔口
陀西口河
安平
深州直隸州
保定府束鹿縣界
滹沱河
龍沱河
保定府束鹿縣界
冀州衡水縣界

深州直隸州表

	深州直隸州	
秦	鉅鹿郡地。	
兩漢		下博縣屬信都國。後漢屬安平國。
三國		下博縣
晉		下博縣
南北朝		下博縣後魏屬長樂郡。
隋		下博縣屬信都郡。
唐	深州饒陽郡先天二年置，治陸澤縣，天寶初改郡，乾元初復州，屬河北道。	下博縣武德初屬冀州，六年移州來治，貞觀元年屬深州，十七年屬冀州，先天二年仍屬深州。
五代	深州後周置静安軍，顯德二年分置。	下博縣
宋金附	深州宋屬河北西路。金屬河北東路。静安軍，宋雍熙二年廢。	下博縣宋太平興國七年屬静安軍，雍熙二年屬深州，四年改名静安，移深州來治。
元	深州初屬河間府，太宗十年改屬真定路。	静安縣
明	深州屬真定府。	洪武初省入州。

續表

	武强縣
樂鄉侯國 屬信都國。後漢省。	武隧縣 屬河間國。後漢曰武遂，屬安平國。
	武遂縣
	武强縣 惠帝時分置，屬武邑郡。 武遂縣 屬武邑郡。
	武强縣 後魏皇始二年移武邑郡來治。齊廢郡。 武遂縣 齊省。
	武强縣 屬信都郡。
陸澤縣 先天二年置。	武强縣 武德四年屬冀州，貞觀元年屬深州，尋屬冀州，先天二年又屬深州，開元二年復屬冀州，永泰初又屬深州，末又屬冀州。
陸澤縣	武强縣 周仍屬深州。
宋雍熙四年省入静安。	武强縣
	武强縣 初置東武州，太宗六年廢，仍屬深州，十一年屬祁州，中統二年改屬晉州。
	武强縣

饒陽縣	安平縣
饒陽縣 屬涿郡。後漢屬安平國。	安平縣 屬涿郡，爲都尉治。後漢屬安平國。 穀丘縣 屬涿郡。後漢省。
饒陽縣	安平縣
饒陽縣 屬博陵國。	博陵國 泰始初置，治安平。 安平縣 國治。
饒陽縣 後魏屬博陵郡。	博陵郡 安平縣 後魏郡治。
饒陽縣 大業初屬河間郡。 蕪蔞縣 開皇十六年置，大業初省。	開皇初郡廢，十六年置深州，大業初廢。 安平縣 開皇中爲深州治，大業初屬博陵郡。
饒陽縣 武德四年移深州來治，貞觀十七年州廢，屬瀛州，先天二年仍屬深州。 蕪蔞縣 武德四年復置，貞觀元年省。	武德四年復置深州，尋徙廢。 安平縣 初屬深州，貞觀十七年屬定州，先天二年仍屬深州。
饒陽縣	安平縣
饒陽縣	安平縣
饒陽縣 屬晉州。	安平縣 中統二年改屬晉州。
饒陽縣 屬晉州。	安平縣 屬晉州。

大清一統志卷五十三

深州直隸州一

在直隸省治南二百八十二里。東西距一百二十三里，南北距一百一十五里。東至河間府交河縣界六十八里，西至保定府東鹿縣界五十五里，南至冀州衡水縣界五十里，北至保定府蠡縣界六十五里。東南至冀州武邑縣治六十里，西南至東鹿縣治六十五里，東北至河間府河間縣治一百六十里，西北至定州深澤縣治七十里。本州境東西距九十三里，南北距九十里。東至武強縣界三十八里，西至東鹿縣界五十五里，南至衡水縣界五十里，北至安平縣界四十里。東南至冀州武邑縣治六十里，西南至東鹿縣治六十五里，東北至饒陽縣治七十里，西北至深澤縣治七十里。自州治至京師六百一十二里。

分野

天文昴、畢分野，大梁之次。

建置沿革

禹貢冀州之域。春秋時晉地。戰國屬趙。秦爲鉅鹿郡地。漢置下博縣，屬信都國。後漢屬安平國。晉因之。後魏屬長樂郡。隋屬信都郡。開皇中分置深州，在今安平縣。唐武德初屬冀州，六年自信都移州治此。貞觀元年還舊治，以下博屬深州。時州治饒陽。十七年，深州廢，縣屬冀州。先天二年分置陸澤縣，仍置深州，以下博屬之。按唐書地理志：「下博縣，開元二年隸冀州，永泰元年復屬深州。」舊唐志無此文，元和志下博縣仍屬冀州。天寶初改饒陽郡，乾元初復曰深州，屬河北道。五代周顯德二年分置静安軍。宋太平興國七年以下博縣屬静安軍〔一〕。雍熙二年軍廢，以下博屬深州，四年改下博曰静安，移深州來治，省陸澤入之，屬河北西路。金曰深州，屬河北東路。元初屬河間府，太宗十年改屬真定路。明洪武初以州治静安縣省入，屬真定府。本朝初因之，雍正二年升爲直隸州，領縣三。

武强縣。在州東五十里。東西距四十二里，南北距四十八里。東至河間府交河縣界三十里，西至州界十二里，南至冀州武邑縣界八里，北至饒陽縣界四十里。東南至武邑縣界十二里，西南至冀州衡水縣界十八里，東北至河間府獻縣界三十五里，西北至州界十五里。漢置武隧縣，屬河間國。後漢曰武遂，改屬安平國。晉初因之，後又分置武强縣，俱屬武邑郡。後魏皇始二年移武邑郡治武强〔二〕，神光二年省武强〔三〕，太和十八年復置。北齊廢郡，併武遂縣入武强。隋屬信都郡。唐武德四年屬冀州，貞觀元年改屬深州，十七年屬冀州。先天二年又屬深州，開元二年復屬冀州。永泰初仍屬深州，唐末還屬冀州。五代周又屬深州。宋、金因之。元初於縣置東武州，太宗六年州廢，還屬深州，十一年改屬祁州。中統二年改屬晉州。明因之。本朝初屬正定府〔四〕，雍正二年改屬深州。

饒陽縣。在州東北六十里。東西距五十里，南北距五十里。東至河間府獻縣界三十里，西至安平縣界二十里，南至州界三十里，北至河間府肅寧縣界二十里。東南至武强縣治六十里，西南至州界二十五里，東北至河間府河間縣治九十里，西北至保定府蠡縣治七十里。本戰國趙饒邑。漢置饒陽縣，屬涿郡。後漢屬安平國。晉屬博陵國。後魏屬博陵郡。隋開皇三年屬定州，十六年屬深州，大業初改屬河間郡。唐武德四年移深州治此，貞觀十七年州廢，屬瀛州，先天二年仍屬深州。五代、宋、金因之。元改屬晉州。明因之。本朝初屬正定府，雍正二年改屬深州。

安平縣。在州北五十里。東西距五十里，南北距三十五里。東至饒陽縣界十七里，西至定州深澤縣界三十三里，南至州界十里，北至保定府蠡縣界二十五里。東南至武强縣治九十里，西南至保定府束鹿縣治九十里，東北至河間府肅寧縣治八十里，西北至保定府博野縣界二十五里。漢置安平縣，屬涿郡，爲都尉治。後漢改屬安平國。晉泰始初改置博陵國於此。後魏爲博陵郡治〔五〕。隋開皇初郡廢，十六年於縣置深州。大業初州廢，屬博陵郡。唐武德四年復置深州，尋徙州治饒陽，以安平屬之。貞觀十七年屬定州，先天二年仍屬深州。五代、宋、金因之。元太祖十九年於縣置南平州，太宗七年復廢爲縣，中統二年改屬晉州〔六〕。明因之。本朝初屬正定府，雍正二年改屬深州。

形勢

廣袤爽塏，周迴翕聚。明金幼孜深州八景記。介瀛、冀、鎮、定間，所謂四通五達之郊。府志。

風俗

士樂孝友，敦詩書。民力織作，勤畎畝。舊志。

城池

深州城。周八里〔七〕，門四，濠廣二丈。明景泰初築，正德六年增高五尺，萬曆二十二年甃甎。本朝康熙十年修，乾隆二十年、嘉慶二十五年重修。

武强縣城。周四里有奇，門四。明成化十年改築。本朝康熙五年修。

饒陽縣城。周四里，門三，濠廣二丈。明成化五年築。外有護城隄，周八里。本朝順治二年修。

安平縣城。有内、外二城：内城周五里有奇，門四，明成化中建。正德六年又於西、南、北三面增築土垣，周八里，門三，謂之外城。嘉靖二十六年又增築禦水土隄六里有奇。本朝康熙二十五年修，乾隆三十三年重修。

學校

深州學。在州治東。明永樂中建。本朝康熙八年修，乾隆五十五年、嘉慶二十五年重修。入學額數十五名。

武强縣學。在縣治東南。元至正間建。本朝順治、康熙年間屢修。入學額數十二名。

饒陽縣學。在縣治北。元元貞中建。入學額數十五名。

安平縣學。在縣治東北。元至元中建。本朝康熙二十六年修。入學額數十八名。

文瑞書院。在州西三里。舊名博陵。本朝乾隆十八年建，嘉慶二十五年修，易今名。

静安書院。在州西吕仙祠旁。本朝乾隆二十一年建。

萃升書院。在武强縣治。

近聖書院。在饒陽縣治。按舊志載恒麓書院，在州城内，明嘉靖間建，久廢。謹附記。

户口

原額人丁一十九萬八千六百十八，今滋生男婦大小共二十六萬六千四百五十八名口，計五萬五千三百九户。

田賦

田地二萬五千四百二十四頃四十三畝四分有奇，額徵地丁正、雜銀九萬五千九百七十九兩九錢四分六釐，米二十六石四斗九升三合二勺。

山川

滹沱河。舊自保定府東鹿縣流逕安平縣南，又東逕州北，又東北逕饒陽縣北，入河間府獻縣界。後漢書：「更始二年，光武自饒陽南出，至滹沱河，無船，適遇冰合，得過，進至下博。」註：「滹沱河，舊在饒陽南，曹操因饒河故瀆決，令北注新溝水，所以今在饒陽縣北。」元和志：「滹沱河，在安平縣南二十三里。又北去饒陽縣四十五里。」舊志：滹沱河，自宋熙寧以後，往往決溢，金、元至明，決徙數見。明初自東鹿縣流逕州南傅家池，抵衡水縣界入漳，永樂四年北徙，東流出武强縣界，十六年又改逕衡水縣入漳。成化八年改由晉州南入寧晉泊。正德十三年，紫城口淤，分爲二股：一仍南入寧晉；一東由鴉兒河逕州城南。既而二股併流東行，由東鹿逕州界，至武强小范店會清河。後復自東鹿徙由州北至武强北，壞獻縣隄。未幾復移逕州南，東北入獻縣。嘉靖三十七年又徙饒陽。隆慶三年水決東鹿，泛溢州界，爲害尤甚。萬曆中又北徙，由州北出饒陽縣界，三十五年又南徙逕州城南，四十五年復移城北。天啓後漸徙而南。本朝順治二年由東鹿南歷冀州入漳，而州境遂無水患。康熙五年復自東鹿分道決入州境清水河。

鴉兒河。亦名丫兒河，在州南二十里。自東鹿縣流入，下流過獻縣南合於胡盧河。春冬則涸，雨潦則盈。舊志：河在滹沱、衡漳間，蓋支流兩分，合而爲河，因名丫兒。又有龍治河，在州東南五十里。亦滹沱支流，東逕武强縣南入漳。

胡盧河。在州東南，即滹沱、漳、滏之會流。自冀州衡水縣流入州界，又東北逕武邑縣北、武强縣南，又東北入河間府阜城縣界，又名清水河。本漳水故道也。水經注：衡漳水自桃縣「又北逕鄡縣故城東，又東北逕下博縣故城西，逶迤東北注，謂之九綿。西逕樂鄉縣故城南，又東，列葭水注之。漳水又東北逕武邑郡南，又東逕武强縣北，又東北逕武隧縣故城南，白馬河注之。又東逕武邑縣北，又東北，右合張平口故溝〔八〕。又逕東昌縣故城北，又東北左會滹沱故瀆，謂之合口」。元和志：「長蘆水，在下博縣南。」寰宇記：「衡漳水，在武强縣南五里。」通鑑：「遼自晉、漢以來屢寇河北，無藩籬之限。周顯德二年，言事者稱深、冀之間有胡盧河，横亘數百里，可浚之以限其奔突，因詔王彦超、韓通浚胡盧河，築城於李晏口〔九〕，留兵戍之。」宋史河渠志：「淳化二年，從河北轉運使請，自深州新砦鎮開新河，導胡盧河，分爲一派〔一〇〕，凡二百里抵常山，以通漕運。」金史河渠志：「衡水逕深州會於滹沱，以來獻州、清州之餉」。州志：「胡盧河，舊在州南四十里，今自衡水逕武邑，不逕州界。」武强縣志：「清河水，在縣東南十八里，舊逕縣東小范店，入阜城縣界，今由縣東北入獻縣界。又縣南十三里有雁河，縣東北三十里有亭子河，縣西北八里有于家河，下流俱入清水河。」

古白馬河。在饒陽縣南，東南流入武强縣界。水經注：「白馬河水上承滹沱，東逕樂鄉縣北、饒陽縣南，又東南逕武邑郡北，而東入衡水，謂之交津口。」寰宇記：「枯白馬渠，在縣南，今名白馬溝。趙記云：魏白馬王彪所鑿，故名，俗謂之黄河。」舊志有古黄河，在縣南八里，闊十里，兩岸皆有古隄，即此。

古饒河。在饒陽縣西南。應劭曰：「饒陽縣在饒河之陽。」舊志：「在縣西南三十里。本滹沱支河，昔時北注入易水，今堙。」

滋河。在饒陽縣北。縣志：「舊自保定府祁州合沙、唐二河逕縣北二十里許。每夏秋衝決爲患，歲修隄防。明嘉靖間徙流蠡縣。水發時猶潰溢。」本朝順治二、三年皆入縣境。

鐵燈竿河。在饒陽縣北。舊時滹沱之水自此決入保定蠡縣，與唐、滋、沙諸水匯流，復東入於河間府城北，今堙。

院西口河。在安平縣北。上流即派水，自祁州三岔口與唐、滋二水合流入縣界，下流入博野、蠡縣界。元和志：「安平縣有派水，今名礓河〔一一〕，西自定州義豐縣流入。」今謂之院西口河，在縣北二十五里。

大陸澤。在州北。元和志：「在陸澤縣南三里。」即禹貢大陸澤〔一二〕，縣因以名。

蓮花池。在州東四十里。爲水聚處。

賈家溝。在武强縣東北，東流合於漳水。又閻家溝，在縣東，亦滹沱末流也，東合龍池河。又有古河、岔河〔一三〕，俱在縣北，分自清漳者，今涸。

駱駝灣。在武强縣西北五里。滹沱決溢時，此爲鍾水之處。稍東南曰吴家灣。明嘉靖中議濬渠於此，以洩積水，不果。

古龍井。在安平縣西三十里。深數丈，泉出不竭。

古蹟

樂鄉故城。在州東南三十里。漢地節三年封河間獻王子佟爲侯國，屬信都國。後漢建武元年封杜茂爲侯邑。尋廢。

下博故城。在州南。漢置縣。應劭曰：「泰山有博，故此加『下』。」章懷太子賢曰：「在博水之下，故曰下博。」後漢書：「更始二年，光武至下博城西，惶惑不知所之。有白衣老父在道旁，指曰：『努力！信都郡爲長安守〔一四〕，去此八十里。』光武即馳赴之。」括地志：「下博故城，在今下博縣南二十里。」〔一五〕寰宇記：「後魏移縣理於衡水北，去今縣二十里，俗謂之故縣城，後周建德六年又移今理。」舊志：「金史地理志静安有下博鎮，即故縣也，在今州東南三十里。」〔一六〕

深州故城。在今州南二十五里，即故静安縣也。周建德中移下博縣於此。元和志：「下博縣，南至冀州一百里。」寰宇記：「縣道記云：『今理，即漢祭遵壘，北枕衡漳水。』是也。」〔一七〕九域志：「雍熙三年縣省，四年復置，改曰静安。」始自陸澤移深州治此。舊志：明洪武初省縣入州，永樂十年，滹沱、漳水決溢，城壞，因徙州吴家莊，即今治也。

陸澤故城。在州北。唐置縣，爲深州治。舊唐書地理志：「先天二年分饒陽、鹿城界置鹿澤縣於古鄡城〔一八〕。」宋史地理志：「雍熙四年廢鹿澤縣。」舊志：陸澤城，在州東北五里〔一九〕。又見束鹿。

武遂故城。在武强縣東北。漢置武隧縣。後漢改曰武遂。北齊省。元和志：「武遂故城，在武强縣東北三十一里。秦破趙將扈輒於武隧，即此也。」縣志：「今爲沙窪村。」

武强故城。有二：一在今武强縣東北。漢高帝六年封功臣嚴不識爲武强侯。後漢建武元年又封大司空王梁爲武强侯，皆未置縣。通鑑注引宋白曰：「武强故城，在今縣東北三十里。」一在今武强縣西南。晉惠帝時封盧志爲武强侯，蓋自是始爲縣。後魏神光中省〔二〇〕，太和十八年復置。唐屬冀州。元和志：「縣西南至冀州一百三十里。本漢武隧縣地，晉於此置武强縣。故城在縣西南二十五里。」即漢時侯邑也。寰宇記：「西晉置縣，因漢古城以名。高齊移於今理，其城即後魏武邑郡治，道武皇始二年築。」九域志：「縣在深州東北六十里。」縣志：「舊城村，在縣南五里〔二一〕。」

饒陽故城。有二：一在今饒陽縣東。本趙饒邑。史記：「趙悼襄王六年封長安君以饒。」後漢書郡國志「饒陽，故名饒」，是也。北齊始移治魯口城，而故城廢。括地志：「饒陽故城，在今縣東北二十里〔二二〕。」一在今饒陽縣南，即魯口城也。晉永和六年，慕容儁擊後趙至無終，趙將王午、鄧恒棄薊城走保魯口。魏書地形志：「饒陽有魯口城。」元和志：「饒陽縣西南至深州三十里。縣理城，晉魯口城也。公孫泉叛〔二三〕，司馬宣王征之，鑿滹沱入派水以運糧，因築此城。蓋滹沱有魯沱之名，因號魯口。後魏道武皇始二年〔二四〕，車駕幸魯口，即此。」寰宇記：「北齊天保五年移饒陽縣於今理，即後魏虜渠口，置虜口鎮於此。」九域志：「縣在深州北九十里。」蓋宋時又遷而北也〔二五〕。舊志有故城在縣南二里，亦曰故城村。又有光武城，在縣西南三十里，一名羅城。

蕪蔞故城。在饒陽縣東北。隋開皇十六年置蕪蔞縣，大業初省入饒陽。唐武德四年復置，貞觀元年又省。元和志：「蕪蔞故城，在饒陽縣東北三十五里。隋縣也，蓋因東北蕪蔞亭爲名。」

安平故城。今安平縣治。漢置縣，高帝六年封鄂千秋爲侯邑。自晉至北齊，皆爲博陵郡治〔二六〕。唐屬深州。元和志：「縣東南至州五十三里。」寰宇記：「城北面有臺，俗謂之神女樓。」九域志：「縣在深州西北八十五里。」

穀丘故城。在安平縣西南。漢置縣，屬涿郡。後漢省。寰宇記：「穀丘故城，在安平縣西南十五里。」縣志：「今訛爲角丘社。」

静安軍城。在州東南五十里。本名李晏口，亦曰李晏鎮。五代周顯德二年築城屯軍於此，謂之静安軍。南距冀州百里，北距深州三十里，夾胡盧河爲壘。宋雍熙二年廢。今河間府景州亦有李晏鎮，蓋昔時胡盧河東西津口云。

蕪蔞亭。在饒陽縣滹沱河濱。後漢書郡國志：「安平國饒陽有蕪蔞亭。」馮異傳：「更始二年，光武自薊東南馳至饒陽蕪蔞亭。時天寒冽，衆皆飢疲，馮異上豆粥。帝飢寒俱解。」縣志：「亭在縣北五里草蘆村〔二七〕。又有蕪蔞社，在縣東。」

凌消村。在州東北四十里，古滹沱河南岸。即光武渡河冰合之處。寰宇記：「今號爲危渡。」又見定州深澤縣。

平都村。在武强縣東二十五里。明建文時，真定都指揮平保屯營於此，因名。

孝義鄉。在州東三十五里大馮村。五代時，李自倫六世同居於此。

文瑞堂。明統志：「在深州陸澤。唐張鷟爲兒時，夢紫文大鳥止其庭，大父曰：『吾聞紫文，鸑鷟也，若壯，殆以文章瑞朝廷乎？』遂命名鷟。後鷟爲學士，果以文名。州刺史扁其堂曰『文瑞』。」

上方臺。在饒陽縣東十里。高四丈，周五畝。春日草卉先芳，亦謂之先春臺。上有龍母廟，下有井，禱雨輒應。又花臺，在縣西十三里。高一丈，廣畝。又營臺，在縣北十里。高數尺。相傳光武行營，每經水潦不没。

關隘

小范鎮。在武强縣東二十里。

小營。在武强縣東北三十五里。相傳金末備禦元兵，屯營於此。

劉木關堡。在饒陽縣東北十五里。又段村堡，在縣東南十八里。鄒村堡，在縣南十八里。小隄堡，在縣西十五里。皆有市集。

子文店堡。在安平縣西二十里。又馬店堡，在縣西北二十五里。新莊店堡，在縣西南三十里。俱有城。

傅家池集。在州東南五十里。舊受滹沱河水，自河北徙，池亦淤塞，今名乾河崖。明初置巡司於此，後裁。

鹽場莊。在州南。地鹻不生五穀，舊聽民煎鹽納課，後行官鹽，遂罷。

津梁

下博橋。在故下博城東，跨胡盧河上。五代梁乾化二年，朱全忠侵晉、冀〔二八〕，攻蓨縣。晉李存審軍趙州，謀出奇破之，引兵扼下博橋，即此。

閻家口橋。在饒陽縣東北十里。

呂漢橋。在饒陽縣東北二十里。又劉木關橋，在縣東北十三里〔二九〕。

隄堰

龍治隄。在州東。自柳家莊起至岔河口止。本朝乾隆二十五年修，二十七年重修。

捍水隄。在州北三十五里。歲久頽敗，惟存二阜，巋然屹立。俗呼爲紫金山。

古隄。在武强縣城外。四面皆有隄，高闊俱數丈，昔時築以障水，遺址猶存。

長城隄。在饒陽縣南二十里。西連光武城。

柏林隄。在饒陽縣北五里。又北小隄，在縣西十五里，繞城西北，與柏林隄相連。

滋河隄。在饒陽縣北滋河兩岸。

秦公隄。在饒陽縣東北二十餘里高口村西南。明嘉靖間，知縣秦世顯築。

三河隄。在安平縣北二十里。明嘉靖中，知縣郭學書築。長三十餘里。

陵墓

商王墓。在饒陽縣西南勝水村。昔有掘井者，見墓門題曰「商王墓」，遂不敢入而止。

漢

崔寔墓。在安平縣西。

唐

劉幽求墓。在武强縣西北〔三〇〕。

李百藥墓。在安平縣東北。

五代　晉

李自倫墓。在州東三十五里。

宋

李昉墓。在饒陽縣武公村。

歐陽珣墓。在州南二十五里舊城外。珣，吉州人。靖康中使金，會深州固守不下，以珣至城下招之。珣慟哭，勉城中以忠義，遂被殺，葬此。

明

張鳳墓。在安平縣東南七里〔三二〕。

祠廟

忠烈祠。在州西門外。明崇禎十六年建，祀知州孫士美。

廉頗廟。在饒陽縣東二十五里。

馮母廟。在饒陽縣治西。明統志：「相傳漢馮異從光武，其母囑之曰：『汝今盡忠，莫思盡孝。』遂自縊。後建廟祀之。」

寺觀

開元寺。在州舊城内。唐貞觀中建。

福聖寺。在州東四十里。唐貞觀中建。

清峯寺。在州東五十里。唐天寶中建。

天寧寺。在州南三十里舊城里村。唐貞觀中建。

寶月寺。在州東北五十里。唐太和中建。
法寶寺。在州境唐鳳村。唐開元中建。
五祖寺。在武强縣北十里。唐咸通中建。
福勝寺。在饒陽縣〔三二〕。隋開皇中建。
洪福寺。在饒陽縣〔三三〕。唐貞觀中建。
祈真寺。在安平縣北一里。隋開皇中建。

校勘記

〔一〕宋太平興國七年以下博縣屬静安軍　「七年」，乾隆志卷三三深州建置沿革（以下同卷簡稱乾隆志）及宋史卷八六地理志二同，宋會要方域五之三一、元豐九域志卷二皆作「八年」。

〔二〕後魏皇始二年移武邑郡治武强　「二年」，乾隆志同，太平寰宇記卷六三「武邑縣」載作「三年」，此「二」爲「三」字之訛。

〔三〕神光二年省武强　「神光」，乾隆志及魏書卷一〇六地形志上同。按後魏無「神光」年號，太和之前有「神瑞」、「始光」、「神䴥」年號，讀史方輿紀要卷一四作「神瑞」，則此「光」蓋爲「瑞」字之誤。本卷古蹟「武强故城」所云「神光」同爲「神瑞」之誤。

〔四〕本朝初屬正定府　「正」，乾隆志同。本志卷二七正定府一建置沿革：「明爲真定府，「本朝初因之，雍正元年改名正定府」。府治真定縣並改。清史稿卷五一地理志一同，此「正」應作「真」爲是。下文饒陽、安平二縣同。

〔五〕後魏爲博陵郡治　乾隆志同。太平寰宇記卷六三：饒陽縣，「虜口鎮城，今邑理也。自石趙、苻秦、後魏並爲博陵郡理于此」。據此，十六國前趙、前秦及北魏之博陵郡，並治饒陽縣之虜口鎮（今饒陽縣東北）。隋書卷三〇地理志中：安平縣，「後齊置博陵郡」。則至北齊，博陵郡自饒陽縣之虜口鎮移治安平縣（今縣）。此云「北魏安平縣爲博陵郡治」，誤。

〔六〕中統二年改屬晉州　乾隆志及元史卷五八地理志二同。吴汝綸深州風土記卷一一金石中：元孝感聖姑廟碑：至順二年立碑，「碑云祁州知州撰文内稱安平爲本郡，則是時仍隸祁州」。則中統之後至順初，安平縣隸屬祁州，元史地理志及本志均缺略不詳，温海清畫境中州下篇元史地理志考釋予以詳論。

〔七〕周八里　「八」，乾隆志同，乾隆直隸深州總志卷二八、同治畿輔通志卷一二九城池皆作「九」，此「八」爲「九」字之誤。

〔八〕又東逕武邑縣北又東北右合張平口故瀆　乾隆志同。水經濁漳水注：「衡漳又東逕武邑縣故城北。」此「武邑縣」下脱「故城」二字。又載：「衡漳又東北，右合張平口，故瀆上承武强淵。」則所謂「故瀆」乃繼承下文「上承武强淵」而言，本志缺脱「上承武强淵」五字。

〔九〕築城於李晏口　「晏」，原作「宴」，乾隆志同。按資治通鑑卷二九二後周紀三：顯德二年，「詔忠武節度使王彦超、彰信節度使韓通將兵夫浚胡盧河，築城於李晏口，留兵戍之」。胡三省註：「冀州蓨縣東北有李晏鎮，時築城屯軍，以爲静安軍。」舊五代史卷一一五周書世宗紀六、讀史方輿紀要卷一四、本志同卷古蹟皆作「李晏口」，則此「宴」爲「晏」字之訛，據改。

〔一〇〕分爲一派　「一」，原作「二」，據乾隆志及宋史卷九五河渠志五改。

〔一一〕今名礓河　「礓」，原作「彊」，據乾隆志及元和郡縣圖志卷一七、太平寰宇記卷六三改。

〔一二〕在州北元和志在陸澤縣南三里即禹貢大陸澤　乾隆志同。元和郡縣圖志卷一七：深州陸澤縣，「大陸澤，在縣南十里」。此引作「三里」，「三」爲「十」字之誤。漢書卷二八地理志上：鉅鹿郡鉅鹿縣，「禹貢大陸澤在北」。漢鉅鹿郡治鉅鹿縣，治今河北平鄉縣西南平鄉鎮。元和郡縣圖志卷一五邢州鉅鹿縣：「大陸澤，一名鉅鹿，在縣西北五里。禹貢曰：『恒、衛既從，大陸既作。』按澤東西二十里，南北三十里。」太平寰宇記卷五九同。唐鉅鹿縣即清縣（今縣），則禹貢大陸澤在鉅鹿、平鄉二縣西北地。唐深州治陸澤縣，治清深州（今深縣）西南舊州，西南距鉅鹿、平鄉遥遠，二者名雖相同，實非一澤，互不相涉，本志引元和志深州之大陸澤混爲禹貢之大陸澤，謬矣。

〔一三〕又有古河岔河　「岔」，原作「坌」，據乾隆志及讀史方輿紀要卷一四、同治畿輔通志卷六六山川改。

〔一四〕信都郡爲長安守　「郡」，原脱，乾隆志同，據後漢書卷一光武帝紀上補。

〔一五〕括地志下博故城在今下博縣南二十里　乾隆志同。按此引「下博故城在今下博縣南二十里」云云，不載於賀次君先生括地志輯校一書，而見載於元和郡縣圖志卷一七「冀州下博縣」，此「括地志」疑爲「元和志」之舛訛。

〔一六〕後魏移縣理於衡水北至在今州東南三十里　「縣」原脱，「北」原誤爲「縣」，乾隆志同，並據太平寰宇記卷六三補改。按寰宇記：下博縣，「後魏移縣理於衡水北，即去今縣二十里，俗謂之故縣城，後周建德六年又移於今理」。自北周建德末移治後，歷隋唐因襲。吴汝綸深州風土記卷一〇古蹟：「今之下博村，其唐下博故城與？」清深州治即今深州市，其東南下博村（一九六〇年河北省地圖集），即唐下博縣故址。元和郡縣圖志卷一七：冀州下博縣，「南至州一百里」。唐冀州治即清冀州治（今冀州市），唐下博縣，今之下博村，南至冀州，方位里距正合，本志引舊志云：下博鎮，「即故縣也，在今深州東南三十里」，即是。吴氏之説，確鑿無疑。唐縣既定，漢魏下博縣址可推而知。據寰宇記云：北魏下博縣在唐下博縣北，「去縣二十里」，古衡漳水北，以此推考，即在今下博村北二十里，應在清深州（今深州市）東。又寰宇記載：「後魏移縣于衡漳水北」，則漢下博縣當在衡漳水南。同治畿輔通志卷一五九古蹟：「下博故城，在深州治東南三十里，即今下博村，漢時所置，後圮於水，遂遷而西。」可見漢縣即唐縣，北魏移治其北，北周又復遷於漢時舊址。本志敘述下博縣遷徙混亂不明。

〔一七〕周建德中移下博縣於此至北枕衡漳水是也　乾隆志同。按北周建德末移下博縣於清深州（今深州市）東南三十里下博村（詳見本卷校勘記〔一六〕），據元豐九域志卷二、宋史卷八六地理志二記載，北宋雍熙三年省下博縣，四年復置，改置静安縣，移深州治此。改置之静安縣，已遷徙新址，即本志所謂「在今深州南二十五，即故静安縣是也」，非北周至唐下博縣舊址，故此云「周建德中移下博縣於此」，誤也。志引元和志、寰宇記云云，皆是唐下博縣之記録，與北宋深州治静安縣無關。

〔一八〕先天二年分饒陽鹿城界置鹿澤縣於古鄡城　「鄡」，原作「鄵」，乾隆志同，據舊唐書卷三九地理志二改。按即東漢鉅鹿郡屬鄡縣，見載續漢書郡國志二。

〔一九〕陸澤城在州東北五里　乾隆志同。吴汝綸深州風土記卷一〇古蹟：「元和志云：『安平縣東南至深州五十三里。』準其地望，則陸澤即今城西之舊州村也。而統志、舊志并云『在州東北』，誤矣。」同治畿輔通志卷一五九古蹟：「廢陸澤縣，舊志在深州東北五里許，然莫能指其處。徐志云疑即今城西之舊州村。州在西漢爲下博縣地，六朝後始析置陸澤縣。唐初深州治在饒陽縣，繼又徙至陸澤，故城之名，此爲近是。」按清深州（今深縣）西南舊州（一九六〇年河北省地圖集），即是。中國歷史地圖集第五册唐深州陸澤縣治此，是也。

〔二〇〕後魏神光中省　乾隆志同。此「神光」之「光」字爲「瑞」字之誤。參見本卷校勘記〔三〕。

〔二一〕寰宇記西晉置縣至縣志舊城村在縣南五里　乾隆志同。按太平寰宇記卷六三：「郡國縣道記曰：武强故縣，在今縣西南二十五里。漢爲侯國，今縣即西晉于其城置武强縣，因古城名之。高齊移于今理。有衡漳河，在今縣南五里。其城即後魏武邑郡城，道武皇始二年築。」又水經濁漳水注：「漳水又東北逕武邑郡南，魏所置也，又東逕武强縣北。」據此，北齊移武强縣於後魏武邑郡城，其城在漳水北，歷隋、唐因襲（宋、元、明、清沿襲），即今武强縣（小范鎮）西南舊武强，而其南位於漳水南者乃北魏武强縣，即漢武强侯國，西晉所置武强縣，在今舊武强南五里舊城村（並見一九八二年河北省分縣地圖册），本志引述含混，莫衷一是。

〔二二〕在今縣東北二十里　乾隆志同。史記卷四三趙世家正義作「饒陽縣東二十里」，「東」下無「北」字。太平寰宇記卷六三亦作「東北二十里」。

〔二三〕公孫泉叛　乾隆志同。按「泉」，本作「淵」，見三國志卷八魏書公孫淵傳，避唐高祖李淵名諱改。

〔二四〕後魏道武皇始二年　乾隆志同。按魏書卷二太祖道武帝紀：「皇始元年十一月，『車駕幸魯口城』。此「二年」應作「元年」。

〔二五〕蓋宋時又遷而北也　乾隆志同。太平寰宇記卷六三：深州治陸澤縣，饒陽縣，「州東北三十里。今有古城，在今縣東北二十里饒陽故城是也，齊文宣天保五年移于今理」。自北齊天保五年移治清饒陽縣（今縣）後，歷代沿襲。元豐九域志卷二：深州治静安縣，雍熙四年改下博縣爲静安縣，「仍省陸澤縣入焉」。州領饒陽縣，「州北九十里」。按本卷「深州故城」：「在今州南二十五里，即故静安縣也。」據此，北宋雍熙四年廢深州舊治陸澤縣，移州治於静安縣，在清深州（今深縣）南二十五里，而饒陽縣址仍舊，在宋深州北九十里，則遷者乃深州，非饒陽縣。

〔二六〕自晉至北齊皆爲博陵郡治　乾隆志同。王仲犖北周地理志卷一〇：「漢桓帝立博陵郡，治博陵；晉博陵郡，治安平。寰宇記饒陽縣下云『虜口鎮，自石趙、苻秦、後魏並爲博陵郡理』。是十六國、後魏之博陵郡，實理饒陽縣之魯口城。及北齊天保之世，博陵郡又自魯口城移治安平，而移饒陽縣治於魯口城，寰宇記安平縣下云『自晉及高齊博陵郡並理此』，蓋實録也。以博陵郡北齊世復移治安平，故隋書地理志安平縣下云『後齊置博陵郡』，蓋據移治也。」王氏所論甚確。

〔二七〕亭在縣北五里草蘆村　「北」，原脱，據乾隆志及同治畿輔通志卷一六四古蹟補。乾隆直隸深州總志卷一古蹟：「蕪蔞亭舊址，在今饒陽縣東北草蘆村北。」更爲詳實。

〔二八〕朱全忠侵晉冀　「晉冀」，乾隆志及讀史方輿紀要卷一四同。資治通鑑卷六八後梁紀三：太祖乾化二年，帝引兵渡河，晉李存審謂史建瑭、李嗣肱曰：「使賊得蓨縣，必西侵深、冀，患益深矣。當與公等以奇計破之。」存審乃引兵扼下博橋。此「晉」爲「深」字之訛。

〔二九〕在縣東北十三里　「東北」，乾隆志同。乾隆饒陽縣志卷上建置、同治畿輔通志卷八九津梁皆作「東」，無「北」字。此「北」字蓋衍。

〔三〇〕在武强縣西北　「北」，原作「南」，據乾隆志陵墓改。乾隆直隸深州總志卷二塚墓、同治畿輔通志卷一七四陵墓皆曰「在武强縣西北五窪」，是也。

〔三一〕在安平縣東南七里　「七」，原作「十」，乾隆志陵墓同，據康熙安平縣志卷三古蹟、乾隆直隸深州總志卷二陵墓、同治畿輔通志卷一七四陵墓改。

〔三二〕在饒陽縣　乾隆志寺觀同。乾隆饒陽縣志卷上雜稽志、同治畿輔通志卷一八二寺觀皆作「在饒陽縣韓合村」。此缺略。

〔三三〕在饒陽縣　乾隆志同。乾隆饒陽縣志卷上雜稽、同治畿輔通志卷一八二寺觀作「在饒陽縣固店」，此缺略。

大清一統志卷五十四

深州直隸州二

名宦

南北朝　齊

袁聿修。陽夏人。天保初，以太子庶子行博陵太守。數年，大有聲績，遠近稱之。

路去病。陽平人。河清初，爲定州饒陽令。明嫺時務，性頗嚴毅，人不敢欺，然至廉平，吏民歎服。

唐

賈敦實。冤句人。太宗時，爲饒陽令。政清静，吏民嘉美。舊制，大功之嫌不連官，時敦實兄敦頤爲瀛州刺史，朝廷以其兄弟治行相高，故不徙以示寵。

張興。束鹿人。爲饒陽裨將。安禄山來攻，興開示禍福，譬曉敵人，嬰城彌年，衆心遂固。滄、趙已陷，史思明引衆薄城，興擐甲持陌刀重五十斤乘城。賊將入，興一舉刀，輒數人死，賊皆氣懾。城破，見縛，思明鋸解之。且死，罵曰：「吾能裒强死兵敗賊衆！」軍中凛然爲改容。

宋

王鼎。館陶人。仁宗時，知深州。王則以貝州反，深卒龐旦與其徒謀以元旦殺軍校、劫庫兵以應之。前一日有告者，鼎夜出檄，遣軍校攝事外邑，而陰爲之備。翼日，會僚友置酒如常，叛黨愕不敢動。鼎刺得實，捕首謀十八人斬之，一郡帖然。明年，河北大饑，鼎盡力賑救。

竇卞。冤句人。知深州。熙寧初，河決滹沱，水及郡城，地大震。流民自恩、冀來，踵相接，卞發常平粟食之。吏白擅發且獲罪，卞曰：「俟請而得報，民死矣。吾何惜以一身活數萬人。」尋以請，詔許之。

金

胡礪。武安人。皇統間，同知深州軍州事。郡守暴戾，蔑視僚屬，礪常以禮折之，守愧服，郡事一委於礪。州管五縣，例置弓手百餘，歲賦民錢五千餘萬爲傭直。其人皆市井無賴，以迹盜爲名，所至擾民。礪悉罷去。繼而有飛語曰：「某日賊發，將殺通守。」或請爲備，礪曰：「盜所利者財耳，吾貧如此，何備爲？」是夕，令公署撤關，竟亦無事。

明

蕭伯辰。清江人。永樂初，知深州。存心慈惠，廉静有爲。度城中地勢，將有水患，乃徙其民於高原以待之。既而霪雨大作，滹沱與漳水並溢，城竟圮，遂奏於先避水之地建治焉。

耿福緣。四川人。宣德中，爲安平縣丞。兩以冗員當汰，皆爲部民所留。後又當汰，民相率言福緣視民如子〔一〕，田里獲安，今當去職，民失所倚，見在縣令有病求去，乞即用福緣以活百姓。詔許之，即擢安平知縣。

宋徵。洪洞人。正統中，知饒陽縣。清勤慈惠，權要病民，悉繩以法。莅任三載，庶民安業，盜不涉境。卒於官。妻子貧不能歸，官僚士庶資之，始得行。

李鴻。乾州人。正德中，知深州。時流賊縱横，所至殘破。鴻乃繕城浚池，爲萬全計。民聞賊鋒鋭甚，欲遷避，鴻曰：「我以死守城，爲誰耶？」民皆感激登城，賊遂引去。

余一鵬。莆田人。嘉靖中，知深州。以滹沱將爲害，於城外築長隄，周迴九里。後水至隄下，城賴以全。

錢博學。萊州人。隆慶間，知武强縣。修城課士，建置學田，纂輯邑乘，爲時稱美。

羅名士。光州人。隆慶間，知饒陽縣。初下車，值河水爲患，薄斂省刑，禁商鹽，革雜派，卒改上縣爲下縣，民賴以甦。

李守真。沁源人。萬曆初，知饒陽縣。時滹沱河水決，幾冒城郭，守真力排羣議，環城築長隄數百丈，繞隄内外，植柳三千餘株。邑人至今賴之。

何翌。泰興人。萬曆間，知安平縣。培城基以杜水患，又多開水闢蓄洩之。時商鹽爲民深累，翌申文力請免派，數十年積蠹一朝而清，催科盡革羨餘。民立祠祀之。

孫士美。青浦人。崇禎中，知深州。州故瘠土，兵數百皆市人，不習戰，士美悉力訓練。十一年〔二〕，大兵臨城，憑城固守，力屈自刭於角樓，父訥亦縊，一家死事者十三人。贈太僕少卿，並旌訥。同時殉節者：深州訓導劉恂，安平人，贈侍讀；又安平知縣孔聞校〔三〕、深州訓導劉名言、吏目熊國俊，俱於崇禎中先後殉節。

本朝

朱衣助。奉天人。順治五年，知深州。時土寇未靖，衣助披堅執鋭，爲士卒先，捍衛孤城，撫循黎庶，士民德之。

李模。郟縣人。順治間，知武强縣。治尚清簡，民安之。政暇，與諸生講學不輟。及遷去，士民攀轅泣涕。

李天培。漢軍人。康熙中，知深州。政尚寬簡，嘗曰：「吾無善政以及民，但不生事以擾民而已。」至豪强盜賊則悉嚴法繩之不少貸。巡撫于成龍贈以額曰「真民父母」。卒於任，州人請葬於州南三里之棗科村，歲時致祭不衰。

尹侃。武昌人。乾隆十五年，知深州。州南濱滹沱，屢爲民患。十九年成災〔四〕，侃度水勢，相地形，知滹沱與清河近，不容對壘束之，只宜一面驅之，使與清合，乃集州衆萬餘人，率子均霖，並履泥淖中，督民興築，浹辰而隄成，名曰保障隄。次年，復於隄南更築外障，凡三百餘丈，民賴以安。

人物

漢

崔駰。安平人。祖篆，王莽時爲建新大尹，著周易林六十四篇，用決吉凶，多占驗。駰博學有偉才，盡通古今訓詁百家之言，善屬文。少遊太學，與班固、傅毅同時齊名。元和中，上四巡頌，辭甚典美，帝嘗嗟嘆之，謂竇憲曰：「公愛班固而忽崔駰，此葉公之好龍也。」憲爲車騎將軍，辟駰爲掾。及出擊匈奴，駰爲主簿，前後奏記數十，指切長短。憲不能容，出爲長岑長。駰不之官而歸。卒於家。所著文凡二十一篇。

崔瑗。駰中子。早孤，鋭志好學，盡能傳其父業。年十八，至京師，從侍中賈逵質正大義，與馬融、張衡友好。兄章爲州人所殺，瑗手刃報仇，因亡命。會赦，歸家。家貧，兄弟同居數十年，鄉邑化之。年四十餘，始爲郡吏。後舉茂才，遷汲令。漢安初，胡廣、竇章共薦瑗宿德大儒，不宜久在下位，由此遷濟北相。瑗高於文詞，尤善書、記、箴、銘，所著凡五十七篇。愛士，好賓客，盛修肴膳，居嘗疏食菜羹而已。家無擔石儲，當世清之。

崔寔。瑗子。少沈静，好典籍。父卒，隱居墓側。桓帝初，舉獨行，除爲郎。明於政體，吏才有餘，論當世便宜數十條，名曰政論。當世稱之。後拜議郎，著作東觀。出爲五原太守，教民織績，整厲士馬，嚴烽候，虜不敢犯，常爲邊最。召拜尚書，免歸。家徒四壁立，卒無以斂。所著文凡十五篇。從兄烈，有重名於北州，歷位郡守、九卿。靈帝時，拜太尉。

崔琦。安平人。以文章博通稱。舉孝廉，爲郎。梁冀聞其才，請與交。琦數引古今成敗以戒之，冀不能受，乃作外戚箴及白鵠賦以風。因遺歸。後除臨濟長，不敢之職，解印綬去。冀令刺客陰求殺之〔五〕。客見琦耕於陌上，懷書一卷，客哀其志，以實告，琦得脱走。冀後竟捕殺之。所著賦、頌等凡十五篇。

崔州平。烈之孫。諸葛亮自比管仲、樂毅，時人莫之許也。州平及潁川徐庶與亮友善，謂爲信然。

晉

崔洪。安平人。少以清厲顯名。武帝時，爲御史治書，朝廷憚之。尋爲尚書左丞，時人爲之語曰：「叢生棘刺，來自博陵。在南爲鷂，在北爲鷹。」遷吏部尚書，舉用甄明，門無私謁。後爲大司農，卒於官。子廓，散騎侍郎，亦以正直稱。

張載。安平人。父收，蜀郡太守。載性閒雅，博學有文章。太康初，至蜀省父，道經劍閣，因著銘作誡。益州刺史張敏表上其文，武帝遣使鐫之於劍閣山焉。又爲濛汜賦，司隸校尉傅玄見而嗟嘆，爲之延譽，遂知名。起家佐著作郎，累拜中書侍郎。告歸，卒。

張協。載弟。少有儁才，與載齊名。辟公府掾，歷遷河間内史，在郡清簡寡欲。時天下已亂，協遂棄絶人事，屏居草澤，守道不競，以屬詠自娱。擬諸文士作七命，世以爲工。永嘉初，復徵爲黄門侍郎，託疾不就。

張亢。協弟。才藻不逮二昆，亦有屬綴，又解音樂伎術。時人謂載協亢、陸機雲曰「二陸」「三張」。中興初過江，拜散騎侍郎。秘書監荀崧舉亢領佐著作郎，出補烏程令，入爲散騎常侍，復領佐著作。述曆贊一篇。

南北朝　魏

崔辯。安平人。學涉經史，威儀整峻。顯祖徵拜中書博士，累除武邑太守。政事之餘，專以勸學爲務。卒，謚曰恭。長子景儁，鯁正有高風，歷官員外散騎侍郎，參定朝儀。雅爲高祖所知重。

崔挺。辯之從父弟。幼孤，居喪盡禮。五世同居，後頻年饑，始分析。挺與弟振推讓田宅，惟守墓田而已。家徒壁立，兄弟怡然，手不釋卷。舉秀才，射策高第。孝文時，除光州刺史，風化大行。遷本州中正。及卒，光州故吏莫不悲感，共鑄八尺銅像祀之，謚曰景。

崔振。挺弟。少有學行，居家孝友。爲秘書中散，在内謹敕，爲高祖所知，遷尚書左丞。景明初，兼廷尉少卿，有公斷，以明察稱。除肆州刺史，在任有政績。卒，謚曰定。

孫惠蔚。武遂人。周流儒肆，有名於冀。太和初，舉孝廉，爲中書博士。參定雅樂，與秘書令李彪抗論，彪不能屈。定七廟禮，與邢巒廷議得失。遷秘書丞。見東觀典籍未周，請欲裨殘補闕，併校句讀，以爲定本，其先無本者，搜求令足。令四門博士及在京儒生四十人，在秘書省專精考校，參定字義。詔許之。延昌間，封東强縣開國男，除光禄大夫。卒，贈瀛州刺史，謚曰戴。

劉獻之。饒陽人。少孤貧，雅好詩傳，博觀衆籍。時人有從學者，獻之輒謂之曰：「子若能入孝出弟，忠信仁讓，不待出户，天下自知。倘不能然，於立身之道，有所益乎？」由是學者莫不高其行義，希造其門。孝文幸中山，詔徵典内校書，固以疾辭。時中山張吾貴與獻之齊名，皆稱儒宗。吾貴門徒千人，行業可稱者寡。獻之著録數百而已，皆通經之士，以是辨其優劣。

崔孝芬。挺長子。早有才識，博學好文章。孝文召見，甚嗟賞之。襲父爵，歷官太常卿，加儀同三司、兼吏部尚書。孝芬善談論，愛好後進，終日忻然，商確古今，令聽者忘疲。所著文章數十篇。弟孝偉、孝演、孝直、孝政，俱孝義慈厚，孝演、孝政先亡，孝芬等哭泣哀慟，絶肉蔬食，容貌毁瘠，見者傷之。始挺兄弟同居，挺弟振既亡，孝芬承奉叔母李氏，若事所生。旦夕温凊，出入啓覲，家事一以諮決，撫從弟宣伯、子朗，如同氣焉。

劉蘭。武邑人。年三十餘，始受春秋、詩、禮於中山王保安。家貧，無以自給，且耕且讀。三年之後，立黌舍，聚徒二百。讀左氏，五日一遍，兼通五經，甚爲精悉。又明陰陽，博物多識，爲儒者所宗。永平中，仕爲國子助教。

馬八龍。武强人。輕財重義，友人武遂縣尹靈哲在軍喪亡，八龍聞即奔赴，負屍而歸，以家財殯葬，爲制緦麻。撫其遺孤，恩如所生。州郡表列，詔旌其門。

李几。安平人。七世共居同財，家有二十二房，一百九十八口，長幼濟濟，風禮著聞，至于作役，卑幼競集。鄉里歎美，標其門閭。

齊

崔伯謙。安平人。少孤貧，善養母。神武召補相府功曹，稱之曰：「清直奉公，真良佐也。」族弟暹當時寵要，伯謙與之舊寮同門，非吉凶，未嘗造請。天保初，除濟北太守，恩信大行。徵赴鄴，百姓號泣遮道。除南鉅鹿太守，在郡七年，獄無停囚。徵轉銀青光禄大夫，卒。

蘇瓊。武强人。幼時嘗謁東荆州刺史曹芝，芝戲問曰：「卿欲官否？」對曰：「設官求人，非人求官。」芝異其對，署爲府長流參軍。除南清河太守，姦盜止息，化行俗美。在郡六年，人庶懷之。遷三公郎中。趙州及清河、南中有人頻告謀反，前後皆付瓊推檢，事多申雪。京師爲之語曰：「斷獄無疑蘇珍之。」官至大理卿。

周

崔士謙。辯之孫。父楷，仕魏爲殷州刺史。葛榮陷城，闔門死之。士謙仕周，累遷荆州刺史，號稱良牧。性至孝，與弟説特相友愛，雖復年位並高，資産皆無私焉。居家嚴肅。子曠，及説子弘度，並奉其遺訓云。

隋

李德林。安平人。該博墳典，善屬文。遭父艱，反葬故里。隆冬單衰跣足，州里敬慕之。齊天保八年，舉秀才，射策五條，考皆爲上。周武帝克齊，授内史上士，詔誥格式及用山東人物，一以委之。高祖受顧命，以德林爲丞相府屬。三方構亂，軍書填委，文章百端，不加治點。及受禪，授内史令。虞慶則勸高祖盡滅宇文氏，惟德林固争以爲不可。帝怒，由是品位不加。所撰文集五十卷行於世。

崔彭。士謙子。少孤，事母以孝聞。性剛毅，有武畧，工騎射。善周官、尚書。高祖踐祚，累轉驃騎將軍，恒典宿衛。性謹密，在省闥二十餘年，每當上在仗，危坐終日，未嘗有惰容。嘗説君臣戒慎之義，上稱善。累遷左領軍大將軍〔六〕。卒，謚曰肅。

崔仲方。挺曾孫。少好讀書，在文武才畧。周武帝有滅齊志，仲方獻二十策，帝大奇之。高祖受禪，與高熲議正朔服色事，勸除六官，依漢、魏之舊。並從之。進位上開府，爵固安縣公〔七〕，爲虢州刺史。上書論取陳之策。及大舉伐陳，以爲行軍總管。後數載，轉會州總管。時諸羌猶未賓附，詔仲方擊之，與賊三十餘戰，諸部悉平。歷信都太守，乞骸骨。卒於家。

崔廓。安平人。博覽書籍，多所通涉，山東學者皆宗之。不應辟召，與趙郡李士謙爲忘年之友〔八〕，時稱崔李。子賾，七歲能屬文。開皇初，射策高第，詔與諸儒定禮樂，授協律郎，蘇威雅重之。母憂去職，性至孝，水漿不入口者五日。後歷起居舍人，越王長史。

孫萬壽。武强人。年十四，就阜城熊安生受五經，兼博涉子史，善屬文。李德林見而奇之。高祖受禪，滕穆王引爲文學，官終大理司直。

唐

李百藥。德林子。七歲能屬文，父友讀徐陵文，有「刈琅邪之稻」之語，歎不得其事。百藥進曰：「春秋『鄅子籍稻』，杜預謂在琅邪。」客大驚，號奇童。貞觀中，累遷散騎常侍，宗正卿。卒，謚曰康。百藥才行，爲天下推重。持父母喪還鄉，徒跣數千里。服雖除，貌癯瘠者累年。好奬薦後進，得俸禄與親黨共之。翰藻沈鬱，詩尤其所長，樵厮皆能諷之。所撰齊史行於世。

劉君良。饒陽人。四世同居，族兄弟猶同產，門内斗粟尺帛無所私。隋末，荒饉，妻勸異居，君良即斥去妻，召兄弟流涕以告。天下亂，鄉人共依之，築爲堡，因號曰義成堡。深州别駕楊弘業至其居，凡六院共一庖，子弟皆有禮節，歎悒而去。貞觀六年表其門閭。

李安期。百藥子。亦七歲屬文。父貶桂州，遇盜，將加以刃，安期跪泣請代，盜哀釋之。高宗即位，遷中書舍人，預決國事。帝屢責侍臣不能進賢，安期曰：「比見公卿有所薦進，皆劾爲朋黨，所以人争噤默避謗。」帝納之。尋檢校東臺侍郎、同東西臺三品。卒，謚曰烈。自德林至安期，三世掌制誥，孫羲仲又爲中書舍人。

張鷟。陸澤人。早慧絶倫。調露初，登進士第。考功郎騫味道見所對，稱天下無雙。八以制舉皆甲科，累遷鴻臚丞。四參選，判策爲銓府最〔九〕。員外郎員半千稱「鷟文辭猶青銅錢，萬選萬中」，時號「青錢學士」。新羅、日本使至，必出金寶購其文。終司門員外郎。

崔玄暐。安平人。少以學行稱。居親喪，廬有燕，更巢共乳，甘露降庭樹。長安元年，爲天官侍郎，當公介然，不受私謁，執政忌之，改文昌左丞。武后曰：「卿改職，乃聞令史設齋相慶，此欲肆其貪耳，卿爲朕還舊官。」再遷鳳閣侍郎。以誅二張功，爲中書令，俄拜博陵郡公〔一〇〕。罷政事，後流古州，道病卒，謚文獻。玄暐三世不異居，貧寓郊墅，羣從皆自遠會食。與弟昇尤友愛，昇爲司刑少卿。時宋璟劾張昌宗不軌，昇執論大辟。兄弟守正如此。子璩，有文學，終禮部侍郎。

李湛。饒陽人。義府子。六歲，授周王府文學。張柬之將誅二張，以敬暉及湛爲右羽林將軍，總禁兵，請太子至玄武門，斬關入。初，義府以立武后得宰相，而湛爲中興功臣，世不以父惡爲貶云。

劉幽求。武强人。聖曆中，舉制科高第。授朝邑尉。桓彦範等誅二張，不殺武三思，幽求謂曰：「公等無葬地矣。」既而五王皆爲三思構死。臨淄王入誅韋后，預參大策，是夜號令詔敕一出其手。睿宗立，爵徐國公。先天元年，爲尚書右僕射、同中書門下三品，監修國史。崔湜附太平公主，有逆計。幽求説玄宗早圖之，未發而言泄，乃流封州。太平公主誅，即日召復。開元初，進尚書左丞相。未幾又貶，恚憤卒，謚曰文獻。

魏知古。陸澤人。方直有雅才，擢進士第。睿宗時，累遷黄門侍郎。諫造金仙、玉真觀，帝嘉其直，以左散騎常侍同中書門下三品。先天元年，爲侍中。從獵渭川，獻詩以諷。明年，封梁國公。竇懷貞詭謀亂國，知古密發其姦。後改紫微令。與姚元崇不協，罷政事。卒。宋璟聞而歎曰：「叔向古遺直，子産古遺愛，兼之者其魏公乎！」贈幽州都督，謚曰忠。

崔涣。璩子。博綜經術，長論議。十歲居父喪，哀毁如成人。起家亳州司功參軍，累遷司門員外郎。楊國忠惡不附己，出爲巴西太守。明皇西狩，迎謁於道。帝見占奏，以爲明治體，即日拜門下侍郎、同平章事。肅宗立，爲江淮宣諭選補使。收采遺逸，不以親故自嫌。代宗時，遷御史大夫。元載輔政，涣論其姦，載惡之，貶道州刺史。卒，謚曰元。

崔倫。安平人。居父喪，徒跣護柩行千里，道路爲流涕。及進士第，歷吏部員外郎。安禄山反，陷賊，不汙僞官。寶應二年，以右庶子使吐蕃，留二年，執倫至涇州，逼爲書約城中降，倫不從，更囚邏娑城，閲六年，終不屈，乃許還。代宗見之，爲感動嗚咽。遷尚書左丞。卒，贈工部尚書，謚曰敬。

張薦。鷟孫。敏鋭有文詞，能爲周官、左氏春秋，爲顔真卿所賞。大曆中，充史館修撰。真卿爲李希烈所拘，薦上疏請執希烈母至境上以贖真卿，盧杞持之，不報。朱泚反，詭姓名伏匿。京師平，擢左拾遺。詔復用杞爲刺史，薦論杞奸惡不當用，德宗納之。貞元元年，帝親郊。時更兵亂，禮物殘替，用薦爲太常博士，參綴典儀，略如舊章。後擢諫議大夫。裴延齡必欲斥之。使使回鶻，又使吐蕃。薦占對詳辯，三使絶域，始兼御史中丞，後大夫。次赤嶺，被病卒。贈禮部尚書，謚曰憲。

崔良佐。安平人。居白鹿山，門人謚曰貞文孝父。所著有三國春秋，又集十卷。

崔造。安平人。永泰中，與韓會、盧東美、張正則三人友善，皆自謂王佐才，時號「四夔」。官建州刺史。朱泚亂，造輒馳檄比州，發所部兵二千以待命，德宗嘉之。貞元二年，以給事中同中書門下平章事。帝謂造敢言，能立事，故以不次用之。造以錢穀諸使罔上自私，謂「兩税委本道觀察使，悉停諸道水陸運轉、度支巡院、江淮轉運使，以度支還尚書省，宰相分領六曹。」韓滉持不可改。帝以滉轉運江淮，餘如造請。未幾罷爲太子右庶子〔一二〕，所請悉罷，以憂卒。

崔衍。倫子。天寶末，擢明經，調富平尉。繼母李不慈，衍事之益謹。歷蘇、虢二州刺史，遷宣歙池觀察使，爲百姓所懷，幕府奏聘皆名士。衍儉約畏法，室無妾媵，禄稍周於親族，葬埋嫁娶，倚以濟者數十家。及卒，不能蕆喪，表諸朝，賜賻帛三百段，米粟稱之。贈工部尚書，謚曰懿。

崔縱。涣子。涣之貶，縱棄金部員外郎就養。訖元載世，不求聞達，後爲汴西水陸運、兩税、鹽鐵使〔一二〕。德宗出奉天，縱勸李懷光奔命，懷光次河中，遷延不進。縱以金帛先度，曰：「濟者即賜。」衆争趨，遂及奉天。遷御史大夫。處大體，不急細事。歷太常卿，封常山縣公。卒，謚曰忠。孫碣，及進士第，遷右拾遺，擢河南尹，政績著聞。

五代

晋

李自倫。深州人。爲本州司功參軍。自高祖訓，迄自倫子光厚，六世同居。天福四年，户部上其事，下州按驗不妄，敕以所居飛鳧鄉爲孝義鄉，匡聖里爲仁和里，旌表門閭。

宋

李昉。饒陽人。漢乾祐進士。宋初，累拜工部尚書。太平興國中，趙普、宋琪居相位久，求其能繼之者，宿舊無踰於昉，遂命參知政事，俄拜平章事。端拱初，邊警急，詔羣臣各進策，昉引漢、唐故事，以屈己修好、弭兵息民爲言，時論稱之。淳化中，以特進、司空致仕。卒，謚文正。昉和厚多恕，不念舊惡，素與盧多遜善，多遜屢譖昉於上。後太宗言及多遜事，昉爲解釋。上由此益重之。子宗訥，習典禮，歷官比部郎中。

周仁美。深州人。開寶中，累以軍功遷右班都知，戍環州。時牛耶泥族累歲爲寇，仁美擊破之。至道初，復叛，因誘縛酋長二十八人，自是諸族慴畏。嘗召見，奏曰：「臣老於戎門，多戍外郡，前後征行，體被三十餘創。今日得對萬乘，倘或備員宿衛，立殿庭下一日足矣。」留補馬步軍副都軍頭。

王濟。饒陽人。父恕，後唐時，童子及第，開寶中，知秀州。爲盜所殺，將並害濟。濟伏屍號慟，謂賊曰：「吾父已死，吾安用生爲？」賊義之，捨去。雍熙中，補龍溪主簿，及通判鎮州，政績大著，拜監察御史。所言皆切於時。咸平初，以刑綱尚繁，請删定制敕，又著備邊策十五條以獻。卒，官知洪州，遺奏以進賢退佞、罷土木不急之費爲言。濟頗涉經史，好讀左氏春秋，性剛直，無所畏避。少時，深州刺史念金鎖一見器之。金鎖殁，濟撫其孤，援置禄仕。

李宗諤。宗訥弟。七歲能屬文，恥以父任得官，由鄉舉第進士，累官起居舍人。從幸大名，上疏論邊事。景德二年，爲翰林學士。將郊，命判太常。時樂工以年勞遷補，至有不知聲者。宗諤素曉音律，遂加審定，又著樂纂以獻。官至右諫議大夫。宗諤究心典禮，藏書萬卷，内行淳至，事繼母以孝聞。二兄早世，奉嫂字孤，恩禮兼盡。與弟宗諒友愛尤篤。勤接士類，獎拔後進，士人皆歸仰之。工隸書，有文集六十卷。子昭述，官至尚書右丞。

李昭遘。宗諤從子。幼時，楊億嘗過其家，出拜，億命爲賦，既成，億嘉歎。後薦授館閣校勘，復爲鹽鐵判官。初議罷天下職田及公使錢，昭遘執以爲不可。累擢天章閣待制，知鄭州。卒。性和易，不忤物，能守家法。

邢神留。陸澤人。父超，以毆死里胥，罪當死。神留年十六，詣吏求代，特詔减死。

明

張鳳。安平人。父益，官給事中。永樂八年，從征漠北，殁於陣。鳳宣德初進士，授刑部主事。讞江西叛獄，平反數百人。正統三年，法司坐事盡繫獄，擢鳳本部右侍郎〔一三〕，改南京户部。上言留都重地，宜歲儲二百萬石，爲根本計。從之，遂爲令。尋命兼督糧儲，廉謹善執法，時號「板張」。景泰中，召爲户部尚書。英宗復辟，調南京户部。卒。鳳有孝行，性淳樸。故人死，聘其女爲子婦，教其子而養其母終身。同學友蘇洪好面斥鳳，及爲鳳屬官猶然，鳳待之如初。

耿寬。饒陽人。七世同居。成化中旌。

劉俊。深州人。成化進士，授青州推官。每行部，布衣匹馬，不列騶從。讞獄明決，强梗慴伏。徵授御史，累遷河南僉事副使。其節愈厲，終日閉門，不通一謁。獨好飲酒，酒人至，輒開閤與飲。然性介，人不能有所干。

本朝

吴本植。安平人。父恂，明末，官深州訓導，城陷死節。本植登順治進士，選庶吉士，授編修，兩爲國子監司業。訓諸生有法，遷侍講，歷侍讀學士。以病歸。本植剛毅有守。爲侍讀時，有朱山人者，以妖術惑衆，勢甚張，本植於衆坐叱之，人或爲之危。未幾山人伏誅，始服其先見。爲司業時，有博士羊琦，性戇直，同官欲去之，本植持不可。後琦由吏部郎出爲井陘僉事，迂道過其居，固求一見，卒不許。其耿介如此。

杜盡誠。深州人。性至孝，家貧，傭身養親。有勸之娶者，不從，乃先爲弟娶婦。又孝童六指兒，姓劉氏，八歲而孤，十歲侍母病，晝夜不離左右，積兩年不少異，母殁，長號不止。稍長，語及父母，輒哀泣不食。

王之俊。深州人。父母殁，廬於墓側，前後十六年。康熙年間旌。

許景淹。饒陽人。任廣南府經歷。乾隆三十二年，隨征緬甸擊賊，以賊衆兵少被圍，景淹埋餉銀，遣家人齎印信馳報大營，力竭死之。事聞，贈鑾儀衛經歷。

郭承緒。饒陽人。由武舉效力，期滿選授山東守備，屢立戰功，洊升臺莊營參將。嘉慶五年，擊賊於三岔河，伏賊三面環繞，刀矛相接，鏖戰逾時死之。事聞議卹，廕雲騎尉。

荀士立。安平人。父患痿疾，竭力侍奉。母殁，廬墓三年。嘉慶十七年旌。

流寓

隋

劉焯。昌亭人。少好學，與河間劉炫結友，聞武强交津橋劉智海家素多墳籍，焯與炫就之讀書，經十載，雖衣食不繼，晏如也。遂皆以儒學知名。

列女

漢

劉氏。安平崔寔母，有母儀淑德，博覽書傳。寔爲五原太守時，母嘗訓以臨民之政。寔之善績，母有助焉。

南北朝　魏

孫道温妻趙氏。安平人。万俟醜奴之反，圍岐州，久之無援。趙乃謂城中婦女曰：「州城將陷，義在同憂。」遂相率負土，晝夜培城，竟免賊難。大統六年，賜夫岐州刺史，贈趙安平縣君。

唐

崔玄暐母盧氏。安平人。嘗戒玄暐曰：「比見親表仕者務多財以奉親，而親不究所從來。必出於禄廩則善，如其不然，何異盜乎？若令不能忠清，無以戴天履地。宜識吾意。」故玄暐所守，以清白名。

李某妻王氏。深州人。歸李氏數歲，夫死無子，養嫠姑，晝耕夜織，能辦生事，逾二十年姑乃亡，葬送如禮。鄉人服其義，争遣女妻往師其風訓。

明

周傑妻崔氏。深州人。傑官兵科給事中，病卒。崔奉骸骨歸葬，奠畢，告其親族曰：「夫亡無子，義當同穴。」遂自經，合葬焉。洪武中旌。

李茂妻高氏。深州人。茂病卧，氏奉湯藥惟謹，及死，盡散家貲爲喪具，復構一棺置尸側，至夜沐浴更衣，自經死，與茂合葬。洪武中，詔旌其門曰「貞烈」。

傅形嘉妻岳氏。深州人。形嘉病革，囑氏曰：「爾年少，亟改適。」氏以死自誓。及形嘉卒，憑尸號哭，遂自經。洪武中旌。

李氏女。武强人。年十七。正德間，爲流賊所劫，脅以刃，堅拒不從。賊怒刃其腹，支解而死。同縣武氏女，年十六，亦爲流賊所逼，罵不已，賊腰斬之。

翟得妻張氏。安平人。年二十一。夫以國子生卒於京邸，氏聞之，自經死。

符應科妻田氏。饒陽人。早寡守志，教子讀書爲諸生。崇禎末，遇難，攜甥女同投井死。同縣許聯昌妻石氏，亂兵入其家，氏墜樓而死。

趙彦良妻王氏。饒陽人。夫死，子方週歲，兄憐其少，欲嫁之，矢志不移，躬事蠶績，以奉舅姑。苦節五十一年卒。事聞，詔旌其門。

本朝

張光紹妻魯氏。深州人。夫亡守節。明崇禎末，遭亂，攜子女匿地窖中，兵搜得之，厲聲以拒，身被九創，絶而復甦。同州劉奇妻尹氏，夫死，截髮毀容，奉兩世孀姑，撫孤成立。李培陽妻高氏，夫死，姑將奪氏志，以死自誓，苦節終身。孫守利妻王氏，夫亡，撫子及孫，至九十三歲卒。

陳國增妻張氏。深州人。年二十二，夫死，自經以殉。同州馮淳妻齊氏、馮喜公妻李氏，俱爲强暴所逼，不從被害。

張師寅妻王氏。武强人。與妾章氏早寡，同心守節。王年至八十七歲，章年至九十五歲。

路武妻馬氏。武强人。與同縣劉玉和妻吕氏、楊資妻張氏，皆以拒暴不辱，同被害。

金光斗女大姐。饒陽人。爲强暴所逼，不從遇害。

楊三友妻王氏。安平人。年十八喪夫，葬畢，閉户自縊。

張門四節婦。安平人。張國珍妻王氏，子窪妻陸氏，孫魁吾妻宋氏〔一四〕，曾孫鴻印妻李氏，俱年少夫亡，撫孤成立。四世著節，鄉里稱之。同縣靳成名妻王氏，早寡，守節至九十餘歲卒。

种寅妻郭氏。深州人。夫殁姑老，時鹽徒竊發，以刃脅其姑，氏涕泣求死以代，賊感其孝義得免，守節以終。同州節婦：葛篪妻劉氏，馮朋妻黄氏，趙克復妻王氏，妾劉氏，孟成裔妻高氏，馬之驪妻韓氏，盧超凡妻姚氏，趙命禄妻杜氏，郗鑑妻高氏，李爲英妻郭氏，高俊繼妻劉氏，林天梁妻杜氏，孫立温妻趙氏，孔超凡妻王氏，張翔生妻馮氏，楊名忠妻張氏，趙漢妻白氏，姜際奇妻王氏，趙寬妾蔣氏，高勉妻張氏，蘇應第妻國氏，高金盛妻張氏，王榮貴妻于氏，邢廷薦妻徐氏，李名福妻屈氏，陳章妻王氏，茹重德妻趙氏，李時熙妻吴氏，劉大有妻胡氏，王奉義妻蔡氏，劉仲妻王氏，劉鑑妻張氏，魏昌盛妻趙氏，李廷栗妻田氏，馬尚元妻劉氏，高書升妻尹氏〔一五〕，張士英妻孟氏，趙克和妻葛氏，魯子晟妻劉氏，郗瀚妻張氏，趙還宗妻張氏，盧彤翥妻王氏，張可仁妻劉氏，李德隆妻蔡氏，趙驊妻韓氏，王光純妻武氏，高四義妻竇氏，曹俊奇妻史氏，史麟趾妻朱氏，單士培妻劉氏，張學文妻高氏，薛廷樞妻張氏，田自强妻趙氏，馮珂妻鄭氏，趙德焯妻張氏，田綸妻王氏，馬錫印妻景氏，趙永寧妻彭氏，李世勳妻周氏，滿國櫓妻李氏〔一六〕。烈婦何滿囤妻蔡氏。均乾隆年間旌。

張星法妾李氏。武强人。星法臨終，以其年幼無子，命正室遣嫁之。李誓死不從，遂引刀毁容。同縣節婦：郭塘妻王氏〔一七〕，郝鳳儀妻馬氏，左澐妻高氏，劉成美妻張氏，郭夔妻杜氏，郭濬妻楊氏，張桓妻多氏〔一八〕。烈婦：張大度妻盧氏，劉玉和妻吕氏〔一九〕。烈女張寬姐。均乾隆年間旌。

王弘璋妻趙氏。饒陽人。青年矢志，不踰閨閣，終身無笑容。同縣：王孝妻劉氏，丁世爵妻楊氏，孫震妻冉氏，羅尚信妻高氏，符時妻袁氏，許健淑妻劉氏，李本榮妻王氏，柳正茂妻楊氏，翟德弘妻蔡氏，翟兆璐妻王氏，羅鳳彩妻孟氏，祝岳齡妻劉氏，何溶妻戴氏，王士煇妻范氏，段延年妻路氏，王大成妻蔡氏，劉之獢妻王氏〔二〇〕，符昇堂妻王氏，魏存忠妻翟氏，崔文興妻王氏，劉福隆妻郭氏，黄四端妻孔氏，郭梓妻趙氏，張世德妻季氏。均乾隆年間旌。

崔丙陞妻馮氏。安平人。夫亡，事姑盡孝養，撫姪成立，苦節歷數十年。同縣節婦：李柏妻吴氏，張偉妻穆氏，郭鳴珩妻李氏，劉琨繼妻趙氏，李廷秀妻賈氏，馬麟圖妻楊氏，趙户祥繼妻門氏〔二二〕，王之鈺妻張氏，杜其煒妻劉氏，張邦良妻王氏，張繼鈞妻馬氏，魏官書妻李氏，傅廣見妻紀氏，安士魁妻段氏，王鑑妻閻氏，王純妻張氏，高天義妻張氏，趙履恒妻丁氏，張世則妻崔氏，張世臣妻韓氏，安榮貴妻王氏，劉秉桐妻張氏，王金鐸妻劉氏，杜自得妻張氏，路永貴妻馬氏，李用弘妻翟氏，張煜妻馬氏，張瑗妻陳氏，李樹馨妻逯氏，李用泰妻郭氏，孫友妻鄭氏，任琨妻杜氏，任瑗妻杜氏，劉輝祖妻陳氏，劉時敏妻李氏，王振鶴妻紀氏，商廷旭妻李氏，王廷元妻盧氏。烈婦陳直心妻秦氏。均乾隆年間旌。

董萬民妻張氏。深州人。夫亡守節。同縣節婦：趙永儒妻高氏，鄭憲妻張氏，劉建常妻喬氏〔二三〕，董澤民妻劉氏，陶義妻曹氏，馮學濬妻張氏。烈婦：劉年妻韓氏，王仲妻景氏，陳蘭香妻張氏，單興妻李氏，馮王氏，劉王氏，韓文德妻信氏。烈女：李得信女，張俊女，周雲樹女。均嘉慶年間旌。

賈鳳舉妻杜氏。武强人。夫亡守節。同縣烈婦：張王氏，李成德妻殷氏，李張氏。烈女李賢姐。均嘉慶年間旌。

翟天翕繼妻于氏。饒陽人。夫亡守節。同縣：程隆江繼妻劉氏，田生芳妻冉氏，馮永亮妻劉氏，常隆文妻楊氏，羅人和妻許氏，馮奇偉妻孔氏。均嘉慶年間旌。

靳登鼇妻孫氏。安平人。夫殁，奉姑盡禮，矢志不渝。同縣節婦靳毓秀妻趙氏。烈婦：張六妻齊氏，王傑母王氏，趙清河妾李氏，某妻劉氏，張張氏。均嘉慶年間旌。

土産

絹。唐書地理志：深州土貢。

石榴。寰宇記：深州土產。

桃。州志：種類不一，内有佳品。按舊志載井泉石出塔下村，今不出此石。謹附記。

校勘記

〔一〕民相率言福緣視民如子　「民」，原作「明」，據乾隆志卷三三名宦（以下同卷簡稱乾隆志）及同治畿輔通志卷一八六宦績改。

〔二〕十一年　乾隆志同。同治畿輔通志卷一八八宦績作「崇禎十一年」，此脱「崇禎」二字。吴汝綸深州風土記卷八名宦：孫士美，「崇禎十一年任，明年十一月，大清兵至」。本志時差一年。

〔三〕又安平知縣孔聞校　「聞」，原脱，據乾隆志及同治畿輔通志卷一八八宦績補。同治深州風土記卷八名宦作「孔聞俊」，此「校」疑爲「俊」字之訛。

〔四〕乾隆十五年知深州至十九年成災　同治深州風土記卷八名宦：尹侃，「乾隆十六年任」，又載「乾隆十六年五月，侃來牧是州」，「乾隆十九年七月朔，滹沱北徙決磨頭」。同治畿輔通志卷一九二宦績：尹侃，「乾隆十六年，知深州。明年秋，滹沱決州西南」。此「十五」之「五」蓋爲「六」字之誤。

〔五〕冀令刺客陰求殺之　「客」，原作「史」，乾隆志同，據後漢書卷八〇文苑列傳上崔琦改。

〔六〕累遷左領軍大將軍　上「軍」字，原脱，據乾隆志及隋書卷五四、北史卷三二崔彭傳補。

〔七〕爵固安縣公　乾隆志及北史卷三二崔仲方傳同，隋書卷六〇崔仲方傳「固安」作「安固」。

〔八〕與趙郡李士謙爲忘年之友　「年」，乾隆志同，北史卷八八隱逸及太平御覽卷五〇六崔廓傳皆作「言」。

〔九〕判策爲銓府最　「策」，原脱，乾隆志同，據舊唐書卷一四九、新唐書卷一六一張薦傳補。

〔一〇〕俄拜博陵郡公　「公」，原作「王」，乾隆志同，據舊唐書卷九一、新唐書卷一二〇崔玄暐傳改。

〔一一〕未幾罷爲太子右庶子　「右」，原脱，據乾隆志及舊唐書卷一三〇、新唐書卷一五〇崔造傳補。

〔一二〕後爲汴西水陸運兩税鹽鐵使　「汴」，原脱，乾隆志同，據舊唐書卷一〇八、新唐書卷一二〇崔縱傳補。

〔一三〕擢鳳本部右侍郎　「右」，原脱，據乾隆志及明史卷一五七張鳳傳補。

〔一四〕孫魁吾妻宋氏　「吾」，原作「五」，據乾隆志列女及同治畿輔通志卷二八四列女改。

〔一五〕高書升妻尹氏　「升」，原作「香」，乾隆志同，據乾隆直隸深州總志卷一三、同治畿輔通志卷二八四列女改。

〔一六〕滿國櫓妻李氏　「櫓」，原作「魯」，據乾隆志及同治畿輔通志卷二八四列女改。

〔一七〕郭塘妻王氏　「塘」，原作「唐」，據乾隆志及乾隆直隸深州總志卷一三、同治畿輔通志卷二八四列女改。

〔一八〕張桓妻多氏　「桓」，原作「恒」，乾隆志同，據乾隆直隸深州總志卷一三、同治畿輔通志卷二八四列女改。

〔一九〕劉玉和妻吕氏　「和」原作「河」，「吕」原作「李」，並據乾隆直隸深州總志卷一三、同治畿輔通志卷二八四列女改。

〔二〇〕劉之獝妻王氏　「獝」，乾隆志作「璠」，同治畿輔通志卷二八四列女作「瑞」。此疑誤。

〔二一〕趙户祥繼妻門氏　「户」，乾隆志作「起」，乾隆直隸深州總志卷一三列女作「啓」。此疑誤。

〔二二〕劉建常妻喬氏　「建」，同治畿輔通志卷二八四列女作「連」。

定州直隸州圖

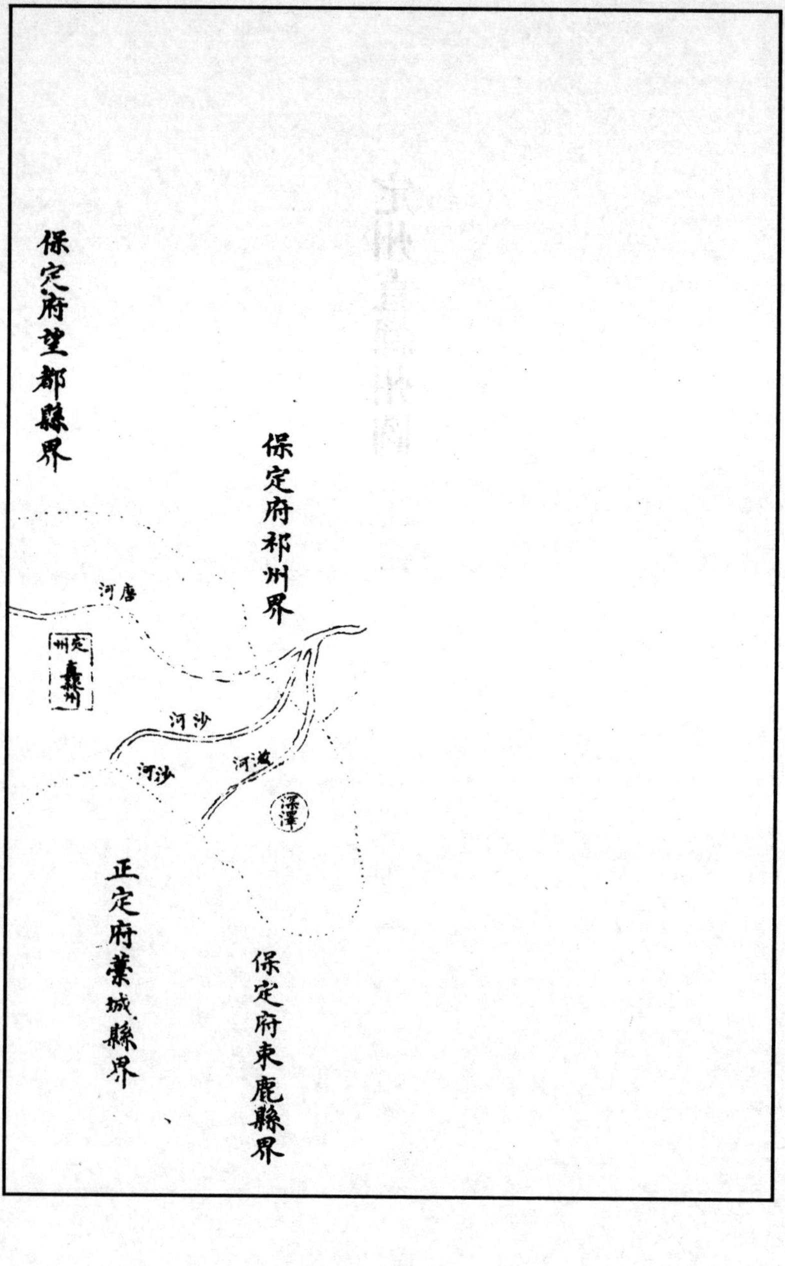
保定府望都縣界
保定府祁州界
唐河
定州
沙河
沙河
滋河
深澤
正定府藁城縣界
保定府束鹿縣界

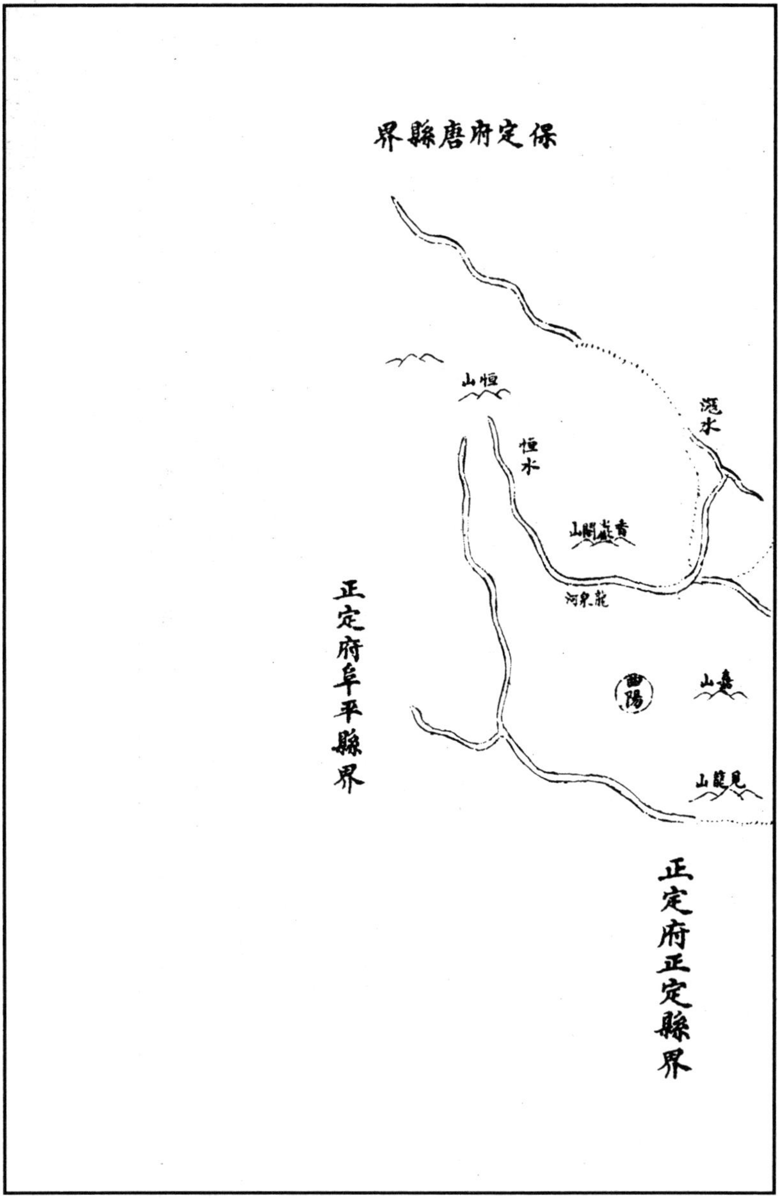
保定府唐縣界
恒山
恒水
滱水
青龍關山
龍泉河
曲陽
嘉山
見龍山
正定府阜平縣界
正定府正定縣界

定州直隸州表

朝代	定州直隸州		
秦	鉅鹿郡地。		
兩漢	中山國 高帝置中山郡，景帝二年改國。	盧奴縣 國治。	安險縣 屬中山國。後漢章帝更名曰安熹，後訛爲安喜。
三國	中山國	盧奴縣	安喜縣 屬中山國。
晉	中山國	盧奴縣 國治。後燕改置弗違縣。	安喜縣
南北朝	定州中山郡 後魏置安州，天興三年改名。	盧奴縣 後魏州郡治。齊省，移安喜縣來治。	安喜縣 齊徙廢。
隋	定州高陽郡 開皇初郡廢爲州，大業三年改置博陵郡，九年又改。	鮮虞縣 郡治。開皇初改名。	
唐	定州博陵郡 武德四年復州，天寶初復曰博陵郡，乾元初仍爲州，屬河北道。	安喜縣 州治。武德四年復故名。	
五代	定州	安喜縣	
宋金附	中山府 宋政和三年升府，屬河北西路。	安喜縣 府治。	
元	中山府 屬真定路。	安喜縣	
明	定州 洪武初降州屬真定府。	省入州。	

續表

	深澤縣	曲陽縣
新處縣屬中山國。後漢省。	深澤縣屬中山國。後漢省。南深澤縣屬涿郡。後漢屬安平國。	上曲陽縣屬常山郡。後漢屬中山國。
	南深澤縣	上曲陽縣仍屬常山郡。
	南深澤縣屬博陵郡。	上曲陽縣
	深澤縣後魏去「南」字。齊省。	曲陽縣後魏屬中山郡。齊天保七年去「上」字。
	深澤縣開皇六年移置，屬博陵郡。	恒陽縣開皇六年改曰石邑，七年又改，屬博陵郡。
	深澤縣初屬定州，景福二年屬祁州。	曲陽縣初屬定州，大曆三年屬泜州，九年仍屬定州，元和十五年復故名。
	深澤縣	曲陽縣
	深澤縣宋熙寧六年省入鼓城，元祐元年復置。	曲陽縣金屬中山府。
	深澤縣至元二年省入束鹿，三年復置。	曲陽縣初置恒州，尋復縣，屬保定路。
	深澤縣	曲陽縣屬定州。

大清一統志卷五十五

定州直隸州一

在直隸省治西一百五十里。東西距一百三十里，南北距九十里。東至保定府祁州界四十里，西至正定府阜平縣界九十里，南至正定府藁城縣界六十里，北至保定府望都縣界三十里。東南至保定府東鹿縣界一百二十里，西南至正定府正定縣治一百四十里，東北至望都縣治六十里，西北至保定府唐縣治六十里。本州境東西距七十里，南北距六十五里。東至祁州界四十里，西至曲陽縣界三十里，南至正定府新樂縣界三十五里，北至望都縣界三十里。東南至深澤縣治九十里，西南至正定府新樂縣治五十里，東北至望都縣治六十里，西北至唐縣治六十里。自州治至京師五百里。

分野

天文昴、畢分野，大梁之次。

建置沿革

禹貢冀州之域。春秋鮮虞國地。戰國爲中山國地，後屬趙。秦爲鉅鹿郡地〔一〕。漢高帝置中山郡，景帝三年改中山國〔二〕，治盧奴縣。屬冀州。後漢及晉因之。太元八年，後燕慕容垂都此，置中山尹。後魏爲中山郡，皇始二年於郡置安州，天興三年改曰定州。高齊改州治盧奴縣曰安喜。後周置定州總管府，領鮮虞郡〔三〕。

隋開皇初復廢郡爲州，大業三年改定州曰博陵郡，九年又改高陽郡。唐武德四年仍曰定州，并置總管府。舊唐書地理志：「武德六年升爲大總管府，七年改都督府。貞觀五年府廢。」天寶初復曰博陵郡，乾元初復曰定州，屬河北道。建中四年置義武軍節度使。舊唐書地理志：定州貞元十三年復爲大都督府，十四年廢，依舊爲上州〔四〕。五代因之。

宋亦曰定州博陵郡，太平興國初避諱改軍名曰定武，政和三年升爲中山府，屬河北西路。金天會中復曰定州，尋復爲中山府。元屬真定路。明洪武初復改定州，以州治安喜縣省入，屬真定府。

本朝初因之，雍正二年升爲直隸州，領縣二。初領新樂、曲陽二縣，十二年以新樂還屬正定府，以保定之深澤來屬。

深澤縣。在州東南九十里。東西距五十四里，南北距四十六里。東至深州安平縣界三十里，西至正定府無極縣界二十四里，南至正定府晉州界二十二里，北至保定府祁州界二十四里。東南至保定府束鹿縣界三十里，西南至晉州界二十里，東北至祁州界十五里，西北至本州界二十里。漢置深澤縣，屬中山國，又置南深澤縣，屬涿郡。後漢省深澤，以南深澤屬安平國。晉屬博陵郡。後魏曰深澤，屬博陵郡。北齊廢。隋開皇六年復置深澤縣，仍屬博陵郡。唐屬定州，景福二年改屬祁州。五代因之。宋熙寧六年省爲鎮，入鼓城，元祐元年復置，屬祁州。金仍屬祁州。元至元二年併入束鹿，三年復置，仍屬祁州。明因之。本朝初屬保定府，雍正十二年改屬定州。

曲陽縣。在州西北六十里。東西距九十里，南北距八十里。東至本州界三十里，西至正定府阜平縣界六十里，南至正定府新樂縣界三十里，北至保定府唐縣界五十里。東南至正定府無極縣治一百二十里，西南至正定府行唐縣界二十五里，東北至唐縣治六十里，西北至阜平縣治一百二十里。本戰國趙曲陽邑。漢置上曲陽縣〔五〕，屬常山郡。後漢改屬中山國。晉屬常山郡。後魏太平真君七年省入新市，景明元年復置，屬中山郡。北齊改曰曲陽。隋開皇六年改曰石邑，七年改曰恒陽，屬博陵郡。唐初屬定州，大曆三年屬泜州〔六〕，九年復屬定州，元和十五年復改曰曲陽。宋因之。金屬中山府。元初置恒州，立元帥府，尋復爲曲陽縣，還屬中山府，後又改屬保定路〔七〕。明初還屬定州。本朝初屬正定府〔八〕，雍正二年改屬定州。

形勢

滱水近縈，平山内掖。疆土寬平，風物完聚。介燕趙以當衝，輔京畿而倚重。州志。

風俗

俗敦淳樸，人務農桑，有勤儉之風，多慷慨之氣。州志。

城池

定州城。周二十六里有奇，門四，濠廣十丈。明洪武初因舊址築。本朝康熙十年修，乾隆二十九年、嘉慶十五年重修。

深澤縣城。周四里有奇，門三。明正統中因舊址築。本朝康熙十三年修。

曲陽縣城。周五里有奇，門五。明正德六年因舊址築。本朝順治十一年甃石濬濠，康熙十一年修。

學校

定州學。在州治西北。宋建，有唐天祐十五年北平王再修文宣王廟記碑。入學額數二十三名。

深澤縣學。在縣治東。宋元祐三年建。入學額數十五名。

曲陽縣學。在縣治東。宋元祐中建。本朝屢經修葺。入學額數十五名。

定武書院。在州城。本朝乾隆二十四年建〔九〕。

樂善書院。在深澤縣〔一〇〕。

户口

原額人丁一十三萬四千五百七十四，今滋生男婦大小共三十七萬一千三百一十一名口，計七萬五十四户。

田賦

田地二萬七百四十四頃四十畝七分有奇，額徵地丁正、雜銀八萬二千六百九十四兩八錢三分一釐。

山川

中山。在州郭中。舊有土阜並峙。明洪武中建庫樓於上，即今鐘鼓樓也。

平山。在州東五里。兩山對峙，低昂若一。

嘉山。在曲陽縣東十里。魏書地形志：「上曲陽縣有嘉山。」元和志：「嘉禾山，在縣東北十里。」即此。舊志：「嘉山挺拔聳秀，蜿蜒數里。前有池，大旱不竭。」

少容山。在曲陽縣南十八里。一名黃山。世傳黃石公隱此。綿延聳秀，上有集聖池。

堯山。在曲陽縣南二十里。爲太行前麓。相傳唐堯分冀州表石於此，因名堯山。山側有玉泉。

見龍山。在曲陽縣南三十里，接新樂縣界。下臨沙河。

恒山。在曲陽縣西北。亦曰常山，亦曰北嶽。亘保定府西境及山西大同府東境。書舜典：「歲十有一月朔巡狩，至於北嶽。」禹貢：「太行、恒山。」周禮職方氏：「并州，其山鎮曰恒山。」爾雅：「恒山爲北嶽。」史記：「趙簡子告諸子曰：吾藏寶符於常山上。」漢書地理志：「上曲陽縣，恒山北谷在西北。有祠。并州山。」隋書地理志：「恒陽縣，有恒山。」元和志：「恒山，在曲陽縣北百四十里〔一二〕。漢以避文帝諱，改曰常山。周武平齊，復名恒山。」唐書地理志：「元和十五年更恒嶽曰鎮嶽。」名山記：「恒山高三千九百丈，上方三十里，周迴三千里。有五名：一名蘭臺府，二曰列女宮，三曰華陽臺，四曰紫微宮，五曰太乙宮。」夢溪筆談：「北嶽恒山一名大茂山，宋以大茂山脊，與遼分界。」

孔山。在曲陽縣西北二十里。山半一孔，前後洞徹。其西爲大荆口，又西數里爲小荆口。

靈山。在曲陽縣北四十里。脈自恒山來。其西二十里爲焚山〔一三〕，山後五里爲雞冠寨山。

蓮花寨山。在曲陽縣北五十里。峯巒九出，狀如蓮花。周圍峻絶，四面有一線路，土人謂之「四門」，惟西門可攀崖而上。其下有河，昔人於此避兵，故名。又將軍寨山、君子寨山、臨河寨山、三峯寨山，皆在縣西北。

香巖閣山。在曲陽縣北六十里。絶壁千尋，羣峯萬狀，有石鐘下垂，叩之輒鳴。本朝乾隆十五年，高宗純皇帝鑾輿經臨，御製有曲陽縣望香巖閣詩。

水寶巖。在曲陽縣西北五十里。石骨清峭，拔地涌出。山雨驟至，則飛泉奔瀉兩崖間，匯而爲潭。巖際有漱玉亭，金章帝嘗遊此。山坡石上勒宋蘇軾書「浮休」二字。元盧摯因名曰坡山峽。本朝乾隆十一年，高宗純皇帝鑾輿經臨，御製有曲陽縣望水寶巖詩；十五年，御蹕再臨，有水寶巖詩。

滴水巖。在曲陽縣北七十里。峯巒倒垂，泉下如雨。

王子洞。在曲陽縣北七十里。巖壑幽深，泉石奇勝。

唐河。自保定府唐縣流逕曲陽縣東，又東南流逕州北，又東入保定府祁州界。即滱水也。水經：「滱水東南過上曲陽縣北，恒水從西來注之。」注云：「滱水又東逕京丘北，又東逕白土北，又東逕樂羊城北，又東逕唐縣故城南。唐水下注滱水，通禪唐川之兼稱。又逕盧奴城北，右有盧水注之。又東逕漢哀王陵北，又東右會長星溝。又東逕安喜縣南〔一三〕。又東逕鄉城北。又東過安國縣北〔一四〕。」元和志：「滱水，一名唐河，在安喜縣北八里。」

沙河。在州南二十里。自正定府阜平縣流逕曲陽縣西三十里，又南逕正定府之行唐、新樂二縣，乃至州界，又東入保定府祁州界。即古泒水也〔一五〕。寰宇記：「盧奴城南面泒河。」宋史河渠志：「景德元年，北面都鈐轄閻承翰，自嘉山東引唐河三十二里至定州，釃而爲渠，至蒲陰東六十二里會沙河，逕邊吴泊，入於界河，以達方舟之漕。」

盧奴河。在州北。水經注：「盧奴城內西北隅有水，淵而不流，南北一百步，東西百餘步，水色正黑，俗名黑水池。潛流出城，東北注於滱。」元和志：「黑水故池，去縣四里。」舊志：「俗名黑龍泉。」

滹沱河。在深澤縣南。後漢書：更始二年，「王郎兵起，光武南馳至滹沱河，候吏還白河水流澌，無船，不可濟。光武令王霸往視之。霸恐驚衆，還即詭曰：『冰堅可渡。』比至，冰合，乃渡，未畢數騎而冰解。」元和志：「滹沱河，在縣南二十五里。即光武渡處，今名危渡口。」寰宇記：「危渡口，在縣東南三十里。又五鹿津渡口，在縣南十五里。」滹沱河渡也。舊志：「河舊在縣東南十里，今改流經晉州，故道猶存。」

滋河。在深澤縣西北八里。自正定府無極縣流入，又東北入保定府祁州界。

靈河。在曲陽縣西四里。源出縣西白土澗，東流至三角潭，與曲逆溪水合流，注於沙河。曲逆溪源出縣西十里硯山下，其流多曲，故名。

龍泉河。在曲陽縣北五十里。一名漱玉泉，突出地中溢而南瀉，折而東入保定府唐縣界，注唐河。有灌溉之利。

唐水。在州北十里。水經注：「盧奴城西北平地，泉涌而出，俗亦謂之爲唐水。東流至唐城西北隅，堨而爲湖〔一六〕，下注滱水。」舊志：「源出州西北二十五里南宋村之白龍泉〔一七〕，東流合滱水。有清濁之分，今名清水河。」

恒水。在曲陽縣西。禹貢：「恒、衛既從。」漢書地理志：「上曲陽縣，恒山北谷。禹貢恒水所出，東入滱。」隋書地理志：「恒陽縣有恒陽溪。」舊志：「有横河在縣北。源出恒山，東南流入滱。即恒水，『恒』、『横』聲近而訛也。」又有三會河在縣北六十里，東流入横河。

長星溝。源出曲陽縣西北，東南流逕州南合滱水。水經注：「長星溝出上曲陽縣西北長星渚〔一八〕。渚水東流又合洛光水，又東逕恒山下廟北，又東逕上曲陽縣故城北。又東南流，胡泉水注之。又東南逕盧奴城南，又東北合滱水。水有窮通，不常津注。」元和志：「長星溝水，在恒陽縣西北十七里。又南去安喜縣八里。」寰宇記：「長星川，今名七里溝。」舊府志：「狄水河，在曲陽縣東三里。出恒山北谷，南流至定州界，入滱。相傳宋狄青帥定州，嘗轉漕于此，故名。蓋即長星古瀆也，今塞。」州志：「又謂之嘉河，在州南七里。水自曲陽嘉山來，俗名七里溝，即此。」

天井澤。在州東南。元和志：「在州東南四十七里。周迴六十二里。」寰宇記：「水經注云：『泒水歷天井澤南，水流所播爲澤，俗名天井淀。』」畿輔通志：「舊在州境，今湮。」

西溪。在州西北。通黑龍泉，水清徹底，湛若玻璃。中秋夕，州人以西溪夜月爲佳景云。

神渚。在深澤縣西二十五里。滹沱、滋河二水衝齧所成，方廣四百餘步，其深無際。天將雨則波濤泛溢，流沫成輪，若有神物居其中，故名。

陳家莊泉。在曲陽縣南十五里。平地涌出，下流入沙河。相近有小白龍潭，皆有灌溉之利。又圓覺泉，在縣西北三十里。自山下流出，亦入沙河。

清泉井。在州治文廟東北〔一九〕。宋韓琦建學時鑿，水味甘冽，歲旱不竭。州人取以釀酒。

神泉井。在深澤縣西。大旱不竭。一名八角井。

古蹟

盧奴故城。今州治。漢初置縣〔二〇〕，景帝三年立子勝爲中山王，以縣爲國治。晉太元十年，後燕慕容垂定都於此。後魏置安州，後改定州。水經注：「滱水南有盧奴故城，管仲築。城内有水，淵而不流，水色正黑，或云水黑曰盧。不流曰奴，故城藉水以取名。池水東北際水〔二一〕，有漢中山王故宫處，臺殿觀榭，皆上國之制。石趙建武七年始築小城，立宫造殿，後燕因其故宫，建都中山小城之南，更築隔城，興復宫觀，今府榭猶傳古制。」元和志：「慕容垂都中山，改盧奴爲弗違縣。後魏平燕，又改爲盧奴。高齊省盧奴，移舊安喜縣于此。隋改鮮虞。武德四年復爲安喜。」舊志：「安喜故縣，五代以後皆爲州郡治。明初省。」

安喜故城。在州東三十里。漢置安險縣，屬中山國。武帝封中山靖王子應爲侯邑。後漢章帝更名安熹，後譌爲安喜。蜀志：「先主，靈帝末，除安喜尉。」即此。高齊移其名于盧奴，而故城廢。水經注：「中山記曰：縣在唐水之西，山高岸險，故曰安險。邑豐民安，改曰安喜〔二二〕。」

新處故城。在州東北。漢置縣，屬中山國。武帝封中山靖王子嘉爲侯邑。後漢建武二年又封陳俊爲侯邑。尋廢。

南深澤故城。在今深澤縣東南三十五里。漢高帝八年封功臣趙將夕爲深澤侯，後置深澤縣，屬中山國。又置南深澤縣，屬涿郡。後漢省深澤，以南深澤屬安平國。後魏去「南」字。隋復置今縣。元和志：「縣西北至定州九十里。本漢南深澤縣。高齊省。隋開皇六年分安平縣於滹沱河北重置深澤縣。」寰宇記：「縣在無極縣東北四十里。郡國縣道記云縣南二十五里有南深澤故城，以城名言之，則是涿郡之屬縣，以去國里數較近，則此是中山之屬縣。」

上曲陽故城。在曲陽縣西。戰國時趙邑，史記趙世家：「武靈王二十一年，攻中山，合軍曲陽。」漢置上曲陽縣〔二三〕，灌嬰傳：「嬰從擊陳豨，降上曲陽。」水經注：「本岳牧朝宿之邑。縣在山曲之陽，是曰曲陽；有下，故此爲上矣。」元和志：「恒陽縣，東至定州六十里。本漢上曲陽縣。高齊天保七年除『上』字，但爲『曲陽』。隋開皇六年改爲石邑，其年移石邑於井陘，於此置恒陽縣〔二四〕，以在恒山之南，因以爲名。」唐書地理志：「元和十五年更名曲陽。」舊志：「故城在今縣西四里，後魏移今治。」

固城。在州東三十里。通鑑：魏普泰初，「侯淵討劉靈助，至固城。」胡三省曰：「固城，當在中山城東北，安國城西南〔二五〕。」

樂陽城。在州西。水經注：「滱水逕樂羊城北，魏文侯使樂羊滅中山，蓋其所造。」魏書地形志：「盧奴縣有樂陽城。」即樂羊之訛，非常山郡故縣也。

唐城。在州東北十五里。亦曰堯城。相傳唐堯嘗都此。

宕城。在曲陽縣西北三十里。

丹丘城。在曲陽縣西北。史記趙世家：「武靈王攻中山，合軍曲陽，攻取丹丘、華陽、鴟之塞。」十三州志：「上曲陽有丹丘城。」或曰丹丘，恒山別名也，城在山上，因名。

北平軍。在州西。元和志：「在定州西三里。開元十年置。」

冰凍村。在深澤縣南，滹沱河北。又息馬村，在縣南十二里。相傳漢光武渡河息馬於此，因名，今訛爲洗馬村。

承營。在州界。晉太元九年，後燕慕容楷追丁零翟真，真戰於下邑，屯於承營。宋白續通典：「定州東南有承營塢。」

雞鳴臺。在州東南二十五里。隋諸道圖經：「光武自薊而東〔二六〕，舍宿於此，聞雞鳴馳去，因名。」

陋室。在州南三里莊。唐劉禹錫所築，有銘。

閱古堂。在州治後〔二七〕。宋韓琦帥定州時建，摭前代良守將事實凡十六條，繪於左右壁，琦自爲記。又有養真亭，亦琦所築。

衆春園。在州東北。宋州守李昭亮建，後韓琦擴其址。歲時與民同樂，故名。琦自爲記。本朝建造行宮，高宗純皇帝駐蹕，屢有御製詩。

雪浪齋。在州學內。宋蘇軾得石於恒山，狀如雪浪，鑿石爲芙蓉盆盛之，置於學中，因以名齋。本朝康熙四十一年，州牧韓逢麻移置衆春園內，前建御書亭，後有韓琦、蘇軾祠，並軾書雪浪齋碑。乾隆十一年，高宗純皇帝鑾輿經臨，御製有雪浪石用東坡韻詩。三十一年，州牧李文耀得石於臨城縣，上有「雪浪」二篆題，相傳云自定州移至。總督方觀承以聞，高宗純皇帝命仍置雪浪齋，御製有雪浪石記，勒諸石。又有仰蘇亭，與雪浪齋相對，明時建，本名玩玉亭，後改今名。

校勘記

〔一〕秦爲鉅鹿郡地　乾隆志卷三四定州建置沿革（以下同卷簡稱乾隆志）同。譚其驤秦郡新考：常山郡（分邯鄲郡置），「自來言秦郡者皆不知有此郡。今按史記張耳陳餘列傳：二世元年，武臣王趙，使韓廣略燕，李良略常山，張黶略上黨；李良已定常山，復使略太原。其明年，王離圍趙于鉅鹿，陳餘北收常山兵得數萬人。茲所謂常山者，既非故國名，則必與上黨、太原同爲郡名；其後張耳王趙，更名常山，實本于此。史記張蒼列傳，陳餘擊走張耳，耳歸漢，漢以蒼爲常山守，從韓信擊趙：明常山之稱，非僅國名矣。其時漢未有常山，置守蓋遥領耳。漢書高帝紀，三年，韓信東下井陘，斬陳餘，獲趙王歇，置常山、代郡，常山入漢始此，或徑以爲置郡之年，誤也。」（載長水集上册）按史記改「恒」作「常」，避漢文帝劉恒諱故也，則秦置恒山郡。譚其驤主編中國歷史地圖集第二册秦恒山郡轄境包含清定州（今定縣）及其所領深澤（今縣）、曲陽（今縣）二縣，是也，此云「秦爲鉅鹿郡地」，誤也。

〔二〕漢高帝置中山郡景帝三年改中山國　乾隆志及漢書卷二八地理志下同。按本卷上文校勘記論述秦置恒山郡（即常山郡），漢高帝三年擊趙，取常山郡。周振鶴西漢政區地理第八章趙國沿革：「景帝三年分常山郡東部地置中山國，故漢書地理志之説不足徵。」周文又論證景帝後中山國之沿革云：「五鳳三年，中山國除爲郡，元帝永光元年復置中山國，成帝建始二年，中山國又除爲郡，陽朔二年復置中山國。」本志缺略。

〔三〕後周置定州總管府領鮮虞郡　通典卷一七八州郡八、太平寰宇記卷六二定州載同，本志所源。按北周沿襲北魏、北齊舊制，仍設定州中山郡，周書卷八静帝紀：大象二年十二月，以「大將軍中山公宇文恩爲上柱國」。時值北周末。王仲犖北周地理志卷一〇定州領中山郡，是也，北周一代無鮮虞郡之設。元和郡縣圖志卷一八：定州，「隋開皇元年，以『中』字犯廟諱，改中山郡爲鮮虞郡」。乃避隋文帝楊堅父楊忠名諱改，劉錫信歷代諱名考地理：「隋諱中，稱中國曰神州，改中山郡爲鮮虞。」王建史諱辭典亦是説。故乾隆志作「後周置定州總管府。隋開皇初避諱，改置鮮虞郡」，此云「後周鮮虞郡」，誠可疑。

〔四〕依舊爲上州　「上」，原脱，乾隆志同。舊唐書卷三九地理志二作「依舊爲上州」。同書卷四四職官志三：「上州，州之名，古也。」又云：「國家制，户滿四萬以上爲上州。」新唐書卷三九地理志二：「定州，上。」據補。

〔五〕漢置上曲陽縣　乾隆志同。史記卷五四曹相國世家：高祖二年，「擊魏王於曲陽」。正義引括地志云：「上曲陽，定州恒陽縣是。」水經滱水注：「其水又東逕上曲陽縣故城北，本岳牧朝宿之邑也。……秦罷井田，因以立縣，城在山曲之陽，是曰曲陽。」據此，秦已置曲陽縣，中國歷史地圖集第二册秦山東北諸郡恒山郡領有曲陽縣，是也。

〔六〕大曆三年屬泜州　「泜」，乾隆志及太平寰宇記卷六二同，舊唐書卷三九地理志二作「洹」。

〔七〕後又改屬保定路　乾隆志及元史卷五八地理志一同。温海清畫境中州下篇元史地理志考釋引大明清類天文分野之書卷一一趙分冀州：「曲陽縣條云：『辛丑（一二四一年）屬順天路，後屬保定路。』是知其改隸時間在（蒙古）太宗十三年。」

〔八〕本朝初屬正定府　「正」，乾隆志同。按本志卷二七正定府一建置沿革載，明爲真定府，清初因襲，雍正元年改「真」爲「正」，府治真定縣並改，清史稿卷五四地理志一同，此「正」應作「真」爲是。

〔九〕在州城本朝乾隆二十四年建　乾隆志「二十四年」下有「州牧姚立德」五字。道光定州志卷一九學校：「定武書院，「乾隆戊午，州牧姚立德創修」。同治畿輔通志卷一一七學校亦載：「定武書院，「在州北街。乾隆三年，知州姚立德創建」。引王榕吉紀略：「定州之有定武書院，自乾隆戊午，經始於姚牧立德。」乾隆戊午，即乾隆三年，創建者，知州姚立德，正合乾隆志記述。此記年誤。畿輔通志云「在州北街」，可補本志之缺。

〔一〇〕在深澤縣　乾隆志同。同治畿輔通志卷一一七學校：「樂善書院，在深澤縣城東故羅村。」可補本志之闕。

〔一一〕在曲陽縣北百四十里　「北」，原訛作「地」，乾隆志山川同，據元和郡縣圖志卷一八及太平寰宇記卷六二改。

〔一二〕其西二十里爲焚山　「焚」，原作「樊」，乾隆志同。道光定州志卷五、同治畿輔通志卷六六山川皆載：「焚山，在靈山西二十里。雞冠寨山，在焚山後五里。」同治畿輔通志卷五五疆域圖說，曲陽縣西北靈山之西爲焚山，正與上引書載相符，此「樊」爲「焚」字之訛，據改。

〔一三〕又東逕安喜縣南　按此爲水經文，非注文，本志經、注混雜。

〔一四〕又東過安國縣北　乾隆志同。按此爲水經文，非注文，本志經、注混雜。

〔一五〕即古泒水也　「泒」，原作「派」，乾隆志同。太平寰宇記卷六二：「輿地志云：『盧奴城北臨滱水，南面泒河。』水經注云：『泒水歷天井澤南，水流播爲澤，俗名爲天井淀。』。」讀史方輿紀要卷一四：「泒水在定州南。源出阜平西山，舊由新樂縣流入定州界。」此「派」爲「泒」字形訛，據改。下文及天井澤所記「派水」改同。

〔一六〕堨而爲湖　「湖」，原作「河」，乾隆志同，據水經滱水注改。

〔一七〕源出州西北二十五里南宋村之白龍泉　乾隆志同。同治畿輔通志卷六六山川：「案州志，白龍泉在大西漲村之南，在南宋村者爲黑龍泉，一統志誤。」按同書卷五五疆域圖説，定州西北唐河源在大西漲村者爲白龍泉，在南宋村者爲黑龍泉，畿輔通志之説是也。

〔一八〕長星溝出上曲陽縣西北長星渚　「出」，原作「在」，乾隆志及朱謀㙔水經注箋同，據王先謙合校水經注、楊守敬水經注疏滱水注改。

〔一九〕在州治文廟東北　「文廟」，原脱，據乾隆志及明統志卷三、同治畿輔通志卷六六山川引大清一統志補。

〔二〇〕漢初置縣　乾隆志古蹟同。后曉榮秦代政區地理第六章山東北部諸郡置縣：「奴盧。秦封泥有『奴盧丞印』。秦末灌嬰曾征戰至此。史記樊酈滕灌列傳：灌嬰『降曲逆、盧奴、上曲陽、安國、安平』。從封泥看，盧奴縣原名奴盧，或許盧、奴二字音同，漢時改。」后書以縣屬恒山郡。

〔二一〕或云水黑曰盧至池水東北際水　「水黑」原作「黑山」，「池」下原脱「水」，「際水」原作「水際」，乾隆志同，並據水經滱水注乙補。

〔二二〕改曰安喜　「改」，原作「故」，乾隆志同，據水經滱水注改。

〔二三〕漢置上曲陽縣　乾隆志同。按秦已置縣，名曲陽，屬恒山郡。詳見本卷校勘記〔五〕。

〔二四〕於此置恒陽縣　乾隆志同。元和郡縣圖志卷一八：「七年於此置恒陽縣。」太平寰宇記卷六二及隋書卷三〇地理志中同，此脱「七年」二字。

〔二五〕當在中山城東北安國城西南　「東」原作「西」，「西」原作「東」，乾隆志同，並據資治通鑑卷一五五梁紀一一「中大通三年」條胡三省注改。

〔二六〕光武自薊而東　「東」，乾隆志作「南」，與讀史方輿紀要卷一四合。

〔二七〕在州治後　「後」，原作「東」，據乾隆志及道光定州志卷五、同治畿輔通志卷一六四古蹟引大清一統志、民國定縣志卷二古蹟改。

大清一統志卷五十六

定州直隸州二

關隘

白道安口。在曲陽縣西北。稍西即阜平之狼牙口也。自白道安口而東北，歷嶽嶺口、小關城口、夾耳安等口，而接倒馬關。

軍城砦。在曲陽縣北八十里，與唐縣接界。北去倒馬關六十里。宋置砦於此，隸曲陽縣。金爲軍城鎮。明亦爲戍守處。詳見保定府「唐縣」。

張公砦。在曲陽縣北，去軍城鎮二十里。勢甚高聳。

大堡。在深澤縣東二十里，接深州安平縣界。

西内堡。在深澤縣西北二十里，接州界。

清風店。在州北三十里。明置巡司，今裁。又明月店，在州南三十里。

永定驛。在州治北。明置。

津梁

孟良橋。在州南七里溝上。通途所經。又趙莊石橋，在州南五十里。

唐溪橋。在州北十里，跨清水河上。

永濟橋。在深澤縣西八里。明萬曆間建。長二十一丈。又有普濟、廣濟二橋，亦在縣西，俱跨滋河。

雞鳴橋。在曲陽縣北三十五里。

唐河渡。在州北九里滱水上。路當南北要衝，每冬架木爲橋，夏秋以舟渡。

沙河渡。在州東三十五里。

隄堰

沙河隄。在州東南三十里。兩岸長四十里。

七里溝隄。在州南七里。嘉河逕此，東南與沙河合。隄長二十里，皆以護田。

唐河隄。在州北。兩岸長五十里。

滋河隄。在深澤縣西北。起自縣西二十里，與無極接界，至縣北二十里，與祁州接界，長五十餘里。

陵墓

漢

中山靖王墓。在州治西南。

唐

陽城墓。在州東一里。有祠。

元

尚文墓。在深澤縣西南二里許。

祠廟

韓魏公祠。在州城東北。祀韓琦。

蘇文忠祠。在韓魏公祠左。祀宋蘇軾。

利民侯祠。在曲陽縣少容山。祀山神。宋治平、熙、豐中，祈禱輒應。定州路安撫條其事，奏請賜爵。

北嶽廟。在曲陽縣治西。漢書郊祀志：「神爵元年〔一〕，祠北嶽常山於上曲陽。」水經注：「長星水東逕恒山下廟北，漢末山道不通，舊有下階神殿，中世以來，歲書法族焉。晉、魏改有東西二廟，廟前有碑闕，壇場列柏焉。」元和志：「恒嶽觀，在恒陽縣南百餘步。又有恒嶽下廟，在縣西四十步。」夢溪筆談：「祠舊在山下。」亦曰北嶽廟。晉王存勗滅燕，還過定州，與王處直謁廟是也。「石晉之後，稍遷近裏，今其地謂之神棚。新祠之北有望嶽亭〔二〕，新晴氣清，則望見大茂山。」舊志：「北嶽廟，在縣西附城，距恒山百餘里，廟中有唐碑五。」

寺觀

開元寺。在州治南。中有大塔，宋咸平四年建，至和二年成。高十三級。

興化寺。在深澤縣治西北。相傳此地爲曹溪道場，唐宋以來俱重修。

大興寺。在曲陽縣東嘉山東。唐天寶間建〔三〕。

慈濟寺。在曲陽縣東慈順村内。有靈跡塔，元至元間建。

興福寺。在曲陽縣東。漢明帝時建。

永寧寺。在曲陽縣東北。唐天寶間建。

善法寺。在故阜平王快鎮五峯嶺，今隸曲陽縣。

名宦

漢

鄧晨。新野人。建武中，拜中山太守，吏民稱之，常爲冀州高第。

馮衍。杜陵人。光武時，爲曲陽令，誅斬劇賊郭勝等，降五千餘人，論功當封，以讒故，賞不行。

戴封。剛縣人。和帝時，遷中山相。諸縣囚四百餘人，當行刑。封哀之，皆遣歸，與剋期日，皆無違者。詔書褒美。

南北朝　魏

李韶。狄道人。肅宗時，爲冀州刺史，轉定州刺史，二州境既連接，百姓素聞風德，州内大治。

元澄。任城王雲長子。世宗時，爲定州刺史。初，民每有横調，前後牧守未能蠲除，澄多所省減，民以忻賴。又明黜陟賞罰之法，表減公園地，以給無業貧口，禁造布絹不任衣者。

竇瑗。遼西遼陽人〔四〕。天平中，轉中山太守，聲譽甚美，爲吏民所懷。齊獻武王班書州郡，稱瑗政績，以爲勸勵。

北齊

高湝。高祖第五子。武定中，爲定州刺史。境内無盗，政化爲當時第一。

陸彦師。臨漳人。爲中山太守，有惠政。

高叡。神武弟子。天保二年，爲定州刺史，時年十七。留心庶事，糾擿姦非，勸課農桑，接禮民儁，所部大治，稱爲良牧。

隋

韋協。杜陵人。爲定州刺史，有能名。

唐

李玄通。藍田人。高祖時，拜定州總管。爲劉黑闥所破，愛其才，欲以爲將。玄通曰：「我當守節，焉能降志於賊耶？」因之。故吏有餉飲饌者，玄通縱飲，謂守者曰：「我善劍舞，可借刀。」因舞劍悲歌，曲終，仰天太息曰：「大丈夫不能保所守，尚何視息耶？」乃潰腹死。

李元軌。太宗弟。封霍王，爲定州刺史。突厥寇州，元軌令開城門，偃旗幟，虜疑不敢入，夜遁去。州人李嘉運潛結賊，詔窮誅支黨。元軌以寇近且强，人心危，但殺李嘉運，餘無所詰，因自劾。帝喜曰：「朕固悔之，非王之明，幾失定州矣。」

孫彦高。聖曆初，爲定州刺史。突厥入寇，彦高死之。

杜中立。大中時，爲義武軍節度使。舊傜車三千乘，歲輓鹽海濱，民苦之。中立置「飛雪將」數百人，具舟以載，自是民不勞，軍食足。

王處存。萬年人。僖宗時，爲義武軍節度使。黄巢陷長安，處存號哭，不俟詔，分麾下兵二千間道至山南衛乘輿。

宋

劉知信。邢州人。雍熙中，知定州兼兵馬鈐轄，押大陣右偏。一日宴犒將士，遼騎乘間至，知信不介而出，追之數十里，斬獲甚衆。

裴濟。河中人。太宗時，知定州。遼三萬騎來攻，濟逆擊於徐河，斬獲甚衆。後復知定州，改知鎮州。在鎮、定凡十五年，威績甚著。

吴元扆。太原人。咸平中，知定州。時王超、王繼忠皆與遼人戰，元扆策其必敗，急發兵護河橋。既而超等果敗，遼人乘之，至橋，見陳兵甚盛，遂引去。考滿，吏民詣闕，疏其善政，願借留樹碑表德。詔褒之。歲旱，吏白召巫以土龍請雨。元扆曰：「巫本妖民，安能上格？惟精誠可以動天。」乃潔齋祈禱〔五〕，澍雨霑洽。

王德用。趙州人。仁宗時，爲定州路都總管。訓練士卒，久之，士殊可用。遼使諜者來覘，或請捕殺之。德用曰：「第舍之，彼得實以告，是服人之兵以不戰也。」明日大閱，援枹鼓之士皆踴躍，進退坐作，終日不戮一人。覘者歸告，遼遂復議和。

韓琦。安陽人。仁宗時，知定州。初，定州兵狃平貝州功，需賞賚，出怨語，至欲譟城下。琦聞之，以爲不治且亂，用軍制勒習，誅其尤無良者。士死攻戰，則賞賻其家，籍其孤嫠，既廩之，恩威並行。又倣古三陣法，日月訓齊之，由是中山兵精勁冠河朔。又賑活饑民數百萬。璽書褒激，鄰道視以爲準。

韓璹。汲人。知定州安喜縣。爲政彊力，能使吏不求賄，守韓琦薦其才〔六〕。

趙滋。開封人。仁宗時，爲定州路駐泊都監。嘗因給軍食，同列言粟不善，滋叱之曰：「爾欲以是怒衆耶？使衆有一言，當先斬爾以徇。」韓琦聞而壯之，以爲真將帥材。

蔡抗。宋城人。英宗時，知定州。郡兵番戍，室家留營多不謹，抗下令悉按以法，戍者感焉。

孫長卿。揚州人。知定州。熙寧元年，河北地震，城郭倉庾皆隤，長卿盡力繕補。神宗知其能，轉兵部侍郎，再留任。長卿性廉潔，當得園利八十萬，悉歸之公。

滕元發。東陽人。神宗時，知定州。初入郡，言新法之害，且曰：「臣始以意度其不可耳，今爲郡，乃親見之。」歲旱求言，又疏奏：「新法害民，但得一手詔，有不便者悉罷之，則民心悦而天意解矣。」

吕公著。壽州人。元豐五年，除資政殿學士、定州路安撫使。及至定，具謝表曰：「進不敢希功而生事，退不敢弛備以曠官。」傳誦者以爲摭實。

王巖叟。清平人。神宗時，知安喜縣。有法吏罷居鄉里，導人爲訟，巖叟捕撻於市，衆皆竦然。定州守吕公著歎曰：「此古良吏也。」

蘇軾。眉山人。元祐八年，知定州。時軍政壞弛，諸衛卒驕惰不教，軍校蠶食其廩賜，前守不敢誰何。軾取貪汙者配隸遠惡，繕修營房，禁止飲博，軍中衣食稍足，乃部勒戰法，衆皆畏服。會春大閲，將吏久廢上下之分，軾命舉舊典，將吏戎服執事。副總管王光祖自謂老將，恥之，稱疾不至。軾召書吏使爲奏，光祖懼而出，訖事，無一慢者。定人言：「自韓琦去後，不見此禮至今矣。」

黄實。陳州人。哲宗時，知定州。朝旨籍民兵旁郡，因緣擾困，實懷檄不下，而畫利害請之，事得寢。

管師仁。龍泉人。徽宗時，知定州。時承平百餘年，邊備不整，遼横使再至，爲西人請侵疆。朝廷詔師仁設備，至則下命增陴浚隍，繕葺甲胄，遼使懼，不知所裁。師仁預爲計度，一日而舉衆十萬，轉盻迄成，外間無知者。日與賓客燕集，以示閒暇，使敵不疑。帝手詔獎激。

陳遘。永州人。欽宗時，知中山府。金兵再至，遘冒圍入城，堅壁拒守。京都陷，割兩河求和。遘弟適至中山，臨城諭旨，遘遥語之曰：「吾兄弟平居以名義自處，豈當賣國家乎？」適泣曰：「兄但盡力，勿以弟爲念。」遘呼總管使盡括城中兵出擊，總管辭，遂斬以殉。又呼步將沙振往。振固辭，遘固遣之。振怒且懼，衷刃以入，害遘於堂，及其子錫并僕妾十七人。振出，帳下卒執而捽裂之。

金

丁暐仁。宛平人。大定三年，除定武軍節度副使，而節度使、同知皆闕，暐仁爲政無留訟。

劉仲洙。宛平人。大定中，調深澤令。縣近滹沱河，時秋成，水忽暴溢，極力護塞，遂無害。有盜夜發，居民震驚，仲洙率縣卒生執其一，餘衆遂潰，旦明掩捕皆獲。尋以廉能進官一階。

元

王善。藁城人。知中山府，屬縣新樂，地居衝要，迎送供給，倍於他縣，皆取於民。善均其勞逸，所徵或未給，輒出家資代輸，民德之。又放家僮五百人爲民，民咸懷其恩。

蕭拜住。遼石抹斯氏。成宗時，知中山府，以憂去官。屬仁宗過中山，有同官譖於近侍曰：「知州去官〔七〕，憚迎候煩勞耳。」帝頷之，適行田野間，見老嫗，問之曰：「府中官孰賢？」嫗對曰：「有蕭知府，餘不知也。」復過神祠，見數老人焚香羅拜，遣問之曰：「汝輩何所禱？」咸對曰：「蕭知府奔喪還，欲其速來，是以禱也。」帝意遂釋。「石抹斯氏」舊作「石抹氏」，今改正。

明

王源。龍巖人。永樂中，知深澤縣。修學舍，築長隄，勸民及時嫁娶，革其爭財之俗。以上書言事忤旨，下吏，會赦復官，奏免逋負。歲饑，輒發粟賑救，坐是被逮。民爭先輸納，即贖還。

高聞。宣德時，深澤典史。潔己惠民，當遷，民乞留，即擢知縣事。

王約。寧鄉人。正統間，知定州。持身端謹，涖事公勤。衛拉特入寇，約多方捍禦，境賴以安。「衛拉特」舊作「瓦剌」，今改正。

王詔。歷城人。嘉靖中，知定州。政化大行，有蜀生道其境，遺橐裝百金，訴於詔。詔曰：「汝第往，當有爲汝守者。」往則果有一人守之，生叩之。守者曰：「人有棄子於道者，我侯爲流涕活之，我忍攫金，使君流落於侯之境乎？」卒還之。民貧不能市牛，詔倣武侯木牛法，用以耕，力得半牛。

周寅。金鄉人。嘉靖中，知曲陽縣。縣北水漲爲民患，築長隄二百餘丈以鎮之，民賴以安。

唐鉉〔八〕。睢州人。崇禎中，知定州。大兵破城，不屈死，贈布政使司右參議。

本朝

符渭英。金壇人。順治中，授深澤知縣。水旱後，民多流亡，渭英招之復業。居五年，民親之如父母。

人物

許來音。龍溪人。順治中，授深澤知縣。時令民間牧養官馬，又歲徵狐皮，民苦之。來音請罷養馬，以銀代狐皮。縣南北滹沱、滱河二水歲漂溢，來音相度修築，水不爲災。

漢

鮭陽鴻。中山人。以孟氏易教授，有名稱。永平中，爲少府。

張鈞。中山人。靈帝時，爲郎中。張讓等專恣，張角作亂，鈞上書言：「斬十常侍頭以謝百姓，可不須師旅，大寇自消。」帝以鈞章示讓等，皆免冠徒跣頓首，詔視事如故。鈞復重上如前章，不報。御史承讓等旨，遂誣奏鈞學黄巾道，收掠死獄中。

晉

張忠。中山人。永嘉之亂，隱於泰山。恬静寡慾，清虚服氣，年在期頤，而視聽無爽。符堅徵至長安，賜以冠衣，不受。堅欲官之，辭歸，行達華山而死。謚安道先生。

南北朝　魏

李先。盧奴人。太祖時，爲尚書右中兵郎，再遷博士、定州大中正。太祖問：「天下何者最善，可以益人之神智？」先曰：

「惟有經書，三皇、五帝治化之典，可以補王者神智。」又問：「朕欲集天下書籍，如何可備？」對曰：「主之所好，集亦不難。」於是頒制天下，經籍稍集。太宗即位，拜安都將軍、壽春侯。卒，謚文懿。

齊

張吾貴。中山人。舉太學博士。從酈銓受禮，牛天祐受易，銓、祐麤爲開發而已〔九〕。吾貴覽讀一遍，便即別構户牖，聚徒千數，而不講傳。生徒竊議之，吾貴乃詣劉蘭，蘭爲講左氏。三旬之中，兼讀杜預、服虔注疏，隱括兩家，異同悉舉。諸生後集，便爲講之，義例無窮，皆多新異，蘭仍伏聽。學者益奇之。不仕而終。

馮偉。安喜人。少聰敏，多所通解，尤明禮傳。閉門不出將三十年，不問生産，不交賓客，專精殫思，無所不通。趙郡王出鎮定州，命駕致請，甚見禮重。將舉充秀才，固辭不就。歲餘請還，贈遺甚厚，一無所納。及還，蠶而衣，耕而食，簞食瓢飲，不改其樂。以壽終。

隋

杜臺卿。曲陽人。父弼，膠州刺史。臺卿少好學，博覽書記。仕齊歷官中書黄門侍郎。及周武帝平齊，歸鄉里，以禮記、春秋講授弟子。開皇初，被徵入朝。嘗採月令，觸類而廣之爲書，成玉燭寶典十二卷奏之。拜著作郎。致仕。有集十五卷，齊記二十卷。兄子公贍，好學有家風。

李文博。博陵人。性貞介鯁直。開皇中，直秘書内省，典校羣籍，守道居貧，清操愈厲，不妄通賓客，恒以禮法自處，儕輩莫不敬憚焉。文博本爲經學，後讀史書，於諸子及論，尤所該洽。性長議論，善屬文，爲薛道衡所知。著治道集十卷。

唐

支叔才。定州人。隋末荒饉，夜丐食野中，還進母，爲賊所執，欲殺之，告以誠，賊憫其孝，爲之解縛。母病癰，叔才吮瘡注藥。及卒，廬於墓，有白鵲止廬旁。高宗時，表其家。

崔仁師。安喜人。武德初，擢制舉。貞觀初，爲殿中侍御史。時青州有男子謀逆，有司捕支黨填獄，詔仁師按覆，坐止魁惡十餘人，他悉原縱。大理少卿孫伏伽謂：「原雪者衆，慮有變。」仁師曰：「豈有知枉不申，爲身謀者，使吾以一介易十囚命，固願也。」及敕使覆訊，舉無異辭。遷度支郎中。嘗口陳移用費數千名，太宗詔黄門侍郎杜正倫持簿，使仁師對唱，無一謬。帝奇之。累遷中書侍郎，參知機務。

崔琯。博陵人。父頲，官同州刺史，生八子，皆有才，世以擬漢荀氏「八龍」。琯舉進士、賢良方正，皆高第。太和初，遷工部侍郎、京兆尹。宋申錫爲讒所危，宦豎切齒，時罕敢辯者。琯固請出獄付外，天下重其賢。終山南西道節度使。弟珙爲人有威重，精吏治，官至中書侍郎，進尚書左僕射。從子澹、遠。澹舉止秀峙，時謂玉而冠者，當時推名德者爲之首，官吏部侍郎。遠有文而風致整峻，世目爲「飣座梨」，言座所珍也，官至中書侍郎。

劉禹錫。中山人。擢進士第，登博學宏詞科，工文章。由監察御史擢屯田員外郎。以附王叔文坐貶。久之爲主客郎中。裴度雅知禹錫，薦爲集賢直學士，出爲蘇州刺史，遷太子賓客，加檢校禮部尚書。素善詩，晚節猶精，白居易嘗推爲「詩豪」。

宋

杜審瓊。安喜人。昭憲皇太后昆仲五人，世居常山，以積善聞。長兄審琦，仕後唐，爲義軍指揮使。審瓊，乾德中，累官點檢侍衛步軍司事。性醇質，在公畏慎，侍衛勤謹，徼巡京邑，里閈清静。卒，謚恭僖。弟審肇，歷官濰州刺史。謚温肅。審進，累加開府儀同三司〔一〇〕。鎮陝二十餘年，勸農敦本，民庶便之。雖居位節制，無驕矜之色，人服其醇厚。卒，謚恭惠。

劉斌。定州人。父加友，爲從弟志元所殺。景德中，斌挾刀伺志元於道，刺之不中，詣吏自陳。州具獄上請，詔釋斌罪。

高賦。中山人。舉進士。歷知衢州，州民世蓄蠱毒害人，賦悉擒治，蠱患遂絶。徙知唐州，增闢田三萬餘頃，兩州生爲立祠。擢提點河南刑獄〔一一〕。又判太常寺，進集賢院學士。在朝多所建明，以通議大夫致仕。

金

石臯。定州人。補郡吏，廉潔自持，隨魯王仲披攻青州，以臯言「百姓安堵」，仲披指其座謂臯曰：「汝子孫必有居此座者。」隨至定州〔一二〕，唐縣人王某謀爲亂，書其縣人姓名於籍，無慮數千人，其黨持籍詣州發之，臯主鞫治。是時冬月，臯抱籍上廳事，佯爲頓仆，覆其籍爐火中，盡焚之，不可復得其姓名，止坐爲首者，餘皆得釋。

石琚。臯之子。沈厚好學，中進士第一。大定中，累遷吏部尚書。銓法詳明，拜尚書左丞。「仲披」，改見永平府山川。世宗將行郊祀，議配享，琚謂當以太祖配。上從其言。進平章政事，封華國公，拜右丞相。致仕。世宗謂：「宰臣知人，最爲難事，惟石琚爲相時，往往舉能其官。」大定末，世宗欲立元妃爲后，以問琚。琚曰：「元妃之立，本無異詞，如東宫何？」世宗又問，琚曰：「元妃自有子，元妃立，東宫揺矣。」世宗乃止。卒，謚文憲。

劉焕。中山人。宋末兵起，城中久乏食，焕尚幼，煮糠覈而食之，自飲其清者，以醲厚者供其母，鄉里異之。稍長，讀書不怠。登天德元年進士，爲中都市令，以廉升京兆推官，累遷同知北京留守事。世宗幸上京，所過州郡大發民夫治道，焕所部惟平治端好而已。上嘉其意，遷遼東路轉運使，卒。

元

田忠良。中山人。好學，通儒家、雜家言。劉秉忠薦於世祖，召見，謂侍臣曰：「是雖以陰陽家進，必將爲國用。」令試星曆、遁甲諸書。官之司天。帝問：「用兵江南，困於襄樊，累年不決，奈何？」對曰：「在酉年矣。」十一年，問：「南征將士能渡江否？」奏曰：「明年正月當奏捷。」二十年，帝將征日本，召忠良擇日出師，忠良曰：「僻陋海隅，何足勞天戈。」不聽，後果無功。延祐中，歷官光禄大夫。卒，贈太師，謚忠獻。

明

王達。定州人。性至孝，父喪廬墓，盜取其衣去，越日復還之，曰：「君孝子，吾不忍也。」憲宗時賜旌。

王懷義。深澤人。善射。父世美，爲山東萊陽縣丞。正德六年，流賊攻城，懷義隨父守北門，射殺賊首十餘人，餘賊復攻東門，又與戰甚力。翼日城陷，力戰脱父於難，遂死之，年二十五。

張鎬。定州人。嘉靖進士。累官按察副使，備兵岢嵐。轉右參政，經理營田，剪荆棘，冒霜雪，爲士卒先。窮邊曠土，皆成沃壤。又於偏頭關諸要害修築垣臺三百餘里，戰守之具皆備。以功升寧夏巡撫。疏河渠，資灌溉，以實軍儲。冬設冰牆以待敵，敵至，輒失利去。

本朝

郝浴。定州人。順治進士。授御史，巡按四川。時劉文秀等據滇、黔，吴三桂領兵進討無功，川東西皆失守，三桂將退走漢中。浴一晝夜七馳書趣之，還爲指授方畧，與賊戰，遂大破之。因條上安蜀諸疏，且密陳三桂跋扈狀。三桂深銜之，摭浴疏中語，誣以冒功，謫戍奉天。三桂反，起浴故官，巡鹽兩淮，釐剔宿弊，商民稱便。擢副都御史，巡撫廣西。粤經兵革後，閭閻凋敝，浴專意撫綏，甚得民心。以勞瘁卒於官。子林，康熙進士，累官禮部侍郎，加尚書。致仕，亦有賢聲。

宋時化。深澤生員。有孝行，父年九十餘殁，時化已老，居喪哀號盡禮，有羣烏翔集墓前不去。年百歲乃卒。雍正年間旌。

谷毓玿。曲陽人。事父母以孝稱。父殁，廬墓三年。乾隆年間旌。

韓景祥。定州人。由行伍拔補倒馬關外委。嘉慶五年，隨勦陝西賊匪於上津堡，擊賊陣亡。事聞，議卹廕雲騎尉。

列女

唐

崔琯祖母唐氏。事姑長孫氏至孝，長孫年高無齒，氏每旦櫛縰笄拜階下，升堂乳姑。長孫不粒食數年，一日病，召長幼言：「吾無以報吾婦，願後子孫皆如婦孝。」世謂崔氏昌大有所本云。

明

何毅妻施氏。定州人。毅卒，水漿不入口，欲自殺，姑勸阻之，遂奉舅姑以終，撫子成立。詔旌之。

施安妻王氏。定州人。年十五歸安，事舅姑至孝。安卒，虔奉舅姑撫孤成立，守節四十餘年。詔旌之。

楊家麟繼妻周氏。曲陽人。家麟歿，氏年十六，誓以身殉，不得間，遂朝夕泣血，哀毁成疾，不能起，令女奴扶掖至柩前，觸柩死。

李英妻丁氏。定州人。夫歿守志，事姑盡孝，歷久不渝。

楊崙妻楊氏。曲陽人。崙早卒，事舅姑彌謹。崇禎末，偕其媳安氏，避兵山中，兵至，楊懼不免，自投崖下而死，安亦隨墜崖死。

韓氏女。曲陽人。年十四未字，崇禎末，兵至，欲犯之，堅拒不從，遂被殺。

郝生妻李氏。定州人。歸同里郝生。崇禎末，州被兵，生將奉親避山東，留李與二子居其母家，生將發，李哭指庭中井語曰：「若有變，即潔身此中，以衣袂爲識，旁有白線一行者，即我也。」比城破，藏二子他所，入井死，兵退，出其尸，顔色如生。

本朝

陳尚貴女三姐。定州人。與同州王七妻康氏，皆以不辱强暴死。康熙年間旌。

楊昇妻甄氏。定州人。夫亡守節，夫叔屢欲嫁之，不從，陵虐百端，不改其操。課子讀書，爲諸生。雍正年間旌。

趙元吉妻宋氏。深澤人。夫亡守節，遇劫盗入室，氏義不受辱，以刀刺喉死。同縣烈婦李通妻吴氏，遇强不從，忿恚投井死。均雍正年間旌。

趙氏女春姐。定州人。爲强暴所逼，不受辱死。同州烈女：温亮山女二姐，彭氏女來姐，王書姐。烈婦：温氏，支北哥妻周氏〔一三〕，耿運聖妻劉氏，唐春賢妻潘氏，龐嘉文妻劉氏，李靈妻王氏。節婦：何君美妻高氏，鄭樹績妻劉氏，劉緯妻郝氏，劉文章妻張氏，高大士妻田氏，王維藩妻馬氏，韓子愚妻高氏，王玉妻李氏，邢士突妻趙氏，竇尚義妻劉氏，孫彦妻夏氏，田拔萃妻由氏〔一四〕。均乾隆年間旌。

李金錫妻賈氏。深澤人。夫亡，殮畢，自縊以殉。同縣節婦：田飛妻韓氏，張進修妻毛氏，李景泌妻鄭氏，李嗣晟妻黎氏，劉怡妻紀氏，陳起舞妻袁氏。烈女譚錫姐。均乾隆年間旌。

杜昌嗣妻荀氏。曲陽人。夫歿，氏奉舅姑以孝聞，撫孤成立，守節六十一年。同縣節婦：高連妻李氏，張高才妻劉氏，劉秉正妻劉氏，晉倫妻陳氏，王朝棟妻閻氏，夏鼎著妻劉氏，趙德望妻陳氏，趙弘業妻韓氏，張名正妻劉氏，荀佩妻張氏，楊名儒妻葛氏，冉起榮妻唐氏，李艾妻支氏，焦嗣宗妻王氏，彭承家妻楊氏，高自山妻解氏〔一五〕，李士英妻侯氏，李起美妻楊氏，楊偉任妻郝氏，張賜妻劉氏，劉尚忠妻楊氏，王琫妻范氏，楊賡朝妻石氏〔一六〕，楊有順妻孟氏，郭建畿妻王氏，郭鴻聲妻孟氏，李芳世妻張氏，甄守智妻田氏，甄守仁妻王氏，陳述魁妻侯氏，劉清獻妻董氏，楊茂妻楊氏，張連妻郭氏，王自好妻張氏，田科第妻蔚氏，田霆妻劉氏。烈婦：商保存妻焦氏，李貴庭妻楊氏，劉世明妻李氏，靳富貴妻趙氏。烈女白銀姐。均乾隆年間旌。

陳九成妻鹿氏。定州人。夫亡守節。同縣節婦：王連妻楊氏，王緒妻王氏，白雲嵐妻楊氏。烈婦：楊治家妻劉氏，韓二妻吴氏。均嘉慶年間旌。

劉文明妻王氏。深澤人。守正捐軀。同縣節婦趙劉氏。均嘉慶年間旌。

石邦文妻王氏。曲陽人。守正捐軀。同縣烈婦：王懷敏妻劉氏，陳見瀊妻李氏，馮義幅妻孫氏，劉占金妻葛氏，陳李氏，白楊氏。烈女張焕兒。均嘉慶年間旌。

仙釋

南北朝　魏

李皎。先少子。師事寇謙之，遂服氣絶粒，隱於恒山。年九十餘，顔如少童。一旦，沐浴冠帶，家人異之，俄而坐卒。道士咸稱其得尸解仙道。

土産

梨。寰宇記：定州土産樱梨。

甆器。寰宇記：定州土産。州志：窰器珍於天下，江南好事者往往蓄之，索諸定莪如也。按舊志載：「唐書地理志：定州土貢：羅、綢、細綾、瑞綾、兩窠綾、獨窠綾、三包綾、熟線綾。宋史地理志〔一七〕：中山府貢大花綾。」謹附記。

校勘記

〔一〕神爵元年　「元」，原作「九」。按漢宣帝神爵止四年，據乾隆志卷三四定州祠廟（以下同卷簡稱乾隆志）及漢書卷二五郊祀志下改。

〔二〕新祠之北有望嶽亭　「新」，乾隆志及讀史方輿紀要卷一四同。夢溪筆談卷二四雜誌一作「祠北有望岳亭」，無「新」字。

〔三〕唐天寶間建　「天」，原作「開」，據乾隆志寺觀及同治畿輔通志卷一八二古蹟改。

〔四〕遼西遼陽人　「遼陽」，魏書卷八八良吏傳竇瑗同，但下文云「以軍功賜爵陽洛男」。乾隆志及北史卷八六循吏傳竇瑗皆作「陽洛」。按魏書卷一〇六地形志上遼西郡領有陽樂縣，無「遼陽」。「樂」與「洛」，古字通用，此應作「陽洛」爲是。

〔五〕吏白召巫以土龍請雨至乃潔齋祈禱　「白」原作「自」，「齋」原作「齊」，並據乾隆志及宋史卷二五七吴元扆傳改。

〔六〕守韓琦薦其才　「守」，原脱，據乾隆志及宋史卷三三〇韓璹傳補。

〔七〕知州去官　「州」，乾隆志同。按上文云「知中山府」，下文云「蕭知府」，則此「州」應作「府」。

〔八〕唐鉉　「鉉」，原作「鈜」，乾隆志同。明史卷二九一忠義傳三吉孔嘉：「唐鉉，睢州人。崇禎七年進士。歷定州知州」，抗節死，「鉉贈右參議」。事蹟正是本志所載。道光定州志卷九名宦載同。此「鈜」爲「鉉」字之訛，據改。

〔九〕銓祐麤爲開發而已　「銓」，原脱，乾隆志同，據魏書卷八四儒林傳、北史卷八一儒林傳上張吾貴補。

〔一〇〕累加開府儀同三司　「府」，原作「封」，據乾隆志及宋史卷四六三外戚傳上杜審琦改。

〔一一〕擢提點河南刑獄　「河南」，乾隆志同。宋史卷四二六循吏傳高賦作「河東」，此「南」爲「東」字之誤。

〔一二〕隨至定州　「至」，乾隆志作「知」，金史卷八八石琚傳作「守」，此「至」爲「守」字之誤。

〔一三〕支北哥妻周氏　「北」，原作「比」，乾隆志列女同，據道光定州志卷一二節烈、同治畿輔通志卷二八五列女改。

〔一四〕田拔萃妻由氏　「由」，原作「田」，據道光定州志卷一二節烈、同治畿輔通志卷二八五列女、民國定縣志卷一五列女改。

〔一五〕高自山妻解氏　「自」，原作「白」，乾隆志同，據道光定州志卷一三節烈、同治畿輔通志卷二八五列女改。

〔一六〕楊賡朝妻石氏　「賡」，原作「更」，乾隆志同，據道光定州志卷一三節烈、同治畿輔通志卷二八五列女改。

〔一七〕宋史地理志　「史」，原作「書」，乾隆志同。按中山府貢大花綾，載於宋史卷八六地理志二，非宋書州郡志，此「書」爲「史」字之誤，據改。